HERODOTUS
BOOK II

BCP Classic Commentaries on Latin and Greek Texts

Current and forthcoming titles:

Aristophanes: Ecclesiazusae, R. Ussher
Calpurnius Siculus: The Eclogues, C. Keene
Empedocles: The Extant Fragments, M. Wright
Euripides: Cyclops, R. Seaford
Euripides: Helen, A. Dale
Euripides: Iphigenia in Tauris, M. Platnauer
Euripides: Troades, K. Lee
Herodotus: Book II, W.G. Waddell
Nicander: Poems & Poetical Fragments, A. Gow & A. Scholfield
Persius: Satires, J. Conington & H. Nettleship
Plutarch: Alexander (commentary only), J. Hamilton
Seneca the Elder: Suasoriae, W. Edward
Statius: Silvae IV, K. Coleman
Tacitus: Dialogus, W. Peterson
Tacitus: Germania, J. Anderson
The Poems of Cicero, W. Ewbank
Virgil: Aeneid III, R. Williams

HERODOTUS
BOOK II

Edited with Introduction,
Commentary and Vocabulary by
W.G. Waddell

Bristol Classical Press

First published by Methuen & Co. Ltd., 1939

This edition published in 1998 by
Bristol Classical Press
an imprint of
Gerald Duckworth & Co. Ltd
61 Frith Street
London W1V 5TA

Reprinted 1999

A catalogue record for this book is available
from the British Library

ISBN 1-85399-185-6

Printed in Great Britain by
Booksprint

PREFACE

THE Egyptian λόγοι of Herodotus, over which presides Euterpe (the Well-pleasing or Gladdening Muse), have been undeservedly neglected by recent editors of single books: the last separate English edition is that of Woods, 1881, and since then unceasing excavation in Egypt has shed much light upon the words of Herodotus. Most of this illustrative matter has been gathered together, first by How and Wells, *A Commentary on Herodotus*, Vol. i., more recently by A. W. Lawrence, *Herodotus* (Nonesuch Press); but residence in Egypt has enabled the present editor to add to these commentaries, if not *τὰ σήμερον*, at least *τὰ χθές τε καὶ πρώην*.

The text of this edition is C. Hude's Oxford Classical Text, 3rd edition, 1927, with some omissions and alterations, for permission to use which I am indebted to the Clarendon Press.

In the preparation of notes, the following books have been found most useful:

Editions of Book ii by Stein, Abicht, Woods; translations by Godley, Macaulay, Legrand.

J. E. Powell, *Lexicon to Herodotus*, 1938, and recent articles in the *Classical Quarterly*, the *Classical Review*, and *Hermes* (all most valuable).[1]

How and Wells, *A Commentary on Herodotus*, Vol. i., 1928.

A. W. Lawrence, *Herodotus* (Nonesuch Press), 1935.

W. Spiegelberg, *The Credibility of Herodotus' Account of Egypt in the Light of the Egyptian Monuments*, translated by A. M. Blackman, 1927.

T. R. Glover, *Herodotus*, 1924.

[1] J. E. Powell, *The History of Herodotus*, 1939, reached me too late for detailed use, but some references have been added in footnotes.

E. A. Wallis Budge, *Guide to the Egyptian Collections in the British Museum*, 1909 (revised edition, 1930).

Other books of value are cited in the Notes.

It is regrettable that illustrations have had to be excluded from this edition because of expense: a number may be seen in Rawlinson's translation of Herodotus, 1875: in Wilkinson, *Manners and Customs of the Ancient Egyptians*, 1878: in H. Treidler, *Herodot*, 1926: in Spiegelberg, *Credibility*, and *The British Museum Guide* (to which references are given), both mentioned above; but many books must be consulted to find full illustration in pictures of this most pictorial author.

For helpful criticisms and suggestions made by the general editor, Dr. A. W. Pickard-Cambridge, I am deeply grateful.

I am much indebted to the authors and publishers concerned for permission to include the two sonnets on Herodotus.

W. G. W.

Fuad el Awal University,
Cairo,
Egypt

HERODOTUS IN EGYPT

He left the land of youth, he left the young,
  The smiling Gods of Greece, he passed the isle
Where Jason loitered, and where Sappho sung:
  He sought the secret-founted wave of Nile,
  Of that old world, half dead a weary while;
Heard the Priests murmur in their mystic tongue,
And through the fanes went voyaging, among
  Dark tribes that worshipped Cat and Crocodile.

He learned the tales of death Divine and birth,
Strange loves of hawk and serpent, Sky and Earth,
  The marriage and the slaying of the Sun;
The shrines of ghosts and beasts he wandered through,
And mocked not at their godhead, for he knew
  Behind all creeds the Spirit that is One.

ANDREW LANG (1888)

(*Longmans, Green and Co. Ltd.*)

TO HERODOTUS

You come and tell us of so many things—
  Satraps and oracles, Nile and Italy,
  And fairy-tales as splendid as there be,
The Phoenix with his father on his wings,
Great marvels of Greek art, strange fates of kings,
  Soils, climates, customs, and the Southern Sea,
  And how Greek citizens battled to be free,
And all the breadth of soul that Freedom brings.
You loved your story, and the things it shows,
  Dear critic, who part doubt and part believe,
Lean, like the Greek you are, to what man knows,
  Yet hold that in long time and other lands
God may do stranger things than Greeks conceive—
  You that have met such wonders on all hands.

T. R. GLOVER
(Burma, 1916)

CONTENTS

INTRODUCTION

Life of Herodotus.—The personality of Herodotus is plainly imprinted on the vivid words of his *History*: of few ancient authors can we say with greater truth that we know the man from his writings, which are intimate and reveal his personality. Yet little is known of the external facts of his life. He calls himself Herodotus of Halicarnassus (a Dorian colony in Caria in Asia Minor, so that Herodotus has been described as 'half Carian, half Dorian'); and it is clear that he came of a rich and noble family, being the nephew or cousin of the epic poet Panyasis, who wrote of Heracles, [1] and of Ionian colonization. Suidas tells us the names of Herodotus's father and mother, Lyxes and Dryo, elsewhere called Lyxus and Rhoeo.

Born about 484 B.C. (in the period between the first and second Persian Wars) Herodotus was so antagonized by the rule of Lygdamis in Halicarnassus (the tyrant had put Panyasis to death) that he went, or was banished, as a young man (before 454 B.C.) to Samos and lived there: the intrepid love of freedom which Herodotus then displayed is the spirit of his *History*. Later, he travelled extensively over the known world, finally making Athens his home and taking part (443 B.C.) in the founding and colonization of Thurii [2] in Italy, where he died soon after 430 B.C. [3] in the early years of the Peloponnesian War.

[1] Cf. Herodotus ii, 43–5; Quintilian x. 1. 54.

[2] Hence in Aristotle *Rhet.* iii, 9 H. is 'the Thurian': cf. Plutarch *Mor.* p. 604.

[3] The latest certainly dated event which H. mentions falls in 430 B.C. (vii, 137. 2). The argument from silence is not always cogent; but while treating of the Aeginetans (vi, 92) H. might reasonably have mentioned their final extermination in 424 B.C. (Thuc. iv, 57) if he had still been engaged upon his work. The inference is that H. died between 430 and 424 B.C., his *History* being published shortly after 430 B.C.

From this brief mention of his birth in a Carian–Dorian–Ionian state, his struggles against tyranny, and his wide travels, it is clear that his life was by no means narrow nor ill-adapted for the development of a historian. At Athens he was on friendly terms with Sophocles, who was of a congenial temperament; the tragedian made allusions in his plays to passages in the *History* [1] and a line or two survive of a little poem, which Sophocles at the age of fifty-five wrote for Herodotus (Plut., *An Seni Respublica*, 3). Aristophanes knew the work of Herodotus and alluded to it in several comedies.[2] Thucydides, without mentioning Herodotus by name, makes criticisms of details which his readers would easily identify as Herodotean; and in his introduction (i. 22. 4) he draws a caustic comparison between his own history and that of Herodotus. 'Perhaps the absence of fable in my *History* will seem less pleasing to the ear. . . . My history is a possession for ever, not a prize composition which is heard and forgotten.' This reference to Herodotus confirms to some extent the story quoted from Diyllus, an Athenian historian of the fourth century B.C., that Herodotus gave a reading at Athens from his *History*, and that a donation of 10 talents (about £2,400) was voted to him at this time, probably as a reward for valuable public services. The recitation has been dated to *c.* 445 B.C., and it is said that Thucydides, who was present, shed tears of emulation.

Travels.—Much of the life of Herodotus, the Father of History, as Cicero [3] called him, was spent in travel; and he travelled so widely, and with a mind so open to impressions of all kinds, that he might almost be called Father of Geography and of Anthropology, as well as of History. He knew the greater part of the world of his time. In Egypt he went as far south as the First Cataract; in Persia, past Babylon, Susa, and Ecbatane; in the north, to the Black Sea and the Cimmerian Bosporus; and he

[1] See ii. 35. 2, and J. E. Powell, *The History of Herodotus*, p. 34, n. 2.
[2] Aristophanes, *Acharnians* (425 B.C.), *Clouds* (423 B.C.), and *Birds* (414 B.C.).
[3] Cicero, *De Legibus*, i. 1.

visited Phoenicia, Cyprus, Cyrene, as well as Magna Graecia. Several reasons have been suggested for this extensive travelling: Herodotus may have been a merchant:[1] he mentions many articles of commerce and describes methods of transport, &c., but he visited places of intellectual interest as well as trade-centres, and he expressly tells us that he sailed from Egypt to Tyre in order to obtain information about Heracles. While seeking to assign some definite aim for his travels, we must not forget that he was by nature a man of keen, scientific curiosity, who found his vocation in seeing the world. This he can hardly have done as a mere tourist, for, living in permanent exile, and therefore without estate, Herodotus would not possess the large resources which were necessary. Thus it seems reasonable to suppose that, as a professional *λογοποιός* (like Hecataeus, 143. 1), Herodotus travelled in search of 'copy' or material for recitation, at the same time finding in the Greek communities audiences to whom he might profitably give public readings of his work.

Regarding the Greeks in Egypt, Herodotus himself tells us (iii. 139. 1) that many entered the country with the invading army of Cambyses in 525 B.C., some to trade, as was natural, some to take part in the campaign, others merely to see the country. Herodotus also, at a later date, 'saw the country'; and his genius enabled him to remunerate himself not only by professional recitations, but also, as the award of ten talents appears to indicate, by placing his knowledge at the service of the Athenian Government. The written record of his Egyptian sojourn remains a valuable legacy for all students of Egypt and its people.

Writings.—The *History* of Herodotus (divided into nine books, each named, not by Herodotus himself, after one of the Muses, Book ii being Euterpe) tells of the epic struggle of Greeks and Persians in the fifth century B.C. Books vi–ix contain the story of this struggle, and Books i–iv—earlier researches in a revised form—are introductory to

[1] See How and Wells, *Commentary*, Vol. i. pp. 17 f.

the main theme, dealing, as they do, with the relations between Greece and the East in early times. In these four books Herodotus finds abundant room for all the results of his many years of travel and inquiry, all his researches in history, geography, and anthropology. The whole work is epic in scope and style, and owes much to the influence of Homer and the drama.[1] Like the epic poets, Herodotus sought to entertain, and his success comes both from the interest of his subject-matter and from the charming art of his style. Herodotus loves the personal element in History, as we see from the obvious relish with which he tells of Amasis (172 ff.). Other descriptions in Book ii (e.g., Chap. 2, the experiment of Psammêtichus; 32, the Nasamonians; 121, the treasury of Rhampsinitus) illustrate well the skill which Herodotus possessed in story-telling.

His lack of bias towards foreigners is so notable that Plutarch[2] in disgust called him *φιλοβάρβαρος* as being pro-Persian: in the same way, he was, in general, pro-Egyptian, and it offended Plutarch that Herodotus should believe in manifold borrowings from Egypt (e.g., ii. 4, 43, 49, 50, 58, 109, 123, 177). Herodotus made it his aim to be impartial towards foreign peoples: he quotes against his fellow-countrymen the definition which Cyrus gives of a Greek market-place as 'a place set apart in the midst of a city where men gather and cheat each other on oath' (i. 153. 1). In Book ii he gives many proofs of his open-mindedness when confronted with customs different from those of Greece: this freedom from prejudice is based upon his belief that customs and morals are merely relative and conventional—in his view Cambyses must have been altogether mad when he derided religion and custom in Egypt (iii. 38). Herodotus himself was neither disrespectful nor unsympathetic towards foreign ways of life and foreign achievements. He admired Egyptian architecture—the Labyrinth, which he considered to be 'beyond description', 'surpassing even the pyramids' (148. 4, 11), the monolithic

[1] See notes *passim*.

[2] Plutarch, *De Malignitate Herodoti*, § 12.

shrine of Amasis (175. 10), the temple of Ptah at Memphis (99. 21): so, too, he appreciated the artistic craftsmanship of such a piece of work as the 'marvellous linen breastplate' at Lindus (182. 4). At the same time he would not be a true Greek if he were not convinced of the superiority of the Greek over the barbarian (i. 60. 3).

The good faith and veracity of Herodotus are now recognized as being above suspicion: he gives us always the best that is accessible to him, taking pains to make it as complete and accurate as possible (44. 1). But his sources were miscellaneous, and the popular element in them was bound to consist of legend, embroidered and untrustworthy. He is sometimes blamed for being over-credulous; but in the course of his *History* he frequently expresses incredulity, and states emphatically that he, for one, does not believe this or that (*ἐμοὶ μὲν οὐ πιστὰ λέγοντες*, 73. 8 *al.*: see 123. 1 note). He is unwilling to accept any story that confuses the human and the divine, and rejects also what seems contrary to the laws of nature. Yet he keeps an open mind, for, as he says in iv. 195, *εἴη δ' ἂν πᾶν*, 'all things are possible.'

The Style of Herodotus.—Plutarch,[1] while attacking Herodotus, admits that 'the man can write' (*γραφικὸς ἀνήρ*); and Quintilian [2] describes the style of Herodotus as 'pleasing, lucid, and diffuse' (*dulcis, candidus, fusus*). In another passage [3] Quintilian gives it as his personal opinion that the words of Herodotus flow always smoothly on, while his dialect possesses such sweetness that it seems indeed to hold within it a hidden rhythmical movement. Herodotus uses the co-ordinated style of conversation (*λέξις εἰρομένη*), as opposed to the periodic style of Thucydides and the rhetoricians.[4] The language of Herodotus, developed out of ordinary Ionic speech, is affected and coloured by the usages of Attic Tragedy. In certain chapters of Book ii

[1] Plutarch, *De Malignitate Herodoti*, § 43.

[2] Quintilian, x. 1. 73.

[3] Quintilian ix. 4. 18: in Herodoto vero cum omnia (ut ego quidem sentio) leniter fluunt, tum ipsa *διάλεκτος* habet eam iucunditatem ut latentes etiam in se numeros complexa videatur.

[4] Aristotle, *Rhet.* iii. 9. 2.

Homeric archaisms and assonance occur more frequently than in other parts of the *History*: this has been attributed to the influence of Hecataeus, as though Herodotus had directly borrowed these chapters from his predecessors (see *infra*, p. 11), but the explanation may be that Herodotus is adapting his style to his subject-matter, e.g. chapters 39, 40, 47, on sacrifice. The author of the treatise *On the Sublime*[1] gives Herodotus the epithet 'most Homeric' (Ὁμηρικώτατος). The charm of his writing is praised by all critics alike, ancient and modern: no writer, it is agreed, has a style more perfect of its kind.[2]

Herodotus in Egypt.[3]—The *History*, Herodotus says (iv. 30. 1), recognizing his own discursiveness, was always on the look-out for digressions (προσθήκας . . . ὁ λόγος ἐξ ἀρχῆς ἐδίζητο); and the whole of Book ii is itself a long excursus on Egypt from the geographical, historical, and cultural points of view. It may have been originally a separate treatise, but it has no independent introduction or ending: probably it was composed, with the rest of Books i–iv, as part of an early *History of Persia*, which Herodotus later incorporated into his History of the Persian Wars.[4]

The visit of Herodotus to Egypt took place in the reign of Artaxerxes I (see 1. 1 note), probably between the years 448 B.C., when peace was made with Persia, and 445 B.C., when Herodotus was in Athens.[5] This Persian

[1] [Longinus] περὶ ὕψους, xiii. 3.

[2] For points of detail, such as his use of alliteration and assonance, repetition of words, frequent asyndeton, and striking order of words, reference may be made to the notes (see Index, pp. 293–295).

J. D. Denniston (*Greek Particles*, pp. lxxiv f.) gives the following list of particles of which Herodotus is fond: the anticipatory γάρ, οὐδέ as an emphatic negative, οὗτος δή of a person previously mentioned, οὕτω (or ὧδε) δή τι, καὶ δὴ καί, τε δή, and εἰ καί = *siquidem*.

[3] On Herodotus in Egypt, see W. Spiegelberg, *The Credibility of Herodotus' Account of Egypt in the Light of the Egyptian Monuments*, 1927; J. Vogt, *Herodot in Ägypten*, 1929.

[4] J. E. Powell, *The History of H.*, p. 24.

[5] See H. R. Hall, *Cambridge Ancient History*, vi. 140, for this and the following statements. J. E. Powell (*The History of H.*, pp. 25 ff.) assumes two Egyptian journeys of H., one before 461 B.C. (date of the battle of Papremis) in the Delta only, the other after 455 and probably after 448, extending to Elephantinê.

ruler never went to Egypt himself, and he erected no monuments there. It was, on the whole, a less interesting period of Egyptian history than we might have chosen for a Greek tourist like Herodotus: 'Egypt was then at profound peace, but it was a peace of exhaustion and sullen resignation.'

The changing attitude of the Egyptians to the Greeks down to the time of Herodotus has been well summarized by H. I. Bell[1]: the successive stages were—(1) hostility to all foreigners (cf. Strabo 17. 1. 6, p. 792 'the early prejudice against all who sailed the sea, and especially against the Greeks': 17. 1. 19, p. 802, ξενηλασία, ἀξενία of King Busiris), and avoidance of foreign customs (Herodotus ii. 41. 7, 91. 1); (2) the need of foreign help under the Saïte kings, Dynasty XXVI (152. 21); leading to (3) the attempt to impress the Greeks with the superiority of Egyptian culture; (4) political co-operation of Egyptians and Greeks, arising from their common hostility to Persia; and (5) the attempt to prove ancient connexions between Greece and Egypt (cf. *supra*, p. 4—Greek borrowings from Egypt).

The Egyptian tour of Herodotus lasted no longer than three and a half months, probably from August to November: it was the time of the inundation (97. 8: Herodotus went by boat to the pyramids of Giza). He journeyed from Canôbus to the southern frontier, Syênê (Aswân) and the island of Elephantinê; but he spent most of his time in the Delta visiting a number of places which lay on, or near, the two great arms of the Nile,—the Canôbic and the Pelusian—or were easily accessible from them—Heliopolis, the Pyramids of Giza, Memphis, Naucratis, Saïs, Bubastis, and Pelusium. He spent some time in the Fayûm, and he describes the Labyrinth and Lake Moeris; but his visit to Upper Egypt was apparently brief and hurried, for he makes no mention of the royal tombs on the west bank opposite Luxor. His itinerary is thus

[1] *J. Eg. Arch.*, 1930, p. 266.

outlined by Sourdille, *La durée et l'étendue du voyage d'Hérodot en Égypte*, 1910:

(*a*) Canôbus—Naucratis—Memphis (including an excursion to Heliopolis).

(*b*) Upper Egypt to Syênê (including Hermupolis and Thebes).

(*c*) On the return journey, the Fayûm with Lake Moeris.

(*d*) Back to Memphis, and then a tour in the not yet visited middle and eastern portions of the Delta.

To what extent his route was determined by his need to call for money at places where branches of Greek business houses were established is a matter of conjecture; but it is certain that he would find the safest and most comfortable accommodation in Greek settlements. There he would come into contact with Greek innkeepers, merchants, and mercenaries; and he would pick up from them many of the floating stories which he quotes about the wonders of Egypt. Of the greatest service to Herodotus were the interpreters (ἑρμηνέες), whose origin he traces (154. 6) to the Egyptian boys whom Psammêtichus I charged his Ionian and Carian mercenaries to instruct in the Greek language: these boys, learning Greek, were the ancestors of the interpreters, one of the seven classes of Egyptians (164. 1). They appear to have closely resembled the modern dragomans in their love of entertaining, if unhistorical, tales, and fanciful interpretations, e.g. of the inscription on the casing of the Great Pyramid as referring to purges, onions, and garlic for the workmen (125. 18). In his ignorance of hieroglyphs, Herodotus could not control the interpreter's tale; but at least he reports it with a *caveat*—'if this is really so' (125. 21). In another instance, when he repeats a foolish tale, he adds that his informants are 'blethering' (φλυηρέοντες).

The ἑρμηνέες had little education, and what they knew about monuments and their builders, historical events and personages, consisted of legends and floating traditions.

Through these dragomans, Herodotus may be said to have got into touch with the Egyptians, but only with the common people: with the upper educated or ruling classes he had no intercourse, for, so far as we know, he had no special introductions, and as a Greek he was suspect to the Persian authorities in Egypt, because the Greeks had recently supported the insurrection of Inarôs. Herodotus mentions 'the priests' (of Memphis) as the source of a great part of his account of Egypt; but he met only priests of inferior rank (see 2. 28 note), such as the γραμματιστής or 'scribe' of the temple treasury at Saïs, 28. 5. It is possible that some of these priests could decipher the ancient records, but the information they gave to Herodotus consisted, for the most part, of unreliable popular traditions, current stories about ancient times, derived from historical romances which were often devoid of historical truth. These tales Herodotus has faithfully repeated 'for the use of anyone who finds them credible' (123. 1), e.g. the account of the world-wide conquests of Sesôstris (102 ff.). Herodotus has so carefully reproduced the Egyptian point of view that an anti-Hellenic tone has been noted in Book ii [1]: and it was this characteristic that made Plutarch, as we have seen, describe Herodotus as a 'philo-barbarian'. Yet many of the stories which Herodotus tells about Egypt had obviously been transmitted by Ionians, who had adapted them to the taste of a Greek audience. Some of the stories, too, which Herodotus accepted, were inventions to explain religious ritual or customs, or to account for certain details in monuments, e.g. the king with a golden napkin (122. 5 note).

In view of the popular character of his sources, it is not surprising that Herodotus knows little about the early kings of Egypt: all that he has to tell us about the Old Kingdom relates to the kings of the Fourth Dynasty whose memory was preserved by their pyramids at Giza. Moreover, these kings are placed far out of chronological order (there is the same dislocation in Diodorus Siculus i. 63–5);

[1] See How and Wells, *Commentary*, i. 14.

and Herodotus makes the Saïte kings of Dynasty XXVI come closely after the pyramid-builders—a mistake which may have its origin, or at least its excuse, in the similarity of Saïte art to that of the pyramid-time (H. R. Hall).

In view of the fact that, in general, the memorials of Ancient Egypt were undoubtedly much more perfect than at the present day, it may seem strange that Herodotus knew so much less about chronology than the modern Egyptologist; but we must remember that Herodotus was unable to read hieroglyphic writing, and that he came to Egypt more than a century and a half too early to have the advantage of Manetho's chronological scheme in his *Aegyptiaca*; also that, as A. W. Lawrence says, many of the minor monuments which now illuminate the development of Egyptian civilization and institutions were buried or otherwise inaccessible to Herodotus.

On the ancient kings of Egypt, Herodotus gathered much material that has long been recognized as folklore; and G. A. Wainwright [1] has acutely pointed out that many of the strange tales of Herodotus (like those of Liodorus, Manetho, and others) are memories of the Old Religion of Egypt, which preceded the State-worship of Ra and Osiris. The divine Pharaoh or priest-king, by his magical power, ensured the fruitfulness of the land, summoning water for the fields, and checking dangerous floods: thus, when Pherôs hurled his spear into the swollen, stormy Nile (111. 8), he was attempting to control the inundation and the elements. While still in his prime, each king was expected to lay down his life and pass on the power unimpaired to his successor; but this penalty of kingship under the old sky-religion was not always acquiesced in by the victim, hence the complaints of Mycerinus (chap. 133), who, unlike his predecessors, had been obedient to the gods of the Old Religion, and yet was to be obliged to die after six years. The story of Sesôstris includes an attempt to burn the old king to death, made by one who had usurped his position (chap. 107). The brother of Nitôcris did not

[1] G. A. Wainwright, *The Sky-Religion in Egypt*, 1938.

escape his doom (chap. 100); but his sister, after a reign of six years, being herself compelled to commit suicide among hot ashes, first took vengeance on her brother's murderers. In discussing these and similar examples, Mr. Wainwright has shown that the Greek stories of Ancient Egypt are not mere nonsense, but record details of the Old Religion and its barbarity which had stamped themselves upon the popular memory, thus living on for centuries in these strange tales.

It is only when Herodotus comes within a century of his own time that flagrant errors in chronology cease to occur: he rightly claims (154. 18) that he has accurate knowledge of Egyptian affairs from the reign of King Psammêtichus I in the middle of the seventh century B.C.—the date of the settlement of Ionian soldiers in Egypt. While of earlier epochs Herodotus tells us what is but a faint echo of historical truth, his account of this later epoch is the most copious source of information which we have at the present day, for native records are still very scanty, the reason being that comparatively few monuments of the Saïte period have been excavated in the Delta. 'Our knowledge of the Saïte and the Persian periods depends mainly on his admirable information, which here and there has been fully confirmed, and nowhere contradicted, by Egyptian monuments.' [1]

In addition to what Herodotus was able to learn in Egypt directly by his own observation, judgment, and research (99. 1, *ὄψις τε ἐμὴ καὶ γνώμη καὶ ἱστορίη*), he could find some material in earlier books of travel by Greeks, especially Hecataeus of Miletus, whom he criticizes (143. 1). But on the extent of his borrowings from Hecataeus there has been a wide difference of opinion. W. A. Heidel,[2] for instance, holds that he has borrowed very extensively from Hecataeus. Others cannot accept such wholesale plagiarism: Ph. E. Legrand, pointing out that Hecataeus had little or no interest in the history of the peoples which he passed in review, believes that there

1 Spiegelberg, *The Credibility of Herodotus, ad fin.*
2 W. A. Heidel, *Hecataeus and the Egyptian Priests in H.* ii, 1935.

was no 'Herodotus' before Herodotus, the 'Father of History'.

The value of Book ii is summed up by T. R. Glover[1]: 'We have thus something that is really of far more interest and far higher value than exact information, given objectively, of Egypt about 450 B.C. We have the reaction of Egypt on the general Greek mind, expressed by a man of singular sensitiveness, solid honesty, and real sympathy, who was intensely interested in Egypt and rather more apt to overvalue Egyptian ideas than to undervalue them.'

Manuscripts.—Of the mediaeval MSS. of Herodotus, the oldest is A, in the Laurentian Library, Florence, dating from the beginning of the eleventh century. Other three MSS., B, C, D, date from later in the same century. P (in Paris), R (in the Vatican Library), S (at Cambridge), V (at Vienna), and U are all of the fourteenth century. These MSS. fall into two groups, (1) A B C, and (2) D R S V: the readings of P agree sometimes with (1) and sometimes with (2).

Out of the sands of Egypt within recent years there have come fragments of papyri, eighteen in number, dating from the first to the third centuries A.D., and agreeing in text more often with group (1) than with group (2). Of these papyri, two contain a part of Book ii: P. Oxy. VIII. 1092 (late second century) has ii. 154–75, with extensive gaps; P. Ryl. i. 55 (second century) has ii. 96, 98, 107, in all, thirty-four lines.

An early epitome of Herodotus, written in Attic Greek, is published among the Oxyrhynchus Papyri (P. Oxy. VI. 857, fourth century): it contains a summary of part of Book vii.

[1] T. R. Glover, *Herodotus*, p. 135.

SOME OF THE DYNASTIES OF EGYPT DOWN TO THE TIME OF HERODOTUS.[1]

(Until 2000 B.C. the dates are all uncertain. Numbers in square brackets refer to chapters of Herodotus ii.)

Dynasty I. Menes [Min, 99] united the kingdoms of Upper and Lower Egypt, *c.* 3200 B.C.

Dynasties III–V. The Old Kingdom, *c.* 2780–*c.* 2420 B.C.

Dynasty III. King Zoser established his capital at Memphis, where he built his tomb, the Step Pyramid at Sakkâra.

Dynasty IV, *c.* 2720–*c.* 2560 B.C.

Cheops (Khufu) built the Great Pyramid at Giza [125], *c.* 2690 B.C.

Chephren (Khafra) built the Second Pyramid at Giza [127], *c.* 2650 B.C.

Mycerinus (Menkawra) built the Third Pyramid at Giza [134], *c.* 2600 B.C.

Shepseskaf, *c.* 2560 B.C. (cf. Asychis [136]).

Dynasty VI, *c.* 2420–*c.* 2270 B.C.

Nitôcris [100, 134], the last of the Dynasty.

Dynasties XI–XIII. The Middle Kingdom, *c.* 2100–*c.* 1700 B.C.

Dynasty XII, *c.* 2000–1790 B.C.—a period of great prosperity and activity in the construction of monuments.

Sesôstris (Senwosret) III., *c.* 1860 B.C., made wide conquests [102 ff.].

[1] For a fuller account see the Loeb Classical Library, Manetho, and G. Steindorff in Baedeker,[8] pp. ci.–cx.

Amenemmes (Amenemhet) III., *c.* 1820 B.C., built a great temple [the Labyrinth, 148] in the Fayûm, and also carried out elaborate irrigation schemes there: his name is perpetuated in Lake Moeris [149].

Dynasties XIV–XVII. The Hyksôs Age, *c.* 1700–*c.* 1580 B.C. The Hyksôs, or 'Shepherd-Kings' from the East, conquered Egypt: in their number were many Semites, perhaps including Philistines (cf. 'the shepherd Philitis' [128]).

Dynasties XVIII–XX. The New Kingdom, *c.* 1580–*c.* 1100 B.C.

Dynasty XVIII, *c.* 1580–*c.* 1310 B.C.

Amenôphis (Amenhotep) III, 1411–1375 B.C., called Memnôn by the Greeks, built several temples and erected the statues known as the Colossi of Memnôn, which became famous for the singing note heard just after sunrise [149. 2 note].

Dynasty XIX, *c.* 1310–1200 B.C.

Ramesses I. and II.: of these, Ramesses II, who reigned for sixty-seven years (the Louis Quatorze of Egyptian history), waged many wars and built a great number of temples.

Dynasty XX (1200–1090 B.C.). Ramesses III–XII.

The reign of Ramesses III (1198–1167 B.C.) was mainly peaceful: he is probably the Rhampsinitus of Herodotus ii, 121 (see note).

Dynasty XXV. Ethiopian kings [100. 1], *c.* 715–663 B.C.

Dynasty XXVI (the Saïte Dynasty), 663–525 B.C.

Psammêtichus I [151], 663–609.
Necôs (Nechao) [159], 609–593.
Psammêtichus II, 593–588.
Apriês (Hophra of the *O.T.*) [161], 588–569.
Amasis, 569–526.
Psammêtichus III, 525.

Persian Domination, 525–332 B.C.—

Dynasty XXVII, 525–404 B.C.

Cambyses, 525–522 B.C.
Darius I, 522–486 B.C.
Xerxes I, 486–464 B.C.
Artabanus, 464 B.C.
Artaxerxes I, 464–424 B.C.

Herodotus visited Egypt shortly after 450 B.C.

Dynasties XXVIII–XXX. Egyptian kings: 404–343.

Dynasty XXVIII. Amyrtaeus of Saïs, 404–399 B.C.

Dynasty XXXI. Persian kings, 343–332 B.C., when Alexander the Great took possession of Egypt.

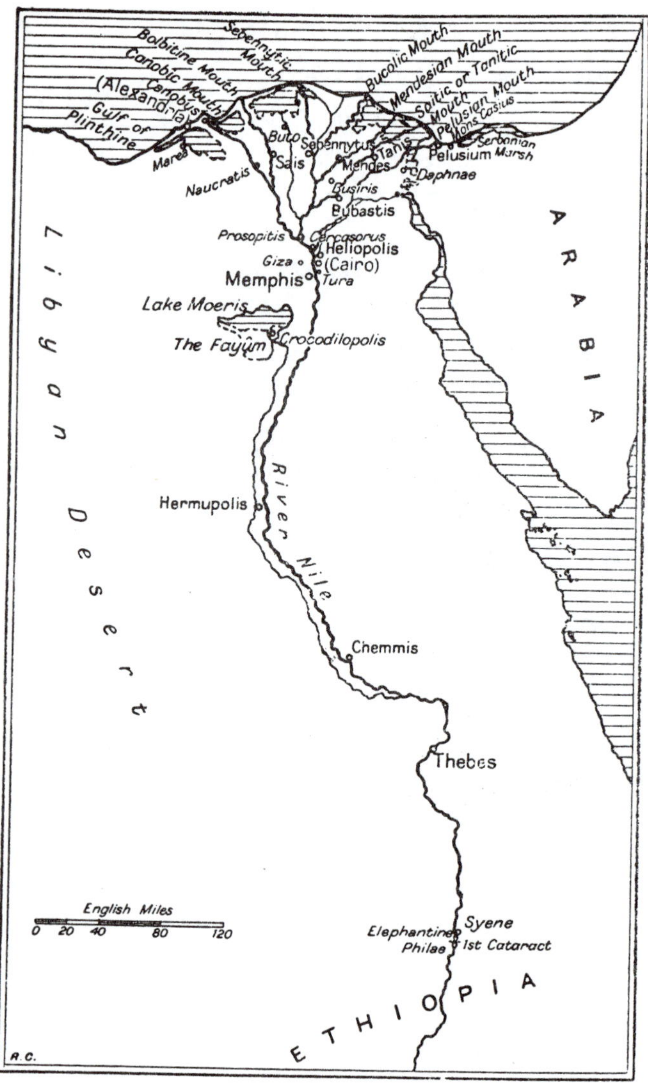

Sebennytic Mouth
Bolbitine Mouth
Canobic Mouth
Canopus
(Alexandria)
Gulf of Plinthine
Mareа
Bucolic Mouth
Mendesian Mouth
Saitic or Tanitic Mouth
Pelusian Mouth
Mons Casius
Serbonian Marsh
Buto
Sebennytus
Sais
Tanis
Mendes
Pelusium
Naucratis
Daphnae
Busiris
Bubastis
ARABIA
Libyan Desert
Prosopitis
Cercasorus
Heliopolis
Giza
(Cairo)
Memphis
Tura
Lake Moeris
The Fayûm
Crocodilopolis
River Nile
Hermupolis
Chemmis
Thebes
English Miles
0 20 40 80 120
Elephantine
Syene
Philae
Ist Cataract
ETHIOPIA
R.C.

MAP OF EGYPT

ΗΡΟΔΟΤΟΥ ΙΣΤΟΡΙΩΝ ΔΕΥΤΕΡΗ.

ΕΥΤΕΡΠΗ.

BOOK II.

1 *Cambyses succeeds to the Persian throne,* 529 B.C., *and prepares to invade Egypt.*

Τελευτήσαντος δὲ Κύρου παρέλαβε τὴν βασιληΐην Καμ-
βύσης, Κύρου ἐὼν παῖς καὶ Κασσανδάνης τῆς Φαρνάσπεω
θυγατρός, τῆς προαποθανούσης Κῦρος αὐτός τε μέγα πέν-
θος ἐποιήσατο καὶ τοῖσι ἄλλοισι προεῖπε πᾶσι τῶν ἦρχε
2 πένθος ποιέεσθαι. ταύτης δὴ τῆς γυναικὸς ἐὼν παῖς καὶ
Κύρου, Καμβύσης Ἴωνας μὲν καὶ Αἰολέας ὡς δούλους
πατρωΐους ἐόντας ἐνόμιζε, ἐπὶ δὲ Αἴγυπτον ἐποιέετο
στρατηλασίην, ἄλλους τε παραλαβὼν τῶν ἦρχε καὶ δὴ καὶ
Ἑλλήνων τῶν ἐπεκράτεε.

2 *The experiment of King Psammêtichus I (c.* 663–609 B.C.) *to find out which is the oldest nation in the world.*

Οἱ δὲ Αἰγύπτιοι, πρὶν μὲν ἢ Ψαμμήτιχον σφέων βασι-
λεῦσαι, ἐνόμιζον ἑωυτοὺς πρώτους γενέσθαι πάντων
ἀνθρώπων. ἐπειδὴ δὲ Ψαμμήτιχος βασιλεύσας ἠθέλησε
εἰδέναι οἵτινες γενοίατο πρῶτοι, ἀπὸ τούτου νομίζουσι
Φρύγας προτέρους γενέσθαι ἑωυτῶν, τῶν δὲ ἄλλων ἑωυτούς.
2 Ψαμμήτιχος δὲ ὡς οὐκ ἐδύνατο πυνθανόμενος πόρον οὐδένα
τούτου ἀνευρεῖν οἳ γενοίατο πρῶτοι ἀνθρώπων, ἐπιτεχ-
νᾶται τοιόνδε· παιδία δύο νεογνὰ ἀνθρώπων τῶν ἐπιτυ-
χόντων διδοῖ ποιμένι τρέφειν ἐς τὰ ποίμνια τροφήν

τινα τοιήνδε, ἐντειλάμενος μηδένα ἀντίον αὐτῶν μηδε-
μίαν φωνὴν ἱέναι, ἐν στέγῃ δὲ ἐρήμῃ ἐπ' ἑωυτῶν κεῖσθαι
αὐτὰ καὶ τὴν ὥρην ἐπαγινέειν σφι αἶγας, πλήσαντα
3 δὲ τοῦ γάλακτος τἆλλα διαπρήσσεσθαι. ταῦτα δὲ ἐποίεε
τε καὶ ἐνετέλλετο ὁ Ψαμμήτιχος θέλων ἀκοῦσαι τῶν
παιδίων, ἀπαλλαχθέντων τῶν ἀσήμων κνυζημάτων, ἥντινα
φωνὴν ῥήξουσι πρώτην. τά περ ὦν καὶ ἐγένετο. ὡς
γὰρ διέτης χρόνος ἐγεγόνεε ταῦτα τῷ ποιμένι πρήσσοντι,
ἀνοίγοντι τὴν θύρην καὶ ἐσιόντι τὰ παιδία ἀμφότερα
προσπίπτοντα "βεκός" ἐφώνεον, ὀρέγοντα τὰς χεῖρας.
4 τὰ μὲν δὴ πρῶτα ἀκούσας ἥσυχος ἦν ὁ ποιμήν, ὡς δὲ πολ-
λάκις φοιτῶντι καὶ ἐπιμελομένῳ πολλὸν ἦν τοῦτο τὸ ἔπος,
οὕτω δὴ σημήνας τῷ δεσπότῃ ἤγαγε τὰ παιδία κελεύ-
σαντος ἐς ὄψιν τὴν ἐκείνου. ἀκούσας δὲ καὶ αὐτὸς ὁ
Ψαμμήτιχος ἐπυνθάνετο οἵτινες ἀνθρώπων "βεκός" τι
καλέουσι, πυνθανόμενος δὲ εὕρισκε Φρύγας καλέοντας τὸν
5 ἄρτον. οὕτω συνεχώρησαν Αἰγύπτιοι καὶ τοιούτῳ σταθ-
μησάμενοι πρήγματι τοὺς Φρύγας πρεσβυτέρους εἶναι
ἑωυτῶν. ὧδε μὲν γενέσθαι τῶν ἱρέων τοῦ Ἡφαίστου
τοῦ ἐν Μέμφι ἤκουον. Ἕλληνες δὲ λέγουσι ἄλλα τε
μάταια πολλὰ καὶ ὡς γυναικῶν τὰς γλώσσας ὁ Ψαμμή-
τιχος ἐκταμὼν τὴν δίαιταν οὕτως ἐποιήσατο τῶν παιδίων
παρὰ ταύτῃσι τῇσι γυναιξί.

3 *The description of Egypt by Herodotus is based upon what he heard from the priests of Memphis, Thebes, and Heliopolis. His reticence concerning things divine.*

Κατὰ μὲν δὴ τὴν τροφὴν τῶν παιδίων τοσαῦτα ἔλεγον,
ἤκουσα δὲ καὶ ἄλλα ἐν Μέμφι, ἐλθὼν ἐς λόγους τοῖσι
ἱρεῦσι τοῦ Ἡφαίστου· καὶ δὴ καὶ ἐς Θήβας τε καὶ
ἐς Ἡλίου πόλιν αὐτῶν τούτων εἵνεκεν ἐτραπόμην, ἐθέλων
εἰδέναι εἰ συμβήσονται τοῖσι λόγοισι τοῖσι ἐν Μέμφι· οἱ γὰρ
2 Ἡλιοπολῖται λέγονται Αἰγυπτίων εἶναι λογιώτατοι. τὰ

μέν νυν θεῖα τῶν ἀπηγημάτων οἷα ἤκουον, οὐκ εἰμὶ πρόθυμος ἐξηγέεσθαι, ἔξω ἢ τὰ οὐνόματα αὐτῶν μοῦνον, νομίζων πάντας ἀνθρώπους ἴσον περὶ αὐτῶν ἐπίστασθαι· τὰ δ᾽ ἂν ἐπιμνησθέω αὐτῶν, ὑπὸ τοῦ λόγου ἐξαναγκαζόμενος ἐπιμνησθήσομαι.

4 *Human matters: the calendar, the twelve gods, the nature of Egypt under Dynasty I.*

Ὅσα δὲ ἀνθρωπήϊα πρήγματα, ὧδε ἔλεγον ὁμολογ-
έοντες σφίσι, πρώτους Αἰγυπτίους ἀνθρώπων ἁπάντων
ἐξευρεῖν τὸν ἐνιαυτόν, δυώδεκα μέρεα δασαμένους τῶν
ὡρέων ἐς αὐτόν. ταῦτα δὲ ἐξευρεῖν ἐκ τῶν ἄστρων ἔλεγον.
(ἄγουσι δὲ τοσῷδε σοφώτερον Ἑλλήνων, ἐμοὶ δοκέειν,
ὅσῳ Ἕλληνες μὲν διὰ τρίτου ἔτεος ἐμβόλιμον ἐπεμβάλ-
λουσι τῶν ὡρέων εἵνεκεν, Αἰγύπτιοι δὲ τριηκοντημέρους
ἄγοντες τοὺς δυώδεκα μῆνας ἐπάγουσι ἀνὰ πᾶν ἔτος
πέντε ἡμέρας πάρεξ τοῦ ἀριθμοῦ, καί σφι ὁ κύκλος τῶν
2 ὡρέων ἐς τὠυτὸ περιιὼν παραγίνεται.) δυώδεκά τε θεῶν
ἐπωνυμίας ἔλεγον πρώτους Αἰγυπτίους νομίσαι καὶ Ἕλ-
ληνας παρὰ σφέων ἀναλαβεῖν, βωμούς τε καὶ ἀγάλματα
καὶ νηοὺς θεοῖσι ἀπονεῖμαι σφέας πρώτους καὶ ζῷα ἐν
λίθοισι ἐγγλύψαι. τούτων μέν νυν τὰ πλέω ἔργῳ ἐδήλουν
οὕτω γενόμενα, βασιλεῦσαι δὲ πρῶτον Αἰγύπτου ἄνθρω-
3 πον ἔλεγον Μῖνα. ἐπὶ τούτου, πλὴν τοῦ Θηβαϊκοῦ νομοῦ,
πᾶσαν Αἴγυπτον εἶναι ἕλος, καὶ αὐτῆς εἶναι οὐδὲν ὑπερ-
έχον τῶν νῦν ἔνερθε λίμνης τῆς Μοίριος ἐόντων, ἐς τὴν
ἀνάπλοος ἀπὸ θαλάσσης ἑπτὰ ἡμερέων ἐστὶ ἀνὰ τὸν
ποταμόν.

5 34 *Description of the land of Egypt:* 5, '*the gift of the Nile*'.

5 Καὶ εὖ μοι ἐδόκεον λέγειν περὶ τῆς χώρης. δῆλα γὰρ δὴ καὶ μὴ προακούσαντι, ἰδόντι δέ, ὅστις γε σύνεσιν ἔχει,

ὅτι Αἴγυπτος ἐς τὴν Ἕλληνες ναυτίλλονται ἐστὶ Αἰγυπ-
τίοισι ἐπίκτητός τε γῆ καὶ δῶρον τοῦ ποταμοῦ, καὶ τὰ
κατύπερθε ἔτι τῆς λίμνης ταύτης μέχρι τριῶν ἡμερέων
πλόου, τῆς πέρι ἐκεῖνοι οὐδὲν ἔτι τοιόνδε ἔλεγον, ἔστι δὲ
2 ἕτερον τοιοῦτο. Αἰγύπτου γὰρ φύσις ἐστὶ τῆς χώρης
τοιήδε· πρῶτα μὲν προσπλέων ἔτι καὶ ἡμέρης δρόμον
ἀπέχων ἀπὸ γῆς, κατεὶς καταπειρητηρίην πηλόν τε ἀνοί-
σεις καὶ ἐν ἕνδεκα ὀργυιῇσι ἔσεαι. τοῦτο μὲν ἐπὶ τοσοῦτο
δηλοῖ πρόχυσιν τῆς γῆς ἐοῦσαν.

6–9 *Extent of Egypt*: 6, *length of seaboard*: 7, *distance from sea to Heliopolis*: 8, *S. of Heliopolis*: 9, *Heliopolis to Thebes.*

6 Αὐτῆς δὲ τῆς Αἰγύπτου ἐστὶ μῆκος τὸ παρὰ θάλασσαν
ἑξήκοντα σχοῖνοι, κατὰ ἡμεῖς διαιρέομεν εἶναι Αἴγυπτον
ἀπὸ τοῦ Πλινθινήτεω κόλπου μέχρι Σερβωνίδος λίμνης,
παρ' ἣν τὸ Κάσιον ὄρος τείνει· ταύτης ὦν ἄπο οἱ ἑξήκοντα
2 σχοῖνοί εἰσι. ὅσοι μὲν γὰρ γεωπεῖναί εἰσι ἀνθρώπων,
ὀργυιῇσι μεμετρήκασι τὴν χώρην, ὅσοι δὲ ἧσσον γεωπεῖναι,
σταδίοισι, οἳ δὲ πολλὴν ἔχουσι, παρασάγγῃσι, οἳ δὲ ἄφθονον
3 λίην, σχοίνοισι. δύναται δὲ ὁ μὲν παρασάγγης τριήκοντα
στάδια, ὁ δὲ σχοῖνος ἕκαστος, μέτρον ἐὼν Αἰγύπτιον,
ἑξήκοντα στάδια. οὕτως ἂν εἴησαν Αἰγύπτου στάδιοι
7 ἑξακόσιοι καὶ τρισχίλιοι τὸ παρὰ θάλασσαν. ἐνθεῦτεν
μὲν καὶ μέχρι Ἡλίου πόλιος ἐς τὴν μεσόγαιάν ἐστι εὐρέα
Αἴγυπτος, ἐοῦσα πᾶσα ὑπτίη τε καὶ ἔνυδρος καὶ ἰλύς.
ἔστι δὲ ὁδὸς ἐς Ἡλίου πόλιν ἀπὸ θαλάσσης ἄνω ἰόντι
παραπλησίη τὸ μῆκος τῇ ἐξ Ἀθηνέων ὁδῷ τῇ ἀπὸ τῶν
δυώδεκα θεῶν τοῦ βωμοῦ φερούσῃ ἔς τε Πῖσαν καὶ ἐπὶ
2 τὸν νηὸν τοῦ Διὸς τοῦ Ὀλυμπίου. σμικρόν τι τὸ
διάφορον εὕροι τις ἂν λογιζόμενος τῶν ὁδῶν τουτέων,
τὸ μὴ ἴσας μῆκος εἶναι, οὐ πλέον πεντεκαίδεκα σταδίων·
ἡ μὲν γὰρ ἐς Πῖσαν ἐξ Ἀθηνέων καταδεῖ πεντεκαίδεκα

σταδίων μὴ εἶναι πεντακοσίων καὶ χιλίων, ἡ δὲ ἐς Ἡλίου
8 πόλιν ἀπὸ θαλάσσης πληροῖ τὸν ἀριθμὸν τοῦτον. ἀπὸ δὲ
Ἡλίου πόλιος ἄνω ἰόντι στεινή ἐστι Αἴγυπτος.
τῇ μὲν γὰρ τῆς Ἀραβίης ὄρος παρατέταται, φέρον ἀπ᾽
ἄρκτου πρὸς μεσαμβρίης τε καὶ νότου, αἰεὶ ἄνω τεῖνον ἐς
τὴν Ἐρυθρὴν καλεομένην θάλασσαν, ἐν τῷ αἱ λιθοτομίαι
ἔνεισι αἱ ἐς τὰς πυραμίδας κατατμηθεῖσαι τὰς ἐν Μέμφι.
ταύτῃ μὲν λῆγον ἀνακάμπτει ἐς τὰ εἴρηται τὸ ὄρος· τῇ
δὲ αὐτὸ ἑωυτοῦ ἐστι μακρότατον, ὡς ἐγὼ ἐπυνθανόμην,
δύο μηνῶν αὐτὸ εἶναι ὁδοῦ ἀπὸ ἠοῦς πρὸς ἑσπέρην, τὰ
δὲ πρὸς τὴν ἠῶ λιβανωτοφόρα αὐτοῦ τὰ τέρματα εἶναι.
2 τοῦτο μέν νυν τὸ ὄρος τοιοῦτό ἐστι, τὸ δὲ πρὸς Λιβύης τῆς
Αἰγύπτου ὄρος ἄλλο πέτρινον τείνει, ἐν τῷ αἱ πυραμίδες
ἔνεισι, ψάμμῳ κατειλυμένον, τεταμένον τὸν αὐτὸν τρόπον
3 καὶ τοῦ Ἀραβίου τὰ πρὸς μεσαμβρίην φέροντα. τὸ ὦν
δὴ ἀπὸ Ἡλίου πόλιος οὐκέτι πολλὸν χωρίον ὡς εἶναι
Αἰγύπτου, ἀλλ᾽ ὅσον τε ἡμερέων τεσσέρων ἀναπλόου ἐστὶ
στεινὴ Αἴγυπτος ἐοῦσα. τῶν δὲ ὀρέων τῶν εἰρημένων τὸ
μεταξὺ πεδιὰς μὲν γῆ, στάδιοι δὲ μάλιστα ἐδόκεόν μοι
εἶναι, τῇ στεινότατόν ἐστι, διηκοσίων οὐ πλέους ἐκ τοῦ
Ἀραβίου ὄρεος ἐς τὸ Λιβυκὸν καλεόμενον. τὸ δὲ ἐνθεῦτεν
αὖτις εὐρέα Αἴγυπτός ἐστι.

9 Πέφυκε μέν νυν ἡ χώρη αὕτη οὕτως, ἀπὸ δὲ Ἡλίου
πόλιος ἐς Θήβας ἐστὶ ἀνάπλοος ἐννέα ἡμερέων, στάδιοι δὲ
τῆς ὁδοῦ ἑξήκοντα καὶ ὀκτακόσιοι καὶ τετρακισχίλιοι,
2 σχοίνων ἑνὸς καὶ ὀγδώκοντα ἐόντων. οὗτοι συντιθέ-
μενοι οἱ στάδιοι Αἰγύπτου, τὸ μὲν παρὰ θάλασσαν ἤδη
μοι καὶ πρότερον δεδήλωται ὅτι ἑξακοσίων τέ ἐστι σταδίων
καὶ τρισχιλίων, ὅσον δέ τι ἀπὸ θαλάσσης ἐς μεσόγαιαν
μέχρι Θηβέων ἐστί, σημανέω· στάδιοι γάρ εἰσι εἴκοσι
καὶ ἑκατὸν καὶ ἑξακισχίλιοι. τὸ δὲ ἀπὸ Θηβέων ἐς Ἐλε-
φαντίνην καλεομένην πόλιν στάδιοι χίλιοι καὶ ὀκτακόσιοί
εἰσι.

10–12 *The alluvial Delta—once a gulf of the sea, parallel to the ‘Red Sea’: evidence from shells and efflorescence of salt.*

10 Ταύτης ὦν τῆς χώρης τῆς εἰρημένης ἡ πολλή, κατά περ οἱ
ἱρέες ἔλεγον, ἐδόκεε καὶ αὐτῷ μοι εἶναι ἐπίκτητος Αἰγυπ-
τίοισι. τῶν γὰρ ὀρέων τῶν εἰρημένων τῶν ὑπὲρ Μέμφιν πόλιν
κειμένων τὸ μεταξὺ ἐφαίνετό μοι εἶναί κοτε κόλπος θαλάσ-
σης, ὥσπερ τά τε περὶ Ἴλιον καὶ Τευθρανίην καὶ Ἔφεσόν τε
καὶ Μαιάνδρου πεδίον, ὥς γε εἶναι σμικρὰ ταῦτα μεγά-
2 λοισι συμβαλεῖν. τῶν γὰρ ταῦτα τὰ χωρία προσχωσάντων
ποταμῶν ἑνὶ τῶν στομάτων τοῦ Νείλου, ἐόντος πεντα-
στόμου, οὐδεὶς αὐτῶν πλήθεος πέρι ἄξιος συμβληθῆναί
3 ἐστι. εἰσὶ δὲ καὶ ἄλλοι ποταμοί, οὐ κατὰ τὸν Νεῖλον
ἐόντες μεγάθεα, οἵτινες ἔργα ἀποδεξάμενοι μεγάλα εἰσί·
τῶν ἐγὼ φράσαι ἔχω οὐνόματα καὶ ἄλλων καὶ οὐκ
ἥκιστα Ἀχελῴου, ὃς ῥέων δι’ Ἀκαρνανίης καὶ ἐξιεὶς ἐς
θάλασσαν τῶν Ἐχινάδων νήσων τὰς ἡμισέας ἤδη ἤπειρον
πεποίηκε.

11 Ἔστι δὲ τῆς Ἀραβίης χώρης, Αἰγύπτου δὲ οὐ πρόσω,
κόλπος θαλάσσης ἐσέχων ἐκ τῆς Ἐρυθρῆς καλεομένης
θαλάσσης, μακρὸς οὕτω δή τι καὶ στεινὸς ὡς ἔρχομαι
2 φράσων· μῆκος μὲν πλόου ἀρξαμένῳ ἐκ μυχοῦ διεκπλῶσαι
ἐς τὴν εὐρέαν θάλασσαν ἡμέραι ἀναισιμοῦνται τεσσερά-
κοντα εἰρεσίῃ χρεωμένῳ, εὖρος δέ, τῇ εὐρύτατός ἐστι ὁ
κόλπος, ἥμισυ ἡμέρης πλόου. ῥηχίη δ’ ἐν αὐτῷ καὶ ἄμπω-
3 τις ἀνὰ πᾶσαν ἡμέρην γίνεται. ἕτερον τοιοῦτον κόλπον
καὶ τὴν Αἴγυπτον δοκέω γενέσθαι κου, τὸν μὲν ἐκ τῆς
βορηΐης θαλάσσης [κόλπον] ἐσέχοντα ἐπ’ Αἰθιοπίης,
τὸν δὲ [Ἀράβιον, τὸν ἔρχομαι λέξων,] ἐκ τῆς νοτίης
φέροντα ἐπὶ Συρίης, σχεδὸν μὲν ἀλλήλοισι συντετραίνοντας
τοὺς μυχούς, ὀλίγον δέ τι παραλλάσσοντας τῆς χώρης.
4 εἰ ὦν ἐθελήσει ἐκτρέψαι τὸ ῥέεθρον ὁ Νεῖλος ἐς τοῦτον
τὸν Ἀράβιον κόλπον, τί μιν κωλύει ῥέοντος τούτου

χωσθῆναι ἐντός γε δισμυρίων ἐτέων; ἐγὼ μὲν γὰρ
ἔλπομαί γε καὶ μυρίων ἐντὸς χωσθῆναι ἄν. κοῦ γε δὴ
ἐν τῷ προαναισιμωμένῳ χρόνῳ πρότερον ἢ ἐμὲ γενέσθαι
οὐκ ἂν χωσθείη κόλπος καὶ πολλῷ μέζων ἔτι τούτου ὑπὸ
τοσούτου τε ποταμοῦ καὶ οὕτως ἐργατικοῦ;

12 Τὰ περὶ Αἴγυπτον ὦν καὶ τοῖσι λέγουσι αὐτὰ πείθομαι
καὶ αὐτὸς οὕτω κάρτα δοκέω εἶναι, ἰδών τε τὴν Αἴγυπτον
προκειμένην τῆς ἐχομένης γῆς κογχύλιά τε φαινόμενα ἐπὶ
τοῖσι ὄρεσι καὶ ἅλμην ἐπανθέουσαν, ὥστε καὶ τὰς πυραμί-
δας δηλέεσθαι, καὶ ψάμμον μοῦνον Αἰγύπτου ὄρος τοῦτο
2 τὸ ὑπὲρ Μέμφιος ἔχον, πρὸς δὲ τῇ χώρῃ οὔτε τῇ Ἀραβίῃ
προσούρῳ ἐούσῃ τὴν Αἴγυπτον προσεικέλην οὔτε τῇ Λιβύῃ,
οὐ μὲν οὐδὲ τῇ Συρίῃ (τῆς γὰρ Ἀραβίης τὰ παρὰ θάλασσαν
Σύριοι νέμονται), ἀλλὰ μελάγγαιόν τε καὶ καταρρηγνυμένην
ὥστε ἐοῦσαν ἰλύν τε καὶ πρόχυσιν ἐξ Αἰθιοπίης κατεν-
3 ηνειγμένην ὑπὸ τοῦ ποταμοῦ. τὴν δὲ Λιβύην ἴδμεν ἐρυθ-
ροτέρην τε γῆν καὶ ὑποψαμμοτέρην, τὴν δὲ Ἀραβίην τε
καὶ Συρίην ἀργιλωδεστέρην τε καὶ ὑπόπετρον ἐοῦσαν.

13, 14 *Evidence of the priests concerning the rising of the Nile in ancient times. Continued increase of the Delta's level would be as disastrous for Egypt as lack of rain for Greece: unparalleled ease of cultivation.*

13 Ἔλεγον δὲ καὶ τόδε μοι μέγα τεκμήριον περὶ τῆς χώρης
ταύτης οἱ ἱρέες, ὡς ἐπὶ Μοίριος βασιλέος, ὅκως ἔλθοι ὁ
ποταμὸς ἐπὶ ὀκτὼ πήχεας τὸ ἐλάχιστον, ἄρδεσκε Αἴγυπτον
τὴν ἔνερθε Μέμφιος. καὶ Μοίρι οὔκω ἦν ἔτεα εἰνακόσια
τετελευτηκότι, ὅτε τῶν ἱρέων ταῦτα ἐγὼ ἤκουον. νῦν δέ,
εἰ μὴ ἐπ' ἑκκαίδεκα ἢ πεντεκαίδεκα πήχεας ἀναβῇ
τὸ ἐλάχιστον ὁ ποταμός, οὐκ ὑπερβαίνει ἐς τὴν χώρην.
2 δοκέουσί τέ μοι Αἰγυπτίων οἱ ἔνερθε τῆς λίμνης τῆς Μοίριος
οἰκέοντες τά τε ἄλλα χωρία καὶ τὸ καλεόμενον Δέλτα,
ἢν οὕτω ἡ χώρη αὕτη κατὰ λόγον ἐπιδιδοῖ ἐς ὕψος καὶ τὸ

ὅμοιον ἀποδιδοῖ ἐς αὔξησιν, μὴ κατακλύζοντος αὐτὴν τοῦ
Νείλου πείσεσθαι τὸν πάντα χρόνον τὸν ἐπίλοιπον Αἰγύπ-
3 τιοι τό κοτε αὐτοὶ Ἕλληνας ἔφασαν πείσεσθαι. πυνθανό-
μενοι γὰρ ὡς ὕεται πᾶσα ἡ χώρη τῶν Ἑλλήνων, ἀλλʼ οὐ
ποταμοῖσι ἄρδεται κατά περ ἡ σφετέρη, ἔφασαν Ἕλληνας
ψευσθέντας κοτὲ ἐλπίδος μεγάλης κακῶς πεινήσειν. τὸ
δὲ ἔπος τοῦτο ἐθέλει λέγειν ὡς, εἰ μὴ ἐθελήσει σφι ὕειν
ὁ θεὸς ἀλλʼ αὐχμῷ διαχρᾶσθαι, λιμῷ οἱ Ἕλληνες αἱρεθή-
σονται· οὐ γὰρ δή σφι ἔστι ὕδατος οὐδεμία ἄλλη ἀποστροφὴ
14 ὅ τι μὴ ἐκ τοῦ Διὸς μοῦνον. καὶ ταῦτα μὲν ἐς Ἕλληνας
Αἰγυπτίοισι ὀρθῶς ἔχοντα εἴρηται. φέρε δὲ νῦν καὶ
αὐτοῖσι Αἰγυπτίοισι ὡς ἔχει φράσω. εἴ σφι θέλοι, ὡς
καὶ πρότερον εἶπον, ἡ χώρη ἡ ἔνερθε Μέμφιος (αὕτη γάρ
ἐστι ἡ αὐξανομένη) κατὰ λόγον τοῦ παροιχομένου χρόνου
ἐς ὕψος αὐξάνεσθαι, ἄλλο τι ἢ οἱ ταύτῃ οἰκέοντες Αἰγυπτίων
πεινήσουσι, εἰ μήτε γε ὕσεταί σφι ἡ χώρη μήτε ὁ ποταμὸς
2 οἷός τε ἔσται ἐς τὰς ἀρούρας ὑπερβαίνειν; ἦ γὰρ δὴ νῦν
γε οὗτοι ἀπονητότατα καρπὸν κομίζονται ἐκ γῆς τῶν τε
ἄλλων ἀνθρώπων πάντων καὶ τῶν λοιπῶν Αἰγυπτίων,
οἳ οὔτε ἀρότρῳ ἀναρρηγνύντες αὔλακας ἔχουσι πόνους
οὔτε σκάλλοντες οὔτε ἄλλο ἐργαζόμενοι οὐδὲν τῶν ὧλλοι
ἄνθρωποι περὶ λήϊον πονέουσι, ἀλλʼ ἐπεάν σφι ὁ ποταμὸς
αὐτόματος ἐπελθὼν ἄρσῃ τὰς ἀρούρας, ἄρσας δὲ ἀπολίπῃ
ὀπίσω, τότε σπείρας ἕκαστος τὴν ἑωυτοῦ ἄρουραν ἐσβάλλει
ἐς αὐτὴν ὗς, ἐπεὰν δὲ καταπατήσῃ τῇσι ὑσὶ τὸ σπέρμα,
τὸν ἄμητον τὸ ἀπὸ τούτου μένει, ἀποδινήσας δὲ τῇσι ὑσὶ
τὸν σῖτον οὕτω κομίζεται.

15, 16 *Herodotus opposes the Ionian theory that only the Delta is Egypt : this would make the Delta a fourth continent.*

15 Εἰ ὦν βουλόμεθα γνώμῃσι τῇσι Ἰώνων χρᾶσθαι τὰ περὶ
Αἴγυπτον, οἳ φασι τὸ Δέλτα μοῦνον εἶναι Αἴγυπτον, ἀπὸ
Περσέος καλεομένης σκοπιῆς λέγοντες τὸ παρὰ θάλασσαν

εἶναι αὐτὴν μέχρι Ταριχηΐων τῶν Πηλουσιακῶν, τῇ δὴ
τεσσεράκοντά εἰσι σχοῖνοι, τὸ δὲ ἀπὸ θαλάσσης λεγόντων
ἐς μεσόγαιαν τείνειν αὐτὴν μέχρι Κερκασώρου πόλιος, κατ'
ἣν σχίζεται ὁ Νεῖλος ἔς τε Πηλούσιον ῥέων καὶ ἐς Κάνω-
βον, τὰ δὲ ἄλλα λεγόντων τῆς Αἰγύπτου τὰ μὲν Λιβύης,
τὰ δὲ Ἀραβίης εἶναι, ἀποδεικνύοιμεν ἂν τούτῳ τῷ λόγῳ
2 χρεώμενοι Αἰγυπτίοισι οὐκ ἐοῦσαν πρότερον χώρην. ἤδη
γάρ σφι τό γε Δέλτα, ὡς αὐτοὶ λέγουσι Αἰγύπτιοι καὶ
ἐμοὶ δοκέει, ἐστὶ κατάρρυτόν τε καὶ νεωστὶ ὡς λόγῳ εἰπεῖν
ἀναπεφηνός. εἰ τοίνυν σφι χώρη γε μηδεμία ὑπῆρχε, τί
περιεργάζοντο δοκέοντες πρῶτοι ἀνθρώπων γεγονέναι;
οὐδὲ ἔδει σφέας ἐς διάπειραν τῶν παιδίων ἰέναι, τίνα γλῶσ-
3 σαν πρώτην ἀπήσουσι. ἀλλ' οὔτε Αἰγυπτίους δοκέω
ἅμα τῷ Δέλτα τῷ ὑπὸ Ἰώνων ⟨Αἰγύπτῳ⟩ καλεομένῳ
γενέσθαι αἰεί τε εἶναι ἐξ οὗ ἀνθρώπων γένος ἐγένετο, προ-
ϊούσης δὲ τῆς χώρης πολλοὺς μὲν τοὺς ὑπολειπομένους
αὐτῶν γίνεσθαι, πολλοὺς δὲ τοὺς ὑποκαταβαίνοντας. τὸ
δ' ὦν πάλαι αἱ Θῆβαι Αἴγυπτος ἐκαλέετο, τῆς τὸ περί-
μετρον στάδιοί εἰσι εἴκοσι καὶ ἑκατὸν καὶ ἑξακισχίλιοι.
16 εἰ ὦν ἡμεῖς ὀρθῶς περὶ αὐτῶν γινώσκομεν, Ἴωνες οὐκ εὖ
φρονέουσι περὶ Αἰγύπτου· εἰ δὲ ὀρθή ἐστι ἡ γνώμη τῶν
Ἰώνων, Ἕλληνάς τε καὶ αὐτοὺς Ἴωνας ἀποδείκνυμι οὐκ
ἐπισταμένους λογίζεσθαι, οἵ φασι τρία μόρια εἶναι γῆν πᾶσαν,
2 Εὐρώπην τε καὶ Ἀσίην καὶ Λιβύην. τέταρτον γὰρ δή
σφεας δεῖ προσλογίζεσθαι Αἰγύπτου τὸ Δέλτα, εἰ μήτε
γέ ἐστι τῆς Ἀσίης μήτε τῆς Λιβύης· οὐ γὰρ δὴ ὁ Νεῖλός
γέ ἐστι κατὰ τοῦτον τὸν λόγον ὁ τὴν Ἀσίην οὐρίζων τῇ
Λιβύῃ. τοῦ Δέλτα δὲ τούτου κατὰ τὸ ὀξὺ περιρρήγνυται ὁ
Νεῖλος, ὥστε ἐν τῷ μεταξὺ Ἀσίης τε καὶ Λιβύης γίνοιτ' ἄν.

17 *Herodotus defines the term Egypt: the seven mouths of the Nile.*

Καὶ τὴν μὲν Ἰώνων γνώμην ἀπίεμεν, ἡμεῖς δὲ ὧδέ κῃ
περὶ τούτων λέγομεν, Αἴγυπτον μὲν πᾶσαν εἶναι ταύτην

τὴν ὑπ' Αἰγυπτίων οἰκεομένην κατά περ Κιλικίην τὴν ὑπὸ
Κιλίκων καὶ Ἀσσυρίην τὴν ὑπὸ Ἀσσυρίων, οὔρισμα δὲ
Ἀσίῃ καὶ Λιβύῃ οἴδαμεν οὐδὲν ἐὸν ὀρθῷ λόγῳ εἰ μὴ τοὺς
2 Αἰγυπτίων οὔρους· εἰ δὲ τῷ ὑπ' Ἑλλήνων νενομισμένῳ
χρησόμεθα, νομιοῦμεν Αἴγυπτον πᾶσαν ἀρξαμένην ἀπὸ
Καταδούπων τε καὶ Ἐλεφαντίνης πόλιος δίχα διαιρέεσθαι
καὶ ἀμφοτέρων τῶν ἐπωνυμιέων ἔχεσθαι· τὰ μὲν γὰρ
3 αὐτῆς εἶναι τῆς Λιβύης, τὰ δὲ τῆς Ἀσίης. ὁ γὰρ δὴ
Νεῖλος, ἀρξάμενος ἀπὸ τῶν Καταδούπων, ῥέει μέσην
Αἴγυπτον σχίζων ἐς θάλασσαν. μέχρι μέν νυν Κερκασώ-
ρου πόλιος ῥέει εἷς ἐὼν ὁ Νεῖλος, τὸ δὲ ἀπὸ ταύτης
4 τῆς πόλιος σχίζεται τριφασίας ὁδούς. καὶ ἡ μὲν πρὸς
ἠῶ τρέπεται, τὸ καλέεται Πηλούσιον στόμα, ἡ δὲ ἑτέρη
τῶν ὁδῶν πρὸς ἑσπέρην ἔχει· τοῦτο δὲ Κανωβικὸν στόμα
κέκληται. ἡ δὲ δὴ ἰθέα τῶν ὁδῶν τῷ Νείλῳ ἐστὶ ἥδε·
ἄνωθεν φερόμενος ἐς τὸ ὀξὺ τοῦ Δέλτα ἀπικνέεται, τὸ δὲ
ἀπὸ τούτου σχίζων μέσον τὸ Δέλτα ἐς θάλασσαν ἐξίει,
οὔτε ἐλαχίστην μοῖραν τοῦ ὕδατος παρεχόμενος ταύτῃ
οὔτε ἥκιστα ὀνομαστήν, τὸ καλέεται Σεβεννυτικὸν στόμα.
5 ἔστι δὲ καὶ ἕτερα διφάσια στόματα ἀπὸ τοῦ Σεβεννυτικοῦ
ἀποσχισθέντα φέροντα ἐς θάλασσαν, τοῖσι οὐνόματα κεῖται
6 τάδε, τῷ μὲν Σαϊτικὸν αὐτῶν, τῷ δὲ Μενδήσιον. τὸ δὲ
Βολβίτινον στόμα καὶ τὸ Βουκολικὸν οὐκ ἰθαγενέα στό-
ματά ἐστι ἀλλ' ὀρυκτά.

18 *The oracle's definition.*

Μαρτυρέει δέ μοι τῇ γνώμῃ, ὅτι τοσαύτη ἐστὶ Αἴγυπ-
τος ὅσην τινὰ ἐγὼ ἀποδείκνυμι τῷ λόγῳ, καὶ τὸ
Ἄμμωνος χρηστήριον γενόμενον, τὸ ἐγὼ τῆς ἐμεωυ-
2 τοῦ γνώμης ὕστερον περὶ Αἴγυπτον ἐπυθόμην. οἱ
γὰρ δὴ ἐκ Μαρέης τε πόλιος καὶ Ἄπιος οἰκέοντες
Αἰγύπτου τὰ πρόσουρα Λιβύῃ, αὐτοί τε δοκέοντες εἶναι
Λίβυες καὶ οὐκ Αἰγύπτιοι καὶ ἀχθόμενοι τῇ περὶ τὰ

ἱρὰ θρησκείῃ, βουλόμενοι θηλέων βοῶν μὴ ἔργεσθαι,
ἔπεμψαν ἐς Ἄμμωνα φάμενοι οὐδὲν σφίσι τε καὶ Αἰγυπτί-
οισι κοινὸν εἶναι· οἰκέειν τε γὰρ ἔξω τοῦ Δέλτα καὶ οὐδὲν
ὁμολογέειν αὐτοῖσι, βούλεσθαί τε πάντων σφίσι ἐξεῖναι
3 γεύεσθαι. ὁ δὲ θεός σφεας οὐκ ἔα ποιέειν ταῦτα,
φὰς Αἴγυπτον εἶναι ταύτην τὴν ὁ Νεῖλος ἐπιὼν ἄρδει,
καὶ Αἰγυπτίους εἶναι τούτους οἳ ἔνερθε Ἐλεφαντίνης πόλιος
οἰκέοντες ἀπὸ τοῦ ποταμοῦ τούτου πίνουσι. οὕτω σφι
ταῦτα ἐχρήσθη.

19–27 *The Nile-rising :* 19, *its unique character.*

19 Ἐπέρχεται δὲ ὁ Νεῖλος, ἐπεὰν πληθύῃ, οὐ μοῦνον τὸ
Δέλτα ἀλλὰ καὶ τοῦ Λιβυκοῦ τε λεγομένου χωρίου
εἶναι καὶ τοῦ Ἀραβίου ἐνιαχῇ καὶ ἐπὶ δύο ἡμερέων ἑκατέ-
ρωθι ὁδόν, καὶ πλεῦν ἔτι τούτου καὶ ἔλασσον. τοῦ
ποταμοῦ δὲ φύσιος πέρι οὔτε τι τῶν ἱρέων οὔτε ἄλλου
2 οὐδενὸς παραλαβεῖν ἐδυνάσθην. πρόθυμος δὲ ἔα τάδε
παρ' αὐτῶν πυθέσθαι, ὅ τι κατέρχεται μὲν ὁ Νεῖλος πλη-
θύων ἀπὸ τροπέων τῶν θερινέων ἀρξάμενος ἐπὶ ἑκατὸν
ἡμέρας, πελάσας δὲ ἐς τὸν ἀριθμὸν τουτέων τῶν ἡμερέων
ὀπίσω ἀπέρχεται ἐπιλείπων τὸ ῥέεθρον, ὥστε βραχὺς τὸν
χειμῶνα ἅπαντα διατελέει ἐὼν μέχρι οὗ αὖτις τροπέων τῶν
3 θερινέων. τούτων ὦν πέρι οὐδενὸς οὐδὲν οἷός τε ἐγενόμην
παραλαβεῖν τῶν Αἰγυπτίων, ἱστορέων αὐτοὺς ἥντινα δύνα-
μιν ἔχει ὁ Νεῖλος τὰ ἔμπαλιν πεφυκέναι τῶν ἄλλων ποτα-
μῶν. ταῦτά τε δὴ [τὰ λελεγμένα] βουλόμενος εἰδέναι
ἱστόρεον καὶ ὅ τι αὔρας ἀποπνεούσας μοῦνος πάντων
ποταμῶν οὐ παρέχεται.

20 (1) *The etesian theory.*

Ἀλλὰ Ἑλλήνων μέν τινες ἐπίσημοι βουλόμενοι
γενέσθαι σοφίην ἔλεξαν περὶ τοῦ ὕδατος τούτου τριφασίας

ὁδούς, τῶν τὰς μὲν δύο [τῶν ὁδῶν] οὐδ' ἀξιῶ μνησθῆναι
2 εἰ μὴ ὅσον σημῆναι βουλόμενος μοῦνον. τῶν ἡ ἑτέρη
μὲν λέγει τοὺς ἐτησίας ἀνέμους εἶναι αἰτίους πληθύειν τὸν
ποταμόν, κωλύοντας ἐς θάλασσαν ἐκρέειν τὸν Νεῖλον.
πολλάκις δὲ ἐτησίαι μὲν οὐκ ὦν ἔπνευσαν, ὁ δὲ Νεῖλος
3 τὠυτὸ ἐργάζεται. πρὸς δέ, εἰ ἐτησίαι αἴτιοι ἦσαν, χρῆν
καὶ τοὺς ἄλλους ποταμούς, ὅσοι τοῖσι ἐτησίῃσι ἀντίοι
ῥέουσι, ὁμοίως πάσχειν καὶ κατὰ ταὐτὰ τῷ Νείλῳ, καὶ
μᾶλλον ἔτι τοσούτῳ ὅσῳ ἐλάσσονες ἐόντες ἀσθενέστερα
τὰ ῥεύματα παρέχονται. εἰσὶ δὲ πολλοὶ μὲν ἐν τῇ Συρίῃ
ποταμοί, πολλοὶ δὲ ἐν τῇ Λιβύῃ, οἳ οὐδὲν τοιοῦτο πάσχουσι
οἷόν τι καὶ ὁ Νεῖλος.

21–23 *The Nile-floods come* (2) *from the Ocean,* (3) *from melting snows.*

21 Ἡ δ' ἑτέρη ἀνεπιστημονεστέρη μέν ἐστι τῆς λελεγ-
μένης, λόγῳ δὲ εἰπεῖν θωμασιωτέρη, ἣ λέγει ἀπὸ τοῦ
Ὠκεανοῦ ῥέοντα αὐτὸν ταῦτα μηχανᾶσθαι, τὸν δὲ
22 Ὠκεανὸν γῆν περὶ πᾶσαν ῥέειν. ἡ δὲ τρίτη τῶν ὁδῶν
πολλὸν ἐπιεικεστάτη ἐοῦσα μάλιστα ἔψευσται. λέγει γὰρ
δὴ οὐδ' αὕτη οὐδέν, φαμένη τὸν Νεῖλον ῥέειν ἀπὸ τηκο-
μένης χιόνος, ὃς ῥέει μὲν ἐκ Λιβύης διὰ μέσων Αἰθιόπων,
2 ἐκδιδοῖ δὲ ἐς Αἴγυπτον. κῶς ὦν δῆτα ῥέοι ἂν ἀπὸ χιόνος,
ἀπὸ τῶν θερμοτάτων τόπων ῥέων ἐς τῶν ψυχρότερα τὰ
πολλά ἐστι; ἀνδρί γε λογίζεσθαι τοιούτων πέρι οἵῳ τε
ἐόντι, ὡς οὐδὲ οἰκὸς ἀπὸ χιόνος μιν ῥέειν, πρῶτον μὲν
καὶ μέγιστον μαρτύριον οἱ ἄνεμοι παρέχονται πνέοντες
3 ἀπὸ τῶν χωρέων τουτέων θερμοί· δεύτερον δὲ ὅτι ἄνομ-
βρος ἡ χώρη καὶ ἀκρύσταλλος διατελέει ἐοῦσα, ἐπὶ δὲ
χιόνι πεσούσῃ πᾶσα ἀνάγκη ἐστὶ ὗσαι ἐν πέντε ἡμέρῃσι,
ὥστε εἰ ἐχιόνιζε, ὗετο ἂν ταῦτα τὰ χωρία· τρίτα δὲ οἱ
4 ἄνθρωποι ὑπὸ τοῦ καύματος μέλανες ἐόντες· ἰκτῖνοι δὲ
καὶ χελιδόνες δι' ἔτεος ἐόντες οὐκ ἀπολείπουσι, γέρανοι

δὲ φεύγουσαι τὸν χειμῶνα τὸν ἐν τῇ Σκυθικῇ χώρῃ γινό-
μενον φοιτῶσι ἐς χειμασίην ἐς τοὺς τόπους τούτους. εἰ
τοίνυν ἐχιόνιζε καὶ ὅσον ὦν ταύτην τὴν χώρην δι' ἧς τε
ῥέει καὶ ἐκ τῆς ἄρχεται ῥέων ὁ Νεῖλος, ἦν ἄν τι τούτων
23 οὐδέν, ὡς ἡ ἀνάγκη ἐλέγχει. ὁ δὲ περὶ τοῦ Ὠκεανοῦ
λέξας ἐς ἀφανὲς τὸν μῦθον ἀνενείκας οὐκ ἔχει ἔλεγχον·
οὐ γάρ τινα ἔγωγε οἶδα ποταμὸν Ὠκεανὸν ἐόντα, Ὅμηρον
δὲ ἤ τινα τῶν πρότερον γενομένων ποιητέων δοκέω
τοὔνομα εὑρόντα ἐς ποίησιν ἐσενείκασθαι.

24–26 *Herodotus's own theory: the volume of the Nile in summer is the normal volume.*

24 εἰ δὲ δεῖ μεμψάμενον γνώμας τὰς προκειμένας αὐτὸν
περὶ τῶν ἀφανέων γνώμην ἀποδέξασθαι, φράσω δι' ὅ τι μοι
δοκέει πληθύεσθαι ὁ Νεῖλος τοῦ θέρεος. τὴν χειμερινὴν
ὥρην ἀπελαυνόμενος ὁ ἥλιος ἐκ τῆς ἀρχαίης διεξόδου
2 ὑπὸ τῶν χειμώνων ἔρχεται τῆς Λιβύης τὰ ἄνω. ὡς μέν
νυν ἐν ἐλαχίστῳ δηλῶσαι, πᾶν εἴρηται· τῆς γὰρ ἂν ἀγχο-
τάτω τε ᾖ χώρης οὗτος ὁ θεὸς καὶ κατὰ ἥντινα, ταύτην
οἰκὸς διψῆν τε ὑδάτων μάλιστα καὶ τὰ ἐγχώρια ῥεύματα
25 μαραίνεσθαι τῶν ποταμῶν. ὡς δὲ ἐν πλέονι λόγῳ δηλῶσαι,
ὧδε ἔχει· διεξιὼν τῆς Λιβύης τὰ ἄνω ὁ ἥλιος τάδε ποιέει·
ἅτε διὰ παντὸς τοῦ χρόνου αἰθρίου τε ἐόντος τοῦ ἠέρος τοῦ
κατὰ ταῦτα τὰ χωρία καὶ ἀλεεινῆς τῆς χώρης ἐούσης καὶ
⟨ἄνευ⟩ ἀνέμων ψυχρῶν, διεξιὼν ποιέει οἷόν περ καὶ τὸ
2 θέρος ἔωθε ποιέειν ἰὼν τὸ μέσον τοῦ οὐρανοῦ. ἕλκει γὰρ
ἐπ' ἑωυτὸν τὸ ὕδωρ, ἑλκύσας δὲ ἀπωθέει ἐς τὰ ἄνω χωρία,
ὑπολαμβάνοντες δὲ οἱ ἄνεμοι καὶ διασκιδνάντες τήκουσι·
καὶ εἰσὶ οἰκότως οἱ ἀπὸ ταύτης τῆς χώρης πνέοντες, ὅ τε
νότος καὶ ὁ λίψ, ἀνέμων πολλὸν τῶν πάντων ὑετιώτατοι.
3 δοκέει δέ μοι οὐδὲ πᾶν τὸ ὕδωρ τὸ ἐπέτειον ἑκάστοτε ἀπο-
πέμπεσθαι τοῦ Νείλου ὁ ἥλιος, ἀλλὰ καὶ ὑπολείπεσθαι
περὶ ἑωυτόν. πρηϋνομένου δὲ τοῦ χειμῶνος ἀπέρχεται

ὁ ἥλιος ἐς μέσον τὸν οὐρανὸν ὀπίσω, καὶ τὸ ἐνθεῦτεν ἤδη
4 ὁμοίως ἀπὸ πάντων ἕλκει τῶν ποταμῶν. τέως δὲ οἱ μὲν
ὀμβρίου ὕδατος συμμισγομένου πολλοῦ αὐτοῖσι, ἅτε ὑομένης
τε τῆς χώρης καὶ κεχαραδρωμένης, ῥέουσι μεγάλοι, τοῦ
δὲ θέρεος τῶν τε ὄμβρων ἐπιλειπόντων αὐτοὺς καὶ ὑπὸ
5 τοῦ ἡλίου ἑλκόμενοι ἀσθενέες εἰσί. ὁ δὲ Νεῖλος, ἐὼν
ἄνομβρος, ἑλκόμενος δὲ ὑπὸ τοῦ ἡλίου, μοῦνος ποταμῶν
τοῦτον τὸν χρόνον οἰκότως αὐτὸς ἑωυτοῦ ῥέει πολλῷ ὑποδε-
έστερος ἢ τοῦ θέρεος· τότε μὲν γὰρ μετὰ πάντων τῶν
ὑδάτων ἴσον ἕλκεται, τὸν δὲ χειμῶνα μοῦνος πιέζεται.
26 οὕτω τὸν ἥλιον νενόμικα τούτων αἴτιον εἶναι. αἴτιος δὲ ὁ
αὐτὸς οὗτος κατὰ γνώμην τὴν ἐμὴν καὶ τὸν ἠέρα ξηρὸν
τὸν ταύτῃ εἶναι, διακαίων τὴν διέξοδον αὐτῷ· οὕτω
2 τῆς Λιβύης τὰ ἄνω θέρος αἰεὶ κατέχει. εἰ δὲ ἡ στάσις
ἤλλακτο τῶν ὡρέων καὶ τοῦ οὐρανοῦ τῇ μὲν νῦν ὁ βορέης τε καὶ ὁ χειμὼν ἑστᾶσι, ταύτῃ μὲν τοῦ νότου ἦν ἡ στάσις καὶ τῆς μεσαμβρίης, τῇ δὲ ὁ νότος νῦν ἕστηκε, ταύτῃ δὲ ὁ βορέης, εἰ ταῦτα οὕτως εἶχε, ὁ ἥλιος ἂν ἀπελαυνόμενος ἐκ μέσου τοῦ οὐρανοῦ ὑπὸ τοῦ χειμῶνος καὶ τοῦ βορέω ἤιε ἂν τὰ ἄνω τῆς Εὐρώπης κατά περ νῦν τῆς Λιβύης ἔρχεται, διεξιόντα δ' ἂν μιν διὰ πάσης Εὐρώπης ἔλπομαι ποιέειν ἂν τὸν Ἴστρον τά περ νῦν ἐργάζεται τὸν Νεῖλον.

27 *Why no air blows from the Nile.*

Τῆς αὔρης δὲ πέρι, ὅ τι οὐκ ἀποπνέει, τήνδε ἔχω γνώμην, ὡς κάρτα ἀπὸ θερμέων χωρέων οὐκ οἰκός ἐστι οὐδὲν ἀποπνέειν, αὔρη δὲ ἀπὸ ψυχροῦ τινος φιλέει πνέειν.

28–34 *The sources of the Nile : 28, unfathomed springs near Elephantinê.*

28 Ταῦτα μέν νυν ἔστω ὡς ἔστι τε καὶ ὡς ἀρχὴν ἐγένετο. τοῦ δὲ Νείλου τὰς πηγὰς οὔτε Αἰγυπτίων οὔτε Λιβύων

οὔτε Ἑλλήνων τῶν ἐμοὶ ἀπικομένων ἐς λόγους οὐδεὶς
ὑπέσχετο εἰδέναι, εἰ μὴ ἐν Αἰγύπτῳ ἐν Σάϊ πόλι ὁ
γραμματιστὴς τῶν ἱρῶν χρημάτων τῆς Ἀθηναίης.
2 οὗτος δ' ἔμοιγε παίζειν ἐδόκεε, φάμενος εἰδέναι ἀτρεκέως.
ἔλεγε δὲ ὧδε, εἶναι δύο ὄρεα ἐς ὀξὺ τὰς κορυφὰς ἀπηγ-
μένα, μεταξὺ Συήνης τε πόλιος κείμενα τῆς Θηβαΐδος
καὶ Ἐλεφαντίνης, οὐνόματα δὲ εἶναι τοῖσι ὄρεσι τῷ
3 μὲν Κρῶφι, τῷ δὲ Μῶφι. τὰς ὦν δὴ πηγὰς τοῦ
Νείλου ἐούσας ἀβύσσους ἐκ τοῦ μέσου τῶν ὀρέων τούτων
ῥέειν, καὶ τὸ μὲν ἥμισυ τοῦ ὕδατος ἐπ' Αἰγύπτου ῥέειν
καὶ πρὸς βορέην ἄνεμον, τὸ δ' ἕτερον ἥμισυ ἐπ' Αἰθιοπίης
4 τε καὶ νότου. ὡς δὲ ἄβυσσοί εἰσι αἱ πηγαί, ἐς διάπειραν
ἔφη τούτου Ψαμμήτιχον Αἰγύπτου βασιλέα ἀπικέσθαι.
πολλέων γὰρ αὐτὸν χιλιάδων ὀργυιέων πλεξάμενον κάλον
5 κατεῖναι ταύτῃ καὶ οὐκ ἐξικέσθαι ἐς βυσσόν. οὗτος
μὲν δὴ ὁ γραμματιστής, εἰ ἄρα ταῦτα γινόμενα ἔλεγε,
ἀπέφαινε, ὡς ἐμὲ κατανοέειν, δίνας τινὰς ταύτῃ ἐούσας
ἰσχυρὰς καὶ παλιρροίην, οἷα δὲ ἐμβάλλοντος τοῦ ὕδατος
τοῖσι ὄρεσι μὴ δύνασθαι κατιεμένην καταπειρητηρίην ἐς
βυσσὸν ἰέναι.

29 *From Elephantinê south to Meroê.*

Ἄλλου δὲ οὐδενὸς οὐδὲν ἐδυνάμην πυθέσθαι, ἀλλὰ τοσόνδε
μὲν ἄλλο ἐπὶ μακρότατον ἐπυθόμην, μέχρι μὲν Ἐλεφαν-
τίνης πόλιος αὐτόπτης ἐλθών, τὸ δ' ἀπὸ τούτου ἀκοῇ
2 ἤδη ἱστορέων. ἀπὸ Ἐλεφαντίνης πόλιος ἄνω ἰόντι ἄν-
αντές ἐστι χωρίον· ταύτῃ ὦν δεῖ τὸ πλοῖον διαδήσαντας
ἀμφοτέρωθεν κατά περ βοῦν πορεύεσθαι· ἢν δὲ ἀπορ-
ραγῇ, τὸ πλοῖον οἴχεται φερόμενον ὑπὸ ἰσχύος τοῦ ῥόου.
3 τὸ δὲ χωρίον τοῦτό ἐστι ἐπ' ἡμέρας τέσσερας πλόος,
σκολιὸς δὲ ταύτῃ κατά περ ὁ Μαίανδρός ἐστι ὁ
Νεῖλος· σχοῖνοι δὲ δυώδεκά εἰσι οὗτοι τοὺς δεῖ τούτῳ
τῷ τρόπῳ διεκπλῶσαι· καὶ ἔπειτα ἀπίξεαι ἐς πεδίον λεῖον,

ἐν τῷ νῆσον περιρρέει ὁ Νεῖλος· Ταχομψὼ οὔνομα
4 αὐτῇ ἐστι. οἰκέουσι δὲ τὰ ἀπὸ Ἐλεφαντίνης ἄνω
Αἰθίοπες ἤδη καὶ τῆς νήσου τὸ ἥμισυ, τὸ δὲ ἥμισυ Αἰγύπ-
τιοι. ἔχεται δὲ τῆς νήσου λίμνη μεγάλη, τὴν πέριξ
νομάδες Αἰθίοπες νέμονται· τὴν διεκπλώσας ἐς τοῦ
Νείλου τὸ ῥέεθρον ἥξεις, τὸ ἐς τὴν λίμνην ταύτην ἐκδιδοῖ·
5 καὶ ἔπειτα ἀποβὰς παρὰ τὸν ποταμὸν ὁδοιπορίην ποιήσεαι
ἡμερέων τεσσεράκοντα· σκόπελοί τε γὰρ ἐν τῷ Νείλῳ
ὀξέες ἀνέχουσι καὶ χοιράδες πολλαί εἰσι, δι' ὧν οὐκ οἷά
6 τέ ἐστι πλέειν. διεξελθὼν δὲ ἐν τῇσι τεσσεράκοντα
ἡμέρῃσι τοῦτο τὸ χωρίον, αὖτις ἐς ἕτερον πλοῖον ἐσβὰς
δυώδεκα ἡμέρας πλεύσεαι καὶ ἔπειτα ἥξεις ἐς πόλιν
μεγάλην τῇ οὔνομά ἐστι Μερόη. λέγεται δὲ αὕτη ἡ
7 πόλις εἶναι μητρόπολις τῶν ἄλλων Αἰθιόπων. οἱ δ'
ἐν ταύτῃ Δία θεῶν καὶ Διόνυσον μούνους σέβονται, τού-
τους τε μεγάλως τιμῶσι, καί σφι μαντήϊον Διὸς κατέστηκε.
στρατεύονται δέ, ἐπεάν σφεας ὁ θεὸς οὗτος κελεύῃ
διὰ θεσπισμάτων, καὶ τῇ ἂν κελεύῃ, ἐκεῖσε.

30, 31 *The story of the Deserters: an Egyptian settlement four months' journey south of Elephantinê.*

30 Ἀπὸ δὲ ταύτης τῆς πόλιος πλέων ἐν ἴσῳ χρόνῳ ἄλλῳ
ἥξεις ἐς τοὺς αὐτομόλους ἐν ὅσῳ περ ἐξ Ἐλεφαντίνης ἦλθες
ἐς τὴν μητρόπολιν τὴν Αἰθιόπων. τοῖσι δὲ αὐτομόλοισι
τούτοισι οὔνομά ἐστι Ἀσμάχ, δύναται δὲ τοῦτο τὸ ἔπος
κατὰ τὴν Ἑλλήνων γλῶσσαν "οἱ ἐξ ἀριστερῆς χειρὸς
2 παριστάμενοι βασιλέϊ." ἀπέστησαν δὲ αὗται τέσσερες
καὶ εἴκοσι μυριάδες Αἰγυπτίων τῶν μαχίμων ἐς τοὺς
Αἰθίοπας τούτους δι' αἰτίην τοιήνδε· ἐπὶ Ψαμμητίχου
βασιλέος φυλακαὶ κατέστασαν ἔν τε Ἐλεφαντίνῃ πόλι
πρὸς Αἰθιόπων καὶ ἐν Δάφνῃσι τῇσι Πηλουσίῃσι ἄλλη
πρὸς Ἀραβίων τε καὶ Συρίων καὶ ἐν Μαρέῃ πρὸς Λιβύης
3 ἄλλη. ἔτι δὲ ἐπ' ἐμεῦ καὶ Περσέων κατὰ ταὐτὰ αἱ

φυλακαὶ ἔχουσι ὡς καὶ ἐπὶ Ψαμμητίχου ἦσαν· καὶ γὰρ
ἐν Ἐλεφαντίνῃ Πέρσαι φρουρέουσι καὶ ἐν Δάφνῃσι.
τοὺς ὦν δὴ Αἰγυπτίους τρία ἔτεα φρουρήσαντας ἀπέλυε
οὐδεὶς τῆς φρουρῆς· οἱ δὲ βουλευσάμενοι καὶ κοινῷ
λόγῳ χρησάμενοι πάντες ἀπὸ τοῦ Ψαμμητίχου ἀποστάντες
4 ἤϊσαν ἐς Αἰθιοπίην. Ψαμμήτιχος δὲ πυθόμενος ἐδίωκε·
ὡς δὲ κατέλαβε, ἐδέετο πολλὰ λέγων καί σφεας θεοὺς
πατρωΐους ἀπολιπεῖν οὐκ ἔα καὶ τέκνα καὶ γυναῖκας.
τῶν δέ τινα λέγεται εἰπεῖν, ἔσεσθαι αὐτοῖσι ἐνθαῦτα καὶ
τέκνα καὶ γυναῖκας. οὗτοι ἐπείτε ἐς Αἰθιοπίην ἀπίκοντο,
5 διδοῦσι σφέας αὐτοὺς τῷ Αἰθιόπων βασιλέϊ. ὁ δέ σφεας
τῷδε ἀντιδωρέεται· ἦσάν οἱ διάφοροί τινες γεγονότες τῶν
Αἰθιόπων· τούτους ἐκέλευε ἐξελόντας τὴν ἐκείνων γῆν
οἰκέειν. τούτων δὲ ἐσοικισθέντων ἐς τοὺς Αἰθίοπας
ἡμερώτεροι γεγόνασι Αἰθίοπες ἤθεα μαθόντες Αἰγύπτια.

31 Μέχρι μέν νυν τεσσέρων μηνῶν πλόου καὶ ὁδοῦ
γινώσκεται ὁ Νεῖλος πάρεξ τοῦ ἐν Αἰγύπτῳ ῥεύματος·
τοσοῦτοι γὰρ συμβαλλομένῳ μῆνες εὑρίσκονται ἀναισιμού-
μενοι ἐξ Ἐλεφαντίνης πορευομένῳ ἐς τοὺς αὐτομόλους
τούτους· ῥέει δὲ ἀπὸ ἑσπέρης τε καὶ ἡλίου δυσμέων.
τὸ δὲ ἀπὸ τοῦδε οὐδεὶς ἔχει σαφέως φράσαι· ἔρημος γάρ
ἐστι ἡ χώρη αὕτη ὑπὸ καύματος.

32 *The story of the Nasamonians: their crossing of the Libyan Desert.*

Ἀλλὰ τάδε μὲν ἤκουσα ἀνδρῶν Κυρηναίων φαμένων ἐλθεῖν
τε ἐπὶ τὸ Ἄμμωνος χρηστήριον καὶ ἀπικέσθαι ἐς λόγους
Ἐτεάρχῳ τῷ Ἀμμωνίων βασιλέϊ, καί κως ἐκ λόγων ἄλλων
ἀπικέσθαι ἐς λέσχην περὶ τοῦ Νείλου, ὡς οὐδεὶς αὐτοῦ
οἶδε τὰς πηγάς, καὶ τὸν Ἐτέαρχον φάναι ἐλθεῖν κοτε
2 παρ' αὐτὸν Νασαμῶνας ἄνδρας. (τὸ δὲ ἔθνος τοῦτο

ἐστὶ μὲν Λιβυκόν, νέμεται δὲ τὴν Σύρτιν τε καὶ τὴν
3 πρὸς ἠῶ χώρην τῆς Σύρτιος οὐκ ἐπὶ πολλόν.) ἀπι-
κομένους δὲ τοὺς Νασαμῶνας καὶ εἰρωτωμένους εἴ τι ἔχουσι
πλέον λέγειν περὶ τῶν ἐρήμων τῆς Λιβύης, φάναι παρὰ
σφίσι γενέσθαι ἀνδρῶν δυναστέων παῖδας ὑβριστάς,
τοὺς ἄλλα τε μηχανᾶσθαι ἀνδρωθέντας περισσὰ καὶ δὴ
καὶ ἀποκληρῶσαι πέντε ἑωυτῶν ὀψομένους τὰ ἔρημα
τῆς Λιβύης, καὶ εἴ τι πλέον ἴδοιεν τῶν τὰ μακρότατα
4 ἰδομένων. (τῆς γὰρ Λιβύης τὰ μὲν κατὰ τὴν βορηΐην
θάλασσαν ἀπ' Αἰγύπτου ἀρξάμενοι μέχρι Σολόεντος
ἄκρης, ἣ τελευτᾷ τῆς Λιβύης, παρήκουσι παρὰ πᾶσαν
Λίβυες καὶ Λιβύων ἔθνεα πολλά, πλὴν ὅσον Ἕλληνες
καὶ Φοίνικες ἔχουσι· τὰ δὲ ὑπὲρ θαλάσσης τε καὶ τῶν
ἐπὶ θάλασσαν κατηκόντων ἀνθρώπων, θηριώδης ἐστὶ ἡ
Λιβύη· τὰ δὲ κατύπερθε τῆς θηριώδεος ψάμμος τέ ἐστι
5 καὶ ἄνυδρος δεινῶς καὶ ἔρημος πάντων.) ἐπεὶ ὦν τοὺς
νεηνίας ἀποπεμπομένους ὑπὸ τῶν ἡλίκων, ὕδατί τε καὶ
σιτίοισι εὖ ἐξηρτυμένους, ἰέναι τὰ πρῶτα μὲν διὰ τῆς
οἰκεομένης, ταύτην δὲ διεξελθόντας ἐς τὴν θηριώδεα
ἀπικέσθαι, ἐκ δὲ ταύτης τὴν ἔρημον διεξιέναι τὴν ὁδὸν
6 ποιευμένους πρὸς ζέφυρον ἄνεμον, διεξελθόντας δὲ χῶρον
πολλὸν ψαμμώδεα καὶ ἐν πολλῇσι ἡμέρῃσι, ἰδεῖν δή
κοτε δένδρεα ἐν πεδίῳ πεφυκότα, καί σφεας προσελθόντας
ἅπτεσθαι τοῦ ἐπεόντος ἐπὶ τῶν δενδρέων καρποῦ,
ἁπτομένοισι δέ σφι ἐπελθεῖν ἄνδρας σμικρούς, μετρίων
ἐλάσσονας ἀνδρῶν, λαβόντας δὲ ἄγειν σφέας· φωνῆς
δὲ οὔτε τι τῆς ἐκείνων τοὺς Νασαμῶνας γινώσκειν οὔτε
7 τοὺς ἄγοντας τῶν Νασαμώνων. ἄγειν τε δὴ αὐτοὺς δι'
ἑλέων μεγίστων, καὶ διεξελθόντας ταῦτα ἀπικέσθαι ἐς
πόλιν ἐν τῇ πάντας εἶναι τοῖσι ἄγουσι τὸ μέγαθος ἴσους,
χρῶμα δὲ μέλανας. παρὰ δὲ τὴν πόλιν ῥέειν ποταμὸν
μέγαν, ῥέειν δὲ ἀπὸ ἑσπέρης αὐτὸν πρὸς ἥλιον ἀνατέλ-
λοντα, φαίνεσθαι δὲ ἐν αὐτῷ κροκοδίλους.

33, 34 *Comparison of the Nile and the Danube.*

33 Ὁ μὲν δὴ τοῦ Ἀμμωνίου Ἐτεάρχου λόγος ἐς τοσοῦτό μοι
δεδηλώσθω, πλὴν ὅτι ἀπονοστῆσαί τε ἔφασκε τοὺς Νασα-
μῶνας, ὡς οἱ Κυρηναῖοι ἔλεγον, καὶ ἐς τοὺς οὗτοι ἀπίκοντο
2 ἀνθρώπους, γόητας εἶναι ἅπαντας. τὸν δὲ δὴ ποταμὸν
τοῦτον τὸν παραρρέοντα καὶ Ἐτέαρχος συνεβάλλετο
εἶναι Νεῖλον, καὶ δὴ καὶ ὁ λόγος οὕτω αἱρέει. ῥέει
γὰρ ἐκ Λιβύης ὁ Νεῖλος καὶ μέσην τάμνων Λιβύην· καὶ ὡς
ἐγὼ συμβάλλομαι τοῖσι ἐμφανέσι τὰ μὴ γινωσκόμενα
τεκμαιρόμενος, τῷ Ἴστρῳ ἐκ τῶν ἴσων μέτρων ὁρμᾶται.
3 Ἴστρος τε γὰρ ποταμὸς ἀρξάμενος ἐκ Κελτῶν καὶ Πυρήνης
πόλιος ῥέει μέσην σχίζων τὴν Εὐρώπην. (οἱ δὲ Κελτοί
εἰσι ἔξω Ἡρακλέων στηλέων, ὁμουρέουσι δὲ Κυνησίοισι,
οἳ ἔσχατοι πρὸς δυσμέων οἰκέουσι τῶν ἐν τῇ Εὐρώπῃ
4 κατοικημένων.) τελευτᾷ δὲ ὁ Ἴστρος ἐς θάλασσαν ῥέων
τὴν τοῦ Εὐξείνου πόντου διὰ πάσης Εὐρώπης, τῇ Ἰστρίην
34 οἱ Μιλησίων οἰκέουσι ἄποικοι. ὁ μὲν δὴ Ἴστρος, ῥέει
γὰρ δι' οἰκεομένης, πρὸς πολλῶν γινώσκεται, περὶ δὲ
τῶν τοῦ Νείλου πηγέων οὐδεὶς ἔχει λέγειν· ἀοίκητός
τε γὰρ καὶ ἔρημός ἐστι ἡ Λιβύη δι' ἧς ῥέει. περὶ δὲ
τοῦ ῥεύματος αὐτοῦ, ἐπ' ὅσον μακρότατον ἱστορεῦντα
ἦν ἐξικέσθαι, εἴρηται· ἐκδιδοῖ δὲ ἐς Αἴγυπτον. ἡ δὲ
Αἴγυπτος τῆς ὀρεινῆς Κιλικίης μάλιστά κῃ ἀντίη κεῖται.
2 ἐνθεῦτεν δὲ ἐς Σινώπην τὴν ἐν τῷ Εὐξείνῳ πόντῳ πέντε
ἡμερέων ἰθέα ὁδὸς εὐζώνῳ ἀνδρί· ἡ δὲ Σινώπη τῷ
Ἴστρῳ ἐκδιδόντι ἐς θάλασσαν ἀντίον κεῖται. οὕτω τὸν
Νεῖλον δοκέω διὰ πάσης τῆς Λιβύης διεξιόντα ἐξισοῦσθαι
τῷ Ἴστρῳ. Νείλου μέν νυν πέρι τοσαῦτα εἰρήσθω.

35–98 *Description of the people of Egypt :* 35, 36, *their peculiar customs.*

35 Ἔρχομαι δὲ περὶ Αἰγύπτου μηκυνέων τὸν λόγον, ὅτι
πλεῖστα θωμάσια ἔχει [ἢ ἡ ἄλλη πᾶσα χώρη] καὶ ἔργα

λόγου μέζω παρέχεται πρὸς πᾶσαν χώρην· τούτων
2 εἵνεκα πλέω περὶ αὐτῆς εἰρήσεται. Αἰγύπτιοι ἅμα τῷ
οὐρανῷ τῷ κατὰ σφέας ἐόντι ἑτεροίῳ καὶ τῷ ποταμῷ
φύσιν ἀλλοίην παρεχομένῳ ἢ οἱ ἄλλοι ποταμοί, τὰ πολλὰ
πάντα ἔμπαλιν τοῖσι ἄλλοισι ἀνθρώποισι ἐστήσαντο
ἤθεά τε καὶ νόμους· ἐν τοῖσι αἱ μὲν γυναῖκες ἀγοράζουσι
καὶ καπηλεύουσι, οἱ δὲ ἄνδρες κατ' οἴκους ἐόντες ὑφαί-
νουσι· ὑφαίνουσι δὲ οἱ μὲν ἄλλοι ἄνω τὴν κρόκην
3 ὠθέοντες, Αἰγύπτιοι δὲ κάτω. τὰ ἄχθεα οἱ μὲν ἄνδρες
ἐπὶ τῶν κεφαλέων φορέουσι, αἱ δὲ γυναῖκες ἐπὶ τῶν
ὤμων. εὐμαρείῃ χρέωνται ἐν τοῖσι οἴκοισι, ἐσθίουσι δὲ
ἔξω ἐν τῇσι ὁδοῖσι, ἐπιλέγοντες ὡς τὰ μὲν αἰσχρὰ ἀναγ-
καῖα δὲ ἐν ἀποκρύφῳ ἐστὶ ποιέειν χρεόν, τὰ δὲ μὴ αἰσχρὰ
4 ἀναφανδόν. ἱρᾶται γυνὴ μὲν οὐδεμία οὔτε ἔρσενος θεοῦ
οὔτε θηλέης, ἄνδρες δὲ πάντων τε καὶ πασέων. τρέφειν
τοὺς τοκέας τοῖσι μὲν παισὶ οὐδεμία ἀνάγκη μὴ βουλομέ-
νοισι, τῇσι δὲ θυγατράσι πᾶσα ἀνάγκη καὶ μὴ βουλομένῃσι.
36 οἱ ἱρέες τῶν θεῶν τῇ μὲν ἄλλῃ κομῶσι, ἐν Αἰγύπτῳ δὲ
ξυρῶνται. τοῖσι ἄλλοισι ἀνθρώποισι νόμος ἅμα κήδεϊ
κεκάρθαι τὰς κεφαλὰς τοὺς μάλιστα ἱκνέεται, Αἰγύπτιοι
δὲ ὑπὸ τοὺς θανάτους ἀνιεῖσι τὰς τρίχας αὔξεσθαι τάς τε
2 ἐν τῇ κεφαλῇ καὶ τῷ γενείῳ, τέως ἐξυρημένοι. τοῖσι
μὲν ἄλλοισι ἀνθρώποισι χωρὶς θηρίων ἡ δίαιτα ἀποκέκριται,
Αἰγυπτίοισι δὲ ὁμοῦ θηρίοισι ἡ δίαιτά ἐστι. ἀπὸ
πυρῶν καὶ κριθέων ὦλλοι ζώουσι, Αἰγυπτίων δὲ τῷ
ποιευμένῳ ἀπὸ τούτων τὴν ζόην ὄνειδος μέγιστόν
ἐστι, ἀλλὰ ἀπὸ ὀλυρέων ποιεῦνται σιτία, τὰς ζειὰς
3 μετεξέτεροι καλέουσι. φυρῶσι τὸ μὲν σταῖς τοῖσι
ποσί, τὸν δὲ πηλὸν τῇσι χερσί, καὶ τὴν κόπρον ἀναι-
ρέονται. εἵματα τῶν μὲν ἀνδρῶν ἕκαστος ἔχει δύο,
4 τῶν δὲ γυναικῶν ἓν ἑκάστη. τῶν ἱστίων τοὺς κρίκους
καὶ τοὺς κάλους οἱ μὲν ἄλλοι ἔξωθεν προσδέουσι, Αἰγύπ-
τιοι δὲ ἔσωθεν. γράμματα γράφουσι καὶ λογίζονται

ψήφοισι Ἕλληνες μὲν ἀπὸ τῶν ἀριστερῶν ἐπὶ τὰ δεξιὰ φέροντες τὴν χεῖρα, Αἰγύπτιοι δὲ ἀπὸ τῶν δεξιῶν ἐπὶ τὰ ἀριστερά· καὶ ποιεῦντες ταῦτα αὐτοὶ μέν φασι ἐπὶ δεξιὰ ποιέειν, Ἕλληνας δὲ ἐπ' ἀριστερά. διφασίοισι δὲ γράμμασι χρέωνται, καὶ τὰ μὲν αὐτῶν ἱρά, τὰ δὲ δημοτικὰ καλέεται.

37–76 *Religious observances of the Egyptians.*

37 Θεοσεβέες δὲ περισσῶς ἐόντες μάλιστα πάντων
ἀνθρώπων νόμοισι τοιοισίδε χρέωνται. ἐκ χαλκέων
ποτηρίων πίνουσι, διασμῶντες ἀνὰ πᾶσαν ἡμέρην, οὐκ
2 ὁ μέν, ὁ δ' οὔ, ἀλλὰ πάντες. εἵματα δὲ λίνεα φορέουσι
αἰεὶ νεόπλυτα, ἐπιτηδεύοντες τοῦτο μάλιστα. οἱ δὲ
ἱρέες ξυρῶνται πᾶν τὸ σῶμα διὰ τρίτης ἡμέρης, ἵνα μήτε
φθεὶρ μήτε ἄλλο μυσαρὸν μηδὲν ἐγγίνηταί σφι θεραπεύουσι
3 τοὺς θεούς. ἐσθῆτα δὲ φορέουσι οἱ ἱρέες λινέην μούνην
καὶ ὑποδήματα βύβλινα· ἄλλην δέ σφι ἐσθῆτα οὐκ
ἔξεστι λαβεῖν οὐδὲ ὑποδήματα ἄλλα. λοῦνται δὲ δίς
τε τῆς ἡμέρης ἑκάστης ψυχρῷ καὶ δὶς ἑκάστης νυκτός.
ἄλλας τε θρησκείας ἐπιτελέουσι μυρίας ὡς εἰπεῖν λόγῳ.
4 πάσχουσι δὲ καὶ ἀγαθὰ οὐκ ὀλίγα· οὔτε τι γὰρ τῶν
οἰκηΐων τρίβουσι οὔτε δαπανῶνται, ἀλλὰ καὶ σιτία σφί
ἐστι ἱρὰ πεσσόμενα, καὶ κρεῶν βοέων καὶ χηνέων πλῆθός
τι ἑκάστῳ γίνεται πολλὸν ἡμέρης ἑκάστης, δίδοται δέ σφι
καὶ οἶνος ἀμπέλινος. ἰχθύων δὲ οὔ σφι ἔξεστι πάσασθαι.
5 κυάμους δὲ οὔτε τι μάλα σπείρουσι Αἰγύπτιοι ἐν τῇ
χώρῃ, τούς τε γενομένους οὔτε τρώγουσι οὔτε ἕψοντες
πατέονται· οἱ δὲ δὴ ἱρέες οὐδὲ ὁρέοντες ἀνέχονται,
νομίζοντες οὐ καθαρὸν εἶναί μιν ὄσπριον. ἱρᾶται δὲ
οὐκ εἷς ἑκάστου τῶν θεῶν ἀλλὰ πολλοί, τῶν εἷς ἐστι
ἀρχιέρεως· ἐπεὰν δέ τις ἀποθάνῃ, τούτου ὁ παῖς ἀντικατ-
ίσταται.

38, 39 *The Apis bull-god of Memphis: manner of sacrifice of a bull to Apis.*

38 Τοὺς δὲ βοῦς τοὺς ἔρσενας τοῦ Ἐπάφου εἶναι νομίζουσι
καὶ τούτου εἵνεκα δοκιμάζουσι αὐτοὺς ὧδε· τρίχα ἢν
καὶ μίαν ἴδηται ἐπεοῦσαν μέλαιναν, οὐ καθαρὸν εἶναι
2 νομίζει. δίζηται δὲ ταῦτα ἐπὶ τούτῳ τεταγμένος τῶν
τις ἱρέων καὶ ὀρθοῦ ἑστεῶτος τοῦ κτήνεος καὶ ὑπτίου
καὶ τὴν γλῶσσαν ἐξειρύσας, εἰ καθαρὴ τῶν προκειμένων
σημηίων, τὰ ἐγὼ ἐν ἄλλῳ λόγῳ ἐρέω. κατορᾷ δὲ καὶ
τὰς τρίχας τῆς οὐρῆς εἰ κατὰ φύσιν ἔχει πεφυκυίας.
3 ἢν δὲ τούτων πάντων ᾖ καθαρός, σημαίνεται βύβλῳ
περὶ τὰ κέρεα εἱλίσσων καὶ ἔπειτα γῆν σημαντρίδα
ἐπιπλάσας ἐπιβάλλει τὸν δακτύλιον· καὶ οὕτω ἀπάγουσι.
ἀσήμαντον δὲ θύσαντι θάνατος ἡ ζημίη ἐπίκειται.
δοκιμάζεται μέν νυν τὸ κτῆνος τρόπῳ τοιῷδε, θυσίη
39 δέ σφι ἥδε κατέστηκε· ἀγαγόντες τὸ σεσημασμένον
κτῆνος πρὸς τὸν βωμὸν ὅκου ἂν θύωσι, πῦρ ἀνακαίουσι,
ἔπειτα δὲ ἐπ' αὐτοῦ οἶνον κατὰ τοῦ ἱρηίου ἐπισπείσαντες
καὶ ἐπικαλέσαντες τὸν θεὸν σφάζουσι, σφάξαντες δὲ
2 ἀποτάμνουσι τὴν κεφαλήν. σῶμα μὲν δὴ τοῦ κτήνεος δείρ-
ουσι, κεφαλῇ δὲ κείνῃ πολλὰ καταρησάμενοι φέρουσι, τοῖσι
μὲν ἂν ᾖ ἀγορὴ καὶ Ἕλληνές σφι ἔωσι ἐπιδήμιοι ἔμποροι,
οἱ δὲ φέροντες ἐς τὴν ἀγορὴν ἀπ' ὧν ἔδοντο, τοῖσι δὲ
ἂν μὴ παρέωσι Ἕλληνες, οἱ δ' ἐκβάλλουσι ἐς τὸν ποταμόν.
3 καταρῶνται δὲ τάδε λέγοντες τῇσι κεφαλῇσι, εἴ τι
μέλλει ἢ σφίσι τοῖσι θύουσι ἢ Αἰγύπτῳ τῇ συναπάσῃ
4 κακὸν γενέσθαι, ἐς κεφαλὴν ταύτην τραπέσθαι. κατὰ
μέν νυν τὰς κεφαλὰς τῶν θυομένων κτηνέων καὶ τὴν
ἐπίσπεισιν τοῦ οἴνου πάντες Αἰγύπτιοι νόμοισι τοῖσι
αὐτοῖσι χρέωνται ὁμοίως ἐς πάντα τὰ ἱρά, καὶ ἀπὸ
τούτου τοῦ νόμου οὐδὲ ἄλλου οὐδενὸς ἐμψύχου κεφαλῆς
γεύσεται Αἰγυπτίων οὐδείς.

40 *Manner of sacrifice to Isis.*

Ἡ δὲ δὴ ἐξαίρεσις τῶν ἱρῶν καὶ ἡ καῦσις ἄλλη περ
ἄλλο ἱρόν σφι κατέστηκε. τὴν δ' ὦν μεγίστην τε
δαίμονα ἥγηνται εἶναι καὶ μεγίστην οἱ ὁρτὴν ἀνάγουσι,
2 ταύτην ἔρχομαι ἐρέων. ἐπεὰν ἀποδείρωσι τὸν βοῦν,
κατευξάμενοι κοιλίην μὲν κείνην πᾶσαν ἐξ ὦν εἷλον,
σπλάγχνα δὲ αὐτοῦ λείπουσι ἐν τῷ σώματι καὶ τὴν
πιμελήν, σκέλεα δὲ ἀποτάμνουσι καὶ τὴν ὀσφὺν ἄκρην
3 καὶ τοὺς ὤμους τε καὶ τὸν τράχηλον. ταῦτα δὲ ποιή-
σαντες τὸ ἄλλο σῶμα τοῦ βοὸς πιμπλᾶσι ἄρτων καθαρῶν
καὶ μέλιτος καὶ ἀσταφίδος καὶ σύκων καὶ λιβανωτοῦ
καὶ σμύρνης καὶ τῶν ἄλλων θυωμάτων, πλήσαντες δὲ
4 τούτων καταγίζουσι, ἔλαιον ἄφθονον καταχέοντες. προνη-
στεύσαντες δὲ θύουσι, καιομένων δὲ τῶν ἱρῶν τύπτονται
πάντες· ἐπεὰν δὲ ἀποτύψωνται, δαῖτα προτίθενται τὰ
ἐλίποντο τῶν ἱρῶν.

41 *Cows, being sacred to Isis, are never sacrificed. Bulls are buried, and their bones are taken later to a temple at Atarbêchis.*

Τοὺς μέν νυν καθαροὺς βοῦς τοὺς ἔρσενας καὶ τοὺς
μόσχους οἱ πάντες Αἰγύπτιοι θύουσι, τὰς δὲ θηλέας οὔ
2 σφι ἔξεστι θύειν, ἀλλ' ἱραί εἰσι τῆς Ἴσιος. τὸ γὰρ τῆς
Ἴσιος ἄγαλμα ἐὸν γυναικήϊον βούκερών ἐστι, κατά περ
Ἕλληνες τὴν Ἰοῦν γράφουσι, καὶ τὰς βοῦς τὰς θηλέας
Αἰγύπτιοι πάντες ὁμοίως σέβονται προβάτων πάντων
3 μάλιστα μακρῷ. τῶν εἵνεκα οὔτ' ἀνὴρ Αἰγύπτιος οὔτε
γυνὴ ἄνδρα Ἕλληνα φιλήσειε ἂν τῷ στόματι, οὐδὲ
μαχαίρῃ ἀνδρὸς Ἕλληνος χρήσεται οὐδ' ὀβελοῖσι οὐδὲ
λέβητι, οὐδὲ κρέως καθαροῦ βοὸς διατετμημένου
4 Ἑλληνικῇ μαχαίρῃ γεύσεται. θάπτουσι δὲ τοὺς ἀποθνῄσκ-
οντας βοῦς τρόπον τόνδε· τὰς μὲν θηλέας ἐς τὸν ποταμὸν
ἀπιεῖσι, τοὺς δὲ ἔρσενας κατορύσσουσι ἕκαστοι ἐν τοῖσι

προαστίοισι, τὸ κέρας τὸ ἕτερον ἢ καὶ ἀμφότερα ὑπερ-
έχοντα σημηΐου εἵνεκεν· ἐπεὰν δὲ σαπῇ καὶ προσίῃ ὁ
τεταγμένος χρόνος, ἀπικνέεται ἐς ἑκάστην πόλιν βᾶρις
5 ἐκ τῆς Προσωπίτιδος καλεομένης νήσου. ἡ δ' ἔστι μὲν
ἐν τῷ Δέλτα, περίμετρον δὲ αὐτῆς εἰσὶ σχοῖνοι ἐννέα.
ἐν ταύτῃ ὦν τῇ Προσωπίτιδι νήσῳ ἔνεισι μὲν καὶ
ἄλλαι πόλιες συχναί, ἐκ τῆς δὲ αἱ βάριες παραγίνονται
ἀναιρησόμεναι τὰ ὀστέα τῶν βοῶν, οὔνομα τῇ πόλι
Ἀτάρβηχις, ἐν δ' αὐτῇ Ἀφροδίτης ἱρὸν ἅγιον ἵδρυται.
6 ἐκ ταύτης τῆς πόλιος πλανῶνται πολλοὶ ἄλλοι ἐς ἄλλας
πόλις, ἀνορύξαντες δὲ τὰ ὀστέα ἀπάγουσι καὶ θάπτουσι ἐς
ἕνα χῶρον πάντες. κατὰ ταὐτὰ δὲ τοῖσι βουσὶ καὶ τἆλλα
κτήνεα θάπτουσι ἀποθνῄσκοντα. καὶ γὰρ περὶ ταῦτα οὕτω
σφι νενομοθέτηται· κτείνουσι γὰρ δὴ οὐδὲ ταῦτα.

42 *Goats, but not sheep, are sacrificed to Amûn. Only Isis and Osiris are worshipped in common by the whole of Egypt.*

Ὅσοι μὲν δὴ Διὸς Θηβαιέος ἵδρυνται ἱρὸν ἢ νομοῦ
τοῦ Θηβαίου εἰσί, οὗτοι μὲν [νυν] πάντες ὀΐων ἀπεχόμενοι
2 αἶγας θύουσι. θεοὺς γὰρ δὴ οὐ τοὺς αὐτοὺς ἅπαντες
ὁμοίως Αἰγύπτιοι σέβονται, πλὴν Ἴσιός τε καὶ Ὀσίριος,
τὸν δὴ Διόνυσον εἶναι λέγουσι· τούτους δὲ ὁμοίως
ἅπαντες σέβονται. ὅσοι δὲ τοῦ Μένδητος ἔκτηνται
ἱρὸν ἢ νομοῦ τοῦ Μενδησίου εἰσί, οὗτοι δὲ αἰγῶν
3 ἀπεχόμενοι ὄϊς θύουσι. Θηβαῖοι μέν νυν καὶ ὅσοι διὰ
τούτους ὀΐων ἀπέχονται, διὰ τάδε λέγουσι τὸν νόμον
τόνδε σφίσι τεθῆναι· Ἡρακλέα θελῆσαι πάντως ἰδέσθαι
τὸν Δία καὶ τὸν οὐκ ἐθέλειν ὀφθῆναι ὑπ' αὐτοῦ, τέλος δέ,
ἐπείτε λιπαρέειν τὸν Ἡρακλέα, τὸν Δία μηχανήσασθαι
4 ⟨τάδε⟩· κριὸν ἐκδείραντα προσχέσθαι τε τὴν κεφαλὴν
ἀποταμόντα τοῦ κριοῦ καὶ ἐνδύντα τὸ νάκος οὕτω οἱ
ἑωυτὸν ἐπιδέξαι. ἀπὸ τούτου κριοπρόσωπον τοῦ Διὸς
τὤγαλμα ποιεῦσι Αἰγύπτιοι, ἀπὸ δὲ Αἰγυπτίων Ἀμμώνιοι,

ἐόντες Αἰγυπτίων τε καὶ Αἰθιόπων ἄποικοι καὶ φωνὴν
5 μεταξὺ ἀμφοτέρων νομίζοντες. δοκέειν δέ μοι, καὶ
τὸ οὔνομα Ἀμμώνιοι ἀπὸ τοῦδε σφίσι τὴν ἐπωνυμίην
ἐποιήσαντο· Ἀμοῦν γὰρ Αἰγύπτιοι καλέουσι τὸν Δία.
τοὺς δὲ κριοὺς οὐ θύουσι Θηβαῖοι, ἀλλ' εἰσί σφι ἱροὶ
6 διὰ τοῦτο   μιῇ δὲ ἡμέρῃ τοῦ ἐνιαυτοῦ, ἐν ὁρτῇ τοῦ Διός,
κριὸν ἕνα κατακόψαντες καὶ ἀποδείραντες κατὰ τὠυτὸ
ἐνδύουσι τὤγαλμα τοῦ Διὸς καὶ ἔπειτα ἄλλο ἄγαλμα
Ἡρακλέος προσάγουσι πρὸς αὐτό. ταῦτα δὲ ποιήσαντες
τύπτονται οἱ περὶ τὸ ἱρὸν ἅπαντες τὸν κριὸν καὶ ἔπειτα
ἐν ἱρῇ θήκῃ θάπτουσι αὐτόν.

43 *The Greek Heracles is derived from the Egyptian Heracles.*

Ἡρακλέος δὲ πέρι τόνδε τὸν λόγον ἤκουσα, ὅτι εἴη
τῶν δυώδεκα θεῶν. τοῦ ἑτέρου δὲ πέρι Ἡρακλέος, τὸν
Ἕλληνες οἴδασι, οὐδαμῇ Αἰγύπτου ἐδυνάσθην ἀκοῦσαι.
2 καὶ μὲν ὅτι γε οὐ παρ' Ἑλλήνων ἔλαβον τὸ οὔνομα
Αἰγύπτιοι [τοῦ Ἡρακλέος], ἀλλ' Ἕλληνες μᾶλλον παρ'
Αἰγυπτίων καὶ Ἑλλήνων οὗτοι οἱ θέμενοι τῷ Ἀμφιτρύω-
νος γόνῳ τοὔνομα Ἡρακλέα, πολλά μοι καὶ ἄλλα
τεκμήριά ἐστι τοῦτο οὕτω ἔχειν, ἐν δὲ καὶ τόδε, ὅτι τε
τοῦ Ἡρακλέος τούτου οἱ γονέες ἀμφότεροι ἦσαν [Ἀμφι-
τρύων καὶ Ἀλκμήνη] γεγονότες τὸ ἀνέκαθεν ἀπ' Αἰγύπτου
καὶ διότι Αἰγύπτιοι οὔτε Ποσειδέωνος οὔτε Διοσκόρων
τὰ οὐνόματά φασι εἰδέναι, οὐδέ σφι θεοὶ οὗτοι ἐν τοῖσι
3 ἄλλοισι θεοῖσι ἀποδεδέχαται. καὶ μὲν εἴ γε παρ'
Ἑλλήνων ἔλαβον οὔνομά τευ δαίμονος, τούτων οὐκ ἥκιστα
ἀλλὰ μάλιστα ἔμελλον μνήμην ἕξειν, εἴ περ καὶ τότε
ναυτιλίῃσι ἐχρέωντο καὶ ἦσαν Ἑλλήνων τινὲς ναυτίλοι,
ὡς ἔλπομαί τε καὶ ἐμὴ γνώμη αἱρέει. ὥστε τούτων
ἂν καὶ μᾶλλον τῶν θεῶν τὰ οὐνόματα ἐξεπιστέατο
4 Αἰγύπτιοι ἢ τοῦ Ἡρακλέος. ἀλλά τις ἀρχαῖός ἐστι
θεὸς Αἰγυπτίοισι Ἡρακλέης· ὡς δὲ αὐτοὶ λέγουσι,

ἔτεά ἐστι ἑπτακισχίλια καὶ μύρια ἐς Ἄμασιν βασιλεύσαντα, ἐπείτε ἐκ τῶν ὀκτὼ θεῶν οἱ δυώδεκα θεοὶ ἐγένοντο τῶν Ἡρακλέα ἕνα νομίζουσι.

44 *The temples of Heracles at Tyre and Thasos: Heracles both god and hero.*

Καὶ θέλων δὲ τούτων πέρι σαφές τι εἰδέναι ἐξ ὧν
οἷόν τε ἦν, ἔπλευσα καὶ ἐς Τύρον τῆς Φοινίκης, πυνθανό-
2 μενος αὐτόθι εἶναι ἱρὸν Ἡρακλέος ἅγιον. καὶ εἶδον
πλουσίως κατεσκευασμένον ἄλλοισί τε πολλοῖσι ἀναθήμασι,
καὶ ἐν αὐτῷ ἦσαν στῆλαι δύο, ἡ μὲν χρυσοῦ ἀπέφθου, ἡ
δὲ σμαράγδου λίθου λάμποντος τὰς νύκτας . . . μέγαθος·
ἐς λόγους δὲ ἐλθὼν τοῖσι ἱρεῦσι τοῦ θεοῦ εἰρόμην ὁκόσος
3 χρόνος εἴη ἐξ οὗ σφι τὸ ἱρὸν ἵδρυται. εὗρον δὲ οὐδὲ
τούτους τοῖσι Ἕλλησι συμφερομένους· ἔφασαν γὰρ
ἅμα Τύρῳ οἰκιζομένῃ καὶ τὸ ἱρὸν τοῦ θεοῦ ἱδρυθῆναι,
εἶναι δὲ ἔτεα ἀπ' οὗ Τύρον οἰκέουσι τριηκόσια καὶ δισχίλια.
εἶδον δὲ ἐν τῇ Τύρῳ καὶ ἄλλο ἱρὸν Ἡρακλέος ἐπωνυμίην
4 ἔχοντος Θασίου εἶναι. ἀπικόμην δὲ καὶ ἐς Θάσον, ἐν
τῇ εὗρον ἱρὸν Ἡρακλέος ὑπὸ Φοινίκων ἱδρυμένον, οἳ
κατ' Εὐρώπης ζήτησιν ἐκπλώσαντες Θάσον ἔκτισαν· καὶ
ταῦτα καὶ πέντε γενεῇσι ἀνδρῶν πρότερά ἐστι ἢ τὸν
5 Ἀμφιτρύωνος Ἡρακλέα ἐν τῇ Ἑλλάδι γενέσθαι. τὰ
μέν νυν ἱστορημένα δηλοῖ σαφέως παλαιὸν θεὸν Ἡρακλέα
ἐόντα. καὶ δοκέουσι δέ μοι οὗτοι ὀρθότατα Ἑλλήνων
ποιέειν, οἳ διξὰ Ἡράκλεια ἱδρυσάμενοι ἔκτηνται, καὶ τῷ
μὲν ὡς ἀθανάτῳ, Ὀλυμπίῳ δὲ ἐπωνυμίην θύουσι, τῷ
δὲ ἑτέρῳ ὡς ἥρωι ἐναγίζουσι.

45 *Heracles in Egypt—a foolish tale.*

Λέγουσι δὲ πολλὰ καὶ ἄλλα ἀνεπισκέπτως οἱ Ἕλληνες· εὐήθης δὲ αὐτῶν καὶ ὅδε ὁ μῦθός ἐστι τὸν περὶ τοῦ Ἡρακλέος λέγουσι, ὡς αὐτὸν ἀπικόμενον ἐς Αἴγυπτον

στέψαντες οἱ Αἰγύπτιοι ὑπὸ πομπῆς ἐξῆγον ὡς θύσοντες τῷ Διί· τὸν δὲ τέως μὲν ἡσυχίην ἔχειν, ἐπεὶ δὲ αὐτοῦ πρὸς τῷ βωμῷ κατάρχοντο, ἐς ἀλκὴν τραπόμενον πάντας
2 σφέας καταφονεῦσαι. ἐμοὶ μέν νυν δοκέουσι ταῦτα λέγοντες τῆς Αἰγυπτίων φύσιος καὶ τῶν νόμων πάμπαν ἀπείρως ἔχειν οἱ Ἕλληνες· τοῖσι γὰρ οὐδὲ κτήνεα ὁσίη θύειν ἐστὶ χωρὶς ὀΐων καὶ ἐρσένων βοῶν καὶ μόσχων, ὅσοι ἂν καθαροὶ ἔωσι, καὶ χηνῶν, κῶς ἂν οὗτοι ἀνθρώπους
3 θύοιεν; ἔτι δὲ ἕνα ἐόντα τὸν Ἡρακλέα καὶ ἔτι ἄνθρωπον, ὡς δή φασι, κῶς φύσιν ἔχει πολλὰς μυριάδας φονεῦσαι; καὶ περὶ μὲν τούτων τοσαῦτα ἡμῖν εἰποῦσι καὶ παρὰ τῶν θεῶν καὶ παρὰ τῶν ἡρώων εὐμένεια εἴη.

46 *The goat—sacred to Pan (Mendês).*

Τὰς δὲ δὴ αἶγας καὶ τοὺς τράγους τῶνδε εἵνεκα οὐ θύουσι Αἰγυπτίων οἱ εἰρημένοι. τὸν Πᾶνα τῶν ὀκτὼ θεῶν λογίζονται εἶναι οἱ Μενδήσιοι, τοὺς δὲ ὀκτὼ θεοὺς τούτους προτέρους τῶν δυώδεκα θεῶν φασι γενέσθαι.
2 γράφουσί τε δὴ καὶ γλύφουσι οἱ ζωγράφοι καὶ οἱ ἀγαλματοποιοὶ τοῦ Πανὸς τὤγαλμα κατά περ Ἕλληνες αἰγοπρόσωπον καὶ τραγοσκελέα, οὔτι τοιοῦτον νομίζοντες εἶναί μιν ἀλλ' ὅμοιον τοῖσι ἄλλοισι θεοῖσι. ὅτευ δὲ εἵνεκα τοιοῦτον γράφουσι αὐτόν, οὔ μοι ἥδιόν ἐστι
3 λέγειν. σέβονται δὲ πάντας τοὺς αἶγας οἱ Μενδήσιοι, καὶ μᾶλλον τοὺς ἔρσενας τῶν θηλέων, καὶ τούτων οἱ αἰπόλοι τιμὰς μέζονας ἔχουσι· ἐκ δὲ τούτων εἷς μάλιστα, ὅστις ἐπεὰν ἀποθάνῃ, πένθος μέγα παντὶ τῷ Μενδησίῳ νομῷ τίθεται. καλέεται δὲ ὅ τε τράγος καὶ ὁ Πὰν Αἰγυπτιστὶ Μένδης.

47 *Swine and swineherds—unclean : sacrifice of swine.*

Ὗν δὲ Αἰγύπτιοι μιαρὸν ἥγηνται θηρίον εἶναι· καὶ τοῦτο μέν, ἤν τις ψαύσῃ αὐτῶν παριὼν ὑός, αὐτοῖσι

τοῖσι ἱματίοισι ἀπ' ὧν ἔβαψε ἑωυτὸν βὰς ἐς τὸν ποταμόν,
τοῦτο δὲ οἱ συβῶται ἐόντες Αἰγύπτιοι ἐγγενέες ἐς ἱρὸν
οὐδὲν τῶν ἐν Αἰγύπτῳ ἐσέρχονται μοῦνοι πάντων, οὐδέ
σφι ἐκδίδοσθαι οὐδεὶς θυγατέρα ἐθέλει οὐδ' ἄγεσθαι ἐξ
αὐτῶν, ἀλλ' ἐκδίδονταί τε οἱ συβῶται καὶ ἄγονται ἐξ
2 ἀλλήλων. τοῖσι μέν νυν ἄλλοισι θεοῖσι θύειν ὗς οὐ
δικαιεῦσι Αἰγύπτιοι, Σελήνῃ δὲ καὶ Διονύσῳ μούνοισι
τοῦ αὐτοῦ χρόνου, τῇ αὐτῇ πανσελήνῳ, τοὺς ὗς θύσαντες
πατέονται τῶν κρεῶν. δι' ὅ τι δὲ τοὺς ὗς ἐν μὲν τῇσι
ἄλλῃσι ὁρτῇσι ἀπεστυγήκασι, ἐν δὲ ταύτῃ θύουσι, ἔστι
μὲν λόγος περὶ αὐτοῦ ὑπ' Αἰγυπτίων λεγόμενος, ἐμοὶ
μέντοι ἐπισταμένῳ οὐκ εὐπρεπέστερός ἐστι λέγεσθαι.
3 θυσίη δὲ ἥδε τῶν ὑῶν τῇ Σελήνῃ ποιέεται· ἐπεὰν θύσῃ,
τὴν οὐρὴν ἄκρην καὶ τὸν σπλῆνα καὶ τὸν ἐπίπλοον
συνθεὶς ὁμοῦ κατ' ὧν ἐκάλυψε πάσῃ τοῦ κτήνεος τῇ
πιμελῇ τῇ περὶ τὴν νηδὺν γινομένῃ καὶ ἔπειτα καταγίζει
πυρί· τὰ δὲ ἄλλα κρέα σιτέονται ἐν τῇ πανσελήνῳ ἐν
τῇ ἂν τὰ ἱρὰ θύωσι, ἐν ἄλλῃ δὲ ἡμέρῃ οὐκ ἂν ἔτι γευσαίατο.
οἱ δὲ πένητες αὐτῶν ὑπ' ἀσθενείης βίου σταιτίνας
πλάσαντες ὗς καὶ ὀπτήσαντες ταύτας θύουσι.

48. *Festival of Dionysus (Osiris).*

Τῷ δὲ Διονύσῳ τῆς ὁρτῆς τῇ δορπίῃ χοῖρον πρὸ
τῶν θυρέων σφάξας ἕκαστος διδοῖ ἀποφέρεσθαι τὸν χοῖρον
2 αὐτῷ τῷ ἀποδομένῳ τῶν συβωτέων. τὴν δὲ ἄλλην
ἀνάγουσι ὁρτὴν τῷ Διονύσῳ οἱ Αἰγύπτιοι πλὴν χορῶν
κατὰ ταὐτὰ σχεδὸν πάντα Ἕλλησι· ἀντὶ δὲ φαλλῶν
ἄλλα σφί ἐστι ἐξευρημένα ὅσον τε πηχυαῖα ἀγάλματα
νευρόσπαστα, τὰ περιφορέουσι κατὰ κώμας γυναῖκες·
προηγέεται δὲ αὐλός, αἱ δὲ ἕπονται ἀείδουσαι τὸν
3 Διόνυσον. ἔστι δὲ λόγος περὶ αὐτοῦ ἱρὸς λεγό-
μενος.

49 *Melampus and the rites of Dionysus.*

Ἤδη ὦν δοκέει μοι Μελάμπους ὁ Ἀμυθέωνος τῆς
θυσίης ταύτης οὐκ εἶναι ἀδαὴς ἀλλ' ἔμπειρος. Ἕλλησι
γὰρ δὴ Μελάμπους ἐστὶ ὁ ἐξηγησάμενος τοῦ Διονύσου τό
τε οὔνομα καὶ τὴν θυσίην καὶ τὴν πομπὴν τοῦ φαλλοῦ·
ἀτρεκέως μὲν οὐ πάντα συλλαβὼν τὸν λόγον ἔφηνε, ἀλλ' οἱ
ἐπιγενόμενοι τούτῳ σοφισταὶ μεζόνως ἐξέφηναν· τὸν δ' ὦν
φαλλὸν τὸν τῷ Διονύσῳ πεμπόμενον Μελάμπους ἐστὶ ὁ
κατηγησάμενος, καὶ ἀπὸ τούτου μαθόντες ποιεῦσι τὰ ποιεῦσι
2 Ἕλληνες. ἐγὼ μέν νύν φημι Μελάμποδα γενόμενον ἄνδρα
σοφὸν μαντικήν τε ἑωυτῷ συστῆσαι καὶ πυθόμενον ἀπ'
Αἰγύπτου ἄλλα τε πολλὰ ἐσηγήσασθαι Ἕλλησι καὶ τὰ
περὶ τὸν Διόνυσον, ὀλίγα αὐτῶν παραλλάξαντα· οὐ γὰρ
δὴ συμπεσεῖν γε φήσω τά τε ἐν Αἰγύπτῳ ποιεύμενα
τῷ θεῷ καὶ τὰ ἐν τοῖσι Ἕλλησι· ὁμότροπα γὰρ ἂν ἦν
3 τοῖσι Ἕλλησι καὶ οὐ νεωστὶ ἐσηγμένα. οὐ μὲν οὐδὲ
φήσω ὅκως Αἰγύπτιοι παρ' Ἑλλήνων ἔλαβον ἢ τοῦτο
ἢ ἄλλο κού τι νόμαιον. πυθέσθαι δέ μοι δοκέει μάλιστα
Μελάμπους τὰ περὶ τὸν Διόνυσον παρὰ Κάδμου τε τοῦ
Τυρίου καὶ τῶν σὺν αὐτῷ ἐκ Φοινίκης ἀπικομένων ἐς
τὴν νῦν Βοιωτίην καλεομένην χώρην.

50 *Most of the Greek gods have come from Egypt.*

Σχεδὸν δὲ καὶ πάντων τὰ οὐνόματα τῶν θεῶν ἐξ
Αἰγύπτου ἐλήλυθε ἐς τὴν Ἑλλάδα. διότι μὲν γὰρ ἐκ
τῶν βαρβάρων ἥκει, πυνθανόμενος οὕτω εὑρίσκω ἐόν·
2 δοκέω δ' ὦν μάλιστα ἀπ' Αἰγύπτου ἀπῖχθαι. ὅ τι γὰρ
δὴ μὴ Ποσειδέωνος καὶ Διοσκόρων, ὡς καὶ πρότερόν μοι
ταῦτα εἴρηται, καὶ Ἥρης καὶ Ἱστίης καὶ Θέμιος καὶ
Χαρίτων καὶ Νηρηΐδων, τῶν ἄλλων θεῶν Αἰγυπτίοισι
αἰεί κοτε τὰ οὐνόματά ἐστι ἐν τῇ χώρῃ. λέγω δὲ τὰ
λέγουσι αὐτοὶ Αἰγύπτιοι. τῶν δὲ οὔ φασι θεῶν γινώσκειν
τὰ οὐνόματα, οὗτοι δέ μοι δοκέουσι ὑπὸ Πελασγῶν ὀνομασ-

θῆναι, πλὴν Ποσειδέωνος· τοῦτον δὲ τὸν θεὸν παρὰ
3 Λιβύων ἐπύθοντο. οὐδαμοὶ γὰρ ἀπ' ἀρχῆς Ποσειδέωνος
οὔνομα ἔκτηνται εἰ μὴ Λίβυες, καὶ τιμῶσι τὸν θεὸν
τοῦτον αἰεί. νομίζουσι δ' ὦν Αἰγύπτιοι οὐδ' ἥρωσι
οὐδέν.

51 *Pelasgian influence upon Greek religion.*

Ταῦτα μέν νυν καὶ ἄλλα πρὸς τούτοισι, τὰ ἐγὼ φράσω,
Ἕλληνες ἀπ' Αἰγυπτίων νενομίκασι· τοῦ δὲ Ἑρμέω
τὰ ἀγάλματα ποιεῦντες οὐκ ἀπ' Αἰγυπτίων μεμαθήκασι,
ἀλλ' ἀπὸ Πελασγῶν πρῶτοι μὲν Ἑλλήνων ἁπάντων
2 Ἀθηναῖοι παραλαβόντες, παρὰ δὲ τούτων ὧλλοι. Ἀθη-
ναίοισι γὰρ ἤδη τηνικαῦτα ἐς Ἕλληνας τελέουσι Πε-
λασγοὶ σύνοικοι ἐγένοντο ἐν τῇ χώρῃ, ὅθεν περ καὶ
Ἕλληνες ἤρξαντο νομισθῆναι. ὅστις δὲ τὰ Καβείρων
ὄργια μεμύηται, τὰ Σαμοθρήϊκες ἐπιτελέουσι παρα-
λαβόντες παρὰ Πελασγῶν, οὗτος ὡνὴρ οἶδε τὸ λέγω.
3 τὴν γὰρ Σαμοθρηΐκην οἴκεον πρότερον Πελασγοὶ οὗτοι
οἵ περ Ἀθηναίοισι σύνοικοι ἐγένοντο, καὶ παρὰ τούτων
4 Σαμοθρήϊκες τὰ ὄργια παραλαμβάνουσι. τἀγάλματα ὦν
τοῦ Ἑρμέω Ἀθηναῖοι πρῶτοι Ἑλλήνων μαθόντες παρὰ
Πελασγῶν ἐποιήσαντο. οἱ δὲ Πελασγοὶ ἱρόν τινα λόγον
περὶ αὐτοῦ ἔλεξαν, τὰ ἐν τοῖσι ἐν Σαμοθρηΐκῃ μυστη-
ρίοισι δεδήλωται.

52 *The growth of Pelasgian religion.*

Ἔθυον δὲ πάντα πρότερον οἱ Πελασγοὶ θεοῖσι ἐπευχό-
μενοι, ὡς ἐγὼ ἐν Δωδώνῃ οἶδα ἀκούσας, ἐπωνυμίην δὲ
οὐδ' οὔνομα ἐποιεῦντο οὐδενὶ αὐτῶν· οὐ γὰρ ἀκηκόεσάν
κω. θεοὺς δὲ προσωνόμασάν σφεας ἀπὸ τοῦ τοιούτου
ὅτι κόσμῳ θέντες τὰ πάντα πρήγματα καὶ πάσας νομὰς
2 εἶχον. ἔπειτα δὲ χρόνου πολλοῦ διεξελθόντος ἐπύθοντο
ἐκ τῆς Αἰγύπτου ἀπιγμένα τὰ οὐνόματα τῶν θεῶν τῶν

ἄλλων, Διονύσου δὲ ὕστερον πολλῷ ἐπύθοντο· καὶ μετὰ
χρόνον ἐχρηστηριάζοντο περὶ τῶν οὐνομάτων ἐν Δωδώνῃ·
τὸ γὰρ δὴ μαντήϊον τοῦτο νενόμισται ἀρχαιότατον τῶν
ἐν Ἕλλησι χρηστηρίων εἶναι, καὶ ἦν τὸν χρόνον τοῦτον
3 μοῦνον. ἐπεὶ ὦν ἐχρηστηριάζοντο ἐν τῇ Δωδώνῃ οἱ
Πελασγοὶ εἰ ἀνέλωνται τὰ οὐνόματα τὰ ἀπὸ τῶν βαρβάρων
ἥκοντα, ἀνεῖλε τὸ μαντήϊον χρᾶσθαι. ἀπὸ μὲν δὴ
τούτου τοῦ χρόνου ἔθυον τοῖσι οὐνόμασι τῶν θεῶν
χρεώμενοι. παρὰ δὲ Πελασγῶν Ἕλληνες ἐδέξαντο
ὕστερον.

53 *The date of Homer and Hesiod, and their teaching of religion.*

Ὅθεν δὲ ἐγένοντο ἕκαστος τῶν θεῶν, εἴτε αἰεὶ ἦσαν
πάντες, ὁκοῖοί τέ τινες τὰ εἴδεα, οὐκ ἠπιστέατο μέχρι οὗ
2 πρώην τε καὶ χθὲς ὡς εἰπεῖν λόγῳ. Ἡσίοδον γὰρ
καὶ Ὅμηρον ἡλικίην τετρακοσίοισι ἔτεσι δοκέω μευ
πρεσβυτέρους γενέσθαι καὶ οὐ πλέοσι. οὗτοι δέ εἰσι
οἱ ποιήσαντες θεογονίην Ἕλλησι καὶ τοῖσι θεοῖσι τὰς
ἐπωνυμίας δόντες καὶ τιμάς τε καὶ τέχνας διελόντες
3 καὶ εἴδεα αὐτῶν σημήναντες. οἱ δὲ πρότερον ποιηταὶ
λεγόμενοι τούτων τῶν ἀνδρῶν γενέσθαι ὕστερον, ἔμοιγε
δοκέειν, ἐγένοντο. τούτων τὰ μὲν πρῶτα αἱ Δωδω-
νίδες ἱέρειαι λέγουσι, τὰ δὲ ὕστερα τὰ ἐς Ἡσίοδόν τε
καὶ Ὅμηρον ἔχοντα ἐγὼ λέγω.

54, 55 *The oracles of Siwa and Dodona—founded by priestesses from Egyptian Thebes: by black doves, according to the three priestesses at Dodona.*

54 Χρηστηρίων δὲ πέρι τοῦ τε ἐν Ἕλλησι καὶ τοῦ ἐν Λιβύῃ τόνδε Αἰγύπτιοι λόγον λέγουσι. ἔφασαν οἱ ἱρέες τοῦ Θηβαιέος Διὸς δύο γυναῖκας ἱερείας ἐκ Θηβέων ἐξαχθῆναι ὑπὸ Φοινίκων, καὶ τὴν μὲν αὐτέων πυθέσθαι ἐς Λιβύην πρηθεῖσαν, τὴν δὲ ἐς τοὺς Ἕλληνας· ταύτας

δὲ τὰς γυναῖκας εἶναι τὰς ἱδρυσαμένας τὰ μαντήϊα
2 πρώτας ἐν τοῖσι εἰρημένοισι ἔθνεσι. εἰρομένου δέ μευ
ὁκόθεν οὕτω ἀτρεκέως ἐπιστάμενοι λέγουσι, ἔφασαν
πρὸς ταῦτα ζήτησιν μεγάλην ἀπὸ σφέων γενέσθαι τῶν
γυναικῶν τουτέων, καὶ ἀνευρεῖν μέν σφεας οὐ δυνατοὶ
γενέσθαι, πυθέσθαι δὲ ὕστερον ταῦτα περὶ αὐτέων τά
55 περ δὴ ἔλεγον. ταῦτα μέν νυν τῶν ἐν Θήβῃσι ἱρέων
ἤκουον, τάδε δὲ Δωδωναίων φασὶ αἱ προμάντιες· δύο
πελειάδας μελαίνας ἐκ Θηβέων τῶν Αἰγυπτιέων ἀνα-
πταμένας τὴν μὲν αὐτέων ἐς Λιβύην, τὴν δὲ παρὰ σφέας
2 ἀπικέσθαι. ἱζομένην δέ μιν ἐπὶ φηγὸν αὐδάξασθαι
φωνῇ ἀνθρωπηΐῃ ὡς χρεὸν εἴη μαντήϊον αὐτόθι Διὸς
γενέσθαι, καὶ αὐτοὺς ὑπολαβεῖν θεῖον εἶναι τὸ ἐπαγγελ-
3 λόμενον αὐτοῖσι καί σφεα ἐκ τούτου ποιῆσαι. τὴν δὲ
ἐς τοὺς Λίβυας οἰχομένην πελειάδα λέγουσι Ἄμμωνος
χρηστήριον κελεῦσαι τοὺς Λίβυας ποιέειν· ἔστι δὲ καὶ
τοῦτο Διός. Δωδωναίων δὲ αἱ ἱέρειαι, τῶν τῇ πρεσβυ-
τάτῃ οὔνομα ἦν Προμένεια, τῇ δὲ μετὰ ταύτην Τιμαρέτη,
τῇ δὲ νεωτάτῃ Νικάνδρη, ἔλεγον ταῦτα· συνωμολόγεον
δέ σφι καὶ οἱ ἄλλοι Δωδωναῖοι οἱ περὶ τὸ ἱρόν.

56, 57 *The belief of Herodotus regarding the priestesses and the doves.*

56 Ἐγὼ δ' ἔχω περὶ αὐτῶν γνώμην τήνδε. εἰ ἀληθέως
οἱ Φοίνικες ἐξήγαγον τὰς ἱρὰς γυναῖκας καὶ τὴν μὲν
αὐτέων ἐς Λιβύην, τὴν δὲ ἐς τὴν Ἑλλάδα ἀπέδοντο,
δοκέει ἐμοὶ ἡ γυνὴ αὕτη τῆς νῦν Ἑλλάδος, πρότερον δὲ
Πελασγίης καλευμένης τῆς αὐτῆς ταύτης, πρηθῆναι ἐς
2 Θεσπρωτούς· ἔπειτα δουλεύουσα αὐτόθι ἱδρύσασθαι ὑπὸ
φηγῷ πεφυκυίῃ Διὸς ἱρόν, ὥσπερ ἦν οἰκὸς ἀμφιπολεύουσαν
ἐν Θήβῃσι ἱρὸν Διός, ἔνθα ἀπίκετο, ἐνθαῦτα μνήμην αὐτοῦ
3 ἔχειν. ἐκ δὲ τούτου χρηστήριον κατηγήσατο, ἐπείτε
συνέλαβε τὴν Ἑλλάδα γλῶσσαν. φάναι δέ οἱ ἀδελφεὴν

ἐν Λιβύῃ πεπρῆσθαι ὑπὸ τῶν αὐτῶν Φοινίκων ὑπ᾽ ὧν
57 καὶ αὐτὴ ἐπρήθη. πελειάδες δέ μοι δοκέουσι κληθῆναι
πρὸς Δωδωναίων ἐπὶ τοῦδε αἱ γυναῖκες, διότι βάρβαροι
2 ἦσαν, ἐδόκεον δέ σφι ὁμοίως ὄρνισι φθέγγεσθαι. μετὰ
δὲ χρόνον τὴν πελειάδα ἀνθρωπηΐῃ φωνῇ αὐδάξασθαι
λέγουσι, ἐπείτε συνετά σφι ηὔδα ἡ γυνή· ἕως δὲ ἐβαρ-
βάριζε, ὄρνιθος τρόπον ἐδόκεέ σφι φθέγγεσθαι, ἐπεὶ τέῳ
τρόπῳ ἂν πελειάς γε ἀνθρωπηΐῃ φωνῇ φθέγξαιτο;
μέλαιναν δὲ λέγοντες εἶναι τὴν πελειάδα σημαίνουσι
3 ὅτι Αἰγυπτίη ἡ γυνὴ ἦν. ἡ δὲ μαντηΐη ἥ τε ἐν Θήβῃσι
τῇσι Αἰγυπτίῃσι καὶ ⟨ἡ⟩ ἐν Δωδώνῃ παραπλήσιαι
ἀλλήλῃσι τυγχάνουσι ἐοῦσαι. ἔστι δὲ καὶ τῶν ἱρῶν ἡ
μαντικὴ ἀπ᾽ Αἰγύπτου ἀπιγμένη.

58 *Ceremonies borrowed from Egypt by the Greeks.*

Πανηγύριας δὲ ἄρα καὶ πομπὰς καὶ προσαγωγὰς πρῶτοι ἀνθρώπων Αἰγύπτιοί εἰσι οἱ ποιησάμενοι, καὶ παρὰ τούτων Ἕλληνες μεμαθήκασι. τεκμήριον δέ μοι τούτου τόδε· αἱ μὲν γὰρ φαίνονται ἐκ πολλοῦ τευ χρόνου ποιεύμεναι, αἱ δὲ Ἑλληνικαὶ νεωστὶ ἐποιήθησαν.

59 *The six solemn assemblies of the Egyptians.*

Πανηγυρίζουσι δὲ Αἰγύπτιοι οὐκ ἅπαξ τοῦ ἐνιαυτοῦ,
πανηγύριας δὲ συχνάς, μάλιστα μὲν καὶ προθυμότατα
ἐς Βούβαστιν πόλιν τῇ Ἀρτέμιδι, δεύτερα ἐς Βούσιριν
2 πόλιν τῇ Ἴσι· ἐν ταύτῃ γὰρ δὴ τῇ πόλι ἐστὶ μέγιστον
Ἴσιος ἱρόν, ἵδρυται δὲ ἡ πόλις αὕτη τῆς Αἰγύπτου ἐν
μέσῳ τῷ Δέλτα, Ἶσις δέ ἐστι κατὰ τὴν Ἑλλήνων γλῶσσαν
3 Δημήτηρ. τρίτα δ᾽ ἐς Σάϊν πόλιν τῇ Ἀθηναίῃ πανηγυρί-
ζουσι, τέταρτα δὲ ἐς Ἡλίου πόλιν τῷ Ἡλίῳ, πέμπτα
δὲ ἐς Βουτοῦν πόλιν τῇ Λητοῖ, ἕκτα δὲ ἐς Πάπρημιν
πόλιν τῷ Ἄρεϊ.

60 *Festival of Artemis at Bubastis.*

Ἐς μέν νυν Βούβαστιν πόλιν ἐπεὰν κομίζωνται,
ποιεῦσι τοιάδε· πλέουσί τε γὰρ δὴ ἅμα ἄνδρες γυναιξὶ
καὶ πολλόν τι πλῆθος ἑκατέρων ἐν ἑκάστῃ βάρι· αἱ μέν
τινες τῶν γυναικῶν κρόταλα ἔχουσαι κροταλίζουσι, οἱ δὲ
αὐλέουσι κατὰ πάντα τὸν πλόον, αἱ δὲ λοιπαὶ γυναῖκες
2 καὶ ἄνδρες ἀείδουσι καὶ τὰς χεῖρας κροτέουσι. ἐπεὰν
δὲ πλέοντες κατά τινα πόλιν ἄλλην γένωνται, ἐγχρίμ-
ψαντες τὴν βᾶριν τῇ γῇ ποιεῦσι τοιάδε· αἱ μέν τινες
τῶν γυναικῶν ποιεῦσι τά περ εἴρηκα, αἱ δὲ τωθάζουσι
βοῶσαι τὰς ἐν τῇ πόλι ταύτῃ γυναῖκας, αἱ δὲ ὀρχέονται.
3 ταῦτα παρὰ πᾶσαν πόλιν παραποταμίην ποιεῦσι. ἐπεὰν
δὲ ἀπίκωνται ἐς τὴν Βούβαστιν, ὁρτάζουσι μεγάλας
ἀνάγοντες θυσίας, καὶ οἶνος ἀμπέλινος ἀναισιμοῦται
πλέων ἐν τῇ ὁρτῇ ταύτῃ ἢ ἐν τῷ ἅπαντι ἐνιαυτῷ τῷ
ἐπιλοίπῳ. συμφοιτῶσι δέ, ὅ τι ἀνὴρ καὶ γυνή ἐστι
πλὴν παιδίων, καὶ ἐς ἑβδομήκοντα μυριάδας, ὡς οἱ ἐπιχώ-
ριοι λέγουσι.

61 *Lament for Osiris.*

Ταῦτα μὲν δὴ ταύτῃ ποιέεται, ἐν δὲ Βουσίρι πόλι ὡς
ἀνάγουσι τῇ Ἴσι τὴν ὁρτήν, εἴρηται πρότερόν μοι.
τύπτονται γὰρ δὴ μετὰ τὴν θυσίην πάντες καὶ πᾶσαι,
μυριάδες κάρτα πολλαὶ ἀνθρώπων· τὸν δὲ τύπτονται,
2 οὔ μοι ὅσιόν ἐστι λέγειν. ὅσοι δὲ Καρῶν εἰσι ἐν Αἰγύπτῳ
οἰκέοντες, οὗτοι δὲ τοσούτῳ ἔτι πλέω ποιεῦσι τούτων
ὅσῳ καὶ τὰ μέτωπα κόπτονται μαχαίρῃσι, καὶ τούτῳ
εἰσὶ δῆλοι ὅτι εἰσὶ ξεῖνοι καὶ οὐκ Αἰγύπτιοι.

62 *The Feast of Lanterns in honour of Athene at Saïs.*

Ἐς Σάϊν δὲ πόλιν ἐπεὰν συλλεχθέωσι τῇσι θυσίῃσι, ἔν τινι νυκτὶ λύχνα καίουσι πάντες πολλὰ ὑπαίθρια περὶ τὰ δώματα κύκλῳ. τὰ δὲ λύχνα ἐστὶ ἐμβάφια ἔμπλεα ἁλὸς

καὶ ἐλαίου, ἐπιπολῆς δὲ ἔπεστι αὐτὸ τὸ ἐλλύχνιον, καὶ
τοῦτο καίεται παννύχιον, καὶ τῇ ὁρτῇ οὔνομα κεῖται
2 λυχνοκαΐη. οἳ δ' ἂν μὴ ἔλθωσι τῶν Αἰγυπτίων ἐς τὴν
πανήγυριν ταύτην, φυλάσσοντες τὴν νύκτα τῆς θυσίης
καίουσι καὶ αὐτοὶ πάντες τὰ λύχνα, καὶ οὕτω οὐκ ἐν
Σάϊ μούνῃ καίεται ἀλλὰ καὶ ἀνὰ πᾶσαν Αἴγυπτον. ὅτευ
δὲ εἵνεκα φῶς ἔλαχε καὶ τιμὴν ἡ νὺξ αὕτη, ἔστι ἱρὸς
περὶ αὐτοῦ λόγος λεγόμενος.

63 *Ceremonial fight with clubs at Paprêmis in honour of Ares.*

Ἐς δὲ Ἡλίου τε πόλιν καὶ Βουτοῦν θυσίας μούνας
ἐπιτελέουσι φοιτῶντες. ἐν δὲ Παπρήμι θυσίας μὲν
καὶ ἱρὰ κατά περ καὶ τῇ ἄλλῃ ποιεῦσι· εὖτ' ἂν δὲ
γίνηται καταφερὴς ὁ ἥλιος, ὀλίγοι μέν τινες τῶν ἱρέων
περὶ τὤγαλμα πεπονέαται, οἱ δὲ πολλοὶ αὐτῶν ξύλων
κορύνας ἔχοντες ἑστᾶσι τοῦ ἱροῦ ἐν τῇ ἐσόδῳ· ἄλλοι
δὲ εὐχωλὰς ἐπιτελέοντες, πλεῦνες χιλίων ἀνδρῶν, ἕκαστοι
2 ἔχοντες ξύλα καὶ οὗτοι ἐπὶ τὰ ἕτερα ἁλέες ἑστᾶσι. τὸ
δὲ ἄγαλμα ἐὸν ἐν νηῷ μικρῷ ξυλίνῳ κατακεχρυσωμένῳ
προεκκομίζουσι τῇ προτεραίῃ ἐς ἄλλο οἴκημα ἱρόν. οἱ
μὲν δὴ ὀλίγοι οἱ περὶ τὤγαλμα λελειμμένοι ἕλκουσι
τετράκυκλον ἅμαξαν ἄγουσαν τὸν νηόν τε καὶ τὸ ἐν τῷ
νηῷ ἐνεὸν ἄγαλμα, οἱ δὲ οὐκ ἐῶσι ἐν τοῖσι προπυλαίοισι
ἑστεῶτες ἐσιέναι, οἱ δὲ εὐχωλιμαῖοι τιμωρέοντες τῷ
3 θεῷ παίουσι αὐτοὺς ἀλεξομένους. ἐνθαῦτα μάχη ξύλοισι
καρτερὴ γίνεται, κεφαλάς τε συναράσσονται καί, ὡς ἐγὼ
δοκέω, πολλοὶ καὶ ἀποθνῄσκουσι ἐκ τῶν τρωμάτων·
οὐ μέντοι οἵ γε Αἰγύπτιοι ἔφασαν ἀποθνῄσκειν οὐδένα.
4 τὴν δὲ πανήγυριν ταύτην ἐκ τοῦδε νομίσαι φασὶ οἱ
ἐπιχώριοι· οἰκέειν ἐν τῷ ἱρῷ τούτῳ τοῦ Ἄρεος τὴν
μητέρα, καὶ τὸν Ἄρεα ἀπότροφον γενόμενον ἐλθεῖν
ἐξανδρωμένον ἐθέλοντα τῇ μητρὶ συμμεῖξαι, καὶ τοὺς
προπόλους τῆς μητρός, οἷα οὐκ ὀπωπότας αὐτὸν πρότερον,

οὐ περιορᾶν παριέναι ἀλλὰ ἀπερύκειν, τὸν δὲ ἐξ ἄλλης πόλιος ἀγαγόμενον ἀνθρώπους τούς τε προπόλους τρηχέως περισπεῖν καὶ ἐσελθεῖν παρὰ τὴν μητέρα. ἀπὸ τούτου τῷ Ἄρεϊ ταύτην τὴν πληγὴν ἐν τῇ ὁρτῇ νενομικέναι φασί.

65–76 *Worship of Animals : 65, all animals are sacred.*

65 2 Ἐοῦσα δὲ Αἴγυπτος ὅμουρος τῇ Λιβύῃ οὐ μάλα θηρι-
ώδης ἐστί. τὰ δὲ ἐόντα σφι ἅπαντα ἱρὰ νενόμισται, καὶ
τὰ μὲν σύντροφα τοῖσι ἀνθρώποισι, τὰ δὲ οὔ. τῶν δὲ
εἵνεκεν ἀνεῖται ἱρὰ εἰ λέγοιμι, καταβαίην ἂν τῷ λόγῳ ἐς
τὰ θεῖα πρήγματα, τὰ ἐγὼ φεύγω μάλιστα ἀπηγέεσθαι.
τὰ δὲ καὶ εἴρηκα αὐτῶν ἐπιψαύσας, ἀναγκαίῃ καταλαμ-
3 βανόμενος εἶπον. νόμος δέ ἐστι περὶ τῶν θηρίων ὧδε
ἔχων. μελεδωνοὶ ἀποδεδέχαται τῆς τροφῆς χωρὶς ἑκάσ-
των καὶ ἔρσενες καὶ θήλεαι τῶν Αἰγυπτίων, τῶν παῖς
4 παρὰ πατρὸς ἐκδέκεται τὴν τιμήν. οἱ δὲ ἐν τῇσι πόλισι
ἕκαστοι εὐχὰς τάσδε σφι ἀποτελέουσι· εὐχόμενοι τῷ θεῷ
τοῦ ἂν ᾖ τὸ θηρίον, ξυρῶντες τῶν παιδίων ἢ πᾶσαν τὴν
κεφαλὴν ἢ τὸ ἥμισυ ἢ τὸ τρίτον μέρος τῆς κεφαλῆς,
ἱστᾶσι σταθμῷ πρὸς ἀργύριον τὰς τρίχας· τὸ δ᾽ ἂν
ἑλκύσῃ, τοῦτο τῇ μελεδωνῷ τῶν θηρίων διδοῖ· ἡ δ᾽ ἀντ᾽
αὐτοῦ τάμνουσα ἰχθῦς παρέχει βορὴν τοῖσι θηρίοισι.
5 τροφὴ μὲν δὴ αὐτοῖσι τοιαύτη ἀποδέδεκται· τὸ δ᾽ ἄν τις
τῶν θηρίων τούτων ἀποκτείνῃ, ἢν μὲν ἑκών, θάνατος ἡ
ζημίη, ἢν δὲ ἀέκων, ἀποτίνει ζημίην τὴν ἂν οἱ ἱρέες
τάξωνται. ὃς δ᾽ ἂν ἶβιν ἢ ἴρηκα ἀποκτείνῃ, ἥν τε ἑκὼν
ἥν τε ἀέκων, τεθνάναι ἀνάγκη.

66 *The cat : its peculiar habits : fashions of mourning for cat and dog.*

Πολλῶν δὲ ἐόντων ὁμοτρόφων τοῖσι ἀνθρώποισι θηρίων πολλῷ ἂν ἔτι πλέω ἐγίνετο, εἰ μὴ κατελάμβανε τοὺς

αἰελούρους τοιάδε. ἐπεὰν τέκωσι αἱ θήλεαι, οὐκέτι
φοιτῶσι παρὰ τοὺς ἔρσενας· οἱ δὲ διζήμενοι μίσγεσθαι
2 αὐτῇσι οὐκ ἔχουσι. πρὸς ὦν ταῦτα σοφίζονται τάδε·
ἁρπάζοντες ἀπὸ τῶν θηλέων καὶ ὑπαιρεόμενοι τὰ τέκνα
κτείνουσι, κτείναντες μέντοι οὐ πατέονται. αἱ δὲ στερισ-
κόμεναι τῶν τέκνων, ἄλλων δὲ ἐπιθυμέουσαι, οὕτω δὴ
ἀπικνέονται παρὰ τοὺς ἔρσενας· φιλότεκνον γὰρ τὸ θηρίον.
3 πυρκαϊῆς δὲ γινομένης θεῖα πρήγματα καταλαμβάνει τοὺς
αἰελούρους· οἱ μὲν γὰρ Αἰγύπτιοι διαστάντες φυλακὰς
ἔχουσι τῶν αἰελούρων, ἀμελήσαντες σβεννύναι τὸ καιό-
μενον, οἱ δὲ αἰέλουροι διαδύνοντες καὶ ὑπερθρῴσκοντες
4 τοὺς ἀνθρώπους ἐσάλλονται ἐς τὸ πῦρ. ταῦτα δὲ
γινόμενα, πένθεα μεγάλα τοὺς Αἰγυπτίους καταλαμβάνει.
ἐν ὁτέοισι δ' ἂν οἰκίοισι αἰέλουρος ἀποθάνῃ ἀπὸ τοῦ
αὐτομάτου, οἱ ἐνοικέοντες πάντες ξυρῶνται τὰς ὀφρύας
μούνας, παρ' ὁτέοισι δ' ἂν κύων, πᾶν τὸ σῶμα καὶ τὴν
κεφαλήν.

67 *Burial of animals.*

Ἀπάγονται δὲ οἱ αἰέλουροι ἀποθανόντες ἐς ἱρὰς στέγας,
ἔνθα θάπτονται ταριχευθέντες, ἐν Βουβάστι πόλι· τὰς δὲ
κύνας ἐν τῇ ἑωυτῶν ἕκαστοι πόλι θάπτουσι ἐν ἱρῇσι
θήκῃσι. ὡς δὲ αὕτως τῇσι κυσὶ οἱ ἰχνευταὶ θάπτονται.
τὰς δὲ μυγαλᾶς καὶ τοὺς ἴρηκας ἀπάγουσι ἐς Βουτοῦν
2 πόλιν, τὰς δὲ ἴβις ἐς Ἑρμέω πόλιν. τὰς δὲ ἄρκτους
ἐούσας σπανίας καὶ τοὺς λύκους οὐ πολλῷ τεῳ ἐόντας
ἀλωπέκων μέζονας αὐτοῦ θάπτουσι τῇ ἂν εὑρεθέωσι
κείμενοι.

68 *The crocodile : its appearance and habits.*

Τῶν δὲ κροκοδίλων φύσις ἐστὶ τοιήδε· τοὺς χειμεριωτάτους μῆνας τέσσερας ἐσθίει οὐδέν, ἐὸν δὲ τετράπουν χερσαῖον καὶ λιμναῖόν ἐστι· τίκτει μὲν γὰρ ᾠὰ ἐν γῇ καὶ

ἐκλέπει καὶ τὸ πολλὸν τῆς ἡμέρης διατρίβει ἐν τῷ ξηρῷ,
τὴν δὲ νύκτα πᾶσαν ἐν τῷ ποταμῷ· θερμότερον γὰρ δή
2 ἐστι τὸ ὕδωρ τῆς τε αἰθρίης καὶ τῆς δρόσου. πάντων δὲ
τῶν ἡμεῖς ἴδμεν θνητῶν τοῦτο ἐξ ἐλαχίστου μέγιστον
γίνεται· τὰ μὲν γὰρ ᾠὰ χηνέων οὐ πολλῷ μέζονα τίκτει,
καὶ ὁ νεοσσὸς κατὰ λόγον τοῦ ᾠοῦ γίνεται, αὐξανόμενος
δὲ γίνεται καὶ ἐς ἑπτακαίδεκα πήχεας καὶ μέζων ἔτι.
3 ἔχει δὲ ὀφθαλμοὺς μὲν ὑός, ὀδόντας δὲ μεγάλους καὶ
χαυλιόδοντας κατὰ λόγον τοῦ σώματος. γλῶσσαν δὲ
μοῦνον θηρίων οὐκ ἔφυσε. οὐδὲ κινέει τὴν κάτω γνάθον,
ἀλλὰ καὶ τοῦτο μοῦνον θηρίων τὴν ἄνω γνάθον προσάγει τῇ
4 κάτω. ἔχει δὲ καὶ ὄνυχας καρτεροὺς καὶ δέρμα λεπι-
δωτὸν ἄρρηκτον ἐπὶ τοῦ νώτου. τυφλὸν δὲ ἐν ὕδατι, ἐν
δὲ τῇ αἰθρίῃ ὀξυδερκέστατον. ἅτε δὴ ὦν ἐν ὕδατι δίαιταν
ποιεύμενον, τὸ στόμα ἔνδοθεν φορέει πᾶν μεστὸν βδελλέων.
τὰ μὲν δὴ ἄλλα ὄρνεα καὶ θηρία φεύγει μιν, ὁ δὲ τροχίλος
5 εἰρηναῖόν οἵ ἐστι, ἅτε ὠφελεομένῳ πρὸς αὐτοῦ· ἐπεὰν
γὰρ ἐς τὴν γῆν ἐκβῇ ἐκ τοῦ ὕδατος ὁ κροκόδιλος καὶ
ἔπειτα χάνῃ (ἔωθε γὰρ τοῦτο ὡς τὸ ἐπίπαν ποιέειν πρὸς
τὸν ζέφυρον), ἐνθαῦτα ὁ τροχίλος ἐσδύνων ἐς τὸ στόμα
αὐτοῦ καταπίνει τὰς βδέλλας· ὁ δὲ ὠφελεύμενος ἥδεται
καὶ οὐδὲν σίνεται τὸν τροχίλον.

69 *Worshipped in the Thebaïd and the Fayûm: eaten at Elephantiné.*

Τοῖσι μὲν δὴ τῶν Αἰγυπτίων ἱροί εἰσι οἱ κροκόδιλοι,
τοῖσι δὲ οὔ, ἀλλ' ἅτε πολεμίους περιέπουσι. οἱ δὲ περί
τε Θήβας καὶ τὴν Μοίριος λίμνην οἰκέοντες καὶ κάρτα
2 ἥγηνται αὐτοὺς εἶναι ἱρούς. ἐκ πάντων δὲ ἕνα ἑκάτεροι
τρέφουσι κροκόδιλον, δεδιδαγμένον εἶναι χειροήθεα, ἀρτή-
ματά τε λίθινα χυτὰ καὶ χρύσεα ἐς τὰ ὦτα ἐσθέντες καὶ
ἀμφιδέας περὶ τοὺς ἐμπροσθίους πόδας, καὶ σιτία ἀποτακτὰ
διδόντες καὶ ἱρήϊα, καὶ περιέποντες ὡς κάλλιστα ζῶντας·

ἀποθανόντας δὲ ταριχεύσαντες θάπτουσι ἐν ἱρῇσι θήκῃσι.
3 οἱ δὲ περὶ Ἐλεφαντίνην πόλιν οἰκέοντες καὶ ἐσθίουσι
αὐτούς, οὐκ ἡγεόμενοι ἱροὺς εἶναι. καλέονται δὲ οὐ
κροκόδιλοι ἀλλὰ χάμψαι. κροκοδίλους δὲ Ἴωνες ὠνό-
μασαν, εἰκάζοντες αὐτῶν τὰ εἴδεα τοῖσι παρὰ σφίσι γινο-
μένοισι κροκοδίλοισι τοῖσι ἐν τῇσι αἱμασιῇσι.

70 *Crocodile-hunting.*

Ἄγραι δέ σφεων πολλαὶ κατεστᾶσι καὶ παντοῖαι. ἣ δ'
ὦν ἔμοιγε δοκέει ἀξιωτάτη ἀπηγήσιος εἶναι, ταύτην
γράφω. ἐπεὰν νῶτον ὑὸς δελεάσῃ περὶ ἄγκιστρον, μετίει
ἐς μέσον τὸν ποταμόν, αὐτὸς δὲ ἐπὶ τοῦ χείλεος τοῦ
2 ποταμοῦ ἔχων δέλφακα ζωὴν ταύτην τύπτει. ἐπακούσας
δὲ τῆς φωνῆς ὁ κροκόδιλος ἵεται κατὰ τὴν φωνήν,
ἐντυχὼν δὲ τῷ νώτῳ καταπίνει· οἱ δὲ ἕλκουσι. ἐπεὰν
δὲ ἐξελκυσθῇ ἐς γῆν, πρῶτον ἁπάντων ὁ θηρευτὴς πηλῷ
κατ' ὦν ἔπλασε αὐτοῦ τοὺς ὀφθαλμούς· τοῦτο δὲ ποιήσας
κάρτα εὐπετέως τὰ λοιπὰ χειροῦται, μὴ δὲ ποιήσας τοῦτο
σὺν πόνῳ.

71 *The hippopotamus : its description.*

Οἱ δὲ ἵπποι οἱ ποτάμιοι νομῷ μὲν τῷ Παπρημίτῃ ἱροί εἰσι, τοῖσι δὲ ἄλλοισι Αἰγυπτίοισι οὐκ ἱροί. φύσιν δὲ παρέχονται ἰδέης τοιήνδε· τετράπουν ἐστί, δίχηλον, ὁπλαὶ βοός, σιμόν, λοφιὴν ἔχον ἵππου, χαυλιόδοντας φαῖνον, οὐρὴν ἵππου καὶ φωνήν, μέγαθος ὅσον τε βοῦς ὁ μέγιστος. τὸ δέρμα δ' αὐτοῦ οὕτω δή τι παχύ ἐστι ὥστε αὔου γενομένου ξυστὰ ποιέεσθαι [ἀκόντια] ἐξ αὐτοῦ.

72 *Creatures sacred to the Nile-god.*

Γίνονται δὲ καὶ ἐνύδριες ἐν τῷ ποταμῷ, τὰς ἱρὰς ἥγηνται εἶναι. νομίζουσι δὲ καὶ τῶν ἰχθύων τὸν καλεύμενον λεπιδωτὸν ἱρὸν εἶναι καὶ τὴν ἔγχελυν. ἱροὺς δὲ τούτους τοῦ Νείλου φασὶ εἶναι καὶ τῶν ὀρνίθων τοὺς χηναλώπεκας.

73 *The phoenix : legend of its strange behaviour.*

Ἔστι δὲ καὶ ἄλλος ὄρνις ἱρός, τῷ οὔνομα φοῖνιξ.
ἐγὼ μέν μιν οὐκ εἶδον εἰ μὴ ὅσον γραφῇ· καὶ γὰρ δὴ καὶ
σπάνιος ἐπιφοιτᾷ σφι δι' ἐτέων, ὡς Ἡλιοπολῖται λέγουσι,
2 πεντακοσίων. φοιτᾶν δὲ τότε φασὶ ἐπεάν οἱ ἀποθάνῃ ὁ
πατήρ. ἔστι δέ, εἰ τῇ γραφῇ παρόμοιος, τοσόσδε καὶ
τοιόσδε· τὰ μὲν αὐτοῦ χρυσόκομα τῶν πτερῶν, τὰ δὲ
ἐρυθρά. ἐς τὰ μάλιστα αἰετῷ περιήγησιν ὁμοιότατος καὶ
3 τὸ μέγαθος. τοῦτον δὲ λέγουσι μηχανᾶσθαι τάδε, ἐμοὶ
μὲν οὐ πιστὰ λέγοντες, ἐξ Ἀραβίης ὁρμώμενον ἐς τὸ
ἱρὸν τοῦ Ἡλίου κομίζειν τὸν πατέρα ἐν σμύρνῃ ἐμπλάσ-
4 σοντα καὶ θάπτειν ἐν τοῦ Ἡλίου τῷ ἱρῷ· κομίζειν δὲ
οὕτω· πρῶτον τῆς σμύρνης ᾠὸν πλάσσειν ὅσον τε δυνατός
ἐστι φέρειν, μετὰ δὲ πειρᾶσθαι αὐτὸ φορέοντα, ἐπεὰν δὲ
ἀποπειρηθῇ, οὕτω δὴ κοιλήναντα τὸ ᾠὸν τὸν πατέρα ἐς
αὐτὸ ἐντιθέναι, σμύρνῃ δὲ ἄλλῃ ἐμπλάσσειν τοῦτο κατ' ὅ
τι τοῦ ᾠοῦ ἐκκοιλήνας ἐνέθηκε τὸν πατέρα, ἐγκειμένου δὲ
τοῦ πατρὸς γίνεσθαι τὠυτὸ βάρος, ἐμπλάσαντα δὲ
κομίζειν μιν ἐπ' Αἰγύπτου ἐς τοῦ Ἡλίου τὸ ἱρόν. ταῦτα
μὲν τοῦτον τὸν ὄρνιν λέγουσι ποιέειν.

74 *Horned snakes near Thebes.*

Εἰσὶ δὲ περὶ Θήβας ἱροὶ ὄφιες, ἀνθρώπων οὐδαμῶς δηλήμονες, οἳ μεγάθεϊ ἐόντες σμικροὶ δύο κέρεα φορέουσι πεφυκότα ἐξ ἄκρης τῆς κεφαλῆς, τοὺς θάπτουσι ἀποθανόντας ἐν τῷ ἱρῷ τοῦ Διός· τούτου γάρ σφεας τοῦ θεοῦ φασι εἶναι ἱρούς.

75 *Winged serpents—killed by the ibis.*

Ἔστι δὲ χῶρος τῆς Ἀραβίης κατὰ Βουτοῦν πόλιν μάλιστά κῃ κείμενος, καὶ ἐς τοῦτο τὸ χωρίον ἦλθον

πυνθανόμενος περὶ τῶν πτερωτῶν ὀφίων. ἀπικόμενος δὲ
εἶδον ὀστέα ὀφίων καὶ ἀκάνθας πλήθεϊ μὲν ἀδύνατα
ἀπηγήσασθαι, σωροὶ δὲ ἦσαν τῶν ἀκανθέων καὶ μεγάλοι
καὶ ὑποδεέστεροι καὶ ἐλάσσονες ἔτι τούτων, πολλοὶ δὲ
2 ἦσαν οὗτοι. ἔστι δὲ ὁ χῶρος οὗτος, ἐν τῷ αἱ ἄκανθαι
κατακεχύαται, τοιόσδε τις· ἐσβολὴ ἐξ ὀρέων στεινῶν ἐς
πεδίον μέγα, τὸ δὲ πεδίον τοῦτο συνάπτει τῷ Αἰγυπτίῳ
3 πεδίῳ. λόγος δέ ἐστι ἅμα τῷ ἔαρι πτερωτοὺς ὄφις ἐκ
τῆς Ἀραβίης πέτεσθαι ἐπ' Αἰγύπτου, τὰς δὲ ἴβις τὰς
ὄρνιθας ἀπαντώσας ἐς τὴν ἐσβολὴν ταύτης τῆς χώρης οὐ
4 παριέναι τοὺς ὄφις ἀλλὰ κατακτείνειν. καὶ τὴν ἶβιν
διὰ τοῦτο τὸ ἔργον τετιμῆσθαι λέγουσι Ἀράβιοι μεγάλως
πρὸς Αἰγυπτίων· ὁμολογέουσι δὲ καὶ Αἰγύπτιοι διὰ ταῦτα
τιμᾶν τὰς ὄρνιθας ταύτας.

76 *Description of the two kinds of ibis.*

Εἶδος δὲ τῆς μὲν ἴβιος τόδε· μέλαινα δεινῶς πᾶσα,
σκέλεα δὲ φορέει γεράνου, πρόσωπον δὲ ἐς τὰ μάλιστα
ἐπίγρυπον, μέγαθος δὲ ὅσον κρέξ. τῶν μὲν δὴ μελαινέων
τῶν μαχομένων πρὸς τοὺς ὄφις ἥδε ἰδέη, τῶν δ' ἐν ποσὶ
μᾶλλον εἱλευμένων τοῖσι ἀνθρώποισι (διξαὶ γὰρ δή εἰσι
2 ἴβιες) ἥδε· ψιλὴ τὴν κεφαλὴν καὶ τὴν δειρὴν πᾶσαν,
λευκὴ πτεροῖσι πλὴν κεφαλῆς καὶ τοῦ αὐχένος καὶ ἄκρων
τῶν πτερύγων καὶ τοῦ πυγαίου ἄκρου (ταῦτα δὲ τὰ εἶπον
πάντα μέλαινά ἐστι δεινῶς), σκέλεα δὲ καὶ πρόσωπον
3 ἐμφερὴς τῇ ἑτέρῃ. τοῦ δὲ ὄφιος ἡ μορφὴ οἵη περ τῶν
ὕδρων. πτίλα δὲ οὐ πτερωτὰ φορέει, ἀλλὰ τοῖσι τῆς
νυκτερίδος πτεροῖσι μάλιστά κῃ ἐμφερέστατα. τοσαῦτα
μὲν θηρίων πέρι ἱρῶν εἰρήσθω.

77–91 *Customs of the people of Upper Egypt :* 77, *their food and medicines.*

77 Αὐτῶν δὲ δὴ Αἰγυπτίων οἳ μὲν περὶ τὴν σπειρομένην
Αἴγυπτον οἰκέουσι, μνήμην ἀνθρώπων πάντων ἐπασκ-

ἐόντες μάλιστα λογιώτατοί εἰσι μακρῷ τῶν ἐγὼ ἐς
2 διάπειραν ἀπικόμην. τρόπῳ δὲ ζόης τοιῷδε διαχρέωνται·
συρμαΐζουσι τρεῖς ἡμέρας ἐπεξῆς μηνὸς ἑκάστου, ἐμέτοισι
θηρώμενοι τὴν ὑγιείην καὶ κλύσμασι, νομίζοντες ἀπὸ τῶν
τρεφόντων σιτίων πάσας τὰς νούσους τοῖσι ἀνθρώποισι
3 γίνεσθαι. εἰσὶ μὲν γὰρ καὶ ἄλλως Αἰγύπτιοι μετὰ Λίβυας
ὑγιηρέστατοι πάντων ἀνθρώπων τῶν ὡρέων ἐμοὶ δοκέειν
εἵνεκεν, ὅτι οὐ μεταλλάσσουσι αἱ ὧραι· ἐν γὰρ τῇσι
μεταβολῇσι τοῖσι ἀνθρώποισι αἱ νοῦσοι μάλιστα γίνονται,
τῶν τε ἄλλων πάντων καὶ δὴ καὶ τῶν ὡρέων μάλιστα.
4 ἀρτοφαγέουσι δὲ ἐκ τῶν ὀλυρέων ποιεῦντες ἄρτους, τοὺς
ἐκεῖνοι κυλλήστις ὀνομάζουσι. οἴνῳ δὲ ἐκ κριθέων
πεποιημένῳ διαχρέωνται· οὐ γάρ σφί εἰσι ἐν τῇ χώρῃ
ἄμπελοι. ἰχθύων δὲ τοὺς μὲν πρὸς ἥλιον αὐήναντες
ὠμοὺς σιτέονται, τοὺς δὲ ἐξ ἅλμης τεταριχευμένους.
5 ὀρνίθων δὲ τούς τε ὄρτυγας καὶ τὰς νήσσας καὶ τὰ σμικρὰ
τῶν ὀρνιθίων ὠμὰ σιτέονται προταριχεύσαντες· τὰ δὲ
ἄλλα ὅσα ἢ ὀρνίθων ἢ ἰχθύων σφί ἐστι ἐχόμενα, χωρὶς ἢ
ὁκόσοι σφι ἱροὶ ἀποδεδέχαται, τοὺς λοιποὺς ὀπτοὺς καὶ
ἑφθοὺς σιτέονται.

78 *A curious custom.*

Ἐν δὲ τῇσι συνουσίῃσι τοῖσι εὐδαίμοσι αὐτῶν, ἐπεὰν ἀπὸ δείπνου γένωνται, περιφέρει ἀνὴρ νεκρὸν ἐν σορῷ ξύλινον πεποιημένον, μεμιμημένον ἐς τὰ μάλιστα καὶ γραφῇ καὶ ἔργῳ, μέγαθος ὅσον τε πάντῃ πηχυαῖον ἢ δίπηχυν, δεικνὺς δὲ ἑκάστῳ τῶν συμποτέων λέγει· "Ἐς τοῦτον ὁρέων, πῖνέ τε καὶ τέρπευ· ἔσεαι γὰρ ἀποθανὼν τοιοῦτος." ταῦτα μὲν παρὰ τὰ συμπόσια ποιεῦσι.

79 *Their conservatism: an ancient dirge.*

Πατρίοισι δὲ χρεώμενοι νόμοισι ἄλλον οὐδένα ἐπικτῶνται. τοῖσι ἄλλα τε ἐπάξιά ἐστι νόμιμα καὶ δὴ καὶ

ἄεισμα ἕν ἐστι, Λίνος, ὅς περ ἔν τε Φοινίκῃ ἀοίδιμός
ἐστι καὶ ἐν Κύπρῳ καὶ ἄλλῃ, κατὰ μέντοι ἔθνεα οὔνομα
2 ἔχει· συμφέρεται δὲ ὡυτὸς εἶναι τὸν οἱ Ἕλληνες Λίνον
ὀνομάζοντες ἀείδουσι, ὥστε πολλὰ μὲν καὶ ἄλλα ἀποθω-
μάζειν με τῶν περὶ Αἴγυπτον ἐόντων, ἐν δὲ δὴ καὶ τὸν
Λίνον ὁκόθεν ἔλαβον τὸ οὔνομα· φαίνονται δὲ αἰεί κοτε
τοῦτον ἀείδοντες· ἔστι δὲ Αἰγυπτιστὶ ὁ Λίνος καλεύμενος
3 Μανερῶς. ἔφασαν δέ μιν Αἰγύπτιοι τοῦ πρώτου βασιλεύσ-
αντος Αἰγύπτου παῖδα μουνογενέα γενέσθαι, ἀποθανόντα
δὲ αὐτὸν ἄωρον θρήνοισι τούτοισι ὑπὸ Αἰγυπτίων τιμη-
θῆναι, καὶ ἀοιδήν τε ταύτην πρώτην καὶ μούνην σφίσι
γενέσθαι.

80 *Respect towards age: a peculiar salutation.*

Συμφέρονται δὲ καὶ τόδε ἄλλο Αἰγύπτιοι Ἑλλήνων
μούνοισι Λακεδαιμονίοισι· οἱ νεώτεροι αὐτῶν τοῖσι
πρεσβυτέροισι συντυγχάνοντες εἴκουσι τῆς ὁδοῦ καὶ
2 ἐκτράπονται καὶ ἐπιοῦσι ἐξ ἕδρης ὑπανιστέαται. τόδε
μέντοι ἄλλο Ἑλλήνων οὐδαμοῖσι συμφέρονται· ἀντὶ τοῦ
προσαγορεύειν ἀλλήλους ἐν τῇσι ὁδοῖσι προσκυνέουσι
κατιέντες μέχρι τοῦ γούνατος τὴν χεῖρα.

81 *Egyptian dress.*

Ἐνδεδύκασι δὲ κιθῶνας λινέους περὶ τὰ σκέλεα θυσαν-
ωτούς, τοὺς καλέουσι καλασίρις· ἐπὶ τούτοισι δὲ εἰρίνεα
εἵματα λευκὰ ἐπαναβληδὸν φορέουσι. οὐ μέντοι ἔς γε
τὰ ἱρὰ ἐσφέρεται εἰρίνεα οὐδὲ συγκαταθάπτεταί σφι· οὐ
2 γὰρ ὅσιον. ὁμολογέουσι δὲ ταῦτα τοῖσι Ὀρφικοῖσι
καλεομένοισι καὶ Βακχικοῖσι, ἐοῦσι δὲ Αἰγυπτίοισι καὶ
Πυθαγορείοισι. οὐδὲ γὰρ τούτων τῶν ὀργίων μετέχοντα
ὅσιόν ἐστι ἐν εἰρινέοισι εἵμασι θαφθῆναι. ἔστι δὲ περὶ
αὐτῶν ἱρὸς λόγος λεγόμενος.

82, 83 *Horoscopes : omens : oracles.*

82 Καὶ τάδε ἄλλα Αἰγυπτίοισί ἐστι ἐξευρημένα, μείς τε
καὶ ἡμέρη ἑκάστη θεῶν ὅτευ ἐστί, καὶ τῇ ἕκαστος ἡμέρῃ
γενόμενος ὁτέοισι ἐγκυρήσει καὶ ὅκως τελευτήσει καὶ
ὁκοῖός τις ἔσται· καὶ τούτοισι τῶν Ἑλλήνων οἱ ἐν ποιήσι
2 γενόμενοι ἐχρήσαντο. τέρατά τε πλέω σφι ἀνεύρηται ἢ
τοῖσι ἄλλοισι ἅπασι ἀνθρώποισι. γενομένου γὰρ τέρατος
φυλάσσουσι γραφόμενοι τὠποβαῖνον, καὶ ἤν κοτε ὕστερον
παραπλήσιον τούτῳ γένηται, κατὰ τὠυτὸ νομίζουσι ἀπο-
83 βήσεσθαι. μαντικὴ δὲ αὐτοῖσι ὧδε διάκειται. ἀνθρώπων
μὲν οὐδενὶ πρόσκειται ἡ τέχνη, τῶν δὲ θεῶν μετεξετέροισι.
καὶ γὰρ Ἡρακλέος μαντήϊον αὐτόθι ἔστι καὶ Ἀπόλλωνος
καὶ Ἀθηναίης καὶ Ἀρτέμιδος καὶ Ἄρεος καὶ Διός, καὶ
τό γε μάλιστα ἐν τιμῇ ἄγονται πάντων τῶν μαντηΐων,
Λητοῦς ἐν Βουτοῖ πόλι ἐστί. οὐ μέντοι αἵ γε μαντηΐαι
σφι κατὰ τὠυτὸ ἑστᾶσι, ἀλλὰ διάφοροί εἰσι.

84 *Medicine : specialists in every branch.*

Ἡ δὲ ἰητρικὴ κατὰ τάδε σφι δέδασται· μιῆς νούσου ἕκαστος ἰητρός ἐστι καὶ οὐ πλεόνων. πάντα δ' ἰητρῶν ἐστι πλέα· οἱ μὲν γὰρ ὀφθαλμῶν ἰητροὶ κατεστέασι, οἱ δὲ κεφαλῆς, οἱ δὲ ὀδόντων, οἱ δὲ τῶν κατὰ νηδύν, οἱ δὲ τῶν ἀφανέων νούσων.

85 *Funeral customs.*

Θρῆνοι δὲ καὶ ταφαί σφεων εἰσὶ αἵδε· τοῖσι ἂν ἀπο-
γένηται ἐκ τῶν οἰκίων ἄνθρωπος τοῦ τις καὶ λόγος ᾖ, τὸ
θῆλυ γένος πᾶν τὸ ἐκ τῶν οἰκίων τούτων κατ' ὧν ἐπλάσατο
τὴν κεφαλὴν πηλῷ ἢ καὶ τὸ πρόσωπον, κἄπειτα ἐν τοῖσι
οἰκίοισι λιποῦσαι τὸν νεκρόν, αὐταὶ ἀνὰ τὴν πόλιν στρω-
φώμεναι τύπτονται ὑπεζωμέναι καὶ φαίνουσαι τοὺς μαζούς,
2 σὺν δέ σφι αἱ προσήκουσαι πᾶσαι. ἑτέρωθεν δὲ οἱ ἄνδρες

τύπτονται, ὑπεζωμένοι καὶ οὗτοι. ἐπεὰν δὲ ταῦτα ποιήσωσι, οὕτω ἐς τὴν ταρίχευσιν κομίζουσι.

86–88 *Embalming : three methods.*

86 Εἰσὶ δὲ οἳ ἐπ' αὐτῷ τούτῳ κατέαται καὶ τέχνην ἔχουσι
2 ταύτην. οὗτοι, ἐπεάν σφι κομισθῇ νεκρός, δεικνύουσι
τοῖσι κομίσασι παραδείγματα νεκρῶν ξύλινα, τῇ γραφῇ
μεμιμημένα, καὶ τὴν μὲν σπουδαιοτάτην αὐτέων φασὶ εἶναι
τοῦ οὐκ ὅσιον ποιεῦμαι τὸ οὔνομα ἐπὶ τοιούτῳ πρήγματι
ὀνομάζειν, τὴν δὲ δευτέρην δεικνύουσι ὑποδεεστέρην τε
ταύτης καὶ εὐτελεστέρην, τὴν δὲ τρίτην εὐτελεστάτην·
φράσαντες δὲ πυνθάνονται παρ' αὐτῶν κατὰ ἥντινα
3 βούλονταί σφι σκευασθῆναι τὸν νεκρόν. οἱ μὲν δὴ
ἐκποδὼν μισθῷ ὁμολογήσαντες ἀπαλλάσσονται, οἱ δὲ
ὑπολειπόμενοι ἐν οἰκήμασι ὧδε τὰ σπουδαιότατα ταριχεύουσι·
πρῶτα μὲν σκολιῷ σιδήρῳ διὰ τῶν μυξωτήρων
ἐξάγουσι τὸν ἐγκέφαλον, τὰ μὲν αὐτοῦ οὕτω ἐξάγοντες,
4 τὰ δὲ ἐγχέοντες φάρμακα. μετὰ δὲ λίθῳ Αἰθιοπικῷ ὀξέϊ
παρασχίσαντες παρὰ τὴν λαπάρην ἐξ ὦν εἷλον τὴν κοιλίην
πᾶσαν, ἐκκαθήραντες δὲ αὐτὴν καὶ διηθήσαντες οἴνῳ φοι-
5 νικηΐῳ αὖτις διηθέουσι θυμιήμασι τετριμμένοισι. ἔπειτα
τὴν νηδὺν σμύρνης ἀκηράτου τετριμμένης καὶ κασίης καὶ
τῶν ἄλλων θυμιημάτων, πλὴν λιβανωτοῦ, πλήσαντες
συρράπτουσι ὀπίσω. ταῦτα δὲ ποιήσαντες ταριχεύουσι
λίτρῳ, κρύψαντες ἡμέρας ἑβδομήκοντα· πλεῦνας δὲ τουτέων
6 οὐκ ἔξεστι ταριχεύειν. ἐπεὰν δὲ παρέλθωσι αἱ ἑβδομή-
κοντα, λούσαντες τὸν νεκρὸν κατειλίσσουσι πᾶν αὐτοῦ τὸ
σῶμα σινδόνος βυσσίνης τελαμῶσι κατατετμημένοισι,
ὑποχρίοντες τῷ κόμμι, τῷ δὴ ἀντὶ κόλλης τὰ πολλὰ
7 χρέωνται Αἰγύπτιοι. ἐνθεῦτεν δὲ παραδεξάμενοί μιν
οἱ προσήκοντες ποιεῦνται ξύλινον τύπον ἀνθρωποειδέα,
ποιησάμενοι δὲ ἐσεργνῦσι τὸν νεκρόν, καὶ κατακληΐσ-
αντες οὕτω θησαυρίζουσι ἐν οἰκήματι θηκαίῳ, ἱστάντες

87 ὀρθὸν πρὸς τοῖχον. οὕτω μὲν τοὺς τὰ πολυτελέστατα
σκευάζουσι νεκρούς, τοὺς δὲ τὰ μέσα βουλομένους, τὴν
2 δὲ πολυτελείην φεύγοντας σκευάζουσι ὧδε· ἐπεὰν [τοὺς]
κλυστῆρας πλήσωνται τοῦ ἀπὸ κέδρου ἀλείφατος γινο-
μένου, ἐν ὧν ἔπλησαν τοῦ νεκροῦ τὴν κοιλίην, οὔτε
ἀναταμόντες αὐτὸν οὔτε ἐξελόντες τὴν νηδύν, κατὰ δὲ
τὴν ἕδρην ἐσηθήσαντες καὶ ἐπιλαβόντες τὸ κλύσμα τῆς
ὀπίσω ὁδοῦ ταριχεύουσι τὰς προκειμένας ἡμέρας, τῇ δὲ
τελευταίῃ ἐξιεῖσι ἐκ τῆς κοιλίης τὴν κεδρίην τὴν ἐσῆκαν
3 πρότερον. ἡ δὲ ἔχει τοσαύτην δύναμιν ὥστε ἅμα ἑωυτῇ
τὴν νηδὺν καὶ τὰ σπλάγχνα κατατετηκότα ἐξάγει· τὰς
δὲ σάρκας τὸ λίτρον κατατήκει, καὶ δὴ λείπεται τοῦ
νεκροῦ τὸ δέρμα μοῦνον καὶ τὰ ὀστέα. ἐπεὰν δὲ ταῦτα
ποιήσωσι, ἀπ' ὧν ἔδωκαν οὕτω τὸν νεκρόν, οὐδὲν ἔτι πρηγ-
88 ματευθέντες. ἡ δὲ τρίτη ταρίχευσίς ἐστι ἥδε, ἣ τοὺς
χρήμασι ἀσθενεστέρους σκευάζει. συρμαίῃ διηθήσαντες
τὴν κοιλίην ταριχεύουσι τὰς ἑβδομήκοντα ἡμέρας καὶ
ἔπειτα ἀπ' ὧν ἔδωκαν ἀποφέρεσθαι.

90 *Sanctity of those who perish in the Nile.*

Ὃς δ' ἂν ἢ αὐτῶν Αἰγυπτίων ἢ ξείνων ὁμοίως ὑπὸ
κροκοδίλου ἁρπασθεὶς ἢ ὑπ' αὐτοῦ τοῦ ποταμοῦ φαίνηται
τεθνεώς, κατ' ἣν ἂν πόλιν ἐξενειχθῇ, τούτους πᾶσα ἀνάγκη
ἐστὶ ταριχεύσαντας αὐτὸν καὶ περιστείλαντας ὡς κάλλιστα
2 θάψαι ἐν ἱρῇσι θήκῃσι· οὐδὲ ψαῦσαι ἔξεστι αὐτοῦ ἄλλον
οὐδένα οὔτε τῶν προσηκόντων οὔτε τῶν φίλων, ἀλλά μιν
οἱ ἱρέες αὐτοὶ οἱ τοῦ Νείλου, ἅτε πλέον τι ἢ ἀνθρώπου
νεκρόν, χειραπτάζοντες θάπτουσι.

91 *Chemmis and its games in honour of Perseus.*

Ἑλληνικοῖσι δὲ νομαίοισι φεύγουσι χρᾶσθαι, τὸ δὲ σύμπαν εἰπεῖν, μηδ' ἄλλων μηδαμὰ μηδαμῶν ἀνθρώπων νομαίοισι. οἱ μέν νυν ἄλλοι Αἰγύπτιοι οὕτω τοῦτο φυλάσ-

σουσι, ἔστι δὲ Χέμμις πόλις μεγάλη νομοῦ τοῦ Θηβαϊκοῦ
2 ἐγγὺς Νέης πόλιος. ἐν ταύτῃ τῇ πόλι ἔστι Περσέος τοῦ
Δανάης ἱρὸν τετράγωνον, πέριξ δὲ αὐτοῦ φοίνικες πεφύ-
κασι. τὰ δὲ πρόπυλα τοῦ ἱροῦ λίθινά ἐστι κάρτα μεγάλα·
ἐπὶ δὲ αὐτοῖσι ἀνδριάντες δύο ἑστᾶσι λίθινοι μεγάλοι. ἐν
δὲ τῷ περιβεβλημένῳ τούτῳ νηός τε ἔνι καὶ ἄγαλμα ἐν
3 αὐτῷ ἐνέστηκε τοῦ Περσέος. οὗτοι οἱ Χεμμῖται λέγουσι
τὸν Περσέα πολλάκις μὲν ἀνὰ τὴν γῆν φαίνεσθαί σφι, πολ-
λάκις δὲ ἔσω τοῦ ἱροῦ, σανδάλιόν τε αὐτοῦ πεφορημένον
εὑρίσκεσθαι, ἐὸν τὸ μέγαθος δίπηχυ, τὸ ἐπεὰν φανῇ,
4 εὐθενέειν ἅπασαν Αἴγυπτον. ταῦτα μὲν λέγουσι, ποιεῦσι
δὲ τάδε Ἑλληνικὰ τῷ Περσέϊ· ἀγῶνα γυμνικὸν τιθεῖσι
διὰ πάσης ἀγωνίης ἔχοντα, παρέχοντες ἄεθλα κτήνεα καὶ
5 χλαίνας καὶ δέρματα. εἰρομένου δέ μευ ὅ τι σφι
μούνοισι ἔωθε ὁ Περσεὺς ἐπιφαίνεσθαι καὶ ὅ τι κεχω-
ρίδαται Αἰγυπτίων τῶν ἄλλων ἀγῶνα γυμνικὸν τιθέντες,
ἔφασαν τὸν Περσέα ἐκ τῆς ἑωυτῶν πόλιος γεγονέναι· τὸν
γὰρ Δαναὸν καὶ τὸν Λυγκέα ἐόντας Χεμμίτας ἐκπλῶσαι
ἐς τὴν Ἑλλάδα. ἀπὸ δὲ τούτων γενεηλογέοντες κατ-
6 έβαινον ἐς τὸν Περσέα. ἀπικόμενον δὲ αὐτὸν ἐς Αἴγυπτον
κατ' αἰτίην τὴν καὶ Ἕλληνες λέγουσι, οἴσοντα ἐκ Λιβύης
τὴν Γοργοῦς κεφαλήν, ἔφασαν ἐλθεῖν καὶ παρὰ σφέας καὶ
ἀναγνῶναι τοὺς συγγενέας πάντας· ἐκμεμαθηκότα δέ μιν
ἀπικέσθαι ἐς Αἴγυπτον τὸ τῆς Χέμμιος οὔνομα, πεπυσ-
μένον παρὰ τῆς μητρός· ἀγῶνα δέ οἱ γυμνικὸν αὐτοῦ
κελεύσαντος ἐπιτελέειν.

92–98 *Customs of the dwellers in the marshes: 92, monogamy: diet.*

92 Ταῦτα μὲν πάντα οἱ κατύπερθε τῶν ἑλέων οἰκέοντες Αἰγύπτιοι νομίζουσι. οἱ δὲ δὴ ἐν τοῖσι ἕλεσι κατοικημένοι τοῖσι μὲν αὐτοῖσι νόμοισι χρέωνται τοῖσι καὶ οἱ ἄλλοι Αἰγύπτιοι, καὶ τἆλλα καὶ γυναικὶ μιῇ ἕκαστος αὐτῶν

συνοικέει κατά περ Ἕλληνες, ἀτὰρ πρὸς εὐτελείην τῶν
2 σιτίων τάδε σφι ἄλλα ἐξεύρηται. ἐπεὰν πλήρης γένηται
ὁ ποταμὸς καὶ τὰ πεδία πελαγίσῃ, φύεται ἐν τῷ ὕδατι
κρίνεα πολλά, τὰ Αἰγύπτιοι καλέουσι λωτόν. ταῦτ'
ἐπεὰν δρέψωσι, αὐαίνουσι πρὸς ἥλιον καὶ ἔπειτα τὸ ἐκ
μέσου τοῦ λωτοῦ, τῇ μήκωνι ἐὸν ἐμφερές, πτίσαντες
3 ποιεῦνται ἐξ αὐτοῦ ἄρτους ὀπτοὺς πυρί. ἔστι δὲ καὶ ἡ
ῥίζα τοῦ λωτοῦ τούτου ἐδωδίμη καὶ ἐγγλύσσει ἐπιεικέως,
4 ἐὸν στρογγύλον, μέγαθος κατὰ μῆλον. ἔστι δὲ καὶ ἄλλα
κρίνεα ῥόδοισι ἐμφερέα, ἐν τῷ ποταμῷ γινόμενα καὶ
ταῦτα, ἐξ ὧν ὁ καρπὸς ἐν ἄλλῃ κάλυκι παραφυομένῃ ἐκ
τῆς ῥίζης γίνεται, κηρίῳ σφηκῶν ἰδέην ὁμοιότατον· ἐν
τούτῳ τρωκτὰ ὅσον τε πυρὴν ἐλαίης ἐγγίνεται συχνά,
5 τρώγεται δὲ καὶ ἁπαλὰ ταῦτα καὶ αὖα. τὴν δὲ βύβλον
τὴν ἐπέτειον γινομένην ἐπεὰν ἀνασπάσωσι ἐκ τῶν ἑλέων,
τὰ μὲν ἄνω αὐτῆς ἀποτάμνοντες ἐς ἄλλο τι τρέπουσι, τὸ
δὲ κάτω λελειμμένον ὅσον τε ἐπὶ πῆχυν τρώγουσι καὶ
πωλέουσι. οἳ δὲ ἂν καὶ κάρτα βούλωνται χρηστῇ τῇ
βύβλῳ χρᾶσθαι, ἐν κλιβάνῳ διαφανέϊ πνίξαντες οὕτω
τρώγουσι. οἳ δέ τινες αὐτῶν ζῶσι ἀπὸ τῶν ἰχθύων
μούνων, τοὺς ἐπεὰν λάβωσι καὶ ἐξέλωσι τὴν κοιλίην,
αὐαίνουσι πρὸς ἥλιον καὶ ἔπειτα αὔους ἐόντας σιτέονται.

93. *Fish and their habits.*

Οἳ δὲ ἰχθύες οἱ ἀγελαῖοι ἐν μὲν τοῖσι ποταμοῖσι οὐ
μάλα γίνονται, τρεφόμενοι δὲ ἐν τῇσι λίμνῃσι τοιάδε
ποιεῦσι· ἐπεάν σφεας ἐσίῃ οἶστρος κυΐσκεσθαι, ἀγεληδὸν
ἐκπλώουσι ἐς θάλασσαν· ἡγέονται δὲ οἱ ἔρσενες ἀπορραί-
νοντες τοῦ θοροῦ, αἳ δὲ ἑπόμεναι ἀνακάπτουσι καὶ ἐξ αὐτοῦ
2 κυΐσκονται. ἐπεὰν δὲ πλήρεες γένωνται ἐν τῇ θαλάσσῃ,
ἀναπλώουσι ὀπίσω ἐς ἤθεα τὰ ἑωυτῶν ἕκαστοι. ἡγέονται
μέντοι γε οὐκέτι οἱ αὐτοί, ἀλλὰ τῶν θηλέων γίνεται ἡ ἡγε-
μονίη. ἡγεύμεναι δὲ ἀγεληδὸν ποιεῦσι οἷόν περ ἐποίευν

οἱ ἔρσενες· τῶν γὰρ ᾠῶν ἀπορραίνουσι κατ᾽ ὀλίγους τῶν
κέγχρων, οἱ δὲ ἔρσενες καταπίνουσι ἑπόμενοι. εἰσὶ δὲ
3 οἱ κέγχροι οὗτοι ἰχθύες. ἐκ δὲ τῶν περιγινομένων καὶ μὴ
καταπινομένων κέγχρων οἱ τρεφόμενοι ἰχθύες γίνονται.
οἳ δ᾽ ἂν αὐτῶν ἁλῶσι ἐκπλώοντες ἐς θάλασσαν, φαίνονται
τετριμμένοι τὰ ἐπ᾽ ἀριστερὰ τῶν κεφαλέων, οἳ δ᾽ ἂν ὀπίσω
4 ἀναπλώοντες, τὰ ἐπὶ δεξιὰ τετρίφαται. πάσχουσι δὲ
ταῦτα διὰ τόδε· ἐχόμενοι τῆς γῆς ἐπ᾽ ἀριστερὰ κατα-
πλώουσι ἐς θάλασσαν καὶ ἀναπλώοντες ὀπίσω τῆς αὐτῆς
ἀντέχονται, ἐγχριμπτόμενοι καὶ ψαύοντες ὡς μάλιστα, ἵνα
5 δὴ μὴ ἁμάρτοιεν τῆς ὁδοῦ διὰ τὸν ῥόον. ἐπεὰν δὲ πληθύ-
εσθαι ἄρχηται ὁ Νεῖλος, τά τε κοῖλα τῆς γῆς καὶ τὰ
τέλματα τὰ παρὰ τὸν ποταμὸν πρῶτα ἄρχεται πίμπλασθαι
διηθέοντος τοῦ ὕδατος ἐκ τοῦ ποταμοῦ· καὶ αὐτίκα τε
πλέα γίνεται ταῦτα καὶ παραχρῆμα ἰχθύων σμικρῶν
6 πίμπλαται πάντα· κόθεν δὲ οἰκὸς αὐτοὺς γίνεσθαι, ἐγώ μοι
δοκέω κατανοέειν τοῦτο· τοῦ προτέρου ἔτεος ἐπεὰν ἀπολίπῃ
ὁ Νεῖλος, οἱ ἰχθύες ἐντεκόντες ᾠὰ ἐς τὴν ἰλὺν ἅμα τῷ
ἐσχάτῳ ὕδατι ἀπαλλάσσονται· ἐπεὰν δὲ περιελθόντος τοῦ
χρόνου πάλιν ἐπέλθῃ τὸ ὕδωρ, ἐκ τῶν ᾠῶν τούτων παραυ-
τίκα γίνονται οἱ ἰχθύες οὗτοι. καὶ περὶ μὲν τοὺς ἰχθύας
οὕτως ἔχει.

94 *Oil from* kiki-*seeds.*

Ἀλείφατι δὲ χρέωνται Αἰγυπτίων οἱ περὶ τὰ ἕλεα
οἰκέοντες ἀπὸ τῶν σιλλικυπρίων τοῦ καρποῦ, τὸ καλεῦσι
μὲν Αἰγύπτιοι κίκι, ποιεῦσι δὲ ὧδε· παρὰ τὰ χείλεα τῶν
τε ποταμῶν καὶ τῶν λιμνέων σπείρουσι τὰ σιλλικύπρια
2 ταῦτα, τὰ ἐν Ἕλλησι αὐτόματα ἄγρια φύεται· ταῦτα ἐν
τῇ Αἰγύπτῳ σπειρόμενα καρπὸν φέρει πολλὸν μέν, δυσώδεα
δέ· τοῦτον ἐπεὰν συλλέξωνται, οἱ μὲν κόψαντες ἀπιποῦσι,
οἱ δὲ καὶ φρύξαντες ἀπέψουσι καὶ τὸ ἀπορρέον ἀπ᾽ αὐτοῦ

συγκομίζονται. ἔστι δὲ πῖον καὶ οὐδὲν ἧσσον τοῦ ἐλαίου τῷ λύχνῳ προσηνές, ὀδμὴν δὲ βαρέαν παρέχεται.

95 *Protection against mosquitoes.*

πρὸς δὲ τοὺς κώνωπας ἀφθόνους ἐόντας τάδε σφί ἐστι
μεμηχανημένα. τοὺς μὲν τὰ ἄνω τῶν ἑλέων οἰκέοντας οἱ
πύργοι ὠφελέουσι, ἐς τοὺς ἀναβαίνοντες κοιμῶνται· οἱ
γὰρ κώνωπες ὑπὸ τῶν ἀνέμων οὐκ οἷοί τέ εἰσι ὑψοῦ πέτ-
2 εσθαι. τοῖσι δὲ περὶ τὰ ἕλεα οἰκέουσι τάδε ἀντὶ τῶν
πύργων ἄλλα μεμηχάνηται· πᾶς ἀνὴρ αὐτῶν ἀμφίβληστρον
ἔκτηται, τῷ τῆς μὲν ἡμέρης ἰχθῦς ἀγρεύει, τὴν δὲ νύκτα
τάδε αὐτῷ χρᾶται· ἐν τῇ ἀναπαύεται κοίτῃ, περὶ ταύτην
ἵστησι τὸ ἀμφίβληστρον καὶ ἔπειτα ἐνδὺς ὑπ' αὐτὸ
3 κατεύδει. οἱ δὲ κώνωπες, ἢν μὲν ἐν ἱματίῳ ἐνειλιξά-
μενος εὕδῃ ἢ σινδόνι, διὰ τούτων δάκνουσι· διὰ δὲ τοῦ
δικτύου οὐδὲ πειρῶνται ἀρχήν.

96 *River-craft : building and sailing of the* baris.

Τὰ δὲ δὴ πλοῖά σφι τοῖσι φορτηγέουσι ἐστὶ ἐκ τῆς
ἀκάνθης ποιεύμενα, τῆς ἡ μορφὴ μέν ἐστι ὁμοιοτάτη
τῷ Κυρηναίῳ λωτῷ, τὸ δὲ δάκρυον κόμμι ἐστί· ἐκ
ταύτης ὦν τῆς ἀκάνθης κοψάμενοι ξύλα ὅσον τε διπήχεα
2 πλινθηδὸν συντιθεῖσι, ναυπηγεύμενοι τρόπον τοιόνδε· περὶ
γόμφους πυκνοὺς καὶ μακροὺς περιείρουσι τὰ διπήχεα
ξύλα· ἐπεὰν δὲ τῷ τρόπῳ τούτῳ ναυπηγήσωνται, ζυγὰ
ἐπιπολῆς τείνουσι αὐτῶν. νομεῦσι δὲ οὐδὲν χρέωνται·
ἔσωθεν δὲ τὰς ἁρμονίας ἐν ὦν ἐπάκτωσαν τῇ βύβλῳ.
3 πηδάλιον δὲ ἓν ποιεῦνται, καὶ τοῦτο διὰ τῆς τρόπιος δια-
βύνεται. ἱστῷ δὲ ἀκανθίνῳ χρέωνται, ἱστίοισι δὲ βυβ-
λίνοισι. ταῦτα τὰ πλοῖα ἀνὰ μὲν τὸν ποταμὸν οὐ δύναται
πλέειν, ἢν μὴ λαμπρὸς ἄνεμος ἐπέχῃ, ἐκ γῆς δὲ παρέλ-
4 κεται, κατὰ ῥόον δὲ κομίζεται ὧδε· ἔστι ἐκ μυρίκης πε-
ποιημένη θύρη, κατερραμμένη ῥιπὶ καλάμων, καὶ λίθος

τετρημένος διτάλαντος μάλιστά κῃ σταθμόν. τούτων τὴν
μὲν θύρην δεδεμένην κάλῳ ἔμπροσθε τοῦ πλοίου ἀπίει
5 ἐπιφέρεσθαι, τὸν δὲ λίθον ἄλλῳ κάλῳ ὄπισθε. ἡ μὲν δὴ
θύρη τοῦ ῥόου ἐμπίπτοντος χωρέει ταχέως καὶ ἕλκει τὴν
βᾶριν (τοῦτο γὰρ δὴ οὔνομά ἐστι τοῖσι πλοίοισι τούτοισι),
ὁ δὲ λίθος ὄπισθε ἐπελκόμενος καὶ ἐὼν ἐν βυσσῷ κατ-
ιθύνει τὸν πλόον. ἔστι δέ σφι τὰ πλοῖα ταῦτα πλήθεϊ πολλὰ
καὶ ἄγει ἔνια πολλὰς χιλιάδας ταλάντων.

97 *The Delta in flood-time.*

Ἐπεὰν δὲ ἐπέλθῃ ὁ Νεῖλος τὴν χώρην, αἱ πόλιες μοῦναι
φαίνονται ὑπερέχουσαι, μάλιστά κῃ ἐμφερέες τῇσι ἐν τῷ
Αἰγαίῳ πόντῳ νήσοισι. τὰ μὲν γὰρ ἄλλα τῆς Αἰγύπτου
πέλαγος γίνεται, αἱ δὲ πόλιες μοῦναι ὑπερέχουσι. πορ-
θμεύονται ὦν, ἐπεὰν τοῦτο γένηται, οὐκέτι κατὰ τὰ ῥέεθρα
2 τοῦ ποταμοῦ ἀλλὰ διὰ μέσου τοῦ πεδίου. ἐς μέν γε
Μέμφιν ἐκ Ναυκράτιος ἀναπλέοντι παρ' αὐτὰς τὰς
πυραμίδας γίνεται ὁ πλόος· ἔστι δὲ οὐκ οὗτος, ἀλλὰ παρὰ
τὸ ὀξὺ τοῦ Δέλτα καὶ παρὰ Κερκάσωρον πόλιν· ἐς δὲ
Ναύκρατιν ἀπὸ θαλάσσης καὶ Κανώβου διὰ πεδίου πλέων
ἥξεις κατ' Ἄνθυλλάν τε πόλιν καὶ τὴν Ἀρχάνδρου καλευ-
98 μένην. τουτέων δὲ ἡ μὲν Ἄνθυλλα ἐοῦσα λογίμη πόλις
ἐς ὑποδήματα ἐξαίρετος δίδοται τοῦ αἰεὶ βασιλεύοντος
Αἰγύπτου τῇ γυναικί. τοῦτο δὲ γίνεται ἐξ ὅσου ὑπὸ Πέρσῃσί
2 ἐστι Αἴγυπτος. ἡ δὲ ἑτέρη πόλις δοκέει μοι τὸ οὔνομα
ἔχειν ἀπὸ τοῦ Δαναοῦ γαμβροῦ, Ἀρχάνδρου τοῦ Φθίου τοῦ
Ἀχαιοῦ· καλέεται γὰρ δὴ Ἀρχάνδρου πόλις. εἴη δ' ἂν καὶ
ἄλλος τις Ἄρχανδρος, οὐ μέντοι γε Αἰγύπτιον τὸ οὔνομα.

99–146 *The History of Egypt as related by Egyptian priests.*

99 *Min (or Mênês), the first king of Egypt.*

99 Μέχρι μὲν τούτου ὄψις τε ἐμὴ καὶ γνώμη καὶ ἱστορίη
ταῦτα λέγουσά ἐστι, τὸ δὲ ἀπὸ τοῦδε Αἰγυπτίους ἔρχομαι

λόγους ἐρέων κατὰ τὰ ἤκουον· προσέσται δέ τι αὐτοῖσι
2 καὶ τῆς ἐμῆς ὄψιος. Μῖνα τὸν πρῶτον βασιλεύσαντα
Αἰγύπτου οἱ ἱρέες ἔλεγον τοῦτο μὲν ἀπογεφυρῶσαι τὴν
Μέμφιν. τὸν γὰρ ποταμὸν πάντα ῥέειν παρὰ τὸ ὄρος τὸ
ψάμμινον πρὸς Λιβύης, τὸν δὲ Μῖνα ἄνωθεν, ὅσον τε
ἑκατὸν σταδίους ἀπὸ Μέμφιος, τὸν πρὸς μεσαμβρίης
ἀγκῶνα προσχώσαντα τὸ μὲν ἀρχαῖον ῥέεθρον ἀποξηρῆναι,
τὸν δὲ ποταμὸν ὀχετεῦσαι τὸ μέσον τῶν ὀρέων ῥέειν.
3 (ἔτι δὲ καὶ νῦν ὑπὸ Περσέων ὁ ἀγκὼν οὗτος τοῦ Νείλου,
ὡς ἀπεργμένος ῥέῃ, ἐν φυλακῇσι μεγάλῃσι ἔχεται, φρασσόμενος
ἀνὰ πᾶν ἔτος· εἰ γὰρ ἐθελήσει ῥήξας ὑπερβῆναι
ὁ ποταμὸς ταύτῃ, κίνδυνος πάσῃ Μέμφι κατακλυσθῆναί
4 ἐστι.) ὡς δὲ τῷ Μῖνι τούτῳ τῷ πρώτῳ γενομένῳ
βασιλέϊ χέρσον γεγονέναι τὸ ἀπεργμένον, τοῦτο μὲν ἐν
αὐτῷ πόλιν κτίσαι ταύτην ἥτις νῦν Μέμφις καλέεται
(ἔστι γὰρ καὶ ἡ Μέμφις ἐν τῷ στεινῷ τῆς Αἰγύπτου),
ἔξωθεν δὲ αὐτῆς περιορύξαι λίμνην ἐκ τοῦ ποταμοῦ πρὸς
βορέην τε καὶ πρὸς ἑσπέρην (τὸ γὰρ πρὸς τὴν ἠῶ αὐτὸς
ὁ Νεῖλος ἀπέργει), τοῦτο δὲ τοῦ Ἡφαίστου τὸ ἱρὸν
ἱδρύσασθαι ἐν αὐτῇ, ἐὸν μέγα τε καὶ ἀξιαπηγητότατον.

100 *After Mênês, 330 rulers, including Queen Nitôcris.*

Μετὰ δὲ τοῦτον κατέλεγον οἱ ἱρέες ἐκ βύβλου ἄλλων
βασιλέων τριηκοσίων τε καὶ τριήκοντα οὐνόματα. ἐν
τοσαύτῃσι δὲ γενεῇσι ἀνθρώπων ὀκτωκαίδεκα μὲν
Αἰθίοπες ἦσαν, μία δὲ γυνὴ ἐπιχωρίη, οἱ δὲ ἄλλοι ἄνδρες
2 Αἰγύπτιοι. τῇ δὲ γυναικὶ οὔνομα ἦν, ἥτις ἐβασίλευσε,
τό περ τῇ Βαβυλωνίῃ, Νίτωκρις. τὴν ἔλεγον τιμωρέουσαν
ἀδελφεῷ, τὸν Αἰγύπτιοι βασιλεύοντά σφεων ἀπέκτειναν,
ἀποκτείναντες δὲ οὕτω ἐκείνῃ ἀπέδοσαν τὴν βασιληΐην,
τούτῳ τιμωρέουσαν πολλοὺς Αἰγυπτίων δόλῳ διαφθεῖραι.
3 ποιησαμένην γάρ μιν οἴκημα περίμηκες ὑπόγαιον καινοῦν
τῷ λόγῳ, νόῳ δὲ ἄλλα μηχανᾶσθαι· καλέσασαν δέ μιν

Αἰγυπτίων τοὺς μάλιστα μεταιτίους τοῦ φόνου ᾔδεε, πολλοὺς
ἱστιᾶν, δαινυμένοισι δὲ ἐπεῖναι τὸν ποταμὸν δι' αὐλῶνος
4 κρυπτοῦ μεγάλου. ταύτης μὲν πέρι τοσαῦτα ἔλεγον,
πλὴν ὅτι αὐτήν μιν, ὡς τοῦτο ἐξέργαστο, ῥίψαι ἐς οἴκημα
σποδοῦ πλέον, ὅκως ἀτιμώρητος γένηται.

101 *King Moeris and his works.*

Τῶν δὲ ἄλλων βασιλέων οὐ γὰρ ἔλεγον οὐδεμίαν ἔργων
ἀπόδεξιν, κατ' οὐδὲν εἶναι λαμπρότητος, πλὴν ἑνὸς τοῦ
2 ἐσχάτου αὐτῶν Μοίριος. τοῦτον δὲ ἀποδέξασθαι μνημόσυνα
τοῦ Ἡφαίστου τὰ πρὸς βορέην ἄνεμον τετραμμένα προπύ-
λαια, λίμνην τε ὀρύξαι, τῆς ἡ περίοδος ὅσων ἐστὶ σταδίων
ὕστερον δηλώσω, πυραμίδας τε ἐν αὐτῇ οἰκοδομῆσαι, τῶν
τοῦ μεγάθεος πέρι ὁμοῦ αὐτῇ τῇ λίμνῃ ἐπιμνήσομαι.
τοῦτον μὲν τοσαῦτα ἀποδέξασθαι, τῶν δὲ ἄλλων οὐδένα
οὐδέν.

102–110 *Sesôstris : 102, 103, his conquests far and wide.*

102 Παραμειψάμενος ὦν τούτους, τοῦ ἐπὶ τούτοισι γενομένου
βασιλέος, τῷ οὔνομα ἦν Σέσωστρις, τούτου μνήμην
2 ποιήσομαι. τὸν ἔλεγον οἱ ἱρέες πρῶτον μὲν πλοίοισι
μακροῖσι ὁρμηθέντα ἐκ τοῦ Ἀραβίου κόλπου τοὺς παρὰ
τὴν Ἐρυθρὴν θάλασσαν κατοικημένους καταστρέφεσθαι,
ἐς ὃ πλέοντά μιν πρόσω ἀπικέσθαι ἐς θάλασσαν οὐκέτι
3 πλωτὴν ὑπὸ βραχέων. ἐνθεῦτεν δὲ ὡς ὀπίσω ἀπίκετο ἐς
Αἴγυπτον, κατὰ τῶν ἱρέων τὴν φάτιν στρατιὴν πολλὴν
[τῶν] λαβὼν ἤλαυνε διὰ τῆς ἠπείρου, πᾶν ἔθνος τὸ
4 ἐμποδὼν καταστρεφόμενος. ὁτέοισι μέν νυν αὐτῶν ἀλκί-
μοισι ἐνετύγχανε καὶ δεινῶς γλιχομένοισι περὶ τῆς ἐλευ-
θερίης, τούτοισι μὲν στήλας ἐνίστη ἐς τὰς χώρας διὰ
γραμμάτων λεγούσας τό τε ἑωυτοῦ οὔνομα καὶ τῆς πάτρης
5 καὶ ὡς δυνάμι τῇ ἑωυτοῦ κατεστρέψατό σφεας· ὅτεων δὲ
ἀμαχητὶ καὶ εὐπετέως παρέλαβε τὰς πόλιας, τούτοισι δὲ

ἐνέγραφε ἐν τῇσι στήλῃσι κατὰ ταὐτὰ καὶ τοῖσι ἀνδρηΐοισι
τῶν ἐθνέων γενομένοισι, καὶ δὴ καὶ αἰδοῖα γυναικὸς προσεν-
έγραφε, δῆλα βουλόμενος ποιέειν ὡς εἴησαν ἀνάλκιδες.
103 ταῦτα δὲ ποιέων διεξήϊε τὴν ἤπειρον, ἐς ὃ ἐκ τῆς Ἀσίης ἐς
τὴν Εὐρώπην διαβὰς τούς τε Σκύθας κατεστρέψατο καὶ
τοὺς Θρήϊκας. ἐς τούτους δέ μοι δοκέει καὶ προσώτατα
ἀπικέσθαι ὁ Αἰγύπτιος στρατός. ἐν μὲν γὰρ τῇ τούτων
χώρῃ φαίνονται σταθεῖσαι αἱ στῆλαι, τὸ δὲ προσωτέρω
2 τούτων οὐκέτι. ἐνθεῦτεν δὲ ἐπιστρέψας ὀπίσω ἤϊε, καὶ
ἐπείτε ἐγίνετο ἐπὶ Φάσι ποταμῷ, οὐκ ἔχω τὸ ἐνθεῦτεν
ἀτρεκέως εἰπεῖν εἴτε αὐτὸς ὁ βασιλεὺς Σέσωστρις ἀποδασά-
μενος τῆς ἑωυτοῦ στρατιῆς μόριον ὅσον δὴ αὐτοῦ κατέλιπε
τῆς χώρης οἰκήτορας, εἴτε τῶν τινες στρατιωτέων, τῇ
πλάνῃ αὐτοῦ ἀχθεσθέντες, περὶ Φᾶσιν ποταμὸν κατέμειναν.

104 *The Colchians—of Egyptian origin.*

Φαίνονται μὲν γὰρ ἐόντες οἱ Κόλχοι Αἰγύπτιοι· νοήσας
δὲ πρότερον αὐτὸς ἢ ἀκούσας ἄλλων λέγω. ὡς δέ μοι ἐν
φροντίδι ἐγένετο, εἰρόμην ἀμφοτέρους, καὶ μᾶλλον οἱ
Κόλχοι ἐμεμνέατο τῶν Αἰγυπτίων ἢ οἱ Αἰγύπτιοι τῶν
2 Κόλχων. νομίζειν δ' ἔφασαν Αἰγύπτιοι τῆς Σεσώστριος
στρατιῆς εἶναι τοὺς Κόλχους· αὐτὸς δὲ εἴκασα τῇδε καὶ
ὅτι μελάγχροές εἰσι καὶ οὐλότριχες (καὶ τοῦτο μὲν ἐς
οὐδὲν ἀνήκει· εἰσὶ γὰρ καὶ ἕτεροι τοιοῦτοι), ἀλλὰ τοισίδε
καὶ μᾶλλον ὅτι μοῦνοι πάντων ἀνθρώπων Κόλχοι
καὶ Αἰγύπτιοι καὶ Αἰθίοπες περιτάμνονται ἀπ' ἀρχῆς.
3 Φοίνικες δὲ καὶ Σύριοι οἱ ἐν τῇ Παλαιστίνῃ καὶ αὐτοὶ
ὁμολογέουσι παρ' Αἰγυπτίων μεμαθηκέναι, Σύριοι δὲ οἱ
περὶ Θερμώδοντα ποταμὸν καὶ Παρθένιον καὶ Μάκρωνες
οἱ τούτοισι ἀστυγείτονες ἐόντες ἀπὸ Κόλχων φασὶ
νεωστὶ μεμαθηκέναι· οὗτοι γάρ εἰσι οἱ περιταμνόμενοι
ἀνθρώπων μοῦνοι, καὶ οὗτοι Αἰγυπτίοισι φαίνονται ποι-
4 εῦντες κατὰ ταὐτά. αὐτῶν δὲ Αἰγυπτίων καὶ Αἰθιόπων

οὐκ ἔχω εἰπεῖν ὁκότεροι παρὰ τῶν ἑτέρων ἐξέμαθον· ἀρχαῖον γὰρ δή τι φαίνεται ἐόν. ὡς δὲ ἐπιμισγόμενοι Αἰγύπτῳ ἐξέμαθον, μέγα μοι καὶ τόδε τεκμήριον γίνεται· Φοινίκων ὁκόσοι τῇ Ἑλλάδι ἐπιμίσγονται, οὐκέτι Αἰγυπτίους μιμέονται, ἀλλὰ τοὺς ἐπιγινομένους οὐ περιτάμνουσι.

105 *Resemblances between Colchians and Egyptians.*

Φέρε νυν καὶ ἄλλο εἴπω περὶ τῶν Κόλχων, ὡς Αἰγυπτίοισι προσφερέες εἰσί. λίνον μοῦνοι οὗτοί τε καὶ Αἰγύπτιοι ἐργάζονται κατὰ ταὐτά, καὶ ἡ ζόη πᾶσα καὶ ἡ γλῶσσα ἐμφερής ἐστι ἀλλήλοισι. λίνον δὲ τὸ μὲν Κολχικὸν ὑπὸ Ἑλλήνων Σαρδονικὸν κέκληται, τὸ μέντοι ἀπ' Αἰγύπτου ἀπικνεύμενον καλέεται Αἰγύπτιον.

106 *The pillars of Sesôstris : rock-carved figures.*

Τὰς δὲ στήλας τὰς ἵστα κατὰ τὰς χώρας ὁ Αἰγύπτου
βασιλεὺς Σέσωστρις, αἱ μὲν πλεῦνες οὐκέτι φαίνονται
περιεοῦσαι, ἐν δὲ τῇ Παλαιστίνῃ Συρίῃ αὐτὸς ὥρων
ἐούσας καὶ τὰ γράμματα τὰ εἰρημένα ἐνεόντα καὶ γυναικὸς
2 αἰδοῖα. εἰσὶ δὲ καὶ περὶ Ἰωνίην δύο τύποι ἐν πέτρῃσι
ἐγκεκολαμμένοι τούτου τοῦ ἀνδρός, τῇ τε ἐκ τῆς Ἐφεσίης
ἐς Φώκαιαν ἔρχονται καὶ τῇ ἐκ Σαρδίων ἐς Σμύρνην.
3 ἑκατέρωθι δὲ ἀνὴρ ἐγγέγλυπται μέγαθος πέμπτης σπιθαμῆς, τῇ μὲν δεξιῇ χειρὶ ἔχων αἰχμήν, τῇ δὲ ἀριστερῇ
τόξα, καὶ τὴν ἄλλην σκευὴν ὡσαύτως· καὶ γὰρ Αἰγυπτίην
4 καὶ Αἰθιοπίδα ἔχει· ἐκ δὲ τοῦ ὤμου ἐς τὸν ἕτερον ὦμον
διὰ τῶν στηθέων γράμματα ἱρὰ Αἰγύπτια διήκει ἐγκεκολαμμένα, λέγοντα τάδε· "Ἐγὼ τήνδε τὴν χώρην ὤμοισι
τοῖσι ἐμοῖσι ἐκτησάμην." ὅστις δὲ καὶ ὁκόθεν ἐστί,
5 ἐνθαῦτα μὲν οὐ δηλοῖ, ἑτέρωθι δὲ δεδήλωκε. τὰ δὴ καὶ
μετεξέτεροι τῶν θεησαμένων Μέμνονος εἰκόνα εἰκάζουσί
μιν εἶναι, πολλὸν τῆς ἀληθείης ἀπολελειμμένοι.

107 *Conspiracy against Sesôstris : the perilous banquet.*

Τοῦτον δὴ τὸν Αἰγύπτιον Σέσωστριν ἀναχωρέοντα καὶ
ἀνάγοντα πολλοὺς ἀνθρώπους τῶν ἐθνέων τῶν τὰς χώρας
κατεστρέψατο, ἔλεγον οἱ ἱρέες, ἐπείτε ἐγίνετο ἀνακομιζό-
μενος ἐν Δάφνῃσι τῇσι Πηλουσίῃσι, τὸν ἀδελφεὸν αὐτοῦ,
τῷ ἐπέτρεψε Σέσωστρις τὴν Αἴγυπτον, τοῦτον ἐπὶ ξείνια
αὐτὸν καλέσαντα καὶ πρὸς αὐτῷ τοὺς παῖδας περινῆσαι
2 ἔξωθεν τὴν οἰκίην ὕλῃ, περινήσαντα δὲ ὑποπρῆσαι. τὸν
δὲ ὡς μαθεῖν τοῦτο, αὐτίκα συμβουλεύεσθαι τῇ γυναικί· καὶ
γὰρ δὴ καὶ τὴν γυναῖκα αὐτὸν ἅμα ἄγεσθαι. τὴν δέ οἱ
συμβουλεῦσαι τῶν παίδων ἐόντων ἓξ τοὺς δύο ἐπὶ τὴν
πυρὴν ἐκτείναντα γεφυρῶσαι τὸ καιόμενον, αὐτοὺς δ' ἐπ'
ἐκείνων ἐπιβαίνοντας ἐκσῴζεσθαι. ταῦτα ποιῆσαι τὸν
Σέσωστριν, καὶ δύο μὲν τῶν παίδων κατακαῆναι τρόπῳ
τοιούτῳ, τοὺς δὲ λοιποὺς ἀποσωθῆναι ἅμα τῷ πατρί.

108 *Building-work and canal-making.*

Νοστήσας δὲ ὁ Σέσωστρις ἐς τὴν Αἴγυπτον καὶ τεισάμενος
τὸν ἀδελφεόν, τῷ μὲν ὁμίλῳ τὸν ἐπηγάγετο τῶν τὰς
2 χώρας κατεστρέψατο, τούτῳ μὲν τάδε ἐχρήσατο· τούς
τέ οἱ λίθους τοὺς ἐπὶ τούτου τοῦ βασιλέος κομισθέντας ἐς
τοῦ Ἡφαίστου τὸ ἱρόν, ἐόντας μεγάθεϊ περιμήκεας, οὗτοι
ἦσαν οἱ ἑλκύσαντες, καὶ τὰς διώρυχας τὰς νῦν ἐούσας ἐν
Αἰγύπτῳ πάσας οὗτοι ἀναγκαζόμενοι ὤρυξαν, ἐποίευν τε
οὐκ ἑκόντες Αἴγυπτον, τὸ πρὶν ἐοῦσαν ἱππασίμην καὶ
3 ἁμαξευομένην πᾶσαν, ἐνδεᾶ τούτων. ἀπὸ γὰρ τούτου
τοῦ χρόνου Αἴγυπτος ἐοῦσα πεδιὰς πᾶσα ἄνιππος καὶ
ἀναμάξευτος γέγονε· αἴτιαι δὲ τούτων αἱ διώρυχες γεγό-
νασι, ἐοῦσαι πολλαὶ καὶ παντοίους τρόπους ἔχουσαι.
4 κατέταμνε δὲ τοῦδε εἵνεκα τὴν χώρην ὁ βασιλεύς· ὅσοι
τῶν Αἰγυπτίων μὴ ἐπὶ τῷ ποταμῷ ἔκτηντο τὰς πόλις
ἀλλ' ἀναμέσους, οὗτοι, ὅκως τε ἀπίοι ὁ ποταμός, σπανί-

ζοντες ὑδάτων πλατυτέροισι ἐχρέωντο τοῖσι πόμασι, ἐκ
φρεάτων χρεώμενοι. τούτων μὲν δὴ εἵνεκα κατετμήθη
ἡ Αἴγυπτος.

109 *Assigning of lands: system of land-measuring, borrowed by the Greeks.*

Κατανεῖμαι δὲ τὴν χώρην Αἰγυπτίοισι ἅπασι τοῦτον
ἔλεγον τὸν βασιλέα, κλῆρον ἴσον ἑκάστῳ τετράγωνον
διδόντα, καὶ ἀπὸ τούτου τὰς προσόδους ποιήσασθαι, ἐπιτά-
2 ξαντα ἀποφορὴν ἐπιτελέειν κατ' ἐνιαυτόν. εἰ δέ τινος τοῦ
κλήρου ὁ ποταμός τι παρέλοιτο, ἐλθὼν ἂν πρὸς αὐτὸν
ἐσήμαινε τὸ γεγενημένον· ὁ δὲ ἔπεμπε τοὺς ἐπισκεψομέ-
νους καὶ ἀναμετρήσοντας ὅσῳ ἐλάσσων ὁ χῶρος γέγονε,
ὅκως τοῦ λοιποῦ κατὰ λόγον τῆς τεταγμένης ἀποφορῆς
3 τελέοι. δοκέει δέ μοι ἐνθεῦτεν γεωμετρίη εὑρεθεῖσα ἐς
τὴν Ἑλλάδα ἐπανελθεῖν. πόλον μὲν γὰρ καὶ γνώμονα καὶ
τὰ δυώδεκα μέρεα τῆς ἡμέρης παρὰ Βαβυλωνίων ἔμαθον
οἱ Ἕλληνες.

110 *Sesôstris and King Darius.*

Βασιλεὺς μὲν δὴ οὗτος μοῦνος Αἰγύπτιος Αἰθιοπίης
ἦρξε, μνημόσυνα δὲ ἐλίπετο πρὸ τοῦ Ἡφαιστείου ἀνδ-
ριάντας λιθίνους δύο μὲν τριήκοντα πήχεων, ἑωυτόν τε
καὶ τὴν γυναῖκα, τοὺς δὲ παῖδας ἐόντας τέσσερας, εἴκοσι
2 πήχεων ἕκαστον. τῶν δὴ ὁ ἱρεὺς τοῦ Ἡφαίστου χρόνῳ
μετέπειτα πολλῷ Δαρεῖον τὸν Πέρσην οὐ περιεῖδε ἱστάντα
ἔμπροσθε ἀνδριάντα, φὰς οὔ οἱ πεποιῆσθαι ἔργα οἷά περ
Σεσώστρι τῷ Αἰγυπτίῳ. Σέσωστριν μὲν γὰρ ἄλλα τε
καταστρέψασθαι ἔθνεα οὐκ ἐλάσσω ἐκείνου καὶ δὴ καὶ
3 Σκύθας, Δαρεῖον δὲ οὐ δυνασθῆναι Σκύθας ἑλεῖν. οὐκ ὦν
δίκαιον εἶναι ἱστάναι ἔμπροσθε τῶν ἐκείνου ἀναθημάτων
μὴ οὐκ ὑπερβαλόμενον τοῖσι ἔργοισι. Δαρεῖον μέν νυν
λέγουσι πρὸς ταῦτα συγγνώμην ποιήσασθαι.

111 *Pherôs, blinded for his blasphemy, regains his sight after ten years.*

Σεσώστριος δὲ τελευτήσαντος ἐκδέξασθαι ἔλεγον τὴν
βασιληΐην τὸν παῖδα αὐτοῦ Φερῶν, τὸν ἀποδέξασθαι μὲν
οὐδεμίαν στρατηΐην, συνενειχθῆναι δέ οἱ τυφλὸν γενέσθαι
διὰ τοιόνδε πρῆγμα· τοῦ ποταμοῦ κατελθόντος μέγιστα δὴ
τότε ἐπ᾿ ὀκτωκαίδεκα πήχεας, ὡς ὑπερέβαλε τὰς ἀρούρας,
2 πνεύματος ἐμπεσόντος κυματίης ὁ ποταμὸς ἐγένετο. τὸν
δὲ βασιλέα λέγουσι τοῦτον ἀτασθαλίῃ χρησάμενον λαβόντα
αἰχμὴν βαλεῖν ἐς μέσας τὰς δίνας τοῦ ποταμοῦ, μετὰ δὲ
αὐτίκα καμόντα αὐτὸν τοὺς ὀφθαλμοὺς τυφλωθῆναι. δέκα
μὲν δὴ ἔτεα εἶναί μιν τυφλόν, ἑνδεκάτῳ δὲ ἔτεϊ ἀπικέσθαι
οἱ μαντήϊον ἐκ Βουτοῦς πόλιος ὡς ἐξήκει τέ οἱ ὁ χρόνος τῆς
4 ζημίης καὶ ἀναβλέψει. . . . ἀναθήματα δὲ ἀποφυγὼν τὴν
πάθην τῶν ὀφθαλμῶν ἄλλα τε ἀνὰ τὰ ἱρὰ πάντα τὰ λόγιμα
ἀνέθηκε καί, τοῦ γε λόγον μάλιστα ἄξιόν ἐστι ἔχειν, ἐς
τοῦ Ἡλίου τὸ ἱρὸν ἀξιοθέητα ἀνέθηκε ἔργα, ὀβελοὺς δύο
λιθίνους, ἐξ ἑνὸς ἐόντας ἑκάτερον λίθου, μῆκος μὲν ἑκάτερον
πήχεων ἑκατόν, εὖρος δὲ ὀκτὼ πήχεων.

112–120 *Proteus and Helen's sojourn in Egypt.*

112 Τούτου δὲ ἐκδέξασθαι τὴν βασιληΐην ἔλεγον ἄνδρα
Μεμφίτην, τῷ κατὰ τὴν Ἑλλήνων γλῶσσαν οὔνομα
Πρωτέα εἶναι· τοῦ νῦν τέμενός ἐστι ἐν Μέμφι κάρτα καλόν
τε καὶ εὖ ἐσκευασμένον, τοῦ Ἡφαιστείου πρὸς νότον
2 ἄνεμον κείμενον. περιοικέουσι δὲ τὸ τέμενος τοῦτο
Φοίνικες Τύριοι, καλέεται δὲ ὁ χῶρος οὗτος ὁ συνάπας
Τυρίων στρατόπεδον. ἔστι δὲ ἐν τῷ τεμένεϊ τοῦ Πρωτέος
ἱρὸν τὸ καλέεται ξείνης Ἀφροδίτης· συμβάλλομαι δὲ
τοῦτο τὸ ἱρὸν εἶναι Ἑλένης τῆς Τυνδάρεω, καὶ τὸν λόγον
ἀκηκοὼς ὡς διαιτήθη Ἑλένη παρὰ Πρωτέϊ, καὶ δὴ καὶ
ὅτι ξείνης Ἀφροδίτης ἐπώνυμόν ἐστι· ὅσα γὰρ ἄλλα
Ἀφροδίτης ἱρά ἐστι, οὐδαμῶς ξείνης ἐπικαλέεται.

113–115 *Adventures of Paris and Helen, as related by the priests.*

113 Ἔλεγον δέ μοι οἱ ἱρέες ἱστορέοντι τὰ περὶ Ἑλένην
γενέσθαι ὧδε· Ἀλέξανδρον ἁρπάσαντα Ἑλένην ἐκ Σπάρ-
της ἀποπλέειν ἐς τὴν ἑωυτοῦ· καί μιν, ὡς ἐγένετο ἐν
τῷ Αἰγαίῳ, ἐξῶσται ἄνεμοι ἐκβάλλουσι ἐς τὸ Αἰγύπτιον
πέλαγος, ἐνθεῦτεν δέ (οὐ γὰρ ἀνίει τὰ πνεύματα) ἀπικ-
νέεται ἐς Αἴγυπτον καὶ Αἰγύπτου ἐς τὸ νῦν Κανωβικὸν καλ-
2 εύμενον στόμα τοῦ Νείλου καὶ ἐς Ταριχείας. ἦν δὲ ἐπὶ
τῆς ἠϊόνος, τὸ καὶ νῦν ἐστι, Ἡρακλέος ἱρόν, ἐς τὸ ἢν κατα-
φυγὼν οἰκέτης ὅτευ ὦν ἀνθρώπων ἐπιβάληται στίγματα
ἱρά, ἑωυτὸν διδοὺς τῷ θεῷ, οὐκ ἔξεστι τούτου ἅψασθαι.
ὁ νόμος οὗτος διατελέει ἐὼν ὅμοιος τὸ μέχρι ἐμεῦ ἀπ'
3 ἀρχῆς. τοῦ ὦν δὴ Ἀλεξάνδρου ἀπιστέαται θεράποντες
πυθόμενοι τὸν περὶ τὸ ἱρὸν ἔχοντα νόμον, ἱκέται δὲ
ἱζόμενοι τοῦ θεοῦ κατηγόρεον τοῦ Ἀλεξάνδρου, βουλόμενοι
βλάπτειν αὐτόν, πάντα λόγον ἐξηγεύμενοι ὡς εἶχε περὶ
τὴν Ἑλένην τε καὶ τὴν ἐς Μενέλεων ἀδικίην· κατηγόρεον
δὲ ταῦτα πρός τε τοὺς ἱρέας καὶ τὸν τοῦ στόματος τούτου
114 φύλακον, τῷ οὔνομα ἦν Θῶνις. ἀκούσας δὲ τούτων ὁ
Θῶνις πέμπει τὴν ταχίστην ἐς Μέμφιν παρὰ Πρωτέα
2 ἀγγελίην λέγουσαν τάδε· "Ἥκει ξεῖνος, γένος μὲν
Τευκρός, ἔργον δὲ ἀνόσιον ἐν τῇ Ἑλλάδι ἐξεργασμένος·
ξείνου γὰρ τοῦ ἑωυτοῦ ἐξαπατήσας τὴν γυναῖκα, αὐτήν τε
ταύτην ἄγων ἥκει καὶ πολλὰ κάρτα χρήματα, ὑπὸ ἀνέμων
ἐς γῆν τὴν σὴν ἀπενειχθείς· κότερα δῆτα τοῦτον ἐῶμεν
3 ἀσινέα ἐκπλέειν ἢ ἀπελώμεθα τὰ ἔχων ἦλθε;" ἀντιπέμπει
πρὸς ταῦτα ὁ Πρωτεὺς λέγων τάδε· "Ἄνδρα τοῦτον,
ὅστις κοτέ ἐστι ⟨ὁ⟩ ἀνόσια ἐξεργασμένος ξεῖνον τὸν ἑωυτοῦ,
συλλαβόντες ἀπάγετε παρ' ἐμέ, ἵνα εἰδέω τί κοτε καὶ
115 λέξει." ἀκούσας δὲ ταῦτα ὁ Θῶνις συλλαμβάνει τὸν
Ἀλέξανδρον καὶ τὰς νέας αὐτοῦ κατίσχει, μετὰ δὲ αὐτόν
τε τοῦτον ἀνήγαγε ἐς Μέμφιν καὶ τὴν Ἑλένην τε καὶ τὰ
2 χρήματα, πρὸς δὲ καὶ τοὺς ἱκέτας. ἀνακομισθέντων δὲ

πάντων εἰρώτα τὸν Ἀλέξανδρον ὁ Πρωτεὺς τίς εἴη καὶ
ὁκόθεν πλέοι. ὁ δέ οἱ καὶ τὸ γένος κατέλεξε καὶ τῆς
πάτρης εἶπε τὸ οὔνομα καὶ δὴ καὶ τὸν πλόον ἀπηγήσατο
3 ὁκόθεν πλέοι. μετὰ δὲ ὁ Πρωτεὺς εἰρώτα αὐτὸν ὁκόθεν τὴν
Ἑλένην λάβοι· πλανωμένου δὲ τοῦ Ἀλεξάνδρου ἐν τῷ λόγῳ
καὶ οὐ λέγοντος τὴν ἀληθείην, ἤλεγχον οἱ γενόμενοι ἱκέται
4 ἐξηγεύμενοι πάντα λόγον τοῦ ἀδικήματος. τέλος δὲ δή
σφι λόγον τόνδε ἐκφαίνει ὁ Πρωτεύς, λέγων ὅτι Ἐγὼ εἰ
μὴ περὶ πολλοῦ ἡγεύμην μηδένα ξείνων κτείνειν, ὅσοι ὑπ'
ἀνέμων ἤδη ἀπολαμφθέντες ἦλθον ἐς χώρην τὴν ἐμήν,
ἐγὼ ἄν σε ὑπὲρ τοῦ Ἕλληνος ἐτεισάμην, ὅς, ὦ κάκιστε
ἀνδρῶν, ξεινίων τυχὼν ἔργον ἀνοσιώτατον ἐργάσαο· παρὰ
τοῦ σεωυτοῦ ξείνου τὴν γυναῖκα ἦλθες· καὶ μάλα ταῦτά
τοι οὐκ ἤρκεσε, ἀλλ' ἀναπτερώσας αὐτὴν οἴχεαι ἔχων
5 ἐκκλέψας. καὶ οὐδὲ ταῦτά τοι μοῦνα ἤρκεσε, ἀλλὰ καὶ
6 τὰ οἰκία τοῦ ξείνου κεραΐσας ἥκεις. νῦν ὦν, ἐπειδὴ περὶ
πολλοῦ ἥγημαι μὴ ξεινοκτονέειν, γυναῖκα μὲν ταύτην καὶ
τὰ χρήματα οὔ τοι προήσω ἀπάγεσθαι, ἀλλ' αὐτὰ ἐγὼ
τῷ Ἕλληνι ξείνῳ φυλάξω, ἐς ὃ ἂν αὐτὸς ἐλθὼν ἐκεῖνος
ἀπαγαγέσθαι ἐθέλῃ· αὐτὸν δέ σε καὶ τοὺς σοὺς συμπλόους
τριῶν ἡμερέων προαγορεύω ἐκ τῆς ἐμῆς γῆς ἐς ἄλλην
τινὰ μετορμίζεσθαι, εἰ δὲ μή, ἅτε πολεμίους περι-
έψεσθαι."

116 *Homer's knowledge of the story.*

Ἑλένης μὲν ταύτην ἄπιξιν παρὰ Πρωτέα ἔλεγον οἱ
ἱρέες γενέσθαι· δοκέει δέ μοι καὶ Ὅμηρος τὸν λόγον
τοῦτον πυθέσθαι· ἀλλ' οὐ γὰρ ὁμοίως ἐς τὴν ἐποποιΐην
εὐπρεπὴς ἦν τῷ ἑτέρῳ τῷ περ ἐχρήσατο, [ἐς ὃ] μετῆκε
αὐτόν, δηλώσας ὡς καὶ τοῦτον ἐπίσταιτο τὸν λόγον.
2 δῆλον δέ· κατὰ ⟨ταῦτα⟩ γὰρ ἐποίησε ἐν Ἰλιάδι (καὶ
οὐδαμῇ ἄλλῃ ἀνεπόδισε ἑωυτόν) πλάνην τὴν Ἀλεξάνδρου,
ὡς ἀπηνείχθη ἄγων Ἑλένην τῇ τε δὴ ἄλλῃ πλαζόμενος

3 καὶ ὡς ἐς Σιδῶνα τῆς Φοινίκης ἀπίκετο. ἐπιμέμνηται δὲ αὐτοῦ ἐν Διομήδεος ἀριστείῃ· λέγει δὲ τὰ ἔπεα ὧδε·

ἔνθ' ἔσαν οἱ πέπλοι παμποίκιλοι, ἔργα γυναικῶν
Σιδονίων, τὰς αὐτὸς Ἀλέξανδρος θεοειδὴς
ἤγαγε Σιδονίηθεν, ἐπιπλὼς εὐρέα πόντον,
τὴν ὁδὸν ἣν Ἑλένην περ ἀνήγαγεν εὐπατέρειαν.

4 [ἐπιμέμνηται δὲ καὶ ἐν Ὀδυσσείῃ ἐν τοισίδε τοῖσι ἔπεσι·

τοῖα Διὸς θυγάτηρ ἔχε φάρμακα μητιόεντα,
ἐσθλά, τά οἱ Πολύδαμνα πόρεν Θῶνος παράκοιτις
Αἰγυπτίη, τῇ πλεῖστα φέρει ζείδωρος ἄρουρα
φάρμακα, πολλὰ μὲν ἐσθλὰ μεμιγμένα, πολλὰ δὲ λυγρά.

5 καὶ τάδε ἕτερα πρὸς Τηλέμαχον Μενέλεως λέγει·

Αἰγύπτῳ μ' ἔτι δεῦρο θεοὶ μεμαῶτα νέεσθαι
ἔσχον, ἐπεὶ οὔ σφιν ἔρεξα τεληέσσας ἑκατόμβας.]

6 ἐν τούτοισι τοῖσι ἔπεσι δηλοῖ ὅτι ἠπίστατο τὴν ἐς Αἴγυπτον Ἀλεξάνδρου πλάνην· ὁμουρέει γὰρ ἡ Συρίη Αἰγύπτῳ, οἱ δὲ Φοίνικες, τῶν ἐστι ἡ Σιδών, ἐν τῇ Συρίῃ οἰκέουσι.

117 *A different account in the* Cypria.

Κατὰ ταῦτα δὲ τὰ ἔπεα καὶ τόδε τὸ χωρίον οὐκ ἥκιστα ἀλλὰ μάλιστα δηλοῖ ὅτι οὐκ Ὁμήρου τὰ Κύπρια ἔπεά ἐστι ἀλλ' ἄλλου τινός· ἐν μὲν γὰρ τοῖσι Κυπρίοισι εἴρηται ὡς τριταῖος ἐκ Σπάρτης Ἀλέξανδρος ἀπίκετο ἐς τὸ Ἴλιον ἄγων Ἑλένην, εὐαέϊ τε πνεύματι χρησάμενος καὶ θαλάσσῃ λείῃ· ἐν δὲ Ἰλιάδι λέγει ὡς ἐπλάζετο ἄγων αὐτήν. Ὅμηρος μέν νυν καὶ τὰ Κύπρια ἔπεα χαιρέτω.

118, 119 *Menelaus and his quest for Helen : he finds her in Egypt.*

118 Εἰρομένου δέ μευ τοὺς ἱρέας εἰ μάταιον λόγον λέγουσι οἱ Ἕλληνες τὰ περὶ Ἴλιον γενέσθαι ἢ οὔ, ἔφασαν πρὸς

ταῦτα τάδε, ἱστορίῃσι φάμενοι εἰδέναι παρ' αὐτοῦ
2 Μενέλεω· ἐλθεῖν μὲν γὰρ μετὰ τὴν Ἑλένης ἁρπαγὴν ἐς
τὴν Τευκρίδα γῆν Ἑλλήνων στρατιὴν πολλὴν βοηθεῦσαν
Μενέλεῳ, ἐκβᾶσαν δὲ ἐς γῆν καὶ ἱδρυθεῖσαν τὴν στρατιὴν
πέμπειν ἐς τὸ Ἴλιον ἀγγέλους, σὺν δέ σφι ἰέναι καὶ αὐτὸν
3 Μενέλεων. τοὺς δ' ἐπείτε ἐσελθεῖν ἐς τὸ τεῖχος, ἀπαιτέειν
Ἑλένην τε καὶ τὰ χρήματα τά οἱ οἴχετο κλέψας Ἀλέξ-
ανδρος, τῶν τε ἀδικημάτων δίκας αἰτέειν· τοὺς δὲ Τευκ-
ροὺς τὸν αὐτὸν λόγον λέγειν τότε καὶ μετέπειτα, καὶ
ὀμνύντας καὶ ἀνωμοτί, μὴ μὲν ἔχειν Ἑλένην μηδὲ τὰ ἐπικαλ-
εύμενα χρήματα, ἀλλ' εἶναι αὐτὰ πάντα ἐν Αἰγύπτῳ, καὶ
οὐκ ἂν δικαίως αὐτοὶ δίκας ὑπέχειν, ἃ Πρωτεὺς ὁ Αἰγύπ-
4 τιος βασιλεὺς ἔχει. οἱ δὲ Ἕλληνες, καταγελᾶσθαι
δοκέοντες ὑπ' αὐτῶν, οὕτω δὴ ἐπολιόρκεον, ἐς ὃ ἐξεῖλον·
ἑλοῦσι δὲ τὸ τεῖχος ὡς οὐκ ἐφαίνετο ἡ Ἑλένη, ἀλλὰ τὸν
αὐτὸν λόγον τῷ προτέρῳ ἐπυνθάνοντο, οὕτω δὴ πιστεύ-
σαντες τῷ λόγῳ τῷ πρώτῳ οἱ Ἕλληνες αὐτὸν Μενέλεων
ἀποστέλλουσι παρὰ Πρωτέα.

119 Ἀπικόμενος δὲ ὁ Μενέλεως ἐς τὴν Αἴγυπτον καὶ ἀνα-
πλώσας ἐς τὴν Μέμφιν, εἴπας τὴν ἀληθείην τῶν πρηγμάτων,
καὶ ξεινίων ἤντησε μεγάλων καὶ Ἑλένην ἀπαθέα κακῶν
ἀπέλαβε, πρὸς δὲ καὶ τὰ ἑωυτοῦ χρήματα πάντα.
2 τυχὼν μέντοι τούτων, ἐγένετο Μενέλεως ἀνὴρ ἄδικος ἐς
Αἰγυπτίους· ἀποπλέειν γὰρ ὁρμημένον αὐτὸν ἶσχον ἄπλοιαι·
ἐπειδὴ δὲ τοῦτο ἐπὶ πολλὸν τοιοῦτον ἦν, ἐπιτεχνᾶται
3 πρῆγμα οὐκ ὅσιον· λαβὼν γὰρ δύο παιδία ἀνδρῶν ἐπι-
χωρίων ἔντομά σφεα ἐποίησε· μετὰ δὲ ὡς ἐπάϊστος
ἐγένετο τοῦτο ἐργασμένος, μισηθείς τε καὶ διωκόμενος
οἴχετο φεύγων τῇσι νηυσὶ ἰθὺ Λιβύης. τὸ ἐνθεῦτεν δὲ
ὅκου ἔτι ἐτράπετο, οὐκ εἶχον εἰπεῖν Αἰγύπτιοι· τούτων
δὲ τὰ μὲν ἱστορίῃσι ἔφασαν ἐπίστασθαι, τὰ δὲ παρ'
ἑωυτοῖσι γενόμενα ἀτρεκέως ἐπιστάμενοι λέγειν.

120 *Herodotus accepts the priests' version of the story.*

Ταῦτα μὲν Αἰγυπτίων οἱ ἱρέες ἔλεγον, ἐγὼ δὲ τῷ λόγῳ
τῷ περὶ Ἑλένης λεχθέντι καὶ αὐτὸς προστίθεμαι, τάδε
ἐπιλεγόμενος· εἰ ἦν Ἑλένη ἐν Ἰλίῳ, ἀποδοθῆναι ἂν
αὐτὴν τοῖσι Ἕλλησι ἤτοι ἑκόντος γε ἢ ἀέκοντος Ἀλεξ-
2 άνδρου. οὐ γὰρ δὴ οὕτω γε φρενοβλαβὴς ἦν ὁ Πρίαμος
οὐδὲ οἱ ἄλλοι ⟨οἱ⟩ προσήκοντες αὐτῷ, ὥστε τοῖσι σφετέ-
ροισι σώμασι καὶ τοῖσι τέκνοισι καὶ τῇ πόλι κινδυνεύειν
3 ἐβούλοντο, ὅκως Ἀλέξανδρος Ἑλένῃ συνοικέῃ. εἰ δέ
τοι καὶ ἐν τοῖσι πρώτοισι χρόνοισι ταῦτα ἐγίνωσκον, ἐπεὶ
πολλοὶ μὲν τῶν ἄλλων Τρώων, ὁκότε συμμίσγοιεν τοῖσι
Ἕλλησι, ἀπώλλυντο, αὐτοῦ δὲ Πριάμου οὐκ ἔστι ὅτε οὐ
δύο ἢ τρεῖς ἢ καὶ ἔτι πλέους τῶν παίδων μάχης γινο-
μένης ἀπέθνῃσκον, εἰ χρή τι τοῖσι ἐποποιοῖσι χρεώμενον
λέγειν, τούτων δὲ τοιούτων συμβαινόντων ἐγὼ μὲν ἔλπομαι,
εἰ καὶ αὐτὸς Πρίαμος συνοίκεε Ἑλένῃ, ἀποδοῦναι ἂν
αὐτὴν τοῖσι Ἀχαιοῖσι, μέλλοντά γε δὴ τῶν παρεόντων
4 κακῶν ἀπαλλαγήσεσθαι. οὐ μὲν οὐδὲ ἡ βασιληΐη ἐς
Ἀλέξανδρον περιήϊε, ὥστε γέροντος Πριάμου ἐόντος ἐπ'
ἐκείνῳ τὰ πρήγματα εἶναι, ἀλλὰ Ἕκτωρ καὶ πρεσβύτερος
καὶ ἀνὴρ ἐκείνου μᾶλλον ἐὼν ἔμελλε αὐτὴν Πριάμου ἀπο-
θανόντος παραλάμψεσθαι, τὸν οὐ προσῆκε ἀδικέοντι τῷ
ἀδελφεῷ ἐπιτρέπειν, καὶ ταῦτα μεγάλων κακῶν δι' αὐτὸν
συμβαινόντων ἰδίῃ τε αὐτῷ καὶ τοῖσι ἄλλοισι πᾶσι Τρωσί.
5 ἀλλ' οὐ γὰρ εἶχον Ἑλένην ἀποδοῦναι οὐδὲ λέγουσι αὐτοῖσι
τὴν ἀληθείην ἐπίστευον οἱ Ἕλληνες, ὡς μὲν ἐγὼ γνώμην
ἀποφαίνομαι, τοῦ δαιμονίου παρασκευάζοντος ὅκως
πανωλεθρίῃ ἀπολόμενοι καταφανὲς τοῦτο τοῖσι ἀνθρώ-
ποισι ποιήσωσι, ὡς τῶν μεγάλων ἀδικημάτων μεγάλαι
εἰσὶ καὶ αἱ τιμωρίαι παρὰ τῶν θεῶν. καὶ ταῦτα μὲν τῇ
ἐμοὶ δοκέει εἴρηται.

121–123 *Rhampsinitus: 121, his treasury: the tale of the cunning robbers.*

121 Πρωτέος δὲ ἐκδέξασθαι τὴν βασιληΐην Ῥαμψίνιτον
ἔλεγον, ὃς μνημόσυνα ἐλίπετο τὰ προπύλαια τὰ πρὸς
ἑσπέρην τετραμμένα τοῦ Ἡφαιστείου, ἀντίους δὲ τῶν
προπυλαίων ἔστησε ἀνδριάντας δύο, ἐόντας τὸ μέγαθος
πέντε καὶ εἴκοσι πήχεων, τῶν Αἰγύπτιοι τὸν μὲν πρὸς
βορέω ἑστεῶτα καλέουσι Θέρος, τὸν δὲ πρὸς νότον
Χειμῶνα· καὶ τὸν μὲν καλέουσι Θέρος, τοῦτον μὲν προσ-
κυνέουσί τε καὶ εὖ ποιέουσι, τὸν δὲ Χειμῶνα καλεόμενον
a τὰ ἔμπαλιν τούτων ἔρδουσι. πλοῦτον δὲ τούτῳ τῷ
βασιλέϊ γενέσθαι ἀργύρου μέγαν, τὸν οὐδένα τῶν ὕστερον
ἐπιτραφέντων βασιλέων δύνασθαι ὑπερβαλέσθαι οὐδ᾽ ἐγγὺς
ἐλθεῖν. βουλόμενον δὲ αὐτὸν ἐν ἀσφαλείῃ τὰ χρήματα
θησαυρίζειν οἰκοδομέεσθαι οἴκημα λίθινον, τοῦ τῶν τοίχων
ἕνα ἐς τὸ ἔξω μέρος τῆς οἰκίης ἔχειν. τὸν δὲ ἐργαζόμενον
ἐπιβουλεύοντα τάδε μηχανᾶσθαι· τῶν λίθων παρασκευ-
άσασθαι ἕνα ἐξαιρετὸν εἶναι ἐκ τοῦ τοίχου ῥηϊδίως καὶ
2 ὑπὸ δύο ἀνδρῶν καὶ ὑπὸ ἑνός. ὡς δὲ ἐπετελέσθη τὸ
οἴκημα, τὸν μὲν βασιλέα θησαυρίσαι τὰ χρήματα ἐν αὐτῷ,
χρόνου δὲ περιιόντος τὸν οἰκοδόμον περὶ τελευτὴν τοῦ
βίου ἐόντα ἀνακαλέσασθαι τοὺς παῖδας (εἶναι γὰρ αὐτῷ
δύο), τούτοισι δὲ ἀπηγήσασθαι ὡς ἐκείνων προορῶν,
ὅκως βίον ἄφθονον ἔχωσι, τεχνάσαιτο οἰκοδομέων τὸν
θησαυρὸν τοῦ βασιλέος· σαφέως δὲ αὐτοῖσι πάντα ἐξηγησά-
μενον τὰ περὶ τὴν ἐξαίρεσιν τοῦ λίθου δοῦναι τὰ μέτρα
αὐτοῦ, λέγοντα ὡς ταῦτα διαφυλάσσοντες ταμίαι τῶν τοῦ
3 βασιλέος χρημάτων ἔσονται. καὶ τὸν μὲν τελευτῆσαι
τὸν βίον, τοὺς δὲ παῖδας αὐτοῦ οὐκ ἐς μακρὴν ἔργου ἔχεσ-
θαι, ἐλθόντας δὲ ἐπὶ τὰ βασιλήϊα νυκτὸς καὶ τὸν λίθον ἐπὶ
τῷ οἰκοδομήματι ἀνευρόντας ῥηϊδίως μεταχειρίσασθαι καὶ
β τῶν χρημάτων πολλὰ ἐξενείκασθαι. ὡς δὲ τυχεῖν τὸν
βασιλέα ἀνοίξαντα τὸ οἴκημα, θωμάσαι ἰδόντα τῶν χρη-

μάτων καταδεᾶ τὰ ἀγγήϊα, οὐκ ἔχειν δὲ ὅντινα ἐπαιτιᾶται,
τῶν τε σημάντρων ἐόντων σόων καὶ τοῦ οἰκήματος κεκληϊ-
μένου. ὡς δὲ αὐτῷ καὶ δὶς καὶ τρὶς ἀνοίξαντι αἰεὶ
ἐλάσσω φαίνεσθαι τὰ χρήματα (τοὺς γὰρ κλέπτας οὐκ
ἀνιέναι κεραΐζοντας), ποιῆσαί μιν τάδε· πάγας προστάξαι
ἐργάσασθαι καὶ ταύτας περὶ τὰ ἀγγήϊα ἐν τοῖσι τὰ χρή-
2 ματα ἐνῆν στῆσαι. τῶν δὲ φωρῶν ὥσπερ ἐν τῷ πρὸ τοῦ
χρόνῳ ἐλθόντων καὶ ἐσδύντος τοῦ ἑτέρου αὐτῶν, ἐπεὶ πρὸς
τὸ ἄγγος προσῆλθε, ἰθέως τῇ πάγῃ ἐνέχεσθαι· ὡς δὲ
γνῶναι αὐτὸν ἐν οἵῳ κακῷ ἦν, ἰθέως καλέειν τὸν ἀδελφεὸν
καὶ δηλοῦν αὐτῷ τὰ παρεόντα καὶ κελεύειν τὴν ταχίστην
ἐσδύντα ἀποταμεῖν αὐτοῦ τὴν κεφαλήν, ὅκως μὴ αὐτὸς
ὀφθεὶς καὶ γνωρισθεὶς ὃς εἴη προσαπολέσῃ κἀκεῖνον· τῷ
δὲ δόξαι εὖ λέγειν καὶ ποιῆσαί μιν πεισθέντα ταῦτα καὶ
καταρμόσαντα τὸν λίθον ἀπιέναι ἐπ' οἴκου, φέροντα τὴν
γ κεφαλὴν τοῦ ἀδελφεοῦ. ὡς δὲ ἡμέρη ἐγένετο, ἐσελ-
θόντα τὸν βασιλέα ἐς τὸ οἴκημα ἐκπεπλῆχθαι ὁρῶντα τὸ
σῶμα τοῦ φωρὸς ἐν τῇ πάγῃ ἄνευ τῆς κεφαλῆς ἐόν, τὸ δὲ
οἴκημα ἀσινὲς καὶ οὔτε ἔσοδον οὔτε ἔκδυσιν οὐδεμίαν
ἔχον. ἀπορεύμενον δέ μιν τάδε ποιῆσαι· τοῦ φωρὸς τὸν
νέκυν κατὰ τοῦ τείχεος κατακρεμάσαι, φυλάκους δὲ
αὐτοῦ καταστήσαντα ἐντείλασθαί σφι, τὸν ἂν ἴδωνται
ἀποκλαύσαντα ἢ κατοικτισάμενον, συλλαβόντας ἄγειν
2 πρὸς ἑωυτόν. ἀνακρεμαμένου δὲ τοῦ νέκυος τὴν μητέρα
δεινῶς φέρειν, λόγους δὲ πρὸς τὸν περιεόντα παῖδα ποιευ-
μένην προστάσσειν αὐτῷ, ὅτεῳ τρόπῳ δύναται, μηχανᾶ-
σθαι ὅκως τὸ σῶμα τοῦ ἀδελφεοῦ καταλύσας κομιῇ· εἰ
δὲ τούτων ἀμελήσει, διαπειλέειν αὐτὴν ὡς ἐλθοῦσα πρὸς
δ τὸν βασιλέα μηνύσει αὐτὸν ἔχοντα τὰ χρήματα. ὡς δὲ
χαλεπῶς ἐλαμβάνετο ἡ μήτηρ τοῦ περιεόντος παιδὸς
καὶ πολλὰ πρὸς αὐτὴν λέγων οὐκ ἔπειθε, ἐπιτεχνήσασθαι
τοιάδε μιν· ὄνους κατασκευασάμενον καὶ ἀσκοὺς πλήσαντα
οἴνου, ἐπιθεῖναι ἐπὶ τῶν ὄνων καὶ ἔπειτα ἐλαύνειν αὐτούς·

ὡς δὲ κατὰ τοὺς φυλάσσοντας ἦν τὸν κρεμάμενον νέκυν,
ἐπισπάσαντα τῶν ἀσκῶν δύο ἢ τρεῖς ποδεῶνας αὐτὸν
2 λύειν ἀπαμμένους· ὡς δὲ ἔρρεε ὁ οἶνος, τὴν κεφαλήν μιν
κόπτεσθαι μεγάλα βοῶντα ὡς οὐκ ἔχοντα πρὸς ὁκοῖον
τῶν ὄνων πρῶτον τράπηται· τοὺς δὲ φυλάκους ὡς ἰδεῖν
πολλὸν ῥέοντα τὸν οἶνον, συντρέχειν ἐς τὴν ὁδὸν ἀγγήϊα
ἔχοντας καὶ τὸν ἐκκεχυμένον οἶνον συγκομίζειν ἐν κέρδεϊ
3 ποιευμένους. τὸν δὲ διαλοιδορέεσθαι πᾶσι ὀργὴν προσ-
ποιεύμενον· παραμυθευμένων δὲ αὐτὸν τῶν φυλάκων
χρόνῳ πρηΰνεσθαι προσποιέεσθαι καὶ ὑπίεσθαι τῆς
ὀργῆς, τέλος δὲ ἐξελάσαι αὐτὸν τοὺς ὄνους ἐκ τῆς ὁδοῦ καὶ
4 κατασκευάζειν. ὡς δὲ λόγους τε πλέους ἐγγίνεσθαι καί
τινα καὶ σκῶψαί μιν καὶ ἐς γέλωτα προαγαγέσθαι,
ἐπιδοῦναι αὐτοῖσι τῶν ἀσκῶν ἕνα· τοὺς δὲ αὐτοῦ ὥσπερ
εἶχον κατακλιθέντας πίνειν διανοέεσθαι καὶ ἐκεῖνον παρα-
λαμβάνειν καὶ κελεύειν μετ' ἑωυτῶν μείναντα συμπίνειν· τὸν
5 δὲ πεισθῆναί τε δὴ καὶ καταμεῖναι. ὡς δέ μιν παρὰ τὴν
πόσιν φιλοφρόνως ἠσπάζοντο, ἐπιδοῦναι αὐτοῖσι καὶ ἄλλον
τῶν ἀσκῶν· δαψιλέϊ δὲ τῷ ποτῷ χρησαμένους τοὺς
φυλάκους ὑπερμεθυσθῆναι καὶ κρατηθέντας ὑπὸ τοῦ
6 ὕπνου αὐτοῦ ἔνθα περ ἔπινον κατακοιμηθῆναι· τὸν δέ, ὡς
πρόσω ἦν τῆς νυκτός, τό τε σῶμα τοῦ ἀδελφεοῦ κατα-
λῦσαι καὶ τῶν φυλάκων ἐπὶ λύμῃ πάντων ξυρῆσαι τὰς
δεξιὰς παρηΐδας, ἐπιθέντα δὲ τὸν νέκυν ἐπὶ τοὺς ὄνους
ἀπελαύνειν ἐπ' οἴκου, ἐπιτελέσαντα τῇ μητρὶ τὰ προσταχ-
ε θέντα. τὸν δὲ βασιλέα, ὡς αὐτῷ ἀπηγγέλθη τοῦ φωρὸς
ὁ νέκυς ἐκκεκλεμμένος, δεινὰ ποιέειν, πάντως δὲ βουλό-
μενον εὑρεθῆναι ὅστις κοτὲ εἴη ὁ ταῦτα μηχανώμενος,
2 ποιῆσαί μιν τάδε, ἐμοὶ μὲν οὐ πιστά· τὴν θυγατέρα τὴν
ἑωυτοῦ κατίσαι, ἐντειλάμενον πάντας τε ὁμοίως προσδέκ-
εσθαι, καὶ ἀναγκάζειν λέγειν αὐτῇ ὅ τι δὴ ἐν τῷ βίῳ
ἔργασται αὐτῷ σοφώτατον καὶ ἀνοσιώτατον· ὃς δ' ἂν
ἀπηγήσηται τὰ περὶ τὸν φῶρα γεγενημένα, τοῦτον

3 συλλαμβάνειν καὶ μὴ ἀπιέναι ἔξω. ὡς δὲ τὴν παῖδα
ποιέειν τὰ ἐκ τοῦ πατρὸς προσταχθέντα, τὸν φῶρα πυθό-
μενον τῶν εἵνεκα ταῦτα ἐπρήσσετο, βουληθέντα πολυ-
4 τροπίῃ τοῦ βασιλέος περιγενέσθαι ποιέειν τάδε· νεκροῦ
προσφάτου ἀποταμόντα ἐν τῷ ὤμῳ τὴν χεῖρα, ἰέναι αὐτὸν
ἔχοντα αὐτὴν ὑπὸ τῷ ἱματίῳ, ἐσελθόντα δὲ ὡς τοῦ
βασιλέος τὴν θυγατέρα καὶ εἰρωτώμενον τά περ και οἱ
ἄλλοι, ἀπηγήσασθαι ὡς ἀνοσιώτατον μὲν εἴη ἐργασμένος
ὅτε τοῦ ἀδελφεοῦ ἐν τῷ θησαυρῷ τοῦ βασιλέος ὑπὸ πάγης
ἁλόντος ἀποτάμοι τὴν κεφαλήν, σοφώτατον δὲ ὅτι τοὺς
φυλάκους καταμεθύσας καταλύσειε τοῦ ἀδελφεοῦ κρεμά-
5 μενον τὸν νέκυν. τὴν δέ, ὡς ἤκουσε, ἅπτεσθαι αὐτοῦ·
τὸν δὲ φῶρα ἐν τῷ σκότεϊ προτεῖναι αὐτῇ τοῦ νεκροῦ τὴν
χεῖρα· τὴν δὲ ἐπιλαβομένην ἔχειν, νομίζουσαν αὐτοῦ
ἐκείνου τῆς χειρὸς ἀντέχεσθαι· τὸν δὲ φῶρα προέμενον
6 αὐτῇ οἴχεσθαι διὰ θυρέων φεύγοντα. ὡς δὲ καὶ ταῦτα
ἐς τὸν βασιλέα ἀνηνεῖχθαι, ἐκπεπλῆχθαι μὲν ἐπὶ τῇ πολυ-
φροσύνῃ τε καὶ τόλμῃ τοῦ ἀνθρώπου, τέλος δὲ διαπέμ-
ποντα ἐς πάσας τὰς πόλις ἐπαγγέλλεσθαι ἀδείην τε
διδόντα καὶ μεγάλα ὑποδεκόμενον ἐλθόντι ἐς ὄψιν τὴν
2 ἑωυτοῦ· τὸν δὲ φῶρα πιστεύσαντα ἐλθεῖν πρὸς αὐτόν,
Ῥαμψίνιτον δὲ μεγάλως θωμάσαι καί οἱ τὴν θυγατέρα
ταύτην συνοικίσαι ὡς πλεῖστα ἐπισταμένῳ ἀνθρώπων·
Αἰγυπτίους μὲν γὰρ τῶν ἄλλων προκεκρίσθαι, ἐκεῖνον δὲ
Αἰγυπτίων.

122 *His descent to Hades—commemorated by a festival.*

Μετὰ δὲ ταῦτα ἔλεγον τοῦτον τὸν βασιλέα ζωὸν κατα-
βῆναι κάτω ἐς τὸν οἱ Ἕλληνες Ἀΐδην νομίζουσι εἶναι,
κἀκεῖθι συγκυβεύειν τῇ Δήμητρι, καὶ τὰ μὲν νικᾶν αὐτήν,
τὰ δὲ ἑσσοῦσθαι ὑπ᾽ αὐτῆς, καί μιν πάλιν ἄνω ἀπι-
κέσθαι δῶρον ἔχοντα παρ᾽ αὐτῆς χειρόμακτρον χρύσεον.
2 ἀπὸ δὲ τῆς Ῥαμψινίτου καταβάσιος, ὡς πάλιν ἀπίκετο,

ὁρτὴν δὴ ἀνάγειν Αἰγυπτίους ἔφασαν, τὴν καὶ ἐγὼ οἶδα
ἔτι καὶ ἐς ἐμὲ ἐπιτελέοντας αὐτούς· οὐ μέντοι εἴ γε διὰ
3 ταῦτα ὁρτάζουσι ἔχω λέγειν. φᾶρος δὲ αὐτημερὸν ἐξ-
υφήναντες οἱ ἱρέες κατ' ὧν ἔδησαν ἑνὸς αὐτῶν μίτρῃ τοὺς
ὀφθαλμούς, ἀγαγόντες δέ μιν ἔχοντα τὸ φᾶρος ἐς ὁδὸν
φέρουσαν ἐς Δήμητρος αὐτοὶ ἀπαλλάσσονται ὀπίσω· τὸν
δὲ ἱρέα τοῦτον καταδεδεμένον τοὺς ὀφθαλμοὺς λέγουσι
ὑπὸ δύο λύκων ἄγεσθαι ἐς τὸ ἱρὸν τῆς Δήμητρος ἀπέχον
τῆς πόλιος εἴκοσι σταδίους, καὶ αὖτις ὀπίσω ἐκ τοῦ ἱροῦ
ἀπάγειν μιν τοὺς λύκους ἐς τὠυτὸ χωρίον.

123 *Egyptian belief in the immortality of the soul: metempsychosis.*

Τοῖσι μέν νυν ὑπ' Αἰγυπτίων λεγομένοισι χράσθω ὅτεῳ
τὰ τοιαῦτα πιθανά ἐστι· ἐμοὶ δὲ παρὰ πάντα τὸν λόγον
ὑπόκειται ὅτι τὰ λεγόμενα ὑπ' ἑκάστων ἀκοῇ γράφω.
ἀρχηγετεύειν δὲ τῶν κάτω Αἰγύπτιοι λέγουσι Δήμητρα καὶ
2 Διόνυσον. πρῶτοι δὲ καὶ τόνδε τὸν λόγον Αἰγύπτιοί εἰσι
οἱ εἰπόντες, ὡς ἀνθρώπου ψυχὴ ἀθάνατός ἐστι, τοῦ σώμα-
τος δὲ καταφθίνοντος ἐς ἄλλο ζῷον αἰεὶ γινόμενον ἐσδύ-
εται· ἐπεὰν δὲ πάντα περιέλθῃ τὰ χερσαῖα καὶ τὰ θαλάσ-
σια καὶ τὰ πετεινά, αὖτις ἐς ἀνθρώπου σῶμα γινόμενον
ἐσδύνειν, τὴν περιήλυσιν δὲ αὐτῇ γίνεσθαι ἐν τρισχιλ-
3 ίοισι ἔτεσι. τούτῳ τῷ λόγῳ εἰσὶ οἳ Ἑλλήνων ἐχρή-
σαντο, οἱ μὲν πρότερον, οἱ δὲ ὕστερον, ὡς ἰδίῳ ἑωυτῶν
ἐόντι· τῶν ἐγὼ εἰδὼς τὰ οὐνόματα οὐ γράφω.

124, 125 *Cheops and the building of the Great Pyramid of Giza.*

124 Μέχρι μέν νυν Ῥαμψινίτου βασιλέος εἶναι ἐν Αἰγύπτῳ πᾶσαν εὐνομίην ἔλεγον καὶ εὐθενέειν Αἴγυπτον μεγάλως, μετὰ δὲ τοῦτον βασιλεύσαντά σφεων Χέοπα ἐς πᾶσαν κακότητα ἐλάσαι· κατακληΐσαντα γάρ μιν πάντα τὰ ἱρὰ πρῶτα μέν σφεας θυσιέων ἀπέρξαι, μετὰ δὲ ἐργάζεσθαι

2 ἑωυτῷ κελεύειν πάντας Αἰγυπτίους. τοῖσι μὲν δὴ ἀποδε-
δέχθαι ἐκ τῶν λιθοτομιέων τῶν ἐν τῷ Ἀραβίῳ ὄρεϊ, ἐκ
τουτέων ἕλκειν λίθους μέχρι τοῦ Νείλου· διαπεραιωθέν-
τας δὲ τὸν ποταμὸν πλοίοισι, τοὺς λίθους ἑτέροισι ἔταξε
ἐκδέκεσθαι καὶ πρὸς τὸ Λιβυκὸν καλεύμενον ὄρος, πρὸς
3 τοῦτο ἕλκειν. ἐργάζοντο δὲ κατὰ δέκα μυριάδας ἀνθρώ-
πων αἰεί, τὴν τρίμηνον ἕκαστοι. χρόνον δὲ ἐγγενέσθαι
τριβομένῳ τῷ λεῷ δέκα ἔτεα μὲν τῆς ὁδοῦ κατ᾽ ἣν
εἷλκον τοὺς λίθους, τὴν ἔδειμαν ἔργον ἐὸν οὐ πολλῷ
4 τεῳ ἔλασσον τῆς πυραμίδος, ὡς ἐμοὶ δοκέειν (τῆς γὰρ
μῆκος μέν εἰσι πέντε στάδιοι, εὖρος δὲ δέκα ὀργυιαί,
ὕψος δέ, τῇ ὑψηλοτάτη ἐστὶ αὐτὴ ἑωυτῆς, ὀκτὼ ὀργυιαί,
λίθου δὲ ξεστοῦ καὶ ζῴων ἐγγεγλυμμένων), ταύτης τε
δὴ τὰ δέκα ἔτεα γενέσθαι καὶ τῶν ἐπὶ τοῦ λόφου ἐπ᾽
οὗ ἑστᾶσι αἱ πυραμίδες, τῶν ὑπὸ γῆν οἰκημάτων, τὰς
ἐποιέετο θήκας ἑωυτῷ ἐν νήσῳ, διώρυχα τοῦ Νείλου
5 ἐσαγαγών. τῇ δὲ πυραμίδι αὐτῇ χρόνον γενέσθαι εἴκοσι
ἔτεα ποιευμένῃ, τῆς ἐστι πανταχῇ μέτωπον ἕκαστον ὀκτὼ
πλέθρα ἐούσης τετραγώνου καὶ ὕψος ἴσον, λίθου δὲ ξεστοῦ
τε καὶ ἁρμοσμένου τὰ μάλιστα· οὐδεὶς τῶν λίθων τριή-
125 κοντα ποδῶν ἐλάσσων. ἐποιήθη δὲ ὧδε αὕτη ἡ πυραμίς·
ἀναβαθμῶν τρόπον (τὰς μετεξέτεροι κρόσσας, οἱ δὲ
2 βωμίδας ὀνομάζουσι), τοιαύτην τὸ πρῶτον ἐπείτε ἐποί-
ησαν αὐτήν, ἤειρον τοὺς ἐπιλοίπους λίθους μηχανῇσι
ξύλων βραχέων πεποιημένῃσι, χαμᾶθεν μὲν ἐπὶ τὸν
3 πρῶτον στοῖχον τῶν ἀναβαθμῶν ἀείροντες· ὅκως δὲ ἀνίοι
ὁ λίθος ἐπ᾽ αὐτόν, ἐς ἑτέρην μηχανὴν ἐτίθετο ἑστεῶσαν
ἐπὶ τοῦ πρώτου στοίχου, ἀπὸ τούτου δὲ ἐπὶ τὸν δεύτερον
4 εἵλκετο στοῖχον ἐπ᾽ ἄλλης μηχανῆς· ὅσοι γὰρ δὴ στοῖχοι
ἦσαν τῶν ἀναβαθμῶν, τοσαῦται καὶ μηχαναὶ ἦσαν, εἴτε
καὶ τὴν αὐτὴν μηχανὴν ἐοῦσαν μίαν τε καὶ εὐβάστακτον
μετεφόρεον ἐπὶ στοῖχον ἕκαστον, ὅκως τὸν λίθον ἐξ-
έλοιεν· λελέχθω γὰρ ἡμῖν ἐπ᾽ ἀμφότερα, κατά περ

5 λέγεται. ἐξεποιήθη δ' ὦν τὰ ἀνώτατα αὐτῆς πρῶτα,
μετὰ δὲ τὰ ἐχόμενα τούτων ἐξεποίευν, τελευταῖα δὲ αὐτῆς
6 τὰ ἐπίγαια καὶ τὰ κατωτάτω ἐξεποίησαν. σεσήμανται δὲ
διὰ γραμμάτων Αἰγυπτίων ἐν τῇ πυραμίδι ὅσα ἔς τε
συρμαίην καὶ κρόμμυα καὶ σκόροδα ἀναισιμώθη τοῖσι
ἐργαζομένοισι· καὶ ὡς ἐμὲ εὖ μεμνῆσθαι τὰ ὁ ἑρμηνεύς
μοι ἐπιλεγόμενος τὰ γράμματα ἔφη, ἑξακόσια καὶ χίλια
7 τάλαντα ἀργυρίου τετελέσθαι. εἰ δ' ἔστι οὕτως ἔχοντα
ταῦτα, κόσα οἰκὸς ἄλλα δεδαπανῆσθαί ἐστι ἔς τε σίδηρον
τῷ ἐργάζοντο, καὶ σιτία καὶ ἐσθῆτα τοῖσι ἐργαζομένοισι;
ὁκότε χρόνον μὲν οἰκοδόμεον τὰ ἔργα τὸν εἰρημένον, ἄλλον
δέ, ὡς ἐγὼ δοκέω, ἐν τῷ τοὺς λίθους ἔταμνον καὶ ἦγον
καὶ τὸ ὑπὸ γῆν ὄρυγμα ἐργάζοντο, οὐκ ὀλίγον χρόνον.

127 *Chephrên and the Second Pyramid.*

Βασιλεῦσαι δὲ τὸν Χέοπα τοῦτον Αἰγύπτιοι ἔλεγον
πεντήκοντα ἔτεα, τελευτήσαντος δὲ τούτου ἐκδέξασθαι τὴν
βασιληΐην τὸν ἀδελφεὸν αὐτοῦ Χεφρῆνα· καὶ τοῦτον δὲ τῷ
αὐτῷ τρόπῳ διαχρᾶσθαι τῷ ἑτέρῳ τά τε ἄλλα καὶ πυραμίδα
ποιῆσαι, ἐς μὲν τὰ ἐκείνου μέτρα οὐκ ἀνήκουσαν· ταῦτα
2 γὰρ ὦν καὶ ἡμεῖς ἐμετρήσαμεν· οὔτε γὰρ ὕπεστι οἰκήματα
ὑπὸ γῆν, οὔτε ἐκ τοῦ Νείλου διῶρυξ ἥκει ἐς αὐτὴν ὥσπερ
ἐς τὴν ἑτέρην ῥέουσα δι' οἰκοδομημένου αὐλῶνος ἔσω
νῆσον περιρρέει, ἐν τῇ αὐτὸν λέγουσι κεῖσθαι Χέοπα.
3 ὑποδείμας δὲ τὸν πρῶτον δόμον λίθου Αἰθιοπικοῦ ποικίλου,
τεσσεράκοντα πόδας ὑποβὰς τῆς ἑτέρης τὠυτὸ μέγαθος
ἐχομένην τῆς μεγάλης οἰκοδόμησε. ἑστᾶσι δὲ ἐπὶ λόφου
τοῦ αὐτοῦ ἀμφότεραι, μάλιστα ἐς ἑκατὸν πόδας ὑψηλοῦ.
βασιλεῦσαι δὲ ἔλεγον Χεφρῆνα ἓξ καὶ πεντήκοντα ἔτεα.

128 *Oppression of the Egyptians : the shepherd Philitis.*

Ταῦτα ἕξ τε καὶ ἑκατὸν λογίζονται ἔτεα, ἐν τοῖσι
Αἰγυπτίοισί τε πᾶσαν εἶναι κακότητα καὶ τὰ ἱρὰ χρόνου

τοσούτου κατακληϊσθέντα οὐκ ἀνοιχθῆναι. τούτους ὑπὸ
μίσεος οὐ κάρτα θέλουσι Αἰγύπτιοι ὀνομάζειν, ἀλλὰ καὶ
τὰς πυραμίδας καλέουσι ποιμένος Φιλίτιος, ὃς τοῦτον τὸν
χρόνον ἔνεμε κτήνεα κατὰ ταῦτα τὰ χωρία.

129, 130, 132 *Mycerinus—his just rule: his daughter's death and burial at Saïs within the image of a cow, which is carried in religious processions.*

129 Μετὰ δὲ τοῦτον βασιλεῦσαι Αἰγύπτου Μυκερῖνον ἔλεγ-
ον Χέοπος παῖδα, τῷ τὰ μὲν τοῦ πατρὸς ἔργα ἀπαδεῖν,
τὸν δὲ τά τε ἱρὰ ἀνοῖξαι καὶ τὸν λεὼν τετρυμένον ἐς τὸ
ἔσχατον κακοῦ ἀνεῖναι πρὸς ἔργα τε καὶ θυσίας, δίκας δέ
2 σφι πάντων βασιλέων δικαιοτάτας κρίνειν. κατὰ τοῦτο
μέν νυν τὸ ἔργον ἁπάντων ὅσοι ἤδη βασιλέες ἐγένοντο
Αἰγυπτίων αἰνέουσι μάλιστα τοῦτον· τά τε ἄλλα γάρ
μιν κρίνειν εὖ καὶ δὴ καὶ τῷ ἐπιμεμφομένῳ ἐκ τῆς δίκης
παρ' ἑωυτοῦ διδόντα ἄλλα ἀποπιμπλάναι αὐτοῦ τὸν
3 θυμόν. ἐόντι δὲ ἠπίῳ τῷ Μυκερίνῳ κατὰ τοὺς πολιήτας
καὶ ταῦτα ἐπιτηδεύοντι πρῶτον κακῶν ἄρξαι τὴν θυγα-
τέρα ἀποθανοῦσαν αὐτοῦ, τὴν μουνόν οἱ εἶναι ἐν τοῖσι
οἰκίοισι τέκνον. τὸν δέ, ὑπεραλγήσαντά τε τῷ περιεπεπ-
τώκεε πρήγματι καὶ βουλόμενον περισσότερόν τι τῶν
ἄλλων θάψαι τὴν θυγατέρα, ποιήσασθαι βοῦν ξυλίνην
κοίλην καὶ ἔπειτα καταχρυσώσαντά μιν ἔσω ἐν αὐτῇ
130 θάψαι ταύτην δὴ τὴν ἀποθανοῦσαν θυγατέρα. αὕτη ὦν
ἡ βοῦς γῇ οὐκ ἐκρύφθη, ἀλλ' ἔτι καὶ ἐς ἐμὲ ἦν φανερή,
ἐν Σάϊ μὲν πόλι ἐοῦσα, κειμένη δὲ ἐν τοῖσι βασιληΐοισι
ἐν οἰκήματι ἠσκημένῳ· θυμιήματα δὲ παρ' αὐτῇ παντοῖα
καταγίζουσι ἀνὰ πᾶσαν ἡμέρην, νύκτα δὲ ἑκάστην
2 πάννυχος λύχνος παρακαίεται. ἀγχοῦ δὲ τῆς βοὸς ταύτης
ἐν ἄλλῳ οἰκήματι εἰκόνες τῶν παλλακέων τῶν Μυκερίνου
ἑστᾶσι, ὡς ἔλεγον οἱ ἐν Σάϊ πόλι ἱρέες· ἑστᾶσι μὲν γὰρ
ξύλινοι κολοσσοί, ἐοῦσαι ἀριθμὸν ὡς εἴκοσι μάλιστά κῃ,

γυμναὶ ἐργασμέναι· αἵτινες μέντοι εἰσί, οὐκ ἔχω εἰπεῖν πλὴν ἢ τὰ λεγόμενα.

132 ἡ δὲ βοῦς τὰ μὲν ἄλλα κατακέκρυπται φοινικέῳ εἵματι,
τὸν αὐχένα δὲ καὶ τὴν κεφαλὴν φαίνει κεχρυσωμένα
παχέϊ κάρτα χρυσῷ· μεταξὺ δὲ τῶν κερέων ὁ τοῦ ἡλίου
2 κύκλος μεμιμημένος ἔπεστι χρύσεος. ἔστι δὲ ἡ βοῦς οὐκ
ὀρθὴ ἀλλ' ἐν γούνασι κειμένη, μέγαθος δὲ ὅση περ μεγάλη
βοῦς ζωή. ἐκφέρεται δὲ ἐκ τοῦ οἰκήματος ἀνὰ πάντα
ἔτεα, ἐπεὰν τύπτωνται οἱ Αἰγύπτιοι τὸν οὐκ ὀνομαζ-
όμενον θεὸν ὑπ' ἐμεῦ ἐπὶ τοιούτῳ πρήγματι. τότε ὦν
καὶ τὴν βοῦν ἐκφέρουσι ἐς τὸ φῶς· φασὶ γὰρ δὴ αὐτὴν
δεηθῆναι τοῦ πατρὸς Μυκερίνου ἀποθνῄσκουσαν ἐν τῷ
3 ἐνιαυτῷ ἅπαξ μιν τὸν ἥλιον κατιδεῖν.

133 *Prophecy of his early death : his revelling.*

Μετὰ δὲ τῆς θυγατρὸς τὸ πάθος δεύτερα τούτῳ τῷ βασι-
λέϊ τάδε γενέσθαι· ἐλθεῖν οἱ μαντήϊον ἐκ Βουτοῦς πόλιος
ὡς μέλλοι ἓξ ἔτεα μοῦνον βιοὺς τῷ ἑβδόμῳ τελευτήσειν·
2 τὸν δὲ δεινὸν ποιησάμενον πέμψαι ἐς τὸ μαντήϊον τῷ
θεῷ ὀνείδισμα ἀντιμεμφόμενον ὅτι ὁ μὲν αὐτοῦ πατὴρ
καὶ πάτρως ἀποκληΐσαντες τὰ ἱρὰ καὶ θεῶν οὐ μεμνημένοι,
ἀλλὰ καὶ τοὺς ἀνθρώπους φθείροντες, ἐβίωσαν χρόνον ἐπὶ
πολλόν, αὐτὸς δ' εὐσεβέων μέλλοι ταχέως οὕτω τελευ-
3 τήσειν. ἐκ δὲ τοῦ χρηστηρίου αὐτῷ δεύτερα ἐλθεῖν
λέγοντα τούτων εἵνεκα καὶ συνταχύνειν αὐτὸν τὸν βίον· οὐ
γὰρ ποιῆσαί μιν τὸ χρεὸν ἦν ποιέειν· δεῖν γὰρ Αἴγυπτον
κακοῦσθαι ἐπ' ἔτεα πεντήκοντά τε καὶ ἑκατόν, καὶ τοὺς
μὲν δύο τοὺς πρὸ ἐκείνου γενομένους βασιλέας μαθεῖν τοῦτο,
4 κεῖνον δὲ οὔ. ταῦτα ἀκούσαντα τὸν Μυκερῖνον, ὡς κατα-
κεκριμένων ἤδη οἱ τούτων, λύχνα ποιησάμενον πολλά,
ὅκως γίνοιτο νύξ, ἀνάψαντα αὐτὰ πίνειν τε καὶ εὐπαθέειν,
οὔτε ἡμέρης οὔτε νυκτὸς ἀνιέντα, ἔς τε τὰ ἕλεα καὶ τὰ

ἄλσεα πλανώμενον καὶ ἵνα πυνθάνοιτο εἶναι ἐνηβητήρια
5 ἐπιτηδεότατα. ταῦτα δὲ ἐμηχανᾶτο θέλων τὸ μαντήϊον
ψευδόμενον ἀποδέξαι, ἵνα οἱ δυώδεκα ἔτεα ἀντὶ ἓξ ἐτέων
γένηται, αἱ νύκτες ἡμέραι ποιεύμεναι.

134 *The Third Pyramid—wrongly said to be built by Rhodôpis.*

Πυραμίδα δὲ καὶ οὗτος κατελίπετο πολλὸν ἐλάσσω
τοῦ πατρός, εἴκοσι ποδῶν καταδέουσαν κῶλον ἕκαστον
τριῶν πλέθρων, ἐούσης τετραγώνου, λίθου δὲ ἐς τὸ
ἥμισυ Αἰθιοπικοῦ· τὴν δὴ μετεξέτεροί φασι Ἑλλήνων
Ῥοδώπιος ἑταίρης γυναικὸς εἶναι, οὐκ ὀρθῶς λέγοντες·
2 οὐδὲ ὦν οὐδὲ εἰδότες μοι φαίνονται λέγειν οὗτοι
ἥτις ἦν ἡ Ῥοδῶπις (οὐ γὰρ ἄν οἱ πυραμίδα ἀνέθεσαν
ποιήσασθαι τοιαύτην, ἐς τὴν ταλάντων χιλιάδες ἀναρίθ-
μητοι ὡς λόγῳ εἰπεῖν ἀναισίμωνται), πρὸς δὲ ὅτι κατὰ
Ἄμασιν βασιλεύοντα ἦν ἀκμάζουσα Ῥοδῶπις, ἀλλ' οὐ
3 κατὰ τοῦτον· ἔτεσι γὰρ κάρτα πολλοῖσι ὕστερον τούτων
τῶν βασιλέων τῶν τὰς πυραμίδας ταύτας λιπομένων ἦν
Ῥοδῶπις, γενεὴν μὲν ἀπὸ Θρηΐκης, δούλη δὲ ἦν Ἰάδμο-
νος τοῦ Ἡφαιστοπόλιος ἀνδρὸς Σαμίου, σύνδουλος δὲ
Αἰσώπου τοῦ λογοποιοῦ. καὶ γὰρ οὗτος Ἰάδμονος ἐγέν-
4 ετο, ὡς διέδεξε τῇδε οὐκ ἥκιστα· ἐπείτε γὰρ πολλάκις
κηρυσσόντων Δελφῶν ἐκ θεοπροπίου ὃς βούλοιτο ποινὴν
τῆς Αἰσώπου ψυχῆς ἀνελέσθαι, ἄλλος μὲν οὐδεὶς ἐφάνη,
Ἰάδμονος δὲ παιδὸς παῖς ἄλλος Ἰάδμων ἀνείλετο, οὕτω
καὶ Αἴσωπος Ἰάδμονος ἐγένετο.

135 *The story of Rhodôpis : her offerings at Delphi.*

Ῥοδῶπις δὲ ἐς Αἴγυπτον ἀπίκετο Ξάνθεω τοῦ Σαμίου
κομίσαντος [μιν], ἀπικομένη δὲ ἐλύθη χρημάτων μεγάλων
ὑπὸ ἀνδρὸς Μυτιληναίου Χαράξου τοῦ Σκαμανδρωνύμου
2 παιδός, ἀδελφεοῦ δὲ Σαπφοῦς τῆς μουσοποιοῦ. οὕτω
δὴ ἡ Ῥοδῶπις ἐλευθερώθη καὶ κατέμεινέ τε ἐν Αἰγύπτῳ

καὶ μεγάλα ἐκτήσατο χρήματα ὡς εἶναι Ῥοδῶπιν, ἀτὰρ
3 οὐκ ὥς γε ἐς πυραμίδα τοιαύτην ἐξικέσθαι. τῆς γὰρ τὴν
δεκάτην τῶν χρημάτων ἰδέσθαι ἔστι ἔτι καὶ ἐς τόδε παντὶ
τῷ βουλομένῳ, οὐδὲν δεῖ μεγάλα οἱ χρήματα ἀναθεῖναι.
ἐπεθύμησε γὰρ Ῥοδῶπις μνημήϊον ἑωυτῆς ἐν τῇ Ἑλλάδι
καταλιπέσθαι, ποίημα ποιησαμένη τοῦτο τὸ μὴ τυγχάνει
ἄλλῳ ἐξευρημένον καὶ ἀνακείμενον ἐν ἱρῷ, τοῦτο ἀναθεῖναι
4 ἐς Δελφοὺς μνημόσυνον ἑωυτῆς. τῆς ὦν δεκάτης τῶν
χρημάτων ποιησαμένη ὀβελοὺς βουπόρους πολλοὺς σιδηρ-
έους, ὅσον ἐνεχώρεε ἡ δεκάτη οἱ, ἀπέπεμπε ἐς Δελφούς·
οἳ καὶ νῦν ἔτι συννενέαται ὄπισθε μὲν τοῦ βωμοῦ τὸν Χῖοι
5 ἀνέθεσαν, ἀντίον δὲ αὐτοῦ τοῦ νηοῦ. τοῦτο μὲν γὰρ
αὕτη, τῆς πέρι λέγεται ὅδε ὁ λόγος, οὕτω δή τι κλεινὴ
ἐγένετο ὡς καὶ οἱ πάντες Ἕλληνες Ῥοδώπιος τὸ οὔνομα
ἐξέμαθον, τοῦτο δὲ ὕστερον ταύτης τῇ οὔνομα ἦν Ἀρχιδίκη
ἀοίδιμος ἀνὰ τὴν Ἑλλάδα ἐγένετο, ἧσσον δὲ τῆς ἑτέρης
6 περιλεσχήνευτος. Χάραξος δὲ ὡς λυσάμενος Ῥοδῶπιν
ἀπενόστησε ἐς Μυτιλήνην, ἐν μέλεϊ Σαπφὼ πολλὰ κατ-
εκερτόμησέ μιν. Ῥοδώπιος μέν νυν πέρι πέπαυμαι.

136 *Asychis and his pyramid of brick.*

Μετὰ δὲ Μυκερῖνον γενέσθαι Αἰγύπτου βασιλέα ἔλεγον
οἱ ἱρέες Ἄσυχιν, τὸν τὰ πρὸς ἥλιον ἀνίσχοντα ποιῆσαι τῷ
Ἡφαίστῳ προπύλαια, ἐόντα πολλῷ τε κάλλιστα καὶ
πολλῷ μέγιστα. ἔχει μὲν γὰρ καὶ τὰ πάντα προπύλαια
τύπους τε ἐγγεγλυμμένους καὶ ἄλλην ὄψιν οἰκοδομημάτων
2 μυρίην, ἐκεῖνα δὲ καὶ μακρῷ μάλιστα. ἐπὶ τούτου
βασιλεύοντος ἔλεγον, ἀμειξίης ἐούσης πολλῆς χρημάτων,
γενέσθαι νόμον Αἰγυπτίοισι, ἀποδεικνύντα ἐνέχυρον τοῦ
πατρὸς τὸν νέκυν, οὕτω λαμβάνειν τὸ χρέος· προστεθῆναι
δὲ ἔτι τούτῳ τῷ νόμῳ τόνδε, τὸν διδόντα τὸ χρέος καὶ
ἁπάσης κρατέειν τῆς τοῦ λαμβάνοντος θήκης, τῷ δὲ ὑποτι-
θέντι τοῦτο τὸ ἐνέχυρον τήνδε ἐπεῖναι ζημίην μὴ βουλο-

μένῳ ἀποδοῦναι τὸ χρέος, μήτε αὐτῷ ἐκείνῳ τελευτήσαντι
εἶναι ταφῆς κυρῆσαι μήτ' ἐν ἐκείνῳ τῷ πατρωΐῳ τάφῳ μήτ'
ἐν ἄλλῳ μηδενί, μήτε ἄλλον μηδένα τῶν ἑωυτοῦ ἀπογενό-
3 *μενον θάψαι. ὑπερβαλέσθαι δὲ βουλόμενον τοῦτον τὸν*
βασιλέα τοὺς πρότερον ἑωυτοῦ βασιλέας γενομένους
Αἰγύπτου μνημόσυνον πυραμίδα λιπέσθαι ἐκ πλίνθων
ποιήσαντα, ἐν τῇ γράμματα ἐν λίθῳ ἐγκεκολαμμένα τάδε
4 *λέγοντά ἐστι· "Μή με κατονοσθῇς πρὸς τὰς λιθίνας*
πυραμίδας· προέχω γὰρ αὐτέων τοσοῦτον ὅσον ὁ Ζεὺς
τῶν ἄλλων θεῶν. κοντῷ γὰρ ὑποτύπτοντες ἐς λίμνην, ὅ
τι πρόσσχοιτο τοῦ πηλοῦ τῷ κοντῷ, τοῦτο συλλέγοντες
πλίνθους εἴρυσαν καί με τρόπῳ τοιούτῳ ἐξεποίησαν."
τοῦτον μὲν τοσαῦτα ἀποδέξασθαι.

137 *Anysis, a blind king, flees before the Ethiopian Sabacôs, who seizes the throne, and rules well, raising embankments in the towns of Egypt.*

Μετὰ δὲ τοῦτον βασιλεῦσαι ἄνδρα τυφλὸν ἐξ Ἀνύσιος
πόλιος, τῷ οὔνομα Ἄνυσιν εἶναι. ἐπὶ τούτου βασιλεύ-
οντος ἐλάσαι ἐπ' Αἴγυπτον χειρὶ πολλῇ Αἰθίοπάς τε καὶ
2 Σαβακῶν τὸν Αἰθιόπων βασιλέα. τὸν μὲν δὴ τυφλὸν
τοῦτον οἴχεσθαι φεύγοντα ἐς τὰ ἕλεα, τὸν δὲ Αἰθίοπα
βασιλεύειν Αἰγύπτου ἐπ' ἔτεα πεντήκοντα, ἐν τοῖσι αὐτὸν
3 τάδε ἀποδέξασθαι· ὅκως τῶν τις Αἰγυπτίων ἁμάρτοι τι,
κτείνειν μὲν αὐτῶν οὐδένα ἐθέλειν, τὸν δὲ κατὰ μέγαθος
τοῦ ἀδικήματος ἑκάστῳ δικάζειν, ἐπιτάσσοντα χώματα
χοῦν πρὸς τῇ ἑωυτῶν πόλι, ὅθεν ἕκαστος ἦν τῶν ἀδικεόν-
4 των. καὶ οὕτω ἔτι αἱ πόλιες ἐγένοντο ὑψηλότεραι. τὸ
μὲν γὰρ πρῶτον ἐχώσθησαν ὑπὸ τῶν τὰς διώρυχας ὀρυξάν-
των ἐπὶ Σεσώστριος βασιλέος, δεύτερα δὲ ἐπὶ τοῦ Αἰθίοπος,
5 καὶ κάρτα ὑψηλαὶ ἐγένοντο. ὑψηλέων δὲ καὶ ἑτέρων
γενομένων ἐν τῇ Αἰγύπτῳ πολίων, ὡς ἐμοὶ δοκέει, μάλιστα
ἡ ἐν Βουβάστι πόλις ἐξεχώσθη, ἐν τῇ καὶ ἱρόν ἐστι

Βουβάστιος ἀξιαπηγητότατον· μέζω μὲν γὰρ ἄλλα καὶ πολυδαπανώτερά ἐστι ἱρά, ἡδονὴ δὲ ἰδέσθαι οὐδὲν τούτου μᾶλλον· ἡ δὲ Βούβαστις κατὰ Ἑλλάδα γλῶσσάν ἐστι Ἄρτεμις.

138 *The temple of Bubastis.*

Τὸ δ' ἱρὸν αὐτῆς ὧδε ἔχει· πλὴν τῆς ἐσόδου τὸ ἄλλο
νῆσός ἐστι· ἐκ γὰρ τοῦ Νείλου διώρυχες ἐσέχουσι οὐ
συμμίσγουσαι ἀλλήλῃσι, ἀλλ' ἄχρι τῆς ἐσόδου τοῦ ἱροῦ
ἑκατέρη ἐσέχει, ἡ μὲν τῇ περιρρέουσα, ἡ δὲ τῇ, εὖρος
2 ἐοῦσα ἑκατέρη ἑκατὸν ποδῶν, δένδρεσι κατάσκιος. τὰ
δὲ προπύλαια ὕψος μὲν δέκα ὀργυιέων ἐστί, τύποισι δὲ
ἑξαπήχεσι ἐσκευάδαται ἀξίοισι λόγου. ἐὸν δ' ἐν μέσῃ τῇ
πόλι τὸ ἱρὸν κατορᾶται πάντοθεν περιιόντι· ἅτε γὰρ τῆς
πόλιος μὲν ἐκκεχωσμένης ὑψοῦ, τοῦ δ' ἱροῦ οὐ κεκινημένου
3 ὡς ἀρχῆθεν ἐποιήθη, ἔσοπτόν ἐστι. περιθέει δὲ αὐτὸ
αἱμασιὴ ἐγγεγλυμμένη τύποισι· ἔστι δὲ ἔσωθεν ἄλσος
δενδρέων μεγίστων πεφυτευμένον περὶ νηὸν μέγαν, ἐν τῷ
δὴ τὤγαλμα ἔνι· εὖρος δὲ καὶ μῆκος τοῦ ἱροῦ πάντῃ
4 σταδίου ἐστί. κατὰ μὲν δὴ τὴν ἔσοδον ἐστρωμένη ἐστὶ
ὁδὸς λίθου ἐπὶ σταδίους τρεῖς μάλιστά κῃ, διὰ τῆς ἀγορῆς
φέρουσα ἐς τὸ πρὸς ἠῶ, εὖρος δὲ ὡς τεσσέρων πλέθρων·
τῇ δὲ καὶ τῇ τῆς ὁδοῦ δένδρεα οὐρανομήκεα πέφυκε·
φέρει δ' ἐς Ἑρμέω ἱρόν. τὸ μὲν δὴ ἱρὸν τοῦτο οὕτως
ἔχει.

139, 140 *Troubled by a dream, Sabacôs leaves Egypt, and Anysis returns from the marshes.*

139 Τέλος δὲ τῆς ἀπαλλαγῆς τοῦ Αἰθίοπος ὧδε ἔλεγον
γενέσθαι· ὄψιν ἐν τῷ ὕπνῳ τοιήνδε ἰδόντα αὐτὸν οἴχεσθαι
φεύγοντα· ἐδόκεέ οἱ ἄνδρα ἐπιστάντα συμβουλεύειν τοὺς
ἱρέας τοὺς ἐν Αἰγύπτῳ συλλέξαντα πάντας μέσους
2 διαταμεῖν· ἰδόντα δὲ τὴν ὄψιν ταύτην λέγειν αὐτὸν ὡς

πρόφασίν οἱ δοκέοι ταύτην τοὺς θεοὺς προδεικνύναι, ἵνα
ἀσεβήσας περὶ τὰ ἱρὰ κακόν τι πρὸς θεῶν ἢ πρὸς
ἀνθρώπων λάβοι· οὐκ ὦν ποιήσειν ταῦτα, ἀλλὰ γάρ οἱ
ἐξεληλυθέναι τὸν χρόνον ὁκόσον κεχρῆσθαι ἄρξαντα
3 Αἰγύπτου ἐκχωρήσειν. ἐν γὰρ τῇ Αἰθιοπίῃ ἐόντι αὐτῷ
τὰ μαντήϊα τοῖσι χρέωνται Αἰθίοπες ἀνεῖλε ὡς δέοι αὐτὸν
Αἰγύπτου βασιλεῦσαι ἔτεα πεντήκοντα. ὡς ὦν ὁ χρόνος
οὗτος ἐξήϊε καὶ αὐτὸν ἡ ὄψις τοῦ ἐνυπνίου ἐπετάρασσε,
ἑκὼν ἀπαλλάσσετο ἐξ Αἰγύπτου ὁ Σαβακῶς.

140 Ὡς δ' ἄρα οἴχεσθαι τὸν Αἰθίοπα ἐξ Αἰγύπτου, αὖτις
τὸν τυφλὸν ἄρχειν ἐκ τῶν ἑλέων ἀπικόμενον, ἔνθα πεντή-
κοντα ἔτεα νῆσον χώσας σποδῷ τε καὶ γῇ οἴκεε· ὅκως
γάρ οἱ φοιτᾶν σῖτον ἄγοντας Αἰγυπτίων ὡς ἑκάστοισι
προστετάχθαι σιγῇ τοῦ Αἰθίοπος, ἐς τὴν δωρεὴν κελεύειν
2 σφέας καὶ σποδὸν κομίζειν. ταύτην τὴν νῆσον οὐδεὶς
πρότερον ἐδυνάσθη Ἀμυρταίου ἐξευρεῖν, ἀλλὰ ἔτεα ἐπὶ
πλέω ἢ ἑπτακόσια οὐκ οἷοί τε ἦσαν αὐτὴν ἀνευρεῖν οἱ
πρότεροι γενόμενοι βασιλέες Ἀμυρταίου. οὔνομα δὲ
ταύτῃ τῇ νήσῳ Ἐλβώ, μέγαθος δ' ἐστὶ πάντῃ δέκα
σταδίων.

141 *Sethôs the priest-king: his deliverance from the army of Assyrians under Sennacherib.*

Μετὰ δὲ τοῦτον βασιλεῦσαι τὸν ἱρέα τοῦ Ἡφαίστου,
τῷ οὔνομα εἶναι Σεθῶν· τὸν ἐν ἀλογίῃσι ἔχειν παρα-
χρησάμενον τῶν μαχίμων Αἰγυπτίων ὡς οὐδὲν δεησόμενον
αὐτῶν, ἄλλα τε δὴ ἄτιμα ποιεῦντα ἐς αὐτοὺς καί σφεας
ἀπελέσθαι τὰς ἀρούρας, τοῖσι ἐπὶ τῶν προτέρων βασιλέων
2 δεδόσθαι ἐξαιρέτους ἑκάστῳ δυώδεκα ἀρούρας. μετὰ δὲ
ἐπ' Αἴγυπτον ἐλαύνειν στρατὸν μέγαν Σαναχάριβον
βασιλέα Ἀραβίων τε καὶ Ἀσσυρίων· οὐκ ὦν δὴ ἐθέλειν
3 τοὺς μαχίμους τῶν Αἰγυπτίων βοηθέειν. τὸν δὲ ἱρέα ἐς
ἀπορίην ἀπειλημένον ἐσελθόντα ἐς τὸ μέγαρον πρὸς

τὤγαλμα ἀποδύρεσθαι οἷα κινδυνεύει παθεῖν· ὀλοφυρόμενον δ' ἄρα μιν ἐπελθεῖν ὕπνον καί οἱ δόξαι ἐν τῇ ὄψι ἐπιστάντα τὸν θεὸν θαρσύνειν ὡς οὐδὲν πείσεται ἄχαρι ἀντιάζων τὸν Ἀραβίων στρατόν· αὐτὸς γάρ οἱ πέμψειν τιμωρούς.
4 τούτοισι δή μιν πίσυνον παραλαβόντα Αἰγυπτίων τοὺς βουλομένους οἱ ἕπεσθαι στρατοπεδεύσασθαι ἐν Πηλουσίῳ (ταύτῃ γάρ εἰσι αἱ ἐσβολαί)· ἕπεσθαι δέ οἱ τῶν μαχίμων μὲν οὐδένα ἀνδρῶν, καπήλους δὲ καὶ χειρώνακτας καὶ
5 ἀγοραίους ἀνθρώπους. ἐνθαῦτα ἀπικομένοισι τοῖσι ἐναντίοισι ἐπιχυθέντας νυκτὸς μῦς ἀρουραίους κατὰ μὲν φαγεῖν τοὺς φαρετρεῶνας αὐτῶν, κατὰ δὲ τὰ τόξα, πρὸς δὲ τῶν ἀσπίδων τὰ ὄχανα, ὥστε τῇ ὑστεραίῃ φευγόντων
6 σφέων γυμνῶν πεσεῖν πολλούς. καὶ νῦν οὗτος ὁ βασιλεὺς ἕστηκε ἐν τῷ ἱρῷ τοῦ Ἡφαίστου λίθινος, ἔχων ἐπὶ τῆς χειρὸς μῦν, λέγων διὰ γραμμάτων τάδε· "Ἐς ἐμέ τις ὁρέων εὐσεβὴς ἔστω."

142 *The Egyptian kings from Mênês to Sethôs: the length of their rule.*

Ἐς μὲν τοσόνδε τοῦ λόγου Αἰγύπτιοί τε καὶ οἱ ἱρέες ἔλεγον, ἀποδεικνύντες ἀπὸ τοῦ πρώτου βασιλέος ἐς τοῦ Ἡφαίστου τὸν ἱρέα τοῦτον τὸν τελευταῖον βασιλεύσαντα μίαν τε καὶ τεσσεράκοντα καὶ τριηκοσίας ἀνθρώπων γενεὰς γενομένας καὶ ἐν ταύτῃσι ἀρχιερέας καὶ βασιλέας ἑκα-
2 τέρους τοσούτους γενομένους. καίτοι τριηκόσιαι μὲν ἀνδρῶν γενεαὶ δυνέαται μύρια ἔτεα· γενεαὶ γὰρ τρεῖς ἀνδρῶν ἑκατὸν ἔτεά ἐστι. μιῆς δὲ καὶ τεσσεράκοντα ἔτι τῶν ἐπιλοίπων γενεέων, αἳ ἐπῆσαν τῇσι τριηκοσίῃσι, ἐστὶ
3 τεσσεράκοντα καὶ τριηκόσια καὶ χίλια ἔτεα. οὕτως ἐν μυρίοισί τε ἔτεσι καὶ χιλίοισι καὶ πρὸς τριηκοσίοισί τε καὶ τεσσεράκοντα ἔλεγον θεὸν ἀνθρωποειδέα οὐδένα γενέσθαι· οὐ μὲν οὐδὲ πρότερον οὐδὲ ὕστερον ἐν τοῖσι ὑπολοίποισι Αἰγύπτου βασιλεῦσι γενομένοισι ἔλεγον

4 οὐδὲν τοιοῦτον. ἐν τοίνυν τούτῳ τῷ χρόνῳ τετράκις ἔλεγ-
ον ἐξ ἠθέων τὸν ἥλιον ἀνατεῖλαι· ἔνθα τε νῦν καταδύεται,
ἐνθεῦτεν δὶς ἐπαντεῖλαι, καὶ ἔνθεν νῦν ἀνατέλλει, ἐνθαῦτα
δὶς καταδῦναι· καὶ οὐδὲν τῶν κατ' Αἴγυπτον ὑπὸ ταῦτα
ἑτεροιωθῆναι, οὔτε τὰ ἀπὸ τῆς γῆς οὔτε τὰ ἀπὸ τοῦ
ποταμοῦ σφι γινόμενα, οὔτε τὰ ἀμφὶ νούσους οὔτε τὰ
κατὰ τοὺς θανάτους.

143 *Hecataeus the historian and the priests at Thebes.*

Πρότερον δὲ Ἑκαταίῳ τῷ λογοποιῷ ἐν Θήβῃσι γενεη-
λογήσαντι [τε] ἑωυτὸν καὶ ἀναδήσαντι τὴν πατριὴν ἐς
ἑκκαιδέκατον θεὸν ἐποίησαν οἱ ἱρέες τοῦ Διὸς οἷόν τι καὶ
2 ἐμοὶ οὐ γενεηλογήσαντι ἐμεωυτόν· ἐσαγαγόντες ἐς τὸ
μέγαρον ἔσω ἐὸν μέγα ἐξηρίθμεον δεικνύντες κολοσσοὺς
ξυλίνους τοσούτους ὅσους περ εἶπον· ἀρχιερεὺς γὰρ
ἕκαστος αὐτόθι ἱστᾷ ἐπὶ τῆς ἑωυτοῦ ζόης εἰκόνα ἑωυτοῦ·
3 ἀριθμέοντες ὦν καὶ δεικνύντες οἱ ἱρέες ἐμοὶ ἀπεδείκνυσαν
παῖδα πατρὸς ἑωυτῶν ἕκαστον ἐόντα, ἐκ τοῦ ἄγχιστα
ἀποθανόντος τῆς εἰκόνος διεξιόντες διὰ πασέων, ἐς οὗ
4 ἀπέδεξαν ἁπάσας αὐτάς. Ἑκαταίῳ δὲ γενεηλογήσαντι
ἑωυτὸν καὶ ἀναδήσαντι ἐς ἑκκαιδέκατον θεὸν ἀντεγενεη-
λόγησαν ἐπὶ τῇ ἀριθμήσι, οὐ δεκόμενοι παρ' αὐτοῦ ἀπὸ
θεοῦ γενέσθαι ἄνθρωπον· ἀντεγενεηλόγησαν δὲ ὧδε,
φάμενοι ἕκαστον τῶν κολοσσῶν πίρωμιν ἐκ πιρώμιος
γεγονέναι, ἐς ὃ τοὺς πέντε καὶ τεσσεράκοντα καὶ τριη-
κοσίους ἀπέδεξαν κολοσσοὺς [πίρωμιν ἐκ πιρώμιος
γενόμενον], καὶ οὔτε ἐς θεὸν οὔτε ἐς ἥρωα ἀνέδησαν
αὐτούς· πίρωμις δέ ἐστι κατ' Ἑλλάδα γλῶσσαν καλὸς
κἀγαθός.

144 *Before the kings, gods ruled in Egypt.*

Ἤδη ὦν τῶν αἱ εἰκόνες ἦσαν, τοιούτους ἀπεδείκνυσάν
σφεας πάντας ἐόντας, θεῶν δὲ πολλὸν ἀπαλλαγμένους.

2 τὸ δὲ πρότερον τῶν ἀνδρῶν τούτων θεοὺς εἶναι τοὺς ἐν
Αἰγύπτῳ ἄρχοντας οἰκέοντας ἅμα τοῖσι ἀνθρώποισι, καὶ
τούτων αἰεὶ ἕνα τὸν κρατέοντα εἶναι· ὕστατον δὲ αὐτῆς
βασιλεῦσαι Ὧρον τὸν Ὀσίριος παῖδα, τὸν Ἀπόλλωνα
Ἕλληνες ὀνομάζουσι· τοῦτον καταπαύσαντα Τυφῶνα
βασιλεῦσαι ὕστατον Αἰγύπτου. Ὄσιρις δέ ἐστι Διόνυσος
κατὰ Ἑλλάδα γλῶσσαν.

145 *Egyptian gods and Greek gods: the antiquity of the former.*

Ἐν Ἕλλησι μέν νυν νεώτατοι τῶν θεῶν νομίζονται
εἶναι Ἡρακλέης τε καὶ Διόνυσος καὶ Πάν, παρ' Αἰγυ-
πτίοισι δὲ Πὰν μὲν ἀρχαιότατος καὶ τῶν ὀκτὼ τῶν πρώτων
λεγομένων θεῶν, Ἡρακλέης δὲ τῶν δευτέρων τῶν δυώδεκα
λεγομένων εἶναι, Διόνυσος δὲ τῶν τρίτων, οἳ ἐκ τῶν
2 δυώδεκα θεῶν ἐγένοντο. Ἡρακλέϊ μὲν δὴ ὅσα αὐτοὶ
Αἰγύπτιοί φασι εἶναι ἔτεα ἐς Ἄμασιν βασιλέα, δεδήλωταί
μοι πρόσθε· Πανὶ δὲ ἔτι τούτων πλέονα λέγεται εἶναι,
Διονύσῳ δ' ἐλάχιστα τούτων, καὶ τούτῳ πεντακισχίλια
3 καὶ μύρια λογίζονται εἶναι ἐς Ἄμασιν βασιλέα. καὶ
ταῦτα Αἰγύπτιοι ἀτρεκέως φασὶ ἐπίστασθαι, αἰεί τε
4 λογιζόμενοι καὶ αἰεὶ ἀπογραφόμενοι τὰ ἔτεα. Διονύσῳ
μέν νυν τῷ ἐκ Σεμέλης τῆς Κάδμου λεγομένῳ γενέσθαι
κατὰ χίλια ἔτεα μάλιστά ἐστι ἐς ἐμέ, Ἡρακλέϊ δὲ τῷ
Ἀλκμήνης κατὰ εἰνακόσια ἔτεα, Πανὶ δὲ τῷ ἐκ Πηνελόπης
(ἐκ ταύτης γὰρ καὶ Ἑρμέω λέγεται γενέσθαι ὑπὸ
Ἑλλήνων ὁ Πάν) ἐλάσσω ἔτεά ἐστι τῶν Τρωϊκῶν, κατὰ
ὀκτακόσια μάλιστα ἐς ἐμέ.

146 *The belief of Herodotus concerning Pan and Dionysus.*

Τούτων ὦν ἀμφοτέρων πάρεστι χρᾶσθαι τοῖσί τις πείσεται λεγομένοισι μᾶλλον· ἐμοὶ δ' ὦν ἡ περὶ αὐτῶν γνώμη ἀποδέδεκται. εἰ μὲν γὰρ φανεροί τε ἐγένοντο

καὶ κατεγήρασαν καὶ οὗτοι ἐν τῇ Ἑλλάδι, κατά περ Ἡρα-
κλέης ὁ ἐξ Ἀμφιτρύωνος γενόμενος καὶ δὴ καὶ Διόνυσος
ὁ ἐκ Σεμέλης καὶ Πὰν ὁ ἐκ Πηνελόπης γενόμενος, ἔφη ἄν
τις καὶ τούτους ἄλλους γενομένους ἄνδρας ἔχειν τὰ
2 ἐκείνων οὐνόματα τῶν προγεγονότων θεῶν· νῦν δὲ
Διόνυσόν τε λέγουσι οἱ Ἕλληνες ὡς αὐτίκα γενόμενον ἐς
τὸν μηρὸν ἐνερράψατο Ζεὺς καὶ ἤνεικε ἐς Νῦσαν τὴν ὑπὲρ
Αἰγύπτου ἐοῦσαν ἐν τῇ Αἰθιοπίῃ, καὶ Πανός γε πέρι οὐκ
ἔχουσι εἰπεῖν ὅκῃ ἐτράπετο γενόμενος. δῆλα ὦν μοι
γέγονε ὅτι ὕστερον ἐπύθοντο οἱ Ἕλληνες τούτων τὰ
οὐνόματα ἢ τὰ τῶν ἄλλων θεῶν. ἀπ' οὗ δὲ ἐπύθοντο
χρόνου, ἀπὸ τούτου γενεηλογέουσι αὐτῶν τὴν γένεσιν.

47–182 *In regard to the later kings of Egypt, Egyptian and foreign accounts agree.* 147 *: the twelve kings : an oracle prophesies one supreme ruler among them.*

147 Ταῦτα μέν νυν αὐτοὶ Αἰγύπτιοι λέγουσι, ὅσα δὲ οἵ τε
ἄλλοι ἄνθρωποι καὶ Αἰγύπτιοι λέγουσι ὁμολογέοντες
τοῖσι ἄλλοισι κατὰ ταύτην τὴν χώρην γενέσθαι, ταῦτ' ἤδη
φράσω· προσέσται δέ τι αὐτοῖσι καὶ τῆς ἐμῆς ὄψιος.
2 ἐλευθερωθέντες Αἰγύπτιοι μετὰ τὸν ἱρέα τοῦ Ἡφαίστου
βασιλεύσαντα (οὐδένα γὰρ χρόνον οἷοί τε ἦσαν ἄνευ
βασιλέος διαιτᾶσθαι) ἐστήσαντο δυώδεκα βασιλέας, δυώ-
3 δεκα μοίρας δασάμενοι Αἴγυπτον πᾶσαν. οὗτοι ἐπιγαμίας
ποιησάμενοι ἐβασίλευον νόμοισι τοισίδε χρεώμενοι, μήτε
καταιρέειν ἀλλήλους μήτε πλέον τι δίζησθαι ἔχειν τὸν
4 ἕτερον τοῦ ἑτέρου, εἶναί τε φίλους τὰ μάλιστα. τῶνδε δὲ
εἵνεκα τοὺς νόμους τούτους ἐποιέοντο, ἰσχυρῶς περιστέλ-
λοντες· ἐκέχρηστό σφι κατ' ἀρχὰς αὐτίκα ἐνισταμένοισι
ἐς τὰς τυραννίδας τὸν χαλκέῃ φιάλῃ σπείσαντα αὐτῶν ἐν
τῷ ἱρῷ τοῦ Ἡφαίστου, τοῦτον ἁπάσης βασιλεύσειν
Αἰγύπτου· ἐς γὰρ δὴ τὰ πάντα ἱρὰ συνελέγοντο.

148 *The Labyrinth—a memorial of the twelve kings: Herodotus finds it a great marvel.*

Καὶ δή σφι μνημόσυνα ἔδοξε λιπέσθαι κοινῇ, δόξαν
δέ σφι ἐποιήσαντο λαβύρινθον, ὀλίγον ὑπὲρ τῆς λίμνης
τῆς Μοίριος κατὰ Κροκοδίλων καλεομένην πόλιν μάλιστά
2 κῃ κείμενον· τὸν ἐγὼ ἤδη εἶδον λόγου μέζω. εἰ γάρ
τις τὰ ἐξ Ἑλλήνων τείχεά τε καὶ ἔργων ἀπόδεξιν
συλλογίσαιτο, ἐλάσσονος πόνου τε ἂν καὶ δαπάνης
φανείη ἐόντα τοῦ λαβυρίνθου τούτου· καίτοι ἀξιό-
λογός γε καὶ ὁ ἐν Ἐφέσῳ ἐστὶ νηὸς καὶ ὁ ἐν Σάμῳ.
3 ἦσαν μέν νυν καὶ αἱ πυραμίδες λόγου μέζονες καὶ πολλῶν
ἑκάστη αὐτέων Ἑλληνικῶν ἔργων καὶ μεγάλων ἀνταξίη,
4 ὁ δὲ δὴ λαβύρινθος καὶ τὰς πυραμίδας ὑπερβάλλει. τοῦ
γὰρ δυώδεκα μέν εἰσι αὐλαὶ κατάστεγοι, ἀντίπυλοι
ἀλλήλῃσι, ἓξ μὲν πρὸς βορέω, ἓξ δὲ πρὸς νότον τετραμμέναι,
συνεχέες· τοῖχος δὲ ἔξωθεν ὁ αὐτός σφεας περιέργει.
οἰκήματα δ' ἔνεστι διπλά, τὰ μὲν ὑπόγαια, τὰ δὲ μετέωρα
ἐπ' ἐκείνοισι, τρισχίλια ἀριθμόν, πεντακοσίων καὶ χιλίων
5 ἑκάτερα. τὰ μέν νυν μετέωρα τῶν οἰκημάτων αὐτοί
τε ὡρῶμεν διεξιόντες καὶ αὐτοὶ θεησάμενοι λέγομεν, τὰ
δὲ αὐτῶν ὑπόγαια λόγοισι ἐπυνθανόμεθα. οἱ γὰρ ἐπεσ-
τεῶτες τῶν Αἰγυπτίων δεικνύναι αὐτὰ οὐδαμῶς ἤθελον,
φάμενοι θήκας αὐτόθι εἶναι τῶν τε ἀρχὴν τὸν λαβύρινθον
τοῦτον οἰκοδομησαμένων βασιλέων καὶ τῶν ἱρῶν
6 κροκοδίλων. οὕτω τῶν μὲν κάτω πέρι οἰκημάτων ἀκοῇ
παραλαβόντες λέγομεν, τὰ δὲ ἄνω μέζονα ἀνθρωπηΐων
ἔργων αὐτοὶ ὡρῶμεν· αἵ τε γὰρ ἔξοδοι διὰ τῶν στεγέων
καὶ οἱ εἱλιγμοὶ διὰ τῶν αὐλέων ἐόντες ποικιλώτατοι
θῶμα μυρίον παρείχοντο ἐξ αὐλῆς τε ἐς τὰ οἰκήματα δι-
εξιοῦσι καὶ ἐκ τῶν οἰκημάτων ἐς παστάδας, ἐς στέγας τε
ἄλλας ἐκ τῶν παστάδων καὶ ἐς αὐλὰς ἄλλας ἐκ τῶν οἰκη-
7 μάτων. ὀροφὴ δὲ πάντων τούτων λιθίνη κατά περ οἱ
τοῖχοι, οἱ δὲ τοῖχοι τύπων ἐγγεγλυμμένων πλέοι, αὐλὴ δὲ

ἑκάστη περίστυλος λίθου λευκοῦ ἁρμοσμένου τὰ μάλιστα. τῆς δὲ γωνίης τελευτῶντος τοῦ λαβυρίνθου ἔχεται πυραμὶς τεσσερακοντόργυιος, ἐν τῇ ζῷα μεγάλα ἐγγέγλυπται· ὁδὸς δ' ἐς αὐτὴν ὑπὸ γῆν πεποίηται.

149, 150 *Lake Moeris, a greater marvel: the two pyramids and colossi in it: the local story of its excavation.*

149 Τοῦ δὲ λαβυρίνθου τούτου ἐόντος τοιούτου θῶμα ἔτι
μέζον παρέχεται ἡ Μοίριος καλεομένη λίμνη, παρ'
ἣν ὁ λαβύρινθος οὗτος οἰκοδόμηται· τῆς τὸ περίμετρον
τῆς περιόδου εἰσὶ στάδιοι ἑξακόσιοι καὶ τρισχίλιοι,
σχοίνων ἑξήκοντα ἐόντων, ἴσοι καὶ αὐτῆς Αἰγύπτου
τὸ παρὰ θάλασσαν· κεῖται δὲ μακρὴ ἡ λίμνη πρὸς
βορέην τε καὶ νότον, ἐοῦσα βάθος τῇ βαθυτάτῃ αὐτὴ ἑωυτῆς
2 πεντηκοντόργυιος. ὅτι δὲ χειροποίητός ἐστι καὶ ὀρυκτή,
αὐτὴ δηλοῖ. ἐν γὰρ μέσῃ τῇ λίμνῃ μάλιστά κῃ ἑστᾶσι δύο
πυραμίδες, τοῦ ὕδατος ὑπερέχουσαι πεντήκοντα ὀργυιὰς
ἑκατέρη, καὶ τὸ κατ' ὕδατος οἰκοδόμηται ἕτερον τοσοῦτο,
καὶ ἐπ' ἀμφοτέρῃσι ἔπεστι κολοσσὸς λίθινος κατήμενος ἐν
3 θρόνῳ. οὕτω αἱ μὲν πυραμίδες εἰσὶ ἑκατὸν ὀργυιέων, αἱ
δ' ἑκατὸν ὀργυιαὶ δίκαιαί εἰσι στάδιον ἑξάπλεθρον, ἑξαπέδου
[μὲν] τῆς ὀργυιῆς μετρεομένης καὶ τετραπήχεος, τῶν ποδῶν
μὲν τετραπαλάστων ἐόντων, τοῦ δὲ πήχεος ἑξαπαλάστου.
4 τὸ δὲ ὕδωρ τὸ ἐν τῇ λίμνῃ αὐθιγενὲς μὲν οὐκ ἔστι (ἄνυδρος
γὰρ δὴ δεινῶς ἐστι ⟨ἡ⟩ ταύτῃ), ἐκ τοῦ Νείλου δὲ κατὰ διώ-
ρυχα ἐσῆκται, καὶ ἓξ μὲν μῆνας ἔσω ῥέει ἐς τὴν λίμνην,
5 ἓξ δὲ μῆνας ἔξω ἐς τὸν Νεῖλον αὖτις. καὶ ἐπεὰν μὲν ἐκρέῃ
ἔξω, ἡ δὲ τότε τοὺς ἓξ μῆνας ἐς τὸ βασιλήϊον καταβάλλει
ἐπ' ἡμέρην ἑκάστην τάλαντον ἀργυρίου ἐκ τῶν ἰχθύων,
150 ἐπεὰν δὲ ἐσίῃ τὸ ὕδωρ ἐς αὐτήν, εἴκοσι μνέας. ἔλεγον
δὲ οἱ ἐπιχώριοι καὶ ὡς ἐς τὴν Σύρτιν τὴν ἐν Λιβύῃ ἐκδιδοῖ
ἡ λίμνη αὕτη ὑπὸ γῆν, τετραμμένη τὸ πρὸς ἑσπέρην ἐς τὴν
2 μεσόγαιαν παρὰ τὸ ὄρος τὸ ὑπὲρ Μέμφιος. ἐπείτε δὲ τοῦ

ὀρύγματος τούτου οὐκ ὥρων τὸν χοῦν οὐδαμοῦ ἐόντα, ἐπι-
μελὲς γάρ δή μοι ἦν, εἰρόμην τοὺς ἄγχιστα οἰκέοντας τῆς
λίμνης ὅκου εἴη ὁ χοῦς ὁ ἐξορυχθείς. οἱ δὲ ἔφρασάν μοι
ἵνα ἐξεφορήθη καὶ εὐπετέως ἔπειθον· ᾔδεα γὰρ λόγῳ καὶ
3 ἐν Νίνῳ τῇ Ἀσσυρίων πόλι γενόμενον ἕτερον τοιοῦτο. τὰ
γὰρ Σαρδαναπάλλου τοῦ Νίνου βασιλέος ἐόντα μεγάλα
χρήματα καὶ φυλασσόμενα ἐν θησαυροῖσι καταγαίοισι ἐπε-
νόησαν κλῶπες ἐκφορῆσαι. ἐκ δὴ ὦν τῶν σφετέρων οἰκίων
ἀρξάμενοι, οἱ κλῶπες ὑπὸ γῆν σταθμεόμενοι ἐς τὰ βασιλήϊα
οἰκία ὤρυσσον, τὸν δὲ χοῦν τὸν ἐκφορεόμενον ἐκ τοῦ ὀρύ-
γματος, ὅκως γένοιτο νύξ, ἐς τὸν Τίγρην ποταμὸν παραρρέ-
οντα τὴν Νίνον ἐξεφόρεον, ἐς ὃ κατεργάσαντο ὅ τι
4 ἐβούλοντο. τοιοῦτον ἕτερον ἤκουσα καὶ ⟨κατὰ⟩ τὸ τῆς
ἐν Αἰγύπτῳ λίμνης ὄρυγμα γενέσθαι, πλὴν οὐ νυκτὸς ἀλλὰ
μετ᾽ ἡμέρην ποιεύμενον· ὀρύσσοντας γὰρ τὸν χοῦν τοὺς
Αἰγυπτίους ἐς τὸν Νεῖλον φορέειν, ὁ δὲ ὑπολαμβάνων
ἔμελλε διαχέειν. ἡ μέν νυν λίμνη αὕτη οὕτω λέγεται
ὀρυχθῆναι.

151 *Psammêtichus unwittingly fulfils the oracle.*

Τῶν δὲ δυώδεκα βασιλέων δικαιοσύνῃ χρεωμένων, ἀνὰ
χρόνον ὡς ἔθυσαν ἐν τῷ ἱρῷ τοῦ Ἡφαίστου, τῇ ὑστάτῃ
τῆς ὁρτῆς μελλόντων κατασπείσειν, ὁ ἀρχιερεὺς ἐξήνεικέ
σφι φιάλας χρυσέας, τῇσί περ ἐώθεσαν σπένδειν, ἁμαρτὼν
2 τοῦ ἀριθμοῦ, ἕνδεκα δυώδεκα ἐοῦσι. ἐνθαῦτα ὡς οὐκ εἶχε
φιάλην ὁ ἔσχατος ἑστεὼς αὐτῶν Ψαμμήτιχος, περιελόμενος
τὴν κυνέην ἐοῦσαν χαλκέην ὑπέσχε τε καὶ ἔσπενδε. κυνέας
δὲ καὶ οἱ ἄλλοι ἅπαντες ἐφόρεόν τε βασιλέες καὶ ἐτύγ-
3 χανον τότε ἔχοντες. Ψαμμήτιχος μέν νυν οὐδενὶ δολερῷ
νόῳ χρεώμενος ὑπέσχε τὴν κυνέην, οἱ δὲ ἐν φρενὶ λαβόντες
τό τε ποιηθὲν ἐκ Ψαμμητίχου καὶ τὸ χρηστήριον ὅ τι ἐκέ-
χρηστό σφι, τὸν χαλκέῃ σπείσαντα αὐτῶν φιάλῃ τοῦτον
βασιλέα ἔσεσθαι μοῦνον Αἰγύπτου, ἀναμνησθέντες τοῦ

χρησμοῦ κτεῖναι μὲν οὐκ ἐδικαίωσαν Ψαμμήτιχον, ὡς ἀνεύρισκον βασανίζοντες ἐξ οὐδεμιῆς προνοίης αὐτὸν ποιήσαντα, ἐς δὲ τὰ ἕλεα ἔδοξέ σφι διῶξαι ψιλώσαντας τὰ πλεῖστα τῆς δυνάμιος, ἐκ δὲ τῶν ἑλέων ὁρμώμενον μὴ ἐπιμίσγεσθαι τῇ ἄλλῃ Αἰγύπτῳ.

152 *‘ Men of bronze from the sea ’ help Psammêtichus to become king of all Egypt.*

Τὸν δὲ Ψαμμήτιχον τοῦτον πρότερον φεύγοντα τὸν
Αἰθίοπα Σαβακῶν, ὅς οἱ τὸν πατέρα Νεκῶν ἀπέκτεινε,
τοῦτον φεύγοντα τότε ἐς Συρίην, ὡς ἀπαλλάχθη ἐκ
τῆς ὄψιος τοῦ ὀνείρου ὁ Αἰθίοψ, κατήγαγον Αἰγυπτίων
2 οὗτοι οἳ ἐκ νομοῦ τοῦ Σαΐτεώ εἰσι. μετὰ δὲ βασιλεύοντα
τὸ δεύτερον πρὸς τῶν ἕνδεκα βασιλέων καταλαμβάνει
3 μιν διὰ τὴν κυνέην φεύγειν ἐς τὰ ἕλεα. ἐπιστάμενος
ὦν ὡς περιυβρισμένος εἴη πρὸς αὐτῶν, ἐπενόεε τείσασθαι
τοὺς διώξαντας. πέμψαντι δέ οἱ ἐς Βουτοῦν πόλιν
[ἐς τὸ χρηστήριον τῆς Λητοῦς], ἔνθα δὴ Αἰγυπτίοισί
ἐστι μαντήϊον ἀψευδέστατον, ἦλθε χρησμὸς ὡς τίσις ἥξει
4 ἀπὸ θαλάσσης χαλκέων ἀνδρῶν ἐπιφανέντων. καὶ τῷ μὲν
δὴ ἀπιστίη μεγάλη ὑπεκέχυτο χαλκέους οἱ ἄνδρας ἥξειν
ἐπικούρους· χρόνου δὲ οὐ πολλοῦ διελθόντος ἀναγκαίη
κατέλαβε Ἴωνάς τε καὶ Κᾶρας ἄνδρας κατὰ ληΐην ἐκπλώ-
σαντας ἀπενειχθῆναι ἐς Αἴγυπτον, ἐκβάντας δὲ ἐς γῆν καὶ
ὁπλισθέντας χαλκῷ ἀγγέλλει τῶν τις Αἰγυπτίων ἐς τὰ ἕλεα
ἀπικόμενος τῷ Ψαμμητίχῳ, ὡς οὐκ ἰδὼν πρότερον χαλκῷ
ἄνδρας ὁπλισθέντας, ὡς χάλκεοι ἄνδρες ἀπιγμένοι ἀπὸ
5 θαλάσσης λεηλατεῦσι τὸ πεδίον. ὁ δὲ μαθὼν τὸ χρη-
στήριον ἐπιτελεύμενον φίλα τε τοῖσι Ἴωσι καὶ Καρσὶ
ποιέεται καί σφεας μεγάλα ὑπισχνεύμενος πείθει μετ'
ἑωυτοῦ γενέσθαι· ὡς δὲ ἔπεισε, οὕτω ἅμα τοῖσί τε τὰ
ἑωυτοῦ βουλομένοισι Αἰγυπτίοισι καὶ τοῖσι ἐπικούροισι
καταιρέει τοὺς βασιλέας.

153 *Psammêtichus adds to the temple of Hephaestus at Memphis.*

Κρατήσας δὲ Αἰγύπτου πάσης ὁ Ψαμμήτιχος ἐποίησε τῷ Ἡφαίστῳ προπύλαια ἐν Μέμφι τὰ πρὸς νότον ἄνεμον τετραμμένα, αὐλήν τε τῷ Ἄπι, ἐν τῇ τρέφεται ἐπεὰν φανῇ ὁ Ἆπις, οἰκοδόμησε ἐναντίον τῶν προπυλαίων, πᾶσάν τε περίστυλον ἐοῦσαν καὶ τύπων πλέην· ἀντὶ δὲ κιόνων ὑπεστᾶσι κολοσσοὶ δυωδεκαπήχεες τῇ αὐλῇ. ὁ δὲ Ἆπις κατὰ τὴν Ἑλλήνων γλῶσσάν ἐστι Ἔπαφος.

154 *'The Camps' of the Ionians and Carians: with them begins exact knowledge of Egyptian history.*

Τοῖσι δὲ Ἴωσι καὶ τοῖσι Καρσὶ τοῖσι συγκατεργασα-
μένοισι αὐτῷ ὁ Ψαμμήτιχος δίδωσι χώρους ἐνοικῆσαι
ἀντίους ἀλλήλων, τοῦ Νείλου τὸ μέσον ἔχοντος, τοῖσι
οὐνόματα ἐτέθη Στρατόπεδα. τούτους τε δή σφι τοὺς
χώρους δίδωσι καὶ τἆλλα τὰ ὑπέσχετο πάντα ἀπέδωκε.
2 καὶ δὴ καὶ παῖδας παρέβαλε αὐτοῖσι Αἰγυπτίους τὴν
Ἑλλάδα γλῶσσαν ἐκδιδάσκεσθαι, ἀπὸ δὲ τούτων ἐκμαθ-
όντων τὴν γλῶσσαν οἱ νῦν ἑρμηνέες ἐν Αἰγύπτῳ γεγόνασι.
3 οἱ δὲ Ἴωνές τε καὶ οἱ Κᾶρες τούτους τοὺς χώρους
οἴκησαν χρόνον ἐπὶ πολλόν· εἰσὶ δὲ οὗτοι οἱ χῶροι πρὸς
θαλάσσης ὀλίγον ἔνερθε Βουβάστιος πόλιος ἐπὶ τῷ
Πηλουσίῳ καλεομένῳ στόματι τοῦ Νείλου. τούτους
μὲν δὴ χρόνῳ ὕστερον βασιλεὺς Ἄμασις ἐξαναστήσας
ἐνθεῦτεν κατοίκισε ἐς Μέμφιν, φυλακὴν ἑωυτοῦ ποιεύμενος
4 πρὸς Αἰγυπτίων. τούτων δὲ οἰκισθέντων ἐν Αἰγύπτῳ,
οἱ Ἕλληνες οὕτω ἐπιμισγόμενοι τούτοισι τὰ περὶ Αἴγυπτον
γινόμενα ἀπὸ Ψαμμητίχου βασιλέος ἀρξάμενοι πάντα
καὶ τὰ ὕστερον ἐπιστάμεθα ἀτρεκέως· πρῶτοι γὰρ
5 οὗτοι ἐν Αἰγύπτῳ ἀλλόγλωσσοι κατοικίσθησαν. ἐξ ὧν δὲ
ἐξανέστησαν χώρων ἐν τούτοισι δὴ οἵ τε ὁλκοὶ τῶν νεῶν καὶ
τὰ ἐρείπια τῶν οἰκημάτων τὸ μέχρι ἐμεῦ ἦσαν.
Ψαμμήτιχος μέν νυν οὕτως ἔσχε Αἴγυπτον.

155 *The oracle of Leto at Buto.*

Τοῦ δὲ χρηστηρίου τοῦ ἐν Αἰγύπτῳ πολλὰ ἐπεμνήσθην
ἤδη, καὶ δὴ λόγον περὶ αὐτοῦ ὡς ἀξίου ἐόντος ποιήσομαι·
τὸ γὰρ χρηστήριον τοῦτο ἔστι μὲν Λητοῦς ἱρόν, ἐν
πόλι δὲ μεγάλῃ ἱδρυμένον κατὰ τὸ Σεβεννυτικὸν καλ-
εόμενον στόμα τοῦ Νείλου, . . . ἀναπλέοντι ἀπὸ θαλάσσης
2 ἄνω. οὔνομα δὲ τῇ πόλι ταύτῃ ὅκου τὸ χρηστήριόν ἐστι
Βουτώ, ὡς καὶ πρότερον ὠνόμασταί μοι. ἱρὸν δὲ ἔστι ἐν
τῇ Βουτοῖ ταύτῃ Ἀπόλλωνος καὶ Ἀρτέμιδος. καὶ ὅ γε
νηὸς τῆς Λητοῦς, ἐν τῷ δὴ τὸ χρηστήριον ἔνι, αὐτός τε
τυγχάνει ἐὼν μέγας καὶ τὰ προπύλαια ἔχει ἐς ὕψος δέκα
3 ὀργυιέων. τὸ δέ μοι τῶν φανερῶν ἦν θῶμα μέγιστον
παρεχόμενον φράσω. ἔστι ἐν τῷ τεμένεϊ τούτῳ Λητοῦς
νηὸς ἐξ ἑνὸς λίθου πεποιημένος, ἔς τε ὕψος καὶ ἐς μῆκος
τούτοισι ἴσος· τεσσεράκοντα πήχεων τούτων ἕκαστόν
ἐστι. τὸ δὲ καταστέγασμα τῆς ὀροφῆς ἄλλος ἐπίκειται
λίθος ἔχων τὴν παρωροφίδα τετράπηχυν.

156 *The floating isle of Chemmis: the legend concerning it.*

Οὕτω μέν νυν ὁ νηὸς τῶν φανερῶν μοι τῶν περὶ τοῦτο
τὸ ἱρόν ἐστι θωμαστότατον, τῶν δὲ δευτέρων νῆσος ἡ
2 Χέμμις καλευμένη. ἔστι μὲν ἐν λίμνῃ βαθέῃ καὶ πλατέῃ
κειμένη παρὰ τὸ ἐν Βουτοῖ ἱρόν, λέγεται δὲ ὑπ' Αἰγυπτίων
εἶναι αὕτη ἡ νῆσος πλωτή. αὐτὸς μὲν ἔγωγε οὔτε
πλέουσαν οὔτε κινηθεῖσαν εἶδον, τέθηπα δὲ ἀκούων εἰ νῆσος
3 ἀληθέως ἐστὶ πλωτή. ἐν δὴ ὦν ταύτῃ νηός τε Ἀπόλλωνος
μέγας ἔνι καὶ βωμοὶ τριφάσιοι ἐνιδρύαται, ἐμπεφύκασι
δ' ἐν αὐτῇ φοίνικές τε συχνοὶ καὶ ἄλλα δένδρεα καὶ καρπο-
4 φόρα καὶ ἄφορα πολλά. λόγον δὲ τόνδε ἐπιλέγοντες οἱ
Αἰγύπτιοί φασι εἶναι αὐτὴν πλωτήν, ὡς ἐν τῇ νήσῳ ταύτῃ
οὐκ ἐούσῃ πρότερον πλωτῇ Λητὼ ἐοῦσα τῶν ὀκτὼ θεῶν
τῶν πρώτων γενομένων, οἰκέουσα δὲ ἐν Βουτοῖ πόλι,
ἵνα δή οἱ τὸ χρηστήριον τοῦτο ἔστι, Ἀπόλλωνα παρὰ

Ἴσιος παρακαταθήκην δεξαμένη διέσωσε κατακρύψασα
ἐν τῇ νῦν πλωτῇ λεγομένῃ νήσῳ, ὅτε τὸ πᾶν διζήμενος
ὁ Τυφῶν ἐπῆλθε, θέλων ἐξευρεῖν τοῦ Ὀσίριος τὸν παῖδα.
5 (Ἀπόλλωνα δὲ καὶ Ἄρτεμιν Διονύσου καὶ Ἴσιος λέγουσι
εἶναι παῖδας, Λητοῦν δὲ τροφὸν αὐτοῖσι καὶ σώτειραν
γενέσθαι. Αἰγυπτιστὶ δὲ Ἀπόλλων μὲν Ὧρος, Δημήτηρ
6 δὲ Ἶσις, Ἄρτεμις δὲ Βούβαστις. ἐκ τούτου δὲ τοῦ λόγου
καὶ οὐδενὸς ἄλλου Αἰσχύλος ὁ Εὐφορίωνος ἥρπασε τὸ
ἐγὼ φράσω, μοῦνος δὴ ποιητέων τῶν προγενομένων·
ἐποίησε γὰρ Ἄρτεμιν εἶναι θυγατέρα Δήμητρος.) τὴν
δὲ νῆσον διὰ τοῦτο γενέσθαι πλωτήν. ταῦτα μὲν οὕτω
λέγουσι.

157 *Psammêtichus besieges and captures Azôtus.*

Ψαμμήτιχος δὲ ἐβασίλευσε Αἰγύπτου τέσσερα καὶ πεντήκοντα ἔτεα, τῶν τὰ ἑνὸς δέοντα τριήκοντα Ἄζωτον τῆς Συρίης μεγάλην πόλιν προσκατήμενος ἐπολιόρκησε, ἐς ὃ ἐξεῖλε· αὕτη δὲ ἡ Ἄζωτος ἁπασέων πολίων ἐπὶ πλεῖστον χρόνον πολιορκεομένη ἀντέσχε τῶν ἡμεῖς ἴδμεν.

158 *Nechôs : the canal to the Red Sea.*

Ψαμμητίχου δὲ Νεκῶς παῖς ἐγένετο καὶ ἐβασίλευσε
Αἰγύπτου, ὃς τῇ διώρυχι ἐπεχείρησε πρῶτος τῇ ἐς τὴν
Ἐρυθρὴν θάλασσαν φερούσῃ, τὴν Δαρεῖος ὁ Πέρσης δεύτερα
διώρυξε. τῆς μῆκος μέν ἐστι πλόος ἡμέραι τέσσερες,
εὖρος δὲ ὠρύχθη ὥστε τριήρεας δύο πλέειν ὁμοῦ ἐλαστρευ-
2 μένας. ἦκται δὲ ἀπὸ τοῦ Νείλου τὸ ὕδωρ ἐς αὐτήν, ἦκται
δὲ κατύπερθε ὀλίγον Βουβάστιος πόλιος παρὰ Πάτουμον
τὴν Ἀραβίην πόλιν· ἐσέχει δὲ ἐς τὴν Ἐρυθρὴν θάλασσαν.
ὀρώρυκται δὲ πρῶτον μὲν τοῦ πεδίου τοῦ Αἰγυπτίου τὰ πρὸς
Ἀραβίην ἔχοντα, ἔχεται δὲ κατύπερθε τοῦ πεδίου τὸ κατὰ
3 Μέμφιν τεῖνον ὄρος, ἐν τῷ αἱ λιθοτομίαι ἔνεισι. τοῦ ὦν
δὴ ὄρεος τούτου παρὰ τὴν ὑπώρεαν ἦκται ἡ διῶρυξ ἀπ'

ἑσπέρης μακρὴ πρὸς τὴν ἠῶ, καὶ ἔπειτα τείνει ἐς διασφάγας,
φέρουσα ἀπὸ τοῦ ὄρεος πρὸς μεσαμβρίην τε καὶ νότον
4 ἄνεμον ἐς τὸν κόλπον τὸν Ἀράβιον. τῇ δὲ ἐλάχιστόν
ἐστι καὶ συντομώτατον ἐκ τῆς βορηΐης θαλάσσης ὑπερβῆναι
ἐς τὴν νοτίην καὶ Ἐρυθρὴν τὴν αὐτὴν ταύτην καλεομένην,
ἀπὸ τοῦ Κασίου ὄρεος τοῦ οὐρίζοντος Αἴγυπτόν τε καὶ
Συρίην, ἀπὸ τούτου εἰσὶ στάδιοι ⟨ἀπαρτὶ⟩ χίλιοι ἐς τὸν
5 Ἀράβιον κόλπον. τοῦτο μὲν τὸ συντομώτατον, ἡ δὲ
διῶρυξ πολλῷ μακροτέρη, ὅσῳ σκολιωτέρη ἐστί· τὴν ἐπὶ
Νεκῶ βασιλέος ὀρύσσοντες Αἰγυπτίων ἀπώλοντο δυώδεκα
μυριάδες. Νεκῶς μέν νυν μεταξὺ ὀρύσσων ἐπαύσατο
μαντηΐου ἐμποδίου γενομένου τοιοῦδε, τῷ βαρβάρῳ αὐτὸν
προεργάζεσθαι. βαρβάρους δὲ πάντας οἱ Αἰγύπτιοι
καλέουσι τοὺς μὴ σφίσι ὁμογλώσσους.

159 *His campaign in Syria.*

Παυσάμενος δὲ τῆς διώρυχος ὁ Νεκῶς ἐτράπετο
πρὸς στρατηΐας, καὶ τριήρεες αἱ μὲν ἐπὶ τῇ βορηΐῃ
θαλάσσῃ ἐποιήθησαν, αἱ δ᾽ ἐν τῷ Ἀραβίῳ κόλπῳ ἐπὶ
2 τῇ Ἐρυθρῇ θαλάσσῃ, τῶν ἔτι οἱ ὁλκοί εἰσι δῆλοι. καὶ
ταύτῃσί τε ἐχρᾶτο ἐν τῷ δέοντι καὶ Συρίοισι πεζῇ ὁ Νεκῶς
συμβαλὼν ἐν Μαγδώλῳ ἐνίκησε, μετὰ δὲ τὴν μάχην
3 Κάδυτιν πόλιν τῆς Συρίης ἐοῦσαν μεγάλην εἷλε. ἐν τῇ
δὲ ἐσθῆτι ἔτυχε ταῦτα κατεργασάμενος, ἀνέθηκε τῷ Ἀπόλ-
λωνι πέμψας ἐς Βραγχίδας τὰς Μιλησίων. μετὰ δὲ ἑκκαί-
δεκα ἔτεα τὰ πάντα ἄρξας τελευτᾷ, τῷ παιδὶ Ψάμμι
παραδοὺς τὴν ἀρχήν.

160 *Psammis: the Eleans and the Olympic games.*

Ἐπὶ τοῦτον δὴ τὸν Ψάμμιν βασιλεύοντα Αἰγύπτου
ἀπίκοντο Ἠλείων ἄγγελοι, αὐχέοντες δικαιότατα καὶ
κάλλιστα τιθέναι τὸν ἐν Ὀλυμπίῃ ἀγῶνα πάντων
ἀνθρώπων, καὶ δοκέοντες παρὰ ταῦτα οὐδ᾽ ἂν τοὺς

σοφωτάτους ἀνθρώπων Αἰγυπτίους οὐδὲν ἐπεξευρεῖν.
2 ὡς δὲ ἀπικόμενοι ἐς τὴν Αἴγυπτον οἱ Ἠλεῖοι ἔλεγον τῶν
εἵνεκα ἀπίκατο, ἐνθαῦτα ὁ βασιλεὺς οὗτος συγκαλέεται
Αἰγυπτίων τοὺς λεγομένους εἶναι σοφωτάτους. συνελ-
θόντες δὲ οἱ Αἰγύπτιοι ἐπυνθάνοντο τῶν Ἠλείων λεγόντων
ἅπαντα τὰ κατήκει σφέας ποιέειν περὶ τὸν ἀγῶνα· ἀπηγη-
σάμενοι δὲ τὰ πάντα ἔφασαν ἥκειν ἐπιμαθησόμενοι εἴ τι
3 ἔχοιεν Αἰγύπτιοι τούτων δικαιότερον ἐπεξευρεῖν. οἱ δὲ
βουλευσάμενοι ἐπειρώτων τοὺς Ἠλείους εἴ σφι οἱ πολιῆται
ἐναγωνίζονται. οἱ δὲ ἔφασαν καὶ σφέων καὶ τῶν ἄλλων
Ἑλλήνων ὁμοίως τῷ βουλομένῳ ἐξεῖναι ἀγωνίζεσθαι.
4 οἱ δὲ Αἰγύπτιοι ἔφασάν σφεας οὕτω τιθέντας παντὸς τοῦ
δικαίου ἡμαρτηκέναι· οὐδεμίαν γὰρ εἶναι μηχανὴν ὅκως
οὐ τῷ ἀστῷ ἀγωνιζομένῳ προσθήσονται, ἀδικέοντες τὸν
ξεῖνον. ἀλλ' εἰ δὴ βούλονται δικαίως τιθέναι καὶ τούτου
εἵνεκα ἀπικοίατο ἐς Αἴγυπτον, ξείνοισι ἀγωνιστῇσι ἐκέλ-
ευον τὸν ἀγῶνα τιθέναι, Ἠλείων δὲ μηδενὶ εἶναι ἀγωνί-
ζεσθαι. ταῦτα μὲν Αἰγύπτιοι Ἠλείοισι ὑπεθήκαντο.

161 *Apries—defeated by the men of Cyrênê, which causes a rebellion.*

Ψάμμιος δὲ ἓξ ἔτεα μοῦνον βασιλεύσαντος Αἰγύπτου
καὶ στρατευσαμένου ἐς Αἰθιοπίην καὶ μεταυτίκα τελευ-
2 τήσαντος ἐξεδέξατο Ἀπρίης ὁ Ψάμμιος· ὃς μετὰ
Ψαμμήτιχον τὸν ἑωυτοῦ προπάτορα ἐγένετο εὐδαιμονέσ-
τατος τῶν πρότερον βασιλέων, ἐπ' ἔτεα πέντε καὶ εἴκοσι
ἄρξας, ἐν τοῖσι ἐπί τε Σιδῶνα στρατὸν ἤλασε καὶ ἐναυ-
3 μάχησε τῷ Τυρίῳ. ἐπεὶ δέ οἱ ἔδεε κακῶς γενέσθαι,
ἐγένετο ἀπὸ προφάσιος τὴν ἐγὼ μεζόνως μὲν ἐν τοῖσι
Λιβυκοῖσι λόγοισι ἀπηγήσομαι, μετρίως δ' ἐν τῷ
4 παρεόντι· ἀποπέμψας γὰρ στράτευμα μέγα ὁ Ἀπρίης
ἐπὶ Κυρηναίους μεγάλως προσέπταισε, Αἰγύπτιοι δὲ
ταῦτα ἐπιμεμφόμενοι ἀπέστησαν ἀπ' αὐτοῦ, δοκέοντες

τὸν Ἀπρίην ἐκ προνοίης αὐτοὺς ἀποπέμψαι ἐς φαινόμενον κακόν, ἵνα δὴ σφέων φθορὴ γένηται, αὐτὸς δὲ τῶν λοιπῶν Αἰγυπτίων ἀσφαλέστερον ἄρχοι. ταῦτα δὲ δεινὰ ποιεύμενοι, οὗτοί τε οἱ ἀπονοστήσαντες καὶ οἱ τῶν ἀπολομένων φίλοι ἀπέστησαν ἐκ τῆς ἰθέης.

162, 163 *Amasis becomes leader of the rebels. Preparations for battle.*

162 Πυθόμενος δὲ ὁ Ἀπρίης ταῦτα πέμπει ἐπ' αὐτοὺς
Ἄμασιν καταπαύσοντα λόγοισι. ὁ δὲ ἐπείτε ἀπικόμενος
κατελάμβανε τοὺς Αἰγυπτίους ταῦτα μὴ ποιέειν, λέγοντος
αὐτοῦ τῶν τις Αἰγυπτίων ὄπισθε στὰς περιέθηκέ οἱ
2 κυνέην, καὶ περιτιθεὶς ἔφη ἐπὶ βασιληΐῃ περιτιθέναι. καὶ
τῷ οὔ κως ἀεκούσιον ἐγίνετο τὸ ποιεύμενον, ὡς διεδείκνυε.
ἐπείτε γὰρ ἐστήσαντό μιν βασιλέα τῶν Αἰγυπτίων οἱ
ἀπεστεῶτες, παρεσκευάζετο ὡς ἐλῶν ἐπὶ τὸν Ἀπρίην.
3 πυθόμενος δὲ ταῦτα, ὁ Ἀπρίης ἔπεμπε ἐπ' Ἄμασιν ἄνδρα
δόκιμον τῶν περὶ ἑωυτὸν Αἰγυπτίων, τῷ οὔνομα ἦν
Πατάρβημις, ἐντειλάμενος αὐτῷ ζῶντα Ἄμασιν ἀγαγεῖν
παρ' ἑωυτόν. ἀπικόμενος δὲ τὸν Ἄμασιν ἐκάλεε ὁ
4 Πατάρβημις . . . ἀξιοῦν δὲ αὐτὸν τὸν Πατάρβημιν
βασιλέος μεταπεμπομένου ἰέναι πρὸς αὐτόν· τὸν δὲ αὐτῷ
ὑποκρίνασθαι, ὡς ταῦτα πάλαι παρασκευάζεται ποιέειν,
καὶ αὐτῷ οὐ μέμψεσθαι Ἀπρίην· παρέσεσθαι γὰρ καὶ
5 αὐτὸς καὶ ἄλλους ἄξειν. τὸν δὲ Πατάρβημιν ἔκ τε τῶν
λεγομένων οὐκ ἀγνοεῖν τὴν διάνοιαν καὶ παρασκευαζόμενον
ὁρῶντα σπουδῇ ἀπιέναι, βουλόμενον τὴν ταχίστην βασιλέϊ
δηλῶσαι τὰ πρησσόμενα. ὡς δὲ ἀπικέσθαι αὐτὸν πρὸς
τὸν Ἀπρίην οὐκ ἄγοντα τὸν Ἄμασιν, οὐδένα λόγον αὐτῷ
δόντα ἀλλὰ περιθύμως ἔχοντα περιταμεῖν προστάξαι
6 αὐτοῦ τά τε ὦτα καὶ τὴν ῥῖνα. ἰδόμενοι δ' οἱ λοιποὶ τῶν
Αἰγυπτίων, οἳ ἔτι τὰ ἐκείνου ἐφρόνεον, ἄνδρα τὸν
δοκιμώτατον ἑωυτῶν οὕτω αἰσχρῶς λύμῃ διακείμενον,

οὐδένα δὴ χρόνον ἐπισχόντες ἀπιστέατο πρὸς τοὺς ἑτέρους
163 καὶ ἐδίδοσαν σφέας αὐτοὺς Ἀμάσι. πυθόμενος δὲ καὶ
ταῦτα ὁ Ἀπρίης ὥπλιζε τοὺς ἐπικούρους, καὶ ἤλαυνε ἐπὶ
τοὺς Αἰγυπτίους. εἶχε δὲ περὶ ἑωυτὸν Κᾶράς τε καὶ
Ἴωνας ἄνδρας ἐπικούρους τρισμυρίους, ἦν δέ οἱ τὰ
βασιλήϊα ἐν Σάϊ πόλι, μεγάλα ἐόντα καὶ ἀξιοθέητα.
2 καὶ οἵ τε περὶ τὸν Ἀπρίην ἐπὶ τοὺς Αἰγυπτίους ἤϊσαν, καὶ
οἱ περὶ τὸν Ἄμασιν ἐπὶ τοὺς ξείνους. ἔν τε δὴ Μωμέμφι
πόλι ἐγένοντο ἀμφότεροι, καὶ πειρήσεσθαι ἔμελλον
ἀλλήλων.

164–166 *The seven classes : the Warriors.*

164 Ἔστι δὲ Αἰγυπτίων ἑπτὰ γένεα, καὶ τούτων οἱ μὲν ἱρέες,
οἱ δὲ μάχιμοι κεκλέαται, οἱ δὲ βουκόλοι, οἱ δὲ συβῶται, οἱ
δὲ κάπηλοι, οἱ δὲ ἑρμηνέες, οἱ δὲ κυβερνῆται. γένεα μὲν
Αἰγυπτίων τοσαῦτά ἐστι, οὐνόματα δέ σφι κεῖται ἀπὸ
2 τῶν τεχνέων. οἱ δὲ μάχιμοι αὐτῶν καλέονται μὲν
Καλασίριές τε καὶ Ἑρμοτύβιες, ἐκ νομῶν δὲ τῶνδέ εἰσι·
κατὰ γὰρ δὴ νομοὺς Αἴγυπτος ἅπασα διαραίρηται.
165 Ἑρμοτυβίων μὲν οἵδε εἰσὶ νομοί· Βουσιρίτης, Σαΐτης,
Χεμμίτης, Παπρημίτης, νῆσος ἡ Προσωπῖτις καλεομένη,
Ναθῶ τὸ ἥμισυ. ἐκ μὲν τούτων τῶν νομῶν Ἑρμοτύβιές
εἰσι, γενόμενοι, ὅτε ἐπὶ πλείστους γενοίατο, ἑκκαίδεκα
μυριάδες. καὶ τούτων βαναυσίης οὐδεὶς δεδάηκε οὐδέν,
166 ἀλλ' ἀνέωνται ἐς τὸ μάχιμον. Καλασιρίων δὲ οἵδε ἄλλοι
νομοί εἰσι· Θηβαῖος, Βουβαστίτης, Ἀφθίτης, Τανίτης,
Μενδήσιος, Σεβεννύτης, Ἀθριβίτης, Φαρβαϊθίτης,
Θμουΐτης, Ὀνουφίτης, Ἀνύτιος, Μυεκφορίτης· οὗτος ὁ
2 νομὸς ἐν νήσῳ οἰκέει, ἀντίον Βουβάστιος πόλιος. οὗτοι
δὲ οἱ νομοὶ Καλασιρίων εἰσί, γενόμενοι, ὅτε ἐπὶ πλείστους
γενοίατο, πέντε καὶ εἴκοσι μυριάδες ἀνδρῶν. οὐδὲ
τούτοισι ἔξεστι τέχνην ἐπασκῆσαι οὐδεμίαν, ἀλλὰ τὰ ἐς
πόλεμον ἐπασκέουσι μοῦνα, παῖς παρὰ πατρὸς ἐκδεκόμενος.

167 *Contempt for trades and crafts.*

Εἰ μέν νυν καὶ τοῦτο παρ' Αἰγυπτίων μεμαθήκασι οἱ
Ἕλληνες, οὐκ ἔχω ἀτρεκέως κρῖναι, ὁρῶν καὶ Θρήϊκας καὶ
Σκύθας καὶ Πέρσας καὶ Λυδοὺς καὶ σχεδὸν πάντας τοὺς
βαρβάρους ἀποτιμοτέρους τῶν ἄλλων ἡγημένους πολιη-
τέων τοὺς τὰς τέχνας μανθάνοντας καὶ τοὺς ἐκγόνους
τούτων, τοὺς δὲ ἀπαλλαγμένους τῶν χειρωναξιέων
γενναίους νομιζομένους εἶναι, καὶ μάλιστα τοὺς ἐς τὸν
2 πόλεμον ἀνειμένους. μεμαθήκασι δ' ὦν τοῦτο πάντες οἱ
Ἕλληνες καὶ μάλιστα Λακεδαιμόνιοι, ἥκιστα δὲ Κορίνθιοι
ὄνονται τοὺς χειροτέχνας.

168 *Privileges of the Warriors.*

Γέρεα δέ σφι ἦν τάδε ἐξαραιρημένα μούνοισι Αἰγυπτίων
πάρεξ τῶν ἱρέων, ἄρουραι ἐξαίρετοι δυώδεκα ἑκάστῳ
ἀτελέες. (ἡ δὲ ἄρουρα ἑκατὸν πήχεών ἐστι Αἰγυπτίων
πάντῃ, ὁ δὲ Αἰγύπτιος πῆχυς τυγχάνει ἴσος ἐὼν τῷ
2 Σαμίῳ.) ταῦτα μὲν δὴ τοῖσι ἅπασι ἦν ἐξαραιρημένα,
τάδε δὲ ἐν περιτροπῇ ἐκαρποῦντο καὶ οὐδαμὰ ὡυτοί·
Καλασιρίων χίλιοι καὶ Ἑρμοτυβίων ἄλλοι ἐδορυφόρεον
ἐνιαυτὸν ἕκαστον τὸν βασιλέα· τούτοισι ὦν τάδε πάρεξ
τῶν ἀρουρέων ἄλλα ἐδίδοτο ἐπ' ἡμέρῃ ἑκάστῃ, ὀπτοῦ
σίτου σταθμὸς πέντε μνέαι ἑκάστῳ, κρεῶν βοέων δύο
μνέαι, οἴνου τέσσερες ἀρυστῆρες. ταῦτα τοῖσι αἰεὶ
δορυφορέουσι ἐδίδοτο.

169–171 *Aprìes is defeated at Mômemphis. His tomb and that of Amasis in the temple of Athênê at Saïs: the tomb of Osiris and the Mysteries on the lake.*

169 Ἐπείτε δὲ συνιόντες ὅ τε Ἀπρίης ἄγων τοὺς ἐπικούρους καὶ ὁ Ἄμασις πάντας Αἰγυπτίους ἀπίκοντο ἐς Μώμεμφιν πόλιν, συνέβαλον· καὶ ἐμαχέσαντο μὲν εὖ οἱ ξεῖνοι, πλήθεϊ δὲ πολλῷ ἐλάσσονες ἐόντες κατὰ τοῦτο ἑσσώθησαν.

2 Ἀπρίεω δὲ λέγεται εἶναι ἥδε διάνοια, μηδ' ἂν θεόν μιν
μηδένα δύνασθαι παῦσαι τῆς βασιληΐης. οὕτω ἀσφαλέως
ἑωυτῷ ἱδρῦσθαι ἐδόκεε. καὶ δὴ τότε συμβαλὼν ἑσσώθη,
καὶ ζωγρηθεὶς ἀπήχθη ἐς Σάϊν πόλιν, ἐς τὰ ἑωυτοῦ οἰκία
3 πρότερον ἐόντα, τότε δὲ Ἀμάσιος ἤδη βασιλήϊα. ἐνθαῦτα
δὲ τέως μὲν ἐτρέφετο ἐν τοῖσι βασιληΐοισι, καί μιν
Ἄμασις εὖ περιεῖπε· τέλος δὲ μεμφομένων Αἰγυπτίων ὡς
οὐ ποιοῖ δίκαια τρέφων τὸν σφίσι τε καὶ ἑωυτῷ ἔχθιστον,
οὕτω δὴ παραδιδοῖ τὸν Ἀπρίην τοῖσι Αἰγυπτίοισι. οἱ δέ
μιν ἀπέπνιξαν καὶ ἔπειτα ἔθαψαν ἐν τῇσι πατρωΐῃσι ταφῇσι.
4 αἵ δέ εἰσι ἐν τῷ ἱρῷ τῆς Ἀθηναίης, ἀγχοτάτω τοῦ μεγάρου,
ἐσιόντι ἀριστερῆς χειρός. ἔθαψαν δὲ Σαΐται πάντας τοὺς
ἐκ νομοῦ τούτου γενομένους βασιλέας ἔσω ἐν τῷ ἱρῷ.
5 καὶ γὰρ τὸ τοῦ Ἀμάσιος σῆμα ἑκαστέρω μέν ἐστι τοῦ
μεγάρου ἢ τὸ τοῦ Ἀπρίεω καὶ τῶν τούτου προπατόρων,
ἔστι μέντοι καὶ τοῦτο ἐν τῇ αὐλῇ τοῦ ἱροῦ, παστὰς λιθίνη
μεγάλη καὶ ἠσκημένη στύλοισί τε φοίνικας τὰ δένδρεα
μεμιμημένοισι καὶ τῇ ἄλλῃ δαπάνῃ. ἔσω δὲ ἐν τῇ παστάδι
διξὰ θυρώματα ἕστηκε, ἐν δὲ τοῖσι θυρώμασι ἡ θήκη
170 ἐστί. εἰσὶ δὲ καὶ αἱ ταφαὶ τοῦ οὐκ ὅσιον ποιεῦμαι ἐπὶ
τοιούτῳ πρήγματι ἐξαγορεύειν τοὔνομα ἐν Σάϊ, ἐν τῷ
ἱρῷ τῆς Ἀθηναίης, ὄπισθε τοῦ νηοῦ, παντὸς τοῦ τῆς
2 Ἀθηναίης ἐχόμεναι τοίχου. καὶ ἐν τῷ τεμένεϊ ὀβελοὶ
ἑστᾶσι μεγάλοι λίθινοι, λίμνη τέ ἐστι ἐχομένη λιθίνῃ
κρηπῖδι κεκοσμημένη καὶ ἐργασμένη εὖ κύκλῳ καὶ μέγαθος,
ὡς ἐμοὶ ἐδόκεε, ὅση περ ἡ ἐν Δήλῳ ἡ τροχοειδὴς
171 καλεομένη. ἐν δὲ τῇ λίμνῃ ταύτῃ τὰ δείκηλα τῶν
παθέων αὐτοῦ νυκτὸς ποιεῦσι, τὰ καλέουσι μυστήρια
Αἰγύπτιοι. περὶ μέν νυν τούτων εἰδότι μοι ἐπὶ πλέον ὡς
2 ἕκαστα αὐτῶν ἔχει, εὔστομα κείσθω. καὶ τῆς Δήμητρος
τελετῆς πέρι, τὴν οἱ Ἕλληνες Θεσμοφόρια καλέουσι, καὶ
ταύτης μοι πέρι εὔστομα κείσθω, πλὴν ὅσον αὐτῆς ὁσίη
3 ἐστὶ λέγειν. αἱ Δαναοῦ θυγατέρες ἦσαν αἱ τὴν τελετὴν

ταύτην ἐξ Αἰγύπτου ἐξαγαγοῦσαι καὶ διδάξασαι τὰς Πελασγιώτιδας γυναῖκας· μετὰ δὲ ἐξαναστάσης πάσης Πελοποννήσου ὑπὸ Δωριέων ἐξαπώλετο ἡ τελετή, οἱ δὲ ὑπολειφθέντες Πελοποννησίων καὶ οὐκ ἐξαναστάντες Ἀρκάδες διέσῳζον αὐτὴν μοῦνοι.

172–182 *The reign of Amasis: 172, his rise to power: the golden washpot.*

172 Ἀπρίεω δὲ ὧδε καταραιρημένου, ἐβασίλευσε Ἄμασις, νομοῦ μὲν Σαΐτεω ἐών, ἐκ τῆς δὲ ἦν πόλιος, οὔνομά οἵ
2 ἐστι Σιούφ. τὰ μὲν δὴ πρῶτα κατώνοντο τὸν Ἄμασιν Αἰγύπτιοι καὶ ἐν οὐδεμιῇ μοίρῃ μεγάλῃ ἦγον, ἅτε δὴ δημότην τὸ πρὶν ἐόντα καὶ οἰκίης οὐκ ἐπιφανέος· μετὰ δὲ σοφίῃ αὐτοὺς ὁ Ἄμασις, οὐκ ἀγνωμοσύνῃ, προσηγάγετο.
3 ἦν οἱ ἄλλα τε ἀγαθὰ μυρία, ἐν δὲ καὶ ποδανιπτὴρ χρύσεος, ἐν τῷ αὐτός τε ὁ Ἄμασις καὶ οἱ δαιτυμόνες οἱ πάντες τοὺς πόδας ἑκάστοτε ἐναπενίζοντο· τοῦτον κατ' ὦν κόψας ἄγαλμα δαίμονος ἐξ αὐτοῦ ἐποιήσατο καὶ ἵδρυσε τῆς πόλιος ὅκου ἦν ἐπιτηδεότατον· οἱ δὲ Αἰγύπτιοι
4 φοιτῶντες πρὸς τὤγαλμα ἐσέβοντο μεγάλως· μαθὼν δὲ ὁ Ἄμασις τὸ ἐκ τῶν ἀστῶν ποιεύμενον, συγκαλέσας Αἰγυπτίους ἐξέφηνε φὰς ἐκ τοῦ ποδανιπτῆρος τὤγαλμα γεγονέναι, ἐς τὸν πρότερον μὲν τοὺς Αἰγυπτίους ἐνεμέειν τε καὶ πόδας ἐναπονίζεσθαι, τότε δὲ μεγάλως σέβεσθαι.
5 ἤδη ὦν ἔφη λέγων ὁμοίως αὐτὸς τῷ ποδανιπτῆρι πεπρηγέναι· εἰ γὰρ πρότερον εἶναι δημότης, ἀλλ' ἐν τῷ παρεόντι εἶναι αὐτῶν βασιλεύς· καὶ τιμᾶν τε καὶ προμηθέεσθαι ἑωυτὸν ἐκέλευε. τοιούτῳ μὲν τρόπῳ προσηγάγετο τοὺς Αἰγυπτίους ὥστε δικαιοῦν δουλεύειν.

173, 174 *Habits of Amasis.*

173 Ἐχρᾶτο δὲ καταστάσι πρηγμάτων τοιῇδε· τὸ μὲν ὄρθριον μέχρι ὅτευ πληθώρης ἀγορῆς προθύμως ἔπρησσε

τὰ προσφερόμενα πρήγματα, τὸ δὲ ἀπὸ τούτου ἔπινέ τε
καὶ κατέσκωπτε τοὺς συμπότας καὶ ἦν μάταιός τε καὶ
2 παιγνιήμων. ἀχθεσθέντες δὲ τούτοισι οἱ φίλοι αὐτοῦ
ἐνουθέτεον αὐτὸν τοιάδε λέγοντες· "Ὦ βασιλεῦ, οὐκ
ὀρθῶς σεωυτοῦ προέστηκας, ἐς τὸ ἄγαν φαῦλον προάγων
σεωυτόν· σὲ γὰρ ἐχρῆν ἐν θρόνῳ σεμνῷ σεμνὸν θωκέοντα
δι' ἡμέρης πρήσσειν τὰ πρήγματα, καὶ οὕτω Αἰγύπτιοί τ'
ἂν ἠπιστέατο ὡς ὑπ' ἀνδρὸς μεγάλου ἄρχονται καὶ σὺ
3 ἄμεινον ἤκουες· νῦν δὲ ποιέεις οὐδαμῶς βασιλικά." ὁ δ'
ἀμείβετο τοισίδε αὐτούς· "Τὰ τόξα οἱ ἐκτημένοι, ἐπεὰν
μὲν δέωνται χρᾶσθαι, ἐντανύουσι, ἐπεὰν δὲ χρήσωνται,
ἐκλύουσι. εἰ γὰρ δὴ τὸν πάντα χρόνον ἐντεταμένα εἴη,
ἐκραγείη ἄν, ὥστε ἐς τὸ δέον οὐκ ἂν ἔχοιεν αὐτοῖσι χρᾶσθαι.
4 οὕτω δὴ καὶ ἀνθρώπου κατάστασις· εἰ ἐθέλοι κατεσπουδ-
άσθαι αἰεὶ μηδὲ ἐς παιγνίην τὸ μέρος ἑωυτὸν ἀνιέναι,
λάθοι ἂν ἤτοι μανεὶς ἢ ὅ γε ἀπόπληκτος γενόμενος. τὰ
ἐγὼ ἐπιστάμενος μέρος ἑκατέρῳ νέμω." ταῦτα μὲν τοὺς
174 φίλους ἀμείψατο. λέγεται δὲ ὁ Ἄμασις, καὶ ὅτε ἦν
ἰδιώτης, ὡς φιλοπότης ἦν καὶ φιλοσκώμμων καὶ οὐδαμῶς
κατεσπουδασμένος ἀνήρ· ὅκως δέ μιν ἐπιλίποι πίνοντά τε
καὶ εὐπαθέοντα τὰ ἐπιτήδεα, κλέπτεσκε ἂν περιιών. οἱ
δ' ἄν μιν φάμενοι ἔχειν τὰ σφέτερα χρήματα ἀρνεύμενον
ἄγεσκον ἐπὶ μαντήϊον, ὅκου ἑκάστοισι εἴη. πολλὰ μὲν δὴ
καὶ ἡλίσκετο ὑπὸ τῶν μαντηΐων, πολλὰ δὲ καὶ ἀπέφευγε.
2 ἐπείτε δὲ καὶ ἐβασίλευσε, ἐποίησε τοιάδε· ὅσοι μὲν αὐτὸν
τῶν θεῶν ἀπέλυσαν μὴ φῶρα εἶναι, τούτων μὲν τῶν ἱρῶν
οὔτε ἐπεμέλετο οὔτε ἐς ἐπισκευὴν ἐδίδου οὐδέν, οὐδὲ
φοιτῶν ἔθυε ὡς οὐδενὸς ἐοῦσι ἀξίοισι ψευδέα τε μαντήϊα
ἐκτημένοισι· ὅσοι δέ μιν κατέδησαν φῶρα εἶναι, τούτων δὲ
ὡς ἀληθέως θεῶν ἐόντων καὶ ἀψευδέα μαντήϊα παρεχο-
μένων τὰ μάλιστα ἐπεμέλετο.

175, 176 *Architectural works of Amasis.*

175 Καὶ τοῦτο μὲν ἐν Σάϊ τῇ Ἀθηναίῃ προπύλαια θωμάσια
οἷα ἐξεποίησε, πολλὸν πάντας ὑπερβαλόμενος τῷ τε ὕψεϊ
καὶ τῷ μεγάθεϊ, ὅσων τε τὸ μέγαθος λίθων ἐστὶ καὶ
ὁκοίων τέων· τοῦτο δὲ κολοσσοὺς μεγάλους καὶ ἀνδρό-
σφιγγας περιμήκεας ἀνέθηκε, λίθους τε ἄλλους ἐς
2 ἐπισκευὴν ὑπερφυέας τὸ μέγαθος ἐκόμισε. ἠγάγετο δὲ
τούτων τοὺς μὲν ἐκ τῶν κατὰ Μέμφιν ἐουσέων λιθοτομ-
ιέων, τοὺς δὲ ὑπερμεγάθεας ἐξ Ἐλεφαντίνης πόλιος
3 πλόον καὶ εἴκοσι ἡμερέων ἀπεχούσης ἀπὸ Σάϊος. τὸ δὲ οὐκ
ἥκιστα αὐτῶν ἀλλὰ μάλιστα θωμάζω, ἐστὶ τόδε· οἴκημα
μουνόλιθον ἐκόμισε ἐξ Ἐλεφαντίνης πόλιος, καὶ τοῦτο
ἐκόμιζε μὲν ἐπ' ἔτεα τρία, δισχίλιοι δέ οἱ προσετετάχατο
ἄνδρες ἀγωγέες, καὶ οὗτοι ἅπαντες ἦσαν κυβερνῆται.
τῆς δὲ στέγης ταύτης τὸ μὲν μῆκος ἔξωθέν ἐστι εἷς τε
καὶ εἴκοσι πήχεες, εὖρος δὲ τεσσερεσκαίδεκα, ὕψος
4 δὲ ὀκτώ. ταῦτα μὲν τὰ μέτρα ἔξωθεν τῆς στέγης τῆς
μουνολίθου ἐστί, ἀτὰρ ἔσωθεν τὸ ⟨μὲν⟩ μῆκος ὀκτωκαίδεκα
πήχεων καὶ πυγόνος, ⟨τὸ δὲ εὖρος δυώδεκα πήχεων⟩,
τὸ δὲ ὕψος πέντε πήχεών ἐστι. αὕτη τοῦ ἱροῦ κεῖται
5 παρὰ τὴν ἔσοδον. ἔσω γάρ μιν ἐς τὸ ἱρόν φασι τῶνδε
εἵνεκα οὐκ ἐσελκύσαι· τὸν ἀρχιτέκτονα αὐτῆς ἑλκομένης
τῆς στέγης ἀναστενάξαι οἷά τε χρόνου ἐγγεγονότος
πολλοῦ καὶ ἀχθόμενον τῷ ἔργῳ, τὸν δὲ Ἄμασιν ἐνθυμιστὸν
ποιησάμενον οὐκ ἐᾶν ἔτι προσωτέρω ἑλκύσαι. ἤδη
δέ τινες λέγουσι ὡς ἄνθρωπος διεφθάρη ὑπ' αὐτῇ τῶν
τις αὐτὴν μοχλευόντων, καὶ ἀπὸ τούτου οὐκ ἐσελκυσθῆναι.
176 ἀνέθηκε δὲ καὶ ἐν τοῖσι ἄλλοισι ἱροῖσι ὁ Ἄμασις πᾶσι τοῖσι
ἐλλογίμοισι ἔργα τὸ μέγαθος ἀξιοθέητα, ἐν δὲ καὶ ἐν Μέμφι
τὸν ὕπτιον κείμενον κολοσσὸν τοῦ Ἡφαιστείου ἔμπροσθε,
τοῦ πόδες πέντε καὶ ἑβδομήκοντά εἰσι τὸ μῆκος. ἐπὶ δὲ
τῷ αὐτῷ βάθρῳ ἑστᾶσι Αἰθιοπικοῦ ἐόντες λίθου δύο
κολοσσοί, εἴκοσι ποδῶν τὸ μέγαθος ἐὼν ἑκάτερος, ὁ μὲν

2 ἔνθεν, ὁ δ' ἔνθεν τοῦ μεγάλου. ἔστι δὲ λίθινος ἕτερος
τοσοῦτος καὶ ἐν Σάϊ, κείμενος κατὰ τὸν αὐτὸν τρόπον τῷ
ἐν Μέμφι. τῇ Ἴσι τε τὸ ἐν Μέμφι ἱρὸν Ἄμασίς ἐστι ὁ
ἐξοικοδομήσας, ἐὸν μέγα τε καὶ ἀξιοθεητότατον.

177 *Prosperity of Egypt under Amasis: one of his laws is said to be copied by Solon.*

Ἐπ' Ἀμάσιος δὲ βασιλέος λέγεται Αἴγυπτος μάλιστα
δὴ τότε εὐδαιμονῆσαι καὶ τὰ ἀπὸ τοῦ ποταμοῦ τῇ χώρῃ
γινόμενα καὶ τὰ ἀπὸ τῆς χώρης τοῖσι ἀνθρώποισι, καὶ
πόλις ἐν αὐτῇ γενέσθαι τὰς ἁπάσας τότε δισμυρίας τὰς
2 οἰκεομένας. νόμον τε Αἰγυπτίοισι τόνδε Ἄμασίς ἐστι
ὁ καταστήσας, ἀποδεικνύναι ἔτεος ἑκάστου τῷ νομάρχῃ
πάντα τινὰ Αἰγυπτίων ὅθεν βιοῦται· μὴ δὲ ποιεῦντα
ταῦτα μηδὲ ἀποφαίνοντα δικαίην ζόην ἰθύνεσθαι θανάτῳ.
Σόλων δὲ ὁ Ἀθηναῖος λαβὼν ἐξ Αἰγύπτου τοῦτον τὸν
νόμον Ἀθηναίοισι ἔθετο· τῷ ἐκεῖνοι ἐς αἰεὶ χρέωνται,
ἐόντι ἀμώμῳ νόμῳ.

178, 179 *'A lover of the Greeks', Amasis gave them Naucratis to dwell in: the Hellenion.*

178 Φιλέλλην δὲ γενόμενος ὁ Ἄμασις ἄλλα τε ἐς Ἑλλήνων
μετεξετέρους ἀπεδέξατο καὶ δὴ καὶ τοῖσι ἀπικνευμένοισι
ἐς Αἴγυπτον ἔδωκε Ναύκρατιν πόλιν ἐνοικῆσαι, τοῖσι δὲ
μὴ βουλομένοισι αὐτῶν ἐνοικέειν, αὐτοῦ δὲ ναυτιλλομένοισι,
ἔδωκε χώρους ἐνιδρύσασθαι βωμοὺς καὶ τεμένεα θεοῖσι.
2 τὸ μέν νυν μέγιστον αὐτῶν τέμενος καὶ ὀνομαστότατον
ἐὸν καὶ χρησιμώτατον, καλεύμενον δὲ Ἑλλήνιον, αἵδε
πόλιές εἰσι αἱ ἱδρυμέναι κοινῇ, Ἰώνων μὲν Χίος καὶ Τέως
καὶ Φώκαια καὶ Κλαζομεναί, Δωριέων δὲ Ῥόδος καὶ
Κνίδος καὶ Ἁλικαρνησσὸς καὶ Φάσηλις, Αἰολέων δὲ
3 ἡ Μυτιληναίων μούνη. τούτων μέν ἐστι τοῦτο τὸ τέμενος,
καὶ προστάτας τοῦ ἐμπορίου αὗται αἱ πόλιές εἰσι αἱ

παρέχουσαι· ὅσαι δὲ ἄλλαι πόλιες μεταποιεῦνται, οὐδέν σφι μετεὸν μεταποιεῦνται. χωρὶς δὲ Αἰγινῆται ἐπὶ
ἑωυτῶν ἱδρύσαντο τέμενος Διός, καὶ ἄλλο Σάμιοι Ἥρης 1
179 καὶ Μιλήσιοι Ἀπόλλωνος. ἦν δὲ τὸ παλαιὸν μούνη Ναύκρατις ἐμπόριον καὶ ἄλλο οὐδὲν Αἰγύπτου. εἰ δέ τις ἐς τῶν τι ἄλλο στομάτων τοῦ Νείλου ἀπίκοιτο, χρῆν ὀμόσαι μὴ μὲν ἑκόντα ἐλθεῖν, ἀπομόσαντα δὲ τῇ νηῒ αὐτῇ πλέειν ἐς τὸ Κανωβικόν· ἢ εἰ μή γε οἷά τε εἴη πρὸς ἀνέμους ἀντίους πλέειν, τὰ φορτία ἔδεε περιάγειν ἐν βάρισι περὶ τὸ Δέλτα, μέχρι οὗ ἀπίκοιτο ἐς Ναύκρατιν. οὕτω μὲν δὴ Ναύκρατις ἐτετίμητο.

180 *Gifts to Delphi.*

Ἀμφικτυόνων δὲ μισθωσάντων τὸν ἐν Δελφοῖσι νῦν ἐόντα νηὸν τριηκοσίων ταλάντων ἐξεργάσασθαι (ὁ γὰρ πρότερον ἐὼν αὐτόθι αὐτόματος κατεκάη), τοὺς Δελφοὺς δὴ
2 ἐπέβαλλε τεταρτημόριον τοῦ μισθώματος παρασχεῖν. πλανώμενοι δὲ οἱ Δελφοὶ περὶ τὰς πόλις ἐδωτίναζον, ποιεῦντες δὲ τοῦτο οὐκ ἐλάχιστον ἐξ Αἰγύπτου ἠνείκαντο. Ἄμασις μὲν γάρ σφι ἔδωκε χίλια στυπτηρίης τάλαντα, οἱ δὲ ἐν Αἰγύπτῳ οἰκέοντες Ἕλληνες εἴκοσι μνέας.

181, 182 *Friendship with Cyrênê: votive-offerings sent to Cyrênê, Lindus, and Samos.*

181 Κυρηναίοισι δὲ Ἄμασις φιλότητά τε καὶ συμμαχίην συνεθήκατο. ἐδικαίωσε δὲ καὶ γῆμαι αὐτόθεν, εἴτε ἐπιθυμήσας Ἑλληνίδος γυναικός, εἴτε καὶ ἄλλως φιλότητος
2 Κυρηναίων εἵνεκα. γαμέει δὲ ὦν, οἱ μὲν λέγουσι Βάττου τοῦ Ἀρκεσίλεω θυγατέρα, οἱ δὲ Κριτοβούλου ἀνδρὸς τῶν
5 ἀστῶν δοκίμου, τῇ οὔνομα ἦν Λαδίκη. . . . ταύτην τὴν Λαδίκην, ὡς ἐπεκράτησε Καμβύσης Αἰγύπτου καὶ ἐπύθετο αὐτῆς ἥτις εἴη, ἀπέπεμψε ἀσινέα ἐς Κυρήνην.
182 Ἀνέθηκε δὲ καὶ ἀναθήματα ὁ Ἄμασις ἐς τὴν Ἑλλάδα,

τοῦτο μὲν ἐς Κυρήνην ἄγαλμα ἐπίχρυσον Ἀθηναίης καὶ
εἰκόνα ἑωυτοῦ γραφῇ εἰκασμένην, τοῦτο δὲ τῇ ἐν Λίνδῳ
Ἀθηναίῃ δύο τε ἀγάλματα λίθινα καὶ θώρηκα λίνεον ἀξιο-
θέητον, τοῦτο δ' ἐς Σάμον τῇ Ἥρῃ εἰκόνας ἑωυτοῦ δι-
φασίας ξυλίνας, αἳ ἐν τῷ νηῷ τῷ μεγάλῳ ἱδρύατο ἔτι καὶ
2 τὸ μέχρι ἐμεῦ, ὄπισθε τῶν θυρέων. ἐς μέν νυν Σάμον
ἀνέθηκε κατὰ ξεινίην τὴν ἑωυτοῦ τε καὶ Πολυκράτεος
τοῦ Αἰάκεος, ἐς δὲ Λίνδον ξεινίης μὲν οὐδεμιῆς εἵνεκεν,
ὅτι δὲ τὸ ἱρὸν τὸ ἐν Λίνδῳ τὸ τῆς Ἀθηναίης λέγεται τὰς
τοῦ Δαναοῦ θυγατέρας ἱδρύσασθαι προσσχούσας, ὅτε
ἀπεδίδρησκον τοὺς Αἰγύπτου παῖδας. ταῦτα μὲν
ἀνέθηκε ὁ Ἄμασις. εἷλε δὲ Κύπρον πρῶτος ἀνθρώπων,
καὶ κατεστρέψατο ἐς φόρου ἀπαγωγήν.

NOTES

References to Book ii are to the chapters and the *lines* of the chapters in the text: references to other books of Herodotus give book, chapter, and *section* of Hude's edition (*O.C.T.* 1927).

H. = Herodotus.
G.G. = Goodwin's *Greek Grammar*, 1902.
M. and T. = Goodwin's *Moods and Tenses*, 1889.
H.G. = Monro's *Homeric Grammar*, 1882.

(References to the above three books are to sections.)

Denniston, *Gk. Part.* = J. D. Denniston, *The Greek Particles*, 1934.

1 1. Cyrus the Great was King of Persia from 558 to 529 B.C. Cambyses, his successor, conquered Egypt in 525 B.C., and reigned for three years more, founding Dynasty XXVII. After Cambyses came Darius (522–486 B.C.), Xerxes (486–464 B.C.), Artabanus (for seven months), and Artaxerxes I (464–424 B.C.). It was in the last reign, when Egypt had been for about seventy-five years under the sway of Persia, that Herodotus visited Egypt (*c.* 450 B.C.). He mentions Persian garrisons (30. 12; cf. 98. 3, 99. 11).

παρέλαβε τὴν βασιληΐην (App. 23), *regnum excepit*, 'succeeded to the throne'.

2. *ἐών*: Att. *ὤν* (App. 58).

Φαρνάσπεω: Att.-*ου* (App. 35). Cassandanê, daughter of Pharnaspes (who was of noble birth, an Achaemenid: iii. 2. 2), is mentioned with some prominence because the Egyptians claimed that the mother of Cambyses was an Egyptian princess, Nitêtis: see the romance by Ebers, *An Egyptian Princess*.

3. *τῆς*: Att. *ἧς* (App. 44); so *τῶν* (l. 8), Att. *ὧν*. Alliteration of *π* is emphatic: Cyrus himself mourned deeply for his wife—*μέγα πένθος*, l. 3)(*πένθος*, l. 5.

5. *ταύτης δή*: this resumptive *δή* ('then', 'I say') is common with *οὗτος* (cf. 141. 15), unaccompanied by a connective (asyndeton), the position of *ταύτης* giving it emphasis.

6. *ἐνόμιζε ὡς . . . ἐόντας*: the usual construction is *ἐνόμιζε . . . δούλους εἶναι* (cf. 2. 2), 'considered them to be slaves': here 'thought of them as his father's slaves' (*M. and T.* 919). *νομίζω*, like *οἶδα*, is occasionally followed by the participle: here the use of *ὡς* seems needless. Perhaps the phrase is a colloquialism.

7. *πατρωΐους*: for the Persian conquest of the Asiatic Greeks, see i. 141–76.

ἐπὶ δὲ Αἴγυπτον: in 527 B.C.

ἐποιέετο, ἐπεκράτεε: App. 53. στρατηλασίῃ: Att. στρατεία.

9. Ἑλλήνων: i.e., the Ionians and Aeolians just mentioned, see iii. 1. 1. τῶν = τούτους τῶν (Att. ὧν).

2 1. πρὶν ἤ, instead of πρίν alone, is found c. inf. twice in Homer, *Il.*, and is very frequent in H. (*M. and T.* 651).

Ψαμμήτιχον: Psammêtichus (or Psametik) I, *c.* 663–609 B.C., of Dynasty XXVI: see 28. 15 and 152. The experiment of Psammêtichus to find what language a baby, untaught, would speak is said to have been repeated by Frederick II of Germany and by James IV of Scotland (with a dumb person in charge, on the island of Inchkeith in the Firth of Forth), and to have proved that Hebrew was the natural language in such circumstances. For another scientific inquiry by Psammêtichus see 28. 15; and cf. Athenaeus viii. 345 E, 'Clearchus alleges that Psammêtichus, the king of Egypt, kept fish-eating slaves because he wished to discover the source of the Nile: he also kept others trained to go thirsty in order to explore the sands of Libya; of these only a few came through alive'.

With the Egyptian belief that Egypt was the cradle of humanity, cf. Aristotle, *Pol.* vii. 10. 8, p. 1329 b, 'the Egyptians appear to be of all peoples the most ancient'. Diodorus Siculus (i. 10. 1) gives two reasons for the creation of mankind in Egypt: (1) the favourable climate (cf. H. ii. 77. 9), and (2) the productive nature of the Nile. The Egyptians were conscious of a high relative antiquity. Cf. Plato *Tim.* 22 B: an Egyptian priest exclaims to Solon, 'You Greeks are always children!'

βασιλεῦσαι, βασιλεύσας: ingressive aor., 'become king', 'come to the throne'.

2. ἐνόμιζον ἑωυτοὺς . . . γενέσθαι: emphatic constr., 'themselves (and none others)': acc. c. inf. instead of nom. (αὐτοί) c. inf. (*G.G.* 927): frequent in H., e.g., i. 34. 1, 171. 5. So in Homer, *Od.* viii. 221, ἐμέ φημι . . . εἶναι.

4. γενοίατο: App. 49 c.

ἀπὸ τούτου, 'from that time', 'ever since then'.

5. προτέρους γενέσθαι = πρεσβυτέρους εἶναι, l. 27: cf. Homer, *Il.* xxi. 440 ἐπεὶ πρότερος γενόμην καὶ πλείονα οἶδα (i.e., πρότερος γενεῇ). The language of H. is frequently reminiscent of Epic (see notes *passim*): in 116 he quotes several lines of Homer.

6. οὐκ . . . οὐδένα: emphatic doubling of negative, *G.G.* 1619.

πόρον . . . τούτου . . ., οἵ: lit. method of (solving) this problem, namely who . . . οἵ: simple relative, instead of interrogative pron. οἵτινες (as in l. 4); cf. 82. 2 τῇ, 121. 44 ὅς. So in Homer, *Il.* ii. 365 γνώσῃ ἔπειθ' ὅς θ' ἡγεμόνων κακὸς ὅς τέ νυ λαῶν | ἠδ' ὅς κ' ἐσθλὸς ἔῃσι.

8. παιδία . . . : note absence of introductory particle (asyndeton) after τοιόνδε: cf. e.g., 5. 8, 30. 8. νεογνά: this form of νεόγονος occurs in the Homeric Hymns (*To Demeter*, 141).

τῶν ἐπιτυχόντων, 'whom he happened to come upon', 'chance', 'ordinary', 'common folk'. The article is used in thus defining ἀνθρώπων.

9. διδοῖ: Ion. for Att. δίδωσι (App. 56): cf. 13. 10, but 154. 2 δίδωσι.

τρέφειν ἐς τὰ ποίμνια, 'to take to his flocks and bring up', the verb implying previous motion (*G.G.* 1225. 1): cf. 41. 24 θάπτουσι ἐς ἕνα χῶρον (' in '), 54. 5 ἐς Λιβύην πρηθεῖσαν, ' taken away to Libya and sold '.

τρέφειν . . . τροφήν τινα: cognate acc., *G.G.* 1051.

10. τοιήνδε: explained by the clause beginning ἐντειλάμενος . . .

11. στέγῃ: by synecdoche (the part for the whole) for ' hut ': cf. 148. 25, 175. 14 ' chamber '.

ἐπ' ἑωυτῶν, ' by themselves ': cf. 178. 14 (*per se*): once in Homer (*Il.* vii. 195 εὔχεσθε . . . . | σιγῇ ἐφ' ὑμείων).

κεῖσθαι: subject αὐτά. With the next two infinitives, ἐπαγινέειν, διαπρήσσεσθαι, a different subject, τὸν ποιμένα, is to be supplied.

12. τὴν ὥρην, ' at the right time ' : = ἐν ὥρῃ, i. 31. 2,—the usual phrase: cf. Homer, *Od.* xvii. 176, ἐν ὥρῃ δεῖπνον ἑλέσθαι. The acc. expressing point of time occurs in certain adverbial uses: ἀρχήν (28. 1), τέλος (42. 11), ἀκμήν (*eo ipso tempore*, ' just ': see also *N.T.Mt.* xv. 16); cf. καιρὸν δ' ἐφήκεις, Soph. *Aj.* 34; ἀωρίαν ἥκοντες, Ar. *Ach.* 23; and *commodum exit*, Plaut. *Trin.* 400 (ii. 3. 9). In modern Greek the temporal acc. alone survives.

12. ἐπαγινέειν: Ion. for Att. ἐπάγειν.

13. τἆλλα, do ' the rest of his work ', attend to ' all their needs '.

15. ἀπαλλαχθέντων τῶν ἀσήμων κνυζημάτων, ' when rid of the meaningless cryings (of infancy) ', ' when they had got beyond meaningless baby-sounds '. κνυζήματα, *vagitus infantium*: cf. the verb κνυζέομαι (properly of a dog, ' whine ', ' whimper '), of children in Theocritus ii. 108 f., οὐδέ τι φωνᾶσαι δυνάμαν, οὐδ' ὅσσον ἐν ὕπνῳ | κνυζεῦνται φωνεῦντα φίλαν ποτὶ ματέρα τέκνα.

16. φωνὴν ῥήξουσι: stronger than φωνὴν ἱέναι (2. 11) and γλῶσσαν . . . ἀπήσουσι (15. 15), and implying a previously unbroken silence: ' what would be their very first utterance ': cf. i. 85. 4, and *rumpere vocem*, Verg. *Aen.* ii. 129; Tac. *Ann.* vi. 20. φωνήν, quasi-cognate acc.: ῥήγνυμι, similarly of bursting into tears in Soph. *Trach.* 919, δακρύων ῥήξασα θερμὰ νάματα. ῥήξουσι, sc. τὰ παιδία : pl. verb with neut. pl. subject: so ἐφώνεον, l. 19; ἀπήσουσι, 15. 16; ἐγένοντο, 36. § 3; ἐσκευάδαται, 138. 7. This is a natural usage where the neut. pl. noun denotes persons as here and in iv. 149. 2 (τὰ τέκνα): cf. Homer, *Il.* xi. 724, τὰ δ' ἐπέρρεον ἔθνεα πεζῶν, and Thuc. iv. 88 (pl. with τὰ τέλη, ' the authorities ').

καὶ ἐγένετο : καί ' actually ' : . . . what *did* happen.

17. ἐγεγόνεε . . . τῷ ποιμένι πρήσσοντι (dat. of advantage or relation: *G.G.* 1166): translate ' when the shepherd had been doing this for a period of two years ': a common const. of part. with γίγνεσθαι and εἶναι; cf. Homer, *Il.* ii. 295 f., ἡμῖν δ' εἴνατός ἐστι περιτροπέων ἐνιαυτὸς | ἐνθάδε μιμνόντεσσι, H. ii. 13. 4 ἦν . . . τετελευτηκότι, 124. 12 ἐγγενέσθαι τριβομένῳ.

19. βεκός was explained in ancient times (Scholiast on Apoll. Rhod. iv. 262) as onomatopoeic—an imitation of the bleating of the goats. In *Nub.* 398 Aristophanes coins a new word, βεκκεσέληνε, ' you antediluvian dotard! ', in reference to this tale in H.: perhaps *Nub.* 272 refers to c. 25, and for other allusions to H. by Aristophanes cf. 127. 5, 136. 22.

21. πολλὸν (App. 41) ἦν, ' was much (in his ears) ', ' was often repeated ': cf. i. 75. 3, ὁ πολλὸς λόγος, *frequens rumor*, ' the common talk ', i. 30. 2, ii. 121. 70.

25. εὕρισκε c. acc. and part.: cf. 44. 8, 50. 3 *al.*

26. οὕτω (with asyndeton, cf. 18. 15, 25. 24 *al.*) refers back to the story just told: καί joins οὕτω and τοιούτῳ.

σταθμησάμενοι = στάθμῃ χρησάμενοι (cf. 150. 13): στάθμη, rule, criterion.

27. τοὺς Φρύγας: it was generally held, on the contrary, that the Phrygians were a nation of recent origin.

28. ὧδε, equivalent here to οὕτω, and referring back (as in 172. 1), not forward, as ὧδε usually does.

τῶν ἱρέων: the priests of Ptah, probably those of inferior rank (cf. 28. 5 γραμματιστής): 'the great princes of the church of that date, in their mandarin-like pride, would certainly not have condescended to talk to an inquisitive Greek' (Spiegelberg, *Credibility of H.*, p. 17).

29. Ἕλληνες, the Ionian Greeks, perhaps referring especially to Hecataeus: cf. 16. 1, 20. 1, 145. 17. It is to the Ionians that J. A. K. Thomson (*The Art of the Logos*, pp. 56–62) attributes the invention of this story as 'conscious fiction'. Just as H. adopts a critical attitude towards the 'Ionian' variants, so his predecessor, Hecataeus of Miletus (*c.* 500 B.C.), says in his genealogies (fr. 332: *F.H.G.* i. 25), οἱ γὰρ Ἑλλήνων λόγοι πολλοί τε καὶ γελοῖοι.

31. ἐποιήσατο, Mid. 'caused . . . to be carried on': cf. 100. 10, ποιησαμένην; 28. 16, πλεξάμενον. With τὴν δίαιταν translate 'had the children brought up'.

3 5. τοῖσι ἐν Μέμφι: either (1) sc. λεγομένοισι, or (2) short for τοῖσι τῶν ἐν Μέμφι.

6. λογιώτατοι, 'the most learned in records', cf. 77. 3, i. 1. 1. Heliopolis was for long the university of the Egyptians, the chief seat of their learning (Strabo, 17. 1. 29, p. 806): Pythagoras, Solon, Plato, and Eudoxus (the astronomer, once a pupil of Plato) are said to have studied there.

8. ἔξω ἤ, 'except' (= πλήν), c. acc., instead of ἔξω, c. gen.

αὐτῶν refers to τὰ θεῖα, especially the mysteries, not merely to οἱ θεοί contained in τὰ θεῖα.

9. νομίζων . . . ἴσον . . . ἐπίστασθαι, 'believing that they have equal knowledge' of religious matters, i.e. no less than the Egyptian priests. Possibly this means simply that there is therefore no need to describe in detail what all men know equally well. Or perhaps H. implies a conviction that there is an inner harmony in all religions; hence his reticence (cf. 45. 14, 46. 9, 47. 14, 65. 5, 171. 4), through fear of revealing common mysteries. He will speak of them, only when he is 'constrained by his narrative' (l. 10), i.e. to explain the context. See T. R. Glover, *Herodotus*, pp. 260–264.

10. ἐξαναγκαζόμενος: ἐξ- implies being debarred from all other courses and so forced into one: cf. ἀποβλέπω, look away from (ἀπο-) everything else, and so focus my gaze upon one object.

4 1. ὅσα δὲ (sc. τούτων ἃ ἤκουον) ἀνθρωπήϊα πρήγματα (sc. ἐστι), limitative: 'but as far as human affairs are concerned'. For the copula omitted after ὅσος, cf. Homer, *Il.* viii. 205 εἴπερ γάρ κ' ἐθέλοιμεν, ὅσοι Δαναοῖσιν ἀρωγοί (sc. εἰμεν).

ἔλεγον: subject, the priests at Memphis, Thebes, and Heliopolis: other quotations from Egyptian priests in 13, 54, 99 ff. where the words ἔλεγον οἱ ἱρέες recur like a refrain.

2. σφίσι, reflexive (= ἀλλήλοισι), usually distinguished from σφι (= αὐτοῖσι).

3. τὸν ἐνιαυτόν: the true, solar year, the interval at the end of which the sun is again in the same (apparent) place among the stars, i.e. approximately 365¼ days; cf. Diod. Sic. i. 50. 2, and his description of the Ramesseum at Thebes, i. 49. 5. To reconcile the lunar and the solar years, the Egyptians introduced a calendar probably as early as 4236 B.C.,—the earliest fixed date in human history.

δυώδεκα μέρεα δασαμένους τῶν ὡρέων, 'distributing through it twelve portions of the seasons': the ancient Egyptians had three seasons (Spring, Summer, Winter), each of 4 months. δασαμένους: after verbs of dividing (e.g. δατέεσθαι, διαιρέειν) the whole may be put (1) in the gen. as here τῶν ὡρέων (cf. i. 94. 5 δύο μοίρας διελόντα Λυδῶν πάντων): (2) in the acc. (*G.G.* 1076), as in 147. 7 δυώδεκα μοίρας δασάμενοι Αἴγυπτον πᾶσαν, cf. *Hom. Hymn. Merc.* 128 ἔσχισε δώδεκα μοίρας: or (3) the part may be expressed by means of κατά c. acc. (164. 7) or by an adverb, e.g. δίχα, 17. 8 Αἴγυπτον . . . δίχα διαιρέεσθαι.

4. ἄστρων: in Egypt where the sky is invariably clear and the horizon uninterrupted, the movements of the stars were studied at a very early date. In particular, the morning rising of Sôthis (i.e. Sirius, the Dog Star) marked the beginning of the true or Sôthic year; and the Sôthic period or cycle, so important in Egyptian chronology, comprised 1460 Sôthic years, or 1461 calendar years.

5. ἄγουσι, 'they reckon' (sc. τὰ μέρεα τῶν ὡρέων, i.e. τοὺς μῆνας): cf. Ar. *Nub.* 628 οὕτως εἴσεται | κατὰ σελήνην ὡς ἄγειν χρὴ τοῦ βίου τὰς ἡμέρας. The sentence which begins with ἄγουσι is a parenthetical explanation: the MSS. of H. did not admit of footnotes. Cf. 30. 12, 32. 6, 168. 3, *al.*

ἐμοὶ δοκέειν, 'in my opinion', 'to my thinking', the absol. inf. (*G.G.* 1534, *M. and T.* 782), cf. 42. 18, 53. 9: more commonly with ὡς (124. 15), cf. 8. 15 ὡς εἶναι Αἰγύπτου, 15. 12 ὡς λόγῳ εἰπεῖν, 28. 19 ὡς ἐμὲ κατανοέειν, *al.*

6. διὰ τρίτου ἔτεος, 'every other year' (inclusive reckoning), cf. 37. 6, 73. 3.

ἐμβόλιμον (cogn. acc.) sc. μῆνα, an intercalary month of 30 days; but H. omits to mention that this intercalary month was added three times, not four times, in eight years. See i. 32. 3 (the same mistake).

7. τῶν ὡρέων εἵνεκεν, 'out of regard for the seasons', 'so that the seasons may agree': as H. explains in i. 32. 3, ἵνα δὴ αἱ ὧραι συμβαίνωσι παραγινόμεναι ἐς τὸ δέον.

8. τοὺς δυώδεκα μῆνας: the Egyptian months in Greek times were called: (Winter) Thôth, Phaôphi, Athyr, Choiak; (Spring) Tybi, Mechir, Phamenôth, Pharmuthi; (Summer) Pachôn, Payni, Epeiph, Mesore; and these names survive, slightly altered, in modern Coptic.

10. ἐς τὠυτό, to the same point of time.

δυώδεκα θεῶν: the Egyptians divided their gods into 3 classes, of which the second comprised 12 deities: cf. 145. 3, 43. 2, 46. 2. There were twelve great gods of Greece (7. 6: see note), but they did not correspond exactly to those of Egypt, e.g. Poseidôn was unknown in Egypt (43. 11).

νομίσαι, c. acc.: 'brought into use': cf. 42. 18, 51. 2, 92. 2 *al.*

13. ζῷα . . . ἐγγλύψαι, 'carved figures', of bas-reliefs rather than of gems.

14. ἔργῳ, 'in actual fact', not merely λόγῳ: in iv. 8. 2 λόγῳ μὲν λέγουσι is contrasted with ἔργῳ δὲ οὐκ ἀποδεικνῦσι.

15. πρῶτον . . . ἄνθρωπον: after a series of divine kings, cf. 144.

16. Μῖνα: see 99, and Index of Proper Names.

ἐπί c. gen., temporal (*G.G.* 1210. 1. b): so 30. 12 ἐπ' ἐμεῦ, 'in my time'.

νομοῦ (N.B. accent): on the division of Egypt into 42 nomes or districts, see 164. 7.

17. πᾶσαν Αἴγυπτον εἶναι ἕλος: apparently an exaggeration on the part of the priests. εἶναι refers to the time of Menes (ἐπὶ τούτου), = *fuisse* (*G.G.* 1285. 1): cf. 10. 4, 15. 18.

αὐτῆς: partitive gen. after τῶν νῦν . . . ἐόντων: a common order.

18. ἔνερθε, lower down the river, 'north of Lake Moeris', for which see 149 and Index of Proper Names.

ἐς τήν (rel.): there was a canal (149. 18) which connected Lake Moeris and the Nile.

5 1. δῆλα, plur. instead of sing.: cf. πρῶτα *infra* l. 8, τρίτα 22. 13, οἷα 29. 20.

3. Αἴγυπτος ἐς τήν . . . (the relative clause limits the application of the name): the Delta and perhaps the Nile valley as far up as Memphis. The whole valley, indeed, from the First Cataract to the sea is filled with alluvial soil.

Αἰγυπτίοισι ἐπίκτητος . . . 'land acquired by the Egyptians, a gift of the river' (Αἰγυπτίοισι, dat. of agent, cf. *G.G.* 1186: or perhaps *dativus commodi*, 'a late accession, or acquisition, to Egypt'). This is apparently an Egyptian description, which was used by Hecataeus, the predecessor of H. Cf. 10. 2. So Diodorus Siculus (i. 34. 2) describes the Delta as ποταμόχωστος . . . καὶ κατάρρυτος (cf. H. ii. 15. 12); and Heliodorus says of the Nile (ix. p. 444)—Αἰγύπτου τῆς μὲν ἄνω σωτήρ, τῆς κάτω δὲ καὶ πατὴρ καὶ δημιουργός.

4. καὶ τὰ κατύπερθε ἔτι . . . 'and also the land above (south of) that lake': the phrase is added to Αἴγυπτος, as the subject of ἐστί. Cf. 32. 21 τὰ δὲ κατύπερθε τῆς θηριώδεος.

6. τῆς (Att. ἧς) πέρι (anastrophe, *G.G.* 1223), sc. χώρης: for τὰ κατύπερθε is equivalent to ἡ κατύπερθε χώρη, the subject of the following ἔστι. ἐκεῖνοι, the priests.

7. ἕτερον τοιοῦτο ('another such case', 'another of the same') sounds colloquial in the use of the neut.: cf. 149. 11 ἕτερον τοσοῦτο 'as much more', 150. 17 τοιοῦτον ἕτερον (neut., with no variant reading in MSS.).

8. πρῶτα μέν (neut. pl. for sing., cf. δῆλα 5. 1): the μέν, repeated below in τοῦτο μέν, is balanced by the δέ of αὐτῆς δέ (6. 1)—developed further in 10. 1.

ἡμέρης δρόμον, 'a day's run' or sail (δρόμον, acc. of space or time, *G.G.* 1062): in 9. 3 a day's voyage upstream is 540 stades; in iv. 86. 1 at sea, 700 stades. But H. exaggerates here.

9. ἀνοίσεις (Gildersleeve calls this the 'Traveller's Future'): 2nd sing. indefinite ('you' = 'one'), making the narrative vivid and conversational: cf. φέρε 14. 2. H. wishes to note (1) the presence of

alluvial mud (πρόχυσις), and (2) the shallowness of the water so far off the land. But he greatly underestimates the depth at sea.

6 1. αὐτῆς δέ: Egypt 'itself', as distinguished from the πρόχυσις just mentioned.

μῆκος τὸ παρὰ θάλασσαν, 'the length of the seaboard': for the omission of τό with μῆκος, cf. 124. 16. The position of μῆκος is against taking it as acc. of respect (but cf. 11. 4).

2. σχοῖνοι (literally 'ropes') are defined in l. 9 as 'an Egyptian measure, 60 stades long', a stade being somewhat less than a furlong. Strabo (17. 1. 24, p. 804) points out that the length of the *schoenus* was 'unstable' (ἄστατον) in Egypt, varying from 30 to 120 stades. H. standardizes the *schoenus* as 60 stades, and therefore gives an exaggerated estimate of the seacoast of Egypt—3600 stades, instead of about 2200.

κατά = κατ' ἅ, Att. καθ' ἅ: cf. 10. 1 κατάπερ . . . ἔλεγον.

ἡμεῖς: in contrast to the usual Ionian definition of Egypt, 15. 1.

3. Σερβωνίδος: for 'that Serbonian bog' (Milton, *Par. Lost*, ii. 592) see Index of Proper Names.

4. ὄρος, τό, 'mountain' (here simply a sand-dune) and οὖρος, ὁ, 'boundary' are clearly distinguished in Ionic.

τείνει (= τέταται), intrans. use: cf. 8. 4 τεῖνον ἐς τὴν . . . θάλασσαν, preceded by παρατέταται.

ταύτης ὤν ἄπο: anastrophe, the only example of ἄπο in H., giving emphasis to the pronoun: περί, on the other hand, frequently follows its case, e.g. 5. 6.

5. γεωπεῖναι (fr. πένομαι, πένης), 'poorly off for land': defined by a Scholiast as οἱ γῆς πεινῶντες καὶ ἀπορούμενοι, and by a grammarian as οἱ μικρὰν καὶ λυπρὰν (*aridam*) γῆν ἔχοντες (Stein).

6. μεμετρήκασι, perf. practically equivalent to a pres. tense (gnomic perf.), with reference to an established system of mensuration. Cf. the perfect of permanent attitude, ἀπεστυγήκασι 47. 12, κατεσπουδάσθαι 173. 16.

7. παρασάγγησι: from a Persian word meaning '(mile)stone'.

8. δύναται, *valet*: is worth, is equal to.

10. ἂν εἴησαν, 'would be (if you were to grant that the measurements are correct)', practically 'will be', potential opt. (*G.G.* 1329). In effect H. says: 'Thus there will be in Egypt (belonging to E.) 3600 stades along the seaboard'; but according to the strict or Procrustean grammarian, τὸ παρὰ θάλασσαν is really the subject of εἴησαν which is attracted into the plur. by the noun in the predicate, στάδιοι (cf. εἰσί 15. 22), while Αἰγύπτου is partitive gen. going with τὸ παρὰ θάλασσαν and preceding it like τῆς Ἀραβίης 12. 8. In English, at any rate, this is the natural construction: 'the seaboard of Egypt will be . . .'. στάδιοι: the masc. form of the plur. of στάδιον is much commoner in H. than στάδια (*supra* ll. 9, 10).

7 1. ἐνθεῦτεν (Att. ἐντεῦθεν) μέν is balanced by ἀπὸ δέ 8. 1.

3. ὑπτίη, *supina*, 'stretched out *flat*' before the eyes, of open country.

ἔνυδρος, 'well-watered': a conj. for MSS. ἄνυδρος, which may be explained to mean 'without spring water' (cf. σπανίζοντες ὑδάτων, 108. 15), but is a strange epithet for the water-soaked Delta.

4. ὁδός, of a journey by water (ἀνάπλοος, 9. 2) or by land: so in Homer (e.g. *Od.* ii. 285, viii, 150). But cf. H. ii. 31. 1 πλόου καὶ ὁδοῦ.

ἄνω ἰόντι, sc. τινί: dat. of relation, *G.G.* 1172. 2: again in 8. 2,

29. 4, cf.! ὄντι 22. 8, and in Latin, e.g. Verg. *Aen.* ii. 713 est urbe egressis tumulus templumque vetustum.

6. ἀπὸ . . . τοῦ βωμοῦ: the altar of the twelve gods (referred to again in vi. 108) was set up by the younger Pisistratus in the agora at Athens: Thuc. vi. 54. 6 Πεισίστρατος ὁ Ἱππίου τοῦ τυραννεύσαντος υἱός . . ., ὃς τῶν δώδεκα θεῶν βωμὸν ἐν τῇ ἀγορᾷ ἄρχων ἀνέθηκε. Like the *miliarum aureum*, the gilded pillar in the forum at Rome, it was used as a starting-point for measuring distances: cf. *Corpus Inscr. Attic.* i. 525 ἡ πόλις ἔστησεν με βροτοῖς μνημεῖον ἀληθές, | πᾶσιν σημαίνειν μέτρον ὁδοιπορίης· | ἔστιν γὰρ τὸ μεταξὺ θεῶμ πρὸς δώδεκα βωμὸν | ⟨ἓξ καὶ⟩ τεσσαρακοντ' ἐγ λιμένος στάδιοι. In the Parthenon freize there are seven gods and five goddesses, but an archaistic altar (perhaps a copy of an Attic original) shows six pairs of deities, god and goddess—Zeus Hera, Poseidon Demeter, Apollo Artemis, Ares Aphrodite, Hermes Athena, Hephaestus Hestia. (The omission of Dionysus may be due to the relatively late recognition of Dionysus as an object of worship at Athens: cf. 49. 11.) Note the position of the gen. τῶν δυώδεκα θεῶν before τοῦ βωμοῦ, not between τοῦ and βωμοῦ: cf. 94. 2 ἀπὸ τῶν σιλλικυπρίων τοῦ καρποῦ, and (even at the risk of ambiguity) 143. 9, i. 94. 7 ἐπὶ τοῦ βασιλέος τοῦ παιδός.

7. σμικρόν τι, asyndeton, with emphasis upon σμικρόν: the expletive τι has intensive force, cf. 27. 3 ψυχροῦ τινος, 37. 16 τι . . . πολλόν, 43. 19 τις ἀρχαῖος, *al.*, and note on 22. 19 τι . . . οὐδέν. The usage is Homeric, e.g. *Il.* vii. 156 πολλὸς γάρ τις ἔκειτο παρήορος ἔνθα καὶ ἔνθα: perhaps it arises from the negative use, e.g. H. v. 48 οὔ τινα πολλὸν χρόνον, 'no very long time'.

8. τουτέων: Ion. gen. pl. fem., cf. πολλέων 28. 16: App. 33.

9. τὸ μὴ ἴσας μῆκος εἶναι: an absolute infinitive phrase (= ὥστε μὴ . . .), explaining τὸ διάφορον: '(preventing them) from being equal in length', *quominus pares sint*: hence the negative μή (*G.G.* 1551), cf. l. 10 καταδεῖ . . . μὴ εἶναι. μῆκος: acc. of respect or specification, *G.G.* 1058.

οὐ πλέον π. σταδ. defines σμικρόν.

10. ἡ μέν . . ., ἡ δέ, sc. ὁδός.

11. μὴ εἶναι: some MSS. have ὡς μὴ εἶναι (ὡς consecutive). The inf. (as well as the gen. σταδίων) depends upon καταδεῖ: literally, 'wants 15 stades so that it fails to be (a journey, sc. ὁδόν) of 1500 stades', 'is 15 stades short of being. . . .' H. gives a very exact estimate of this distance; and his reckoning of 1500 stades from the sea to Heliopolis is roughly correct if, as is likely, he sailed up the Pelusian branch of the Nile.

12. πληροῖ τὸν ἀριθμὸν τοῦτον: all MSS. but one read ἐς τὸν ἀριθμόν: with that reading, supply τὰ στάδια, 'makes up the tale of furlongs . . .'. For this use of πληροῖ, cf. *explevit* in Livy ii. 1 numerum ad trecentorum summam explevit.

8 2. ἄνω ἰόντι: 7. 4 ἄνω, 'inland', 'into the interior', 'southward' (again in l. 4).

3. τῇ μὲν . . . τῆς Ἀραβίης, 'on one side, towards Arabia' (a gen. of relation, sometimes described as a partitive or topographical gen.), is balanced by τὸ δὲ πρὸς Λιβύης (l. 11). With this gen., cf. 11. 1 τῆς Ἀραβίης χώρης, 169. 16 ἀριστερῆς χειρός (*G.G.* 1137). It would also be

possible (with Stein) to join τῆς Ἀραβίης ὄρος together, = τὸ Ἀράβιον ὄρος, l. 20. In recitation a slight pause before or after τῆς Ἀραβίης would make the construction clear. ὄρος : now called the Mokattam Hills, just E. of Cairo.

4. πρὸς μεσαμβρίης : the gen. after πρός 'towards' is less common in H. than the acc. (*infra* l. 14, 158. 14). For a similar 'double-barrelled' expression of direction see 31. 5. νότος seems to be less definite than μεσαμβρίη : it may include S.W. as well as S.

αἰεί, *continenter*, without a break.

τεῖνον : 6. 4, here repeating the previous παρατέταται.

5. τὴν Ἐρυθρὴν . . . θάλασσαν : see Index of Proper Names for the wide sense of the term 'Red Sea'.

αἱ λιθοτομίαι : the limestone quarries at Ṭura opposite to Memphis, some 4 miles S. of Cairo (cf. 124. 7) are still conspicuous in the landscape on the E. bank of the Nile. These quarries are mentioned as early as Dynasty V by their name, *Rouvi*, which with the article became *Trouvi*. The Greeks altered this to the familiar form Τροία (Strabo 17. 1. 34, p. 809); and later still, the Arabs assimilated the name to their word for 'canal', *Tura*. Many inscriptions are found in the galleries of these quarries which extend, with supporting pillars, for hundreds of yards into the rock of the cliffs.

6. ἐν Μέμφι : the vague sense of ἐν ('near'), common in H.

7. τὸ ὄρος, subject of ἀνακάμπτει : 'here (by the quarries) the range ceases (to run due south beside the Nile), and bends away towards the places which have been mentioned'—ἐς (ταῦτα τὰ χωρία) τὰ (Att. ἃ) εἴρηται, i.e. towards the 'Red Sea' in the S.W., a very vague expression of direction. But it seems impossible (with Stein) to connect λῆγον . . . ἐς τὰ εἴρηται. A slight pause after εἴρηται would separate that verb from τὸ ὄρος.

τῇ δὲ αὐτὸ ἑωυτοῦ ἐστι μακρότατον, 'where it is at its broadest', 'at its greatest breadth': ἑωυτοῦ is used with the superlative (as after the comparative, 25. 21), a gen. of reference: 'as compared with itself (at other places)': cf. 124. 17 ὑψηλοτάτη αὐτὴ ἑωυτῆς, 149. 7, 161. 4, and e.g. Xen. *Mem.* i. 2. 46 δεινότατος σαυτοῦ ταῦτα ἦσθα, 'you were at your cleverest in such matters'.

8. ὡς ἐγὼ ἐπυνθανόμην, . . . εἶναι : the verb ἐπυνθανόμην, although in a parenthetical clause, affects the verb of the principal cl. (εἶναι) : cf. 125. 19 ὡς ἐμὲ εὖ μεμνῆσθαι, . . . τετελέσθαι : a negligence common in H., cf. Aesch. *Pers.* 188 f. Stein suggests that H. 'learned' this indirectly from the Phoenicians: hence the reckoning from E. to W. instead of *vice versa*, from the known to the less known.

9. δύο μηνῶν . . . ὁδοῦ (both gen. of measure, *G.G.* 1085. 5, 1094. 5): 'a two months' journey from E. to W.': this is true only if H. is disregarding the Red Sea, and measuring the range in the Arabian Peninsula as far as the Persian Gulf.

δύο : also in Att. as gen. (e.g. Thuc. iii. 89. 3). H. twice uses δυοῖν, several times δυῶν.

τὰ δὲ πρὸς τὴν ἠῶ (an adverbial phrase), 'but towards the east': for the frankincense of the Yemen, E. of the Red Sea, cf. iii. 107. In 1938 Miss Freya Stark and two other archaeologists made exploration of the ancient trade route, the Frankincense Road, in the Hadhramaut:

they found the boulders of the old causeway, with inscriptions on the rocks near by (*The Times*, July 18–20, 1938). See also Freya Stark, *The Southern Gates of Arabia*, 1936.

11. τοῦτο μέν resumes τῇ μέν, l. 3.

τὸ δὲ πρὸς Λιβύης τῆς Αἰγύπτου, 'but on the side of Egypt that faces Libya', 'on the Libyan side of Egypt' (adverbial phrase, cf. l. 20, and for πρὸς Λιβύης cf. πρὸς μεσαμβρίης l. 4. A less probable construction (Stein) is τῆς Αἰγύπτου ὄρος, if τῆς Αραβίης ὄρος is taken thus in l. 3: then ἄλλο πέτρινον would be 'likewise rocky' and used for quarries like the Arabian range, cf. ἄλλους 146. 7.

12. αἱ πυραμίδες: on the W. side of the Nile valley from Giza southward, more than 30 pyramids stand at the edge of the desert. Strabo (17. 1. 32, p. 807) in the time of Augustus saw some of the sphinxes at Memphis buried up to the head by drifting sand (hence ψάμμῳ κατειλυμένον here); and recent excavations around the Sphinx at Giza have disclosed walls of mud brick built by Tuthmôsis IV of Dynasty XVIII to stem the advance of the ever-encroaching sand. It is probable that, a thousand years after Tuthmôsis IV, when H. visited Giza, sand had once more buried the Sphinx, which therefore H. does not mention nor describe. See also C. C. Martindale, *The Goddess of Ghosts*, 1915, pp. 44–50.

With κατειλυμένον, cf. Homer *Od.* xiv. 136 ψαμάθῳ εἰλυμένα πολλῇ. The variant κατειλημένον (which certain MSS. have with the spelling -μμ-) is from -ειλέω, 'wrap up'.

13. τεταμένον . . . 'stretched (i.e. running) in the same direction as that part of the Arabian range which bears to the S.' τρόπον, 'direction', as in 108. 12, and i. 189. 3 πάντα τρόπον, *quoquoversum*. τοῦ 'Αραβίου, sc. ὄρεος. τὰ πρὸς μεσαμβρίην φέροντα: these words are repeated here for clearness, since H. has mentioned (l. 7 ἀνακάμπτει) a side-extension of the range to the E.

14. τὸ ὤν δὴ ἀπὸ 'Ηλίου πόλιος refers back to l. 2: so, too, οὐκέτι πολλόν repeats στεινή. πολλόν (Att. πολύ) 'large': cf. Homer *Il.* xxiii. 245 τύμβον δ' οὐ μάλα πολλόν, and so commonly in H.

15. ὡς εἶναι Αἰγύπτου (ὡς consecutive, like ὥστε), 'considering that it is part of Egypt', 'to be a part of E.'; the contrast is with the extensive flats of the Delta, which H. saw first. For the construction, cf. 135. 6 ὡς εἶναι 'Ροδῶπιν, iv. 81. 1 ὡς Σκύθας εἶναι.

16. ὅσον τε (with ellipsis of verb), 'as far as', 'nearly', 'approximately', *fere*: perhaps a Homeric trait, frequent in H., e.g. 48. 6, 78. 4, 92. 21 *al.* For the use of τε, cf. οἷός τε, ἐπείτε.

ἡμερέων τεσσέρων ἀναπλόου, 'within (or, in) four days of sailing upstream', 'in four days' sail': ἡμερέων, gen. of time within which (*G.G.* 1136), governing ἀναπλόου, gen. of measure (cf. 8. 9). Probably the phrase is corrupt, as it is difficult to parallel the independent usage of ἡμερέων: τριῶν ἡμερέων 115. 25 is quite regular.

Egypt becomes wider at the Fayûm, less than four days' sail from Heliopolis. Upstream a boat could do 540 stades a day: see 9. 3. τεσσέρων, the MSS. reading, is found quoted in ii/A.D. by Aristides (xxxvi. 46). The conj. τεσσέρων ⟨καὶ δέκα⟩ by Dietsch was intended to express the length of the voyage from Heliopolis up to the extreme southern frontier of Egypt.

17. Αἴγυπτος ἐοῦσα, the MSS. reading, reiterates at a short interval the meaning of the phrase ὡς εἶναι Αἰγύπτου : '(the land) is narrow, for Egypt', i.e. in contrast with the broad Delta. Unless the sentence is corrupt, its meaning amounts to—ἐστὶ στεινὴ ἡ Αἴγυπτος, Αἴγυπτος ἐοῦσα. J. E. Powell (*Hermes* 1933, pp. 123 ff.; 1936, pp. 475 f.) emends the passage, omitting δέ (with MSS. ABC) and taking ἐοῦσα with what follows: . . . Αἴγυπτος, ἐοῦσα ὀρέων τῶν εἰρημένων τὸ μεταξύ, 'lying, as it does, between the ranges aforesaid'. For τὸ μεταξύ used adverbially = μεταξύ, cf. 10. 4.

18. στάδιοι . . . ἐδόκεόν μοι : translate in English idiom 'it seemed to me that there were . . .'. Apparently H. gives his own estimate of the breadth of the Nile valley as he sailed up the river.

19. διηκοσίων (σταδίων), or about 22 miles: actually, the greatest width of the Nile valley in the four days' sail above Heliopolis is about 15 miles: hence we must lay stress on both μάλιστα and οὐ πλεῦνος, wisely added by H.

20. τὸ Λιβυκὸν καλεόμενον, 'the so-called Libyan range': H. himself regards it as belonging to Egypt, *supra* l. 11: cf. 19. 2.

τὸ ἐνθεῦτεν, adverbially, 'from there on', 'beyond this': cf. 14. 17 τὸ ἀπὸ τούτου, 15. 20 τὸ πάλαι.

21. εὐρέα: H. appears to imagine a widening of the Nile valley somewhere S. of Egypt, in a region where he heard there was a plain (29. 11).

9 2. ἐννέα : 4860 stades in 9 days, therefore 540 stades a day, going upstream. A. W. Lawrence notes: 'Instead of 9 days, light craft usually reckon 12½ days from Heliopolis to Thebes (421 miles); yet H. overestimated the distance by about 130 miles'.

4. συντιθέμενοι οἱ στάδιοι, sc. εἰσί : there is asyndeton after this clause, which serves as a kind of summary to what follows: 'these are the stades, as you add them together' (MSS. DRSV have the perf. συντεθειμένοι, of a finished calculation), 'this is the sum total of the stades in Egypt', explained, after the parenthetic τὸ μὲν . . . τρισχιλίων, by ὅσον δέ τι . . .

5. τὸ μὲν παρὰ θάλασσαν: the subject of the subordinate verb ἐστί, according to a common Greek idiom (anticipation).

6. πρότερον : 6. 11.

8. στάδιοι γάρ εἰσι . . . : these 6120 stades were probably measured directly by the Sebennytic branch of the Nile, since H. gives the distance from the sea to Heliopolis as 1500 stades (7. 11), and from Heliopolis to Thebes as 4860 stades: total, 6360 stades, measured by way of Heliopolis.

9. Ἐλεφαντίνην : this was the southern limit of H.'s journey (29. 2)—an island and a town: see Index of Proper Names.

10 1. ταύτης . . . ἡ πολλή: a favourite order in H. ἡ πολλή, *maxima pars*, is fem. by the regular attraction into the gender of the noun in the partitive gen.: cf. *infra* l. 14 τῶν νήσων τὰς ἡμισέας. Contrast the exceptional use, 68. 4 τὸ πολλὸν τῆς ἡμέρης, viii. 100. 5 τῆς στρατιῆς . . . τὸ πολλόν, and (with similar force) i. 102. 2 ὁ στρατὸς αὐτοῦ ὁ πολλός. κατά περ : see κατά, 6. 2.

3. τῶν ὀρέων . . . τὸ μεταξύ : the same order as in *supra* l. 1.

ὑπὲρ Μέμφιν πόλιν : the acc. after ὑπέρ is rare in Attic, cf. Plato

Critias 108 E τοῖς ὑπὲρ Ἡρακλείας στήλας ἔξω κατοικοῦσι, Thuc. i. 41. 2. Contrast *infra* 12. 6 ὑπὲρ Μέμφιος.

4. εἶναι, *fuisse*, as in 4. 17, here reinforced by κοτε 'once', 'in time past'.

κόλπος θαλάσσης: Egypt originally a gulf of the sea—an interesting theory, but 'a mistake' (A. W. Lawrence). See 11. 8 (just like the Red Sea), 12. 3 note (with the quotation from Plutarch *de Is. et Osir.* 40). H. gives as parallels 'the regions round Ilium (Troy)' with the rivers Simoïs and Scamander, 'the district of Teuthrania' with the river Caïcus, 'the region round Ephesus' with the river Caÿster, and 'the plain of the river Maeander', to the south of Ephesus. At Ephesus the sea has receded about three miles. Strabo (15. 1. 16, p. 691) quoting Nearchus, the admiral of Alexander the Great, deals with the subject of alluvial deposits at the mouths of rivers, and ends with an allusion to H. ii. 5. 4—τούτων (i.e. τῶν ποταμῶν) γεννήματα, 'the offspring of these rivers'. Cf. Thuc. ii. 102. 3 προσχοῖ αἰεί (of the great river Achelôus, always making fresh deposits of silt).

6. ὥς γε εἶναι (= ἐξεῖναι, as in 160. 21) . . . συμβαλεῖν, 'as far, at least, as one may compare': so in iv. 99. 5 λέγω δὲ ὡς εἶναι ταῦτα σμικρὰ μεγάλοισι συμβαλεῖν: imitated by Verg. *Georg.* iv. 176 si parva licet componere magnis, *Ecl.* i. 23 sic parvis componere magna solebam, Milton *Par. Lost* ii. 921 f. to compare great things with small. ὡς and the absolute infinitive, with conditional force: see note on 4. 5 ἐμοὶ δοκέειν. Instead of ὥς γε (a conj.), the MSS. read ὥστε ABCP, ὡς DRSV.

8. πενταστόμου: the five natural mouths of the Nile are named in 17. 14 ff. along with two others (Bolbitine and Bucolic) which are described as artificial (ὀρυκτά) and are therefore omitted here. The Istros (Danube), which is similar to the Nile in so many respects (chs. 33, 34), is πεντάστομος (iv. 47. 2). As a rule, the Nile is called ἑπτάστομος (so here in MSS. RSVP[c])—the 'seven streams' of *O.T. Isaiah* xi. 15.

9. αὐτῶν, pleonastic, resumes the whole phrase τῶν . . . ποταμῶν, which is separated by several words from οὐδείς: for this epanalepsis, cf. 107. 5, iii. 15. 2 τῶν (sc. βασιλέων), εἰ καί σφεων ἀποστέωσι, ὅμως τοῖσί γε παισὶ αὐτῶν ἀποδιδοῦσι τὴν ἀρχήν, and *infra* 13. 13 note.

πλήθεος πέρι (anastrophe of the prep.), *quod ad magnitudinem attinet*, in English idiom 'for greatness'.

ἄξιος συμβληθῆναι: inf. pass., as in English idiom (so also iii. 125. 2): in Greek the inf. act. is more usual (*G.G.* 1529), cf. iv. 42. 1 εὔρεος δὲ πέρι οὐδὲ συμβάλλειν ἀξίη φαίνεταί μοι εἶναι, ii. 75. 4 ὀστέα . . . ἀδύνατα ἀπηγήσασθαι.

10. κατὰ τὸν Νεῖλον (literally, after the standard of), 'corresponding to the Nile': cf. 92. 13, i. 98. 5 τεῖχος κατὰ τὸν Ἀθηνέων κύκλον μάλιστά κῃ τὸ μέγαθος. The acc. of respect (τὸ μέγαθος) is singular after the sing. τεῖχος: after the pl. ποταμοί H. uses the pl. μεγάθεα (more exact than the English singular), cf. 53. 2 ὁκοῖοί τινες τὰ εἴδεα, i. 202. 1 νήσους μεγάθεα παραπλησίους.

11. ἀποδεξάμενοι (App. 5), from ἀποδείκνυμι. ἀποδεξάμενοί . . . εἰσι, a periphrasis for the perf. mid. ἀποδεδέχαται (as passive in 43. 13). For the pres. part. with ἐστί, cf. 37. 15 note, 99. 2.

12. οὐκ ἥκιστα, litotes, = μάλιστα, 'above all': fully expressed in 43. 14 *al.* οὐκ ἥκιστα ἀλλὰ μάλιστα.

14. τῶν Ἐχινάδων νήσων τὰς ἡμισέας (for the attraction cf. *supra* l. 1). Thucydides (ii. 102. 3) conjectures that the Echinades Islands will all become part of the mainland ' in no long time ': cf. Pausanias viii. 24. 5.

11 1. τῆς Ἀραβίης χώρης: see 8. 3 for the topographical gen., with possessive or partitive force: translate ' in Arabia '.

2. ἐσέχων, intrans., ' running in ', ' entering in ', sc. ἐπὶ Συρίης, cf. *infra* l. 12. The κόλπος is our Red Sea: ἡ Ἐρυθρὴ θάλασσα is the Indian Ocean.

3. οὕτω δή τι, ' so very ', modifying the adjs. cf. 71. 6 (followed by ὥστε), 135. 18 (followed by ὡς consec., not as here by the rel. adv. ' as '): a usage peculiar to H., see Denniston, *Gk. Part.*, p. 209.

ὡς ἔρχομαι φράσων, ' as I am going to describe ', in French, *comme je vais le dire*: a periphrasis common in H., cf. 35. 1 ἔρχομαι μηκυνέων, 40. 4, 99. 2. It is a Homeric usage, e.g. *Il.* xiii. 256 ἔρχομαι . . . οἰσόμενος: *M. and T.* 895.

4. μῆκος, acc. of respect, ' in length ': the whole sentence is parallel to i. 72. 3 μῆκος ὁδοῦ εὐζώνῳ [ἀνδρὶ] πέντε ἡμέραι ἀναισιμοῦνται.

ἀρξαμένῳ, χρεωμένῳ: (1) dat. of relation, cf. 7. 4 (ἰόντι); or (2) dat. of agent. Cf. 31. 3.

ἐκ μυχοῦ: μυχός, *recessus*, nook, inmost corner: here of the ' head ' of the gulf of Suez.

διεκπλῶσαι: the Ion. form -πλώω appears in several compounds, *infra* 93: App. 66.

5. ἀναισιμοῦνται, Ion. for Att. ἀναλίσκονται: see 11. 18 (προαναισιμωμένῳ).

6. εἰρεσίῃ χρεωμένῳ: cf. i. 203. 1 (the dimensions of the Caspian Sea). ' Forty days' voyage for a vessel rowed by oars ' appears to tally with the actual length of the Red Sea (about 1200 miles); but ' half a day's voyage ' is much too short, for the greatest width of the main gulf is about 250 miles in the south. Perhaps H. is referring merely to the Gulf of Suez (average width, 30 miles).

7. ἥμισυ ἡμέρης πλόου: (1) if ἥμισυ is nom., parallel with ἡμέραι, the breadth is given in time: or (2) ἥμισυ ἡμέρης depends upon πλόου; cf. 5. 5, i. 203. 1 where πλόου, separated from ἡμερέων, precedes it, and the exact parallel in Thuc. iv. 104. 3 ἡμίσεος ἡμέρας μάλιστα πλοῦν. The same substantival use of the neut. occurs in Homer *Od.* xvii. 322 ἥμισυ ἀρετῆς. Contrast the attraction in 10. 14 τῶν νήσων τὰς ἡμισέας.

ῥηχίη, ἄμπωτις: at Suez the tide rises from 5 to 6 feet, whereas in the Mediterranean the ' flow ' and ' ebb ' are scarcely perceptible.

8. ἀνὰ πᾶσαν ἡμέρην: ἀνά distributive, *G.G.* 1203. c: cf. 4. 8 ἀνὰ πᾶν ἔτος.

ἕτερον τοιοῦτον (cf. 5. 7): asyndeton (H. lets out his theory abruptly).

9. κου (Att. που) ' in some way or other ', or perhaps in a temporal sense = κοτέ, ' once ', if the text is sound.

τὸν μὲν . . . ἐσέχοντα: in loose apposition to ἕτερον τοιοῦτον κόλπον, and followed in the acc. case by τὸν δέ . . . referring to the ' Arabian Gulf ', after which comes a plural part. συντετραίνοντας agreeing with τὸν μέν and τὸν δέ together. Note how the sentence develops as H. *talks*.

H. loves to find similarities between geographical features (e.g. the

Nile and the Danube, chs. 33, 34): so here he imagines a parallel to the Arabian Gulf.

τῆς βορηΐης θαλάσσης, of the Mediterranean Sea (ἥδε ἡ θάλασσα, i. 1. 1): τῆς νοτίης, of the Indian Sea.

12. συντετραίνοντας, 'uniting by a boring or channel': the two gulfs (the Red Sea and that which is now Egypt) are regarded as making their ends or peaks (μυχούς) almost meet, 'diverging from' or 'missing' one another (sc. ἀλλήλων) by a short tract of land (i.e. the region between the Nile and the Red Sea).

With this use of συντετραίνω (a term in mining), cf. Aesch. *Choeph.* 451 δι' ὤτων δὲ συντέτραινε μῦθον (sink the tale), 'let the words pierce in through thine ears'. παραλλάσσειν c. gen., to deviate from, or miss: cf. Plato *Theaet.* 194 A παραλλάττειν τοῦ σκοποῦ to miss the mark.

14. εἰ ἐθελήσει: as in a warning (*G.G.* 1405), more vivid than ἤν (ἐάν) c. subj. ἐθέλω is often used (like φιλέω, 27. 3) of inanimate objects, = μέλλω, *soleo*, as in 14. 3; but here (as in 99. 13) H. may be personifying the Nile (cf. 13. 17 ἐθελήσει . . . ὁ θεός): 'if he chooses', almost 'if he takes it into his head'.

15. κωλύει: the future is expected, but as H. proceeds, the picture becomes more vivid in his mind's eye, and he uses the pres. tense instead.

μιν, Ep. and Ion. enclitic, meaning 'him, her, or it': here = αὐτόν (i.e. τὸν κόλπον): cf. 22. 8, 26. 11, 37. 21 *al.*

16. ἐγὼ μέν, *equidem*, with emphasis on the personal belief of H.: μέν *solitarium* (there is no answering δέ = 'others may hold a different view'). Cf. e.g. 49. 9, 73. 8 ἐμοὶ μὲν οὐ πιστὰ λέγοντες.

17. ἔλπομαι, *opinor*, 'I suppose', as in 26. 12, 43. 17, 120. 14: H. also uses ἐλπίζω and (once only) οἴομαι.

κοῦ γε δὴ . . . οὐκ . . .; expresses a very strong inference, cf. the Att. πῶς . . . οὐ . . .; (and *infra* 22. 5 κῶς ὤν δῆτα ῥέοι ἄν . . .;): here, 'then would it not . . .?' = 'certainly it could have been silted up'.

18. προαναισιμωμένῳ (here only) = προγεγενημένῳ: perf. part. pass., a compound of the Ion. verb ἀναισιμόω, 'use up', 'spend' (11. 5, 31. 3, 60. 13, 125. 18, 134. 9): of time, like παροιχόμενος, 14. 5. προ- is defined by the following phrase πρότερον ἢ ἐμὲ γενέσθαι. Its derivation is from the Ep. adj. αἴσιμος, appointed by the will of the gods, destined as one's lot (αἶσα).

πρότερον ἤ c. acc. and inf., just as after πρὶν ἤ.

19. καί, emphatic: 'even much greater': H. has several times καὶ κάρτα, 'quite especially' (e.g. 69. 3).

20. ἐργατικοῦ, 'hard-working', 'active', 'busy': expressively used of the Nile, constantly bringing down mud and sand to form new land: cf. ἔργα 10. 11, and in general Matthew Arnold's sonnet on the 'Quiet Work' of Nature. Pliny (*Hist. Nat.* 18. 167) describes the Nile as 'filling the rôle of farmer' (coloni vice fungens).

12 1. τὰ περὶ Αἴγυπτον: (1) adverbial acc.: 'as to Egypt, then, I believe those who give this account . . .'; or (2) acc. neut. after πείθομαι, cf. viii. 81 οὐκ ἐπείθοντο τὰ ἐξαγγελθέντα, Plato *Apol.* 25 E ταῦτ' ἐγώ σοι οὐ πείθομαι, 'I do not take this on your word': so here, 'I both believe the story of Egypt on the authority of those who tell it, and . . .'

(καὶ . . . καί). τὰ περὶ Αἴγυπτον, a common use in H. (e.g. 15. 1): περί c. acc., 'concerning', 'in the case of'.

2. οὕτω . . . εἶναι to be construed together.

ἰδών τε: hyperbaton of τε, which ought to come after τήν: cf. 18. 6 αὐτοί τε δοκέοντες . . . καὶ ἀχθόμενοι, 79. 13.

3. προκειμένην τῆς ἐχομένης γῆς, 'projecting farther than (in front of) the adjoining land': for the gen. governed by the προ-, cf. iv. 99. 1 τῆς δὲ Σκυθικῆς γῆς ἡ Θρηΐκη τὸ ἐς θάλασσαν πρόκειται, Soph. *Trach.* 925 ᾗ προὔκειτο μαστῶν περονίς, 'where a brooch was set before her breasts'. The Delta visibly projects: its fan-like shape is seen in the Map. ἐχομένης: cf. 29. 15 ἔχεται 'is next to', and i. 134. 3 οἱ ἐχόμενοι, 'their neighbours' (οἱ ὅμουροι).

κογχύλια . . . καὶ ἅλμην: H.'s excellent powers of observation are displayed in this passage. 'Shells' and 'salt efflorescence' are plainly seen also at the present day. In magnesian limestone, fossil shells, such as *Nautilus lenticularis*, occur in abundance on the banks of the Nile, especially near Cairo; and boys make collections of good specimens. On the hills at Giza, near the Pyramids, too, there are raised beaches, covered with oyster shells. In many places, salt, especially natron, is exuded from the soil: cf. also the strong sulphur springs at Helwan.

Strabo (i. 3. 4) tells of fossilized shells on the plains of Asia Minor, and adds that Xanthus the Lydian (a contemporary of H.) believed the plains to have been seas at one time.

With the whole passage cf. Plutarch *Is. et Osir.* 40, p. 367 A θάλαττα γὰρ ἦν ἡ Αἴγυπτος· διὸ πολλὰ μὲν ἐν τοῖς μετάλλοις καὶ τοῖς ὄρεσιν εὑρίσκεται μέχρι νῦν κογχύλια ἔχειν. πᾶσαι δὲ πηγαὶ καὶ φρέατα πάντα, πολλῶν ὑπαρχόντων, ἁλμυρὸν ὕδωρ καὶ πικρὸν ἔχουσιν, ὡς ἂν ὑπολείμματος τῆς πάλαι θαλάττης ἑώλου ἐνταυθοῖ συνερρυηκότος.

4. ὥστε καὶ τὰς πυραμίδας (ἅλμην) δηλέεσθαι: in English a passive translation is more natural—'even the Pyramids are wasted by it'.

5. μοῦνον Αἰγύπτου ὄρος τοῦτο . . . ἔχον: ἔχον in participial construction after ἰδών, l. 2, governs ψάμμον (fem.—hence μοῦνον is at once felt to go with what follows). Cf. 8. 11 τὸ δὲ πρὸς Λιβύης τῆς Αἰγύπτου ὄρος . . . ψάμμῳ κατειλυμένον. But the sand is much more extensive than H. here allows.

6. πρὸς δέ, *praeterea autem*, adverbial (the original use of all prepositions): 'and further', 'moreover': cf. 20. 8, 134. 9; 43. 8 ἐν δέ, 73. 13 μετὰ δέ, and iv. 59. 1 ἐπὶ δέ. See *G.G.* 1222. 1.

7. τὴν Αἴγυπτον προσεικέλην, sc. ἐοῦσαν: the construction with ἰδών continues to the end of this sentence.

8. οὐ μὲν (Att. μὴν) οὐδέ: see Denniston, *Gk. Part.*, p. 363. The negative, as usual, is reinforced by repetition, cf. 2. 6. For the strong connective μέν in H. (and Homer), see 20. 1 note.

9. μελάγγαιον: after its black soil the Egyptians called their land *Qem* or *Qemt*, 'the black' (hence the Biblical *Ham*, and the English *alchemy*, 'the Egyptian [art]'), in contrast to the gleaming Libyan Desert and the red (Phoenician) land. Cf. Verg. *Georg.* iv. 291 et viridem Aegyptum *nigra* fecundat *arena* . . . amnis; and especially Plutarch *Is. et Osir.* 33, p. 364 C ἔτι τὴν Αἴγυπτον ἐν τοῖς μάλιστα μελάγγειον οὖσαν, ὥσπερ τὸ μέλαν τοῦ ὀφθαλμοῦ, Χημίαν καλοῦσι.

καταρρηγνυμένην, *rimis hiantem*, pres. part. pass., lit. 'being broken in pieces', hence 'with crumbling, friable soil'. This is due to the unequal depositing of sand and mud.

10. ὥστε c. pres. part. = ἅτε (which H. uses, e.g. 68. 17), or οἷα (which H. uses, e.g. 28. 20, 63. 23): cf. i. 8. 2 ὥστε δὲ ταῦτα νομίζων.

11. ἴδμεν, App. 60: three times H. uses οἴδαμεν, e.g. 17. 5.

12. ὑποψαμμοτέρην, 'with a more sandy subsoil', cf. ὑπόπετρον l. 13, ὑπο-, like *sub*-, implying 'beneath the surface'. Travellers on the Nile tell of the golden sands of the Libyan or western bank, as contrasted with the débris of volcanic shale on the Arabian or eastern bank.

13 1. τεκμήριον: for 'piece of evidence', 'proof', H. also uses μαρτύριον, e.g. 22. 9.

2. ἐπὶ Μοίριος βασιλέος: ἐπί 'in the time of', as in 4. 16. The reign of King Moeris, i.e. Amenemhet III of Dynasty XII, is now given as beginning in 1820 B.C.: H. puts him at about 1400 B.C. See further 101, and 149 (Lake Moeris); and consult the Table of Dynasties, p. 14.

ὅκως (Att. ὅπως) 'whenever', c. opt. of indefinite frequency, *M. and T.* 532, cf. ὅτε . . . γενοίατο 165. 4, ὁκότε συμμίσγοιεν 120. 10. In Homer ὅπως c. indic. is occasionally used for 'when'.

3. ὀκτὼ πήχεας: a doubtful statement. A. W. Lawrence quotes from Sethe, *Untersuchungen* iii. 1905, p. 103: 'It appears from records on the rocks of Nubia that the flood used to rise higher than it does now, the difference amounting to as much as 26 feet at the time of Moeris'. πηχέας: there were two standards of Egyptian cubit; here, not the royal cubit of 28 fingers, but the little cubit (the usual Greek measure, μέτριος πῆχυς) of 6 palms (149. 16) or 24 fingers, roughly 18 inches.

ἄρδεσκε, imperf. indic. with iterative ending (*G.G.* 778): H. always (and Homer frequently) omits the augment (syllabic and temporal) with iteratives in -σκον and -σκόμην, e.g. 174. 4, 6 κλέπτεσκε, ἄγεσκον. For iterative tenses in Homer, such as ἔσκε 'used to be', καλέεσκε, εἴπεσκε (from the Aorist stem), see *H.G.* 49.

4. ἦν . . . τετελευτηκότι: for this idiomatic dat. of the participle in expressions of Time with εἶναι and γίγνεσθαι, cf. ἐγεγόνεε . . . πρήσσοντι 2. 17 and note, Eur. *Ion* 353. Translate: 'Moeris had not yet been dead . . .' Μοίρι τετελευτηκότι: English might express this less concretely, lit. 'in respect to the death of Moeris': cf. the simple, concrete participle in 22. 11 ἐπὶ χιόνι πεσούσῃ, also 34. 10 ἐκδιδόντι, 44. 10 οἰκιζομένῃ.

5. ὅτε . . . ἤκουον: H. vaguely implies some interval between hearing and writing.

6. εἰ μὴ . . . ἀναβῇ: an abnormal use of εἰ c. subj.: instead of εἰ, MSS. PDRSV have the regular ἤν. According to the O.C.T. εἰ c. subj. occurs in eight other passages of H. (e.g. iii. 36. 5 εἰ μεταμελήσῃ); and for this omission of ἄν (as in iv. 172. 2), see *M. and T.* 468, and cf. Hom. *Il.* xi. 116 εἴ πέρ τε τύχῃσι μάλα σχεδόν. The opposite abnormality, ἤν c. indic., is found *infra* l. 10.

ἑκκαίδεκα ἢ πεντεκαίδεκα πήχεας: the height of the Nile flood was measured near Memphis on Rodah Island, Cairo, where the Nilometer still stands. The average rising here is said by Plutarch (*Is. et Osir.* 43, p. 368 B) to be 14 cubits. Pliny (*Hist. Nat.* v. 9) describes the effects of variation in the height of the flood: 'at 12 cubits Egypt experiences famine, at 13 hunger is still felt; 14 cubits bring cheerfulness, 15 ease, 16 joy'. The last height 16 cubits or about 24 feet, is symbolized in the statue of Nilus set up by Vespasian in the Temple of Peace at Rome (now in the Vatican) by sixteen children, each 1 cubit high, playing around and over the River-god. (See *Comp. Gk. Studies*, p. 317.) See Pliny *Hist. Nat.* xxxvi. 9, and cf. Philostratus *Imagines* 5: the same symbolical representation appears in the Nilus-type on coins of Alexandria. A. W. Lawrence says: 'At present a rise of 20 feet makes a moderate inundation, and 24–27 feet a good one'.

In Shakespeare's *Antony and Cleopatra*, II. 7, Antony explains (making the Nilometer a pyramid!): 'Thus do they, sir: they take the flow o' the Nile | By certain scales i' the pyramid; they know | By the height, the lowness, or the mean, if dearth | Or foison follow: the higher Nilus swells, | The more it promises: as it ebbs, the seedsman | Upon the slime and ooze scatters his grain, | And shortly comes to harvest'.

9. τά τε ἄλλα . . . καί, idiomatic, 'and especially the Delta'.

10. ἢν . . . ἐπιδιδοῖ ἐς ὕψος, 'if it increases (rises) in height' (ἐς 'in respect of'): ἐπιδίδωμι, of any kind of development. ἐπιδιδοῖ, ἀποδιδοῖ: Ionic forms of pres. indic. -δίδωσι, used here irregularly for the subj. after ἤν. The next phrase expresses practically the same meaning (cf. 14. 6 ἐς ὕψος αὐξάνεσθαι), and so was bracketed by Valckenaer; but αὔξησις may mean 'growth in area' of land—'and duly makes (ἀποδιδοῖ) a like increase in extent'.

κατὰ λόγον, 'proportionately' to its rise in the past: fully expressed (c. gen.) in 14. 5 κατὰ λόγον τοῦ παροιχομένου χρόνου. H. ignores the fact that the river-bed rises as well as the river-banks.

11. μή c. part., with hypothetical force (*G.G.* 1612).

12. πείσεσθαι: after δοκέουσι, the inf. for which H.'s hearers have been waiting: hence Αἰγύπτιοι is inserted pleonastically as a reminder that the subject is Αἰγυπτίων οἱ . . . οἰκέοντες: cf. 10. 9 αὐτῶν.

13. κοτέ: in emphatic position, but to be taken with πείσεσθαι: cf. κοτέ l. 16.

πυνθανόμενοι: MSS. ABCP have πυθόμενοι, an easier use here; perhaps the present vividly implies 'with the words still ringing in their ears'. H. is fond of this pres. part.: cf. 2. 6, 25: 50. 3: 75. 3: ἱστορέων 19. 13.

14. ὕεται, pass.: 'is (merely) rained upon': so in Homer *Od.* vi. 131 (of a lion) ὑόμενος καὶ ἀήμενος. H. has one example of the trans. act. use: iv. 151. 1 οὐκ ὗε τὴν Θήρην.

16. ἐλπίδος μεγάλης: gen. of respect or separation (*G.G.* 1117), in Lat. *spe magna deiectos*: their 'high hopes' are for rain-water and daily bread. Cf. 87. 8, ὁδοῦ after ἐπιλαβόντες.

17. ἐθέλει λέγειν, 'means', like the Lat. *sibi vult*: cf. Terence *H.T.* 615, iv. 1. 2 quid volt sibi, Syre, haec oratio? So H. iv. 131. 2 γνῶναι τὸ θέλει τὰ δῶρα λέγειν. ἐθέλει in this simple phrase has some such sense as 'tries to', 'chooses' (personification).

ἐθελήσει (this repetition of ἐθέλω is without significance), as in 11. 14.

ὕειν: ὕει, 'it rains', is by origin Ζεὺς ὕει, so here ὁ θεός (*G.G.* 897. 5). So in Homer, e.g. *Il.* 25 f. ὗε δ' ἄρα Ζεὺς | συνεχές. An Athenian would say τί γὰρ ὁ Ζεὺς ποιεῖ; (Ar. *Av.* 1501), 'what kind of weather is it?'

18. *αὐχμῷ διαχρᾶσθαι*, 'to give them a long (*δια-*) spell of drought', 'to let continual drought prevail': [LS[9] classifies this usage wrongly under 'meet with', 'suffer under', of a passive state]. *δια-* implies persistence, cf. *τῷ αὐτῷ τρόπῳ διαχρᾶσθαι* 127. 4. This use of *διαχρᾶσθαι* may easily imply 'afflict', 'ill-treat', and lead to the meaning 'destroy', 'kill' (c. acc.) in i. 24. 3 (cf. *καταχρᾶσθαι*, also c. acc., in i. 82. 8).

αἱρεθήσονται, 'will be destroyed', 'killed': this strong meaning of *αἱρέω* is Homeric, e.g. *Il.* vii. 77 *εἰ μέν κεν ἐμὲ κεῖνος ἕλῃ ταναήκεϊ χαλκῷ.*

19. *ὕδατος ἀποστροφή* is practically 'water supply': *ἀποστροφή*, properly 'escape', 'refuge' (viii. 109. 5, Themistocles and Persia), 'resource'; and here with gen. of the object, 'means for getting water': cf. Thuc. viii. 75. 3 *ἀποστροφὴν σωτηρίας.*

20. *ὅ τι μή*, after a negative clause, 'except', like Att. *πλὴν ἤ* (also in H., 130. 11), *nisi*: once in Homer (*Il.* xvi. 227 *οὔτε τεῳ σπένδεσκε θεῶν, ὅ τι μὴ Διὶ πατρί*, where, however, *ὅτε μὴ* is a variant reading). This is the pronominal *ὅ τι*, neut. of *ὅστις*, not the conjunction *ὅτι*: cf. the similar use of *ὅσον μή*.

Διός: Zeus as the sky-god (cf. *supra* l. 18) was *Ζεὺς ὑέτιος*, *Iuppiter pluvius*: cf. the Homeric epithets *νεφεληγερέτα, κελαινεφής, ὑψιβρεμέτης, τερπικέραυνος, ἀστεροπητής.*

For the contrast between artificial irrigation and rainfall, cf. *O.T. Deuteronomy* xi. 10–14 (especially, 'the land of Egypt, where thou sowedst thy seed and wateredst it *with thy foot* (*τοῖς ποσίν*), as a garden of herbs'): the curious phrase 'with thy foot' is paralleled in P. Ryl. ii. 157[21] *ποτίσαι . . . ἀπὸ ποδός*, see Hunt and Edgar, *Select Papyri* I. (L.C.L.), p. 159 (perhaps by opening and closing with the foot the mud embankments of the small runnels, or by working a machine, the Archimedean screw, like a treadmill).

14 2. *Αἰγυπτίοισι*, dat. of agent with *εἴρηται*, is effectively set next to *Ἕλληνας*: *ἐς Ἕλληνας* goes with *εἴρηται* (*ἐς*, in reference to).

φέρε δὲ . . . φράσω (hortative subj.: see *G.G.* 1345, *M. and T*, 257): cf. 105. 1 (again in 1st pers. sing.: in Attic, more commonly in 1st pers. plur., as in H. i. 97. 3). Note the lively, conversational tone of the narrative: cf. 5. 9.

3. *Αἰγυπτίοισι*, dat. of relation (*G.G.* 1172) after *ὡς ἔχει*, 'how the case stands with . . .': cf. vii. 220. 2 *αὐτῷ δὲ ἀπιέναι οὐ καλῶς ἔχειν.*

θέλοι (= *μέλλοι*), with personification, as in 11. 14. *εἰ θέλοι . . ., πεινήσουσι*: irregular sequence—the vivid fut. indic. (implying the certainty of the result) instead of the opt. c. *ἄν*.

6. *ἄλλο τι* (sc. *γενήσεται*) *ἤ . . .*; the same elliptical formula in i. 109. 4 *ἄλλο τι ἢ λείπεται;* (*G.G.* 1604): frequent in Plato: = *nonne*? 'What else will happen than that they will starve?' i.e. 'Assuredly they will . . .'

7. *ὕσεται*, middle form used with passive force: H. prefers to use the fut. mid. rather than the fut. pass., but cf. *ἐπιμνησθήσομαι* 3. 11, *αἱρεθήσονται* 13. 18. *εἴ . . . γε*, 'if, that is to say', almost 'since'. H. says (iii. 10. 3) that there is no rain at all in the upper parts of Egypt: a drizzle of rain at Thebes in the time of Psammenites was 'a most wonderful sight'. Cf. *ἄνομβρος*, of the Nile, 25. 20. Pomponius Mela (i. 9 §49) calls Egypt 'terra expers imbrium'. In 1878 Wilkinson wrote (*Anc. Eg.* iv. 10): 'In Upper Egypt slight showers fall about five

or six times a year, in Lower Egypt much more frequently'. The rainfall at the present day appears to be somewhat greater than formerly.

9. ἀπονητότατα, 'with the least possible labour': cf. Diodorus Siculus i. 36. 4 (some Egyptian farmers, 'while sowing their seed, drive in their herds to tread it down; then, four or five months later, they return for the harvest': others use light ploughs). Yet the Egyptian fellah is admittedly most laborious, working early and late. As H. says, it was only in the Delta that the plough could be dispensed with; and even so, he exaggerates in order to emphasize the contrast between Egypt and Greece (35. 7).

10. ἄλλων and λοιπῶν are added, according to a common Greek idiom, as though ἀπονητότατα were a comparative: cf. 161. 4 εὐδαιμονέστατος τῶν πρότερον βασιλέων, Plato *Rep.* i. 353 A ἢ μόνον τι ἢ κάλλιστα τῶν ἄλλων.

11. οἵ has causal force (*quippe qui*), and refers to οὗτοι, the Egyptians of the Delta.

ἀρότρῳ: the plough supplies a hieroglyph symbol—a proof of its use in Egypt in ancient times. Ploughing is shown in Egyptian tomb-paintings: for the use of a very light plough in Egypt, see Columella *Re Rust.* ii. 2. 25 quamvis levissimo dente moveri satis est. For plough and hoe, see *Brit. Mus. Guide*, p. 131.

12. τῶν = τούτων ἅ, *G.G.* 1032.

14. ἄρσῃ . . . , ἄρσας δέ: note this common mode of linking two clauses together. H. is fond of this, cf. 25. 6, 32. 30, 39. 4, 100. 7: it is as early as Homer, e.g. *Il.* i. 595 f. μείδησεν . . . , μειδήσασα δέ. Translate ἄρσας, 'having done so', 'then', 'thereupon'.

ἀπολίπῃ, intrans., 'withdraw', 'fail', 'sink' (*deficere*), cf. 22. 15, 93. 26.

15. ἐσβάλλει . . . ὗς: in tomb-paintings swine are shown treading in the seed (see Spiegelberg, *Credibility of H.*, p. 34: Erman-Ranke, *Aegypten*, p. 517). Cf. Plutarch, *Sympos.* iv. 5, p. 670 A, Aelian *de Hist. Anim.* x. 16 *ad fin.* (from Eudoxus: in Egyptian agriculture pigs tread in the seed), and Pliny *H.N.* xviii. 168 (the custom abandoned by i/A.D.).

16. τῇσι ὑσί: (1) instrumental dat. (*G.G.* 1181), like the Lat. abl. *legionibus*, *militibus*, *al.*; or (2) dat. of circumstance, 'sociative' (*G.G.* 1189 f.). So again *infra* l. 17.

17. τὸ ἀπὸ τούτου, adverbially, cf. τὸ ἐνθεῦτεν, 8. 20.

ἀποδινήσας: from δῖνος, a round threshing-floor (usually ἅλως, from which comes the English 'halo'), and δινέω, I revolve in a circle. ἀπο- has the force of 'finishing off', 'completing'; cf. 40. 13 note.

τῇσι ὑσί: the use of swine for treading out the grain at harvest-time is attested in a tomb at Thebes (*Brit. Mus. Guide*, p. 130), but more commonly it was asses or oxen that did this work.

18. οὕτω resumes the part. ἀποδινήσας,—a co mmon idiom.

15 1. Ἰώνων: perhaps of Hecataeus in particular, cf. F.H.G. i. 22, fr. 295.

τὰ περὶ Αἴγυπτον, 12. 1, acc. of respect.

3. Περσέος . . . σκοπιῆς: 'the watch-hill (or tower) of Perseus', apparently a familiar landmark, is placed by Strabo (17. 1. 18, p. 801) to the E. of the Bolbitine mouth of the Nile, i.e. near Aboukir. H. is here

describing a less extensive seaboard than in 6. 3, where the Gulf of Plinthinê is the western limit. There were old Ionian settlements near the watch-place of Perseus, just as at the salting factories of Pelusium in the E.

τὸ παρὰ θάλασσαν, adverbial, like τὸ ἀπὸ θαλάσσης (l. 5, 'inland', reinforced by ἐς μεσόγαιαν).

4. εἶναι αὐτήν, sc. τὴν Αἴγυπτον, has the same meaning as τείνειν αὐτήν (l. 6) which echoes it.

Ταριχηΐων: if spelled with a capital T, this is the name of a place (W. of the Pelusian mouth of the Nile) where there were salting factories (for a new citation of ταριχεῖον, a pickle factory, see P. Strassb. 73[2], iii/A.D.). Fishing was an important industry in Ancient Egypt (cf. 77. 16, 92. 24); and Egyptian salt-fish (ταρίχη Αἰγύπτια) are mentioned by Pollux (ii/A.D.). There were other salting establishments near the Canôbic mouth, 113. 6.

5. λεγόντων (also l. 8) repeats λέγοντες in a different case, whether agreeing with Ἰώνων, l. 1, or as a gen. absolute. Note how the sentence rambles on, with the careless ease of conversation: the apodosis begins at ἀποδεικνύοιμεν ἄν (l. 9).

7. σχίζεται explains the derivation of Κερκάσωρος (in Egyptian, 'the rending of Osiris', i.e. the Nile). The apex of the Delta, τὸ ὀξύ, 16. 9 (i.e. the forking of the Damietta and Rosetta branches) is now lower down the river—at the Barrage.

9. ἀποδεικνύοιμεν ἄν: potential opt. (*G.G.* 1421. 1), 'we can show': otherwise βουλοίμεθα (l. 1) must be read. Since the protasis is distant, H. repeats it now in a changed form—τούτῳ τῷ λόγῳ χρεώμενοι: for similar repetitions, see 25. 2 (διεξιών repeated), 100. 7 (ἀπέκτειναν, ἀποκτείναντες: τιμωρέουσαν repeated).

10. ἐοῦσαν: the addition of πρότερον makes it clear that ἐοῦσαν has a past meaning: cf. the inf. in 4. 17 (εἶναι, *fuisse*). The construction with acc. and participle after ἀποδείκνυμι recurs in 16. 3: cf. 44. 18 δηλοῖ . . . ἐόντα, *G.G.* 1588.

ἤδη γάρ (as in iv. 45. 3) introduces the established basis of the argument: ἤδη may be freely turned 'as already admitted', 'we have seen' [LS[9] classifies this usage as of place (cf. 29. 14), which is not convincing.]

12. κατάρρυτον, usually 'watered', 'irrigated' (e.g. Eur. *El.* 777, of a garden, κῆπος: Diod. Sic. i. 34. 2, of the Delta), here only has the meaning 'carried down by water', 'alluvial'.

ὡς λόγῳ εἰπεῖν modifies νεωστί:= 'practically', 'so to say' (but not, as generally in English, apologizing for a metaphor). For the absolute or limiting inf. (of which H. uses a wonderful variety), cf. 4. 5 note, 24. 6, 37. 12 (μυρίας, ὡς εἰπεῖν λόγῳ), 53. 3 (πρώην τε καὶ χθές, ὡς εἰπεῖν λόγῳ), *al.*, *M. and T.* 782.

13. ὑπῆρχε (stronger than ἦν): 'if they had originally no land', 'had no land to begin with'.

τί περιεργάζοντο δοκέοντες; 'why did they waste their time in thinking . . .?', 'why did they bother to hold the belief . . .?' For περιεργάζομαι c. part., cf. the indictment of Socrates, Plato *Apol.* 19 B. Σωκράτης . . . περιεργάζεται ζητῶν τά τε ὑπὸ γῆς καὶ οὐράνια.

14. πρῶτοι ἀνθρώπων: 2. 2.

15. ἐς διάπειραν τῶν παιδίων ἰέναι, 'to make an experiment on the children (in order to discover) . . .': with this metaphorical ἰέναι ἐς . . . cf. ἐς λόγους ἐλθεῖν 3. 2, 44. 7, and ἐς διάπειραν ἀπικέσθαι 28. 14, 77. 3. The gen. τῶν παιδίων depends upon διάπειραν, (cf. 77. 3), but also anticipates the subject (τὰ παιδία) of ἀπήσουσι, which is plur. in spite of the neut. pl. subject: cf. ῥήξουσι, 2. 16 note. H. not seldom uses a plural verb with a neut. pl. subject, e.g. i. 139 τὰ οὐνόματα . . . τελευτῶσι, ii. 138. 5 τὰ προπύλαια . . . ἐσκευάδαται. Cf. *H.G.* 172.

τίνα γλῶσσαν . . . ἀπήσουσι depends on the verbal notion (διαπειρᾶσθαι) contained in διάπειραν. H. says in jest that the first words of the babies could not, at any rate, have been Egyptian, if Egypt did not then exist!

17. Αἰγύπτῳ (added to the text as a conjecture by J. E. Powell, *C.Q.* 1935 p. 74) gives the meaning required by the argument: 'the Delta which is called Egypt by the Ionians'. Perhaps the presence of Αἰγυπτίους in the line above may have led a copyist to omit Αἰγύπτῳ here. Cf. l. 21 αἱ Θῆβαι Αἴγυπτος ἐκαλέετο.

18. αἰεί τε . . .: the positive clause following the negative is contrasted with it: so *neque . . . et . . .*, 'not only not . . . but even . . .'. Cf. μήτε . . . μήτε . . . τε . . . 147. 9.

εἶναι, *fuisse*, as in 4. 17.

γένος ἐγένετο: the verb has a cognate subject, *G.G.* 1240; cf. 62. 11 λόγος λεγόμενος, 29. 16 νομάδες Αἰθίοπες νέμονται, iv. 19 οἱ δὲ νομάδες . . . νέμονται.

20. ὑποκαταβαίνοντας: ὑπο- implies 'gradually': 'those gradually settling lower and lower', i.e. as the deposit formed farther and farther on. A. W. Lawrence points out that there was also continual immigration from east and west: the Egyptians were a people of very mixed blood.

τὸ δ' ὦν πάλαι, 'be that as it may, in olden times': the adv. with the article, like τὸ ἐνθεῦτεν, 8. 20. In Homer Αἴγυπτος is the name of the Nile (e.g. *Od.* iv. 477, where it is truly described as διιπετὴς ποταμός, 'rain-fed river'). The accepted derivation of Αἴγυπτος is *Ḥet-ka-Ptaḥ* 'Temple of the Ka, or double, of Ptah', one of the ancient names of Memphis (*Brit. Mus. Guide*, p. 4).

21. αἱ Θῆβαι = ἡ Θηβαΐς (28. 8) or ὁ Θηβαϊκὸς νομός (4. 16)—not merely the city of Thebes, as the following clause shows. Cf. Arist. *Meteor.* i. 14, p. 351 B τὸ ἀρχαῖον ἡ Αἴγυπτος Θῆβαι καλούμεναι.

Although H. visited Thebes himself (3. 3, 143. 4), he says nothing about the great and glorious past of 'hundred-gated Thebes' (see Homer *Il.* ix. 383–5, quoted by Diod. Sic., i. 45. 6, in describing Thebes). The silence of Herodotus about the temples, palace-buildings, rock-tombs, colonnades, and avenues of Sphinxes (see J. Capart, *Thèbes : la gloire d'un grand passé*, 1925) has been explained by the hypothesis that his predecessor, Hecataeus, had given a full account.

22. ἐκαλέετο, sing., agreeing with the noun (Αἴγυπτος) in the predicate (*G.G.* 904). In l. 22, τὸ περίμετρον is the subject, and εἰσί similarly agrees with the predicate nominative, cf. 41. 18, 176. 4: τὸ περίμετρον can hardly be acc. of respect.

τῆς, i.e. of Egypt, when the term is restricted to the Thebaïd. It is a curious coincidence that the circuit of the Thebaïd, 6120 stades, is exactly the same as the length of Egypt from the Mediterranean to Thebes (9. 7).

16 1. Ἴωνες: H. refers to the usage of the Ionians (15. 2) in limiting the term Egypt to the Delta.

3. ἀποδείκνυμι c. part., as in 15. 9.

4. τρία μόρια εἶναι, ‘ consists of three parts ’: since the three parts make up the whole, μόρια stands in the predicate in the same case as γῆν. Cf. 147. 7 δυώδεκα μοίρας δασάμενοι Αἴγυπτον πᾶσαν, and note on 4. 3.

Although H. criticizes the tripartite division of the earth by the Greeks (iv. 36. 2, 42. 1, 45. 2), he accepts it in iv. 45. 5 as the ‘ established ’ theory (νομιζόμενος).

5. τέταρτον: the Delta must be a fourth division or ‘ continent ’, since it belongs neither to Asia nor to Libya; for it is not the Nile, but the Delta, which forms the frontier between Asia and Libya, the river flowing on both sides of the Delta. J. E. Powell (*C.Q.* 1935, pp. 74 f.) points out the difficulty of this section (‘ due to muddled thinking on the part of H.’) : ‘ H.'s objection is valid *whether or not* the Delta be equated with Egypt ’.

6. Αἰγύπτου τὸ Δέλτα: the formal expression is in place here: the Delta of the Indus is mentioned by Strabo (15. 1. 33) and Arrian (*Anab.* 5. 4. 1).

8. κατὰ τοῦτον τὸν λόγον, ‘ on this view ’, ‘ by their definition ’ refers back to l. 2, εἰ ὀρθή ἐστι ἡ γνώμη τῶν Ἰώνων, i.e. the restriction of the term Egypt to the Delta.

τῇ Λιβύῃ: the dat. is unexpected: (1) ‘in respect of Libya’: free translation, ‘ towards Libya ’: or (2) *dat. commodi*: ‘ which gives Libya its Asiatic frontier ’. The normal gen. of separation (*G.G.* 1117) is used in Soph. *Phil.* 636 ὡς ἡμᾶς πολὺ | πέλαγος ὁρίζῃ τῆς Ὀδυσσέως νεώς: so after χωρίζομαι (κεχωρίδαται, 91. 18), but in one passage H. uses an abnormal dat.—iv. 28. 2 κεχώρισται δὲ οὗτος ὁ χειμὼν . . . πᾶσι τοῖσι . . . χειμῶσι.

9. τὸ ὀξύ (Euclid's ὀξεῖα γωνία, an acute angle): the apex of the Delta, called ἡ κορυφή in Plato *Tim.* 21 E, Strabo 17. 1. 4 *al.*: in Latin *acumen Deltae* (Pomponius Mela, i. 9. 25).

10. γίνοιτ' ἄν, sc. τὸ Δέλτα: potential opt.: hence the Delta (i.e. Egypt, according to the Ionians' view) can be taken to belong to either Asia or Libya (i.e. Africa).

17 1. ὧδέ κῃ, ‘ in some such way as this ’: cf. Homer *Il.* xxiv. 373 οὕτω πῃ, *Il.* ii. 116 οὕτω που. All the MSS. have καί after ὧδε: καὶ περὶ τούτων would imply that in this matter, as in that of the length of the seaboard of Egypt (6. 2, 15. 16) and the Nile flood (24. 2), H. holds a personal opinion.

2. ταύτην τὴν . . . οἰκεομένην = ταύτην ᾗ . . . οἰκέεται: cf. 43. 6.

5. οἴδαμεν: contrast the form ἴδμεν, 12. 11 (App. 60).

ὀρθῷ λόγῳ ‘ in truth ’: cf. i. 120. 2 οἱ ἀληθέϊ λόγῳ βασιλέες, ‘ those truly called kings ’.

6. τῷ νενομισμένῳ, ‘ the accepted belief ’: so, in the pres. part., i. 35. 2 τὰ νομιζόμενα, ‘ the customary rites ’.

8. Καταδούπων: see Index of Proper Names for these ‘ Thunderers ’. H. does not call the Cataracts by the Greek term καταρράκται which

Diodorus uses (i. 32. 7), but he mentions a river in Phrygia under the name of Καταρρήκτης (vii. 26. 3). In Aristophanes *Av.* 887 καταρράκτης is a sea-bird, probably one of the shearwaters or cormorants, so called from 'swooping down' upon its prey. The word καταρράκτης might be used of a mere 'sluice': like πυραμίς, which suggested 'wheaten cake', ὀβελός, ὀβελίσκος 'a (little) spit' or 'skewer', κροκόδιλος 'a lizard', στρουθὸς κατάγαιος 'ground sparrow' (for 'ostrich'), it betrays the point of view of Greek tourists and explorers, who affected not to be impressed by the marvels of foreign lands, or at least assumed familiarity with them and expressed it by meiosis.

δίχα διαιρέεσθαι: cf. 4. 3 note.

9. ἔχεσθαι, lit. 'cling to': here, 'lay claim to', c. gen.

11. ἀρξάμενος ἀπὸ τῶν Καταδούπων, 'from the First Cataract downwards' (cf. *supra* l. 7): the phrase need not imply the reputed source of the Nile at Elephantine, for which see 28. 7. ἀρξάμενος ἐκ . . . is used of the rise of the Danube, 33. 10.

13. εἷς ἐών = 'in one channel': note the simplicity of the Greek: cf. πολλὸν ἦν 2. 21.

τὸ ἀπὸ ταύτης . . .: adverbially, cf. *infra* l. 18, 9. 9 *al.*

14. σχίζεται τριφασίας ὁδούς, 'branches into three channels': ὁδούς, quasi-cognate acc., as though it were σχίσματα: cf. i. 180. 3 τὸ δὲ ἄστυ . . . κατατέτμηται τὰς ὁδοὺς ἰθέας, Strato in *Anth. Pal.* xii. 199 ὁ λύχνος ἔσχισται διδύμην φλόγα.

τριφασίας, Ion. adj.: διφάσια (*infra* l. 22 = 'two') in 36. 20 means 'of two kinds'.

15. τό (Att. ὅ) agrees, not with its antecedent ἡ μέν, but with στόμα, the noun in the predicate.

καλέεται, κέκληται: with little distinction of meaning.

Πηλούσιον στόμα: see Index of Proper Names. The seven mouths of the Nile, named in order from E. to W., were: (1) Pelusian or Bubastite, (2) Saïtic or Tanitic, (3) Mendesian, (4) Bucolic or Phatnitic, (5) Sebennytic, (6) Bolbitine (now the Rosetta branch), (7) Canôbic (sometimes called Naucratite, 178. 3, and Heracleôtic, 113. 8). H. mentions first (1), (5), and (7) as being the most important; then (2) and (3), the two branches of the Sebennytic; and finally excludes (4) and (6) as being artificial: cf. 10. 8. At the present day, only the Damietta branch (probably No. 4) and the Rosetta branch (6) are of any importance.

16. ἔχει, intrans., with the meaning of τρέπεται (l. 15) or τείνει (6. 4).

17. τῷ Νείλῳ: possessive dat.

18. ἄνωθεν . . .: note asyndeton: the clause explains ἥδε.

τὸ ὀξύ: 16. 9.

τὸ δὲ ἀπὸ τούτου: adverbially, as in *supra* l. 13.

19. ἐξίει (Att. ἐξίησι: App. 56), here intrans., 'discharges itself', 'flows': cf. ἐκδιδοῖ, 22. 5.

20. οὔτε ἐλαχίστην, sc. ἀλλὰ τὴν μεγίστην: litotes: cf. 10. 12 οὐκ ἥκιστα = μάλιστα.

23. τοῖσι οὐνόματα κεῖται (= ἐστὶ) τάδε: τάδε, nom. after κεῖται, so also Σαϊτικόν, Μενδήσιον: cf. 102. 2, Homer *Od.* vii. 54, and contrast the Latin idiom with the dat., e.g. mihi nomen est Catoni. See 62. 5 for κεῖται = 'is given'.

25. *ἰθαγενέα*: in vi. 53. 2 *ἰθαγενής* is applied to 'true-born' Egyptians (= *αὐτόχθονες*), 'from the ancient stock': so here of 'natural', 'original' channels—a fresh, lively use of the word.

18 1. *μαρτυρέει δέ μοι τῇ γνώμῃ*: *μοι* naturally goes directly with *μαρτυρέει*, *τῇ γνώμῃ* defining *μοι* more closely (*G.G.* 917, with Hom. *Il.* i. 24 there quoted), cf. Plato *Laches* 190 B *τοῖς υἱέσι αὐτῶν ἀρετὴ παραγενομένη ταῖς ψυχαῖς*. But *μου* is the reading of important MSS. (PDRSV) here and in iv. 29; and *μοι* may be explained as = *μου*. 'My opinion', i.e. that Egypt is all the land that is inhabited by Egyptians (17. 2).

3. *χρηστήριον* is used of both the oracle and the answer given by it: here the latter. *γενόμενον* has the force of a passive verb, = 'having been given'. One would expect *ὑπὸ Ἄμμωνος*, but cf. 91. 12 note, i. 109. 1 *τὸν πάντα Ἀστυάγεος ῥηθέντα λόγον*, and *G.G.* 1131.

This is the famous oracle of the ram-headed Zeus-Ammôn (42. 15) in the Oasis of Siwa which was consulted by Alexander the Great in 332 B.C.: see Wilcken, *Alexander the Great*, trans. by G. C. Richards, 1932, pp. 121–9.

τῆς ἐμεωυτοῦ γνώμης ὕστερον, 'after I had formed my own opinion': = *ὕστερον τοῦ ἐμὲ οὕτω γνῶναι*, or *ὕστερον ἢ ἐγὼ ἔγνων*. Cf. Eur. *Troiades* 784 *τῆς ἡμετέρας γνώμης μᾶλλον*, 'more than I approve', and (in general) the Latin *spe citius*, *opinione celerius*.

In 104. 2 H. again takes credit for independence of judgment.

4. *περὶ Αἴγυπτον*: (1) 'in connexion with Egypt', 'concerning E.', = *περὶ Αἰγύπτου*: cf. *infra* l. 8, 93. 30 *al.*, and 12. 1 note. Or (2) 'in Egypt', the merely local sense, as in 77. 1 *al.*

οἱ ἐκ Μαρέης πόλιος: *ἐκ*, according to Greek idiom (prolepsis), anticipates the verb of motion, *ἔπεμψαν* l. 9 (*G.G.* 1225. 1).

6. *αὐτοί τε δοκέοντες καὶ ἀχθόμενοι*: for the hyperbaton of *τε*, cf. 12. 2.

8. *θηλέων βοῶν*: the Egyptians did not sacrifice (nor eat) cows (41. 2), and among the Libyans there was an Egyptian party which abstained from cows' flesh (iv. 186. 1). To this party Inarôs belonged; and hence the Libyans who wished to be released from Egyptian restrictions, were unwilling to join him in revolt against the Persians, 461 B.C., and appealed to the oracle.

9. *ἐς Ἄμμωνα*: Kallenberg conj. *ἐς Ἄμμωνος*, with ellipsis of *χρηστήριον*: cf. *ἐς Δήμητρος*, 122. 12.

φάμενοι, 'alleging': mid. form (also used in Attic prose), implying the interest of the speakers. H. has the act. part. *φάς*, *infra* l. 13.

10. *οὐδὲν ὁμολογέειν αὐτοῖσι*, 'did not agree with them in any respect': cf. 81. 5 for the general meaning 'resemble'. Legrand, following Stein, adds ⟨*κατὰ γλῶσσαν*⟩ after *αὐτοῖσι* in order to differentiate this phrase from *οὐδὲν . . . κοινόν* above: cf. i. 142. 4 *ὁμολογέουσι κατὰ γλῶσσαν οὐδέν*.

11. *αὐτοῖσι*, the Egyptians: *σφίσι*, the Libyans.

πάντων: gen. (partitive) after *γενέσθαι*, *G.G.* 1102.

12. *σφεας*, Att. *αὐτούς*.

οὐκ ἔα (Att. *εἴα*: App. 48 c), *vetabat*: cf. 30. 20, 63. 13.

13. *ἐπιών*: *ἐπ-*, as in *ἐπέρχεται* 19. 1, refers to the advance of the water in the inundation.

15. *ἀπὸ τοῦ ποταμοῦ τ. πίνουσι*: a form of geographical definition

which is found as early as Homer (*Il.* ii. 825 πίνοντες ὕδωρ μέλαν Αἰσήποιο): cf. Horace *Odes* iv. 15. 21 qui Danuvium bibunt, ii. 20. 20 Rhodani potor, iii. 10. 1 extremum Tanaïn si biberes, Lyce, . . . In H. i. 188. 1 the simple gen. (partitive), without ἀπό, is used.

19 2. τοῦ Λιβυκοῦ, τοῦ Ἀραβίου depend upon ἐνιαχῇ: the order of words is τοῦ χωρίου (τοῦ) λεγομένου εἶναι Λιβυκοῦ, and similarly with Ἀραβίου. λεγομένου: see n. on 8. 20, and cf. 124. 10.

3. καί (before ἐπί), 'even', 'as much as', modifies δύο.

4. καὶ πλεῦν . . .: 'sometimes more than this (average), sometimes less'.

τοῦ ποταμοῦ . . . φύσιος πέρι: note the absence of the article with φύσιος, and the anastrophe of πέρι: the order is typical of H., like the English 'the river's nature'.

5. τῶν ἱρέων, ἄλλου οὐδενός: the simple gen. after παραλαβεῖν, as often after πυθέσθαι (but see *infra* l. 7, with παρά): παραλαβεῖν παρά is the reading of all MSS. *infra* l. 13 and elsewhere.

6. ἐδυνάσθην (also in 43. 3): in Att. prose, ἐδυνήθην.

ἔα, Att. ἦ or ἦν (see App. 58): so Homer *Il.* iv. 321: a different ἔα *supra* 18. 12. In i. 187. 5 ἔας occurs as 2nd pers. sing.: in iv. 119. 2 ἔατε as 2nd pers. pl.

7. ὅ τι, the indirect form of τί; therefore = δι' ὅ τι (24. 2, 47. 11), the indirect form of διὰ τί;

κατέρχεται is contrasted with ἀπέρχεται (l. 10); πληθύων, with ἐπιλείπων τὸ ῥέεθρον.

8. ἀπὸ τροπέων τῶν θερινέων, from the summer solstice': H. is right if he means the annual rise of the Nile *at Cairo*, where it occurs towards the end of June and lasts for about 'one hundred days'—till nearly the end of September.

9. τουτέων, as in 7. 8: App. 33.

10. ἐπιλείπων (conj. by J. E. Powell) τὸ ῥέεθρον, 'failing' or 'diminishing in volume' (acc. of respect): cf. vii. 43. 1 ὁ Σκάμανδρος ἐπέλιπε τὸ ῥέεθρον.

βραχύς, 'shallow', 'low', like *brevis* in Verg. *Aen.* v. 221, i. 111.

11. μέχρι οὗ as a prep. = μέχρι alone: cf. 53. 2, and μέχρι ὅτευ (c. gen.) 173. 2. An analogous use is οὕνεκα (i.e. οὗ ἕνεκα) as a prep. c. gen., just like the simple ἕνεκα.

12. τούτων πέρι (anastrophe) οὐδενὸς . . . τῶν Αἰγυπτίων: οὐδενός after παραλαβεῖν, as in *supra* l. 5: this is better than τούτων . . . περὶ οὐδενὸς . . . παρὰ τῶν Αἰγ. (Abicht). οὐδενὸς οὐδέν, emphatic repetition of the negative, *G.G.* 1619.

13. ἱστορέων (c. acc. pers. and indirect quest.), 'inquiring of them': H.'s whole work is a ἱστορίης ἀπόδεξις (i. 1. 1). Diodorus Siculus (i. 37. 4) describes H. as ὁ πολυπράγμων, εἰ καί τις ἄλλος, 'an exceptionally assiduous inquirer'; and it is clear that H. makes every effort to give us the best that is accessible to him.

δύναμιν, 'virtue', here almost 'prerogative', 'privilege'; in 87. 10, of the 'potency' of a drug.

14. τὰ ἔμπαλιν, adverbial, here followed by a gen. of comparison, as in 121. 9: cf. the gen. after ἀντίη, 34. 7. In i. 107, 3 τὰ ἔμπαλιν ἤ . . . is used, cf. ἀλλοίην ἤ . . 35. 6: either the gen. or ἤ may follow ἄλλος, ἕτερος 'other', διάφορος 'different'. But in 35. 7 ἔμπαλιν is

followed by the dat., just as its opposites ὁμοίως καὶ κατὰ ταὐτά are followed by τῷ Νείλῳ, 20. 10 (*G.G.* 1175).

πεφυκέναι depends upon the verbal force of δύναμιν (δύνασθαι).

16. ὅ τι: see l. 7 *supra*.

αὔρας ἀποπνεούσας: cf. Diodorus Siculus i. 38. 7, Aristides xxxvi. 114. ἀποπνέειν, to blow from a particular quarter—here, downstream, when the current is flowing fast. In fact, a wind from the S. is the exception on the Nile: generally, a cool breeze blows upstream. See R. Raven-Hart, *Canoe Errant on the Nile*, 1936, *passim*.

20 1. ἀλλὰ . . . μέν (Att. μήν), *at vero*, 'but indeed': for this intensive μέν cf. 118. 12 (μὴ μέν), 12. 8, 49. 15, 120. 17 (οὐ μὲν οὐδέ), iv. 154. 3 (ἦ μὲν in an oath). So in Homer (see *H.G.* 345): *Od.* xii. 156 ἀλλ' ἐρέω μὲν ἐγών . . ., *Il.* i. 76 f. ὄμοσσον|ἦ μὲν . . . ἀρήξειν, *Il.* ii. 233 οὐ μὲν ἔοικεν . . .

ἐπίσημοι . . . σοφίην, *insignes sapientia*.

3. ὁδούς, metaph., 'ways of thinking', 'opinions': in i. 95. 1 λόγων ὁδούς. Here ὁδούς is quasi-cognate acc. after ἔλεξαν.

τὰς μέν: the corresponding τὴν δὲ τρίτην . . . follows in a somewhat changed form in 22. 1.

[τῶν ὁδῶν]: if these words are genuine, they merely repeat the relative τῶν, unless τῶν could be taken as masc. pl. depending upon τῶν ὁδῶν.

4. εἰ μή . . .: the expanded form of this brachylogy is: εἰ μὴ τοσοῦτο ὅσον μνησθήσομαι, σημῆναι βουλόμενος μοῦνον. H. speaks, as usual, with little respect of the theories of his countrymen (here, Thales and Hecataeus).

5. τοὺς ἐτησίας ἀνέμους: the etesian (or seasonal) winds blow in summer mainly from the N.W. The etesian theory of the flooding of the Nile was put forward by Thales of Miletus: see Anon. *de Nilo* in Athenaeus ii. 87, Diod. Sic. i. 38. 2, Aristides xxxvi. 3; Seneca *Nat. Quaest.* iv. a. 1, §22, Lucan x. 239 ff.

Thales of Miletus, the Ionic philosopher, one of the Seven Sages, lived in the 7th and 6th centuries B.C.: he is mentioned by H. in i. 74 (Thales predicted the solar eclipse of 585 B.C.), 75, and 170.

αἰτίους, c. acc. and infin.: so in 26. 1. πληθύειν intrans., as in 19. 1.

7. οὐκ ὦν (Att. οὖν), 'in truth . . . not': cf. 139. 8, 134. 6.

ἔπνευσαν, gnomic aor.: with ὦν, as here, 39. 8, 40. 5, 47. 3, 68. 13, 70. 9: see *M. and T.* 155–6. Cf. Diod. Sic. i. 39. 4: 'the Nile begins its flood at the summer solstice, before the etesian winds begin to blow'.

8. τὠυτὸ ἐργάζεται, 'behaves in the same way as before': cf. 26. 13 for this weaker sense of ἐργάζεσθαι: the stronger sense in 14. 12 (men toiling in the fields), cf. ἐργατικός (of the Nile) 11. 20, and ἐργάζεται in Aristides xxxvi. 23.

χρῆν without ἄν: *G.G.* 1400, *M. and T.* 415.

10. κατὰ ταὐτά (41. 25 *al.*) = ὡσαύτως (106. 10 *al.*).

τῷ Νείλῳ: for the dat. see note on τὰ ἔμπαλιν, 19. 14.

12. πολλοὶ . . . ποταμοί: an exaggeration: moreover, of Syrian rivers the Orontes flows S.W., and therefore would not be affected by the etesians. In Africa H. mentions the Cinyps and the Triton (iv. 175. 2, 178).

14. οἷόν τι καί: the indefinite τι is pleonastic: the καί might rather have come in the previous clause—οἳ καὶ οὐδέν . . ., cf. 92. 3.

21 1. ἀνεπιστημονεστέρη, 'less intelligent', 'less scientific': the positive occurs in ix. 62. 3, of the 'unskilled' Persians.

2. εἰπεῖν, epexegetic inf. after θωμασιωτέρη: *dictu mirabilior*, 'more marvellous to the ear' (Godley). Alternatively, the absolute infin., as in 15. 12 ὡς λόγῳ εἰπεῖν, but θωμασιωτέρη is not strong enough to need such qualification.

ἀπὸ τοῦ Ὠκεανοῦ: this second theory of the origin of the Nile and its flood was held by Hecataeus of Miletus (Fr. 302 c, Jacoby), and accordingly (Fr. 18 a) the Argonauts come from the Ocean down the Nile into the Mediterranean. The theory, which is attributed to the Egyptian priests by Diodorus Siculus (i. 37. 7, cf. i. 12. 6), was probably put forward first by Euthymenes of Marseilles (c. 550 B.C.) in his περίπλους τῆς ἔξω θαλάσσης: Euthymenes held the Ocean to be of sweet water. Cf. Anon. *de Nilo*, in Athenaeus ii. 87, Seneca *Nat. Quaest.* iv. a. 1, §§ 22–25, Lucan x. 255 ff., Aristides xxxvi. 85 ff., Lydus *de Mensibus* iv. 107.

3. ταῦτα, i.e. the normal rise and fall of the Nile flood. μηχανᾶσθαι, 'contrives', 'effects' (of conscious design): note the vivid, 'human' word.

22 2. ἐπιεικεστάτη, *speciosissima*, 'most plausible': in i. 85. 1, of a 'handsome' youth.

2. ἔψευσται, perf. of state, 'is false' or 'in error'. Here H. has 'danced away the truth', οὐ φροντὶς Ἡροδότῳ (as Plutarch cruelly adapts vi. 129. 4).

2. λέγει . . . οὐδέν, 'it talks nonsense', there's nothing in what it says: cf. λέγειν τι, to speak to the point (something sensible), and the Latin *nil agere*, to do nothing to the purpose.

3. ἀπὸ τηκομένης χιόνος: this third theory that the Nile rising comes from melting snow was held by Anaxagoras of Clazomenae, *c.* 499–*c.* 427 B.C., and Aristotle (frag. 248 Rose) is said to have attributed it to him; but the explanation was doubtless older than Anaxagoras, and it was the accepted belief of the Greeks of the 5th century B.C. Aeschylus (525–456 B.C.) and Euripides (480–406 B.C.) allude to this cause, Aeschylus (frag. 300) in a tragedy of unknown name, Euripides in his *Archelaus* (frag. 228: only fragments of the play survive) and in his *Helena*, lines 1–3. Seneca (*Nat. Quaest.* iv. a. 1. 17) tells us that Sophocles also mentioned the theory: cf. Pearson on Frag. 882, but the exact words of Sophocles have not been preserved, nor is the name of the tragedy known. See further Anon. *de Nilo* in Athenaeus ii. 87, Strabo 17. 1. 5, p. 789, Diodorus i. 38. 4, and Aristides xxxvi. §§ 13 ff.

This theory approximates to the truth, as modern geography knows it. The Nile flood has its origin, partly in the melting snow on the mountains around the Great Lakes (swelling the White Nile), partly in the heavy rains of Abyssinia (swelling the Blue Nile).

5. ἐκδιδοῖ (Att. ἐκδίδωσι: see App. 56), intrans. (sc. ἑωυτόν), 'issues forth': the usual sense 'debouch', 'empty itself into the sea' is found in 34. 10.

6. ἐς τῶν sc. τόπους . . . 'into a land where most things are colder': τῶν (= τούτων τῶν, Att. ὧν, cf. 108. 2: or = τούτους τῶν . . ., if τόπους is not supplied) is transposed to this position by Hude. MSS. ABC have ἐς τὰ ψυχρότερα τῶν τὰ πολλά ἐστι: if τῶν is omitted, this text

(= ἐς ταῦτα τά, Att. ἅ . . .) means 'into a land which for the most part is colder'.

7. ἀνδρί γε: the asyndeton gives abruptness and force: this occurs elsewhere in H. after a clause introduced by οὐκ ὦν, e.g. i. 11. 4, 59. 3, iv. 118. 2—an idiom which appears to be peculiar to H.

8. οἰκός, Att. εἰκός, 'reasonable': see App. 26.

10. τουτέων, as in 7. 8: App. 33.

δεύτερον δέ, sc. μαρτύριόν ἐστι.

ἄνομβρος ἡ χώρη: in reality Ethiopia has a heavy rainfall.

11. ἐπὶ χιόνι πεσούσῃ 'after a fall of snow': ἐπί with temporal force (lit. 'on the back of'), *G.G.* 1210. 2 (b), as in i. 170. 3 ἐπὶ διεφθαρμένοισι Ἴωσι, ii. 102. 1 ἐπὶ τούτοισι. Cf. Homer *Il.* vii. 163 ff. τῷ δ' ἐπί, κτλ. For the concrete construction (much rarer in Greek than in Latin, e.g. *post nivem delapsam*), cf. 13. 4 note.

12. πᾶσα ἀνάγκη, common in H., of an absolute necessity: in 35. 19 it contrasts with οὐδεμία ἀνάγκη: translate 'there must needs be rain'.

ὗσαι ἐν πέντε ἡμέρῃσι, 'rain within five days': perhaps H. is generalizing from his personal observations in the soft climates of Asia Minor and S. Italy. Cf. Aulus Gellius viii. 4 (summary): H. states as an established fact what has not been sufficiently investigated.

13. ἐχιόνιζε, sc. Ζεύς or ὁ θεός: see ὕειν 13. 17 (note).

τρίτα δὲ (sc. μάρτυρές εἰσι) οἱ ἄνθρωποι: a second change of construction. τρίτα: neut. pl. like δῆλα 5. 1. 11.

14. ἰκτῖνοι: in Egypt, too, the kite (Lat. *milvus*) is a common bird, and does not migrate.

15. χελιδόνες: the Egyptian swallow is still to be seen 'all the year round' (δι' ἔτεος): cf. Pausanias x. 4. 9.

ἐόντες, to be joined as part of the predicate with ἀπολείπουσι cf. διατελέει ἐουσα l. 11.

γέρανοι: the crane (Lat. *grus*) and its migrations are frequently mentioned by the ancient Greeks: cf. Homer *Il.* iii. 3 f. (a passage to which H. here makes allusion) ἠύτε περ κλαγγὴ γεράνων πέλει οὐρανόθι πρό,|αἵ τ' ἐπεὶ οὖν χειμῶνα φύγον καὶ ἀθέσφατον ὄμβρον: Aristotle *Hist. Anim.* 597 a 4 μεταβάλλουσιν ἐκ τῶν Σκυθικῶν πεδίων εἰς τὰ ἕλη τὰ ἄνω τῆς Αἰγύπτου, ὅθεν ὁ Νεῖλος ῥεῖ· οὗ καὶ λέγονται τοῖς Πυγμαίοις ἐπιχειρεῖν: Oppian *Hal.* i. 620 ff. (of migration northwards in spring) ἀπ' Αἰθιόπων τε καὶ Αἰγύπτοιο ῥοάων|ὑψιπέτης γεράνων χόρος ἔρχεται ἠεροφώνων.

17. ἐς χειμασίην: cf. *N.T. Acts* xxvii. 12 πρὸς παραχειμασίαν. The word χειμασίη occurs here only in H., and nowhere else until it reappears in Polybius (ii. 54. 14).

18. καὶ ὅσον ὦν (properly = *vel quantumcumque*), here with limiting force, 'however little', 'ever so little': cf. i. 199. 4, and ὅτευ ὦν (*cuiuscumque*) ii. 113. 9. See Denniston, *Gk. Part.* p. 422.

δι' ἧς, ἐκ τῆς: for the two different forms of the rel. pronoun, see App. 45.

19. τι . . . οὐδέν, 'none at all', 'not a single one': the emphasizing τι: see note on σμικρόν τι, 7. 7.

τούτων refers to all the above-mentioned μαρτύρια.

20. ἡ ἀνάγκη ἐλέγχει, 'logical necessity proves', i.e. the proof logically follows. Such a personification is common in H., e.g. ὁ λόγος αἱρέει 33. 6, *al.*

23 1. ὁ . . . λέξας, i.e. Hecataeus of Miletus, see n. on 21. 2.

2. ἀνενείκας, Att. ἀνενεγκών: see App. 63, and cf. ἐσενείκασθαι *infra* l. 6.

οὐκ ἔχει ἔλεγχον, 'does not admit of (or 'involve') proof' cf. Thuc. iii. 53. 2 τὰ δὲ ψευδῆ ἔλεγχον ἔχει, 'falsehoods can be exposed'. Hecataeus bases his theory upon obscurity (the unseen, not τὰ ἐμφανέα, 33. 8), and is therefore beyond proof or disproof.

3. ἐόντα, (really) existing: omit in translation.

Ὅμηρον: in *Il.* xviii. 607 f. Ocean is represented as encircling the Shield of Achilles: in *Od.* xi. 13 'deep-flowing Ocean' is the world's boundary (πείρατα), cf. 157, 638, and *Il.* xiv. 200.

4. ποιητέων: such poets as Linus, Orpheus, and Musaeus in the penumbra of history. In 53. 3 H. gives it as his opinion that the poets who were said to be older than Hesiod and Homer were really of later birth.

5. εὑρόντα, 'having devised' or 'invented': cf. the middle in Homer *Od.* xix. 403 ὄνομ' εὕρεο ὅττι κε θῆαι|παιδὸς παιδὶ φίλῳ.

24 1. αὐτόν, sc. ἐμέ: or perhaps sc. τινά, here vaguely used for ἐμέ.

3. πληθύεσθαι, mid., as in 93. 20: in 19. 1 and 7, intrans. act.

τοῦ θέρεος: *G.G.* 1136.

4. ἐκ τῆς ἀρχαίης διεξόδου, 'out of his original (or 'normal') path' (or 'course'), in an arc from E. to W. over a flat earth.

5. τὰ ἄνω, 'the upper (or 'inland') region', here referring to the sky above S. Libya. For the acc. of space passed through (*G.G.* 1062) after ἔρχεται, cf. 25. 2, 26. 10.

ὡς μέν is answered by ὡς δέ, 25. 1.

6. δηλῶσαι: limiting infin., as in 4. 5, 15. 12 *al.*

τῆς (Att. ἧς) . . . χώρης is coupled by καί with κατὰ ἥντινα: κατά c. acc. 'over'.

ἀγχοτάτω, the adv. with εἶναι.

7. οὗτος ὁ θεός, the sun: cf. Aesch. *Pers.* 502 πρὶν σκεδασθῆναι θεοῦ|ἀκτῖνας, Eur. *Alc.* 722 φίλον τὸ φέγγος τοῦτο τοῦ θεοῦ, φίλον.

8. οἰκός, Att. εἰκός, 'natural': App. 26.

διψῆν ὑδάτων: gen., *G.G.* 1112: pl. more emphatic than sing., cf. 108. 16.

25 2. διεξιών (asyndeton after ὧδε, as after ἧδε, 17. 17) 'while passing over' in his daily course (διέξοδος, 24. 4): διεξιών is repeated l. 5 to make the meaning perfectly clear, cf. 15. 3 λέγοντες . . . λεγόντων.

4. ἀλεείνης, *apricae*, 'lying open to the sun', 'sun-bathed': the subst. ἀλέη in Homer *Od.* xvii. 23, of the 'warmth' of a fire.

5. ⟨ἄνευ⟩ ἀνέμων ψυχρῶν: ἄνευ (conj. by Madvig) had dropped out before ἀνέμων (haplography), then the required meaning was restored in MS. S. by the addition of οὐκ ὄντων. Since the ground is heated by the sun, and there are no cool winds, water is bound to evaporate.

τὸ θέρος: acc. of duration of time. In Libya there is perpetual summer (26. 4).

6. ἰὼν τὸ μέσον: for the construction (quasi-cognate acc., as though it were τὴν μέσην ὁδόν), cf. 24. 5, 26. 10. The middle of heaven is the sun's place in the summer months, high up in the sky, as opposed to his depression towards the horizon in winter.

ἕλκει . . ., ἑλκύσας δέ: for the repetition cf. 14. 14 note. The Greek physicists before Aristotle believed that the sun was nourished by water: see n. on l. 11 *infra*, and cf. Cicero *de Nat. Deorum* ii. 15 nullus ignis sine pastu aliquo potest permanere. In general, cf. H. iv. 50. 4 ὅσῳ δὲ πλέον ἐπ' ἑωυτὸν ὕδωρ ὁ ἥλιος ἐπέλκεται ἐν τῷ θέρεϊ ἢ ἐν τῷ χειμῶνι . . .

7. τὰ ἄνω χωρία, as in 24. 5.

10. νότος, λίψ: very rainy winds on the N. seaboard of the Mediterranean, but not so in Egypt: an oversight on the part of H.

11. τὸ ὕδωρ . . . τοῦ Νείλου to be taken together.

ἀποπέμπεσθαι, ὑπολείπεσθαι: middle voice. ὑπολείπεσθαι, to let (some water) remain behind around himself, i.e. as nourishment. H. alludes to the theory of Thales that fire is a more subtle form of water (cf. Heraclitus, πυκνούμενον τὸ πῦρ ἐξυγραίνεσθαι, συνιστάμενόν τε γίγνεσθαι ὕδωρ), and that the sun and the stars are fed on watery vapours. Cicero (*de Nat. Deorum* ii. 15) repeats the later Stoic belief: cum sol igneus sit Oceanique alatur humoribus: cf. Lucan i. 415 f. flammiger an Titan ut alentes hauriat undas|erigat Oceanum, Lucian *Icaromenippus* 7 ὑδατοποτεῖν δὲ τοὺς ἀστέρας κτλ., and Milton *Par. Lost*, v. 423–5. The sun, that light imparts to all, receives|From all his alimental recompense|In humid exhalations.

Aristotle ridiculed the theory (*Meteor.* ii. 2. 7 γελοῖοι πάντες ὅσοι τῶν πρότερον ὑπέλαβον τὸν ἥλιον τρέφεσθαι τῷ ὑγρῷ).

14. τὸ ἐνθεῦτεν, 'thereafter': cf. 8. 20.

15. τέως δέ, 'meanwhile', i.e. during the winter (τοῦτον τὸν χρόνον, *infra* l. 21), cf. 36. 5.

οἱ μέν, the other rivers, the rivers of the north, in contrast to the Nile (ὁ δὲ Νεῖλος, l. 19).

16. ὕδατος συμμισγομένου, gen. abs., followed by another gen. abs. (with ἅτε) to explain the first: 'because the country is deluged with rain, and cleft into gullies' (in modern Egyptian, 'wadis') by mountain torrents.

17. ῥέουσι μεγάλοι, 'come down in full spate': so πολλός as predicate, 2. 21.

20. ἄνομβρος: see ὕσεται 14. 7.

21. αὐτὸς ἑωυτοῦ . . . ὑποδεέστερος, i.e. with less than his usual amount of water: for the similar idiom with the superlative, see 8. 7 note. The words αὐτὸς ἑωυτοῦ add emphasis with their fullness of expression, and are the more pointed since H. regards the Nile as being most truly itself in summer. The flooded Nile is, for H., the normal size of the river: in winter the sun evaporates the water near its source, and there is no rain to make good the deficiency.

23. πιέζεται, 'bears the burden', 'suffers': so in i. 142. 2 of regions 'oppressed' (πιεζόμενα) by cold and heat. Similar English phrases are—'in the grip of frost', 'in the fell clutch of circumstance'.

24. νενόμικα, perf., as often in H., of a fixed opinion, 'I have come to the conclusion', 'I am convinced': in iii. 38. 1 νομίζουσι, 2 νενομίκασι: cf. ἥγηνται, ii. 40. 3 *al.*

τούτων, of these phenomena, i.e. flood in summer and low Nile in winter.

26 1. αἴτιος, c. acc. and inf., as in 20. 5.

3. ταύτῃ, i.e. in Ethiopia.

διακαίων τὴν διέξοδον αὐτῷ, lit. 'scorching the path through the air to its disadvantage': the sun makes the air dry by burning his passage through it. αὐτῷ (i.e. τῷ ἠέρι), which MSS. RSV omit by haplography with οὕτω following, is a dat. of disadvantage, rather than a possessive dat. or a local dat.

4. στάσις 'station': in ix. 21. 2, of 'position' in battle (like τάξις), and in Mod. Greek (e.g. in the streets of modern Athens) 'a tramway stop'. ἡ στάσις τῶν ὡρέων, the station of the sun during the different seasons.

5. τοῦ οὐρανοῦ, partitive gen., depending upon τῇ μέν, τῇ δέ, as well as upon their antecedents ταύτῃ μέν, ταύτῃ δέ. For the repetition of particles, cf. 102. 12, 15; 174. 9.

8. εἰ ταῦτα οὕτως εἶχε resumes the preceding εἰ clauses (Epanalepsis) cf. 43. 8.

9. ἂν . . . ἄν: repeated (*G.G.* 1312), perhaps because the first ἄν is felt also with ἀπελαυνόμενος: cf. *infra* l. 11 διεξιόντα δ' ἂν . . . ποιέειν ἄν.

10. ᾔιε ἂν τὰ ἄνω, 'would pass over the inland parts': cf. 24. 5, 25. 6.

11. τῆς Λιβύης, sc. τὰ ἄνω.

μιν, Att. αὐτόν: see App. 43, and note on 11. 15.

12. ἔλπομαι: 11. 17.

ποιέειν, ἐργάζεται, each with two accusatives.

τὸν Ἴστρον: a precise comparison between the Danube and the Nile is made in 33 f., and iv. 48.

27 1. τῆς αὔρης δὲ πέρι: see 19. 12.

2. κάρτα . . . θερμέων: κάρτα gains emphasis from its position, cf. i. 88. 1 κάρτα ἐν πολλῇ προθυμίῃ.

3. ψυχροῦ τινος: (1) 'from something cold', or (2) 'from that which is very cold' (Godley), the intensive τις practically = κάρτα *supra:* see note on 7. 7, and cf. the Lat. *quidam.*

φιλέει, 'is wont', a use common in H., e.g., iii. 82. 3 *al.*

28 1. ταῦτα μέν νυν ἔστω ὡς ἔστι: formula of conclusion and of transition to a new subject, cf. i. 140. 3 ἐχέτω ὡς καὶ ἀρχὴν ἐνομίσθη, ii. 33. 2 note, 117. 7.

ἀρχήν, 'in the beginning', 'originally': adverbial acc., cf. τὴν ὥρην 2. 12 (and note), *G.G.* 1060.

2. τοῦ δὲ Νείλου τὰς πηγάς: the sources of the Nile were definitely discovered only in the 19th century, but Aristotle before his death in 322 B.C. had already pointed to the true explanation in his treatise on the Nile rising, which ended with the triumphant words, 'This is no longer a problem'.

Roman poets, however, treat the source of the Nile as an unsolved mystery, e.g. Hor. *Odes* iv. 14. 45 f. fontium qui celat origines | Nilus. According to Lucan (x. 189 ff.), Julius Caesar at Cleopatra's dinner-table expressed intense curiosity: nihil est quod noscere malim | quam fluvii causas per saecula tanta latentis | ignotumque caput: spes sit mihi certa videndi | Niliacos fontes, bellum civile relinquam. Even in the 4th century A.D., Ammianus Marcellinus (xxii. 15. 4) had no hope of learning the truth: origines fontium Nili, ut mihi quidem videri solet, sicut adhuc factum est, posterae quoque ignorabunt aetates.

4. ὑπέσχετο, professus est, 'claimed'.

5. ὁ γραμματιστὴς τῶν ἱρῶν χρημάτων, 'the recorder of the sacred treasures', or 'scribe of the treasury' in the temple of Neïth—a humble accountant whose wisdom, as H. himself realized, was not very profound. His account of the springs of the Nile struck H. at the time as a joke (l. 6 παίζειν), but see the note *infra*.

6. ἀτρεκέως 'exactly', 'with certainty': frequent in H., as it is common in Homer.

7. ὄρεα ἐς ὀξὺ τὰς κορυφὰς ἀπηγμένα, 'hills whose summits rose into a sharp peak': ἀπηγμένα (conj. by Bekker), middle, 'having brought their crests to a point'. MSS. ABCP have ἀπιγμένα, but with this reading the acc. κορυφὰς is a loosely constructed acc. of respect. The same variation of reading and conjecture occurs in vii. 64. 2.

H. apparently did not suspect that his informant was quoting a tradition that dated from the earliest times when Syênê (Aswân) was the *ultima Thule* of Egypt: see the references given by Spiegelberg, *Credibility of H.*, p. 17 n. 2. This tradition is depicted in the late (Roman) representation of the Nile-god in a cavern pouring out water from two vases, while two birds perch on two peaks above a pile of tumbled rocks: see B. M. Guide, p. 8. For Krôphi and Môphi see Index of Proper Names.

A. W. Lawrence points out that the dead received water from Elephantine: H.'s story may therefore refer to the Nile which flowed through the underworld and communicated here with the earthly Nile. There may also have been a connexion with Osiris, whose tomb was on Bigeh, an island at the head of the First Cataract.

8. τῆς Θηβαΐδος: topographical gen.: see 8. 3.

10. τὰς . . . πηγὰς . . . ἀβύσσους: cf. note on βυσσόν, l. 17, and mark the derivation of the English 'abyss'.

There are deep holes (40 and 42 metres deep) and swirling eddies in the channel near Elephantine. When Germanicus visited Egypt in A.D. 19, he was shown—'angustiae et profunda altitudo, nullis inquirentium spatiis penetrabilis' (Tacitus *Ann.* ii. 61). On the belief that subterranean springs here were the origin of the Nile, cf. an inscription of Ptolemy VIII (ii/B.C.), *O.G.I.S.* 168. 9, p. 244 (Syênê) ἐν αἷς ἡ τοῦ Νείλου πηγὴ ὀνομαζομένη (where the last word shows that the 'reputed' source was regarded with disbelief); a papyrus letter by a traveller of i/ii A.D., P. Lond. 854 (III. pp. 205 f.) l. 7 παραγενόμενός τε εἴς τε Σοήνας καὶ ὅθεν τυγχάνει Νεῖλος ῥέων, 'and I arrived at Syênê and where the Nile in fact flows forth'; Seneca *Nat. Quaest.* iv. a. 2. 7 (below Philae) 'two crags jut out, called by the natives "the veins of the Nile". From these, there pours a great quantity of water, but not sufficient to flood Egypt. When the annual festival comes round, the priests throw an oblation into these fountains, while the magistrates offer gifts of gold'; and Aristides xxxvi. 47–54. Strabo (17. 1. 52, p. 818) is critical: 'H. and others talk a great deal of nonsense . . .'

11. ἐκ τοῦ μέσου τῶν ὀρέων: cf. τὸ μέσον τῶν ὀρέων 99. 10, where τὸ μέσον is adverbial. Contrast ἐς μέσον τὸν οὐρανόν 25. 14 *al.* (*G.G.* 978).

13. ἐπ' Αἰθιοπίης: backward currents on a long stretch of the river may have led to this notion that half the water flowed southward.

15. Ψαμμήτιχον: for this monarch's spirit of inquiry, see 2. 1 note, 15. 15.

16. *πολλέων*: App. 33.
πλεξαμένου, mid., 'having caused to be woven': cf. *ἐποιήσατο* 2. 31.
κάλον, Att. *κάλων*: cf. the Ion. *νηός*, *λαγός* for Att. *νεώς*, *λαγώς*, and see App. 37.

17. *κατεῖναι* (*τ* for Att. *θ*: see App. 27): which infinitive is this?
βυσσόν (without the article, as in 96. 21), Att. *βυθόν*: Homer uses *βυσσός* of the 'bottom' of the sea (*Il.* xxiv. 80).

18. *ἄρα*, 'then', 'after all', contrary to my first scepticism, l. 6: see Denniston, *Gk. Part.* pp. 37 f.
ταῦτα γινόμενα, the actual state of affairs (N.B. pres. part.), the truth: MSS. PDRSV have the aor. *γενόμενα*, referring to the experiment of Psammetichus. Cf. *ἐόντα* 23. 3, and *τὸ ἐόν* 'the truth', vi. 37. 2 *al.*

19. *ἀπέφαινε*: in i. 129. 3, v. 84. 1 with *τῷ λόγῳ*, 'showed by his reasoning'.
ὡς ἐμὲ κατανοέειν, 'as far as I understand it', *M. and T.* 782: cf. note on 4. 5.

20. *οἷα δὲ ἐμβάλλοντος*: *οἷα* like *ὡς* and *ἅτε* c. part., cf. *ὥστε* 12. 10, *οἷά τε* 175. 22. *ἐμβάλλοντος*, (1) intrans., 'dashing against' the hills; or perhaps, though the order is against it, (2) trans., sc. *τὴν καταπειρητηρίην*, or *κάλον* l. 16, 'dashing the sounding-line against the hills'.

21. *δύνασθαι* (subject, *καταπειρητηρίην*), inf. after the notion of statement contained in *ἀπέφαινε*, which is followed first of all by the commoner part. (*ἐούσας*): the part. *δυναμένην* before *κατιεμένην* would have caused ambiguity here.

29 1. *ἄλλου δὲ οὐδενός*: gen., cf. 32. 1 (*G.G.* 1103, 1130).
ἀλλὰ τοσόνδε μὲν ἄλλο, 'but thus much besides': for *ἀλλὰ . . . μέν* (Att. *μήν*), see 20. 1 note.

2. *ἐπὶ μακρότατον*, *quam longissime*, 'to the farthest (point)', as far as possible, cf. 34. 5 (with *ἐξικέσθαι*): here with *τοσόνδε*, of distance, not of time.

3. *αὐτόπτης*, of the evidence of one's own eyes, as opposed to *ἀκοῇ*.
τὸ ἀπὸ τούτου: adv., as in 14. 17.

4. *ἀπὸ* 'Ελ.: asyndeton: the account that follows explains *τοσόνδε*, cf. 30. 8 (*τοιήνδε*), 17. 17 (*ἧδε*), 25. 2 (*ὧδε*) *al.*
ἄνω ἰόντι, 'as you (= one) go inland': cf. 7. 4. The vividness of H. in the following passage is praised by [Longinus] *περὶ ὕψους* 26. 2 *ὁρᾷς, ὦ ἑταῖρε, ὡς παραλαβών σου τὴν ψυχὴν διὰ τῶν τόπων ἄγει, τὴν ἀκοὴν ὄψιν ποιῶν;*

5. *διαδήσαντας* (sc. *τινάς*) *ἀμφοτέρωθεν*, 'after roping (the boat) to both banks': *ἀμφοτέρωθεν* reinforces the prefix *δια-*, cf. iv. 154. 4 *σχοινίοισι αὐτὴν διαδήσας* (of the careful roping of a woman in order to lower her safely into the sea), i. 114. 3 *διαλαβεῖν* (in a formal flogging), explained by an old grammarian as *ἑκατέρωθέν τινος λαβέσθαι* (Bekker *Anecd.* 36), and in general Eur. *Troiades* 537 (of the dragging of the wooden horse into Troy) *κλωστοῦ δ' ἀμφιβόλοις λίνοιο ναὸς ὡσεὶ | σκάφος κελαινὸν εἰς ἕδρανα λάϊνα . . . Παλλάδος θέσαν θεᾶς.*

The Greeks fastened one thing *from* another, and hung a harp *from* a peg: we say *to* and *on* respectively. Cf. Homer *Od.* viii. 67 *ἐκ πασσαλόφι κρέμασεν φόρμιγγα*, H. iv. 72. 4 *χαλινοὺς . . . ἐκ πασσάλων δέουσι*, vi. 109. 6 *ἐκ σέο ἤρτηται*.

6. *κατά περ βοῦν*, 'just like a (restive) ox', led along in the middle of a road with a rope tied to each horn.

ἀπορραγῇ, (1) sc. *ὁ κάλος*, which is understood out of *διαδήσαντας*, or (2) subject, *τὸ πλοῖον* (with comma after it, not before), 'if the boat should break away', cf. viii. 37. 3.

7. *οἴχεται*, a vivid pres. (no need for fut. *οἴξεται*, which is in MSS. PDRSV): *οἴχεται φερόμενον* 'it is at once carried off'.

8. *τὸ δὲ χωρίον τοῦτο*, i.e. this reach of the river (from Elephantine south to Tachompso).

ἐπ' ἡμέρας τέσσερας, 'lasting for four days': *ἐπί*, of extension of time, *G.G.* 1210. 3 (b), cf. Homer *Od.* vii. 288 *ἐπ' ἠῶ* 'through the morning'.

9. *σκολιός*: Strabo (12. 8. 15, p. 577) also refers to the 'meanderings' of this river, *ὥστε ἐξ ἐκείνου τὰς σκολιότητας ἁπάσας μαιάνδρους καλεῖσθαι*.

10. *τούτῳ τῷ τρόπῳ*, i.e. *διαδήσαντας ἀμφοτέρωθεν*.

11. *διεκπλῶσαι*, l. 16 *διεκπλώσας*: App. 66.

ἀπίξεαι (App. 27, 51): vivid 2nd pers., as *infra* l. 17 *ἥξεις*, l. 18 *ποιήσεαι, κτλ.*

12. *Ταχομψώ*: nom. as in English, so *Μερόη infra* l. 24: see 17. 23 note. The asyndeton is common in giving a name, but contrast i. 34, 2 *οὔνομα δέ οἱ ἦν Ἄτυς*.

14. *ἤδη* implies 'the country now begins to be inhabited by Ethiopians' (Godley). See Strabo 17. 1. 49, p. 818, for the mixed population of Philae (Ethiopians and Egyptians).

τὸ ἥμισυ, as in English idiom, cf. 11. 7.

15. *ἔχεται*: see 12. 3 note.

λίμνη: this 'lake' must be merely a widening of the Nile.

πέριξ (a strengthened form of *περί*) 'all around', follows its case as in iv. 79. 2: rarely used in Attic prose and generally as an adv.

16. *νομάδες . . . νέμονται*: cognate nom., see 15. 18 note.

18. *ἀποβάς* 'going ashore' before the 2nd Cataract (at Wadi Halfa).

παρὰ τὸν ποταμόν: H. seems to confuse the route along the river bank and the road across the desert, many days' journey from the river, which here makes a great bend to the W.

19. *σκόπελοι, χοιράδες*: modern travellers make light of these 'obstructions'.

20. *οἷα* plur. instead of sing.: cf. *δῆλα* 5. 1, *ἀδύνατα* i. 91. 1.

21. *τῇσι* 'the above-mentioned'.

25. *τῶν ἄλλων Αἰθιόπων*: of the other Ethiopians as well as the dwellers in Meroe, 'of all the Ethiopians'.

26. *Δία, Διόνυσον*: as in Egypt, Zeus here stands for Amûn, Dionysus for Osiris (cf. 42. 5). There was a temple of Amûn as a ram-headed god at Napata (near the modern Gebel Barkal); and H. rightly emphasizes the strong religious feeling of the people of Meroe. Hence the power of the priests was very great, as at Siwa Oasis with its oracle of Amûn (18. 9, 32. 2).

27. *μαντήϊον*: the oracle at Napata, which decided who was to be king, cf. Diod. Sic. iii. 5. 6.

29. *καὶ τῇ* (Att. *ᾗ* or *ὅποι*) *ἂν κελεύῃ* (*σφεας στρατεύεσθαι*), *ἐκεῖσε*

(στρατεύονται). This is corroborated by an inscription cited by G. Maspero, *Annuaire des Ét. Gr.*, 1877, pp. 130–1.

30 1. πόλιος: App. 38. The Ionic form shows the reason for the accent of the Att. πόλεως.

ἐν ἴσῳ χρόνῳ ἄλλῳ, i.e. in 60 days more (cf. 29. 8–23: 4 + ? 4 days for the lake, not estimated by H. + 40 + 12, i.e. 60 days). For the two journeys H. allows 4 months (31. 1).

4. Ἀσμάχ in Egyptian means 'forgetting', hence 'runaways'; but another Egyptian word very similar in sound means 'left'. Eratosthenes in Strabo (17. 1. 2, p. 786) calls these Egyptian fugitives Σεμβρῖται, which, he adds, means ἐπήλυδες, 'foreigners'. Diod. Sic. (i. 67. 3) gives another explanation: Psammetichus offended his Egyptian troops by posting them on the left wing of the phalanx. But it must be objected that the left was more honourable than the right side in both Egypt and Ethiopia (A. W. Lawrence).

Other Egyptian words quoted in Egyptian form by H. are Ἀμοῦν 42. 20, κίκι 94. 3, Σιούφ 172. 3, and cf. Ταχομψώ (? the place of many crocodiles) 29. 12.

δύναται, *valet*, 'means', 'signifies', is followed by the nom., as though it were ἐστί or ἐθέλει εἶναι (vi. 37. 2): in 142. 7, of number 'to be equivalent to'.

5. ἐξ ἀριστερῆς χειρός, *a sinistra* (*manu*): English says '*on* the left hand', *G.G.* 1226, and see note on ἀμφοτέρωθεν 29. 5.

6. αὗται, fem. agreeing with μυριάδες: one would expect οὗτοι (οἱ αὐτόμολοι), (ὄντες) . . . μυριάδες. The number 240,000 appears to be greatly exaggerated, and it may be suspected that the deserters came from Elephantine only.

7. τῶν μαχίμων: of the warrior class, see 164.

8. ἐπὶ Ψαμμητίχου (asyndeton after τοιήνδε: cf. 29. 4 *al.*): ἐπί c. gen. temporal, 4. 16 *al.* (*G.G.* 1210. 1. b). Three garrison-posts are mentioned—one facing S., the second E., and the third W.

12. κατὰ ταὐτὰ ἔχουσι: intrans., as though the phrase were οὕτως ἔχουσι: so with other prepositional phrases, e.g. 91. 16, i. 79. 2 ὥς οἱ παρὰ δόξαν ἔσχε τὰ πρήγματα, vi. 39. 2 εἶχε κατ' οἴκους (= stayed indoors).

In H. ἔχειν intrans. is common in various senses.

14. ἐν Δάφνῃσι: H. omits Marea, perhaps accidentally, or perhaps because the garrison was no longer there, since the Libyans to the W. had been subdued.

16. τῆς φρουρῆς: gen. of separation, *G.G.* 1117.

κοινῷ λόγῳ χρησάμενοι, 'adopting a common plan', almost 'by common consent'.

17. ἀποστάντες: this story as a whole is not improbable: such a desertion almost occurred under Apriês some years later, and was only prevented by the advice of the officer in command at Elephantine.

20. οὐκ ἔα (App. 48 c), *dehortabatur*, 'tried to persuade them not to . . .' cf. 18. 12, 63. 13.

τέκνα καὶ γυναῖκας: the usual unchivalrous order in Greek, the new generation being regarded as of the utmost importance: the common omission of the article in this phrase.

21. λέγεται: impersonal use of passive (as in English), followed by

acc. and inf. cf. 182. 10: the regular Greek (and Latin) idiom is the personal use.

εἰπεῖν: cf. Diod. Sic. i. 67. 6. The inf. (*ἔσεσθαι*) after *εἰπεῖν* (instead of *ὅτι* or *ὡς*) is not common: cf. Homer *Il.* xxiv. 113 *σκύζεσθαί οἱ εἶπε θεούς*, Thuc. vii. 35. 2 (*M. and T.* 753).

23. *διδοῦσι*: App. 56.

σφέας αὐτούς: all the MSS. have *σφέας ἑωυτούς*, an impossible combination. J. E. Powell says that if *ἑωυτούς* alone is the original reading (*σφέας* having crept in from the line below), this will then be the only passage where the plur. reflexive in the phrase *διδόναι ἑωυτόν τινι* is *ἑωυτούς* and not *σφέας αὐτούς*.

τῷ Αἰθιόπων βασιλέϊ: according to Strabo (16. 4. 8, p. 770), this was the king, or rather the queen, of Meroe. A. W. Lawrence points out that as Dynasty XII had held Ethiopia as far as the Second Cataract, the introduction of Egyptian civilization into Ethiopia is here post-dated by some 1500 or 2000 years.

24. *τῷδε*: with this dat. cf. the abl. of the thing after *donare.* The next two sentence shave asyndeton: cf. *supra* l. 8. *οἱ*: not the article, but the pronoun (enclitic).

25. *τούτους*: i.e. the Ethiopians at feud with their king: acc. governed by *ἐξελόντας* which refers to the Egyptian deserters (sc. *τοὺς αὐτομόλους*). *ἐκείνων* again denotes the Ethiopians, and emphasizes, as *αὐτῶν* would not have done, the opposition between the two peoples; a similar contrast in 121. 21, 136. 13.

26. *ἐς τοὺς Αἰθιόπας*: i.e. in the fertile region of Sennaar.

ἤθεα, *mores*, as in 35. 8; contrast 93. 7 'haunts', 'homes'.

31 1. *τεσσέρων μηνῶν*: see n. on 30. 1.

3. *συμβαλλομένῳ*, sc. *τινί*, 'calculating', 'reckoning': to be construed with *εὑρίσκονται*, *πορευομένῳ* with *ἀναισιμούμενοι*: 'freely' related participles, perhaps dat. of (1) agent, or (2) relation, cf. *ἀρξαμένῳ*, *χρεωμένῳ* 11. 4. With *συμβαλλομένῳ* cf. *ὡς συνελόντι εἰπεῖν* Dem. *Phil.* i. 7, and *συντεμόντι*, 'in brief'. *ἀπὸ ἑσπέρης τε καὶ ἡλίου δυσμέων*: *ἡλίου* is omitted by MSS. DRSV. Cf. 8. 4, 32. 38, 33. 13, and i. 201 *πρὸς ἠῶ τε καὶ ἡλίου ἀνατολάς*.

The Nile, according to H., flows in its upper course from W. to E. Perhaps he had a vague knowledge of the Bahr el Ghazâl which comes from the W. to join with the Nile in the Sudd region.

6. *τὸ δὲ ἀπὸ τοῦδε* adverbial, cf. 14. 17, 29. 3.

32 1. *ἀλλὰ . . . μέν* (Att. *μήν*): cf. 20. 1, 12. 8.

ἀνδρῶν: gen., as in 29. 1.

Κυρηναίων: from other references to Cyrene (e.g. 181. 8) it is almost certain that H. went there in his travels.

2. *τὸ Ἄμμωνος χρηστήριον*: see 18. 3 note.

4. *ἀπικέσθαι ἐς λέσχην*, 'fell a-talking' repeats the preceding *ἀπικέσθαι ἐς λόγους* with a suggestion of discursiveness (*λέσχη* = talk, gossip): the Cyrenaeans were of Dorian origin, and the *λέσχη* (lounge or club-room) was an important institution in Dorian states. Cf. 135. 22 *περιλεσχήνευτος*, vi. 4. 1 *προλελεσχηνευμένοι*, i. 153. 1 (*πάθεα*) *ἔλλεσχα*, 'subject of gossip'.

6. *Νασαμῶνας*: as traders and freebooters, the Nasamonians were likely to be enterprising in exploration of the centre of Africa; and

although the story comes to H. third-hand, we may believe that these 'proud and violent' youths reached the land of negroes strange of speech (l. 32), under average height (l. 31), all wizards (33. 4). H.'s account is a good example of the value of a mere traveller's-tale—the earliest recorded trip across the Sahara.

τὸ δὲ ἔθνος τοῦτο . . . ἐπὶ πολλόν: in a modern author this would be a footnote: it interrupts the *oratio obliqua*, like ll. 15 ff. *infra*, 99. 11 ff.

8. **πρὸς ἠῶ . . . τῆς Σύρτιος** together: 'E. of the Syrtis'.

οὐκ ἐπὶ πολλόν, 'to no great distance': cf. 5. 10 **ἐπὶ τοσοῦτο** 'thus far'.

9. **τι . . . πλέον**, 'anything more' than was commonly known, hence 'any news'.

11. **ὑβριστάς**, 'high-spirited', 'dare-devil' youths: **ὕβρις** in i. 189. 1, of a horse's 'mettle'.

12. **καὶ δὴ καί**, 'and particularly', introduces the climax to these 'extravagant' (or 'extraordinary': **περισσά**) adventures'.

14. **εἰ . . . ἴδοιεν**: like **τὰ ἔρημα**, this clause is the object after **ὀψομένους**: **εἴ τι = ὅ τι**.

τῶν . . . ἰδομένων: the simple aor. middle is not found in Attic prose: here, after the act. **ἴδοιεν**, the middle lays some stress on the interest of the explorers, cf. 18. 9 and 13 **φάμενοι, φάς**, and the same variation in Homer (*Il.* i. 262), **οὐ γάρ πω τοίους ἴδον ἀνέρας οὐδὲ ἴδωμαι**.

15. **τὴν βορηΐην θάλασσαν**: 11. 10.

17. **ἣ τελευτᾷ τῆς Λιβύης**, 'which is the end of Libya': hence the conj. in vii. 59. 2 **τελευτᾷ δὲ αὐτοῦ . . . ἄκρη**. The transitive **τελευτᾶν** 'finish', 'make an end of', also takes a gen., e.g. Thuc. iii. 59. 3 **λόγου τελευτᾶν**, on the analogy of **παύεσθαι**.

παρὰ πᾶσαν, sc. **τὴν θάλασσαν**: the words **τὰ κατὰ τὴν βορηΐην θάλασσαν** might have been governed by e.g. **οἰκέουσι Λίβυες**, but instead of that, H. says more exactly **παρήκουσι παρὰ πᾶσαν**, which causes them to have an adverbial construction like **τὰ ὑπὲρ θαλάσσης κτλ.** *infra*.

18. **ἔθνεα πολλά**: see iv. 168–180.

Ἕλληνες, Φοίνικες: Cyrene and Barca were the chief Greek settlements on this coast: Carthage, Utica, and others were Phoenician.

21. **τὰ δὲ κατύπερθε**, adv., 'farther inland': cf. 5. 4. For the three zones in N. Africa—inhabited seaboard, wild-beast region, desert or Sahara—see ll. 24 ff. and iv. 181.

ψάμμος ἐστί '(Libya) is a sandy desert'.

22. **ἄνυδρος δεινῶς**, 'dreadfully lacking in water', 'exceedingly waterless': cf. 76. 1 and 9 **μέλαινα δεινῶς**, 'jet black'. Like the Homeric **αἰνῶς** (e.g. *Od.* xvii. 24 **αἰνῶς γὰρ τάδε εἵματ' ἔχω κακά**) which H. uses in iv. 52. 2 **πικρὸς αἰνῶς**, **δεινῶς** corresponds exactly to the colloquial English 'terribly', 'awfully', etc.

ἔρημος, like the compound adj. **ἄνυδρος**, has here its fem. the same as the masc., but contrast 2. 11 **ἐν στέγῃ ἐρήμῃ**: so occasionally in Attic, esp. in the phrase **δίκη ἐρήμη**. [Derive the English word *hermit* (*eremite* in Keats)].

ἐπεὶ ὦν, introducing a subordinate temporal clause in which the subject and verb are acc. and inf. in this long *orat. obl.* (*G.G.* 1524, *M. and T.* 755): it is hard to decide where the princ. cl. begins, perhaps at διεξελθόντας δέ . . . (l. 27),—if indeed it is not altogether forgotten by H. ἰέναι, imperf. inf., describes, not their setting out (which would be ἐλθεῖν), but their continued journeying.

H. not infrequently uses thus the infin. construction by assimilation in subordinate clauses in *orat. obl.*: after ἐπεί, as here, iv. 33. 4, v. 84. 1, vii. 3. 3, 150. 3, viii. 111. 3; after ἐπείτε ii. 42. 12, 118. 8; after ἐπειδή, iii. 26. 3, after ὡς 99. 15, 140. 1; after ὅκως, 140. 3; in relative clauses, *infra* l. 36, 102. 6, 107. 9, 121. 10; and even after εἰ, 172. 18.

All MSS. have ἐπεί here: the construction would be regularized by reading (1) εἰπεῖν (conj. Reiske), or (2) ἐκείνους (conj. Bekker, adopted by Legrand).

23. ἀποπεμπομένους, pres. (as though they were escorted for some time by their comrades), contrasted with the perf. ἐξηρτυμένους, of the state of being well-equipped.

24. τῆς οἰκεομένης, sc. γῆς or χώρης: so τὴν θηριώδεα, τὴν ἔρημον.

27. πρὸς ζέφυρον ἄνεμον: in order to explore the desert, the expedition must have gone S.W.; and A. W. Lawrence notes that in the Sahara the wind rarely blows due W., but frequently S.W.

διεξελθόντας: the journey across the Sahara from the Oasis of Fezzan to the nearest reach of the Niger is about 1000 miles.

28. καί connects χῶρον and ἐν πολλῇσι ἡμέρῃσι: for this linking of things dissimilar, cf. 172. 5. The explanation is that διεξελθόντας is understood after καί: cf. 33. 6.

δή κοτε, *tandem aliquando*, 'at last'.

30. ἅπτεσθαι . . ., ἁπτομένοισ δέ: H. often connects clauses thus, cf. 14. 14 note.

31. ἄνδρας σμικρούς (all MSS. here have μικρούς, omitting the σ- after the ς of ἄνδρας): in iv. 43. 5 the little men wear 'dresses of palm'. These dwarfs are the Pygmies (living on the slopes of the Mountains of the Moon on both sides of the Equator), of whom Homer tells (*Il.* iii. 6 [γέρανοι] ἀνδράσι Πυγμαίοισι φόνον καὶ κῆρα φέρουσαι), Milton *Par. Lost* i. 575 'that small infantry | Warred on by cranes'. Cf. Aristotle *Hist. Anim.* 597 a 7 (a passage of doubtful authenticity) οὐ γάρ ἐστι τοῦτο μῦθος, ἀλλ' ἔστι κατὰ τὴν ἀλήθειαν γένος μικρὸν μέν, ὥσπερ λέγεται, καὶ αὐτοὶ καὶ οἱ ἵπποι, τρωγλοδύται δ' εἰσὶ τὸν βίον (here is added the legend of pygmy horses). Other references are given by D'Arcy W. Thompson, *Glossary of Greek Birds*, 1936, pp. 72 f., e.g. Pliny *Hist. Nat.* vii. 2.

See a modern account by Emil Ludwig, *The Nile*, 1936, pp. 43–6: the average height of the race is said to be about 4½ feet. As early as Dynasty VI dwarfs from the south were favourites at the Egyptian court; and in Graeco-Roman times they are often depicted in Nile landscapes.

32. ἄγειν, 'to lead captive'; τοὺς ἄγοντας, 'their captors' or 'escort'.

33. τῆς ἐκείνων τοὺς Νασαμῶνας . . . τοὺς ἄγοντας τῶν Νασαμώνων: chiasmus or cross-construction: in full the last elliptical phrase would run—οὔτε τοὺς ἄγοντας φωνῆς γινώσκειν τῆς τῶν Νασαμώνων.

34. τε δή (frequent in H.: see Denniston, *Gk. Part.* pp. 259 ff.), here resumptive and explanatory, 'I say', repeating ἄγειν after the parenthetical clause φωνῆς δέ . . . Νασαμώνων.

35. ἑλέων μεγίστων, 'extensive swamps', characteristic of all Central African rivers: the middle course of the Niger lies through an inundation plain.

διεξελθόντας (its third occurrence in this chapter) grammatically refers to the Pygmy captors, but naturally includes the Nasamonians as well.

36. πόλιν: somewhere near Timbuctoo, which was founded about A.D. 1000.

εἶναι: the infin. construction in a relative clause in *orat. obl.*, see *supra* l. 22.

τὸ μέγαθος, χρῶμα: acc. of respect, *G.G.* 1058.

37. ῥέειν . . ., ῥέειν δέ: the verb, repeated, is accompanied by more details, cf. 68. 10. The Niger flows E. in the neighbourhood of Timbuctoo.

39. κροκοδίλους (see 68. 1): crocodiles are found in the Niger and other rivers, but were believed in ancient times to be peculiar to the Nile. Crocodiles in the Indus led Alexander the Great to conclude that he had reached the headwaters of the Nile (Arrian *Anab.* vi. 1. 2).

On the implicit understatement in the name κροκόδιλος, 'lizard', see note on 17. 8.

33 1. ἐς τοσοῦτο, 'so far' (and no farther), πλὴν ὅτι . . . 'except that . . .' (cf. 100. 15). All MSS. have ἐς τοῦτο, but ἐς τοσοῦτο is the common formula.

μοι: dat. of agent, *G.G.* 1186.

2. δεδηλώσθω: the perf. imperative is frequently used, as here, to bring the discussion of a subject to a close: *M. and T.* 105, 106. For the pres. imperative cf. ἔστω 28. 1, χαιρέτω 117. 7, ἐχέτω i. 140. 3: the perf. expresses finality (*G.G.* 1274), cf. εἰρήσθω 34. 12, 76. 13, λελέχθω 125. 13, and Euclid's axiomatic use of εἰλήφθω, γεγράφθω, ᾐτήσθω.

4. ἀνθρώπους, taken into the relative clause (*G.G.* 1037), is also acc. before εἶναι.

γόητας: the Pygmies resemble the gnomes and brownies of Nordic tales (Emil Ludwig).

5. παραρρέοντα, sc. τὴν πόλιν: 32. 37.

καὶ (not 'and') . . . καὶ δὴ καί (cf. 32. 12), 'and indeed', 'and moreover'.

συνεβάλλετο, *coniciebat*, implies 'putting two and two together'.

6. ὁ λόγος οὕτω αἱρέει, *ratio evincit* or *suadet*, 'reason demands or proves this', i.e. this stands to reason. This phrase, beloved by Plato and later authors, expresses the basis of H.'s own judgment: cf. 43. 17 ὡς ἐμὴ γνώμη αἱρέει. Another meaning of the phrase is seen in e.g. i. 132. 3 χρᾶται ὅ τι μιν λόγος αἱρέει, 'uses it as the whim takes him' (*animus fert*). This type of personification is common in H., cf. 22. 20 ὡς ἡ ἀνάγκη ἐλέγχει. οὕτω = that this is so, i.e. that the river is the Nile.

7. καὶ . . . τάμνων, sc. ῥέει: καί adds a fresh point in the description, cf. 32. 28: so, often, καὶ ταῦτα 'and that too'.

8. τοῖσι ἐμφανέσι . . .: H. here borrows one of the maxims of Solon τὰ ἀφανῆ τοῖς φανεροῖς τεκμαίρου (Stob. *flor.* iii. 79). Cf. 24. 2 τὰ ἀφανέα, things beyond the evidence of sense, here τὰ μὴ γινωσκόμενα)(τὰ ἐμφανέα, τὰ φανερά. μή, generic, *G.G.* 1612.

9. τῷ Ἴστρῳ: dat. after ἴσων, *G.G.* 1175: so after κατὰ ταὐτά 20. 10, ὡς δὲ αὕτως 67. 4: see note on τὰ ἔμπαλιν 19. 14.

ἐκ τῶν ἴσων μέτρων: *μέτρα*, 'measures of distance', vaguely used: (1) the distance from source to mouth: if so, H. means that the Nile rises on the same degree of longitude: or (2) the distance from the Mediterranean. As the Danube, about 1500 miles long, flows across Europe from the farthest W., so the Nile is thought to flow across Libya: their lower courses and mouths are believed to face one another.

H.'s theory that the Nile rises in W. Africa was adopted by Juba II, King of Mauretania from 30 B.C. to *c.* A.D. 19, who sought the beginning of the Nile 'on a mountain of Lower Mauretania not far from the Ocean' (Pliny *Hist. Nat.* v. 51: cf. Ammianus Marcellinus xxii. 15. 8).

10. *Ἴστρος . . . ποταμός*: the usual order in Greek for 'the River Danube': in 23. 4 the order *ποταμὸν Ὠκεανόν* emphasizes the notion of 'river'.

11. *μέσην σχίζων τὴν Εὐρώπην* corresponds exactly with *μέσην τάμνων Λιβύην*, l. 7, cf. 17. 11.

12. *ἔξω . . .*: the Phoenician source of this statement seems clear: Phoenician traders on their voyages in the Atlantic Ocean found Celts 'outside the Pillars of Heracles', in the S.W. of France and perhaps the N. of Spain.

14. *ῥέων*: according to the MSS. the words *διὰ πάσης Εὐρώπης* are strangely separated from *ῥέων*: cf. the artificial order of the following clause, *οἱ Μιλησίων* being parted from *ἄποικοι* by the verb *οἰκέουσι*, perhaps to avoid the cacophony of *ἄποικοι οἰκέουσι*.

34 2. *πρός* c. gen. of the agent, *G.G.* 1216. 1 (b): lit. 'on the side, or part, of' (30. 10, 33. 13), then, like *ἐκ*, a variation for *ὑπό*, especially in Ionic prose and Attic Tragedy: cf. 75. 15.

5. *ἐπ' ὅσον μακρότατον*: cf. 29. 2 and i. 171. 2 there quoted. H. always strives to obtain the fullest possible information available to him.

6. *ἦν* = *ἐξῆν*, cf. 10. 6 *ὥς γε εἶναι*.

After *ἦν*, the acc. *ἱστορεῦντα* (sc. *τινά* = *ἐμέ*) with infin. construction is used, although *ἔξεστι* takes the dat.: the force of the infin. prevails, cf. 107. 11, 111. 3.

ἐκδιδοῖ, as in 22. 5: so *ἐκδιδόντι infra* l. 10.

7. *τῆς ὀρεινῆς Κιλικίης*: gen. after *ἀντίη*, cf. the gen. after the adv. *ἀντίον* 2. 10, and after *τὰ ἔμπαλιν* 19. 14: usually (later than Homer) the dat. follows, cf. *infra* l. 10, 20. 9 *al.* So after *ἐναντίος* and the Latin *contrarius*, gen. or dat. may be used.

μάλιστά κῃ 'just about', 'approximately': 75. 2 *al.*

9. *εὐζώνῳ ἀνδρί*, *expedito*, 'for a well-girt man', 'lightly equipped', therefore 'active': cf. Horace *Sat.* i. 5. 5 f. altius . . . praecinctis. Hesychius explains *εὔζωνος* as *μὴ ἔχων φορτίον*. A day's journey is reckoned as 200 stades or 25 miles (iv. 101. 3), or as 150 stades (v. 53).

τῷ Ἴστρῳ ἐκδιδόντι', (in respect) to the mouth of the Danube': concrete use of part., cf. 13. 5.

12. *εἰρήσθω*: see 33. 2 note: commonly used by Plato in philosophical definitions.

35 1. *ἔρχομαι . . . μηκυνέων*: see 11. 3 note. Cf. Soph. *El.* 1484 *μηκύνειν λόγους*, 'to plead at length'. H.'s lengthy account lasts until ch. 98.

2. [*ἢ ἡ ἄλλη πᾶσα χώρη*]: this phrase, deleted by Stein, may be, as he

suggests, a marginal explanation of πρὸς πᾶσαν χώρην l. 3. If it is retained, the superl. πλεῖστα is followed by ἢ as though it were the comparative: cf. iii. 119. 5 (with MSS. reading ἀλλοτριώτατος), Philemon fr. 203 θανεῖν ἄριστόν (κράτιστόν) ἐστιν ἢ ζῆν ἀθλίως.

ἔργα λόγου μέζω, 'works great beyond speech' or 'description': cf. 148. 4. λόγου μέζω = μέζω ἢ ὥστε (τινὰ or ἐμὲ) λέγειν. ἔργα, here architectural monuments: in 101. 1 achievements.

3. πρός c. acc., 'in comparison with', as in 136. 20: 'to match'.

4. ἅμα τῷ οὐρανῷ . . . , i.e. corresponding to their peculiar climate and the unique nature of the Nile, the Egyptians have characteristic customs and manners; and from this H. develops his paradox that everything in Egypt is the reverse of what it is elsewhere. [We may compare the usual European view of the customs and manners of, say, China and Japan.] Sophocles followed his friend H. when he made Oedipus contrast his daughters and his sons (*O.C.* 337–41), apostrophizing his sons: ὦ πάντ' ἐκείνω τοῖς ἐν Αἰγύπτῳ νόμοις | φύσιν κατεικασθέντε καὶ βίου τροφάς· | ἐκεῖ γὰρ οἱ μὲν ἄρσενες κατὰ στέγας | θακοῦσιν ἱστουργοῦντες, αἱ δὲ σύννομοι | τἄξω βίου τροφεῖα πορσύνουσ' ἀεί· 'O altogether in their spirit and mode of life conformed to the ways of Egypt! For there the men sit in the house plying the loom, while their partners slave ever out of doors for the daily bread'. Jebb's note refers to Nymphodorus of Syracuse (*c.* 275 B.C.), who in his Νόμιμα Βαρβαρικά (*F.H.G.* ii. 380) repeated the statement of H., adding (probably of himself) that Sesôstris had thus sought to tame the men of Egypt to his sway. Anaxandrides, a poet of the Middle Comedy (*c.* 340 B.C.) represented Athens as refusing alliance with Egypt because of the dissimilarity of the customs and laws of the two lands: Kock *C.A.F.* ii. p. 150 No. 39 (Pickard-Cambridge, *Sel. Frag.* p. 55), one of the characters in the comedy called Πόλεις addresses the Egyptians thus—references are added in brackets to H. ii: οὐκ ἂν δυναίμην συμμαχεῖν ὑμῖν ἐγώ· | οὔθ' οἱ τρόποι γὰρ ὁμονοοῦσ' οὔθ' οἱ νόμοι | ἡμῶν, ἀπ' ἀλλήλων δὲ διέχουσιν πολύ. | βοῦν προσκυνεῖς (41. 2), ἐγὼ δὲ θύω τοῖς θεοῖς· | τὴν ἔγχελυν μέγιστον ἡγεῖ δαίμονα (72. 3), | ἡμεῖς δὲ τῶν ὄψων μέγιστον παρὰ πολύ. | οὐκ ἐσθίεις ὕει' (47. 1), ἐγὼ δέ γ' ἥδομαι | μάλιστα τούτοις· κύνα σέβεις (67. 3), τύπτω δ' ἐγώ, | τοὔψον κατεσθίουσαν ἡνίκ' ἂν λάβω . . . τὸν αἰέλουρον κακὸν ἔχοντ' ἐὰν ἴδῃς, | κλάεις (66. 10 ff.), ἐγὼ δ' ἥδιστ' ἀποκτείνας δέρω. | δύναται παρ' ὑμῖν μυγαλῆ (67. 5), παρ' ἐμοὶ δέ γ' οὔ.

τῷ οὐρανῷ: cf. Lat. *caelum* = climate.

6. ἀλλοίην . . . ἢ οἱ ἄλλοι ποταμοί, sc. παρέχουσι 'different from all other rivers'.

τὰ πολλὰ πάντα, adverbially, 'in almost all respects': so τὰ πολλά, 86. 25, 'for the most part', and πάντ(α) in Soph. *O.C.* 337 (quoted *supra*), H. ii. 48. 5. τὰ πολλὰ πάντα occur together in i. 203. 1, v. 67. 1. Alternatively, τὰ πολλά may be taken separately from πάντα, which then goes grammatically with ἤθεα, but really in sense with ἔμπαλιν: 'in most matters exactly opposite'.

7. ἔμπαλιν c. dat.: see 19. 14.

8. ἤθεα, Lat. *mores*, as in 30. 27.

ἐν τοῖσι, rel., referring to Αἰγύπτιοι, not to the immediately preceding word νόμους.

αἱ μὲν γυναῖκες ἀγοράζουσι κτλ.: women marketing and men weaving are indeed figured on the monuments, but these are the exceptions. H. wishes to make the contrast with Greece the more striking, and presses it too far. See Soph. *O.C.* 337 ff. (quoted *supra*). What H. says ' is true at the present time in the northern country which was familiar to the Greeks ' (Petrie, *Social Life*, p. 28).

10. *τὴν κρόκην* ' the woof' (Lat. *subtemen*), which in a perpendicular loom is pushed home (i.e. either up or down) to its place in the warp (*στήμων*, Lat. *stamen*) by the comb (*κερκίς*). On the vertical loom the Greeks (and the Romans) struck the woof up from below: the Egyptians usually reversed this method, weaving from the top, but they also wove on horizontal looms. In Egypt men wove as a profession: cf. Lucr. v. 1355 f. nam longe praestat in arte | et sollertius est multo genus omne virile. For the ' fine linen of Egypt ' (*O.T. Prov.* vii. 16, cf. *Ezek.* xxvii. 7) see iii. 47. 2, 3.

11. *τὰ ἄχθεα* (asyndeton in the enumeration, so *infra* three times in this chapter): some loads were carried by men ' on their heads ' (as in the baker's dream, *O.T. Gen.* xl. 16), and in fact the hieroglyph for ' carry ' depicts a man with a load on his head; but H. generalizes too freely. Like the modern fellahin, the women probably carried their babies ' on their shoulders ': this is a poor justification for the statement of H.

13. *εὐμαρείῃ χρέωνται*, *alvum exonerant*, ' they do their easement ': scarcity of water must have made sanitation difficult in Egypt, as compared with Crete and other places; but at Tell el Amarna in Dynasty XVIII there were earth-closets (A. W. Lawrence), and easing-stools have been found dating as early as Dyn. IX (Petrie, *Social Life*, p. 100). Cf. *O.T. Deuteronomy* xxiii. 13.

15. *χρεόν*, Att. *χρεών*, indeclinable, though properly a part. neut. of *χρέω*, Att. *χράω*: again in 55. 6.

16. *ἱρᾶται κτλ.*—another hasty generalization, for elsewhere (54. 3, 56. 2) H. speaks of priestesses. But he had heard of no Egyptian priestess comparable with the priestess of Hêrê at Argos. Under the Old Empire, however, women were dedicated to the service of Neïth and Hathor, and at a later date the ' consort of Amûn ' was the nominal ruler of Thebes.

θεοῦ: possessive gen., as in 37. 22, depending upon *ἱρά* or *ἱέρεια* contained in the verb. So in an inscription of Miletus, *c.* 300 B.C.: *καὶ τῶν ἄλλων θεῶν τῶν ἐντεμενίων ὅσων ἱερᾶται ὁ ἱέρεως . . .*

17. *τρέφειν κτλ.* H. intends to strike a contrast to the law of Solon—*ἐάν τις μὴ τρέφῃ τοὺς γονέας, ἄτιμος ἔστω*: neglect to support parents was punished by the loss of civic rights. In Egypt there was a strongly matriarchal system, and permanent property descended in the female line (Petrie, *Social Life*, pp. 74, 110, 120). Hence it was reasonable that daughters should be compelled to maintain their parents.

36 1. *τῇ μὲν ἄλλῃ* ' everywhere else ': 63. 3. So in 79. 4 *ἄλλῃ* (with a verb of rest) = *ἄλλοθι*. *τοῖσι ἄλλοισι ἀνθρώποισι* (cf. 147. 2) repeats the same idea, but throughout this passage the special reference is to the Greeks.

κομῶσι: in a papyrus from the Fayûm, dated A.D. 159–160, ' A Complaint against a Priest ' (*B.G.U.* I. 16^{11}; or Milligan, *Selections from the Greek Papyri*, p. 84), a charge is brought against a priest of ' letting his hair grow long and wearing woollen garments '—ὡς κομῶντος καὶ χρωμένου ἐρεαῖς ἐσθήσεσι. [For the last part of the charge see 37. 8.]

2. ξυρῶνται: in 37. 6 H. says that the priests shaved their whole bodies every other day; and this statement, supported by Diodorus and Plutarch, may be accepted in view of the extreme cleanliness of the Egyptians. 'The wearing of long hair is usually a subject of ridicule in the figures of herdsmen or foreigners' (Petrie, *Social Life*, p. 101).

ἅμα κήδεϊ κεκάρθαι τὰς κεφαλάς (marked alliteration), 'at a time of bereavement they have their hair shorn': = ἔχειν τὰς κεφαλὰς κεκαρμένας. So in Homer (*Il.* xxiii. 141) Achilles ξανθὴν ἀπεκείρατο χαίτην in mourning for Patroclus (the primary use of κείρω with the hair as object: cf. *Od.* iv. 198 κείρασθαί τε κόμην): H. has the later use with acc. of person or part of person.

3. τοὺς μάλιστα ἱκνέεται, sc. τὸ κῆδος, 'to whom the grief comes home most of all', 'whom it concerns most nearly': ἱκνέεται c. acc. = προσήκει. [*Aliter* LS [9]: ἱκνέεται (sc. κεκάρθαι), used impersonally, 'it becomes, pertains to'.]

4. ὑπὸ τοὺς θανάτους: ὑπό c. acc., like Lat. *sub*, in a temporal sense, 'just after': so in 142. 18.

5. τέως ἐξυρημένοι, 'until then (they are) shaven': in iii. 12. 3 H. again refers to the Egyptian practice of shaving the head, but adds: 'Nowhere in the world can one see so few bald heads as in Egypt': cf. 65. 12, 66. 17. It is true that wigs or close-fitting caps were worn by all but the poorest Egyptians. On the other hand, hair-restorers find a place among the medical prescriptions of Ancient Egypt (Erman, *Life in Ancient Egypt*, p. 219); and the monuments show soldiers and artists wearing their natural hair. A papyrus letter of iii/iv A.D. gives advice on how to keep the hair from falling out (Preisigke, *Sammelbuch* 7350).

6. θηρίων: cf. 65. 3. In Egypt, just as elsewhere, it would be only the lower classes that would live with their animals. H. again makes an incorrect generalization.

ἡ δίαιτα: the article (not in the MSS.) appears to be necessary for the meaning 'their life day by day'.

7. ἀπό: in English idiom 'on'.

9. ὄνειδος: the 'disgrace' of eating wheat and barley was certainly incurred by the upper classes.

10. ὀλῡρέων: one-seeded wheat, = ζειαί, *Triticum monococcum*, cf. 77. 13: mentioned by Homer as food for horses, e.g. *Il.* v. 196.

11. μετεξέτεροι, *nonnulli*: an Ionic word, again in 83. 2, *al.*

φυρῶσι: Strabo (17. 2. 5, p. 823) corroborates H. on the 'kneading' of dough with the feet and the mixing of clay by hand, but dough was also kneaded by hand.

12. τὴν κόπρον: dung for burning was (and still is) gathered up in Egypt (and elsewhere) where wood is scarce.

ἀναιρέονται, 'they pick up', instead of letting it lie: there is no need to omit the phrase, as MSS. DRSVP[t] do.

13. εἵματα . . . ἔχει (= φορέει): two garments were worn by men of the lower classes (81. 2), and one close-fitting dress by women down to Dynasty XVIII. But H. is much too absolute in his generalization:

workers in the fields wore only one garment, and in H.'s time women wore two and sometimes three garments.

16. ἔσωθεν: the sheet (Lat. *pes*) of an Egyptian vessel was (and still is) made fast within the gunwale. But according to C. Torr, *Ancient Ships*, pp. 80 f. κάλοι are the brailing-ropes, which ran across the sail from the yard. For the *baris* see 96.

λογίζονται ψήφοισι, ' calculate ' (from Lat. *calculus*, a pebble).

17. ἀπὸ τῶν ἀριστερῶν . . .: H. excludes (1) the oldest form of Greek inscription from right to left, like the Phoenician mode of writing: (2) the βουστροφηδόν form, used in the 6th century B.C.—alternately from right to left and left to right, as oxen turn in ploughing.

18. ἀπὸ τῶν δεξιῶν . . .: Egyptian writing is in general from right to left, although the individual signs—the horizontal ones—are usually formed from left to right, like the Greek letters. ἐπὶ δεξιά (l. 19) is used with a conscious play upon the literal meaning ' rightwise ' in the sense of ' rightly ', ' in the right way ', just as ἐπ' ἀριστερά, ' left-handedly ' implies ' wrongly ', ' perversely '. So Europeans might say that a Hebrew or Arabic text is ' wrongly ' written because it runs in the opposite way from their own script. For ἐπ' ἀριστερά so used, cf. Soph. *Aj.* 182 (deviating from the right course), Schroeder *Nov. Com. Fr.* p. 36, l. 155 ἐπ' ἀριστέρ' εἴληφας τὸ πρᾶγμα. Two MSS. write as single words ἐπιδέξια and ἐπαρίστερα (' dexterously ', ' cleverly ', and ' awkwardly ', ' clumsily ').

21. ἱρά, δημοτικά: hieroglyphic and hieratic writing (the latter being a modification of the former) was called ' the script of God's words ' (the God being Thôth or Hermes) or ' script of the House of Life ': demotic was ' letter-script ' (γράμματα ἐπιστολογραφικά, Porphyrius, *Vita Pythag.* 12; cf. Clement of Alexandria, *Strom.* v. p. 657). See *Brit. Mus. Guide* pp. 32 ff. for an account of Egyptian writing and the deciphering of hieroglyphs with the help of the Rosetta Stone.

37 1. θεοσεβέες: in speaking of the religious disposition of the ancient Egyptians, H. correctly emphasizes their attention to cleanliness and their elaborate ritual.

περισσῶς, ' beyond measure ', cf. the adj. in 32. 12 of ' extravagant ' adventures.

2. χαλκέων: as in the streets of Cairo to-day, vessels of bronze were used, but not to the exclusion of gold, silver, glass, porcelain, and earthenware.

3. ἀνὰ πᾶσαν ἡμέρην: distributively, *G.G.* 1203. 2. c.: cf. 11. 8.

οὐκ ὁ μέν, ὁ δ' οὔ, ἀλλὰ πάντες: note the detailed simplicity of the Greek (cf. i. 139): we may say ' not merely some men, but all ' cleanse, or rinse their cups.

5. τοῦτο refers above all to νεόπλυτα, or at least to the wearing of newly washed raiment.

6. διὰ τρίτης ἡμέρης, *tertio quoque die*, ' every other day ': cf. 4. 6.

8. λινέην μούνην ' of linen only ', ' none but linen ': woollen garments were forbidden because wool is more liable to harbour vermin (cf. Plut. *Is. et Osir.* 4), and it is ' refuse-growth from a very sluggish body ' (segnissimi corporis excrementum, Apul. *Apol.* 56): cf. 81. 1, and for the linen garments of the Jewish priests, *O.T. Exod.* xxxix. 27–29. See

Pliny *Nat. Hist.* xix. 14; and cf. the papyrus *B.G.U.* I. 16 (quoted *supra* 36. 1).

9. βύβλινα: for the *byblus* or papyrus, see 92. 18.

10. λοῦνται: according to Chaeremon, who perhaps was himself an Egyptian priest, they washed thrice a day. In hieroglyphs a man washing is the symbol for a priest.

δὶς . . . τῆς ἡμέρης: *G.G.* 1136, 951.

11. ψυχρῷ sc. ὕδατι: cf. Ar. *Nub.* 1044 θερμῷ . . . λοῦσθαι.

12. ὡς εἰπεῖν λόγῳ: cf. 15. 12, and ἐμοὶ δοκέειν 4. 5.

13. πάσχουσι (seldom in good sense) with ἀγαθά, 'experience', 'enjoy'. The 'benefits' arise from the possession of land, which Diodorus (i. 21. 7, 73. 2 ff.) reckons at one-third of all Egypt. The Harris Papyrus (xii/B.C.) puts it at about one-fifteenth per cent., but there was other property as well.

15. ἐστι . . . πεσσόμενα, 'are cooked': periphrastic form, as in English (but note the pres. part.): cf. 77. 20 (pres. part.), 10. 11 (aor. part.), 82. 1 (perf. part.) *al.*

πλῆθός τι . . . πολλόν: for τι emphasizing πολλόν, cf. 7. 7.

16. γίνεται, 'comes in', is brought from the Temple estates.

17. οἶνος ἀμπέλινος: not tautological, for H. uses οἶνος of a drink made from barley, 77. 14, where he says there are no vines in Egypt: see note on that passage.

ἰχθύων, part gen., *G.G.* 1102. Although the priests were forbidden to eat fish (as the Pythagoreans were at a later date, perhaps in imitation of the priestly abstinence), other Egyptians did (77. 16).

18. κυάμους: Diodorus (i. 89. 4) merely says that some Egyptians abstained entirely from beans. H. asserts very definitely that no beans were sown in the Egypt of his day; but this was not always so, for beans have been found in Egyptian tombs (see Loret, *La Flore pharaonique*, p. 93, No. 157), and Ramesses III offered beans in abundance to the priests of Memphis and Heliopolis. Abstinence from beans was practised in India and in early Rome, as well as among the Pythagoreans.

οὔ(τε) τι μάλα, 'not at all': cf. Homer *Il.* xxiii. 308 οὔ τι μάλα χρεώ: see 93. 1.

19. τρώγουσι, properly 'munch', 'nibble', as an animal does; here 'eat raw' (in contrast to ἕψοντες πατέονται), perhaps 'eat as a salad' (Woods).

21. μιν, sing., refers to κύαμον, understood from κυάμους: H. is thinking of the following ὄσπριον.

ἱρᾶται c. gen., as in 35. 16.

22. πολλοί: so Diod. Sic. i. 73. 5.

23. ἀρχιέρεως, Ion. nominative for Att. ἀρχιερεύς.

τις, sc. τῶν πολλῶν: *aliter* Godley, (ἀρχιέρεώς) τις. Cf. Diod. Sic. i. 73. 5. The monuments show cases of son succeeding father, but H. again generalizes too much, for this was not the invariable rule.

38 1. τοὺς δὲ βοῦς: in dealing with Egyptian religion H. describes the use and treatment of the sacred animals, with digressions: in chapters 38–41, cattle; 42 f., 46, sheep and goats; 47 f., 64, swine; 65–76, other animals (I. M. Linforth).

ἔρσενας, also ἄρσενας in Ion., Att. ἄρρενας.

τοῦ Ἐπάφου: possess. gen. with *εἶναι*, 'to belong to E.' See ch. 153.7 and Index of Proper Names.

3. *ἴδηται*, sing.: subject *τις*, the person testing, i.e. *τῶν τις ἱρέων* l. 4. For the mid., see 32. 15.

καθαρόν, ceremonially 'pure' (cf. 37. 21), and therefore suitable for sacrifice.

4. *δίζηται*, Ion. for Att. *ζητεῖ*, which is also found in H.

ταῦτα, vaguely used, 'such characteristics'. Alliteration of *τ* is strong in this phrase.

ἐπὶ τούτῳ: *ἐπί* 'over', 'in charge of': cf. 86. 1 'for this purpose'.

τῶν τις ἱρέων: a common order in H., cf. 103. 10 *τῶν τινες στρατιωτέων*, 179. 3. The priest was called *σφραγιστής* or *μοσχοσφραγιστής*: he sealed the victim for sacrifice, as H. describes. See also Plutarch *Is. et Osir.* 31, p. 363 C.

5. *ὑπτίου*, sc. *ὄντος* or *κειμένου*, to be supplied out of *ἑστεῶτος*, an example of zeugma. *ὕπτιος*, *supinus*, 'on its back': metaphor. in 7. 3. The gen. abs. is coupled by *καί* with a part. in the nominative (*ἐξειρύσας*).

6. *ἐξειρύσας*, Ion. verb: in Homer the form *ἐξέρυσα* is used as well as *ἐξείρυσα*, *ἐξείρυσσα*. The tongue of the Apis bore a beetle-shaped mark (*κάνθαρος*) beneath it: see iii. 28.

εἰ καθαρή, sc. *ἐστι*: '(to see) whether it is free from' or 'pure in respect of', c. object. gen., *G.G.* 1140, gen. of respect, *infra* l. 9. So in Lat., e.g. Horace *Odes*, i. 22. 1 integer vitae scelerisque purus.

προκειμένων, 'set forth', 'prescribed'.

7. *ἐν ἄλλῳ λόγῳ* 'in another passage', iii. 28. 3.

8. *κατὰ φύσιν* 'naturally', not double (*διπλᾶς*), as in an Apis (iii. 28. 3).

πεφυκυίας 'growing': cf. *ἔφυσα*, 68. 13 note.

9. *καθαρός*, c. gen., l. 6: 'pure in all these respects'.

σημαίνεται, mid.: 'he (the priest) marks (seals) it': cf. the title *σφραγιστής* in note on l. 4.

10. *κέρεα*: App. 40.

εἱλίσσων, sc. *τὴν βύβλον*, 'the papyrus leaf'.

γῆν σημαντρίδα, 'sealing-earth' or 'clay', like the *cretula* of Cic. *in Verr.*, *Act.* ii. 4. 26, 58.

11. *τὸν δακτύλιον*: the stamp impressed by the signet-ring was a kneeling man with hands bound behind his back and a sword at his throat (Plut. *Is. et Osir.* 31, p. 363 C)—i.e. the hieroglyph for 'kill'.

ἀπάγουσι: a general 3rd pers. pl., of the assistants.

13. *τοιῷδε* points back (= *τοιούτῳ*), *ἥδε* looks forward.

θυσίη 'mode of sacrifice'.

39 3. *ἐπ' αὐτοῦ*, i.e. on the altar: H. speaks as a Greek, for the Egyptians had no altars in the Greek sense of the term, the equivalent being the 'table of offerings'.

κατά, c. gen. 'down upon' (*G.G.* 1211. 1. b): so that the wine drips down from the victim.

4. *σφάζουσι* ('they slit the throat'), *σφάξαντες δέ*: see 14. 14 note, for this favourite method of joining two clauses.

5. *σῶμα μέν*, with no article, at the beginning of the clause, in strong contrast to *κεφαλῇ δέ*: cf. i. 194. 4 *νομέας μέν*.

δείρουσι: App. 14.

6. κείνῃ: short for τῇ κείνου: so 40. 5 κοιλίην κείνην, with omission of article.

καταρησάμενοι: cf. Plut. *Is. et Osir.* 31, p. 363 B. Apparently this transference of curses to the rejected head of a sacrificed beast (cf. the Jewish scapegoat, *O.T. Lev.* xvi. 21) was borrowed from a foreign religion, probably Semitic; for in Egypt in early times the head was regularly placed on the table of offerings. Cf. *O.T. Deut.* xiv. 21 ' Thou shalt give it (i.e. anything that dieth of itself) unto the stranger that is in thy gates . . ., or thou mayest sell it unto an alien '.

φέρουσι: as the sentence develops, two more definite verbs are used, ἀπ' ὦν ἔδοντο and ἐκβάλλουσι: οἱ δὲ φέροντες repeats φέρουσι.

τοῖσι μέν, Ion. relative, whose antecedent is the subject of φέρουσι: *ferunt ei, quibus. . . .*

7. σφι is used instead of repeating the rel. pron., *G.G.* 1040, and for Homer see *H.G.* 272. Here the second relative would have been in the same case as the first: in a different case, 40. 3, 111. 3, 128. 2. So too in Latin the relative changes to a demonstrative, e.g. Cic. *Phil.* i. 24 (quibus . . . eisque . . .): see Gildersleeve and Lodge, *Latin Grammar*, § 636.

8. ἀπ' ὦν ἔδοντο: see Denniston, *Gk. Part.* p. 429: gnomic aor. with ὦν, cf. 20. 7, translate as a pres. indic., like the following ἐκβάλλουσι. For the tmesis which heightens the effect, cf. 40. 5 ἐξ ὦν εἷλον (a frequent use), 141. 20 κατὰ μὲν φαγεῖν.

12. ταύτην, without article, cf. κείνῃ *supra* l. 6.

τραπέσθαι, with subject contained in the previous εἰ clause, i.e. τὸ κακόν.

κατά c. acc., ' concerning ', in respect of '.

16. οὐδὲ . . . οὐδενὸς . . . οὐδείς: an emphatic repetition of negatives.

ἄλλου: ' other ' than himself, an emphatic ' any '.

κεφαλῆς, partitive gen. after γεύσεται, as in 18. 11. H. is too absolute in his statement, but the head was sometimes given away, and it therefore appears less often than other parts of victims. γεύσεται: gnomic fut., as in 41. 9.

40 1. ἡ ἐξαίρεσις, ' removal ' (of a stone, 121. 24): here, of the entrails, ' disembowelling ' which was different for different victims, ἄλλη περὶ ἄλλο ἱρόν (περί = in the case of), *G.G.* 914.

2. σφι = τοῖσι Αἰγυπτίοισι.

κατέστηκε, perf., ' is appointed ', ' is customary '.

τήν (rel.), οἱ (= αὐτῇ), ' in her honour '): the relative is not repeated, cf. 39. 7 note.

3. ἥγηνται: perf., as in 47. 1 *al.*, of a settled state of belief: cf. νενόμικα 25. 24.

ὁρτήν: App. 26.

ἀνάγουσι, like the simple ἄγουσι, i. 147. 2, *al.*, ' celebrate '.

4. ταύτην refers grammatically to δαίμονα, but it is actually the festival (ὁρτήν) which H. proceeds to describe so far as to explain ἡ ἐξαίρεσις τῶν ἱρῶν and ἡ καῦσις (ἐξ . . . εἷλον, καταγίζουσι). The ' greatest goddess ' is Isis (61. 2), although her festival is said in 59. 3 to rank second in popularity to that of Bast (= Artemis).

ἔρχομαι ἐρέων: 11. 3 note. After this introductory phrase the next sentence has no connecting particle (asyndeton, frequent in H.).

5. κατευξάμενοι, of making an earnest prayer or vow, not necessarily (as καταρησάμενοι, 39. 6) an imprecation.

κοιλίην κείνην: cf. 39. 6 for brachylogy and omission of the article.

ἐξ ὧν εἷλον: see 39. 8 (gnomic aor. and tmesis).

7. τὴν ὀσφύν: the Greeks offered 'the loin' or 'rump' in sacrifice (cf. e.g. Menander Fr. 319[12]), whereas the Egyptians reserved it.

9. τὸ ἄλλο σῶμα, *reliquum corpus*, 'the rest of the carcass'.

ἄρτων κτλ.: gen. of material, *G.G.* 1113.

10. καί repeated—polysyndeton, the opposite of asyndeton.

12. καταγίζουσι (Att. καθ-): first, to dedicate a burnt offering (130. 5); then, generally, to burn: cf. ἐναγίζω, 44. 22.

12. προνηστεύσαντες: the participle, as commonly in Greek, bears the chief emphasis in the clause: 'they fast before the sacrifice'.

13. τύπτονται, mid., 'they beat their breasts' in mourning, Lat. *plangunt*. ἐπεὰν δὲ ἀποτύψωνται: 'when they have finished beating their breasts', therefore 'finished their mourning'. As an intensive prefix, ἀπο- may mean 'finishing off', 'completing' (cf. ἀποδινήσας, 14. 17), or 'ceasing from': the two senses are closely connected. Cf. 73. 14 ἀποπειρηθῇ after πειρᾶσθαι, 79. 6 ἀποθωμάζειν, 'marvel greatly', ix. 31. 1. ἀποκηδεύω, 'cease from mourning'.

14. δαῖτα, 'as a meal', τὰ (= ἃ) ἐλίποντο τῶν ἱρῶν (part. gen.) being direct object of προτίθενται.

41 1. καθαρούς, sc. τῶν προκειμένων σημηΐων, 38. 6.

2. τὰς δὲ θηλέας: just as among the Hindus, so in Egypt, cows were not sacrificed. The cow was the living symbol of Isis–Hathor, represented sometimes as a cow, sometimes as a woman with a cow's head or horns.

3. τῆς Ἴσιος: the Att. gen. is Ἴσιδος: after ἱρός the possessive gen. is used for the deity *to* whom something is sacred (*G.G.* 1143), cf. the gen. after ἱρᾶται, 35. 16.

4. κατά περ: see 6. 2.

5. τὴν Ἰοῦν (App. 39): in i. 1, 2 H. tell the story of Io, daughter of King Inachus of Argos. Her descendant, Danaus, came from Egypt to Argos (91. 21); and it is a natural comparison that H. makes between the cow-headed Io and Isis, while avoiding the usual Greek mistake of identifying them.

γράφουσι, 'depict', 'portray' in drawing, painting, etc.: the first meaning is simply 'to scratch', or 'mark'.

6. προβάτων, 'cattle', as generally in H., but in Att. almost invariably 'sheep': the original meaning, according to derivation, is 'animals that *walk in front* of the larger cattle', i.e. sheep and goats.

7. τῶν εἵνεκα, 'for this reason', i.e. because of the Egyptian worship of the cow which the Greeks kill and eat.

οὔτ' ἀνὴρ Αἰγύπτιος: for the ceremonious aloofness of the Egyptians, cf. *O.T. Gen.* xliii. 32 'the Egyptians might not eat bread with the Hebrews; for that is an abomination unto the Egyptians'.

8. φιλήσειε ἂν τῷ στόματι: the potential opt. (*G.G.* 1328) is practically equivalent to a future ind., cf. χρήσεται, γεύσεται *infra*, of regular custom—the gnomic future, *M. and T.* 66. The words τῷ στόματι are

added in exact definition of the meaning of φιλέω 'kiss', as in i. 134. 1.

9. μαχαίρῃ: Greek knives etc. were of iron, 'the bone of Typhôn' i.e. Seth (Manetho Fr. 79), and therefore impure: Egyptian knives were of bronze.

11. τοὺς ἀποθνήσκοντας (as though αἰεί were added, as in 98. 2), 'that die from time to time', hence pres., not aor.

12. τόνδε, followed as usual by asyndeton, cf. 17. 18; 2. 8 (after τοιόνδε), *al.*

τὰς θηλέας: in fact, the only occasion when dead cows were thrown into the river, was when they were given to the crocodiles.

13. ἀπιεῖσι, Att. ἀφιᾶσι (App. 27, 56).

τοὺς ἔρσενας: dead bulls are found buried exactly as H. describes.

ἕκαστοι, 'the men of each city', a collective plural, so 63. 7 *al.*

14. τὸ κέρας. . . ἢ καὶ ἀμφότερα ὑπερέχοντα (sc. τῆς γῆς): the part in apposition to the whole, τοὺς ἔρσενας, where the gen. absolute might be expected. For other examples of σχῆμα καθ' ὅλον καὶ μέρος, see 133. 21, 166. 9 note.

15. σαπῇ, sc. τὸ σῶμα: aor. (pass.) of σήπομαι.

16. βᾶρις (Ion. gen. βάριος), an Egyptian flat-bottomed barge, described in 96 (see note l. 20).

17. Προσωπίτιδος: the Athenian auditors and readers of H. had a chance of knowing this name, for it was at Prosopîtis that the Athenian expedition which set out for Egypt in 459 B.C. was blockaded and captured *c.* 455 (Thuc. i. 109. 4).

18. περίμετρον (neut.) . . . εἰσὶ σχοῖνοι . . .: εἰσί agrees in number with the nearer noun σχοῖνοι, in the predicate: cf. 15. 22. For the σχοῖνος see 6. 2.

20. ἐκ τῆς . . . τῇ πόλι: τῆς relative, 'antecedent' τῇ πόλι.

22. Ἀφροδίτης: here corresponding to Hathor, whose name is probably the first two syllables of 'Atarbechis' (Ἀφροδίτης πόλις, Strabo 17. 1. 20, p. 802.

23. ἄλλοι ἐς ἄλλας: as in 40. 1.

24. θάπτουσι ἐς: English 'in', Greek expresses motion: cf. 2. 9 note.

25. κατὰ ταὐτά: cf. 20. 10 for the dat. after ὁ αὐτός.

26. ἀποθνήσκοντα: for use of pres., cf. 41. 11.

27. σφι: (1) dat. comm., *G.G.* 1165; or (2) dat. of agent, *G.G.* 1186. H. is wrong in saying that animals from the flock were never killed for food in Egypt.

42 1. ὅσοι μέν: μέν is resumed by a second μέν, l. 2: so in l. 6 ὅσοι δέ . . . οὗτοι δέ.

Διὸς Θηβαιέος, i.e. Amûn, the great God of Egypt: see Index of Proper Names s.v. Ἄμμων, and cf. Diod. Sic. i. 13. 2.

νομοῦ: 4. 16 note.

2. οἴων ἀπεχόμενοι: the reason for this abstinence is given below—the ram is held sacred to Amûn.

4. Ἴσιός τε καὶ Ὀσίριος: Isis and Osiris were worshipped throughout Egypt, especially after the decline of Thebes (the centre of Amûn worship) and after the identification of Osiris with the sun-god.

5. τόν, relative.

Διόνυσον: Osiris was commonly identified with Dionysus (144. 8), but sometimes with Zeus, Hades, Erôs, and other gods. Osiris suffered dismemberment by Seth (Typhôn), as Dionysus by the Titans; and both were credited with resurrection (Plut. *Is. et Osir.* 35, p. 364). It is doubtful whether Osiris was a corn-god. The rites of Dionysus and of Osiris were similar in their combination of joy and mourning: see 61 f., and Diod. Sic. i. 22. 7.

6. *Μένδητος*: for the worship of Osiris at Mendês, see 46.

ἔκτηνται: the MSS. vary as a rule between the regular form *κέκτημαι* and this form which is found in Homer *Il.* ix. 402 and occasionally in Attic.

8. *διὰ τούτους*, i.e. because of the Thebans, following their example.

10. *Ἡρακλέα* (note asyndeton, since the clause explains *τάδε*: cf. *infra* l. 13.): by Heracles H. may mean Shu, god of the air, or Khonsu, a moon-god, the oldest son of Amûn.

ἰδέσθαι, mid., see 32. 14 note. Cf. Manetho Fr. 54 § 232 (of Amenôphis) *ἐπιθυμῆσαι θεῶν γενέσθαι θεατήν*, as Ôr (or Hôrus) had done before him.

11. *τόν*: the 'article' is used as demonstrative pron., just as in Homer.

12. *ἐπείτε*, common in H. for *ἐπεί* or *ἐπειδή*: so in Homer (*Il.* xi. 87, xii. 393). Here with causal force, 'since', 'seeing that', rather than temporal. The verb (naturally an imperf. ind.) of this subordinate clause in *orat. obl.* is attracted into the inf.: cf. 118. 8, i. 94. 5, and ii. 32. 22 note.

14. *ἀποταμόντα*, sc. *αὐτήν*, i.e. *τὴν κεφαλήν*. For Ion. *τάμνω, ἔταμον*, see App. 3.

οἱ = αὐτῷ: App. 43.

15. *ἐπιδέξαι* (App. 5): How and Wells suggest that the story of the disguise of Zeus Ammôn in a fleece may have arisen from an attempt to explain the name Amûn (' the hidden one ').

κριοπρόσωπον: cf. Strattis fr. 6 (Demiańczuk, *Suppl. Com.*, p. 85) *Ἄμμων ὁ κριοῦ δέρμα καὶ κέρατ' ἔχων*, and Ovid *Met.* v. 328 unde *recurvis* | nunc quoque formatus *Libys* est *cum cornibus Ammon*.

18. *μεταξὺ ἀμφοτέρων*, lit. ' between (the languages of) both peoples ', a brachylogy, cf. *G.G.* 1178; and for the full expression *μεταξὺ τῶν φωνέων ἀμφοτέρων*, cf. Thuc. vi. 5. 1 *φωνὴ μὲν μεταξὺ τῆς τε Χαλκιδέων καὶ Δωρίδος*. Translate ' using a medley of both tongues ' (contrast *νομίζω*, 50. 14, with dat.).

δοκέειν δέ μοι: the absolute infin., as in 4. 5.

19. *τὴν ἐπωνυμίην ἐποιήσαντο*, ' they took their name ', ' called themselves ': as it forms one idea, this verbal phrase is followed by a cognate acc., *τὸ οὔνομα* (*G.G.* 1051). So *καλέεται* has the cogn. acc. *ἐπωνυμίην* in i. 14. 3: see note on 44. 21 (J. E. Powell conjectures *τῆς ἐπωνυμίης*).

22. *ἐν ὁρτῇ τοῦ Διός*: the 5-days-festival of Amûn at Thebes, but there is no evidence on the monuments that this ceremony was observed at that time. Its origin may be found in the Egyptian idea that a god must die when he has begotten a son: Amûn, therefore, in the form of his ram, is killed when he has seen his son Heracles (How and Wells).

23. *κατὰ τὠυτό*, ' in the same way ' as in the story, l. 13: 82. 8.

24. *ἄλλο* is explained by the gen. *Ἡρακλέος*: translate ' another image, one representing H.', ' an image of H.'

26. *τύπτονται . . . τὸν κριόν*, ' they mourn for the ram ', cf. 40. 13,

but note here the acc., as in 61. 3, 132. 7. So after κόπτεσθαι, Ar. *Lys.* 396 κόπτεσθ' Ἄδωνιν, *N. T. Luke* viii. 52 ἐκόπτοντο αὐτήν: after τίλλεσθαι, Homer *Il.* xxiv. 710 f. πρῶται τόν γ' (Ἕκτορα) ἄλοχός τε φίλη καὶ πότνια μήτηρ | τιλλέσθην (' tore their hair in sorrow for H.').

43 1. The aetiological myth about Zeus and Heracles (42) leads to a digression (43–5) on the Egyptian Heracles and the Greek Heracles. Note how carefully Herodotus investigated his problem, making a special voyage to Tyre and Thasos (44. 2, 13).

πέρι: anastrophe (twice).

2. τῶν δυώδεκα θεῶν: see 145. 3 for the three classes of Egyptian gods, the 2nd dynasty comprising 12 gods, born from the 1st dynasty of 8 gods. Cf. 4. 10.

τοῦ ἑτέρου . . . Ἡρακλέος: the hero Heracles who, as the son of Amphitryôn and Alcmênê, was of comparatively recent birth. The Egyptians had no hero-worship (50. 14).

τόν, rel.: οἴδασι, Ion. form (only here in H.) for Att. ἴσασι (App. 60).

3. οὐδαμῇ Αἰγύπτου: local gen. (partitive in origin), 'nowhere in Egypt' (*G.G.* 1137).

ἐδυνάσθην: 19. 6 note.

4. καὶ μέν, like καὶ μήν, ' moreover ', develops the topic: see Denniston, *Gk. Part.*, p. 390. All the MSS. have μήν here and in l. 13.

6. οἱ θέμενοι = a relative cl., οἳ ἔθεντο, οὗτοι being pleonastic: cf. 17. 3 τὴν οἰκεομένην. The reference is to Homer and Hesiod, among other poets.

8. τοῦτο οὕτω ἔχειν: pleonastic (epanalepsis), repeating the ὅτι clause which began 4 lines above: cf. 26. 8.

ἐν δὲ καί, *atque in his etiam*: ἐν adverbial (' among them '), like πρὸς δέ, 12. 6 note. After the words πολλὰ καὶ ἄλλα, ἐν δὲ καὶ τόδε means ' and especially this (proof) ': so again in 79. 7.

9. [Ἀμφιτρύων καὶ Ἀλκμήνη]: probably a marginal gloss added by a scribe (J. E. Powell).

10. γεγονότες ἀπ' Αἰγύπτου: (1) ' of Egyptian origin ', cf. 91. 20 ἐκ τῆς ἑωυτῶν πόλιος γεγονέναι: or (2) ' descended from Aegyptus ', brother of Danaus: both Amphitryon and Alcmene were grandchildren of Perseus, to whom an Egyptian origin is assigned in 91. 20. Cf. Diod. Sic. i. 24. 1 Ἡρακλέα τὸ γένος Αἰγύπτιον ὄντα.

τὸ ἀνέκαθεν, adv. acc., ' by descent ': Att. ἄνωθεν. The words perhaps imply ' starting from the top of the family tree '.

11. καὶ διότι, ' and that ', corresponds to ὅτι τε: cf. διότι ' that ' in 50. 2.

Ποσειδέωνος: Poseidon and the Dioscuri (Castor and Pollux) as sea-deities were not represented among the Egyptian gods: the Egyptians hated the sea.

12. τὰ οὐνόματα: to a Greek the name of a deity implied his individuality and attributes: cf. the following clause.

σφι, dat. of agent: θεοί ' as gods ', since οὗτοι is the subject.

13. ἀποδεδέχαται (App. 49 a: cf. ἐξεπιστέατο *infra* l. 18), ' have been considered ' or ' admitted ': hence the meaning approximates to the pass. of ἀποδέκομαι.

καὶ μέν, adversative, ' whereas ', or as in l. 4, progressive, ' and moreover ': see Denniston, *Gk. Part.*, p. 391.

14. *τευ*: App. 47.

16. *ναυτιλίῃσι ἐχρέωντο*: a periphrasis for *ἐναυτίλλοντο* (5. 3): H. frequently uses *χρᾶσθαι* in such periphrases, e.g. 11. 6 (*εἰρεσίῃ*), 121. 83 (*ποτῷ*).

To make it clear that the subject of *ἐχρέωντο* (as of *ἔμελλον*) is *Αἰγύπτιοι*, and *Ἑλλήνων τινές* the subject of *ἦσαν* only, Stein proposed to read *καὶ αὐτοὶ τότε*. The Egyptians built ships on the Nile at a very remote date, and the earliest recorded voyage was undertaken by Snofru, *c.* 2720 B.C.—40 ships of 100 cubits brought cedar-wood from the Lebanon (Breasted, *Anc. Rec.* i. Nos. 146–7).

ναυτίλοι, poet. for *ναῦται*.

17. *ἔλπομαι*: 11. 17.

ἐμὴ γνώμη αἱρέει: 33. 6 note.

19. *τοῦ Ἡρακλέος*, sc. *τὸ οὔνομα*.

τις ἀρχαῖος, 'very ancient': the intensive *τις*, see 7. 7 note.

21. *ἐς Ἄμασιν βασιλεύσαντα* (concrete expression, cf. 13. 4 note), 'to (the beginning of) the reign of Amasis' (ingressive aor.). Amasis of Dynasty XXVI reigned from 570 to 526 B.C.: Persian domination of Egypt began the year after his death.

22. *ἐπείτε*, 'since (the time when)' = *ἐξ οὗ* (*χρόνου*). *τῶν*, relative.

44 1. *καὶ θέλων δέ.* H.'s love of scientific inquiry finds clear expression here: in his time, travel was dangerous and costly. He must have expended large sums, even if his visits to Tyre and Thasos formed detours on his homeward journey.

καὶ . . . δέ (again *infra* l. 19), 'and also', 'moreover': *καί* is said to be the conjunction here, while *δέ* means 'on the other hand', 'also' (Jebb on Soph. *Phil.* 1362: Denniston, *Gk. Part.*, pp. 199 ff.). Cf. 127. 3.

τούτων πέρι: anastrophe, cf. 5. 6.

ἐξ ὧν = *ἐκ τούτων* (*τῶν ἀνθρώπων*) *ἐξ ὧν*: omission of antecedent, *G.G.* 1026.

2. *τῆς Φοινίκης*, topographical gen., cf. 8. 3, 56. 4.

πυνθανόμενος: H. frequently uses a pres. part. where an aor. might have been expected, cf. 13. 13 note.

3. *Ἡρακλέος*: the Heracles of Tyre is Melcart (*urbis rex*) or Bal (*dominus*), the Baal of the *O.T.*, a sun-god.

4. *κατεσκευασμένον*, sc. *τὸ ἱρόν*.

ἄλλοισί τε . . . καί, 'and especially', 13. 9. After *καί* the verb develops from the participial construction into a principal verb, *ἦσαν*: for this trait of easy conversation, cf. 116. 9, also 92. 4.

5. *στῆλαι*: pillar-worship was common to many ancient religions: cf. Evans, *Palace of Minos*, *passim*, *Mycenean Tree and Pillar Cult*, and *O. T. I Kings* vii. 21. (pillars of brass in Solomon's Temple, made by Hiram of Tyre).

6. *σμαράγδου λίθου*, 'emerald': this was 'a great pillar that shone in the night-time', and was renowned as the largest on record (Theophrastus *de lapidibus* 25, who rightly doubts if so large a mass really was an emerald). Perhaps it was a block of green jasper or malachite. Emerald mines, about 40 miles from the town of Berenice on the Red Sea, have been worked in succession by Greeks, Romans, Arabs, and English. At Siwa the object worshipped was made of emerald, surrounded by other precious stones.

μέγαθος is hard to explain: Stein takes it as acc. of respect, modifying *τοσούτου* understood, and followed by the equivalent of *ὥστε λάμπειν τὰς νύκτας*, 'of such a size as to shine by night'. For *μέγαθος* Reiske conjectured *μέγα φῶς* (cognate acc. after *λάμποντος*): Wesseling, *μεγάλως*. But more probably some words may have dropped out before *μέγαθος*.

8. *ἐξ οὗ*: see App. 45, and cf. *ἀπ' οὗ infra* l. 11.

9. *συμφερομένους* (c. dat., *G.G.* 1175), participle in indirect speech, *G.G.* 1588, cf. 2. 25: the opposite of *συμφέρεσθαι* in this sense, 'agree with', as in 80. 1, is *διαφέρεσθαι*.

10. *ἅμα Τύρῳ οἰκιζομένῃ*: for the concreteness of the phrase cf. 13. 5 note, and the Lat. *ab urbe condita*. According to these priests, Tyre was founded *c.* 2750 B.C.—a not improbable date. It certainly was 'a very ancient city: it is only late tradition which dates its foundation in the year before the fall of Troy, *c.* 1184 B.C.' (S. A. Cook, in *Camb. Anc. Hist.* ii. p. 379).

13. *Θασίου εἶναι*: just as after *ὀνομάζειν* in iv. 33. 3 the inf. is used (unnecessarily, from the English point of view)—*τὰς ὀνομάζουσι Δήλιοι εἶναι Ὑπερόχην τε καὶ Λαοδίκην*, so here *εἶναι* follows *ἐπωνυμίην ἔχοντος*, which has the force of *ἐπονομαζομένης*. To the Greek mind the name was part of the being of the thing named.

Thasos, the most beautiful island in the Aegean, was a Phoenician colony, founded perhaps as early as 1400 B.C. (see vi. 47. 1, where H. speaks of seeing the gold mines); and the Tyrian temple of Heracles of Thasos was probably founded by Thasian merchants.

15. *Εὐρώπης*: cf. i. 2. 1 and Index of Proper Names.

16. *καὶ πέντε*, 'as much as five', cf. 19. 3, 68. 10 *al.* Five generations were reckoned from Cadmus to the period before the Trojan War (v. 59): (1) Cadmus, (2) Polydorus, (3) Labdacus, (4) Laius, (5) Oedipus, a contemporary of Heracles (*c.* 1350 B.C.; see ii. 145. 14). Thus the Thasian Heracles was five generations older than the Greek Heracles, the son of Amphitryon.

18. *δηλοῖ . . . ἐόντα*: participle as in 16. 4, 44. 18 *al.*, *G.G.* 1588.

19. *καὶ . . . δέ*: *supra* l. 1.

20. *διξά*: App. 31.

Ἡράκλεια, 'temples of Heracles'. 'Heracles the Olympian', as a god, has sacrifice (*θυσίαι, θύειν*) paid to him: the hero receives offerings (*ἐναγίσματα, ἐναγίζειν, inferias offerre* to the dead, cf. i. 167. 2, of heroes, as here). Godley compares the dual Heracles in Homer *Od.* xi. 601 ff.: an *εἴδωλον* of Heracles is seen in the world of the dead, but 'he himself' is an immortal among the gods of heaven.

21. *ἐπωνυμίην*, adverbial acc. (sc. *καλεομένῳ*), hence by origin a cognate acc.: cf. i. 14. 3 *καλέεται Γυγάδας ἐπὶ τοῦ ἀναθέντος ἐπωνυμίην*, 'is called the name Gygian after the dedicator'. Cf. also *ἐπίκλησιν* 'by name' in i. 19. 1 *Ἀθηναίῃ ἐπίκλησιν Ἀσσησίῃ*, and commonly *οὔνομα*.

45 1. *ἄλλα* looks forward to *καὶ ὅδε ὁ μῦθος*: cf. 2. 30 for H.'s criticism of the 'thoughtless' or 'ill-considered' tales of the Greeks.

A Greek vase-painting from Caere, dating about a century before H. (*C.A.H.* i. p. 382), gives a humorous treatment of the meeting of Heracles and Busiris: it was a favourite subject—how Busiris 'caught a Tartar'.

2. *εὐήθης* at first meant 'good-hearted', later in a bad sense 'simple',

'silly' (as here): in English, the word 'simple' was originally 'onefold', without duplicity, 'straightforward'.

ὅδε ὁ μῦθος: 'the impiety of Busiris' (Diod. Sic. i. 67. 11, 88. 5), the mythical king of Egypt who was said to sacrifice all foreigners, but was at last slain by Heracles (Apollodorus ii. 5. 11). Quis . . . inlaudati nescit Busiridis aras? (Verg. *Georg.* iii. 4. 5). The legend occurs first in Pherecydes (Fr. 33, *F.H.G.* i. 79), and later was treated by Euripides in a satyric drama of which two lines are extant. H.'s uncle, Panyasis the epic poet, had introduced Busiris into his *Heracleia*. Busiris (in Egyptian, 'the house or tomb of Osiris') is really the name of a town (59. 3, 61. 1).

τόν, relative.

4. ὑπὸ πομπῆς, 'in a procession': cf. vii. 197. 2 σὺν πομπῇ: ὑπό of accompaniment, as in i. 17. 1 ἐστρατεύετο ὑπὸ συρίγγων. πομπή, 'escort', 'procession' (often religious, as here), is aptly used in English by Milton when he says of Eve, 'on her as queen | A pomp of winning graces waited still' (*Par. Lost* viii. 61).

ἐξῆγον, 'were leading out' as to execution.

5. τὸν δὲ . . . ἔχειν: a natural change from the ὡς clause to acc. and infin.: in English, add 'they say'.

τέως μέν: 36. 5.

6. κατάρχοντο, the technical term for 'initiating' a sacrifice, esp. by cutting off (and burning) a lock of hair, e.g. Ar. *Av.* 959 μὴ κατάρξῃ τοῦ τράγου: so here, αὐτοῦ, sc. Ἡρακλέος, partitive gen. Cf. Verg. *Aen.* vi. 243 f. (libamina prima).

ἐς ἀλκὴν τραπόμενον, 'turning to self-defence': cf. iii. 78. 1 πρὸς ἀλκὴν ἐτράποντο. ἀλκή, 'prowess', 'resistance', *robur*, is a poetical word, used sometimes in prose, e.g. Thuc. ii. 84. 3.

7. ἐμοὶ μέν: for μέν *solitarium* cf. 11. 16: from the context ἄλλοισι δέ . . . is to be supplied. Cf. the full expression in iv. 42. 4 · ἔλεγον ἐμοὶ μὲν οὐ πιστά, ἄλλῳ δὲ δή τεῳ.

8. τῆς . . . φύσιος: *G.G.* 1092, with ἀπείρως ἔχειν—an extension of the partitive gen.

πάμπαν, 'wholly', 'altogether': in Homer *Il.* xiii. 111 (with an adv., as here) πάμπαν ἐτήτυμον, but the word is rare in early prose.

10. ὁσίη ('divine law') ἐστί = *fas est* (171. 6): twice in Homer, e.g. *Od.* xvi. 423 (Penelope speaks) οὐδ' ὁσίη κακὰ ῥάπτειν ἀλλήλοισιν, 'it is against the law of God and nature to plot mischief against one another'.

ὀΐων: the reading of all MSS. except C is ὑῶν, which is emended to ὀΐων in accordance with 47. 1. This list of sacrificial animals is incomplete, and no account is taken of the fact that the laws of sacrifice varied in each nome (A. W. Lawrence).

11. ἂν . . . θύοιεν: potent. opt. H. denies that men were sacrificed in Egypt in his time, and probably he is right; but Seleucus, under Tiberius, wrote an account of human sacrifice in Egypt, and there is evidence for the sacrifice of captives in Dynasties XVIII and XIX, *c.* 1580–1200 B.C. See Manetho Fr. 85 (from Porphyrius: men were sacrificed to Hêrê, but Amôsis suppressed the rite, substituting offerings of waxen images), and Diod. Sic. i. 88. 5: cf. Frazer, *Golden Bough*, ii. pp. 254 ff.

12. ἔτι δὲ . . . καὶ ἔτι (ἔτι repeated at a very short interval), 'further' or 'moreover' . . . 'and further' or 'and (only) a man too', not a god.

13. ὡς δή φασι: δή ironical or sceptical, cf. iii. 105. 1 ὡς δὴ λέγεται ὑπὸ Περσέων, iv. 191. 4 (in quoting a 'tall' story): see Denniston, *Gk. Part.*, p. 234.

φύσιν ἔχει, 'it is natural' or possible' (φύσις is the order of nature), = πέφυκε: cf. Plato *Rep.* v. p. 473 A.

15. εὐμένεια: H. deprecates the loss of 'goodwill' or 'favour' of gods and heroes because of any rash words of his about the divine Heracles. ἡμῖν refers to H. himself (pl. for sing.): cf. 6. 2, 125. 13 *al.* For other expressions of religious euphemism, see 46.9, 47.14, 65. 5, 171. 4.

In a sonnet, *Herodotus*, F. W. Faber (d. 1863) says: 'He feared the gods and heroes, and spake low | That Echo might not hear in her light room'.

46 1. δή resumptive, referring back to 42. 7: hence Αἰγυπτίων (partitive gen.) οἱ εἰρημένοι are the Egyptians of Mendes (οἱ Μενδήσιοι, l. 3) in the N.E. Delta.

3. ὀκτὼ θεούς, δυώδεκα θεῶν: see 145. 3, 4. 10.

5. γράφουσι, 'depict' in painting, as in 41. 5.

γλύφουσι, of sculpture in relief: cf. ἐγγλύψαι, 4.14.

7. αἰγο-, τραγο-: τράγος is 'he-goat', more definite than αἴξ which is of common gender (cf. τὰς αἶγας l. 1, τοὺς αἶγας l. 10): translate 'with a goat's head and a he-goat's legs'. τραγοσκελέα, masc., agrees with Πᾶνα understood.

9. ἥδιον 'more pleasant' than otherwise, i.e. I had rather not say: a weakened comparative, like *non erit melius.* The meiosis is typical of Greek courtesy; cf. 47. 14 εὐπρεπέστερος, i. 187. 2 οὐ γὰρ ἄμεινον, 'it will be the worse for him' (an epic formula, Hesiod, *W. and D.* 750).

11. τούτων (also l. 12), sc. τῶν ἐρσένων αἰγῶν: εἷς μάλιστα, sc. τιμὰς ἔχει.

13. ὅστις (= ὅς, with a definite antecedent: cf. 151. 11) is subject merely of ἀποθάνῃ, not of princ. verb (τίθεται, pass.) as well: cf. 91. 13. Similarly, in both Greek and Lat. a relative often goes with a participle only, not with the main verb of the sentence, 173. 19: cf. 82. 3 note.

15. Μένδης: for the great antiquity of the Mendês cult, see Manetho fr. 8: he assigns its origin to the second king of Dyn. II., *c.* 2900 B.C.

47 1. ὗν: swine are seldom represented on the monuments, the pig being the cult animal of Seth: but against H.'s view of the pig as 'an unclean beast', 'abominable', see P. E. Newberry, *J. Eg. Arch.* xiv. 1928 pp. 213 f. (the pig as a sacred animal in Egypt).

2. τοῦτο μέν, τοῦτο δέ: 'in the first place . . . secondly', *G.G.* 1010, cf. τὸ μὲν . . ., τὸ δέ, τὰ μέν . . ., τὰ δέ. This redundant use of τοῦτο gives emphasis ('here's one thing . . ., here's another'). τις . . . αὐτῶν and ψαύσῃ . . . ὑός: an artificial order of words: the clause must be spoken slowly and deliberately.

αὐτοῖσι τοῖσι ἱματίοισι, 'garments and all', dat. of circumstance or accompaniment, *G.G.* 1191, where a Homeric example is given: sometimes σύν is added, *Il.* xiv. 498 αὐτῇ σὺν πήληκι. So in H. ii. 179. 4 τῇ νηῒ αὐτῇ, and 111. § 3 σὺν αὐτῇ τῇ πόλι.

3. ἀπ' ὦν ἔβαψε: 39. 8 note: so *infra* l. 17 κατ' ὦν ἐκάλυψε. The need

for ablution proves the sanctity of the pig: J. G. Frazer, *The Golden Bough* ii. p. 25, says: 'it is a common belief that the effect of contact with a sacred object must be removed, by washing or otherwise, before a man is free to mingle with his fellows'.

4. *ἐόντες*, concessive, 'although they are': *οἱ συβῶται* were one of the seven *γένεα* or classes. Petrie, *Religious Life*, p. 186, says: 'it seems evident that they were a Seth-worshipping tribe, excommunicated by the Osiride population'.

6. *ἐκδίδοσθαι*, mid., sc. *γυναῖκα*: 'to give in marriage'.

ἄγεσθαι, sc. *γυναῖκα*, 'to take in marriage', either of the father, l. 6, or of the bridegroom, l. 7, *uxorem ducere.*

9. *δικαιεῦσι*: App. 55.

Σελήνῃ: the Egyptian moon-goddess is either (1) Nekhebet, who was worshipped at El Kab, i.e. Eileithyiaspolis, 53 miles S. of Luxor: or (2) Isis, who was generally horned.

Manetho (Fr. 81, from Aelian) confirms—'when the Egyptians celebrate the annual festival in honour of the Moon, they sacrifice swine to the goddess, whereas at any other time they refuse to sacrifice this animal to the Moon or to any other deity.'

Διονύσῳ: Osiris (29. 26, 42. 5, 144. 8).

10. *τοῦ αὐτοῦ χρόνου*: *G.G.* 1136, referring to the period of the festival.

τῇ . . . πανσελήνῳ, sc. *ὥρῃ*.

11. *τῶν κρεῶν*: *G.G.* 1102 (partitive gen.).

δι' ὅ τι . . . is to be construed closely with *λόγος*, after which *περὶ αὐτοῦ* (neut.) is added pleonastically.

12. *ἀπεστυγήκασι*: perf. of permanent attitude, practically a pres. in meaning, cf. 6. 6, 51. 2.

13. *μὲν . . . μέντοι* (adversative use, common in prose).

14. *εὐπρεπέστερος*: comp., like *ἥδιον* in 46. 9: see the note on 45. 15 for H.'s devout euphemism. Note the personal construction (not *εὐπρεπέστερον*): *ἐμοί*, dat. of agent with pass. *λέγεσθαι*.

Plutarch *Is. et Osir.* 8, p. 354 A gives the *λόγος*—how Typhôn, while pursuing a boar at the time of the full moon, found the wooden coffin containing the body of Osiris, which he rent in pieces.

15. *ἥδε* 'the following': with asyndeton at the beginning of the next clause, cf. 2.8, 17. 18, 25. 2 *al.*

θύσῃ, sc. *τις* or *ὁ θύων*: for the indefinite 3rd. sing. (the subject being contained in the verb), cf. 70. 3 (*δελεάσῃ*), 96. 17 (*ἀπίει*).

16. *ἄκρην*, *summam*: *G.G.* 978.

17. *κατ' ὧν ἐκάλυψε*: *supra* l. 3.

18. *καταγίζει* (cf. *ἐναγίζουσι*, 44. 22), properly 'devotes', 'dedicates': 'burns' with fire as a funeral sacrifice in honour of the dead Osiris.

19. *κρέα* is omitted by MSS. DRSV: 'the rest, namely the flesh'.

σιτέονται c. acc., as always: of a full meal, with no 'partitive' notion.

20. *οὐκ ἂν γευσαίατο* (App. 49 c), 'they will not taste', potential opt., *M. and T.* 239.

21. *ὑπ(ό)*, of cause, 'by reason of', 'constrained by': cf. 22. 14 *ὑπὸ τοῦ καύματος*, 31. 7.

βίου: *βίος*, *victus*, 'livelihood': here, *ἀσθενείῃ βίου* is 'slenderness (or ' scantiness ') of means ': so ἀσθενής of a person with meagre resources, 88. 2. τοὺς χρήμασι ἀσθενεστέρους.

σταιτίνας ὗς, dough moulded to represent swine: for the symbolism, cf. the paper offerings of the Chinese, and the *ushabti* figures (' answerers ') of the Egyptians.

48 1. τῆς ὁρτῆς τῇ δορπίῃ, ' on the eve of the festival ': at Athens ἡ Δορπία was the first day of the feast of Apaturia (i. 147. 2) which was celebrated for three days by the *phratriae* or clans at the end of the month Pyanepsion, i.e. in November. On the first evening, supper parties were held.

2. διδοῖ, Att. δίδωσι: App. 56.

ἀποφέρεσθαι, mid., inf. of purpose (*G.G.* 1532), showing the origin of the usage as a dat.—' for taking away '. In Latin, only in poetry, e.g. Verg. *Aen.* i. 319 dederatque comam diffundere ventis, v. 262 loricam . . . donat habere viro.

5. κατὰ ταὐτά, c. dat.: cf. 20. 10 note. πάντα, acc. of respect.

49 1. ἤδη implies ' this being granted ', ' this being so ', or ' at once ', ' obviously ', like αὐτίκα.

2. οὐκ . . . ἀδαὴς ἀλλ' ἔμπειρος: with this characteristic fullness of expression, cf. 43. 14 οὐκ ἥκιστα ἀλλὰ μάλιστα. ἀδαής: in Homer, ἀδαήμων (e.g. *Il.* v. 634 μάχης ἀδαήμονι φωτί): both from *δάω, δαῆναι, ' learn '.

3. ἐξηγησάμενος, like κατηγησάμενος l. 8, ' expound ', ' interpret ', ' teach ': cf. 3. 8. For Melampus, see Diod. Sic. i. 97. 4, and Index of Proper Names.

5. ἀτρεκέως (28. 6 *al.*, but not in Attic Prose), perhaps best taken as referring to the whole clause, not to ἔφηνε alone: ' to speak exactly ', ' strictly speaking '.

6. σοφισταί, ' sages ', ' teachers ' (like φιλόσοφοι), used by H. with none of its later associations (cf. σοφόν, *infra* l. 10), of the descendants of Melampus, such as Amphiaraus, and the Orphic teachers of Greece, such as Onomacritus, and Pythagoras: cf. 81. 5, iv. 95. 2.

ἐξέφηναν (sc. τὸν λόγον): the later sages completed the revelation.

8. ποιεῦσι τὰ (Att. ἃ) ποιεῦσι: euphemistic of the obscene ritual of Dionysus. H. is fond of such expressions, e.g. i. 39. 2 χρῆν δή σε ποιέειν τὰ ποιέεις, i. 206. 1 παῦσαι σπεύδων τὰ σπεύδεις—a trait of simplicity in style.

9. ἐγὼ μέν, *equidem*: *μέν solitarium*, 11. 16 note.

ἄνδρα σοφόν: in the story as told by Apollodorus (i. 9. 11) Melampus learns his lore from young snakes and the lips of Apollo. In G. Meredith's fine poem, *Melampus*, he is ' the good physician ' who loved all things and learned the language of birds and of all nature. H. rationalizes the legend.

10. ἑωυτῷ συστῆσαι, lit. to bring prophetic art into union with himself, i.e. ' acquire ', ' master ': cf. i. 103. 2 'Ασίην πᾶσαν συστήσας ἑωυτῷ. Melampus combined the several elements into a system (σύστημα).

11. ἐσηγήσασθαι, ' introduced ': the third compound of ἡγέομαι which H. has used within a few lines, cf. 171. 8.

12. παραλλάξαντα, trans., in 11. 13 intrans.

οὐ γὰρ δή . . . γε, ' certainly not, at any rate ' (Denniston, *Gk. Part.*, p. 243), cf. 120. 5.

13. *συμπεσεῖν*, (lit. 'coincide') 'agree by a mere chance': the resemblance is too close to be accidental—the result of 'coincidence'.

14. *τῷ θεῷ* 'in honour (worship) of the god'.

ὁμότροπα . . . ἂν ἦν, sc. *τὰ ἐν τοῖσι Ἕλλησι*: lit. (if the resemblance had been merely accidental) the Greek rites would have been of the same nature as the Greeks, i.e. the Greek rites would have possessed a Greek character.

15. *τοῖσι Ἕλλησι* = *τοῖσι τῶν Ἑλλήνων τρόποις*: for this brachylogy see *G.G.* 1178 where a Homeric parallel is given (*Il.* xvii. 51 *κόμαι Χαρίτεσσιν ὁμοῖαι*). Cf. 134. 1.

νεωστί: the later introduction of Dionysus and his rites into Greece is generally admitted: cf. 7. 6. note, and Farnell, *Cults of the Greek States*, v. 87–92.

οὐ μὲν οὐδέ: for *μέν* connective and the repetition of negatives, cf. 12. 8, and the similar *οὐδὲ ὦν οὐδέ* 134. 6.

16. *ὅκως* in indirect statement = *ὡς, ὅτι*, 'that': *M. and T.* 706.

17. *νόμαιον*, 'custom' (91. 1, 3): the Ion. adj. *νόμαιος* for Att. *νόμιμος*, 'customary'.

μάλιστα, with *Κάδμου*, although far separated from it for emphasis: 'chiefly from Cadmus', cf. 50. 4 *μάλιστα ἀπ' Αἰγύπτου*. Phoenicia and Egypt are often closely connected by H., e.g. 54.4, 116.9, 25.

20. *Βοιωτίην*: in Thuc. i. 12. 3 it is stated that Boeotia was called 'land of Cadmus' until 60 years after the Fall of Troy when the Boeotians came to it.

50 1. *τὰ οὐνόματα* (noun always of Ionic form in H., verb always *ὀνομάζειν*, e.g. *infra* l.10: App. 18): H. refers to the personality and attributes of the gods, cf. 43. 12. 'Deeply impressed with the antiquity of Egypt, he was prepared to derive everything from it' (How and Wells).

2. *διότι* 'that', after *εὑρίσκω*, cf. 43. 11.

3. *οὕτω . . . ἐόν*, 'I find that it is so' or 'true': part. after *εὑρίσκω* (*G.G.* 1588), as in 2.25, 44.9 *al.*

4. *ὅ τι μή*, *nisi*, 'except', sc. *τὰ οὐνόματα* (here without the usual preceding negative, as there is in 13. 20).

5. *πρότερον* refers to 43. 11.

6. *Ἱστίης* (Att. *Ἑστίας*), corresponding to the Roman Vesta.

Θέμιος: Themis corresponds to the Egyptian Ma'at, goddess of justice.

7. *Χαρίτων*: at Orchomenos the images of the Graces were stones that had fallen from heaven (Pausanias ix. 38. 1).

τῶν ἄλλων θεῶν: idiomatic use of *ἄλλος*: in English, 'of all the gods': cf. Homer *Od.* x. 485 *θυμὸς δέ μοι ἔσσυται ἤδη | ἠδ' ἄλλων ἑτάρων*, i.e. and of the others, my comrades.

8. *τά*, Att. *ἅ*: so l. 9 *τῶν*, Att. *ὧν*, with *θεῶν*, resumed by *οὗτοι δέ*, where the *δέ* is in apodosis, merely repeating the *δέ* after *τῶν*. Cf. 42. 7, 61. 6.

10. *Πελασγῶν*: for this early race, see Index of Proper Names, and T.R. Glover, *Herodotus*, pp. 85–90.

11. *Ποσειδέωνος*: for Poseidon in Libya, see iv. 188.

12. *οὐδαμοί*, Att. *οὐδένες*: the sing. (= *οὐδὲ ἀμὸς*, 'not any one', formed like *οὐδείς*) is not used. H. also uses *οὐδένες* in two passages,

ix. 58. 2 *οὐδένες ἄρα ἐόντες ἐν οὐδαμοῖσι ἐοῦσι Ἕλλησι* (' nobodies ', ' ciphers '), iii. 26. 2 *οὐδένες οὐδὲν ἔχουσι.*

14. *νομίζουσι* c. dat. (so *ter* in H.), lit. ' make common use of ', ' use customarily ' (e.g. *φωνῇ*, iv. 117), so ' give recognition to ', ' practise the worship of '. *νομίζειν* (= *νόμιμον ἔχειν*) takes the construction of its equivalent, *χρᾶσθαι.*

οὐδ' . . . οὐδέν: emphatic repetition, ' neither at all ', ' not a whit ': ' they have no worship at all for heroes either ' i.e. any more than for Poseidon. According to Manetho, there were demigods in Ancient Egypt ; and we know also of certain deified mortals—Imhotep, identified with the Greek Asclepius (Dyn. III, Manetho Fr. 11), and Amenhotep or Amenôphis (Dyn. XVIII, Manetho Fr. 54).

51 2. *τοῦ Ἑρμέω τὰ ἀγάλματα*: these were the marble statues or busts of Hermes erected at the street corners of Athens in honour of Hermes as the god of intercourse, boundaries (cf. the Lat. *termini*), and productiveness. Pausanias (i. 24. 3) assigns their invention to the Athenians, and says (iv. 33. 4) that the rest of Greece borrowed the type from them. In 415 B.C. the mutilation of the Hermae aroused great public indignation a few days before the departure of the Sicilian Expedition (Thuc. vi. 27).

3. *ποιεῦντες . . .*: lit. ' making (as they do) . . ., they have not learned (this practice) from . . .': the inf. *ποιέειν* would have given much the same meaning (' learned how to make . . .'), but the part. emphasizes the continuance of the action.

4. *ἀπὸ Πελασγῶν*: ' the modern anthropologist is with the ancient historian in believing that Greek religion was a compound to which the old Mediterranean race contributed ' (T. R. Glover, *Herodotus*, p. 277, quoting E. E. Sikes, *Anthropology of the Greeks*, p. 76).

5. *ὦλλοι*, l. 10 *ὠνήρ*: see App. 24.

6. *ἐς Ἕλληνας τελέουσι* (dat. of relation), ' counting as Greeks ': *τελέειν*, to pay taxes (109. 9), *τελέειν ἐς*, *censeri inter*, to be reckoned among.

7. *ὅθεν περ*, ' and for this very reason ' : so the indirect interrogative *ὁκόθεν* 54. 8.

8. *ἤρξαντο*, sc. *οἱ Πελασγοί*: after dwelling with the Athenians, the Pelasgi came to be considered as Greeks. The addition of *αὐτοί* (Legrand) after *ἤρξαντο* makes the meaning clearer.

9. *μεμύηται*, c. cogn. acc., *τὰ ὄργια*, retained after pass. voice, *G.G.* 1239. The sentence implies that H. had himself been initiated in these mysteries of the Cabiri. Cf. Ar. *Pax* 277–8.

11. *πρότερον*, i.e. before they were driven out by the Samians (Strabo 10. 2. 17, p. 457) and came to Attica.

13. *παραλαμβάνουσι*: pres. tense, implying that the results of their action still remain: cf. Eur. *Bacch.* 2 *ὃν τίκτει ποθ' ἡ Κάδμου κόρη*, Verg. *Aen.* ix. 266 cratera . . . quem *dat* Sidonia Dido.

16. *περὶ αὐτοῦ*, i.e. about Hermes.

τά, Att. *ἅ*, referring to *λόγον*: *constructio ad sensum*: the story is composed of many details. The *ἱρὸς λόγος* is alluded to by Cicero (*de Nat. Deorum* iii. 22. 56.

52 1. *πάντα*, cognate acc.: ' used to perform all their sacrifices ': in translating, subordinate this clause (' in all their sacrifices '), and make *ἐπευχόμενοι* the main verb.

2. *ἐπωνυμίην δὲ οὐδ' οὔνομα*: the influence of *οὐδ'* extends back to *ἐπωνυμίην*, as though it were *οὐ . . . οὐδ'*, or *οὔτε . . . οὔτε*, and the omission of the first negative is counterbalanced by the addition of *οὐδενί*, as is common with this retrospective *οὐδέ*. Cf. i. 215. 2 *σιδήρῳ δὲ οὐδ' ἀργύρῳ χρέωνται οὐδέν*, but without following negative, v. 92 *β* 2 *ἐκ δέ οἱ ταύτης τῆς γυναικὸς οὐδ' ἐξ ἄλλης παῖδες ἐγίνοντο*. See Denniston, *Gk. Part.*, p. 194. This use is contrary to the Greek practice of bringing in the negative word as early as possible in the sentence. In English, cf. Shakespeare, *M.N.D.* ii. 3. 22 ' Worm nor snail, do no offence '.

The Pelasgians knew no names for the gods, as is still the case in southern India and among other animistic peoples (T. R. Glover, *Herodotus*, p. 277). The gods were undifferentiated, intangible Things. In early Rome the *numina* were named only by their functions.

4. *θεοὺς . . . θέντες*: this derivation of *θεός* as a ' disposer ', one who ' set all things in order ' (cf. *θεσμός*, and Clement of Alexandria's explanation, *παρὰ τὴν θέσιν καὶ τάξιν καὶ διακόσμησιν*), like Plato's derivation (*Cratylus* p. 397 D) from *θεῖν*, to run (sun, moon, etc., are always ' running about '), may be fanciful ; but LS[9] can only say ' Etymology doubtful '. J. E. Harrison suggested that *θεός* is a variation of a root meaning ' prayer ', ' spell ', ' sacred ', or ' taboo ' (*festus*). Others connect with *Ζεύς, Διός*: cf. Lat. *deus*. The fact that *θεός* is derived by the Pelasgians (or by H.) from a Greek word merely means that the Pelasgians had learned Greek from the inhabitants of Greece.

5. *θέντες . . . εἶχον*, a periphrastic pluperf., but stronger than ' had set ': for *ἔχω* as an auxiliary verb, cf. i. 27. 4 *δουλώσας ἔχεις*, ' you hold enslaved ', and in Tragedy, e.g. Soph. *Ant.* 22, Eur. *Med.* 33 *ἀτιμάσας ἔχει*: *M. and T.* 47. Cf. the Lat. *compertum habere* and the like, Catullus xvii. 2 *paratum habes*.

Then *τὰ πάντα πρήγματα καὶ πάσας νομάς* may be translated (with Godley) ' all things and the due assignment thereof '. The alternative is to take *νομάς* closely with *εἶχον*—' they had the assignment of everything ' ; but *νομὰς εἶχον* seems a vague phrase. Perhaps a participle, e.g. *νείμαντες* has been omitted after *νομάς* (J. E. Powell, *C.Q.* 1938, p. 212).

5. *νομάς*: elsewhere in H., *νομή* is simply ' pasturage ', but the verb has the meaning ' dispense ' in vi. 11. 3 *θεῶν τὰ ἴσα νεμόντων*, ' if the gods give us a fair deal '.

6. *ἔπειτα*: if *ἔπειτε* is read here (with MSS. ABC), it is the Ionic form (usually *ἔπειτεν*) of *ἔπειτα*.

ἐπύθοντο . . ., ἐπύθοντο: in the simple style of H. verbs are rather frequently repeated in succeeding clauses, sometimes with *μέν, δέ* as though they were *τε . . . καί*. Cf. i. 76. 2 *εἷλε μέν . . ., εἷλε δέ*, vii. 9 *ἐπιστάμεθα μέν . . ., ἐπιστάμεθα δέ*, and ii. 141. 20. For repetition of a verb in a different form (e.g. participle), see 14. 14 note. Sophocles shares this fondness for repetition (epanaphora), cf. *Ant.* 200 *ἠθέλησε μέν . . . ἠθέλησε δέ*, *O.C.* 610 *φθίνει μέν . . ., φθίνει δέ*.

7. *τῶν θεῶν τῶν ἄλλων*: *ἄλλων* gains emphasis from its position, and the contrasted *Διονύσου* (sc. *τὸ οὔνομα*) follows immediately.

11. *τὸν χρόνον τοῦτον*: we say ' at that time ', but strictly it is ' during that period '.

13. *εἰ ἀνέλωνται* (' adopt ', ' accept '): the subj. is deliberative, retained vividly from the actual direct question: *M. and T.* 677, 680.

14. ἀνεῖλε 'answered' (here with jussive inf.): cf. 139. 11 (with ὡς clause).

J. E. Powell (*C.R.* 1937, p. 104 'Puns in H.') notices the jingle of words here (ἀνέλωνται, ἀνεῖλε) without special point, adding that ἀναιρέεσθαι was not the natural word for H. to use in the sense 'adopt'. Cf. 118. 18 note.

53 1. ἐγένοντο ἕκαστος: the plur. verb begins with οἱ θεοί in mind, but the more definite ἕκαστος τῶν θεῶν is used instead.

ἦσαν, in strong sense, 'existed'.

2. τὰ εἴδεα: acc. of respect: the accurate pl., as in 10. 11.

μέχρι οὗ: see 19. 11 note, for this pleonastic usage.

3. πρώην τε καὶ χθές, *nuperrime*, 'yesterday or the day before'.

ὡς εἰπεῖν λόγῳ, 'almost', modifying the force of πρώην τε καὶ χθές, not apologizing for the usage: cf. 15. 12.

Ἡσίοδον καὶ Ὅμηρον: H. believed that Homer and Hesiod lived as contemporaries no more than 400 years before his own time, i.e. *c.* 850 B.C. He makes it clear that this is an individual opinion (l. 12 ἐγώ), not based upon an accepted tradition. The period between Homer (*c.* 950–850 B.C.) and Hesiod (perhaps as late as 750 B.C.) is dark for us.

4. ἡλικίην . . . μευ πρεσβυτέρους: ἡλικίην, adverbial acc. of respect, 'in time', 'in date': elsewhere of age—iii. 134. 3 νέος ἡλικίην (contrast the Lat. abl. in *natu minor*). μευ, gen. of comparison.

6. θεογονίην: Homer and Hesiod fixed the canon of Greek mythology or religion: they 'composed the theogony' or descent of the gods. Greek theology was largely a literary conception: Hesiod wrote a systematic theogony, Homer's treatment was poetical but authoritative.

7. διελόντες, 'distributing', 'distinguishing': cf. 6. 2 ('define'). In general, cf. Hesiod *Theog.* 73 (of Zeus) εὖ δὲ ἕκαστα | ἀθανάτοις διέταξεν ὅμως καὶ ἐπέφραδε τιμάς ('and declared to them their honours').

8. οἱ πρότερον ποιηταὶ λεγόμενοι: such poets as Linus, Orpheus, Musaeus, in the penumbra of history. Join πρότερον τούτων τῶν ἀνδρῶν γενέσθαι, and ὕστερον (τούτων τῶν ἀνδρῶν) ἐγένοντο.

9. ἔμοιγε δοκέειν: 4. 5.

11. τὰ ἐς Ἡσ. ἔχοντα, 'what relates to' or 'concerns H.': the intrans. use of ἔχω: a different sense in 17. 16.

54 1. χρηστηρίων πέρι, anastrophe: τοῦ ἐν Ἕλλησι, at Dodona; τοῦ ἐν Λιβύῃ, at Siwa in the Oasis (cf. 18. 3). On the relation of Dodona to Ammôn, see A. B. Cook, *Zeus* i. p. 364.

2. λόγον λέγουσι, a simple ex. of cogn. acc.: after τόνδε, asyndeton with ἔφασαν. . . .

3. τοῦ Θηβαιέος Διός: 42. 1.

γυναῖκας ἱερείας: this contradicts what H. says in 35. 16. In 56. 2 H. uses ἱράς (adj.) with γυναῖκας: here, two nouns in apposition, as in 134. 5 γυνὴ ἑταίρη, cf. 32. 11 ἀνδρῶν δυναστέων, 175. 13 ἄνδρες ἀγωγέες.

4. (ἔφασαν) πυθέσθαι ἐς Λιβύην πρηθεῖσαν (for part., *G.G.* 1588): motion is implied in this terse construction, cf. 56. 3, 2. 9 τρέφειν ἐς τὰ ποίμνια, and *G.G.* 1225. So the Midianites sold Joseph 'into Egypt' unto Potiphar (*O.T. Gen.* xxxvii. 36). The commoner English idiom is used in 56. 11 ἐν Λιβύῃ πεπρῆσθαι.

8. ὁκόθεν with ἐπιστάμενοι, οὕτω ἀτρεκέως mainly with λέγουσι, but the clause is closely knit, and ὁκόθεν may mean 'whence it arose

that . . .', 'how it was that . . .' i.e. why: cf. the relative use of ὅθεν 51. 7.

9. ἀπὸ σφέων, lit. 'starting from', = ὑπό, of agent after γενέσθαι with passive force: 'that an earnest search had been made by them', i.e. by the priests. σφέας l. 10, the kidnapped women.

10. δυνατοί: nom., referring to the subj. of ἔφασαν.

55 2. αἱ προμάντιες: in Homer (*Il.* xvi. 234) there are priests (Σελλοί) at Dodona: Strabo (vii, p. 329) says that women were appointed later. δύο begins the sentence with asyndeton, explaining τάδε.

3. πελειάδας: Homer uses both πέλεια and πελειάς. The constellation Πλειάδες was called in poetry Πελειάδες, and was therefore represented as doves flying before the hunter, Orion; but the name probably comes from πλέω, as the constellation rose at the beginning of the sailing season.

4. τὴν μέν, τὴν δέ, in apposition to πελειάδας, instead of which the part. gen. πελειάδων might have been used.

5. ἐπὶ φηγόν: acc. because of motion implied, cf. 54. 5. In Homer *Od.* xiv. 327 f. one went to Dodona ὄφρα θεοῖο | ἐκ δρυὸς ὑψικόμοιο Διὸς βουλὴν ἐπακούσαι, 'to hear the will of Zeus from a sacred oak-tree of lofty leafage'. The φηγός or Valonia oak, which still grows at Dodona, gave oracular answers by the rustling of its leaves (Pausanias i. 17. 5, and J. G. Frazer's note).

αὐδάξασθαι: αὐδάζομαι is an uncommon form of αὐδάω, but even the latter never occurs in good Attic prose.

6. χρεὸν εἴη: 35. 15.

7. αὐτούς, the people of Dodona.

8. σφεα (conj. for MSS. σφεας, a needless repetition of αὐτούς) = αὐτά, a vague pl., referring to the details of the message: cf. 51. 15 λόγον . . . τά . . . ἐκ τούτου, 'according to the behest', 'accordingly'.

10. καὶ τοῦτο, i.e. as well as the oracle at Dodona.

12. Προμένεια: this and the other two names are genuine Greek names, and in the 2nd century B.C. Timarete was the name of a priestess at Ptolemaïs (P. Amh. II. 45^{5}). Since H. is careful to name the three priestesses and define their respective ages, it is likely that he visited Dodona personally.

14. οἱ περὶ τὸ ἱρόν: probably the Σελλοί (55. 2 note).

56 4. τῆς Ἑλλάδος: the topographical gen. (as in 8. 3, 44. 2), to be construed with Θεσπρωτούς, but very emphatic from its position.

5. τῆς αὐτῆς ταύτης, 'this same land', added pleonastically (as in 158. 17) for emphasis.

6. δουλεύουσα (sc. δοκέει ἐμοὶ) ἱδρύσασθαι . . .

7. πεφυκυίῃ 'which had grown', almost 'growing': i.e. a natural oak.

Διὸς ἱρὸν . . . ἱρὸν Διός: note variety of order (chiasmus): the first Διός is emphatic.

It has been pointed out that the connexion of Dodona with Egypt may account for the pro-Egyptian tone of H.'s statements.

οἰκός: App. 26.

ἀμφιπολεύουσαν (with causal force): an expressive word, used more metaphorically by Homer, e.g. *Od.* xviii. 254 τὸν ἐμὸν βίον (bow) ἀμφιπολεύοι.

8. ἔνθα . . . ἐνθαῦτα: ἐνθαῦτα resumes the ἔνθα clause.

9. ἐκ τούτου, sc. τοῦ ἱροῦ, 'from this shrine', in English 'in this shrine'. [*Aliter*, sc. τοῦ χρόνου, temporal, 'after this': cf. 58. 4.]

κατηγήσατο (cf. 49. 8): after several verbs in *oratio obliqua* H. changes abruptly to *or. recta* (giving this on his own authority), then back again to *or. obl.* (φάναι).

ἐπείτε, common in H., is not to be distinguished from ἐπεί. With the aor., as here, the meaning is 'as soon as': cf. ἐπεί τε in Homer *Il.* xii. 393 αὐτίκ' ἐπεί τ' ἐνόησεν.

10. οἱ, *sibi*: translate, 'her sister'.

57 1. πελειάδες: H.'s rationalistic explanation is at least typically Greek in character: foreign speech was regularly called 'the twittering of a swallow', cf. Aesch. *Agam.* 1050 δίκην χελιδόνος (like ὄρνιθος τρόπον *infra* l. 6), Ar. *Ran.* 681, *Av.* 1681. Cf. the modern slang 'you're twittering' (i.e. talking nonsense), and iv. 183. 4 where the Ethiopian Troglodytes are said to 'squeak like bats'.

For a discussion of the priestesses of Dodona, see Farnell, *Cults of the Greek States* i. pp. 38 ff., Jebb on Soph. *Trach.* pp. 202 ff., and Pearson on Soph. *Fr.* 456. Strabo (vii. Fr. 1, p. 329) gives as one explanation that the flight of doves was observed and interpreted by the priestesses; and W. R. Halliday (*Greek Divination*, pp. 265 ff.) suggests that, by intimate association with the birds, the priestesses had learned to understand their language, and, as their interpreters, wore a kind of bird dress when giving oracular responses.

2. πρός, of the agent, *G.G.* 1216. 1. b.

ἐπὶ τοῦδε . . . διότι: ἐπί 'after' is often used after verbs and phrases meaning 'to be called', *G.G.* 1210. 1. c (gen. of relation or reference), hence it is equivalent to the commoner ἀπό.

5. συνετά, 'intelligible', the pass. sense. Pindar's famous phrase, φωνάεντα συνετοῖσι (*Olymp.* ii. 93) shows the active sense, 'intelligent'—'words that have meaning only for the wise'.

6. ἐπεί, 'for', argumentative, introduces a challenge: cf. Soph. *El.* 352 ἐπεὶ δίδαξον, *O.T.* 390, *O.C.* 969.

7. τρόπῳ repeats τρόπον ('like', cf. 125. 2 and *G.G.* 1060), but in a different case.

8. μέλαιναν: cf. 22. 14, 32. 37: Egyptians were certainly of darker hue than Greeks: cf. Aesch. *Suppl.* 719 f. (Egyptian seamen 'with swarthy limbs showing from out their white raiment').

9. ἡ μαντηΐη: the method of divination was in both cases from the wind. At Thebes the wind blew continually in the prophetic grotto, except for one day each month (Hellanicus, fr. 153: *F.H.G.* i. 66): at Dodona the leaves of the oak-tree rustled. Similarly Strabo says (vii. fr. 1, 329) ἐχρησμῴδει δ' οὐ διὰ λόγων, ἀλλὰ διά τινων συμβόλων, ὥσπερ τὸ ἐν Λιβύῃ Ἀμμωνιακόν.

10. καὶ ⟨ἡ (Stein)⟩ ἐν Δωδώνῃ: a second ἡ is expected, since the verb is plur. (τυγχάνουσι).

11. ἡ μαντική, sc. τέχνη, 'the science of divination': τῶν ἱρῶν (possessive gen., denoting source, cf. *G.G.* 1085. 6), 'from sacrifices' or 'victims': as in 40. 1, ἱρά are literally the entrails of sacrificed animals. Divination from victims, as practised by the Greeks, was of two kinds; (1) δι' ἐμπύρων, by watching the fire, and (2) ἱεροσκοπία, by examining

the entrails; but of these two types no trace has been found in Ancient Egypt. Three fragments of Greek Manuals of Hieroscopy have been found in Egypt, dating from ii/ and iii/A.D. (P. Amh. 14, P.S. I. 1178, P. Ross.-Georg. 21).

ἔστι . . . ἀφιγμένη: like the English analytical perf., 82. 1, and see note on 37. 15.

58 1. *ἄρα*, 'now', introduces here an explanatory and interesting detail. While common in Homer and H., it occurs seldom in the more formal style of Thucydides and the orators. Note the alliteration of *π* as H. triumphantly makes his point.

προσαγωγάς, of solemn approach to, or visitation of, a shrine, as at a festival or in supplication. So in *N.T. Ephes.* ii. 18, of access unto God.

Egyptian religious processions were elaborate and ritualistic: cf. Claudian *Panegyric on the Fourth Consulship of Honorius* 570–5 sic numina Memphis | in vulgus proferre solet: penetrabilis exit | effigies . . ., Nilotica sistris | ripa sonat.

4. *αἱ μέν*, the Egyptian ceremonies (*πανηγύριες* etc.).

ἐκ πολλοῦ τευ χρόνου, *depuis beaucoup de temps*, in English 'for a very long time': the intensive *τις* (7. 7, 27. 3 *al.*).

5. *ποιεύμεναι*, pass.: for the part., *G.G.* 1592. 1.

59 1. *ἅπαξ τοῦ ἐνιαυτοῦ* (*G.G.* 1136, 951): in Greece the popular festivals and the Mysteries were celebrated annually. *πανηγύριας*: cogn. acc.

3. *ἐς* expresses implied motion, cf. 2. 9, 54. 5 *al.*

δεύτερα, l. 7 *τρίτα* etc., like *πρῶτα* 5. 8.

5. *τῆς Αἰγύπτου*, topographical gen., as in 8. 3, 44. 2 *al.*

60 2. *γὰρ δή*, explanatory: *ἅμα ἄνδρες γυναιξί*, artificial but expressive order.

3. *πολλόν τι πλῆθος*: *τι* intensive, as in 58. 4.

βάρι: 96. 19 note.

4. *κρόταλα*, 'clappers', 'castanets', or small cymbals, used in the worship of Cybelê (*Homeric Hymns* xiv. 3). *κροταλίζειν*, in Homer *Il.* xi. 160, of horses *rattling* the chariots along.

οἱ δέ: the fluteplayers (*αὐληταί*) were men (vi. 60): 'some of the men', as though it were *οἱ δέ τινες*.

5. *κατά* c. acc., 'during': *G.G.* 1211. 2. b.

6. *τὰς χεῖρας*: clapping of hands to mark time is a regular accompaniment of a chorus in modern Egypt. In ancient Egyptian, clapping is called 'singing with the hand.

7. *κατά* (*τινα πόλιν*) 'off' (in the nautical sense), 'opposite to': *G.G.* 1211. 2. a.

ἐγχρίμψαντες, 'bringing close' to land (cf. 93. 19): in Homer *Il.* xxiii. 334, of driving a chariot so as to graze a post, *τῷ* (sc. *τέρματι*) *σὺ μάλ' ἐγχρίμψας ἐλάαν σχεδὸν ἅρμα*. *χρίμπτω* is a strengthened poet. form of *χρίω*: cf. *χραύω*, *χραίνω*.

9. *τωθάζουσι* (c. acc.), 'mock', 'jeer at' (= *χλευάζουσι*, *σκώπτουσι*): in Ar. *Vesp.* 1362 'chaff', cf. Herodas vii. 103 *τὴν γυναῖκα τωθάζει* | *κακοῖσι δέννοις*, 'she mocks at my wife with wicked slanders'. Cf. in general, the 'mocking women's choruses' in vi. 83. 3, and Aristotle *Pol.* vii. 17 (certain deities, esp. Demeter and Dionysus) *οἷς καὶ τὸν τωθασμὸν ἀποδίδωσιν ὁ νόμος*.

παρὰ πᾶσαν πόλ. παραποτ. ποιεῦσι: emphatic allit.

13. *οἶνος ἀμπέλινος*: 37. 17 note.

14. *πλέων*, predicative in position, 'in greater amount': cf. the positive, 2. 21 *πολλὸν ἦν τοῦτο τὸ ἔπος*.

15. *ὅ τι ἀνὴρ καὶ γυνή ἐστι*, 'all men and women' (but not children): the curious neut. sing. generalizes, like *quidquid* or *quantum* (e.g. Catullus iii. 2 et quantum est hominum venustiorum): it shows how *ὅ τι μή* came to mean 'except' (13. 20).

16. *καί* with *ἑβδομήκοντα*: cf. 44. 16 *al.*

700,000: the number seems very large, but at similar modern festivals (e.g. the celebrated annual *mouled* or fair at Tanta) such an attendance is not unknown (Petrie, *Religious* Life, p. 192).

61 1. *ὡς*, 'how', with *εἴρηται*. *πρότερον*, in chap. 40.

4. *τὸν δέ*: see 42. 26. The reference is to Osiris whose name H. devoutly omits, cf. 86. 5, 132. 7. See also 45. 15, 65. 5, 171. 4. The Hebrews regarded the name of their Deity as too sacred for utterance: and on Egyptian scarabs an alphabetic system of hieroglyphic writing, purposely intended to conceal the names of gods, has recently been discovered by Alan Rowe (*Expository Times*, April 1938, p. 324).

5. *Καρῶν*: the mercenaries of Psammêtichus I., who practised self-mutilation in honour of Attis: so on Mount Carmel (*O.T.* 1 *Kings* xviii. 28) the priests of Baal 'cut themselves after their manner with knives and lancets, till the blood gushed out upon them'. The Jews were forbidden (*O.T. Lev.* xix. 28) to 'make any cuttings in their flesh for the dead'.

6. *οὗτοι δέ*: *δέ* in apodosis, merely repeating the *δέ* after *ὅσοι*: cf. 50. 10.

7. *κόπτονται*, mid., 'cut their foreheads': see 42. 26 note for a development of this usage.

τούτῳ, 'by this', 'thereby': dat. of respect or instrument.

62 1. *τῇσι θυσίῃσι* (all MSS.): (1) dat. of circumstance, with temporal notion, 'at the sacrifices': cf. the dat. with regard to festivals, e.g. Ar. *Av.* 1519 *Θεσμοφορίοις νηστεύομεν*, and the Lat. *ludis gladiatoribus*, Cic. *Phil.* ix. 7. 16. Or (2) dat. of purpose (rare in Greek), 'for their sacrifices' = *ἐς τὰς θυσίας*: cf. Thuc. iii. 82. 1 *τῇ τῶν ἐναντίων κακώσει . . . αἱ ἐπαγωγαὶ . . . ἐπορίζοντο*, 'this external assistance was obtained for the discomfiture of their opponents'.

This dat. is hard to explain, hence Schweighäuser conj. *τῆς θυσίης* which goes with *ἐν τῇ νυκτί* of some MSS., 'on the night of the sacrifice'.

2. *λύχνα* (also, in other authors, masc. pl. *λύχνοι*): this *λυχνοκαΐη* (l. 6) or Feast of Lanterns is referred to in a calendar for the Saïte Nome, preserved on a papyrus of 301–240 B.C. (P. Hibeh 27), which mentions two assemblies at Saïs in honour of Athene (Neïth)—one on Mecheir 16 (19), the other on Epeiph (13?) (September 17th?). The text of the latter runs: (ll. 165 ff.) *καὶ ἐν Σάϊ πανήγυρις Ἀθηνᾶς, καὶ λύχνους κάουσι κατὰ τὴν χώραν*.

3. *κύκλῳ*, 'in a ring', emphasizes the meaning of *περί*.

ἐμβάφια, the exact equivalent of 'saucers', flat vessels for dipping (*ἐμβάπτειν*) one's bread into the sauce; here used as primitive open lamps, filled with salt and oil—the purpose of the salt being to absorb the water contained in the oil and make the wick burn steadily. An open lamp (*awama*) with floating wick is used in Egypt at the present day.

4. ἐπιπολῆς 'on the top': ἐπιπολή is found almost exclusively in the gen.: it probably comes from ἐπιτέλλειν, 'to rise', with change of τ into π (LS[9]). The adj. ἐπιπόλαιος 'superficial', 'obvious' is common in Aristotle: the verb ἐπιπολάζειν 'to be fashionable' occurs in Plato and Aristotle.

5. κεῖται, as in 17. 23, 'is given'. The assonance of κεῖται after καίεται is perhaps unintentional.

6. μή, in the conditional relative clause, *G.G.* 1431. b.

τῶν Αἰγυπτίων: part. gen. after οἵ.

7. φυλάσσοντες, *observantes*, 'keeping', 'observing': cf. 82. 7, 91.3.

10. φῶς ἔλαχε, lit. 'it won light as its portion', 'it was allotted light', i.e. the lamps.

ἔστι . . . λεγόμενος, = λέγεται: see 37. 15 note. λόγος a cognate subj. cf. 15. 18 note.

63 3. τῇ ἄλλῃ 'elsewhere': 36. 1 note.

εὖτ' ἄν, like ὅταν, 'whenever', 'so soon as': cf. Hom. *Od.* xvii. 323 εὖτ' ἄν μιν κατὰ δούλιον ἦμαρ ἕλῃσιν, 'whenever the day of slavery comes upon him'. εὖτε is very rare in Tragedy, and is absent from Comedy and Attic Prose.

4. καταφερής, 'sinking', from καταφέρεσθαι 'to go down', which in 12. 10 is used of the alluvial deposit 'carried down' by the river.

5. πεπονέαται (App. 49a), 'are busied' or 'occupied'.

7. ἕκαστοι, pl. as in 41. 13, 'each of them', 'all'.

8. καὶ οὗτοι, added for emphasis ('like the priests'), cf. καὶ αὐτοί 62. 8, καὶ τοῦτο 68. 14 *al.*

ἐπὶ τὰ ἕτερα (Att. ἐπὶ θάτερα): in Eng., 'on the other side', 'opposite': for the neut. pl. cf. 36. 17 ἐπὶ τὰ δεξιά, 93. 15 τὰ ἐπ' ἀριστερὰ τῶν κεφαλέων.

ἁλέες, 'crowded', 'in a body': in Att. ἀθρόοι: cf. the Homeric ἀλῆναι, from εἴλω (e.g. *Il.* xvi. 403 ἐπὶ δίφρῳ | ἧστο ἀλείς, 'huddled up' in terror).

ἑστᾶσι, effectively repeated, of the posture of the opposing band.

12. τὸν νηόν τε καί, instead of τόν τε νηὸν καί: for the postponed τε, cf. 176. 9 and Denniston, *Gk. Part.*, p. 516. The monuments show such a transference of shrines on 'four-wheeled wagons' as well as on men's shoulders.

14. οἱ εὐχωλιμαῖοι, 'those bound by the vow', 'under the vow', cf. l. 7 εὐχωλὰς ἐπιτελέοντες: for the ending of this very rare word, cf. ὑποβολιμαῖος, i. 137. 2, of a 'supposititious' child, or 'changeling' (pass. meaning); ἀποβολιμαῖος (τῶν ὅπλων) 'apt to throw away his weapons', Ar. *Pax* 678 (act. meaning); κλοπιμαῖος 'acquired by theft', Lucian *Icar.* 20.

15. ἀλεξομένους, a terse use of the pres. part.: they resist at once and continue to resist. In i. 211. 2 ἐφόνευε ἀλεξομένους implies 'slew them in spite of their resistance'.

ἐνθαῦτα: this Ionic form, surviving in the Κοινή, occurs not infrequently in the papyri: so too κιθών, 81. 1.

μάχη: a similar sham-fight is recorded on a stêlê of Abydos under the Twelfth Dynasty: it took place at the door of the temple and represented the battle between Osiris and Set(h) or Typhôn (A. W. Lawrence and the authorities whom he cites).

ξύλοισι, instrumental dat., apparently (from its position) going closely with the noun *μάχη*, or at least with the phrase *μάχη . . . γίνεται*, which is the equivalent of *μάχονται*. In l. 27 *πληγή* 'mêlée' is used instead of *μάχη*.

16. *συναράσσονται*, pass., with *κεφαλάς* acc. of respect: in Eng. 'heads are broken'.

17. *ἐκ*, 'as a result of', 'from': in English, '(die) of'.

18. *οὐδένα*: emphatic repetition of the negative. A similar ceremony is described as practised by the fighting maidens of a Libyan tribe (iv. 180. 2), with fatal consequences to some.

19. *ἐκ τοῦδε* (followed by *οἰκέειν . . .*, with asyndeton): *ἐκ*, of origin, 'in consequence of'.

νομίσαι: as in 4. 11: hence = 'establish', 'institute'.

20 *οἰκέειν*, with imperfect force: cf. 4. 17 (*εἶναι*).

21. *ἀπότροφον*, 'reared apart', a rare use, the opposite of *σύντροφος* 65. 3.

22. *ἐξανδρωμένον*, Att. *ἐξηνδρωμένον*, *adultum*, 'having grown to manhood'.

23. *οἷα* c. part., *quippe qui*, *G.G.* 1575.

24. *περιορᾶν*: contrast the usage c. part., 110. 6.

27. *τῷ Ἄρεϊ*, 'in honour of Ares'.

65 1. *ἐοῦσα*, concessive. Egypt has much cultivated land, and little desert to harbour wild beasts. See iv. 191 f. for the wild beasts of Libya as well as 'dog-headed men, and the headless that have eyes in their breasts, as the Libyans say'.

2. *τὰ ἐόντα σφι*, sc. *θηρία* (supplied out of *θηριώδης*), 'the animals they have'.

On the cult of sacred animals, see Diod. Sic. i. 83–90, Aelian *De Nat. Anim.* xii. 5 ff.: the contrast with Greek practice is made out in detail by Anaxandrides (quoted on 35. 4). The reasons, probably diverse, for worshipping animals were not understood by the Egyptians themselves (A. W. Lawrence).

3. *σύντροφα τοῖσι ἀνθρώποισι*, i.e. reared as part of a household, or domesticated.

4. *ἀνεῖται*, perf. pass. of *ἀνίημι*, in the sense 'let go free', 'allow to range at large': so, with *ἱρά* in the predicate, 'devote', 'dedicate' (sc. *θεῷ*) cf. 165. 6, 167. 8 (*ἐς τὸν πόλεμον*).

καταβαίην ἂν ἐς . . . 'I should end by touching upon . . .', 'fall into discourse of': somewhat similarly, 91. 22, of tracing descent in a genealogy.

5. *φεύγω*: the same reticence as in 3. 9 *al.*, see note.

6. *ἐπιψαύσας*, metaphorically, as in English, 'touching lightly upon' (c. gen.: *αὐτῶν* may also be partitive gen. after *τά*).

ἀναγκαίῃ (Ion. and Epic form): like Homer, H. uses also the form *ἀνάγκῃ* 22. 12 *al.* For the idea, cf. 3. 10.

8. *μελεδωνοί* (lit. 'caretakers'), 'attendants', 'keepers', 'guardians'. This was not always, as H. implies, a hereditary office. Construe *μελεδωνοὶ . . . τῆς τροφῆς* (obj. gen.) . . . *ἑκάστων* (sc. *τῶν θηρίων*): *χωρίς* is adverbial, 'severally'. *ἑκάστων*, pl. (as in 63. 7), of each group or kind of animal. *μελεδωνός*, Att. *ἐπιμελητής*: the poetical verb *μελεδαίνω* (from *μέλω*) is used in viii. 115. 3 of 'caring for' the sick. In Homer *μελεδήματα* are 'anxieties'.

ἀποδεδέχαται (cf. 43. 13), perf. pass. of *ἀποδείκνυμι*, 'are appointed': cf. *infra* l. 17 *ἀποδέδεκται*, 'is dedicated', 'is provided'.

9. *παῖς παρὰ πατρός*, a general formal phrase (as in 166. 9, i. 7. 4), here including 'daughter from mother'.

11. *εὐχάς*, 'prayers' or 'vows' for the good health of children: cf. Diod. Sic. i. 83. 2 *εὐχὰς ὑπὲρ τῶν παίδων τῶν ἐκ τῆς νόσου σωθέντων*. *σφι*, i.e. *τοῖσι θηρίοισι*.

εὐχόμενοι . . ., ξυρῶντες . . .: there is no connective between the participles, and *εὐχόμενοι* refers to the whole vow, *ξυρῶντες* to a preliminary: 'as part of their vow, they shave . . .': pres. part. of a regular practice, cf. 95. 3 *al.* After *τάσδε* l. 11, asyndeton occurs, as usual.

14. *ἱστᾶσι*, 'weigh', lit. place in a balance (*σταθμῷ*): so in Homer and other authors: in the *Κοινή*, from 'weigh out' it came to mean 'pay' (cf. Lat. *pendĕre, expendere*), e.g. *N.T. Matth.* xxvi. 15 *οἱ δὲ ἔστησαν αὐτῷ τριάκοντα ἀργύρια*.

σταθμῷ: dat. of place, chiefly poetical. In Homer *σταθμός* mean 'steading', 'door-post', but also 'balance' in one passage (*Il.* xii. 434 *γυνὴ . . . σταθμὸν ἔχουσα*). Cf. *σταθμῶμαι* (2. 26, 150. 13), from *στάθμη*, 'rule'.

πρός, 'against' a sum of silver.

τό (Att. *ὅ*), object of *ἑλκύσῃ*: antecedent *τοῦτο* (*τὸ ἀργύριον*). For the construction with *ἕλκω*, see i. 50. 3 where a golden lion, sent as a votive offering by Croesus to Delphi, is described as *ἕλκων σταθμὸν τάλαντα δέκα*: on this analogy, the hair (*αἱ τρίχες*, regarded as a bundle or portion, and therefore sing.) is the subj. of *ἑλκύσῃ*—lit. 'whatever it should pull in weight' (sc. *σταθμόν*).

15. *τῇ μελεδωνῷ*: apparently a woman guardian attended to such vows.

διδοῖ (App. 56): a change of number after the pl. *ἱστᾶσι*: H. thinks of each individual case—*ὁ εὐχόμενος, ὁ εὐχωλιμαῖος*, or the like.

ἀντ' αὐτοῦ, i.e. *τοῦ ἀργυρίου* 'to the value of the silver'.

16. *ἰχθῦς* in addition to fish, Diodorus mentions flesh for the hawks, bread and milk for the cats and ichneumons.

βορήν, 'as food'.

17. *τὸ δ' ἂν . . . ἀποκτείνῃ*, 'whichever of these beasts one kills': *ἡ ζημίη* (the article marks this as subject), sc. *τούτου*, 'the penalty for this', i.e. for killing a beast. The abruptness of construction is effective—instead of the normal *ἥν τίς τι τῶν θηρίων ἀπ.*: cf. the loose connexion of the relative clause in i. 136. 1 *ἀνδραγαθίη αὕτη . . . ὃς ἂν . . . ἀποδέξῃ*, and in Homer, e.g. *Il.* xiv. 81 *βέλτερον ὃς φεύγων προφύγῃ κακὸν ἠὲ ἁλώῃ*, with Leaf's note.

20. *τάξωνται*: from the meanings 'appoint', 'assess' taxes, etc. (cf. iii. 97. 2 *φόρον ἐτάχθησαν φέρειν*), *τάσσειν* came to mean 'impose' a fine or punishment, the mid. implying the interest of the priests.

ἶβιν: the ibis (76) was sacred to Thôth (Hermes), 67. 6. H. mentions only ibis and hawk; but Diod. Sic. (i. 83. 8, 9) tells how, when he was in Egypt in 39 B.C., a Roman accidentally killed a cat, and all the influence of Ptolemy Aulêtês could not save him from death, although the Egyptians were at that time most anxious for Roman friendship. Cicero (*Tusc.* v. 27, 78) implies that it was a capital offence to kill an ibis, a snake, a cat, a dog, or a crocodile.

21. *τεθνάναι*: perf., emphatic, of something 'decisive and permanent' (*M. and T.* 110).

66 1. *ὁμοτρόφων*: equivalent to *συντρόφων* (65. 3). The gen. abs. is irregular, since *τὰ θηρία* is the subject (understood) of *ἂν . . . ἐγίνετο*.

2. *κατελάμβανε* (so too ll. 10, 15), in the sense of *opprimere*, 'overtake', 'befall': in 152. 6 *καταλαμβάνει* is used impersonally, as often in H., 'it befalls', both of good and of evil.

4. *διζήμενοι*: 38. 4 note.

5. *ἔχουσι*, 'are able', as in 10. 12 *al.* *μίσγεσθαι* depends upon both *διζήμενοι* and *ἔχουσι*: similarly, l. 6, *τὰ τέκνα* is acc. after *ἁρπάζοντες*, *ὑπαιρεόμενοι*, and *κτείνουσι*.

πρὸς ταῦτα may be 'therefore', 'thereupon', or 'to this end' (*πρός*, 'in consequence of' or 'with a view to').

6. *ἁρπάζοντες* implies open violence: *ὑπαιρεόμενοι* suggests underhand (*ὑπο-*) deceit.

7. *κτείνουσι, κτείναντες*: 14. 14 note.

οὐ πατέονται: an addition to the story, logically unnecessary, apparently to contradict a current belief.

στερισκόμενοι, pres., 'feeling the lack of'.

8. *οὕτω δή* resumes the participles; cf. *οὕτω* 14. 18 *al.*

10. *πυρκαϊῆς*: in Homer, always of a funeral pyre.

θεῖα πρήγματα implies a mysterious fate (unnatural, unaccountable, extraordinary). Even in Homer, *θεῖος* is extended in sense, cf. *θεῖον ποτόν* (*Od.* ix. 205).

11. *φυλακὰς ἔχουσι*, 'keep guard over': the distributive plur. (more exact than the English idiom) is Homeric (e.g. *Il.* ix. 1 *ὣς οἱ μὲν Τρῶες φυλακὰς ἔχον*), cf. Lat. *excubiae*: so *μεγάθεα* as acc. of respect, 10. 11 note, and *πένθεα* *infra* l. 15.

13. *διαδύνοντες*, sc. *διὰ τῶν ἀνθρώπων*: all MSS. have *διαδύοντες*, but Hippocrates and Aristotle use *διαδύνω*: in i. 9. 2 H. has *ἐκδύνω*, elsewhere the *-δύω* form.

ὑπερθρῴσκοντες: in Homer also followed by the acc.—*Il.* viii. 179 *τάφρον ὑπερθορέονται* (fut.).

14. *ἐσάλλονται*: How and Wells say it is quite true that cats will run into a burning house.

ταῦτα δὲ γινόμενα, a pendent nominative, as these words have no construction in the sentence: one would expect *τούτων δὲ γινομένων*, or else, instead of *τοὺς Αἰγυπτίους καταλαμβάνει*, a phrase such as *τοῖσι Αἰγυπτίοισι ἐστί*, with *ταῦτα γινόμενα* as the subject of *ἐστί*. Like the sentence in vii. 157. 2 *ἁλὴς μὲν γὰρ γενομένη πᾶσα ἡ Ἑλλάς, χεὶρ μεγάλη συνάγεται*, it may be described as a conflation of two constructions. Goodwin (*M. and T.* 854) explains *ταῦτα γινόμενα* as acc. absol.

15. *πένθεα*: the plur. is emphatic, whether as distributive or of various types of mourning: cf. the description by Diod. Sic. i. 72.

16. *ὁτέοισι*: App. 46.

ἀπὸ τοῦ αὐτομάτου: of a natural death (*τὸν τῆς εἱμαρμένης καὶ τὸν αὐτόματον θάνατον*, Dem. *De Cor.* 205), when a cat dies 'of itself': so in Plato *Apol.* 38 C (if you had waited but a little) *ἀπὸ τοῦ αὐτομάτου ἂν ὑμῖν τοῦτο* (the death of Socrates) *ἐγένετο*.

67 1. στέγας: στέγη, any covered place (e.g. the goatherd's hut in 2. 11), here means ' chamber ', ' building '.

2. ταριχευθέντες: on mummification in general, H. speaks in chaps. 86 f. Few mummified cats have been discovered in the great cemetery at Bubastis, but many skeletons and bronze images. Cat-cemeteries have been excavated elsewhere, e.g. at Sakkara and Beni Hasan.

τὰς δὲ κύνας: H. probably intends to include under this term wolves and jackals as well as dogs, all these being sacred to Anubis, the dog-headed god.

3. ἑωυτῶν ἕκαστοι: like the Lat. *suum quisque*: the pl. ἕκαστοι as in 41. 13.

4. τῇσι κυσί: dat. after ὡς . . . αὔτως (= ὡσαύτως, without tmesis, 106, 10), cf. 20. 10.

οἱ ἰχνευταί: Strabo (17. 1. 39, p. 812) says that the ichneumon (ἰχνεύμων) was worshipped at Heracleopolis, and describes how this animal, ' the deadliest enemy of the crocodile ', destroys crocodiles (cf. Diod. Sic. i. 87. 4, 5) and asps. Both words, ἰχνευτής and ἰχνεύμων, mean ' tracker ': this kind of weasel ' hunts out ' the eggs of the crocodile and the asp. Ἰχνευταί is the title of a satyr drama by Sophocles, found on papyrus in 1907: the satyrs who form the chorus track down the thief (Hermes) who had stolen the oxen of Apollo. In P. Ryl. ii. 188 l. 22 (2nd century A.D.) the ἰχνευτής is a detective who traces missing persons.

5. μῦγᾰλᾶς ' shrew-mice ' or ' field-mice ' (from μῦς, and γαλῆ ' weasel ', iv. 192. 3): for the worship of μυγαλαί which is confirmed by the monuments, see Anaxandrides fr. 39 l. 14 (quoted in note on 35. 4). Strabo (17. 1. 40, p. 813) localizes the cult at Athribis.

ἴρηκας: the sparrow-hawk was sacred to the sun, and also symbolized Osiris. As a hieroglyph it represented ' god '.

6. Ἑρμέω πόλιν, Hermupolis Magna, i.e. Ashmunein, *c.* 180 miles S. of Cairo: many ibis mummies have been discovered there and in the necropolis at Tuna, W. of Mallawi. See Aelian *De Nat. Anim.* x. 29.

τὰς ἄρκτους: in the time of H. the bear was found in N. Africa (iv. 191. 4), and at an earlier period it ' seems to have been hunted ' in Egypt (*Brit. Mus. Guide*, p. 118). H. himself declares them to be ' rare ' (σπανίας).

7. πολλῷ τεῳ: see note on 7. 7 with the Homeric parallel (*Il.* vii. 156).

8. αὐτοῦ (adv.) . . . τῇ (Att. ᾗ) ἄν . . ., ' wherever '.

68 1. κροκοδίλων (32. 39 note): the correct spelling (LS^{9}) is given by Zenon papyri of the 3rd century B.C.: only later does κροκόδειλος (as in MSS. of H.) appear, followed by corruptions such as κορκόδριλλος, and in Latin *corcodilus* (Phaedrus I. xxv., Martial iii. 93. 7). Sir John Mandeville made it ' cockodrill ': cf. finally Peggotty's way of it in *David Copperfield* ch. ii. ' crorkindill '. κροκόδιλος, meaning ' lizard ', was borrowed by the Greeks from an older language (Wilamowitz). Cf. Diod. Sic. i. 35. 2–7.

χειμεριωτάτους: superlative referring to ' the dead of winter ', ' mid-winter '. But the crocodile does not hibernate.

2. ἐσθίει: the sing. specializes: sc. ὁ κροκόδιλος, out of τῶν κροκοδίλων.

ἐόν, neut., but no neut. nom. has preceded: sc. θηρίον: cf. 71. 3.

3. *χερσαῖον καὶ λιμναῖον*, i.e. amphibious: the adj. *χέρσος* 'dry', 'firm' also occurs in H. (99. 16).

4. *ἐκλέπει*, properly of 'peeling' a fruit or 'shelling' an egg, 'hatch': Aristophanes uses it (*Av.* 1108) of the silver 'owls' of Athens, which will nest in purses and hatch small change (*κἀκλέψουσι μικρὰ κέρματα*).

διατρίβει: first with an acc. *χρόνον* or an expression of time, as here; later absolutely, e.g. Ar. *Ran.* 462 *οὐ μὴ διατρίψεις*; 'don't waste time'.

τῷ ξηρῷ: neut., as in Thuc. i. 109. 4, of ships left aground, *ἐπὶ τοῦ ξηροῦ*. *ἡ ξηρά* (sc. *γῆ*) occurs in Xenophon, cf. *N.T. Matth.* xxiii. 15 *τὴν θάλασσαν καὶ τὴν ξηράν*, just as *arida* is used in the Vulgate.

6. *τῆς αἰθρίης* (gen. of comparison): elsewhere in H., of the unclouded sky (like *αἴθρη* in Homer), here of 'the clear, cold air' of night.

τῆς δρόσου: make a list of fem. nouns in *-ος* of the 2nd Declension, e.g. *ψάμμος*, 8. 13.

7. *τῶν*: Homer sometimes has the gen. after *οἶδα* (e.g. *Il.* xii. 229 *ὃς σάφα θυμῷ εἰδείη τεράων*); but here *τῶν* is used by attraction instead of *τά* (Att. *ἅ*), with *θνητῶν* inside the rel. clause (*G.G.* 1038).

8. *χηνέων* (sc. *ᾠῶν*), gen. of comparison with *μέζονα*: Att. adj. *χήνειος*, App. 5.

9. *κατὰ λόγον*, c. gen., as in 14. 5.

10. *καί*, 'as much as', modifies *ἑπτακαίδεκα*, cf. 19. 3. Even this exaggerated length of about 25 feet is outdone by Phylarchus (fr. 26, *F.H.G.* i. 340) who speaks of a crocodile just over 40 feet.

12. *χαυλιόδοντας*: properly an adj. applied to an animal 'with prominent teeth' (in Hesiod *Shield of Heracles* 387, of a boar); then as a noun 'tusks', cf. 71. 4, of the hippopotamus.

κατὰ λόγον τοῦ σώματος: the phrase is suspect, but Godley translates well 'answering to the bigness of its body'.

γλῶσσαν . . . οὐκ ἔφυσε, lit. 'it does not grow a tongue': *ἔφυσε*, gnomic aor., cf. *ἔπνευσαν* 20. 7 note. For the use of *φύω* 'produce', cf. the perf. with pass. meaning in 38. 8 *τὰς τρίχας . . . πεφυκυίας* ('growing'). H. is wrong : the crocodile's tongue is very small, and Pliny (*Hist. Nat.* viii. 89) says with greater truth, *linguae usu caret*.

13. *οὐδὲ κινέει . . .*: perhaps the reason for this illusion is that the crocodile raises its head to bite, and so appears to move its upper jaw only. *τὴν γνάθον*: add to the list of fem. nouns in *-ος* of the 2nd Declension (68. 6).

14. *καὶ τοῦτο μοῦνον θηρίων*, 'this also (i.e. the crocodile again) is the only animal that . . .': *τοῦτο* is added to give emphasis and point to the repetition of *μοῦνον θηρίων*: cf. *καὶ οὗτοι*, 63. 8.

16. *τυφλὸν δὲ ἐν ὕδατι*: not so—the crocodile sees excellently in water.

18. *ἔνδοθεν*: originally 'from within', this word early came to mean simply 'within': e.g. Homer, *Il.* vi. 247 *ἔνδοθεν αὐλῆς* 'inside the courtyard'.

φορέει = *ἔχει*, followed by *μεστόν* in the predicate: *πᾶν* has adverbial force, 'wholly', 'altogether'.

βδελλέων: the leech (Lat. *hirudo*, Hor. *A.P.* 476) is so named in Greek because it 'milks' (*βδάλλει*), or sucks, blood. There are no leeches in the Nile; but the little *τροχίλος* (lit. 'running-bird'), the Egyptian plover or, it may be, the spur-winged plover, does pick gnats and other tit-bits out of the crocodile's open mouth.

Aristophanes brings in the τροχίλος as a character with a gaping beak in his *Birds* (61, 79), and refers to it in two other comedies. Later, Heniochus entitled a comedy Τροχίλος from a parasite (?), or at least a servant, who played an important rôle in it.

20. εἰρηναῖον 'at peace with' (as though it had a treaty of peace with the crocodile): the neut. adj. in the predicate has an abstract notion, *G.G.* 925. Cf. in Latin, Verg. *Ecl.* iii. 80 triste lupus stabulis, *Aen.* iv. 569 varium et mutabile semper femina. See note on στρογγύλον 92. 13.

πρός c. gen., of the agent: 34. 2 note.

22. ὡς τὸ ἐπίπαν 'as a rule': cf. τὰ πολλὰ πάντα 35. 6, and the Attic ὡς ἐπὶ τὸ πολύ.

τοῦτο ποιέειν, as in English idiom, 'to do so', here instead of 'to gape'.

23. ἐνθαῦτα marks the beginning of the apodosis, as οὕτω often does (e.g. 2. 22).

24. καταπίνει, 'gobbles up': regularly of solids as well as liquids: as early as Hesiod (*Theog.* 459, 467, of Cronus 'swallowing' his own children).

ὠφελεύμενος : App. 53: contrast the uncontracted form, l. 20.

25. οὐδέν, closely with σίνεται, hence καὶ οὐδέν, not οὐδέ.

σίνεται, usually of injury on a large scale (e.g. 'waste' a land, 'harass' an enemy: so in Homer *Od.* vi. 6 οἵ σφεας σινέσκοντο, of the Cyclopes who 'used to plunder' the Phaeacians): cf. ἀσινής 114. 8 *al.*

69 1. ἱροί: many sacred mummified crocodiles have been found at Tebtunis, some of them stuffed with used papyrus documents—'waste paper', though valuable to scholars to-day. The crocodile was sacred to Sebak or Sobk, who was represented with a crocodile's head. At Crocodilopolis or Arsinoe, the capital of the Fayûm by Lake Moeris, the sacred crocodile, Σοῦχος—an incarnation of Sebak—was worshipped: Strabo (17. 1. 38, pp. 811 f.) describes how it was kept by itself in a lake, and fed by visitors—among them, Strabo himself. For an earlier tourist in the Fayûm, see Hunt and Edgar, *Sel. Pap.* II (L.C.L.) No. 416 or Milligan, *Selections*, No. 11 (P. Tebt. I. 33), 112 B.C., in which instructions are given to make preparations to receive a Roman senator, Lucius Memmius—titbits for Petesouchus the god and his crocodiles are to be provided.

3. καὶ κάρτα . . . ἱρούς: cf. 11. 19 for the emphatic καί: H. is fond of καὶ κάρτα (92. 22) and καὶ τὸ κάρτα.

5. ἀρτήματα, lit. 'hanging ornaments' (from ἀρτάω), 'pendants', 'ear-rings': the holes bored for these can still be seen in the skulls of mummified crocodiles.

6. λίθινα χυτά, made of χυτὴ λίθος ('molten', or 'fused, stone', from χέω, I pour), probably a kind of glass or glazed pottery—an older name for ὕαλος which is applied in iii. 24. 1, 2 to some kind of transparent stone used for mummy-coffins in Ethiopia.

7. ἀμφιδέας, an uncommon word, 'anklets', 'bangles': cf. iv. 176 περισφύριον περιδέεται.

ἀποτακτά, 'set apart' or 'reserved' for the crocodile's use: so in Philemon fr. 76 ἀποτακτόν is a speciality.

8. ὡς κάλλιστα: see 175. 1 note.

ζῶντας, 'while they live', is followed immediately by ἀποθανόντας δέ.

9. θήκῃσι: the labyrinth (148. 21) was built partly as a burial-place for the sacred crocodiles.

12. χάμψαι: in Egyptian, *em-suh* 'that which is born of an egg', hence the Arabic *timsah* (t- being the fem. article). With the transference of the Greek name κροκόδιλος 'lizard' to the crocodile, cf. the word 'alligator' (Spanish *el* or *al lagarto* 'the lizard').

13. τὰ εἴδεα: for the plur. (more exact than the English sing.) cf. 53. 2.

τοῖσι κροκοδίλοισι: brachylogy for τοῖσι τῶν κρ. εἴδεσι, cf. 49. 15. Another Greek word for 'lizard' is σαύρη, iv. 192. 2.

14. αἱμασιῇσι: 'walls' of dry stones, as in Homer also: contrast 138. 11.

70 3. δελεάσῃ, sc. τις, or ὁ θηρευτής l. 8: cf. 47. 15. Here 'sets on a hook as a bait' (with νῶτον as cognate acc.): in Lucian *Pisc.* 47 with ἄγκιστρον as acc., as in Eng. 'to bait a hook'.

4. χείλεος: for the metaphorical use (again in 94. 3), cf. Homer *Od.* iv. 616 (of the rim of a silver bowl) χρυσῷ δ' ἐπὶ χείλεα κεκράανται. The following names of other parts of the body are used metaphorically in this book: κῶλον (134. 2), κορυφή (28. 7), μέτωπον (124. 23), στόμα (10. 8 *al.*), κόλπος (10. 4), ἀγκών (99. 9).

7. οἱ δέ, sc. θηρευταί: so far, a single man has done the work: now he needs assistants.

8. ἐξελκυσθῇ, sc. ὁ κροκόδιλος.

9. κατ' ὦν ἔπλασε: see 39. 8 (tmesis, gnomic aor).

αὐτοῦ in this position curiously anticipates the usage of the *N.T.* and of Modern Greek: see C. C. Tarelli in *C.R.* Nov. 1935, pp. 168 ff.

10. εὐπετέως, from πίπτω, of dice falling well; hence, favourably, 'easily'.

71 1. οἱ ἵπποι οἱ ποτάμιοι: the river horse or hippopotamus was once native to Egypt, but now it is not found N. of the 3rd Cataract.

νομῷ: (1) dat. of place where (*G.G.* 1196, with examples from Homer), cf. γραφῇ 'in a picture', 73. 2: ⟨ἐν⟩ νομῷ (conj. Richards) is easier, but unnecessary.

Or (2) dat. of relation, *G.G.* 1172 (like the following Αἰγυπτίοισι), after ἱροί: then νομῷ means 'for the inhabitants of the district'.

3. ἐστί: sing. after παρέχονται plur., cf. 68. 2: the opposite change from that in 70. 7.

ὁπλαὶ βοός, sc. εἰσί: note the easy carelessness of construction: details are jotted down with change of subject here; then, with σιμόν, back to the original subj. τὸ θηρίον (cf. 68. 2), with which ἔχον agrees.

With H.'s description of the hippopotamus, cf. Aristotle *Hist. Anim.* ii. 7, 502 a 9–15 (some details altered), and Diod. Sic. i. 35. 8–11. Mistakes in this 'highly impressionist' picture are δίχηλον, λοφίην ἔχον ἵππου, οὐρὴν ἵππου, and μέγαθος . . . (i.e. half the details are wrong). Cf. the 'behemoth' of *O.T. Job* xl. 15.

5. οὐρήν, sc. ἔχον, rather than the nearer φαῖνον.

ὅσον τε: this use shows the origin of ὅσον τε = *fere* (8. 16 *al.*): cf. iv. 177 ὁ δὲ τοῦ λωτοῦ καρπός ἐστι μέγαθος ὅσον τε τῆς σχίνου, but the present passage is simpler with the nom. βοῦς.

6. οὕτω δή τι, 'so very' (a favourite usage in H.): 11. 3.

7. ξυστά as a verbal adj. from ξύω means 'scraped', 'smoothed'; like ξεστός, 'polished'. In i. 52 H. uses ξυστόν as a noun 'spear-shaft', as in Homer (*Il.* xi. 260 *al.*). Here ἀκόντια is probably an addition to the MSS.—a gloss to explain ξυστά.

72 1. ἐνύδριες: 'otters' are said not to be found in the Nile.

τάς, Att. ἅς: ἥγηνται, perf. of settled belief.

2. τὸν . . . λεπιδωτόν (68. 15 'scaly'): here, a kind of fish, also called κυπρῖνος 'carp': translate 'scale-fish' or *bynni*, which, Strabo says (17. 1. 40, p. 812), was worshipped by all Egyptians in common. See D'Arcy W. Thompson, *J. Eg. Arch.* xiv. 1928 pp. 25 ff.

3. τὴν ἔγχελυν: was the eel worshipped in Egypt? The Greeks thought so: cf. Anaxandrides fr. 39 ll. 5, 6 (quoted in note on 35. 4).

ἱροὺς . . . τοῦ Νείλου: gen. as in 41. 3.

4. τοὺς χηναλώπεκας: the 'fox-goose', 'Egyptian goose', or 'vulp-anser' burrows holes in the river-bank. It was reverenced in Egypt for its parental affection, and as a hieroglyph symbol it means 'son'. It was sacred to Keb (cf. the Greek Cronus), the god of the earth; and mummies of it have been found at Thebes. Like πηνέλοψ, the name is probably a rendering of an Egyptian word, corrupted by false etymology (D'Arcy W. Thompson, *Glossary*).

73 1. φοῖνιξ: this account of the phoenix—one of the most famous descriptions of H.—was said to owe a great deal to Hecataeus. It fully agrees with the representations preserved to us: note that H. does not boast that he has seen the marvellous bird. The *bennu* of the ancient Egyptians—a bird of the heron species—was a sacred bird, often regarded as typifying the heart: it was taken as a symbol of the rising sun and of the resurrection, and it received especial worship at Heliopolis (l. 10). In Greek literature the phoenix is first mentioned by Hesiod, *Precepts of Chiron*, fr. 3 (L.C.L. p. 74): the phoenix outlives nine ravens, the Nymphs ten phoenixes. Milton's reference in *Par. Lost* v. 272 ff. (A Phoenix, gaz'd by all, . . . that sole bird, | When to inshrine his reliques in the sun's | Bright temple, to Egyptian Thebes he flies) appears to derive from Pliny *Hist. Nat.* x. 2 ff.: for other allusions in Latin literature, see J. Wight Duff and A. M. Duff, *Minor Latin Poets* (L.C.L. 1934), pp. 643 ff. (Introduction to *Phoenix* attributed to Lactantius). See also D'Arcy W. Thompson, *Glossary*, *s.v.*

In 1938 Miss Freya Stark heard children in Arabia singing the Song of the Phoenix, a 'Green Bird'—'Your sister has laid you in the box of spices': then they added with open hands, 'And then the bird came to life and flew away' (*The Times*, July 18–20, 1938).

2. εἰ μὴ ὅσον, as in 20. 4 (see note for the expanded form of this elliptical phrase): cf. εἰ μὴ ὅσα iv. 25. 2, πλὴν ὅσον ii. 171. 6. H. is careful to disclaim having seen the phoenix itself and to state his authority.

καὶ γὰρ δή, 'for in truth': the second καί modifies σπάνιος which has adverbial force, according to the common Greek idiom, *G.G.* 926, 'rarely', 'seldom'. Plato says σπάνιον σεαυτὸν παρέχειν, 'to make yourself scarce' (*Euthyphro* 3 D).

3. δι' ἐτέων: διά, of intervals of time, as in 4. 6: *G.G.* 1206. 1. c.

4. πεντακοσίων: Pliny (*Hist. Nat.* x. 2) gives 540 (or 511) years'

interval: Tacitus (*Ann.* vi. 28—the phoenix appeared in Egypt in A.D. 34), while quoting ' the commonly accepted view ' that it lives for 500 years, mentions another estimate of the interval as 1461 years, which is the Sôthic period (see note on 4. 4), astronomically reckoned. The ' years of the phoenix ' became proverbial for long life (e.g. Lucian *Hermotimus* 53 φοίνικος ἔτη).

4. οἱ: *G.G.* 1170.

5. εἰ sc. ἐστί: this is an easier ellipsis than εἰ καθαρή 38. 6: so commonly εἰ μή, as in l. 2.

6. χρυσόκομα: cf. *Anth. Pal.* vi. 264 (an epigram by Mnasalcas on a dedicated shield) Ἀπόλλωνι χρυσοκόμῳ ' to golden-haired Apollo '. Here, referring to πτερά, it means merely ' golden ', the second half of the word (-κομος) losing its force, as often happens in poetry. Cf. ἀστυγείτονες 104. 14 note.

Pliny's description repeats this gorgeous colouring of the phoenix (not found on the *bennu* of the monuments): *Hist. Nat.* x. 2. 2 (phoenix) aquilae narratur magnitudine, auri fulgore circa colla, cetero purpureus, caeruleam roseis caudam pinnis distinguentibus, cristis fauces caputque plumeo apice honestari. Thus Pliny gives the phoenix a purple body, a golden neck, a blue and red tail, with a crest and plume; and Tacitus truly says it ' differs from all other birds '.

7. ἐς τὰ μάλιστα, adverbially; so τὰ μάλιστα 124. 25; cf. ὡς τὸ ἐπίπαν 68. 22.

περιήγησιν: this word has developed from (1) the explanation of a cicerone who leads strangers round, and (2) a geographical description (cf. the poem of Dionysius of Alexandria, τῆς οἰκουμένης περιήγησις), to (3) the meaning here, ' outline ', ' contour '.

8. ἐμοὶ μέν: the μέν *solitarium*, as in 11. 16 (' I for one do not believe it '). H. plainly expresses his disbelief, and the oblique construction continues to the end of the chapter. Similarly, Tacitus (*Ann.* vi. 28) ends his account with—haec incerta et fabulosis aucta: ceterum aspici aliquando in Aegypto eam volucrem non ambigitur.

9. ἐξ Ἀραβίης: as the land of the sunrise and origin of myrrh (l. 12; cf. iii. 107. 1).

10. ἐμπλάσσοντα, pres., i.e. keeping him enclosed.

12. τῆς σμύρνης: gen. of material after πλάσσειν which generally takes a prep., e.g. Hesiod *Works and Days* 70 (of the moulding of Pandora) ἐκ γαίης πλάσσε.

ὅσον τε ' as large as ': this Homeric usage (see 8. 16 note) is found here only in H. used adjectivally: τε is omitted by MSS. PDRSV, and τι has been conjectured (cf. ὅσην τινά 18. 2).

13. μετὰ δέ: adv., see 12. 6 note.

πειρᾶσθαι c. part. is frequent in H., as in Eng. idiom (*M. and T.* 896), though the inf. is also found.

14. ἀποπειρηθῇ, ' made full trial ', or ' finished trying ': cf. ἀποτύψωνται 40. 14 note.

οὕτω δή, as in 2. 22: οὕτω alone, 85. 9.

15. τοῦτο κατ' ὅ τι τοῦ ᾠοῦ, ' that part of the egg in which ': κατά, ' at '.

16. ἐγκειμένου, pass. of ἐντιθέναι l. 15: ' having been laid in '.

74 2. δηλήμονες: Epic adj. ' baneful ', ' harmful ' (from δηλέομαι,

'injure', 12. 5) c. gen., as in Homer *Od.* xviii. 85 (of King Echetos) *βροτῶν δηλήμονα πάντων*. We say 'destructive of', but 'harmful to'.

μεγάθεϊ . . . σμικροί: dat. of respect, *G.G.* 1182: for a similar pleonasm, cf. 96. 22 *πλήθεϊ πολλά*.

κέρεα (Ionic form: App. 40): the reference here is to the *cerastes*, a horned snake two feet long. Such snakes have been found mummified at Thebes: they were a venomous species. In iv. 192. 2 H. mentions little one-horned serpents among the animals of Libya.

3. *ἐξ ἄκρης τῆς κεφαλῆς*, *e summo capite*: cf. *τὴν οὐρὴν ἄκρην* 47. 16.

4. *τούτου τοῦ θεοῦ*: gen., as in 41. 3, 72. 4.

75 1. *κατά* 'in a line with', geographically: *κατά* often means 'near' or 'at': here, as in 148. 3, i. 76. 1, *μάλιστά κῃ* 'roughly speaking' modifies the meaning (cf. 34. 7).

Βουτοῦν πόλιν: different from the Buto in N.W. Delta, mentioned in 59. 9, 63. 1. This Buto was probably somewhere near the Bitter Lakes on the borders of Arabia.

3. *πυνθανόμενος*: H. is fond of the pres. part. of this verb, cf. 2. 25, 13. 13 *al.*: here, 'while pursuing my inquiries'.

τῶν πτερωτῶν ὀφίων: 'winged serpents' are described in iii. 107. 2 as guarding the frankincense trees in Arabia. The wings appear to be an addition from a traveller's tale; but cf. *O.T. Isaiah* xxx. 6 (to the south of Palestine) 'the land of trouble and anguish, from whence come . . . the viper and fiery flying serpent'. Perhaps, however, the darting attack of a snake was described as 'flying' (so by modern Arabs). (A. W. Lawrence).

4. *ἀκάνθας*: nearness to *ὀστέα* makes it clear that *ἄκανθα* here does not mean (1) a prickly plant (in Aristophanes fr. 272 *οὐ γὰρ ἄκανθαι* is 'Why, it's an easy job!'), nor (2) acacia, as in 96. 2, but (3) backbone, just as the English *spine* is used (from *spina* a thorn).

πλήθεϊ: cf. *μεγάθεϊ* 74. 2, but here with causal force.

ἀδύνατα (neut. agreeing with the more important *ὀστέα*, which includes *ἀκάνθας*): in pass. sense, 'impossible' (for me) to tell. The middle inf. (not pass.) is idiomatic: contrast *ἄξιος συμβληθῆναι* 10. 9 (note).

8. *στεινῶν*, 'close', 'confined': forming a narrow mountain pass: Stein's conj. *στεινή* (accepted by Legrand) is easier.

9. *συνάπτει*: intrans. 'adjoins', 'borders on': much less common than the trans. meaning 'join'.

11. *ἐπ(ί)* c. gen. 'towards', 'in the direction of', *G.G.* 1210. 1. a: *ἐπ' Αἴγυπτον* would have been incorrect here.

τὰς ὄρνιθας: strangely added here to define *τὰς ἴβις*, yet the word has already occurred in 65. 20, 67. 6 without any explanation. Hence Cobet proposed to delete *τὰς ὄρν.* here.

12. *ταύτης τῆς χώρης*: the possessive gen. may be explained '(the pass) leading into this country'.

13. *παριέναι*: from *παρίημι*, I allow to pass.

κατακτείνειν: The serpent-slaying ibis is neither the white or sacred ibis, nor the black ibis, but the hermit or desert ibis (D'Arcy W. Thompson, *Glossary*, pp. 108 ff.). The Greeks believed, wrongly, that the sacred ibis killed snakes: cf. Diod. Sic. i. 87. 6, and Cicero *de nat. deorum* i. 36. 101 (deification for benefits received) velut ibes maximam vim serpentium conficiunt, cum sint aves excelsae, cruribus rigidis, corneo proceroque rostro; avertunt pestem ab Aegypto, cum volucres angues ex vastitate Libyae vento Africo invectas interficiunt atque consumunt; ex quo fit ut illae nec morsu vivae noceant, nec odore mortuae.

15. πρὸς Αἰγυπτίων: πρός of the agent, 34. 2.

76 1. τῆς μὲν ἴβιος contrasts with τοῦ δὲ ὄφιος, l. 10.

μέλαινα δεινῶς (again in l. 9), 'exceedingly black', 'deep black', perhaps 'startlingly black': see 32. 22 note. H. correctly describes the two varieties of ibis—(1) the black or hermit ibis, and (2) the sacred ibis (cf. Strabo 17. 2. 4, p. 823).

2. ἐς τὰ μάλιστα : 73. 7.

3. ἐπίγρυπον: both this word and the simple γρυπός are used of persons, 'hook-nosed': in iv. 13. 1 γρῦπες are the gold-guarding 'griffins' whom the one-eyed Arimaspians rob.

κρέξ: onomatopoeic name, like our 'crake'. For this pugnacious bird, of evil omen to the newly-married, see D'Arcy W. Thompson, *Glossary, s.v.*

4. ἥδε refers back: in l. 6 it points forward, as commonly.

ἐν ποσί, 'at one's feet', 'in one's way' (cf. ἐμπόδιος 158. 24: ἐμποδών 102. 10): cf. iii. 79. 1 τὸν ἐν ποσὶ γινόμενον 'coming in their way', 'crossing their path'.

5. εἰλευμένων, 'moving to and fro' (Lat. *versari*), or 'clustering', 'crowding' (cf. ἀλής 63. 8): of the tame ibis.

6. ψιλή, sc. ἡ ἶβις, whereas ἥδε, immediately preceding, agrees with ἰδέῃ.

δειρήν: the η persists in the Att. δέρη: for the reason, see *G.G.* 176.

7. πτεροῖσι: dat. of respect (*G.G.* 1182), used for variety after the accusatives τὴν κεφαλήν, τὴν δειρήν. Then (with the reading μέλαινα) ταῦτα again is acc. of respect: almost all the MSS. have the easier μέλανα, neut. pl.

11. ὕδρων, from ὕδρος which occurs once in Homer (*Il.* ii. 723, of the 'water-snake' whose bite poisoned Philoctetes): it is always the fem. form that is used of the Hydra of Lerna.

πτίλα: wing-like membranes (from πετέσθαι, cf. πτερόν).

13. πέρι: anastrophe of prep., here made easier by the fact that ἱρῶν follows.

εἰρήσθω: 34. 12.

77 1. αὐτῶν . . . Αἰγυπτίων: after speaking in detail of the different sacred animals, H. turns now to 'the Egyptians themselves'.

οἱ μὲν περὶ τὴν σπειρομένην Αἴγυπτον: the μέν is not balanced by δέ until 92. 2. περί = 'in', as in 18. 4.

σπειρομένην, 'sown for crops': the pass. of the trans. use of 14. 15 σπείρας τὴν ἄρουραν. The 'cultivated' part of Egypt is all but the marshes in the N. Delta. μνήμην, 'memory of the past', almost 'history': ἀνθρώπων πάντων μάλιστα go together.

3. λογιώτατοι (cf. 3. 6) is strengthened by μακρῷ. The First Tale of Khamuas concerns a prince who had no pursuit on earth but to walk on the Necropolis Hill of Memphis, reading the writings that were in the tombs of the Pharaohs and on the tablets of the Scribes of the House of Life, . . . and his zeal concerning writings was great' (Griffith, *Stories of the High Priests of Memphis*, p. 20).

τῶν = τούτων τῶν (Att. ὧν), cf. 22. 6.

4. διάπειραν (15. 15, 28. 14) here implies that H. did not merely make contact with people, but 'tested' or 'questioned' them, almost 'experimented' with them.

5. συρμαΐζουσι, from συρμαίη (88. 2, 125. 18), a purge-plant, perhaps the Ancient Egyptian *rmit*: cf. Diod. Sic. i. 82. 1, and the medical papyri which deal much with 'purging'. Aristophanes (*Thesm.* 857) punningly calls the Egyptian race μελανοσυρμαῖος, (1) 'trailing black robes', and (2) 'drinking black purges': 'black-dressed' and 'black-dosed' (Rogers).

6. θηρώμενοι, metaph. 'pursuing after' (*venantes* = *sectantes*).

7. τρεφόντων, lit. 'nourishing': translate freely, 'on which they live.'

8. καὶ ἄλλως, even without this purging: for other reasons.

Λίβυας: see iv. 187. 3 for the good health of the Libyans.

9. ὑγιηρέστατοι: elsewhere in H. ὑγιηρότατοι, from ὑγιηρός: in Hippocrates *Aër.* 286, ὑγιήρης.

τῶν ὡρέων . . . εἵνεκεν: cf. Diod. Sic. i. 10. 1, 5, for the 'favourable climate', 'excellently tempered', of Egypt (τὴν εὐκρασίαν τῆς χώρας: εὐκρατότατον τὸν ἀέρα), Aristides *Or.* xxvi.125, 'the sky above the Nile is the fairest and the clearest for the eyes to behold'. For details of the equable climate of Egypt, see Baedeker, *Egypt and the Sudan*, 1929, pp. lxxix. ff.

ἐμοὶ δοκέειν: 4. 5 note.

10. τῇσι μεταβολῇσι . . . τῶν ὡρέων: so Hippocrates of Cos (a contemporary of H.) attributes illnesses to climatic changes: *Aphorisms* iii. 1 αἱ μεταβολαὶ τῶν ὡρέων μάλιστα τίκτουσι νουσήματα, καὶ ἐν τῇσι ὥρῃσι αἱ μεγάλαι μεταλλαγαὶ ἢ ψύξιος ἢ θάλψιος.

13. ἀρτοφαγέουσι: H. rightly holds that a simple diet, no less than an equable climate, contributes much to good health. Cf. Hecataeus fr. 290, *F.H.G.* i. 20 (fr. 323 b, Jacoby): Αἰγυπτίους ἀρτοφάγους φησὶν εἶναι, κυλλήστιας ἐσθίοντας, τὰς δὲ κριθὰς εἰς ποτὸν καταλέοντας (grinding). ἀρτοφαγέω is used by Hippocrates also (*Acut.* 37, of wheaten bread).

ὀλυρέων: 36. 10.

14. κυλλήστις (acc. pl.: App. 38): these Egyptian loaves, referred to by Aristophanes and in the papyri, were apparently loaves twisted to a point.

οἴνῳ ἐκ κριθέων: beer (ζῦθος), the bouquet of which, Diodorus (i. 34. 10) says, is little inferior to wine (cf. *ibid.* i. 20. 4). Cf. Aesch. *Suppl.* 953 (of the Egyptians) πίνοντας ἐκ κριθῶν μέθυ. The Egyptians considered ζῦθος to be as necessary for the dead in the other world as for the living in this world. According to Athenaeus (x. 447), Aristotle in his treatise *On Drunkenness* noted that a man drunk with wine might lie in a variety of postures, whereas beer always laid him on his back (Fr. 106 Rose).

16. ἄμπελοι: vines in Egypt are attested for very early times, for the wine-press hieroglyph appears in the First Dynasty. Apparently H. did not visit the vine-growing districts of the Delta (e.g. Marea: for the famous Mareotic wine, cf. Horace *Odes* i. 37. 14, Verg. *G.* ii. 91: there is a modern vintage, Clos Mariout). The wine which H. mentions (e.g. 37. 17) he probably thought of as imported foreign

wine (iii 6. 1). Cf. in general Diod. Sic. i. 15. 8, 36. 5: Athenaeus i. 33 d–f.

ἰχθύων: the children of Israel, dissatisfied with manna, grumbled, saying: 'We remember the fish which we did eat in Egypt freely' (*O.T. Numbers* xi. 5). There is a great wealth of fish in the Lakes of the N. Delta: see D. G. Hogarth, *Accidents of an Antiquary's Life*, p. 105.

17. *ἐξ ἅλμης τεταριχευμένους*: 'cured in salt': see 15. 4 note (Ταριχηΐων) ἐξ, lit. 'by the agency of', 'by means of'. Dry salt preserves much more effectively than a brine solution (see A. Lucas, *J. Eg. Arch.* 1932, p. 131: he made experiments with both); and for *ἅλμη* of a dry salt incrustation, see 12. 4.

19. *προταριχεύσαντες*: for the salting or curing of birds, cf. Wilkinson, *Manners of the Anc. Egyptians*, 1878, Fig. 99, i. 290 (geese).

20. *ὅσα . . . σφί ἐστι ἐχόμενα*, 'all that they have, belonging to', lit. 'in connexion with': *σφι*, *G.G.* 1171–3. For the periphrastic *ἐστι ἐχόμενα* cf. 37. 15 note. The meaning is a development of the local sense of *ἔχεσθαι*, 'to be next to' (c. gen.), 29. 15, cf. 12. 6 *al.*

χωρὶς ἢ ὁκόσοι, 'except for all that . . .', like the Att. *πλὴν ἤ*: so in i. 94. 1 *χωρὶς ἢ ὅτι*, 'except (for the fact) that'.

21. *ὁκόσοι*, masc., agrees with *ὀρνίθων* and *ἰχθύων*, not with *ὅσα . . . ἐστὶ ἐχόμενα*: then *τοὺς λοιπούς* resumes *τὰ ἄλλα*, but continues the masc.

ἀποδεδέχαται, 43. 13, App. 49 a: cf. *ἀποδέδεκται*, 65. 17.

78 1. *τοῖσι εὐδαίμοσι* may be *dat. commodi* with *περιφέρει*, but from its position it has the effect of a possessive: 'at rich men's banquets' or 'entertainments'. *εὐδαίμων*: cf. the Eng. 'wealthy', 'well-off' for a similar restriction in meaning to outward prosperity.

2. *ἀπὸ δείπνου*: cf. i. 126. 3 *ἀπὸ δείπνου ἦσαν*, 'they had finished dinner': so *ἐκ* = 'after' in 32. 3. The Irish idiom is similar—'they were after their dinner'.

νεκρὸν . . . ξύλινον πεποιημένον: in English 'the skeleton at the banquet' is used to point a moral, but H. describes a wooden model of a mummy. This melancholy custom is mentioned by Plutarch *Is. et Osir.* 17 (*Mor.* p. 357), and Lucian *De Luctu* 21: in Petronius 34. 8 a silvered skeleton (*larva argentea*) is shown to the guests at the *cena Trimalchionis*. Petrie (*Social Life*, p. 106) illustrates the regular frame of mind of the Egyptian by quoting a festal song: 'Remember thou only joy | Till comes that day of mooring | At the land that loveth silence'. See Erman, *Literature* (tr. Blackman) pp. 58 f., 88, 133 f.

σορῷ: fem. in -*os*, 68. 6.

3. *μεμιμημένον*, with pass. meaning (= 'lifelike'), as in 86. 4, 132. 4: middle, in 169. 22.

ἐς τὰ μάλιστα: 73. 7.

4. *ἔργῳ*, of the 'workmanship' or 'carving' of the wooden figure. Perhaps the figure was that of Osiris, but Plutarch (*Is. et Osir.* 17) says it was not a memorial of the passion of Osiris, but a reminder to use and enjoy the present, since all must very soon be even as the corpse.

ὅσον τε: 8. 16.

πάντῃ, literally 'every way', is not clear: it may mean 'altogether', 'in all', i.e. including the coffin.

πηχυαῖον, δίπηχυν: masc. agreeing with *νεκρόν*: *μέγαθος*, acc. of respect.

5. ἐς τοῦτον ὀρέων: cf. Menander fr. 538 l. 9 (look on the tombstones).

79 1. ἐπικτῶνται: like the Chinese, the Egyptians were extremely conservative, cf. 91. 2. Most of their customs were unique; hence H. makes the most of any parallels he can find, as in this chap. and the next.

2. ἐπάξια: an explanatory gen. is expected after this word to express the meaning 'notable', 'striking' (= ἀξιαπήγητος 99. 22, 137. 17). Perhaps the reading here should be ἀπαξά (MSS. have ἅπαξ ἅ): cf. Hesychius ἀπαξοί = μοναχοί, 'unique '(to be read also in vii. 96. 2).

3. ἕν ἐστι: an emendation by Wesseling for MSS. ἔνεστι.

Λίνος, the name of the song, is immediately treated as the name of a person: ἀοίδιμος elsewhere is personal—'celebrated in song'. The wild Eastern cry raised at the festival, 'Alas for us!', was borrowed by the Greeks in the form αἴλινον (Aesch. *Agam.* 121, Soph. *Aj.* 627, Eur. *Orest.* 1395); and from this word came the personal name Linus, as though the cry meant 'Alas for Linus!' Or perhaps the name Linus comes directly from the old Syrian name of Adonis 'Aleïn' which occurs in the Ras Shamra texts. In Homer *Il.* xviii. 570 the Linus-song is sung to vintagers. Hesiod (fr. 192, from an unnamed poem) calls the mother of Linus Urania, and adds that minstrels mourn him at feast and dance: in the beginning of their song and in the end they call upon Linus. Linus was imagined as a youthful minstrel who perished untimely, although beloved by the goddess: he typifies the death and resurrection of vegetation. So in *O.T. Ezekiel* viii 14 'women weeping for Tammuz', and again Milton *Par. Lost* i. 446 ff. (of Tammuz), 'Whose annual wound in Lebanon allured | The Syrian damsels to lament his fate | In amorous ditties all a summer's day'.

4. κατὰ ἔθνεα: distributive use of κατά, 'different in different nations'. Thus Linus is Adonis, the Syrian Tammuz, the Lydian Atys, and the Mysian Hylas.

5. συμφέρεται, as in 80. 1, but here followed by εἶναι, epexegetic inf.: lit. 'he agrees (so far as) to be the same whom. . . .'

7. με: acc. before ἀποθωμάζειν, 'to be lost in wonder at', 'marvel greatly at.'

περὶ Αἴγυπτον: 18. 4.

ἐν δὲ . . . καί: 43. 8.

τὸν Λίνον: acc. after ἀποθωμάζειν: normally, this would also be acc. after ἔλαβον, but τὸ οὔνομα (sc. τοῦ Λίνου) is added to express not the name, but the personality of the minstrel (cf. 50. 1).

8. φαίνονται, c. part.: *G.G.* 1588, 1592.

9. ἔστι . . . καλεύμενος: 37. 15 note.

10. Μανερῶς is unknown in Egyptian records, cf. Coptic *maneroou* 'shepherd': or the name may perhaps come from the Egyptian refrain, *ma-n-hra*, 'come thou back', which occurs in the Book of the Dead. For the name and the story that follows, see Plutarch *Is. et Osir.* 15–17: Pausanias ix. 29. 3 ff.: Athenaeus xiv. 11, p. 620 A.

τοῦ πρώτου: nothing is known of Manerôs as the son of Mênês or Min (4. 16, 99. 4). Perhaps the Egyptian informants of H. meant the first of the eight gods (46. 2, 145. 3).

11. Αἰγύπτου: gen. after βασιλεύσαντος, as in 4. 15.

13. τε is expected after πρώτην, but H. uses great freedom in placing

τε, cf. 63. 12. J. E. Powell (*C.Q.* 1938, p. 212) would omit καὶ as having arisen from -ναι.

μούνην is hard to explain, as it was assuredly not the only hymn: perhaps the tune was very similar to others—at least in European ears.

80 1. τόδε ἄλλο: acc. of respect: after τόδε, asyndeton at beginning of next clause, cf. *infra* l. 5, 17. 17 (ἤδε), 41. 12 (τόνδε) *al.*

2. οἱ νεώτεροι: for this Spartan courtesy, see Cic. *de Sen.* 18. 63 (in the theatre at Athens Spartan envoys invited an old man to sit down and were much applauded for this). Egyptian precepts enjoin respect for parents, but this is common in most nations, cf. e.g. *O.T. Levit.* xix. 23 'Thou shalt rise up before the hoary head', Ar. *Clouds* 993, Plato *Rep.* iv. p. 425A.

3. εἴκουσι: c. gen. (ablatival, *G.G.* 1117), cf. Homer *Il.* iv. 509 f. μηδ' εἴκετε χάρμης | Ἀργείοις: the dat. τοῖσι πρεσβυτέροισι is felt with εἴκουσι, though mainly with συντυγχάνοντες.

4. ἐκτράπονται: here out of deference, but in Dem. *De Falsa Leg.* 225 (c. acc.) of 'cutting' a person, ἐκτρέπεταί με νῦν ἀπαντῶν.

5. οὐδαμοῖσι: 50. 12 note.

6. προσκυνέουσι, 'do reverence': elsewhere, of complete obeisance (the Egyptians 'smelt the earth' before their king), cf. 121. 7 (c. acc.) 'worship'. H. adds accurately ἐν τῇσι ὁδοῖσι where he had seen people meeting a superior and making this reverence, which is 'still one of the positions in the Muslim prayers' (Petrie, *Social Life*, p. 104).

81 1. ἐνδεδύκασι: perf. of settled habit, 'they wear': cf. ἤγηνται 72. 2.

κιθῶνας: the Ionic form κιθών for χιτών survived in the Κοινή, and can be quoted from papyri of i/ to iii/A.D.

2. καλασίρις (acc. pl.: App. 38): this 'fringed robe' was named after its wearers, the Καλασίριες, one of the two divisions of the warrior class (164. 6). See the Heracles-Busiris vase-painting, cited on 45. 1: the Egyptians wear this robe.

3. ἐπαναβληδόν (for the form cf. πλινθηδόν, 96. 5 note): adv. from ἐπαναβάλλεσθαι (Ar. *Eccl.* 276), generally ἀναβάλλεσθαι, to throw the cloak over one shoulder so that it should hang in folds.

4. εἰρίνεα: cf. 37. 8 note.

οὐ γὰρ ὅσιον: cf. the noun ὁσίη in 45. 10, and for the terse phrase cf. i. 187. 2 οὐ γὰρ ἄμεινον (quoted on 46. 9).

5. ὁμολογέουσι (sc. οἱ Αἰγύπτιοι) repeats the notion of συμφέρονται (80. ll. 1, 5): συμφέρεται, already used in 79. 5. ταῦτα, acc. of respect, like οὐδέν 18. 10.

τοῖσι Ὀρφικοῖσι, neut. pl. (cf. l. 7 ὀργίων). H. is pointing out the agreement of Egyptian custom with Orphic and Bacchic ritual. In 49 he derives the cult of Dionysus from Egypt: Orphism was a more recent institution than Pythagoreanism (cf. 123. 12), which is also stated to be Egyptian in origin. It may be noted that the connexion of Pythagoras with Samos and S. Italy would be enough to attract the interest and favour of H. to him; and Pythagoras was a more definitely historical figure than Orpheus. Metempsychosis and vegetarianism were part of the teaching of both the Orphic and the Pythagorean sects. See further W. K. C. Guthrie, *Orpheus and Greek Religion*, pp. 216 ff.

6. ἐοῦσι, emphatic contrast with καλεομένοισι: 'being in reality'.

8. ἐν, *de veste et armis*, as in 95. 10, 159. 7; and i. 13. 1 ἐν ὅπλοισι, 'under arms'.

θαφθῆναι: in Att. always the 2nd Aor. ταφῆναι, as in iii. 10. 2, 55. 2.

82 1. ἐστὶ ἐξευρημένα: 37. 15 note.

μείς, Aeolic form of μήν (Lat. *mensis*), only here in H.: once in Homer (*Il*. xix. 117).

2. θεῶν ὅτευ ἐστί explains τάδε ἄλλα: 'to which of the gods it belongs'.

ὅτευ, ὁτέοισι: App. 46.

τῇ: simple rel. instead of indirect interrogative like ὅτευ, ὁτέοισι: cf. 2. 7 note. For the interrogative word with a participle, cf. the rel. in iii. 42. 4 γράφει ἐς βυβλίον πάντα τὰ (= ἃ) ποιήσαντά μιν οἷα καταλελάβηκε, and in Tragedy, Soph. *O.T*. 1402 *al*.

There were Calendars of Lucky and Unlucky Days (cf. Hesiod *W. and D.*); and horoscopes were much in vogue in Egypt at all dates.

4. τῶν Ἑλλήνων: the partitive gen. often precedes, as here.

ἐν ποιήσι γενόμενοι, 'engaged in poetry', 'busied with poetry', like *versati*: referring not only to Hesiod, but to authors of oracular poems such as those attributed to Orpheus and Musaeus.

5. τέρατά τε: here (as in 176. 9) τε connects two clauses. Portents were collected and classified in Chaldaea even more than in Egypt.

σφι: dat. of agent, *G.G.* 1186.

7. φυλάσσουσι: 62. 7.

τὠποβαῖνον: App. 24.

8. κατὰ τὠυτό: 42. 23.

83 1. μαντική, sc. τέχνη, l. 2.

2. μετεξετέροισι: 36. 11. There was no official prophet corresponding to the Pythia at Delphi. All Egyptian deities could prophesy, but they had no special μαντήϊον, apart from their ordinary temple. The gods themselves sent dreams as direct messages to men: cf. *O.T. Genesis* xli. for Pharaoh's dreams (v. 2: 'God hath shewed Pharaoh what he is about to do'). The oracles of which H. speaks were those of Greek settlers in Egypt.

5. ἄγονται, mid., 'hold in esteem'. For the oracle of Leto at Buto, see 155, 59. 9.

84 1. ἡ ἰητρική, sc. τέχνη: medical science was developed in Egypt at an early date, but in it superstition and magic were mingled with common sense. See *B. M. Guide*, pp. 71 f. for medical prescriptions—some extracts from the Ebers Papyrus: a magical formula had to be recited four times. Cf. Diod. Sic. i. 82. Drugs from Egypt are mentioned in Homer *Od*. iv. 227–230 (quoted by H. ii. 116. 16); and cf. what H. says here with v. 231 ἰητρὸς δὲ ἕκαστος ἐπιστάμενος περὶ πάντων | ἀνθρώπων. *O.T. Jeremiah* xlvi. 11 'take balm, O virgin, the daughter of Egypt: in vain shalt thou use many medicines'.

For the drastic treatment administered by Egyptian doctors to Darius for a dislocated ankle, see iii. 129: a Greek physician, Democedes of Croton, healed the king.

σφι: dat. comm.

2. ἰητρός, c. gen., because of its verbal sense of 'healer'.

3. ὀφθαλμῶν ἰητροί: the best eye-specialist was summoned from Egypt by Cyrus (iii. 1. 1); but in spite of what H. says here, we may believe that there were also many general practitioners in Egypt.

85 1. τοῖσι: dat. of disadvantage with ἂν ἀπογένηται, and loosely construed with the princ. cl. τὸ θῆλυ γένος κτλ.

ἀπογένηται, 'depart' from the house, 'perish': so 136. 15, and e.g. Thuc. ii. 34. 2 οἱ ἀπογενόμενοι, 'the dead'.

2. οἰκίων: the form (not οἰκιέων, from οἰκίη) shows that this is gen. of οἰκία, neut. pl., 'a house': so 66. 16 *al.*, and in Homer (*Il.* vi. 15 οἰκία ναίων).

λόγος 'esteem', 'note': cf. ἐλλόγιμος 176. 2, λογίμη πόλις 98. 1.

ᾗ: here without the ἄν which regularly accompanies such a generic subjunctive: *M. and T.* 540. This rel. cl. depends upon one in which the subjunctive has ἄν: one ἄν appears to serve for two clauses. Apart from H., this omission of ἄν occurs chiefly in poetry (especially in Homer, see *H.G.* 283).

τὸ θῆλυ γένος, as in English, 'womankind': γένος = 'sex'.

3. κατ' ὧν ἐπλάσατο: gnomic aor. and tmesis, as in 39. 8 *al.* Diod. Sic. (i. 72. 2, 91. 1) also describes mourners as daubing their heads over with mud.

5. λιποῦσαι: pl., of the women referred to collectively in τὸ θῆλυ γένος.

στρωφώμεναι: as in Homer *Il.* xx. 422 δηρὸν ἑκὰς στρωφᾶσθ(αι).

6. τύπτονται, as in 40. 13: so in Homer *Il.* xviii. 30 f. the serf maidens mourned for Patroclus, χερσὶ δὲ πᾶσαι | στήθεα πεπλήγοντο.

Egyptians mourning at a funeral may be seen in reliefs and paintings in tomb-chapels of all periods.

ὑπεζωμέναι: here and in l. 8 the form with prefix ἐπ- has more MSS. authority. ἐπεζω(σ)μέναι would mean 'with their clothes girt on' with a girdle, *adcinctae*: ὑπ- implies 'girt up (high)'.

φαίνουσαι τοὺς μαζούς: cf. Hecuba's pitiful appeal to her son Hector, *Il.* xxii. 80 κόλπον ἀνιεμένη, ἑτέρηφι δὲ μαζὸν ἀνέσχε.

7. σὺν δέ σφι: for the un-Attic use of the prep., cf. 49. 19, 70. 11, 118. 7. H. never uses σφι after a preposition except when a particle intervenes: cf. the similar use in Homer, *Od.* xvii. 261 περὶ δέ σφεας.

ἑτέρωθεν: in English a phrase of rest is used: *G.G.* 1226, and cf. 18. 5 οἱ ἐκ Μαρέης, 30. 5 ἐξ ἀριστερῆς χειρός, and in Homer, e.g. *Il.* iii. 230 ἑτέρωθεν . . . ἕστηκ(ε).

9. οὕτω: like οὕτω δή (2. 22, 73. 14), resuming the subordinate clause.

κομίζουσι, sc. τὸν νεκρόν. For the following description of embalming, see E. A. Wallis Budge, *The Mummy*, 1925, pp. 201 ff., *Brit. Mus. Guide*, pp. 228 ff., and W. R. Dawson, 'Making a Mummy', *J. Eg. Arch.* xiii. 1927, pp. 40–49. The practice has not been traced before the Second Dynasty. The English word 'mummy' is from the Arabic *mûmîa*, which means 'bitumen'; but H. does not mention in his account either the ἄσφαλτος (bitumen) which was employed in Graeco-Roman times, or the resinous paste which that replaced. The essential desiccation of the body, too, is ignored by H., yet it must have required much heat, of either sun or fire.

86 1. εἰσὶ οἵ, as in 123. 11, but in other authors ἔστιν οἵ is commoner, *G.G.* 1029.

ἐπί, c. dat., of purpose: 'for this very purpose': cf. 38. 4.

κατέαται (App. 49 b), sc. ἐν οἰκήμασι (l. 11), 'sit (in shops)', of men engaged in a sedentary occupation. In 1938 a limestone embalming-table, or -bed, of the New Kingdom was brought to the Cairo Museum: it is only 29 cms. in height, which means that the embalmers must have done their work in a squatting posture. This helps to explain the use of κατέαται here.

2. ταύτην: attracted from τοῦτο into the gender of τέχνην in the predicate: 'have, or practise, this as a craft'. The next sentence explains ταύτην, and needs no connective (asyndeton), cf. 70. 3 *al.* Diod. Sic. (i. 91. 3) describes the craft as hereditary.

4. μεμιμημένα: pass., as in 78. 3.

τὴν σπουδαιοτάτην, sc. ταρίχευσιν, 'the most perfect method of embalming'. The three methods are described by Diod. Sic. i. 91. 2 ff.: he gives as the price of the first a talent of silver (*c.* £250), of the second 20 minae (*c.* £60). A few papyrus documents of i/ to iii/A.D. give further details of the cost of embalming in later times: see Smith and Dawson, *Egyptian Mummies*, p. 63.

5. τοῦ = τούτου τοῦ (Att. οὗ): the same pious reticence of the name of Osiris in 170. 1, 61. 5 note. The dead man was assimilated in form to Osiris, god of the dead: he became an Osiris.

ἐπὶ τοιούτῳ πρήγματι (132. 8, 170. 1), 'in dealing with such a matter', namely death.

6. ὑποδεεστέρην, 'less effective'.

8. φράσαντες: φράζω is 'point out', 'instruct', whether by gesture (χειρί, iv. 113. 2) or in words: here it might be both.

9. οἱ μὲν δή, sc. κομίσαντες τὸν νεκρόν.

10. ἐκποδὼν . . . ἀπαλλάσσονται, emphatic: they would have been ἐμποδών (102. 10) if they had waited—ἐμποδών, apparently formed by analogy with ἐκ-ποδών.

μισθῷ: dat. of respect, 'having come to an agreement as to price': we say 'agree to a price'—the price of the selected manner of embalming.

11. τὰ σπουδαιότατα, quasi-cognate acc. = τὴν σπουδαιοτάτην ταρίχευσιν.

14. τὰ δὲ (αὐτοῦ ἐξάγοντες, or ἐξάγουσι), ἐγχέοντες φάρμακα, 'part of it they remove by pouring in drugs'. The skulls of mummies are found to contain no brain, but are stuffed with linen rags, bitumen, or resin.

λίθῳ Αἰθιοπικῷ: the knife of flint or obsidian (found nowadays in graves along with the mummy) was used as a ritual implement, although metal tools had been in common use for many centuries. Cf. *O.T. Joshua* v. 2, 3 (Rev. Version).

H. says nothing about the embalmer as a magician: while cutting the flesh and swathing the bandages, he recited prayers and dedicated amulets. Embalming was a religious ceremony, closely connected with the cult of Osiris.

15. ἐξ ὦν εἷλον (39. 8 note), 'they remove (all the contents of) the belly', i.e. clean out completely. H. does not add that the intestines thus extracted 'were cleansed and wrapped in linen with powdered spices, salt, etc., and placed in a series of four jars or vases, to which modern writers have given the (misleading) name Canopic Jars' (*Brit. Mus. Guide*, p. 230). The heart was always left *in situ*.

17. θυμιήμασι τετριμμένοισι: with these 'bruised spices' cf. *O.T. Genesis* xxxvii. 25 (the Ishmaelites to whom Joseph was sold were

importing into Egypt 'spicery and balm and myrrh'). Many spices came to Egypt from Punt in E. Africa; and we hear of several expeditions to bring back myrrh for embalming, among other spices. It is significant that Greek names of spices are of Semitic origin: σμύρνη, the gum of an Arabian tree, from Phoen. *môrâh*; κασίη, an aromatic bark, from Heb. *kezi'a*; λιβανωτός, the gum of the frankincense-tree, from *levônâh*. Frankincense was not used in embalming (l. 19), because it was sacred to the gods (H. and W.).

20. ὀπίσω, frequent in H., and often, as here, of reversing the result of a previous action (παρασχίσαντες): again with συρράπτω in iv. 71. 1 'sew up again'. In actual mummies that have been found, it is exceptional that the wound is sewn up.

21. λίτρῳ, Att. νίτρῳ which is read by some MSS. here and in 87. 12: this is natron or sodium carbonate, which, being applied in dry form, removed the moisture and fat, and hardened the skin. The length of time, 70 days, is that prescribed for the whole process in the Rhind Papyrus, but it seems to have varied: cf. *O.T. Genesis* l. 3 (40 days for the embalming of Jacob's body).

αἱ ἑβδομήκοντα, the stated, or prescribed, 70 days, cf. 29. 21.

24. σινδόνος, a general word for 'fine cloth', here defined by βυσσίνης 'linen' (βύσσος, flax): the same phrase in vii. 181. 2, of surgeons' bandages.

25. κόμμι, probably Egyptian *kemai*: usually indeclinable, as here: mentioned in 96. 3 as the 'tear' of the acacia-tree.

τὰ πολλά: 35. 6.

27. ποιεῦνται, mid., as in 100. 10, 2. 31 *al.* ποιησάμενοι, part., repeating the verb as a link between clauses; cf. 14. 14 note.

28. ἐσεργνῦσι (App. 57), not used elsewhere in Greek literature: H. uses the simplex ἔργω, e.g. 18. 8. ἐς- means ἐς τὸν ξύλινον τύπον ἀνθρωποειδέα.

29. θησαυρίζουσι: Diod. Sic. (i. 91. 7) says: 'Many of the Egyptians keep their ancestors' bodies in costly shrines, and look face to face upon those who have died many generations before they themselves were born; and accordingly, as they behold the stature of each man, the proportions of his body, and the lineaments of his face, they experience a strange emotion; just as if their ancestors were alive there before their eyes'. See *Brit. Mus. Guide*, p. 232: 'a man's immediate ancestors formed a part of his household', and cf. the *imagines* in the Roman aristocrat's *atrium*.

87 1. τοὺς . . . νεκρούς: H. appears to make the corpses choose which style they wished: the men themselves in their lifetime had often selected a particular one. The pres. part. has an imperfect sense, and refers to a wish expressed in the past: *M. and T.* 140. τοὺς τὰ πολυτελέστατα (βουλομένους) νεκρούς would in some cases be τοὺς τῶν τὰ π. βουλομένων νεκρούς.

4. ἀπὸ κέδρου . . . γινομένου, 'made from cedar': γινομένου serves as a pass. The purpose of the corrosive or astringent fluid was to arrest decomposition until desiccation; but, as H. states the second method, it is not practicable (W. R. Dawson).

5. ἐν ὦν ἔπλησαν: cf. 86. 15, 39. 8 note; *infra* l. 14.

7. ἐπιλαβόντες, 'checking', stopping (by pressure) the drench 'from

returning'. The fluid would naturally find 'its way back': this the embalmers prevent. Cf. *G.G.* 1117, e.g. such a gen. of separation as ἐπέσχον τῆς τειχήσεως, 'they ceased from building the wall', and H. ii. 13. 16 ψευσθέντας ἐλπίδος.

9. ἐξιεῖσι: App. 56.

10. δύναμιν, as in 19. 13.

11. τὴν νηδύν: here of the contents, 'intestines', 'bowels'.

12. καὶ δή introduces as a climax the striking result of the process: Denniston, *Gk. Part.*, p. 248.

14. πρηγματευθέντες, 'busying themselves': pass. with middle sense, cf. 3. 10 ἐπιμνησθέω, ἐπιμνησθήσομαι.

88 1. τοὺς χρήμασι ἀσθενεστέρους 'those who have slenderer means': cf. ἀσθενείῃ βίου 47. 21.

4. ἀποφέρεσθαι: 48. 2 note: lit. 'for the bearers to carry away with them': cf. 96. 17 ἀπίει ἐπιφέρεσθαι.

90 2. ὑπ(ό) with τεθνεώς as a passive, 'brought to his death'.

3. ἐξενειχθῇ, sc. ἐκ τοῦ ποταμοῦ: cf. Lat. *eiectus*, of a shipwrecked sailor (Plaut. *Rud.* 272, Verg. *Aen.* iv. 373).

τούτους, i.e. the dwellers in the town at or near which the corpse is cast ashore: cf. Soph. *O.C.* 942 αὐτούς after τήνδε τὴν πόλιν.

πᾶσα ἀνάγκη: 22. 12.

5. ἄλλον οὐδένα: acc. before the infin. in spite of the presence of ἔξεστι: LS[9] quotes two exx.—Arist. *Ach.* 1079 οὐ δεινὰ μὴ 'ξεῖναί με μηδ' ἑορτάσαι; Plato *Polit.* 290 D.

7. οἱ ἱρέες οἱ τοῦ Νείλου: for the worship of the Nile-god, Hapi (mentioned thus casually by H.), see the Hymn to the Nile (from Pap. Sallier II.) in *Brit. Mus. Guide*, pp. 9 f.

πλέον τι ἢ ἀνθρώπου νεκρόν: see H. Kees, 'Apotheosis by Drowning', in *Studies Presented to F. Ll. Griffith*, 1932, pp. 402–5. The drowned person became sacred, and was called ασιης, in Coptic *hasie*, 'favoured'. There is a wide-spread superstition that it is better not to interfere in a case of drowning: this is due to a fatalistic belief in the inevitableness of the sacrifice. Aelian (*Nat. Hist.* x. 21) says that mothers even rejoiced when their children were killed by crocodiles.

8. χειραπτάζοντες: only here in Greek literature: its sound is expressive, and there is assonance with θάπτουσι.

91 1. φεύγουσι, sc. οἱ Αἰγύπτιοι: cf. 79. 1 for the conservatism of the Egyptians.

τὸ σύμπαν εἰπεῖν (also in Thuc. i. 138. 3, vii. 49. 3): absol. inf., see notes on 4. 5, 15. 12: *M. and T.* 777.

2. μηδ(έ), although not used in l. 1 after φεύγουσι, now repeats the negative force of that verb (so also in iv. 76. 1), and the negative is emphatically reiterated in μηδαμὰ μηδαμῶν. For μή c. inf. after φεύγειν, cf. Soph. *Ant.* 263, *O.C.* 1739 f.

μηδαμὰ μηδαμῶν: μηδαμά always in H. where the text is certain occurs in direct speech: here the negation seems sufficiently strong without μηδαμά. With the form μηδαμοί, cf. οὐδαμοί 50. 12.

3. οἱ ἄλλοι means 'all Egyptians except the dwellers in Chemmis'. Chemmis (in Egyptian *Ḫn(t)-Min*) is the sacred name of the town which the Greeks generally called Panopolis: see Index of Proper Names.

οὕτω τοῦτο φυλάσσουσι: simplicity of words—'keep this rule thus', i.e. as I have said, strictly.

6. ἱρόν, of the whole temple-precinct (τέμενος).

πέριξ: 29. 15 note.

7. τὰ πρόπυλα: found in a passage of Hippocrates and in Attic poetry: = προπύλαια, which H. uses also (e.g. 63. 13) of the gateway or pylons of an Egyptian temple. See *Brit. Mus. Guide*, pp. 156 ff.

8. ἐπὶ αὐτοῖσι, 'at' or 'near them', not 'on the top of them': the colossal statues stood at the gateway, one on each side.

9. τούτῳ is used because τὸ περιβεβλημένον is equivalent to τὸ ἱρόν l. 6, here referring to the outer court.

ἔνι = ἔνεστι.

12. πεφορημένον: put tersely for 'which has been worn by him': αὐτοῦ may go both with σανδάλιον and with πεφορημένον. For the simple gen. apparently expressing the agent, see 18. 3 note, and cf. iv. 12. 3 οὗτος δὲ ἄλλος ξυνὸς Ἑλλήνων τε καὶ βαρβάρων λεγόμενος λόγος εἴρηται. The construction is made easier in each case by the presence of a noun (here σανδαλίον): in poetry the gen. of the agent is found dependent upon the verb only, e.g. Soph. *Trach.* 934 ἐκδιδαχθεὶς τῶν κατ' οἶκον, Eur. *El.* 123 σᾶς ἀλόχου σφαγεὶς Αἰγίσθου τε: cf. *O.T. Isaiah* liii. 4 smitten of God.

13. δίπηχυ: the same heroic length is given to the footprint of Heracles, stamped on rock, in Scythia (iv. 82): cf. the footprint of Buddha in Ceylon (about 5½ by 2½ feet). Similarly, in i. 68. 3 the coffin of Orestes is said to measure 7 cubits long.

τό is the subject of φανῇ, but has no relation to the principal verb εὐθενέειν—the inf. continuing the *orat. obl.* construction: cf. 46. 13.

14. εὐθενέειν (all MSS. εὐθηνέειν): in two passages (Aesch. and Cratinus) εὐθενεῖν is required by the metre, but in *Homeric Hymn to Earth*, xxx. 10 κτήνεσιν εὐθηνεῖ. The derivation is obscure: Hesychius explains εὐθενής by εὐπαθοῦσα, ἰσχυρά.

16. ἔχοντα, intrans., 'extending' through the whole range of contests: cf. 30. 13 note. The πένταθλον comprised the five exercises—ἅλμα, ποδωκείην, δίσκον, ἄκοντα, πάλην, as the pentameter of Simonides 153 (133) runs. Wrestling is the only one that is common to Egyptians and Greeks.

17. χλαίνας: a woollen cloak was the prize in the winter contest held at Pellene in Achaea: see e.g. Pindar *Ol.* ix. 104.

δέρματα: for hides as prizes cf. Hom. *Il.* xxii. 159 f. οὐχ ἱερήϊον οὐδὲ βοείην | ἀρνύσθην, ἅ τε ποσσὶν ἀέθλια γίγνεται ἀνδρῶν.

18. ἔωθε: App. 5. κεχωρίδαται: App. 49: for the gen. of separation, see *G.G.* 1117, and cf. 13. 16 note. The identification of Perseus and Min has been explained by the latter's title *Pehreru* or *Pehresu* ('the Runner') which sounded like Perseus.

20. ἔφασαν: who spoke to H.? In 125. 19 H. is dependent upon the interpreter (ἑρμηνεύς); and here too it would be either interpreters (one of the seven classes of Egypt, 164) or Greek settlers, whether soldiers or traders, who gave H. the information he asked for.

21. τὸν Λυγκέα: according to Greek tradition, Lynceus, the nephew of Danaus, married Hypermnestra, his cousin: for the story of the Danaïdes, see Aesch. *Suppl. passim*; Horace *Odes* III. 11. 23 ff., esp.

33 ff. where *una* is Hypermnestra, *splendide mendax*; and Ovid, *Her.* xiv. From Acrisius, grandson of Lynceus, came Danaë, the mother of Perseus.

26. ἐκμεμαθηκότα: emphatic from its position: it governs τὸ . . . οὔνομα: translate 'that he was perfectly familiar with the name . . . before he came to E.'

28. οἱ . . . αὐτοῦ κελεύσαντος: both pronouns refer to Perseus, but the gen. absol. construction (' at his own command ') is used irregularly in order to make the participial clause more prominent (*M. and T.* 850, where Thuc. i. 114 is cited—διαβεβηκότος ἤδη Περικλέους, ἠγγέλθη αὐτῷ . . .); cf. Homer *Od.* ix. 256 f. ὣς ἔφαθ', ἡμῖν δ' αὖτε κατεκλάσθη φίλον ἦτορ | δεισάντων, and other exx. in *H.G.* 243. 3, 4.

92 1. ταῦτα μέν resumes the μέν clause in 77. 1, which is at last balanced by δέ, l. 2.

2. νομίζουσι, as in 51. 2.

οἱ ἐν τοῖσι ἕλεσι κατοικημένοι: the fenmen of Egypt differed in character from those in ' the sown land ': a nomadic, shepherd folk, they were less civilized and cleanly: probably H. exaggerates their resemblance to the other Egyptians. The marshes were a regular place of refuge for exiles, cf. 137. 5 (Anysis), 151. 16 (Psammêtichus), and 140. 7 (Amyrtaeus); and in Roman times the ' Bucolic ' rebellion gave trouble (A.D. 172). Cf. *O.T. Genesis* xlvi. 34 every shepherd is an abomination unto the Egyptians.

For photographs and a vivid description of the Nile fens, see D. G. Hogarth, *Accidents of an Antiquary's Life*, 1910, pp. 99–107, and cf. Heliodorus *Aethiopica* i. 5. 2–6. 4 (the amphibious, outlawed folk lived there in the 3rd century by fishing and raiding).

4. καὶ τἆλλα, ' both in other respects ': the following clause, instead of being subordinate with a participle (' and also in that each man has one wife '), blossoms out as a principal clause: cf. 44. 5, 116. 9.

γυναικὶ μιῇ: see further Diod. Sic. i. 80. 3. Although not a legal obligation, monogamy was in fact the usual practice among Egyptians of all classes.

6. σφι: dat. of agent.

7. πελαγίσῃ, ' become deep sea ': the intrans. meaning is common, cf. i. 184, Strabo 17. 1. 4, p. 788 καλύπτεται πᾶσα καὶ πελαγίζει: in 97. 3 τὰ ἄλλα . . . πέλαγος γίνεται. The trans. meaning ' flood ' (with ὁ ποταμός here as subj.) is found in Julian. Alliteration gives emphasis.

8. λωτόν: the *Nymphaea lotus*, mentioned also by Diod. Sic. i. 34. 6, is of two kinds—the white and the blue: seeds and roots were made into loaves, the tubers (almost wholly starch) could be boiled or roasted like potatoes, and the seeds and kernels were ground in mills. Theophrastus (*Hist. Plant.* iv. 8) also likens the head to a poppy, and the tuber to an apple. The lotus was used in the ritual of the dead, and so became a symbol of immortality. Homer's lotus is different—a tree, the lotus of Cyrene (96. 3, iv. 177).

ταῦτ(α): the asyndeton is continued from the previous sentence, explaining τάδε, l. 6.

12. ἐγγλύσσει (from γλυκύς: perhaps originally *δλυκύς, cf. Lat. *dulcis*) is found here only in Greek literature (hence the corruption ἐγγὺς εἰ in MSS. SV). In v. 62. 2 the corresponding verb ἐμπικραίνομαι

is used metaphorically, 'am embittered against one'. The prefix ἐν- (ἐγ-) appears to mean 'in the mouth'.

ἐπιεικέως, 'moderately': as in English 'reasonably' may be used: the adj. in 22. 2.

13. ἐὸν στρογγύλον is parallel to ἐὸν ἐμφερές l. 10, where the subject of the verb is neuter: here, to agree with ἡ ῥίζα, ἐοῦσα would naturally be used, but the neut. word στρογγύλον (whether regarded as a noun, 'a round body', or not) attracts the part. into the neut.; cf. l. 15 ὁ καρπὸς . . . ὁμοιότατον, 68. 20 εἰρηναῖον.

κατά: see 10. 10 note: here, 'like', or 'equal to', an apple. μέγαθος, acc. of respect; so ἰδέην l. 16.

καὶ ἄλλα κρίνεα: these are the *Nymphaea Nelumbo* or Egyptian bean, with a rose-coloured flower: Diod. Sic. (i. 34. 6) describes the *ciborium* (fruit or rather seed-vessel, of which drinking-cups were made: cf. Hor. *Odes* ii. 7. 22): see also Strabo 17. 1. 15, p. 799. It was probably introduced into Egypt by the Persians, but it no longer grows there. It stands in the background of the statue of Nilus in the Vatican (see note on 13. 6).

14. καὶ ταῦτα, like the first kind of lily: so καὶ οὗτοι 63. 8.

15. ἐξ ὧν . . . γίνεται are to be taken together, otherwise the simple gen. ὧν ὁ καρπός would be used.

ἄλλη, 'separate' from the main stem.

παραφυομένη: cf. the metaph. use in Menander fr. 407 ἀλλ' ἐγγὺς ἀγαθοῦ παραπέφυκε καὶ κακόν.

16. ὁμοιότατον: neut., as in *supra* l. 13.

17. τρωκτά (neut. of verbal adj. from τρώγω) are here 'edible kernels': elsewhere (iii. 48. 3) it means 'sweetmeats' of sesame and honey.

ὅσον τε: 8. 16 note, so *infra* l. 21.

18. τὴν βύβλον (fem., 68. 6), the papyrus plant—once so common that it is the hieroglyphic symbol of Lower Egypt: Strabo (17. 1. 15, p. 800) states that its growth was restricted in order to enhance its price; and the papyrus no longer grows wild in Egypt.

19. ἐπέτειον: adj. used adverbially, *G.G.* 926, cf. 117. 4 τριταῖος ἀπικετο: translate 'which grows every year'. Only the fresh, young shoots of the papyrus were eaten.

20. ἀποτάμνοντες: pres. of repeated action, cf. 95. 3.

ἐς ἄλλο τι, 'to some other use'—for sandals (37. 9), sails (96. 11), cables (vii. 36. 3), writing materials (v. 58. 3).

22. καὶ πωλέουσι: Greek joins together the two actions, English says '*or* sell', as the case may be: cf. the disjunctive καὶ in 121. 34, and Denniston, *Gk. Part.* p. 292.

καὶ κάρτα with χρηστῇ: cf. 69. 3.

χρηστῇ . . . χρᾶσθαι: intentional repetition of the same root, 'to enjoy it at its most enjoyable', at its very best. For the assonance, cf. 79. 11 παῖδα μουνογενέα γενέσθαι.

23. ἐν κλιβάνῳ διαφανέϊ: the oven (Att. κρίβανος) was 'a covered earthen vessel, wider at bottom than at top, wherein bread was baked by putting hot embers round it' (LS[9]). H. also uses the more general term, κάμινος, ἡ, for oven or kiln (hence the English 'chimney'). With κλίβανος, the older form of the word, cf. Lat. *libum* (a sacrificial cake) and Eng. 'loaf', which has lost an initial *h*. It is the form κλίβανος

that survives in the *N.T.* and the papyri: other words that show the influence of Ionic on the Κοινή are ἐνθαῦτα 63. 15, κιθών 81. 1.

διαφανέϊ: cf. iv. 73. 2 λίθους ἐκ πυρὸς διαφανέας. The English 'diaphanous' preserves the usual meaning of διαφανής.

πνίξαντες: the meaning 'choke' (cf. ἀποπνίγω 'strangle', 169. 14) is associated with great heat in the impersonal use, πνίγει, 'it is stifling' (Aristotle *Problems* 941 b 4): hence, here 'cook in a close-covered vessel', 'bake'.

25. ἐξέλωσι τὴν κοιλίην: 86. 15: here of 'gutting' the fish.

93 1. ποταμοῖσι: each arm of the Nile was a ποταμός: so 94. 4.

οὐ μάλα, *nequaquam*, 'not at all', cf. 37. 18, and Soph. *Phil.* 676, Aristophanes *Vesp.* 118.

3. σφεας . . . κυΐσκεσθαι: expressive assonance. οἶστρος: see LS^9 for the meanings 'gadfly', 'sting', 'desire': stronger than ἐπιθυμίη, i. 32. 6.

ἀγεληδόν, *catervatim*, 'in shoals': Homer (*Il.* xvi. 160) uses it of wolves—'in packs'. Cf. 96. 5.

4. ἐκπλώουσι, here 'swim out': only in H. do πλώω and its compounds have this meaning.

ἀπορραίνοντες τοῦ θοροῦ, 'spraying out (some) milt' or 'seed' (partitive gen., as also in l. 10). The story rests upon a basis of truth—the migration of fish to the sea for breeding. Aristotle (*de Gen. Anim.* iii. 5, 755 b 6) refers to this 'fishermen's tale', repeated by H. the μυθολόγος, as εὐήθη καὶ τεθρυλημένον, and shows it to be impossible: ὁ γὰρ πόρος ὁ διὰ τοῦ στόματος εἰσιὼν εἰς τὴν κοιλίαν φέρει, ἀλλ' οὐκ εἰς τὰς ὑστέρας.

5. ἐξ αὐτοῦ: ἐξ causal, 'by reason of', 'in consequence of'.

6. πλήρεες, *gravidae*.

7. ἤθεα: 30. 27 note.

ἕκαστοι, of several shoals of male and female fish: ἑκάτεροι would imply both groups of a single shoal, cf. 60. 3, 69. 4.

10. κατ' ὀλίγους τῶν κέγχρων (partitive gen.) go closely together; κατά distributive (cf. 79. 4), lit. 'few by few of millet seeds', cf. 124. 11 κατὰ δέκα μυριάδας ἀνθρώπων. The general meaning is 'a few at a time like grains of millet seed'. The fish-eggs are so like millet seeds that they are called κέγχροι: in the next sentence H. explains that these κέγχροι are really ἰχθύες.

καταπίνουσι: 68. 24. For two drawings (one dating to the Pre-dynastic Age, the other to the Empire) of fish nibbling at a ball of fish's eggs, see S. R. K. Glanville, *J. Eg. Arch.* xii. 1926, pp. 75 f. In *J. Eg. Arch.* xiv. 1928, p. 25 D'Arcy W. Thompson identifies the fish as *Tilapia Nilotica* or some closely allied species, and adds that these species have the very curious habit of taking the young fry into their mouths for protection.

13. καταπινομένων: pres. of repeated action, 92. 20.

15. τὰ ἐπ' ἀριστερά: (1) acc. of respect, or (2) direct obj. after τετριμμένοι as middle. For the vague neut. pl., see 63. 8.

16. τετρίφαται: App. 49 a. φαίνονται τετριμμένοι easily simplifies into one word.

πάσχουσι ταῦτα: better turned in English, 'this happens to them'.

17. ἐχόμενοι (c. gen.) 'hugging' the bank, so ἀντέχονται l. 19: cf. 12. 3, 29. 15. The participle contains the chief idea in the sentence.

19. ἵνα δὴ μὴ ἁμάρτοιεν: the opt. is used here irregularly after primary tenses (for the rule see *G.G.* 1365): a few other exx. of this rare use are given in *M. and T.* 322. Here it seems that ἁμάρτοιεν represents the original purpose which was formed, as H. supposes (δή), by the fish before they set out for the sea: '(having done so) that they might not miss. . . .' Cf. Catullus ci. 1–3 adveni (pres. perf.) . . . ut donarem. . .

ἵνα δή is used in 'describing an ingenious stratagem or device' (Denniston, *Gk. Part.*, p. 232): cf. 161. 14.

20. τῆς ὁδοῦ: *G.G.* 1099.

πληθύεσθαι: mid., as in 24. 3.

22. πρῶτα: H. is wrong: the rising water pours through channels prepared for the purpose, and actually floods the distant parts of the plain before τὰ παρὰ τὸν ποταμόν.

23. καὶ αὐτίκα τε . . . καὶ παραχρῆμα: co-ordination instead of subordination of the first clause—a feature of the λέξις εἰρομένη of H.

25. πίμπλαται: a vivid pres.: the miracle takes place before the eyes. But since H. is mistaken, it seems likely that he arrived in Egypt too late to see the beginning of the inundation.

οἰκός (ἐστι): App. 26.

26. τοῦτο (pleonastic) resumes the indirect quest. κόθεν κτλ.

τοῦ προτέρου ἔτεος: *G.G.* 1136.

ἀπολίπῃ: as in 14. 14.

30. περὶ τοὺς ἰχθύας: 18. 4 note.

94 2. τῶν σιλλικυπρίων: for its position before τοῦ καρποῦ, see 7. 6: here the effect intended may be simply—'from castor-oil plants, I mean their fruit'. σιλλικύπριον = σέσελι Κύπριον, the name used by Dioscorides for κίκι because it grows in Cyprus: σέσελι is hartwort, *Ricinus communis*. It is still grown in Egypt.

κίκι was much used by the Egyptians, not only as lamp-oil, but also by the poorer classes for anointing the body (Strabo 17. 2. 5, p. 824; Diod. Sic. i. 34. 11).

3. τὸ . . . ποιεῦσι, 'which they prepare'.

χείλεα: 70. 4 note.

4. ποταμῶν: 93. 1.

5. ἐν Ἕλλησι: it grew in Arcadia (Theophr. *Hist. Plant.* ix. 15. 5).

ἄγρια: not synonymous with αὐτόματα: 'of a wild type', 'in a wild form'.

7. ἀπῑποῦσι: found here only in Greek literature. ἰπόω, 'squeeze', was used of surgical treatment by Hippocrates; in a general sense by Aeschylus (*P.V.* 365)—of Typho 'crushed by Mt. Etna', ἰπούμενος ῥίζαισιν Αἰτναίαις ὕπο. ἶπος is the wooden block that fells the mouse in a trap (the 'dead-fall'); also in Pindar *Ol.* iv. 8 the weight of Etna upon Typho. The same root is probably found in ἴπτομαι, 'press hard', 'oppress', 'afflict': e.g. in Homer *Il.* i. 454 μέγα δ' ἴψαο λαὸν Ἀχαιῶν.

8. ἀπέψουσι, 'purify by boiling'.

10. προσηνές: this word (not in Homer) is used elsewhere of things 'soft', 'gentle', and of persons 'gentle', 'kind': here = ἐπιτήδεος (172. 11), Lat. *idoneus*.

95 2. ἄνω, c. gen., like κατύπερθε 92. 1.

3. ἀναβαίνοντες: pres., of a regular practice, 65. 11, 92. 20 *al.* The

'towers' may be explained as kiosks of wood (or sometimes of stone) built upon the roofs of houses.

4. ὑπὸ τῶν ἀνέμων, 'by reason of the winds', cf. 47. 21: they are prevented by the wind. Mosquitoes naturally prefer the calmer region below.

6. ἀμφίβληστρον (as in *N.T. Matthew* iv. 18): a fine-meshed fishing-net, folded several times, might well serve as a κωνώπιον (Eng. 'canopy' has been ennobled in meaning: cf. the elevation of ἵπος in Pindar, quoted in note on 94. 7).

7. τῆς ἡμέρης, τὴν νύκτα: the cases clearly differentiate the meaning, τὴν νύκτα being practically 'all night long'.

8. τάδε χρᾶται, 'he makes the following use', quasi-cognate acc. used adverbially (τάδε = οὕτω): so οὐδέν 96. 8, *G.G.* 1054: again in 108. 3.

10. ἐν ἱματίῳ: ἐν, as in 81. 8.

12. οὐδὲ . . . ἀρχήν 'not even . . . at all': cf. 28. 1 note, and the same phrase in i. 193. 3.

πειρῶνται, sc. δάκνειν.

96 1. ἐστὶ . . . ποιεύμενα: periphrastic form, 37. 15 note.

ἐκ τῆς ἀκάνθης: see 75. 4 note for the different meanings of ἄκανθα: here 'acacia', *Mimosa Nilotica*, which gives a hard, knotty wood, still used for boat-building on the Nile, as it was used in the Old Kingdom (for a ship of acacia, nearly 100 feet long and 50 feet wide, see Breasted *Anc. Rec.* i. 323) and by Noah in building the Ark ('gopher wood', *O.T. Genesis* vi. 14). Only short logs of wood were easily procurable; hence the lack of the usual framework, e.g. the ribs, νομέες l. 8. For the different types of Egyptian boats, see *Brit. Mus. Guide*, pp. 150 ff. and Petrie in *Anc. Egypt*, 1933, pp. 1 ff., 65 ff.

3. λωτῷ: see 92. 8 note for this kind of lotus—obviously a tree: it is a species of thorn tree, the jujube (*Zizyphus vulgaris*), similar to the English buckthorn.

δάκρυον: a neat poetical metaphor: cf. Pindar fr. 122. 3 τᾶς χλωρᾶς λιβάνου ξανθὰ δάκρη, Eur. *Med.* 1200 δάκρυ πεύκινον. Cf. Lat. *lacruma*, Eng. *tear*.

κόμμι: 86. 25.

4. ὅσον τε: 8. 16.

5. πλινθηδόν, 'brick-fashion', i.e. in courses with the joints alternating. Other words with this ending -δόν (denoting manner) are: ἀγεληδόν 93. 3, ἐπαναβληδόν 81. 3, βουστροφηδόν (see 36. 17 note), κρεουργηδόν 'like a butcher', iii. 13. 2, κτηνηδόν 'like beasts', iv. 180. 5, μετωπηδόν 'in line', vii. 100. 3, στοιχηδόν 'in a row'.

6. γόμφους: in building his sea-raft Odysseus used γόμφοι (Homer, *Od.* v. 248), 'bolts': in the βᾶρις they appear to serve as cross-ribs, 'trenails'. For a different interpretation of the whole passage (γόμφοι, upright posts driven into the ground: ζυγά, straps or girths in which the planks are hung), see *Ancient Egypt*, 1933, p. 101.

περιείρουσι, found here only, 'insert' or 'fix round': H. uses also ἀνείρω, ἐνείρω, ἐξείρω.

8. ἐπιπολῆς: 62. 4.

οὐδέν: see 95. 8 note.

9. τὰς ἁρμονίας: Odysseus used ἁρμονίαι, 'fastenings', for his raft,

but here the ἁρμονίαι are 'joints' or 'seams' which are caulked with papyrus (and pitch, which H. takes for granted).

ἐν ὧν ἐπάκτωσαν: 39. 8 note. The simple verb πακτῶ (from πήγνυμι 'fix') has the same meaning 'stop up', 'caulk' in Ar. *Vesp.* 128. The πάκτων was a light boat of wickerwork, used on the Nile (Strabo 17. 1. 50, p. 818, and papyri of ii/ and iii/A.D.). The mid. of πήγνυμι is used by H. of shipbuilding in v. 83. 1 νέας πηξάμενοι.

10. πηδάλιον: H. emphasizes the one steering-oar of the βᾶρις, since Greek boats regularly had two, which could be controlled by a single piece of gear.

τρόπιος: Calypso saved Odysseus 'astride of the keel', περὶ τρόπιος βεβαῶτα (Homer *Od.* v. 130).

διαβύνεται, 'is thrust through', so that it is held fast: from βύω 'stuff full', 'plug tight'. The form διαβυνέομαι, middle, is used in iv. 71. 2 of piercing the hand with arrows that stick fast in it—διὰ τῆς ἀριστερῆς χειρὸς ὀϊστοὺς διαβυνέονται.

13. λαμπρὸς ἄνεμος, 'a fresh, keen wind': a vivid use of λαμπρός: cf. Aesch. *Ag.* 1180 (the oracle is compared with a strong wind at morning) λαμπρὸς . . . πνέων.

παρέλκεται, 'are towed along' from the bank: in iii. 102. 3 of led camels that 'pull at the side' of another.

14. μυρῑ́κης (Lat. myrīca), in Homer sometimes with ῑ, sometimes with ῐ.

15. θύρη: here 'a door-shaped crate', 'an oblong float or raft'.

κατερραμμένη ῥιπί, 'tied together with a wattle-mat' or 'wickerwork': in making his raft, Odysseus fenced it with a bulwark of plaited osiers—φράξε δέ μιν ῥίπεσσι διαμπερὲς οἰσυΐνῃσι, Homer, *Od.* v. 256. A proverb ran—θεοῦ θέλοντος κἂν ἐπὶ ῥιπὸς πλέοις, Eur. fr. 397, *al.*

16. τετρημένος, 'bored with a hole': the compound συντετραίνω has occurred in 11. 12. Such a stone was the original form of anchor: cf. Homer *Od.* xiii. 77 πεῖσμα δ' ἔλυσαν ἀπὸ τρητοῖο λίθοιο. Here its purpose was to keep the boat's nose straight and steady while drifting down with the current, a south wind being exceptional on the Nile (see 19. 16 note).

σταθμόν: acc. of specification or respect, *G.G.* 1058.

τούτων, i.e. the pilot-float and the stone: cf. τουτέων, 98. 1.

17. ἀπίει: subject, the man concerned, i.e. the boatman: cf. 47. 15.

18. ἐπιφέρεσθαι: 88. 4 note, epexegetic inf.

τὸν δὲ λίθον (δεδεμένον) ἄλλῳ κάλῳ ὄπισθε (τοῦ πλοίου), i.e. 'astern': out of ἀπίει, 'lets go', supply κατίει, 'lets down' the stone—a slight zeugma, cf. 38. 5.

19. τὴν βᾶριν (41. 16): an Egyptian word, *bari*, found as early as Dynasty XVIII: used by the Greek tragedians with some special effect, Aesch. *Pers.* 553 (of the vessels of Xerxes), *Suppl.* 874 Αἰγυπτία βᾶρις, Eur. *Iph. Aul.* 297 βαρβάρους βαρίδας (contemptuously), 'foreign hulks'. One of the Hibeh papyri (3rd century B.C.), P. Hib. 100, l. 13, has the phrase εἰς βᾶριν. Plutarch tells of Isis sailing through the fens ἐν βάριδι παπυρίνῃ (*Is. et Osir.* 18, p. 358 A). βᾶρις sometimes means the funeral boat on the sacred lake: Diod. Sic. i. 92. 2 ff., cf. Leonidas of Tarentum, *Anth. Pal.* vii. 67. 3, 4 ὀκρυόεσσα | βᾶρις ἀποφθιμένων (of Charon's boat). In a contemptuous reference to the 'barge' of

Cleopatra at Actium, Propertius (iii. 11. 44) has '*ausa* . . . | *baridos et contis rostra Liburna sequi*' (here only in Latin literature).

20. γὰρ δή: explanatory, as in 60. 2, 98. 6.

22. πλήθεϊ πολλά: for the emphatic pleonasm cf. 74. 2. Plato uses it in *Phaedo* 111 A.

23. ταλάντων: the talent is roughly ½ cwt. (58 lbs.): the largest boats on the Euphrates were of 5000 talents' burden (i. 194. 3).

97 2. μάλιστά κῃ (34. 7 *al.*), 'for all the world' like the Cyclades: this apt comparison is repeated by Diod. Sic. i. 36. 8, and by Strabo 17. 1. 4, p. 789.

4. πορθμεύονται, sc. οἱ Αἰγύπτιοι.

7. ἀναπλέοντι: dat. of relation, as in 7. 4.

τὰς πυραμίδας, the pyramids at Giza.

8. ἔστι δὲ οὐκ οὗτος: apparently ἔστι has a very strong sense—'is the existing course', 'is normally the course', as opposed to what 'comes to be (γίνεται) the course'. Stein suggests that ὁ ἐωθώς may have fallen out after οὗτος. In flood time the route from Naucratis to Memphis passes close by the pyramids, whereas the normal route is by the apex of the Delta.

9. τὸ ὀξύ: 16. 9.

Κερκάσωρον πόλιν: 15. 7 note.

11. ἥξεις: the easy and vivid 2nd pers., as in 29. 11 (ἀπίξεαι) *al.*: the 'Traveller's Future'.

98 2. ἐς ὑποδήματα ἐξαίρετος, 'selected as a perquisite for (the provision of) shoes': this was a customary privilege of the Persian royal family, cf. Xen. *Anab.* i. 4. 9 (certain Syrian villages supplied the Queen Mother's ζώνη 'girdle-money', as we say 'pin-money'); *ibid.* ii. 4. 27. So too Themistocles in exile received the revenues of three towns in Asia Minor to provide his table (Thuc. i. 138. 5: Plut. *Them.* 29). Cicero (*in Verr.* iii. 33. 76) mentions this custom of giving perquisites to royal consorts in Persia and Syria: haec civitas mulieri redimiculum praebeat, haec in collum, haec in crines. Cf. Diod. Sic. i. 52. 5; Philostratus, *Life of Apoll.* ii. 31 (ἐς ζώνην).

τοῦ αἰεὶ βασιλεύοντος 'of each successive king': for the position of the gen. before the noun on which it depends, cf. *infra* l. 5 τοῦ Δαναοῦ γαμβροῦ, 7. 6 note. αἰεί expresses succession, with much the same sense as ἑκάστοτε, 25. 11, 172. 9.

3. ἐξ ὅσου . . . ἐστι, 'ever since Egypt has been . . .': *G.G.* 1258, *M. and T.* 26, cf. the pres. in French with *depuis*. Persian domination of Egypt began in 525 B.C.: see 1. 1 note.

5. τοῦ Ἀχαιοῦ: H. calls Phthius 'the son of Achaeus': Pausanias (ii. 6) says that Archandrus was the son, not the grandson, of Achaeus.

6. εἴη ἄν 'there may have been': potential opt., *M. and T.* 238.

7. οὐ μέντοι γε: Denniston, *Gk. Part.*, p. 405.

99 1. ἱστορίη: cf. 19. 13.

2. λέγουσά ἐστι (agreeing with one subject only): for the periphrastic form (stronger than λέγει), cf. 10. 11, 37. 15 note. Here ἡ λέγουσα would express the same meaning.

τὸ ἀπὸ τοῦδε, adverbially, cf. 14. 17 *al.*

ἔρχομαι . . . ἐρέων: 11. 3 note. For the calculated order of the words Αἰγυπτίους ἔρχομαι λόγους ἐρέων, cf. 54. 2 τόνδε Αἰγύπτιοι λόγον λέγουσι, 62. 10 ἔστι ἱρὸς περὶ αὐτοῦ λόγος λεγόμενος.

3. κατά: as in 6. 2 *al.*

4. ὄψιος: part. gen. after τι.

Μῖνα: already mentioned in 4. 16. H. begins his account of the history with the first king of Dynasty I, the founder of Memphis, *c.* 3200 B.C.: generally known as Mênês, in which form Manetho gives the name. See P. E. Newberry in Winifred Brunton's *Great Ones of Ancient Egypt*, 1929, and cf. Index of Proper Names.

βασιλεύσαντα: ingressive aor., as in 2. 1.

5. οἱ ἱρέες, probably the priests of Ptah at Memphis, cf. 3. 3.

τοῦτο μέν 'on the one hand': repeated in τοῦτο μέν, l. 16, and balanced by τοῦτο δέ l. 21.

ἀπογεφῦρῶσαι (found only here in Greek literature), lit. 'to dam off', i.e. to form the site of Memphis by raising dykes. H. uses the simple verb γεφῦρῶ in the sense of 'bridge', 107. 11. In Homer γέφῦρα means *agger*, 'dyke', 'dam' (never 'bridge'), and γεφῦρόω (*Il.* xxi. 245) 'dam up', 'make into an embankment'. With ἀπογεφυρῶ, cf. ἀποφάργνυμι, 'fence off', 'block', ἀποφράσσω, ἀποτειχίζω (vi. 36. 2).

6. ῥέειν, imperf. inf., as in 4. 17, 10. 4 *al.*

τὸ ὄρος τὸ ψάμμινον: 8. 13.

7. ἄνωθεν, 'higher up' the river, with no sense of motion.

ὅσον τε: 8. 16 *al.*

8. τὸν . . . ἀγκῶνα προσχώσαντα, 'having formed with dykes the bend' of the river. The Nile does sweep round to the E., 14 miles S. of Memphis, but H.'s tradition is suspect. ἀγκών (see 70. 4 note) occurs in the proverbial γλυκὺς ἀγκών, which is explained in Plat. *Phaedr.* 257 D of 'the long arm of the Nile'.

10. τὸ μέσον τῶν ὀρέων ῥέειν (epexegetic inf., cf. 88. 4, 96. 18 *al.*): τὸ μέσον, adverbially, like ἐν μέσῳ iii. 11. 2.

12. ἀπεργμένος (perf. pass.), 'confined' by the embankments to its new channel.

ῥέῃ, Stein's conj. for MSS. ῥέει: otherwise, retain ῥέει and read ὃς with one MS.—ὃς ἀπεργμένος ῥέει.

φυλακῇσι: plur., as in 66. 11.

13. ἀνὰ πᾶν ἔτος: cf. 37. 3.

εἰ γὰρ ἐθελήσει: 11. 14.

ῥήξας, 'breaking through', 'bursting (the dykes)'.

15. ὡς . . . γεγονέναι: inf. in subord. temporal cl. in *orat. obl.* after ἔλεγον, l. 5, see 32. 22 note.

16. τοῦτο μέν: l. 5 note.

18. ἐν τῷ στεινῷ τῆς Αἰγύπτου: cf. 8. 17: i.e. Memphis is not in the Delta which (H. says, 15. 12) is of comparatively recent formation.

19. ἔξωθεν, prep. c. gen.: always in H. of rest, = ἔξω.

λίμνην: no trace of a lake remains at Memphis, but Diod. Sic. (i. 50. 5) agrees with H., and (i. 96. 7) describes the Acherusian Lake (across which the dead are ferried) near Memphis: Strabo too (17. 1. 32, p. 807) speaks of 'lakes' lying in front of Memphis.

ἐκ τοῦ ποταμοῦ, connected with the river: the water of the lake came from the Nile.

21. ἀπέργει: from meaning 'part', 'separate', as in Hom. *Il.* viii.

325 ὅθι κλη̃ις ἀποέργει αὐχένα τε στη̃θός τε, this verb is used by H. (and nowhere else) in the sense 'bound', 'skirt': cf. vii. 43. 2 (Ξέρξης) ἐν ἀριστερῃ̃ ἀπέργων 'Ροίτειον πόλιν.

τὸ ἀπεργμένον, l. 16 shows a somewhat different sense—pass., 'the part cut off' or 'enclosed': cf. l. 12.

τοῦ 'Ηφαίστου τὸ ἱρόν: the important temple of Ptah, to whose priests H. probably owed much of his information about Egypt (3. 2 *al.*). It had four sets of pylons and courts, each forming προπύλαια, a fore-court (A. W. Lawrence, who adds that H. shows an appreciation of Egyptian architecture lacking in later Greeks, to whom it was merely curious: cf. Strabo 17. 1. 28, p. 806, on the hypostyle hall at Memphis: 'except for the fact that the pillars are huge and numerous, and form many rows, there is nothing pleasing nor picturesque, but rather a display of wasted labour').

22. ἐν αὐτῃ̃ (τῃ̃ πόλι), Memphis.

100 1. ἐκ βύβλου, 'from a papyrus roll' in the temple archives: cf. Diod. Sic. i. 44. 4, on the 'records handed down in the sacred books', giving each king's stature, character, and deeds, as well as the length of his reign. For such a Royal List, the Turin Papyrus (*c.* 1300 B.C.) written in hieratic, see Manetho (Loeb Classical Library), Intro., p. xxii.

Egyptologists would give a great deal for the chance of noting down these 330 names, as H. apparently did not do.

4. Αἰθίοπες: according to Manetho, the XXVth Dynasty consisted of 3 Ethiopian kings, *c.* 715–663 B.C.: their names are Shabaka (Sabacôs, 137. 4 *al.*), Shabataka, and Taharka (*O.T.* 2 *Kings*, xix. 9 Tirhakah). At the beginning of Dynasty XXVI the Ethiopian Ammeris (i.e. Tanutamûn) is given by Eusebius (Manetho fr. 69). Diod. Sic. (i. 44. 2) speaks of four Ethiopian kings, reigning not consecutively but at intervals, for a little less than 36 years in all. The number 18 which H. gives is unexplained.

The omission of the Hyksôs kings was perhaps intentional on the part of the priests: see Manetho (L.C.L.) fr. 42 (introduction), and cf. 'the shepherd Philitis' in H. ii. 128. 5.

5. ἥτις . . ., τό περ . . .: curious juxtaposition of rel. clauses: it is only the variation in gender that keeps the meaning clear.

6. Νίτωκρις, the one queen of Egypt, according to H.: Diod. Sic. (i. 44. 4) says there were five queens. For the Babylonian Nitôcris, see i. 185–7. The Egyptian queen, the last ruler of Dyn. VI, is described by Manetho as 'the noblest and loveliest of the women of her time, of fair complexion.' The name Nitôcris is probably the Egyptian Neitokre(t) (as the Turin Papyrus has it), meaning 'Neïth is Excellent'. For a recent identification with Queen Khentkawes whose monumental tomb has been found at Giza, see Manetho (L.C.L.) fr. 20. 6 note.

τήν (rel.), acc. in *orat. obl.* before διαφθεῖραι, the participle τιμωρέουσαν being repeated (epanalepsis, as in 15. 5) after two intervening clauses.

7. ἀδελφεῷ: ἀδελφεός Ion. for Att. ἀδελφός.

ἀπέκτειναν, ἀποκτείναντες δέ: 14. 14.

8. οὕτω resumes and emphasizes ἀποκτείναντες: for its position just after the part., cf. 92. 23.

τὴν βασιλη̃ιην: App. 23.

10. περίμηκες, 'very lofty': cf. 108. 5 and Homer *Il.* xiii. 63 (πέτρη), *Od.* xiii. 183 (ὄρος): also δένδρεα οὐρανομήκεα 138. 17. See J. E. Powell in *C.Q.* 1935, p. 75.

καινοῦν τῷ λόγῳ, 'she gave out that she was inaugurating it': καινοῦν is in poetry καινίζειν, as in Aesch. *Ag.* 1071 (to Cassandra the captive) καίνισον ζυγόν 'take on thy new yoke', Callimachus fr. 119 (L.C.L. p. 202) τὸν ταῦρον ἐκαίνισεν, 'handselled the (fiery, brazen) bull (of Perillus)'. In Lat. *imbuere* is the equivalent, e.g. Ovid, *Ars Amat.* i. 654, *Trist.* iii. 11. 52 (both of the bull of Perillus), Catullus iv. 17 imbuisse palmulas. τῷ λόγῳ, 'ostensibly', 'professedly': frequently contrasted with τῷ ἔργῳ, here with νόῳ.

11. καλέσασαν δέ: in Homer δέ = γάρ is common, but few instances occur in prose (Denniston, *Gk. Part.*, p. 169).

12. τούς rel.: ὄντας is expected with μεταιτίους after ᾔδεε, *G. G.* 1588.

13. ἱστιᾶν: App. 7; in Homer always ἱστίη for 'hearth'.

ἐπεῖναι, from ἐπίημι.

δι' αὐλῶνος: a similar 'conduit' or passage is mentioned in 127. 8. The underground hall with water 'laid on' from the Nile is Egyptian in character.

14. ταύτης μὲν πέρι: asyndeton and anastrophe.

τοσαῦτα . . . πλὴν ὅτι (cf. 33. 2), 'no more than this, except that. . .'

15. αὐτήν μιν as a direct reflexive = ἑαυτήν: cf. i. 24. 3 (story of Arion) κελεύειν τοὺς πορθμέας ἢ αὐτὸν διαχρᾶσθαί μιν . . . ἢ . . ., *ibid.* 5 ῥῖψαί μιν.

15. ἐξέργαστο: the plupf. (instead of the aor.) expresses the doubly past action (as in 2. 17), *M. and T.* 59. The voice may be pass. (on the analogy of i. 165. 2 ὡς τοῦτό σφι ἐξέργαστο), but here the middle is not impossible.

16. σποδοῦ (another fem. in -ος: see 68. 6): in Homer *Od.* ix. 375, *Homeric Hymn to Merc.* 238 'embers'. Choking by ashes was a Persian punishment inflicted by Darius Ochus: cf. Ctesias fr. 29. 48 εἰς τὴν σποδὸν ἐμβάλλεται, cf. 51: Valerius Maximus ix. 2. 6 saeptum enim altis parietibus locum cinere complevit, suppositoque tigno prominente, benigne cibo et potione exceptos in eo collocabat; e quo, somno sopiti, in illam insidiosam congeriem decidebant: *O.T.* 2 *Maccabees* xiii. 5 ff., a tower of 50 cubits high, full of ashes . . . (Menelaus) received his death in ashes: Ovid, *Ibis* 317 f.

101 1. τῶν δὲ ἄλλων βασιλέων: a loosely connected gen., which acts first as a possessive with ἔργων ἀπόδεξιν, and then in place of the acc. expected before εἶναι. The γάρ clause is fused with the principal cl. (cf. i. 24. 5, 27. 5): such an anticipatory γάρ cl. frequently attracts a substantive or pronoun into the case required by the subordinate cl. See Denniston *Gk. Part.* pp. 72 f.

2. κατ' οὐδὲν . . . λαμπρότητος lit. 'of no degree of brilliance,' 'devoid of distinction': for κατά 'after the standard of', cf. κατὰ τὸν Νεῖλον 10. 10, κατὰ μῆλον 92. 13. For the part. gen. cf. ἐς τοῦτο . . . κακότητος 126. §1.

3. Μοίριος: see 149, and Index of Proper Names.

4. τοῦ Ἡφαίστου: to be construed after τὰ . . . προπύλαια. For the other pylons and pillared courts in the temple at Memphis, cf. 136. 3.

5. τῆς . . . ὅσων: English cannot be literal here, cf. 46. 13 note: as a parenthesis, 'I shall state later (149. 4). how many stades its circuit is'.

7. ἐπιμνήσομαι mid. fut.: in 3. 11 the pass. fut. ἐπιμνησθήσομαι, which is less common. Cf. 14.7 note.

102 2. Σέσωστρις: For Sesôstris (Senwosret III of Dyn. XII) see Index of Proper Names: for the nom. see 17. 23 note.

τούτου, resumptive.

3. πρῶτον μέν is balanced by ἐνθεῦτεν δέ, l. 7.

πλοίοισι μακροῖσι: the usual phrase is seen in i. 70 2 νηυσὶ μακρῇσι, as in Latin *naves longae*, 'ships of war'.

5. τὴν Ἐρυθρὴν θάλασσαν: see Index of Proper Names and 11. 2 note.

6. ἐς ὅ, 'until', with infin. in *orat. obl.*: see 32. 22 note.

7. ὑπό, 'by reason of', as in 22. 14, 47. 21 *al.*

βράχεα, in Latin *brevia*, Verg. *Aen.* i. 111: cf. 19. 10.

8. κατὰ . . . τὴν φάτιν: H. is careful to give his authority for this account of the conquests of Sesôstris: for the exaggerated extent of these, cf. Diod. Sic. i. 55. 4 (Sesoôsis—in India across the Ganges), Strabo 16. 4. 4, p. 769 (over all Asia), and Tacitus *Ann.* ii. 60.

9. [τῶν] is omitted by MSS. DRSV: if retained, it might be the gen. after a verb (ἦρχε, l. 8 or the like) to be supplied after it.

10. ὁτέοισι μέν . . . is resumed by τούτοισι μέν: so *infra* l. 5 ὅτεων δέ is resumed by τούτοισι δέ, cf. 26. 5.

ἀλκίμοισι (cf. ἀλκή 45. 6): uncommon in Attic prose—an old Attic word, used in the proverb, πάλαι ποτ' ἦσαν ἄλκιμοι Μιλήσιοι (quoted by Ar. *Plut.* 1002 *al.*), which is applied, like *fuimus Troes*, to those who have fallen from greatness.

11. δεινῶς 'exceedingly', 'desperately', 'grimly', cf. 32. 22 note.

περί: elsewhere γλίχομαι is followed by the mere gen.

12. ἐς τὰς χώρας: in English, 'in their lands': Greek has a predilection for expressing implied motion, e.g. 2. 9, 182. 1.

13. τῆς πάτρης: poetical form: H. also uses πατρίς, e.g. i. 150. 1.

15. εὐπετέως: 70. 10.

16. κατὰ ταὐτά: 20. 10: καί, 'as'.

17. αἰδοῖα: Diod. Sic. i. 55. 8 has the same tale in a fuller form, but it bears the marks of being a Greek invention.

18. δῆλα: for the plural instead of sing., cf. 5. 1.

ἀνάλκιδες 'feeble and effeminate': poetical adj. used in Homer: cf. ἄλκιμος supra l. 10.

103 3. καὶ προσώτατα with ἀπικέσθαι, 'quite the farthest', implies in English, 'these were quite the farthest people to whom . . .'

5. τὸ προσωτέρω: for the adv. with the art., cf. τὸ ἐνθεῦτεν *infra* l. 7, 8. 20 note.

7. ἐγίνετο: the aor. ἐγένετο is read here in MSS. CP ('when he came to . . .'), but the imperf. has the force of 'while he remained at . . .', cf. 107. 3.

9. ὅσον δή, elliptical use: cf. καὶ ὅσον ὤν 22. 18.

104 1. φαίνονται . . . ἐόντες: *G.G.* 1588, 1592.

οἱ Κόλχοι: Hippocrates (contemporary with H.) describes the unique character of these 'dwellers on the Phasis' (*Airs, Waters, Places* xv: L.C.L. i. pp. 112 f.), without however mentioning an Egyptian origin.

Diod. Sic. i. 28. 2, 55. 4 and 5 follows H. A. W. Lawrence (quoting *Anc. Egypt*, 1933, p. 29) points out that the kinship of Colchians to Egyptians is comparatively plausible, as it seems that Egypt received immigrants from the Caspian area at the close of the Old Kingdom, and Egyptian culture subsequently had some slight influence in the Caucasus. H. had visited Colchis: he sailed from W. to E. in the Black Sea (iv. 86).

νοήσας δὲ πρότερον: H. has a very human liking to claim credit for his own independent observation, cf. *infra* l. 6 and 18. 3.

2. ἀκούσας ἄλλων: *G.G.* 1103, 1130.

6. εἴκασα: App. 48 b.

τῇδε: Eng. says 'guessed it to be so', lit. 'in this way', 'like this'. καὶ ὅτι 'both because', as though καὶ ὅτι μοῦνοι κτλ. were to follow: but the constr. is slightly altered after the parenthesis καὶ τοῦτο μέν . . . —τοισίδε (εἴκασα) καὶ μᾶλλον ὅτι μοῦνοι. . . .

7. μελάγχροες: cf. 57. 8. Pindar *Pyth.* iv. 212 calls the Colchians κελαινῶπες.

οὐλότριχες: the hair of the Colchians was short, crisp, and curly, as contrasted with the straight, lank locks (εὐθύτριχες, Arist. *de Gener. Anim.* v. 3, p. 782 b 34) of the Scyths (How and Wells).

τοῦτο μέν implies 'this by itself', without other arguments: μέν *solitarium*, cf. 11. 16.

περιτάμνονται. Strabo (17. 2. 5, p. 824) describes the practice as general: Josephus (*c. Ap.* ii. 13) limits it to the priests. It was common from primitive times (ἀπ' ἀρχῆς) among Semitic and other tribes: cf. *O.T. Exodus* iv. 25. A. W. Lawrence comments: 'Circumcision was by no means such a general rite among the Egyptians and Syrians as H. supposed. In Egypt it was almost, if not entirely, confined to the priests.'

11. Παλαιστίνῃ: these Syrians of Palestine were the Philistines of the sea-coast. See further the Index of Proper Names. *O.T.* 1 *Sam.* xvii. 26 ('this uncircumcised Philistine', of Goliath) and *Ezekiel* xxxii. 30 prove that circumcision was not practised by all Philistines and Phoenicians.

14. ἀστυγείτονες: the first part of this compound has lost its meaning here, cf. 73. 6. So in Homer *Il.* i. 598 οἰνοχοέω is used, by an extension in meaning, of pouring out nectar; cf. xx. 221 ἵπποι βουκολέοντο and the Latin *naves aedificare*.

17. κατὰ ταὐτά, c. dat.: 20. 10.

19. ἀρχαῖον . . . τι, 'very ancient': cf. 43. 19, 7. 7 note.

105 1. Φέρε νυν . . . εἴπω: 14. 2 note.

ὡς '(to show) that'.

2. προσφερέες: synonymous with ἐμφερής, *infra* l. 4, 76. 10 *al.*

3. ἡ γλῶσσα: did H. understand Egyptian? cf. 125. 19.

4. ἀλλήλοισι: short for τῇ ἀλλήλων: for the brachylogy cf. 42. 18.

5. Σαρδονικόν: not here 'Sardinian', nor yet 'named after Sardis' as a great trade centre: perhaps a corruption of a Colchian name, or, as A. W. Lawrence suggests, from the people called Shirdana, who served as mercenaries from xv/B.C. to xiii/B.C., and who may have travelled eastwards to Colchis at the time of the great migration, bringing with them traces of Egyptian civilization. For the fame of Colchian linen, see Strabo 11. 2. 17, p. 498.

106 1. τὰς δὲ στήλας: acc. with the thought of ἴστα in the mind, but as the sentence proceeds, αἱ μὲν πλεῦνες is used as though the gen. τῶν δὲ στηλέων had preceded.

2. πλεῦνες, App. 20: ὥρων, Att. ἑώρων.

5. τύποι: it seems that Herodotus has mistaken Assyrian reliefs for Egyptian. One of the two figures is the great rock-hewn figure in Kara Bel Pass between Ephesus and Sardis, representing a king of the Hittites (only with bow in right hand, spear in left), who in the 14th and 13th centuries B.C. contested with Egypt the hegemony of nearer Asia—perhaps actually the Hittite adversary of Sesôtris! (Spiegelberg, *Credibility*, p. 25). The other is uncertain, and there seems to be confusion of routes. Cf. Manetho fr. 34. 3 (Sesôstris, under Dyn. XII.), Diod. Sic. i. 55. 8 (in i. 48. 2, representation of mutilated captives on one of the walls of the Ramesseum, attributed to ' Osymandyas ').

6. τῆς Ἐφεσίης, sc. γῆς.

7. ἔρχονται: indefinite 3rd pl. (French, *on va* etc.): cf. 129. 7, *G.G.* 897. 2.

8. μέγαθος, acc. of respect: πέμπτης σπιθαμῆς, gen. of measure, *G.G.* 1085. 5, dependent upon ἀνήρ. The σπιθαμή is 12 δάκτυλοι, i.e. half a cubit. By a curious brevity the cubits themselves are left unmentioned; for the ' fifth span ' means ' four cubits and a span '. So in i. 50. 2, 3 τρίτον ἡμιτάλαντον is ' 2½ talents '; ἕβδομον ἡμιτάλαντον is 6½ talents ': cf. Lat. *sestertius* (*semis-tertius*: 2½ asses), German *drittehalb*. This idiom (perhaps a trader's colloquialism) is not found in Attic. Diod. Sic. (i. 55. 9) gives the height as 4 cubits 4 palms, and adds that this was the actual stature of Sesôstris.

10. ὡσαύτως, i.e. just as the spear was Egyptian and the bow Ethiopian, so the rest of his equipment corresponded to one or other race.

11. τοῦ (ἑτέρου) ὤμου: so in Homer the first ἕτερος is sometimes omitted, e.g. *Il.* xxiv 528 κακῶν, ἕτερος δὲ ἑάων.

13. ὤμοισι: cf. Soph. *Trach.* 1057 καὶ χερσὶ καὶ νώτοισι μοχθήσας ἐγώ: Claudian *De Bello Gild.* I. 114 ast ego, quae terras humeris pontumque subegi, | deseror.

15. δηλοῖ, sc. ὁ Σέσωστρις.

16. τὰ δή refers in general to these two rock-carvings.

μετεξέτεροι: 36. 11.

Μέμνονος: see Index of Proper Names for this Memnon, mentioned in Homer.

17. ἀπολελειμμένοι, c. gen. of separation (*G.G.* 1117); ' falling far short of the truth.'

107 1. τοῦτον τὸν Σέσωστριν is followed (l. 4) by a second acc., τὸν ἀδελφεόν, which is resumed by τοῦτον; then αὐτόν, acc. after καλέσαντα, refers back to τὸν Σέσωστριν, and we have at last the reason why τὸν Σέσωστριν is acc. (after καλέσαντα). For the epanalepsis, αὐτόν, cf. 10. 9.

3. ἐγίνετο: cf. 103. 7: here one MS. R has ἐγένετο.

6. περινῆσαι, περινήσαντα δέ: 14. 14 note. After περινέω H. uses also the acc. ὕλην, iv. 36. 2: cf. the double constr. after *circumdare*, *donare* in Latin.

8. ὡς μαθεῖν: 32. 22.

συμβουλεύεσθαι: mid., different in meaning from the act. l. 10.

καὶ γὰρ δὴ καί: 73. 2.

9. αὐτόν, acc. before ἄγεσθαι, which as the context makes clear, has its literal meaning, not the special sense of 47. 6.

10. τοὺς δύο: for the article, see *G.G.* 948.

ἐπὶ τὴν πυρήν, instead of ἐπὶ τὸ πῦρ: for, but for the queen's quickness of wit, it would have been the funeral pyre of all.

11. ἐκτείναντα agrees with the acc. understood before the inf. γεφυρῶσαι, not with the preceding dat. οἱ: cf. 34. 5, 111. 3, 139. 4.

αὐτούς, i.e. father, mother, and remaining four sons.

12. ἐκσῴζεσθαι, pres., of trying to escape: l. 14, ἀποσωθῆναι, aor., of the completed action. This tale of the conspiracy and the perilous banquet is told also by Diod. Sic. i. 57. 6 and 7 (without the sacrifice of two sons), and by Manetho fr. 50 (in Josephus, *c. Ap.* i. 101: with still fewer details). As H. tells it, it is a strange, almost grotesque story, perhaps a piece of folklore; but Spiegelberg (*Credibility*, p. 25) believes it to be a dragoman's tale, based upon a frequently recurring representation (perhaps gaily coloured) of the triumphant Pharaoh who is often depicted with his feet placed upon two foemen's heads (see *l. c.* Plate 1, fig. 4).

108 2. τῶν = τούτων τῶν (Att. ὧν): cf. 22. 6.

3. τούτῳ μέν resumes τῷ μὲν ὁμίλῳ.

τάδε ἐχρήσατο: 95. 8 note.

4. οἱ: ethic dat. going with ἦσαν οἱ ἑλκύσαντες, but placed early in the sentence to express the king's interest in the dragging of the stones: see 172. 8. Cf. *O.T. Exodus* i. 11 ff. for a similar conscription of labour by Pharaoh.

ἐπί c. gen., temporal, as in 4. 16.

5. μεγάθεϊ: 74. 2.

περιμήκεας 'very tall', cf. 100. 10 note: of very long blocks of stone, perhaps (as J. E. Powell suggests, *C.Q.* 1935, p. 75) obelisks. For a picture of a colossus thus dragged, see Rawlinson, II. p. 177, Breasted *Anc. Rec.* i. 694 note, 159.

6. τὰς διώρυχας . . . πάσας: the whole canal-system of Egypt cannot be ascribed to any one king: it was the work of centuries, and its chief purpose was not to supply drinking water so much as to drain, cleanse, or irrigate the land (A. W. Lawrence).

8. οὐκ ἑκόντες 'although with no intention of doing so': cf. 65. 18 ἑκών 'intentionally'. Diod. Sic. (i. 57. 2) gives as the purpose rapid and easy transport of crops.

ἱππασίμην: without directly saying so, H. implies that there were horses in Ancient Egypt, but it was only in Dyn. XVIII that the Egyptians came to use the horse. Probably it was introduced by the Hyksôs, whose overwhelming success may have been due to the innovation of horse-drawn chariots, as well as to superior archery. For later times cf. *O.T. Exodus* xiv. 9 (pursuit of the Israelites by 'all the horses and chariots of Pharaoh'), Homer *Il.* ix. 381 ff. (quoted by Diod. Sic. i. 45. 6).

9. ἐνδεᾶ τούτων: vaguely expressed, τούτων referring to the nouns implied in the words ἱππασίμην and ἁμαξευομένην (cf. *infra* l. 11): the whole phrase is equivalent to οὐκέτι ἱππασίμην κτλ.

10. ἐοῦσα πεδιάς, concessive, 'although a level land

12. τρόπους: cf. 8. 13 for τρόπος ' direction ', the primary sense of the word (from τρέπω), but found in H. only.

ἔχουσαι ' extending ', ' running ', intrans.

14. πόλῑς: App. 38.

15. ὅκως τε: if τε is retained, it is as a survival of Epic usage, found also in Tragedy: cf. ἐπείτε and see Denniston, *Gk. Part.* p. 524.

ἀπίοι, opt. of indefinite frequency.

16. ὑδάτων (*G.G.* 1112), pl. as in 24. 8 (note).

πλατυτέροισι: in this metaphorical sense ' brackish ', ' insipid ', as we use ' flat ', πλατύς is cognate with Sanskrit *paṭu*—' sharp ', ' pungent '.

ἐχρέωντο . . . , χρεώμενοι: the reason for this repetition is that the part. may bear the additional idea ἐκ φρεάτων.

109 2. κλῆρον ἴσον: the division of the whole land into equal lots for all is held to be most improbable.

4. ἀποφορήν: for the 20 per cent. land tax, see *O.T. Genesis* xlvii. 24 (Joseph assigns ' the fifth part unto Pharaoh '—26 ' except the land of the priests only which became not Pharaoh's '): to this add the soldiers' land, H. ii. 168. 1.

τινος may have a double construction—mainly (1) possessive gen. with τοῦ κλήρου, and (2) gen. of separation governed by παρ- in παρέλοιτο.

τοῦ κλήρου: partitive gen. with τι.

5. ἐλθὼν ἂν ἐσήμαινε ' he would come (at once) and declare ': cf. 174. 4, *G.G.* 1296, *M. and T.* 162 (a customary action).

8. τοῦ λοιποῦ κατὰ λόγον (13. 10, 14. 5 *al.*): ' in proportion to what is left ' of the allotment. τῆς . . . ἀποφορῆς: partitive gen. after τελέοι, cf. 93. 4: ' he (the tenant of the land) might pay (only) a part of the assessed rental '.

9. γεωμετρίη: practical surveying of land was regularly ascribed to the Egyptians by the Greeks (cf. Diod. Sic. i. 81. 2, Strabo 17. 1. 3, p. 787), but it was the Greeks who developed geometry as a science. See Sir Henry Lyons in *J. Eg. Arch.* xii. 1926 pp. 242 f.

10. πόλον, lit. vault of heaven, here a concave, hemispherical ' dial ', with a γνώμων ' index ', ' pointer ' throwing a variable shadow. But H. probably refers to two different types of shadow-clock or sundial, of which the simple γνώμων was the earlier. An Egyptian pocket sundial dates back to the time of Ramesses II. Cf. ' the dial of Ahaz ', *O. T. Isaiah* xxxviii. 8. The Egyptians also measured time by the water-clock or clepsydra (a bowl with 12 holes for the 12 hours of the day).

πόλον μέν: μέν *solitarium*—implying (what has already been stated) ' but they learned land-surveying from the Egyptians '.

11. τὰ δυώδεκα μέρεα τῆς ἡμέρης: probably it was only in the 2nd century B.C. that ὥρα was used in the limited sense of ' hour '. Contrast 2.12, 4. 4, 24. 4.

παρὰ Βαβυλωνίων: Vitruvius (viii. 9), in describing the construction of the πόλος, names Berôssos (iii/B.C.) as the inventor; but this passage of H. proves that the πόλος was known as least a century and a half earlier.

110 1. Αἰθιοπίης: for the campaigns of Dyn. XII in the S., see *Brit. Mus. Guide* pp. 312 ff. But as early as Dyn. III the Egyptians had held parts of Nubia.

2. ἀνδριάντας . . . δύο: at Memphis, beside the modern village of Mît Rahîneh, these two colossal statues now lie prostrate: one, in hard and fine-grained alabaster, measures about 42 feet or 13 metres, approximately 30 cubits (Baedeker^{8}, p. 154). See *Brit. Mus. Guide*, p. 366. For other statues in the Temple of Hephaestus or Ptah at Memphis, cf. 121. 4, 141. 24, 176. 3.

4. τέσσερας: the surviving 'four' of 107. 10.

5. τῶν: the construction of this gen. is left unexplained until ἔμπροσθε is used.

ὁ ἱερεύς: the high priest of Ptah was one of the great religious dignitaries of the country, able to hold his own against a king.

7. ἀνδριάντα: obviously a statue of himself.

οὔ οἱ: H. does not seek to avoid hiatus here by using οὔκ οἱ: so frequently in Homer.

οἱ, Σεσώστρι: *G.G.* 1186.

9. ἐκείνου: brachylogy for 'than the nations which he (Darius) had subdued' (τούτων τὰ ἐκεῖνος κατεστρέψατο): cf. 134. 2.

10. δυνασθῆναι: 19. 6.

11. δίκαιον: most naturally taken personally, as in i. 32. 9 οὗτος . . . δίκαιός ἐστι (φέρεσθαι) 'he has a right (to win)'.

ἱστάναι, sc. τὸν ἀνδριάντα.

12. μὴ οὐκ with a participle expressing a negative condition (= εἰ μὴ ὑπερεβάλετο): the οὐ repeats the negative statement of the main verb, cf. *G.G.* 1616.

13. πρὸς ταῦτα: 66. 5.

συγγνώμην: the 'admission' which Darius made here is characteristic of his conciliatory policy towards the Egyptians. J. E. Powell (*C.Q.*, 1935, p. 76) points out that the unique phrase, συγγνώμην ποιήσασθαι, is equivalent to συγγνῶναι, which in H. never means 'pardon', but always 'confess, agree, admit, give in': so, here, 'Darius admitted that the objection was just', he 'gave way'. Cf. Diod. Sic. i. 58. 4.

111 2. Φερῶν: just the English 'Pharaoh'—the title detached as an individual name. In Anc. Egyptian it is *Per 'aa*, 'the Great House' or 'Palace': cf. 'the Sublime Porte'.

τὸν ἀποδέξασθαι μέν: for the relative cl. in orat. obl., see 32. 22 note.

ἀποδέξασθαι (after ἐκδέξασθαι): one verb in -δέξασθαι seems to suggest another, but the first is from ἐκδέκομαι, the second from ἀποδείκνυμι (App. 5).

3. συνενειχθῆναι, pass. used impersonally (like συνέβη): so the act. συνήνεικε, 1. 73. 4.

οἱ: for the non-repetition of the relative pronoun in the 2nd clause, see 39. 7 note: here the second relative would have been in a different case from the first.

τυφλόν: acc. instead of dat. agreeing with οἱ which it immediately follows: the influence of the acc. c. inf. construction is strong. Cf. 107. 11, 139. 3.

4. κατελθόντος: 19. 7.

μέγιστα δὴ τότε: Eng. prefers the comparative: 'in greater volume than ever before'. The superl. adv. is used by Sophocles, e.g. *Phil.* 462 χαῖρ' ὡς μέγιστα.

5. ἐπ' ὀκτωκαίδεκα πήχεας: this phrase explains μέγιστα δὴ τότε. On the height of the Nile rising, see 13. 6 note.

6. ὁ ποταμός : the sentence begins with τοῦ ποταμοῦ in gen. abs.; but, after a temporal clause and another gen. abs., H. irregularly makes ὁ ποταμός the subj. of the princ. cl.

7. ἀτασθαλίῃ: in Homer always pl., of 'reckless perversities', e.g. of the comrades of Odysseus who ate the oxen of the Sun (*Od.* i. 7). Cf. the threats, βάρβαρά τε καὶ ἀτάσθαλα ('blasphemous') of Xerxes, vii. 35. 2, when he had the Hellespont scourged and 'fettered'. The 'blind infatuation' was all the greater since the Nile was worshipped as a god (90. 7).

χρησάμενον, λαβόντα: the former part. is really subordinate to the second: he 'took his spear in an access of infatuation'.

9. καμόντα (ingressive aor.), 'smitten with a disease': τοὺς ὀφθαλμούς, acc. of respect.

11. Βουτοῦς: see 83, 155, for the highly honoured oracle of Leto at Buto.

ἐξήκει, ἀναβλέψει: graphic tenses.

13. πάντα τὰ λόγιμα: as the order suggests, with ἱρά, not with ἀναθήματα . . . ἄλλα.

14. τοῦ γε: the antecedent of the relative τοῦ is the act of dedicating, mentioned in the whole clause ἐς τοῦ Ἡλίου τὸ ἱρὸν . . . ἔργα: cf. the exactly similar clause in i. 14. 1.

15. τοῦ Ἡλίου τὸ ἱρόν: presumably at Heliopolis: upon a truncated obelisk the sun-god first appeared in the form of a phoenix (A. W. Lawrence).

ὀβελούς: the addition of λιθίνους distinguishes these from actual 'spits' (e.g. those dedicated by Rhodôpis, 135. 14). H. does not use the diminutive form ὀβελίσκος (Diod. Sic. i. 46. 4.—in telling this same story: Strabo 17. 1. 27, p. 805). For the meiosis implicit in the word, cf. 17. 8 note.

16. ἐόντας ἑκάτερον . . .: the sing. in partitive apposition with the plural.

ἑκάτερον does not agree with μῆκος, which is acc. of respect.

17. εὖρος: the thickness,—the width of each of the four sides at the base. The height is exceptional, but the undetached obelisk in a quarry at Aswân measures 137 feet long.

112 1. τούτου: gen. after ἐκδέξασθαι as in 121. 1: παρὰ τούτου is more usual, as in 166. 9.

2. τῷ . . . οὔνομα . . . εἶναι: acc. with inf. in rel. cl. in *orat. obl.*, see 32. 22 note.

3. Πρωτέα (acc., not dat. agreeing with οἱ: 17. 23 note): the name perhaps comes from an Egyptian title *Proutî*, assimilated to the form familiar from Homer *Od.* iv. 385. See Diod. Sic. i. 62. 1–4 (explaining the transformations of Proteus by the wearing of insignia, such as lion, bull, snake, even tree and fire).

τοῦ νῦν τέμενός ἐστι: H. does not elsewhere say that Proteus was an Egyptian god, and these words may well mean that this is now (called) the precinct of Proteus, as having been built and dedicated by that king. In the *temenos* of King Proteus (probably Merenptah), Flinders Petrie excavated a great gateway and a doorway leading into a temple, and also found tablets of Hathor, the 'foreign Aphrodite'—the only known Memphite tablets of Hathor (*Memphis* I. 1909, pp. 3 f.). Of the 'richly decorated' temple, tiles and alabaster fragments were discovered.

7. στρατόπεδον: for the meaning 'settlement' or 'quarter', see 154. 4.

8. ξείνης: the epithet is applied from the Greek point of view to the Egyptian Aphrodite, i.e. Hathor, 41. 22.

συμβάλλομαι: 33. 5.

11. ἐπώνυμόν ἐστι, sc. τὸ ἱρόν: ἐπώνυμος 'named after', c. gen. cf. *G.G.* 1145.

113 1. τὰ περὶ Ἑλένην: many different accounts of Helen were current. Stesichorus (*c.* 600 B.C.) affirmed that the real Helen remained in Egypt, and only her phantom went to Troy; but, being punished with blindness, he recanted in a famous palinode,—οὐκ ἔστ' ἔτυμος λόγος οὗτος, | οὐδ' ἔβας ἐν νανσὶν εὐσέλμοις, | οὐδ' ἵκεο πέργαμα Τροίας (see L.C.L. *Lyra Graeca* ii. pp. 38–44, and cf. Plato *Rep.* ix. 586, *Phaedrus* 243 A, B). Later, Euripides in his *Helena* (412 B.C.) treated the sojourn in Egypt as part of the story, but it was a phantom-Helen that came to Egypt.

3. ἀποπλέειν: with imperfect sense, as in 4. 17.

ἐς τὴν ἑωυτοῦ, sc. γῆν or χώρην.

4. ἐξῶσται (from ἐξωθέω), of violent winds that drive ships ashore: cf. ἐκβάλλω in this clause, ἐκφέρω, 90. 3.

ἐκβάλλουσι: change from *orat. obl.* to *orat. recta*, cf. 118. 14.

5. ἀνίει: from App. 56, the tense may be pres. ind., but more probably, in this parenthesis, imperfect (the usual Attic form), as in iv. 125. 2. Cf. Soph. *Phil.* 639.

6. Αἰγύπτου: topographical gen., 8. 3.

8. Ἡρακλέος ἱρόν: Strabo (17. 1. 4, p. 788) makes this temple one of the western boundaries of Egypt.

ἐς τὸ . . . καταφυγών: the rel. goes with the participle only, not with the principal verb: cf. 46. 13 note, 91. 13. There is some trace of this right of asylum in Ancient Egypt (A. W. Lawrence).

9. ὅτευ ὦν: elliptical use, with attraction of ὅστις into the gen. case (possessive gen.): see 22. 18 note.

στίγματα: the branding marked the slave as the property of the god: he became a ἱερόδουλος. Cf. St. Paul's metaphor in *N.T. Galatians* vi. 17 ἐγὼ γὰρ τὰ στίγματα τοῦ Ἰησοῦ ἐν τῷ σώματί μου βαστάζω.

11. τὸ μέχρι ἐμεῦ ἀπ' ἀρχῆς: the τό goes with the whole phrase: hence there is no need for the easier reading τῷ ἀπ' ἀρχῆς, sc. νόμῳ.

13. ἔχοντα: intrans. 'existing', 'in vogue'; cf. 17. 16, 91. 16.

15. πάντα λόγον: H. also uses τὸν πάντα λόγον i. 111. 5, and πάντα τὸν λόγον ii. 123. 2—all three with exactly the same force.

17. τὸν φύλακον: H. also has the common Attic form ὁ φύλαξ for 'guard'.

114 1. ἀκούσας τούτων: here one might explain 'hearing from them (what they had to say)', but elsewhere H. uses the gen. (as well as the acc., e.g. 115. 1) of the thing heard.

2. τὴν ταχίστην: *G.G.* 1060.

4. Τευκρός: A. W. Lawrence points out the anachronism here: the Teucrians seem to have reached the Troad long after the Trojan War, and they are first mentioned in Greek literature in the 7th century B.C.

7. ἐῶμεν; ἀπελώμεθα; *G.G.* 1358.

8. τὰ ἔχων ἦλθε: the relative goes only with the part., not with the finite verb, cf. 113. 8.

9. λέγων a conj.: MSS. ABCP have λέγοντα, while DRSV have λέγοντας—referring to the messenger(s) who conveyed the king's command.

10. ξεῖνον: ἐξεργάζομαι here takes two accusatives: cf. *G.G.* 1073.

11. καί, emphatic (Denniston, *Gk. Part.* p. 313), implying 'what he can possibly find to say'.

115 5. τίς, direct form.

6. ὁκόθεν, indirect form, of interrogative.

9. πλανωμένου: used metaphorically of straying from the truth.

12. λέγων ὅτι: although the actual words are quoted, ὅτι is used: it frequently thus takes the place of quotation marks in English, cf. Thuc. i. 137. 6, *M. and T.* 711 (the present is the earliest example).

15. ἐγώ, emphatically repeated.

16. παρὰ . . . τὴν γυναῖκα . . . : the asyndeton emphasizes by isolating the denunciation.

17. καὶ μάλα 'and also', 'and even', 'nay and . . .'

18. ἀναπτερώσας 'giving wings to her' (metaphorically), 'exciting her passions': cf. Menander *Epitr.* 638 (Körte [3]).

οἴχεαι (App. 51) ἔχων, lit. 'you have gone away keeping her with you', cf. 29. 7 οἴχεται φερόμενον, and for ἔχων i. 130. 3 εἶχε παρ' ἑωυτῷ, Homer *Il.* x. 439 τεύχεα ἤλυθ' ἔχων.

19. ἐκκλέψας (doubtfully read, as it is omitted by MSS. DRSV and the first hand in P): the third participle with οἴχεαι, but effective as an abrupt explanation of ἔχων, 'keeping her because you stole her away'. The sound, too, of the whole phrase is expressive.

20. κεραΐσας: an Epic verb (from κείρω), e.g. Hom. *Il.* v. 557 σταθμοὺς ἀνθρώπων κεραΐζετον.

21. ἥγημαι: 40. 3, and cf. νενόμικα 25. 24.

ξεινοκτονέειν: this was the crime attributed by the Greeks to Busiris, cf. 45. 7 and Diod. Sic. i. 88. 5 (ἡ Βουσίριδος ξενοκτονία). The Memphite informants of H. are here making an apologia of Egyptian character against the Greek accusations of 'impiety' etc. After the ἐπειδή clause, one might expect as a principal cl. 'I shall allow you to depart in safety'; but, instead, it is the important negative statement that is expressed, while the other is understood.

22. αὐτά includes γυναῖκα ταύτην.

24. αὐτόν σε: more emphatic than σεωυτόν, 173. 8. Elsewhere προαγορεύω takes a dat. (e.g. i. 125. 2): here the construction of κελεύω is used—acc. c. inf.

25. τριῶν ἡμερέων: *G.G.* 1136.

26. περιέψεσθαι, mid. inf. after προαγορεύω as a verb of saying, either (1) 'I declare that I shall treat'; or (2) pass. in meaning, 'that they will be treated', as ὕσεται 14. 7.

116 1. ταύτην: assimilated (from τοῦτο) to the gender of ἄπιξιν in the predicate: the abstract expression, instead of e.g. Ἑλένην οὕτω ἀπικέσθαι . . ., is quite in accord with English idiom.

2. Ὅμηρος: this, the oldest piece of Homeric criticism, is perfectly sound, if the passages quoted belong to the original Homer.

3 οὐ γάρ . . .: the anticipatory γάρ, 'since'; see Denniston, *Gk. Part.*, pp. 68 ff., and cf. 101. 1. ἀλλ(ά) belongs to μετῆκε, if ἐς ὅ (all MSS.) is omitted before μετῆκε.

ὁμοίως . . . εὐπρεπὴς τῷ ἑτέρῳ, sc. λόγῳ: dat. after ὁμοίως, *G.G.* 1175.

6. κατὰ ταῦτα γὰρ ἐποίησε: ταῦτα, added by J. E. Powell (*C.Q.* 1938 p. 213), makes this obscure sentence clear: 'for it was according to this version that he composed' his story of the wandering.

7. ἀνεπόδισε, lit. 'made to step back' (cf. ἀναχωρέω and ἀνὰ πόδα, explained by Hesychius as 'backwards', like ἐπὶ πόδα in Xenophon), hence 'corrected' himself, 'retracted his words'.

8. ὡς ἀπηνείχθη (App. 63) explains πλάνην: it does not depend upon δῆλον.

τῇ ἄλλῃ: 36. 1, and cf. 44. 3 for the change after καί from the participial construction into a clause ὡς . . . ἀπίκετο.

9. τῆς Φοινίκης: topographical gen., 8. 3.

10. ἐν Διομήδεος ἀριστείῃ: the lines quoted are *Il.* vi. 289–292, and the title 'Prowess of Diomede' (now confined to Book v) is fully appropriate as far as vi. 310. The division of the *Iliad* and the *Odyssey* each into 24 books may perhaps date from the time of Zenodotus (*c.* 300 B.C.).

λέγει τὰ ἔπεα, 'the lines run': cf. i. 124. 1 τὰ δὲ γράμματα ἔλεγε τάδε.

11. οἱ, i.e. to Alexandros (Paris).

14. τὴν ὁδόν: *H.G.* 136.

15. καὶ ἐν Ὀδυσσείῃ (iv. 227–230: 351–2): here Homer refers to the presence in Egypt of Helen and Menelaus after the fall of Troy. J. E. Powell (*C.Q.* 1935, p. 76) points out that, although these passages from the *Odyssey* must be regarded as an interpolation (since they prove nothing with regard to 'the wanderings of Alexandros to Egypt'), they do prove that Homer knew the second part also of the Helen-in-Egypt legend, which H. relates in 119. Prof. Powell suggests that the passages from the *Odyssey* were afterthoughts on the part, not of an interpolator, but of H. himself.

17. Θῶνος: this Θών, whose wife had given Helen drugs, bears a name very similar to Θῶνις of whom H. speaks in 113. 18 *al.*

23. ἐν τούτοισι τοῖσι ἔπεσι, i.e. the four verses from the *Iliad* (lines 11-14).

117 1. τὸ χωρίον: this metaphorical sense 'passage' (like τόπος in later Greek, e.g. *N. T. Luke* iv. 17) is supported by Thuc. i. 97. 2, where it means a 'part' or 'period' of history. Here the reference is, not merely to the four lines quoted, but to the whole context.

2. δηλοῖ, impersonal 'it is clear', as in ix. 68 δηλοῖ τέ μοι ὅτι . . . The sentence may have been altered when 116, lines 15–22, were added: κατὰ ταῦτα δὲ τὰ ἔπεα may be an addition, and the sentence may originally have been simply—καὶ τόδε τὸ χ. δ. κτλ. (δηλοῖ being personal)—J. E. Powell, *C.Q.* 1935, pp. 76 f.

τὰ Κύπρια ἔπεα: for this post-Homeric epic (perhaps so called after Stasinus of Cyprus, *c.* 700 B.C.), see L.C.L. Hesiod pp. 488–506.

4. τριταῖος: cf. ἐπέτειον 92. 19, and *G.G.* 926: so in Homer (*Od.* xiv. 257 πεμπταῖοι δ' Αἴγυπτον . . . ἱκόμεσθα, *Il.* i. 424 χθιζὸς ἔβη), and in Latin, e.g. Hor. *Ep.* i. 6. 20 vespertinus pete tectum.

5. εὐάεϊ: this word (wholly made up of vowels), from ἄημι, I blow, is elsewhere found only in poetry: its opposite, δυσαής, is used by

Homer. Here it is probably quoted from the *Cypria*, and the line has been reconstructed—εὐαεῖ τ' ἀνέμων πνοιῇ λείῃ τε θαλάσσῃ. Horace (*Odes* i. 15. 3–4) makes the sea too calm: ingrato celeres obruit otio | ventos . . . Nereus.

6. λέγει, sc. Ὅμηρος.

ἐπλάζετο: as in 116. 8 H. uses the Epic word in referring to Epic wanderings. The noun πλάνη (116. 24) is not Homeric, although πλανάομαι occurs once.

7. χαιρέτω: cf. 28. 1 note.

118 2. τὰ περὶ Ἴλιον γενέσθαι: this acc. c. inf. clause depends upon μάταιον λόγον λέγουσι as being equivalent to ματαίως λέγουσι: = 'about the truth of the happenings at Troy'. (Stein explains as τὰ . . . (λέγουσι), 'what they say happened at Troy'.)

ἢ οὔ, sc. μάταιον λόγον λέγουσι.

ἔφασαν . . . φάμενοι: H. does not avoid such a pleonastic repetition, cf. 172. 17 ἔφη λέγων, and 162. 5.

7. σὺν δέ σφι: 85. 7.

8. ἐπείτε ἐσελθεῖν: 32. 22 note, *G.G.* 1524.

9. τὰ . . . κλέψας: rel. with part. only, 113. 8 note.

11. τὸν αὐτὸν . . . καί, 'the same as'.

12. μὴ μέν (= μήν): the negative form of ἦ μέν in strong asseverations, cf. 179. 4 and see Denniston, *Gk. Part.*, p. 389, where Homeric parallels are given.

ἐπικαλεύμενα 'being demanded' or 'claimed': *aliter*, 'imputed to him', i.e. which he was charged with having (LS[9]): 'the money in question' (Powell, *Lexicon s.v.*). Much stress is laid on the treasures in this later rationalization of the Epic story (How and Wells).

14. αὐτοί: unexpectedly used for αὐτούς, referring to τοὺς Τευκρούς (cf. 141. 14). Similarly, *infra* l. 15, indirect speech changes altogether into direct (cf. 113. 4.).

ἅ = τούτων ἅ.

18. τῷ προτέρῳ: dat. after τὸν αὐτόν, see 20. 10 note. In the next clause τῷ πρώτῳ is used with playful intention, to make a pun with the following Πρωτέα: cf. 52. 14 and iii. 62. 2 Πρήξασπες, οὕτω μοι διέπρηξας τό τοι προσέθηκα πρῆγμα (pun reinforced by alliteration)—J. E. Powell, *C.Q.* 1937, p. 104.

119 3. ἤντησε (c. gen.), cf. Hom. *Od.* iii. 44 δαίτης ἠντήσατε: in Att. prose, ἀπήντησε (c. dat.),—a verb which H. uses thrice (e.g. 75. 12).

5. ἐγένετο, 'proved, or showed, himself'.

7. ἐπί, temporal, as in 29. 8 *al.*, *G.G.* 1210, 3 (b).

8. πρῆγμα οὐκ ὅσιον: this story appears to be an Egyptian rejoinder to the usual Greek accusation of human sacrifice on the part of the Egyptians, cf. 45. 11.

9. ἔντομά σφεα (App. 43) ἐποίησε: cf. Thuc. v. 11 ἐντέμνειν ἥρωϊ, to sacrifice to a hero. The sacrifice of Iphigeneia at Aulis is thus referred to by Verg. *Aen.* ii. 116 ff. sanguine placastis ventos et virgine caesa . . ., sanguine quaerendi reditus, and cf. Ovid *Met.* xii. 28 .

ἐπάϊστος ἐγένετο: note the personal construction, common in Greek: the verbal adj. of ἐπαΐω with ἐγένετο serves as the aor. pass., which is never used. Cf. iii. 63. 1 μεταδίωκτος γενόμενος for μεταδιωχθείς.

10. ἐργασμένος: *G.G.* 1588, *M. and T.* 907.

11. ἰθὺ (App. 8) Λιβύης: all MSS. have ἐπὶ Λιβύης, but Plutarch quotes the passage with ἰθὺ ἐπί, and H. uses ἰθύ several times elsewhere c. gen.: cf. the adj. in Homer *Il.* v. 849 βῆ ῥ' ἰθὺς Διομήδεος, and the Attic εὐθύ, e.g. Ar. *Pax* 68 εὐθὺ τοῦ Διός. On the Libyan coast there was a place of anchorage called Μενέλαος λιμήν, iv. 169. 1.

12. ὅκου: loosely used for ὅκοι or ὅκῃ; similarly the accurate 'whither' has gone out of use in English. Cf. 178. 4 αὐτοῦ for ἐκεῖσε.

120 2. προστίθεμαι, sc. τὴν ψῆφον (cf. Aesch. *Eum.* 735), τὴν γνώμην, or the like.

3. ἀποδοθῆναι ἂν αὐτήν: the acc. c. inf. expresses the reflexions of H., explaining τάδε. How and Wells point out the contrast between Homeric romance (*Il.* iii. 156 ff.) and the common sense of H.

5. οὐ γὰρ δή . . . γε: 49. 12.

8. ἐβούλοντο: against the rule (*G.G.* 1450: *M. and T.* 587, 601), the indic. here expresses a result which did *not* take place. Stein would delete ἐβούλοντο, leaving the normal construction ὥστε . . . κινδυνεύειν.

συνοικέῃ: graphic subj. in historic time, *G.G.* 1369.

9. τοι: this vivid particle is very rare in historical narrative (cf. ἤτοι *supra* l. 4): the history of H. was designed for reading aloud (Denniston, *Gk. Part.* p. 538: 'τοι, strictly speaking, implies an audience').

χρόνοισι: pl. of periods of time: in English, more definitely, 'years'. ἐπεί begins the apodosis.

10. συμμίσγοιεν: opt. of indefinite frequency, *G.G.* 1431.

11. οὐκ ἔστι ὅτε οὔ, *numquam non*, 'always': cf. *G.G.* 1029: in this stereotyped phrase ἔστι remains present tense, even in historic time.

13. χρεώμενον, sc. τινά or ἐμέ: practically, 'trusting'. The scepticism here expressed is unlike H., but cf. Thuc. i. 9. 4, 10. 1–5.

14. τούτων δέ . . .: δέ in apodosis, the gen. abs. resuming the ἐπεί, clauses (Denniston, *Gk. Part.* p. 183): other resumptive clauses in 26. 6, 43. 8 (epanalepsis).

ἐγὼ μέν, *equidem*: μέν *solitarium*, 11. 16 note.

15. ἀποδοῦναι ἄν: from the plur. ἐγίνωσκον, l. 9, one might expect that the subject of ἀποδοῦναι would be 'the Trojan leaders', but it is Priam alone whom H. has mentioned in the preceding clause: sc. τὸν Πρίαμον.

16. μέλλοντά γε δή: emphatically limiting the previous statement, 'if at least he was likely to', or more freely 'if, by so doing, he could . . .'

17. οὐ μὲν οὐδέ here introduces a new argument, and there is no preceding negative, as there is in 12. 8, 49. 15, 142. 13: Denniston, *Gk. Part.* p. 363.

18. περιήϊε: imperf. expressing likelihood, *M. and T.* 38.

ἐπ' ἐκείνῳ 'in his power'.

20. ἀνὴρ . . . μᾶλλον 'more of a man', the adverb modifying the noun as though it were an adj., 'manly'. As opposed to the generic ἄνθρωπος, ἀνήρ, like *vir*, is 'a brave man': cf. vii. 210. 2 πολλοὶ μὲν ἄνθρωποι, ὀλίγοι δὲ ἄνδρες.

21. ἀδικέοντι τῷ ἀδελφεῷ ἐπιτρέπειν 'to allow his brother to do wrong', as though the part. were an infin.: cf. Homer *Il.* x. 79 οὐ μὲν ἐπέτρεπε γήραϊ λυγρῷ ('he did not give way to . . .').

22. καὶ ταῦτα: *G.G.* 1573.

24. ἀλλ' οὐ γάρ marks the non-fulfilment of the condition, (l. 3) εἰ ἦν Ἑλένη ἐν Ἰλίῳ . . . (Denniston, *Gk. Part.* p. 104).

λέγουσι, concessive part., ' although they spoke '.

25. μέν emphatic, 11. 16, see Denniston, *Gk. Part.* p. 361.

26. τοῦ δαιμονίου, like τοῦ θείου iii. 108, ' the divine power ', is hardly to be distinguished from τῶν θεῶν l. 29.

121 1. Πρωτέος (gen., App. 38): construction, 112. 1.

Ῥαμψίνιτον: apparently representing one of the nine kings of Dyn. XX, whose name was Ramesses. Diod. Sic. (i. 62. 5 f.) calls him Remphis, noted for his avarice and his great treasure. Ramesses III (1198–1167) is known to have added to the temple buildings at Memphis; and he was renowned for his wealth (*Brit. Mus. Guide*, pp. 372 f.). There was a treasury beside his temple at Medinet Habu (Baedeker [8], p. 352). But the tale as a whole belongs to Egyptian folklore, and parallels can be found in various literatures: cf. the story of Trophonius and Agamedes (Pausanias ix, 37. 3). See J. A. K. Thomson, *The Art of the Logos*, pp. 102–109.

3. ἀντίους: here with gen., in 20. 9 with a dat.: so too ἀντίον 135. 17, with gen., 34. 10 with dat.

4. ἀνδριάντας δύο: such symbolical statues are almost unknown in Egypt. The worship of Summer is strange, as the hot season in Egypt is adverse to agriculture.

5. πρὸς βορέω, πρὸς νότον: gen. and acc. after πρός with no appreciable difference of meaning.

7. καὶ τὸν (Att. ὃν) μὲν . . . τοῦτον μέν: cf. 26. 5 where the balancing δέ is also duplicated: see Denniston, *Gk. Part.* p. 385.

προσκυνέουσι: 80. 6 note.

9. τὰ ἔμπαλιν, c. gen.: 19. 14 note.

ἔρδουσι: a double acc. may follow ἔρδω (as after ποιέω: *G.G.* 1073), e.g. i. 137. 1 μηδένα . . . πάθος ἔρδειν, ' to do no one harm '.

10. τὸν . . . δύνασθαι: 32. 22 note. So again *infra* l. 13 τοῦ . . . ἔχειν.

11. οὐδ' ἐγγὺς ἐλθεῖν: similar to Eng. idiom—' nothing near it ' (metaphorically): cf. 73. 3 (σπάνιος).

13. οἰκοδομέεσθαι ' had a chamber built ' by a mason (lines 19, 22), middle with causative meaning, *G.G.* 1245.

14. τῆς οἰκίης: a simple word for the king's palace.

ἔχειν, *pertinere*, intrans. ' extend ', as in 108. 12, cf. 17. 16. One wall of the treasury formed the outside wall of the palace.

16. (ὥστε) ἐξαιρετὸν εἶναι: this word ἐξαιρετός ' removable ' is distinguished by accent from ἐξαίρετος ' selected ', hence of a special gift or perquisite (98. 2, 141. 6 *al.*). Such a concealed entrance with a pivotal stone is characteristically Egyptian, e.g. in tombs (the original entrance to the Great Pyramid is under a covering slab); cf. the twelve crypts at Dendera (Baedeker [8], p. 264). It was, of course, a welcome *motif* for stories such as that of H., which might take its place in *The Thousand and One Nights*.

καὶ . . . καί: disjunctive use, ' either . . . or ', so *infra* 121. 34.

17. δύο, gen., 8. 9 note.

21. ἐκείνων (gen. governed by προ-): after τούτοισι, though referring to the same men, cf. 30. 25.

22. ἔχωσι: *M. and T.* 339 *ad fin.*, with quotation of Soph. *El.* 1402.

24. τὰ μέτρα αὐτοῦ 'the measurements which would find it' (Godley), 'its bearings', practically 'its position': cf. 33. 9.

25. ταμίαι; ironical use of official title (viii. 51. 2), 'controllers of the king's treasury'.

27. οὐκ ἐς μακρήν 'before long', 'with no long delay': with the fem. μακρήν cf. 114. 2 τὴν ταχίστην.

30. ὡς δὲ τυχεῖν: 32. 22 note.

32. ἐπαιτιᾶται: deliberative subj., *G.G.* 1358–9.

34. ὡς δὲ . . . φαίνεσθαι: as *supra* l. 30.

36. προστάξαι ἐργάσασθαι: as commonly in Greek after a verb of commanding, the slave or assistant is omitted altogether: here, the subordinate would be mentioned in the dat.

38. πρὸ τοῦ: use of article as demonstrative pron., *G.G.* 984.

40. ἰθέως: App. 8.

ὡς δὲ γνῶναι αὐτόν: as *supra* l. 30.

43. αὐτοῦ: ἑωυτοῦ would have been ambiguous, as referring to the subject of ἀποταμεῖν.

44. ὃς εἴη: (= ὅστις, indirect interrog.), 2. 6 note: here of his identity being recognized.

52. κατὰ τοῦ τείχεος (lit. 'down from'), 'upon the (outer) wall'.

53. ἴδωνται: mid. 32. 14 note: subj. indefinite, *G.G.* 1431 (contrast the emphatic indicative δύναται, *infra* l. 57).

56. δεινῶς φέρειν, *aegre ferre*, 'to be greatly moved', or 'horrified': usually in H. δεινὸν (-ὰ) ποιέεσθαι, e.g. 161. 15, cf. δεινὰ ποιέειν *infra* l. 91. The mother's natural grief was increased by lack of funeral rites, the importance of which is clear from 85 f., 136. 14.

59. ἀμελήσει: fut. indic. in a threat, *G.G.* 1405.

62. ἔπειθε: the imperf. implies 'could (not) persuade': the change of subject is made clear by the masc. λέγων.

66. ποδεῶνας: the neck or mouth of the wineskin bottle was made out of the paw or tail of the animal. The man gripped these projecting ends in order ostensibly to adjust the wineskins, tugged them towards him (ἐπισπάσαντα) and in so doing loosened the cords that tied them up (ἀπαμμένους: App. 27, 1).

68. πρὸς ὁκοῖον . . . τράπηται: ὁκοῖον (here = ὅντινα, just as the direct ποῖος is sometimes practically 'what', 'which', e.g. in Homer *Od.* i. 406 ποίης ἐξ εὔχεται εἶναι γαίης;) implies that he had tampered with the wineskins on more than one ass. τράπηται, deliberative subj., cf. *supra* l. 32.

69. ὡς ἰδεῖν: as *supra* l. 30: so *infra* l. 76, l. 98.

70. πολλόν 'in streams', 'abundantly': cf. 2. 21.

72. τὸν δέ, sc. φῶρα.

76. κατασκευάζειν implies adjusting, redressing the disturbed balance of the wineskins: the pres. tense (continuing action) is accurately contrasted with the aor. ἐξελάσαι, of a single act: so *supra* l. 64 ἐπιθεῖναι, ἐλαύνειν, *infra* l. 86 καταλῦσαι, ἀπελαύνειν.

77. καὶ σκῶψαι: καί is not 'and' here, cf. 68. 10, 69. 10, *al.*

προαγαγέσθαι 'led him on' to laugh, mid. implying 'with them', 'on their side'.

78. ὥσπερ εἶχον, 'just as they were', 'without more ado': ὥσπερ = ὡς: ἔχω intrans.

79. παραλαμβάνειν: cf. iv. 154. 3 παραλαβὼν ἐπὶ ξείνια', taking as a guest'.

81. δή points the irony of the situation: 'as may be supposed' (Macaulay), 'to be sure', 'of course': 'he actually consented'.

86. πρόσω (later Att. e.g. Plato, πόρρω) . . . τῆς νυκτός (part. gen.), 'far into the night'.

87. ἐπὶ λύμῃ: ἐπί 'with a view to', 'by way of'; hence 'in mockery'. For a similar insult by the King of the Ammonites to King David's messengers, see *O.T. II. Samuel* x. 4. In spite of what H. says in 36. 5, the practice of shaving was not universal in Egypt: some of the soldiers, especially the police, are depicted on monuments as wearing beards.

88. ἐπιθέντα ἐπὶ τοὺς ὄνους: cf. *supra* l. 64 ἐπιθεῖναι ἐπὶ τῶν ὄνων with little or no difference of meaning.

90. ἀπηγγέλθη (c. part.), personal construction, idiomatic; English uses an impersonal verb with a 'that' clause.

93. ἐμοὶ μέν: 73. 8 note.

96. ἔργασται: pass. with subject ὅ τι: αὐτῷ, dat. of agent.

98. ἀπιέναι: App. 27: not the same ἀπιέναι as in *supra* l. 46.

99. ἐκ: of the agent, *G.G.* 1209. c: cf. 151. 11.

100. πολυτροπίῃ 'in cunning', 'resource', or 'versatility': the admiration of all Greeks for this quality is seen in the character of Odysseus (πολύτροπος).

102. προσφάτου: originally 'newly slaughtered' (cf. πέφαται 'he is slain', Homer *Il.* xv. 140 *al.*), then 'fresh', as here: then of anything 'recent'.

τὴν χεῖρα: the wider meaning 'hand and arm' is obvious here as in Homer (e.g. *Il.* xi. 252 κατὰ χεῖρα μέσην ἀγκῶνος ἔνερθε.

106. ὅτε . . . ἀποτάμοι: the opt. is irregular, for secondary tenses of the indic. are not, as a rule, changed in *orat. obl.*: see *M. and T.* 693. Here, however, no obscurity results from the change; and an opt., εἴη ἐργασμένος, has just preceded. In line 107, for variety's sake ὅτι is used instead of a second ὅτε.

109. ἅπτεσθαι, προτεῖναι: accurate use of tenses, 'tried to lay hold', as opposed to 'stretched out' (a single act).

114. τῇ πολυφροσύνῃ 'great shrewdness', cf. πολυτροπίῃ *supra* l. 100: πολύφρων is an epithet of Odysseus in Hom. *Od.* xiv. 424. A fragment of Aesch. (fr. 363) stresses the inventive cunning of the Egyptians —δεινοὶ πλέκειν τοι μηχανὰς Αἰγύπτιοι.

122 2. ἐς τόν . . .: for ἐς τοῦτον τόν (Att. ὅν) . . .: the Egyptian name for Hades was *Amenti*, 'the hidden place', but Plutarch *Is. et Osir.* 29 p. 362 says that Ἀμένθης means 'he that receives and gives'.

3. συγκυβεύειν: dice-playing was popular in Ancient Egypt, and dice were buried in tombs (*Brit. Mus. Guide*, pp. 122, 264). Plutarch (*Is. et Osir.* 12, p. 355) tells an Egyptian myth, how Hermes (Thôth), playing at draughts with the Moon (Isis), won from her $\frac{1}{70}$ of her periods of illumination, and so made up the 5 intercalary days (4. 9).

τὰ μέν, τὰ δέ, 'partly, partly': 'in some throws, in others' (Macaulay).

5. χειρόμακτρον: similarly in an Egyptian tale preserved in a Ptole-

maic papyrus, Satni in the tomb wins the magic book after playing a game (How and Wells). The golden napkin of Rhampsinitus is explained from a statue of the king, holding in one hand the usual strip of cloth, perhaps a handkerchief (Spiegelberg, *Credibility*, p. 27, note 1).

6. ἀπό, ' in consequence of '.

7. ὁρτήν, ὁρτάζουσι: App. 26.

9. αὐτημερόν: the robe must be perfectly new: so in *O.T.* 1 *Samuel* vi. 7 there must be a new cart and ' two milch-kine on which there hath come no yoke ' to convey the Ark of the Lord.

10. κατ' ὦν ἔδησαν: tmesis and gnomic aor., 39. 8 note.

αὐτῶν: the reflexive ἑωυτῶν is expected here, but the gen. does not exactly coincide with the subject.

μίτρῃ: in Homer this word never has this sense of ' headband ' (in a papyrus it denotes a badge of rank at the Ptolemaic court), but means a piece of armour, a sort of metal apron, sometimes translated ' taslet '.

12. ἐς Δήμητρος, sc. ἱρόν (which MSS. ABC have): as we say, ' to St. Paul's: cf. 18. 9 note. The πόλις may be Busiris (59, 61), since Δημήτηρ is Isis.

ἀπαλλάσσονται: so with ἐκποδών, 86. 10: their presence is no longer desirable.

14. δύο λύκων: if the wolves are really jackals (sacred to Anubis), these two may represent the two jackal-headed ' guides ' of the dead (cf. Hermes ψυχοπομπός, Diod. Sic. i. 96. 6).

123 3. ὑπόκειται: this guiding principle which H. followed throughout his *History* defends him in advance against the charge of uncritical credulity. Cf. vii. 152. 3.

ἑκάστων: pl. as in 41. 13 *al.*

ἀκοῇ = κατὰ τὰ ἤκουον, 99. 3.

5. Διόνυσον: i.e. Osiris, cf. Plut. *Is. et Osir.* 78, p. 382.

6. ἀθάνατος: the Egyptians believed that man's soul (his *ba*, or the ' *ka* ', his double) was immortal, hence the elaborate rites that were paid to the dead; and in regard to metempsychosis, although no evidence can be found in Egyptian literature, Spiegelberg (*Credibility*, p. 32) holds that it was a popular belief which failed to gain admittance into the official religion. Cf. Diod. Sic. i. 98. 2 (Pythagoras learned in Egypt, among other things, the transmigration of the soul into every creature).

7. αἰεί: 98. 2 note.

γινόμενον (and l. 9): (pres.) ' at the moment of birth '.

10. τρισχίλιοισι: the length of the cycle, 3000 years, is that given by Plato (*Phaedrus* 29, p. 249 A) for ' the truly philosophic soul '. According to Empedocles (see *infra* l. 12 note) it was 30,000 ὧραι or ' years ' (fr. 115 Diels).

11. εἰσὶ οἵ: 86. 1.

12. οἱ μὲν πρότερον: probably the Orphic teachers, Pherecydes of Syros, and certainly Pythagoras (81. 7), whom, as a Samian, H. seems to shrink from naming here. The doctrine of metempsychosis was widely diffused in the 6th century B.C.

οἱ δὲ ὕστερον: including Empedocles of Agrigentum in Sicily (5th century B.C.).

124 2. *πᾶσαν* with abstract nouns, 'all manner of': so *infra* l. 3 'utter misery'.

εὐθενέειν: 91. 14.

3. *Χέοπα*: from the Twentieth Dynasty H. comes to the Fourth, going back 15 or 16 centuries: Diod. Sic. (i. 63. 2) makes the same mistake in putting the pyramid-builders long after their time. Inscriptions give the Ancient Egyptian name of this king as Khufu.

πᾶσαν κακότητα: a different view of the building of the Great Pyramid is taken by the modern Egyptologist. Flinders Petrie (*Social Life*, p. 26) says: 'With the splendid organization evident in the work, the people must have been well managed, and there was no hardship whatever in carrying out the work'; and again, 'The immense gain to the people was the education in combined work and technical training'. Aristotle (*Politics* 1313 b 21) says that the policy underlying the building of the Pyramids was to keep the people hard at work, too busy to conspire against the king.

4. *ἐλάσαι*: intrans., 'plunged', 'rushed': cf. Plato *Euthyphro* 4 B *πόρρω ἐλαύνειν σοφίας*, 'to go far in wisdom'.

κατακληΐσαντα: the monuments, on the contrary, show Khufu as a pious Pharaoh, a builder of temples. The popular story, reported by H., was coloured by the tradition of the toiling of the common people at the building of the Great Pyramid.

5. *μετὰ δέ*: adv., 12. 6 note.

6. *ἀποδεδέχθαι*: impersonal use, followed by dat. of pers. and jussive inf. (*ἕλκειν*).

7. *ἐκ τῶν λιθοτομιέων* (8. 5 note): pointedly resumed by *ἐκ τουτέων*, just as *πρὸς τὸ . . . ὄρος* is repeated by *πρὸς τοῦτο* (epanalepsis), in order to emphasize the distance over which the huge blocks must be transported. Cf. 108. 5 (on the transport of a colossus). Not all the masonry, however, came from the Tura quarries across the Nile: the filling for the core of the pyramids was quarried locally.

10. *τὸ Λιβυκὸν ὄρος*: the plateau at Giza.

11. *κατά* c. acc., distributively (*G.G.* 1211. 2. c): 'in gangs of 100,000 men'.

12. *τὴν τρίμηνον*, sc. *ὥρην*, 'the period of three months' of the inundation when there was no agricultural work to be done, and when the high Nile served to transport the building-stones across the whole valley from quarry to pyramid: see Petrie, *Social Life*, p. 25, who adds that the details given by H., though so many years later, 'fit the conditions so closely that we may believe they are correctly transmitted'.

13. *τριβομένῳ*: *infra* l. 22, 2. 17 note.

ἔτεα, in apposition with *χρόνον*. J. E. Powell (*C.Q.* 1938, p. 213) conj. *δεκαέτεα* as an adj., cf. 2. 17, and i. 199. 5 *τριέτεα καὶ τετραέτεα χρόνον*.

τῆς ὁδοῦ: possessive gen., where we might say 'on the causeway', for 'on the making of the causeway': so *infra* l. 18 *ταύτης . . . γενέσθαι*.

κατ(ά): the reverse here of '*down* along'.

14. *ἔργον ἐόν*: attraction of the part. to agree with the noun in the predicate, instead of *ἐοῦσαν ἔργον*. There were roads (of which traces still remain) for the transport of masonry to the plateau (*λόφος* l. 19), 100 feet higher; but what H. describes as 'the causeway' built of

polished stone and adorned with reliefs was the processional, covered way by which priests with offerings went from the Valley Temple up to the Pyramid Temple.

πολλῷ τεῳ: 58. 4.

15. τῆς πυραμίδος: the word appears to be derived from the Egyptian *per-em-us*, which probably means 'a building with sloping sides'; but the Greeks perhaps found significance in its similarity to their word πυραμοῦς, a honeyed, wheaten cake. See 17. 8 note, for other examples of vivid names given by the Greeks to foreign wonders.

ὡς ἐμοὶ δοκέειν: 4. 5.

τῆς = ταύτης, cf. 148. 11.

16. μῆκος, εὖρος, ὕψος: acc. of respect or specification.

17. ὑψηλοτάτη . . . ἑωυτῆς: 8. 8 note.

18. λίθου (sc. ἐστὶ ἡ ὁδός): gen. of material, *G.G.* 1094. 4. After this gen., ζῴων is very freely used on the analogy of λίθου, perhaps 'full of', or 'adorned with, carved reliefs'. With the reading τε (ABCP) instead of δέ, both are genitives absolute.

18. ταύτης τε δή: epanalepsis.

20. τῶν ὑπὸ γῆν οἰκημάτων: beneath the Great Pyramid there is known to be one underground chamber, 46 feet by 27 feet by 10½ feet, the floor lying 101½ feet below the pyramid plateau (Baedeker[8] p. 140).

τὰς . . . θήκας: instead of neut. τά, agreeing with οἰκημάτων: cf. 125. 2, *supra* l. 14.

21. ἐν νήσῳ: when the Nile is high, the water comes to the foot of the plateau, but that does not justify H.'s words here, for the chamber under the pyramid lies above the highest level of the inundation, and no trace of a channel from the Nile has ever been found. There is subterranean water at other pyramids, e.g. at Hawara in the Fayûm. It seems that H. went to the Pyramids by boat, cf. 97. 7.

22. τῇ δὲ πυραμίδι αὐτῇ corresponds to δέκα ἔτεα μὲν τῆς ὁδοῦ, l. 13.

23. μέτωπον: metaph., 70. 4 note.

ὀκτὼ πλέθρα, 8 × 97 feet = 776 feet: original length about 756 feet.

ὕψος ἴσον: the height along a sloping side was originally about 610 feet (Baedeker[8] p. 137).

24. λίθου ξεστοῦ; *supra* l. 18.

25. οὐδείς . . . (sc. ἐστί): effective asyndeton, instead of gen. absol. The average size of the blocks is given by Flinders Petrie (*Pyramids and Temples of Gizeh*, 1885, p. 210 note) as 50 in. × 50 in. × 28 in. or 2½ tons each.

125 2. τρόπον: acc., *G.G.* 1060.

τάς: attracted, as in 124. 20.

κρόσσας: in Hom. *Il.* xii. 258 κρόσσας πύργων is explained as probably 'the stepped copings of parapets': so here of 'stepped courses' of masonry.

3. βωμίδας: the diminutive here only in Greek literature: βωμός itself in Homer has once its original meaning of 'a raised platform', serving as a stand for chariots (*Il.* viii. 441).

τοιαύτην resumes after the parenthesis.

4. τοὺς ἐπιλοίπους λίθους: the stones filled the angles of the steps and made the side of the pyramid a smooth inclined plane. We may

assume that the limestone casing of the Great Pyramid still covered the core of masonry in the time of Herodotus.

μηχανῇσι: these 'machines', 'engines', or 'devices' are described as a type of lever—'rockers', which were used in the time of the New Kingdom. But it seems impossible that these 'cradles' could be used for buildings of this magnitude: more probably, 'temporary ramps (of masonry, or of mud-brick with a stone pavement) were laid at a steep gradient across each face, doubtless in several parallel tracks to secure greater economy of time and material' (A. W. Lawrence).

5. ξύλων: as λίθου, 124. 18.

10. εἴτε . . . μετεφόρεον: a unique construction, εἴτε = ἤ in a principal cl.: see Denniston, *Gk. Part.*, p. 508 note ('the colloquial casualness of the language is characteristically Herodotean—" or whether it was that . . ."').

13 λελέχθω: accurate use of perf. imperative: cf. 33. 2 note.

14. δ' ὦν 'be that as it may', resuming after a debatable detail (Denniston, *Gk. Part.* p. 464). 'Finally (in the building of a pyramid), the external surface was trimmed from the top downwards' (A. W. Lawrence).

15. μετὰ δέ, 'next': as in 124. 5.

17. διὰ γραμμάτων: H. speaks ambiguously about 'writings' 'on', or 'in' the pyramid', but Diod. Sic. (i. 64. 3) says ἐπιγέγραπται ἐπὶ τῆς μείζονος . . . (cf. Pliny *H.N.* 36. 12), and gives the import of the inscription the same as H. On the now vanished casing of the Great Pyramid there may have been inscriptions of religious texts, including the long List of Offerings in which were enumerated the articles of food required for the king's sustenance in the other world, e.g. radishes, onions, and garlic, which may also have been represented pictorially (Spiegelberg, *Credibility*, p. 16 note). This List of Offerings H. or his guide apparently took to be a ration-list for the workers on the pyramid.

18. συρμαίην: 77. 5 note.

19. ὡς ἐμὲ εὖ μεμνῆσθαι (cf. 124. 15 ὡς ἐμοὶ δοκέειν), 'so far as I remember aright', 'to my sure remembrance' (Godley), *M. and T.* 782. This need not mean that H. took no notes, although we wish he had taken more.

20. ἐπιλεγόμενος, Att. ἀναγιγνώσκων.

21. τετελέσθαι: infinitive instead of finite indicative, 8. 8 note. 1600 talents of silver are approximately £375,000.

22. σίδηρον: 'iron was not in common use in the Fourth Dynasty: the tools employed were probably of copper or bronze, tempered by hammering and heating' (A. W. Lawrence).

23. ἐργάζοντο: App. 48 (c).

24. ὀκότε in causal sense 'since', 'seeing that' is found too in Att. (ὁπότε), e.g. Sophocles and Plato: so too ὅτε in Homer, H., and Attic.

χρόνον . . . τὸν εἰρημένον: the 30 years above mentioned.

ἄλλον: with some other verb to be supplied out of οἰκοδόμεον, e.g. ἐπόνεον or ἐργάζοντο, by zeugma.

127 2. πεντήκοντα ἔτεα: Manetho (fr. 14) gives 63 years as the reign of Suphis (Cheops, Khufu), 66 years for Chephren, and 63 for Mycerinus. To Cheops the modern Egyptologist assigns 23 years; to Chephren, about 29 at the most.

καὶ . . . δέ: 44. 1 note.

4. διαχρᾶσθαι (13. 18), here of continuing (δια-) the same manner of dealing.

τῷ ἑτέρῳ: dat. after ὁ αὐτός, cf. 33. 9 note.

5. ποιῆσαι: infin. (without the article) as subst., coupled with τὰ ἄλλα (acc. of respect).

ἐκείνου: brachylogy for τῆς ἐκείνου (i.e. Χέοπος) πυραμίδος: cf. 134. 1.

ταῦτα . . . ἐμετρησάμην: parodied by Ar. *Av.* 1130.

6. οἰκήματα: there are two subterranean chambers beneath the second pyramid.

7. ὥσπερ . . . περιρρέει: instead of ending with the participle ῥέουσα, H. proceeds to give another detail (in a clause with a principal verb) about the pyramid of Cheops in explanation of 124. 21—added as an afterthought like 116. 15–22. 128. Commenting on this idiom (ὡς or ὥσπερ depending on a negative sentence), J. E. Powell (*C.Q.* 1935, p. 77) compares Soph. *Aj.* 1384 ff. and Shilleto's note on Thuc. ii. 42. 2.

10. δόμον: 'course' or 'layer': in the 2nd Pyramid the first and second layers are of 'variegated Ethiopian stone', i.e. the red granite of Syênê. These form the basement (ὑπο-δείμας) or foundation of the pyramid.

11. ὑποβάς . . . 'going 40 feet lower than the other (pyramid)': τῆς ἑτέρης, gen. after the notion of comparison in ὑποβάς ('going below as compared with the other').

τὠυτὸ μέγαθος, lit. '(to attain) the same magnitude', modifies ὑποβάς: the change to τὸ μέγαθος provides an easy reading, and J. E. Powell (*C.Q.* 1938, p. 213) expresses the meaning fully by his conjecture—⟨τὸ μὴ⟩ τὠυτὸ μέγαθος ⟨ἔχειν⟩, cf. 7. 9.

12. ἐχομένην . . . 'close to the Great Pyramid'—ἐχομένην in its loose, local sense: a distance of about 500 feet separates the two pyramids: τῆς μεγάλης repeats τῆς ἑτέρης, to avoid any possible ambiguity. The original dimensions of the pyramid of Chephren (Khâfra) are given in Baedeker[8] (p. 142) as—length of side 707¾ feet, height along sloping side 572½ feet (according to H. 760 feet).

128 This chapter is recognized by J. E. Powell (*C.Q.* 1935, p. 77) as an ill-absorbed insertion on the part of H.: cf. ταῦτα introducing it, l. 3 τούτους of Cheops and Chephren, and 129. 1 τοῦτον of Chephren, resuming 127.

1. τοῖσι (rel., sc. ἔτεσι): a pause in reading between τοῖσι and Αἰγυπτίοισι. Acc. c. inf. in rel. cl., cf. 32. 22 note.

2. χρόνου τοσούτου: instead of a second relative clause, this demonstrative phrase is used, cf. 39. 7, 111. 3.

5. ποιμένος Φιλίτιος: this is perhaps a dim tradition of the rule of the Hyksôs or 'Shepherd-Kings'; see Manetho fr. 42–49. Perhaps 'Philitis' is connected with 'Philistines', a tribe which may have formed part of the invading host. It seems that two periods of 'oppression' are telescoped into one, the domination of the Shepherd-Kings (*c.* 1700–*c.* 1580 B.C.) being inserted into the period of the pyramid-builders (*c.* 2720–*c.* 2600 B.C.).

129 2. τῷ . . . τὸν δέ: the rel. τῷ is dat. after ἁπαδεῖν (from ἁπανδάνω) in the μέν clause; but the construction is then changed, and τὸν δέ refers like τῷ to Mycerinus.

4. *πρὸς ἔργα* 'to their occupations' or 'business': omission of article, as in Epic (e.g. Hom. *Il.* xxiii. 53 *λαοὶ δ' ἐπὶ ἔργα τράπωνται*).

7. *αἰνέουσι*: general 3rd pers. pl., cf. 106. 7 note. The construction is *ἁπάντων . . . Αἰγυπτίων . . . μάλιστα*.

8. *ἐκ τῆς δίκης* 'in consequence of his judgment', with *ἐπιμεμφομένῳ*.

9. *παρ' ἑωυτοῦ* 'out of his own (estate)'.

11. *πρῶτον . . . ἄρξαι*: an emphatic pleonasm, not uncommon. *τὴν θυγατέρα ἀποθανοῦσαν*, concrete and direct expression: English might say 'his daughter's death'. Cf. 13. 4 note.

12. *τὴν . . . εἶναι*: acc. c. infin. in rel. cl. in indirect speech, see 32. 22 note.

14. *περισσότερόν τι*: cf. 32. 12.

15. *βοῦν*: according to Herodotus, the princess was buried in a coffin which had the form of a cow, the sacred animal of some goddess, probably Neïth (worshipped at Saïs). This is merely a popular tale: see Spiegelberg (*Cred.* p. 15), who points out that any mummy within the gilded cow must have been one of the sacred cows of Neith.

16. *μιν* = *αὐτόν*, i.e. Mycerinus.

17. *ταύτην δή*: *δή* resumptive.

130 5. *καταγίζουσι*: 40. 12.

7. *εἰκόνες*: no explanation can be given of the wooden statues (Spiegelberg), and H. shows by his reference to *τὰ λεγόμενα* that he has little confidence in the tale.

9. *μάλιστά κῃ*: 34. 7.

10. *γυμναί*: probably the statues had been painted to represent fine, clinging drapery.

132 2. *κεχρυσωμένα*: neut. pl. agreeing with *τὸν αὐχένα, τὴν κεφαλήν* denoting things: cf. *G.G.* 924.

4. *μεμιμημένος*: 78. 3.

7. *τύπτωνται*: 42. 26.

τὸν οὐκ ὀνομαζόμενον θεὸν ὑπ' ἐμεῦ: Osiris, cf. 61. 5, 86. 5.

10. *ἐν τῷ ἐνιαυτῷ ἅπαξ*: contrast the commoner use of the gen. in 59. 1, *ἅπαξ τοῦ ἐνιαυτοῦ*.

11. *μιν*, here = Att. *ἑαυτήν* (App. 43), subject of *κατιδεῖν*.

133 1. *δεύτερα* continues the series begun by *πρῶτον* 129. 11.

2. *τάδε γενέσθαι*, sc. *ἔλεγον οἱ ἱρέες*.

μαντήϊον, an utterance from the oracle of Leto at Buto: see 155. *μαντήϊον* (l. 4), the seat of the oracle.

4. *τῷ θεῷ*: the generalizing masc. (the godhead), although the reference is to the goddess Leto.

5. *αὐτοῦ*: this exceptional position of the pron. occurs several times in H., the article being always followed by a particle: cf. Soph. *O.T.* 1458 *ἡ μὲν ἡμῶν μοῖρα*.

9. *δεύτερα*: a vague neuter pl.: perhaps sc. *μαντήϊα*, or *ἔπεα*.

10. *τούτων εἵνεκα*, i.e. because of his piety and good deeds.

αὐτόν, i.e. *τὸν θεόν*, subject of *συνταχύνειν*.

11. *μιν* refers to Mycerinus.

14. *ὡς* c. part. (here in gen. absol. phrase) expresses the point of view of the person concerned: 'knowing that his doom was already fixed', cf. *G.G.* 1574, 1593.

15. λύχνα . . . πολλά: this appears to be a description of the λυχνοκαΐη (62. 6). See Matthew Arnold's poem, *Mycerinus*.

16. γίνοιτο: opt. of indef. frequency: *G.G.* 1431. 2.

17. ἀνιέντα: intrans., as in 113. 5 *al.* This story of continuous revelling appears to have its origin in tomb-paintings which show the deceased engaging in all manner of amusements, including expeditions to the marshes.

18. ἵνα c. opt. of indef. freq., ' wherever '.

21. αἱ νύκτες: in loose apposition to ἔτεα, an example of σχῆμα καθ' ὅλον καὶ μέρος: 41. 14.

134 1. Πυραμίδα: on the Third Pyramid and its Temples, see G. A. Reisner, *Mycerinus*. This pyramid (named ' Mycerinus is Divine '), while smaller, was designed to surpass the other two in being completely cased with red granite; but Mycerinus died when one-third of the height had been cased, and his son finished it in limestone.

ἐλάσσω τοῦ πατρός: for the brachylogy (sometimes called *Comparatio compendiaria*, ' a comparison with a short cut ') cf. 49. 15 note. A Homeric parallel to this is *Il.* xxi. 191 κρείσσων δ' αὖτε Διὸς γενεὴ ποταμοῖο τέτυκται: in Latin cf. e.g. Hor. *Odes* iii. 6. 46 aetas parentum peior avis, in English cf. Shakespeare *Tempest* I. ii, 30 No, not so much perdition as a hair.

2. καταδέουσαν, with two genitives: ' wanting 20 feet of (being) 3 *plethra* ': κῶλον: acc. of respect: for the metaphor cf. 70. 4.

3. ἐούσης τετραγώνου: gen. absol. (or perhaps loosely dependent upon κῶλον), although referring to πυραμίδα. The side of the base is 356½ feet long (Baedeker [8], p. 143).

λίθου . . . Αἰθιοπικοῦ: 127. 10. The lower part of the casing of the Third Pyramid is of red granite. Constr. of gen.—after ἐούσης understood? Or sc. ὄντος, making a gen. absol. phrase?

5. Ῥοδώπιος: for Rhodôpis as the builder of the Third Pyramid see Diod. Sic. i. 64, Strabo 17. 1. 33, p. 808, Pliny *H.N.* 36. 12. 78. H. firmly rejects the absurd story as being improbable and unchronological. Cf. Manetho's account (fr. 20) of Nitôcris (' of fair complexion ') as the builder of the Third Pyramid, and the mediaeval Arab story (perhaps an ancient tradition) that this pyramid is haunted by a beautiful woman who drives men mad.

6. οὐδὲ ὦν οὐδέ ' nor in fact ': cf. οὐκ ὦν 20. 7, οὐ μὲν οὐδέ 12. 8, and Denniston, *Gk. Part.* p. 420.

9. ὡς λόγῳ εἰπεῖν: 15. 12.

ἀναισιμῶνται: 11. 18.

πρὸς δέ: 12. 6: sc. οὐδὲ εἰδότες.

11. κατὰ τοῦτον, i.e. in the time of Mycerinus.

12. λιπομένων: mid., as ἀπελίπετο *supra* l. 1, καταλιπέσθαι 135. 11.

13. γενεὴν (acc. of respect) μέν, sc. ἐοῦσα, but instead of a parallel phrase with δέ, a finite clause is used—δούλη δὲ ἦν . . ., a development not uncommon in H., cf. 44. 5, 141. 5.

14. Ἡφαιστοπόλιος: similar personal names are Agêsipolis, Anaxipolis, Sôpolis, and Amphipolis.

15. Αἰσώπου: in the view of H., ' Aesop the story-writer ' was a real person. The fact that some of the fables are older than the 6th cent. B.C. does not prove that he never existed, but merely that he made use of

stories already current in his time. For a first century papyrus of *Fables* attributed to Aesop, see P. Ryl. III. 493.

Ἰάδμονος: possessive gen., as *infra* l. 20.

16. διέδεξε: intrans. and impersonal, cf. δηλοῖ 117. 2.

οὐκ ἥκιστα: 10. 12, and the full phrase in 117. 1.

17. ὅς = ὅστις: 2. 7 note.

18. ἀνελέσθαι: jussive infin. after κηρυσσόντων: = ἀνελέσθω in direct speech. ποινήν: according to Plutarch (*Mor.* 557 A) Aesop was put to death for failing to distribute the money sent by Croesus to the Delphians: later, when they suffered from 'noisome diseases', they wished to make atonement for the life (ψυχή) or 'death' of Aesop, and this was accepted only by another Iadmôn, grandson of the first.

135 1. ἐς Αἴγυπτον: probably to Naucratis, which was closely linked to both Samos and Mytilene (178. 11, 15). Cf. Strabo 17. 1. 33, p. 808, Athenaeus xiii. 68.

2. χρημάτων: *G.G.* 1133.

6. ὡς εἶναι Ῥοδῶπιν 'considering that she was Rhodôpis', 'for a Rhodôpis', *M. and T.* 782: ὡς consecutive, like ὥστε, cf. 8. 15 note. Ῥοδῶπιν is also the subject of ἐξικέσθαι.

7. τῆς, rel., antecedent οἱ: cf. 172. 2.

8. ἰδέσθαι: mid., 32. 14.

ἐς τόδε, of time, "to this day'.

9. ἀναθεῖναι 'ascribe', 'attribute', as in 134. 7; but *infra* l. 12 'dedicate' (for its passive, ἀνακεῖσθαι is used, l. 12).

11. τοῦτο τό (rel.): like τοιοῦτο οἷον, τοῦτο being repeated before ἀναθεῖναι.

13. τῆς . . . δεκάτης: *G.G.* 1133.

14. ὀβελούς: these iron ox-spits dedicated at Delphi by Rhodôpis were the small change of the time, before the use of coined money became general: cf. *Class. Phil.* xx. 1925, p. 323–4.

16. συννενέαται: cf. App. 49.

τοῦ βωμοῦ: the altar of the Chians, a large pillar of masonry, was obviously familiar to H.'s eyes: it has been discovered by French excavators (Poulsen, *Delphi*, p. 205, fig. 97).

17. τοῦτο μέν, τοῦτο δέ: 'in the first place', 'in the second'.

18. οὕτω δή τι, modifying an adj.: 11. 3 note. ὡς = ὥστε.

20. τῇ (rel.), with antecedent understood, ἐκείνῃ or ἑτέρῃ.

21. ἀοίδιμος: 79. 3.

22. περιλεσχήνευτος: cf. λέσχη 32. 4.

24. μιν, i.e. Charaxus. But Athenaeus (xiii. p. 596 B) says it was Dôricha, i.e. Rhodôpis, whom Sappho attacked.

πέπαυμαι: the word hints that the account of Rhodôpis has been lengthy: 'enough has now been said . . .'.

136 2. Ἄσυχιν: this name Asychis may stand for Aseskaf or Shepseskaf, who was third in succession after Mycerinus in Dyn. IV. He may be the same whom Diodorus Siculus (i. 94. 3) calls Sasychis, the second of the lawgivers of Egypt.

3. προπύλαια: for this notable temple, cf. 99. 21, 101. 4, 121. 2, 153. 2.

5. ὄψιν: here of an architectural sight: 'innumerable graces of architecture' (Godley).

7. ἀμειξίης . χρημάτων implies 'lack of financial dealings',

'scarcity of credit': 'money passed not readily from hand to hand' (Godley).

8. ἀποδεικνύντα, sc. τινά, the subj. of λαμβάνειν: 'that a man might by offering as pledge . . .'. A. W. Lawrence says, 'This story of mortgaging corpses may be a garbled reference to loans made on the security of revenues due from a family to its funerary guardians'.

11. τοῦ λαμβάνοντος, sc. τὸ χρέος: the whole grave with all the family mummies became the property of the creditor.

13. ἐκείνῳ is added to point the contrast with the lender of the money: cf. 30. 26 note.

14. εἶναι = ἐξεῖναι.

15. ἀπογενόμενον: 85. 1.

18. πυραμίδα . . . ἐκ πλίνθων: several brick pyramids are still extant, two at Dahshûr, about 20 miles S. of Giza.

22. ὑποτύπτοντες: using this verb, Aristophanes (*Av.* 1145) parodied H.'s whole description.

ὅ τι . . . τοῦ πηλοῦ: part. gen.

24. εἴρυσαν, ἐξεποίησαν: subject left vague, as in 106. 7.

25. τοῦτον, i.e. Ἄσυχιν, sc. ἔλεγον οἱ ἱρέες.

137 2. τῷ . . . εἶναι: rel. cl. with acc. and infin. in *orat. obl.*: 32. 22 note, and again *infra* l. 6.

Ἄνυσιν: perhaps Anysis was merely a local chief in the Delta: no king has been identified with him. The town Anysis (perhaps the same as Anytis, 166. 4) may be Heracleopolis Parva in the eastern Delta.

4. Σαβακῶν: see 100. 4. note for the three Ethiopian kings, whom H. here reduces into a single ruler, Sabacôs.

5. τὰ ἕλεα: 92. 2 note.

6. ἔτεα πεντήκοντα: approximately the total length of the Ethiopian rule under Dyn. XXV, *c.* 715–663 B.C.

7. τῶν τις Αἰγυπτίων: for this position of the indef. pron., common in H., see 38. 4 note.

8. τὸν δέ refers to Sabacôs, who is also the subject of ἐθέλειν—an irregular use: cf. 129. 3. The Ethiopian rule was mild: Pi'ankhi who conquered Egypt and left Shabaka as his viceroy, killed no one in cold blood. Cf. Diod. Sic. i. 65. 3.

9. χώματα χοῦν (cogn. acc.): in reality, the towns, originally built on artificial platforms, rose in level by the accumulation of the rubbish of ages: cf. 138. 9 where the temple is below the city level. See Diod. Sic. i. 65. 4.

10. ἑωυτῶν: pl. irregularly expanding ἑκάστῳ, as in 143. 9—a sudden generalization in the mind of H.

12. τῶν . . . ὀρυξάντων: 108. 6.

16. ἡ . . . πόλις: distinguished from the temple, 138. 9.

18. ἡδονή: 'a pleasant sight', the noun being modified by μᾶλλον, 'a greater pleasure' or 'joy': οὐδέν, sc. ἱρόν ἐστι. For the infin. ἰδέσθαι (an Epic usage), see *G.G.* 1530. Ἄρτεμις corresponds here to the Egyptian goddess Bast. For H.'s admiration of Egyptian architecture see 99. 21 note.

138 1. τὸ ἱρόν: modern excavation of the temple at Bubastis near Zagazig about 50 miles N. of Cairo has verified the island-like nature of the site, which lies in a rectangular depression nearly 1000 feet long. Of the

temple buildings, only some granite blocks remain; but the entrance hall, which is probably the one admired by H., may be traced—about 80 feet long and 160 feet wide. The Twenty-Second Dynasty had its capital at Bubastis, which enhanced the importance of both town and temple.

2. *νῆσος*: i.e. the temple precinct stood on a peninsula.

4. *τῇ . . ., τῇ*, 'on one side, on the other': so *infra* l. 17 *τῇ καὶ τῇ*.

7. *ἐσκευάδαται*: App. 49: here a pl. verb after a *neut. pl.* subj., cf. 2. 16 note.

8. *περιεόντι*: *G.G.* 1186.

9. *οὐ κεκινημένου* is equivalent to a positive phrase, 'having been left alone', and is thus followed by *ὡς ἀρχῆθεν ἐποιήθη*.

10. *ἔσοπτον*, sc. *τὸ ἱρόν*: hence the preceding gen. abs. is anomalous, cf. 134. 3.

13. *πάντῃ*: tautological after *εὖρος καὶ μῆκος*: cf. 140. 10.

15. *ὁδός*: the direction and the length of this paved way have been traced by excavation.

λίθου: gen. of material, instead of *λίθῳ ἐστρωμένη*.

μάλιστά κῃ: 34. 7.

17. *οὐρανομήκεα*: Epic hyperbole, borrowed from Hom. *Od.* v. 239 (*ἐλάτη . . . οὐρανομήκης*).

18. *Ἑρμέω ἱρόν*: H. assigns to Thôth the smaller building which was probably a treasury.

139 1. *τέλος δὲ τῆς ἀπαλλαγῆς*: if *τέλος* = 'completion', 'consummation' on the analogy of the Homeric *τέλος θανάτοιο*, this may mean 'final departure'. But J. E. Powell (*C.Q.* 1938, p. 213) points to the striking parallel ix. 9. 1 *τέλος δὲ τῆς ὑποκρίσιος . . . ἐγένετο τρόπος τοιόσδε*, and suggests the emendation [*ὧδε*] *ἔλεγον* ⟨*τοιόνδε τρόπον*⟩ *γενέσθαι*.

2. *ὄψιν . . .*: asyndeton after *ὧδε*: so with *ἐδόκεε* l. 3 after *τοιήνδε*. *ἐδόκεε*: impersonal, c. acc. and infin. *οἱ* is felt with *συμβουλεύειν* as well as with *ἐδόκεε*, but the part. *συλλέξαντα* goes into the acc., attracted by the infin. *διαταμεῖν*: cf. 107. 11.

3. *ἐπιστάντα*: 141. 12: so in Homer of a dream haunting one, *Il.* xxiii. 106 *ἐφεστήκει*, ii. 20 *στῆ*.

6. *πρόφασιν*, in the predicate after *προδεικνύναι ταύτην*: the 'reason' is here a 'suggestion' given in a dream, to make him commit sacrilege and so get into trouble.

8. *οὐκ ὦν*: 20. 7.

ἀλλὰ γάρ: cf. 120. 24 for the ellipsis: the expected contrast to *οὐ ποιήσειν* (e.g. *ἤδη ἐκχωρήσειν*) forms part of the *ὁκόσον* clause.

9. *ὁκόσον* with *ἄρξαντα* only, not with *ἐκχωρήσειν*: 'during which, the oracle had said, he was to rule over Egypt before he withdrew'. *ὁκόσον κεχρῆσθαι*, inf. in rel. cl. in *orat. obl.*, 32. 22. If *αὐτῷ* is to be supplied with *κεχρῆσθαι*, *ἄρξαντα* (acc. instead of dat.) again shows the influence of the inf. construction, cf. *supra* l. 3. *Αἰγύπτου*: governed by both *ἄρξαντα* and *ἐκχωρήσειν*.

11. *τὰ μαντήϊα*: at Meroë, 29. 27.

ἀνεῖλε: 52. 14.

14. *ἑκὼν ἀπαλλάσσετο*: the same account is given by Diod. Sic. (i. 65. 5–8) and is found on the monuments, but really the coming of the Assyrians led to the withdrawal of the Ethiopians under Tanutamûn.

140 1. *ὡς . . . οἴχεσθαι*: for the acc. and infin. in a subord. cl. in *orat. obl.*, see 32. 22: again *infra* l. 4 *ὅκως . . . φοιτᾶν*, where the inf. represents an opt. with frequentative force.

2. *τὸν τυφλόν*, i.e. Anysis, 137. 2. The acc. and inf. construction puts the onus of the statement upon the informants of H.

3. *νῆσον χώσας*: cf. 137. 12, 16: an unidentified island in the Delta, if indeed it ever existed.

4. *ἄγοντας* agrees with the acc. understood (e.g. *ἑκάστους*) before *φοιτᾶν*: upon this acc. *Αἰγυπτίων* (part. gen.) depends; but instead of *ἑκάστους ὡς αὐτοῖσι προστετάχθαι*, H. writes in reduced form *ὡς ἑκάστοισι προστετάχθαι*. 'Whenever the Egyptians came bringing food as he had charged them severally to do, . . .'.

5. *σιγῇ*, c. gen.: cf. *λάθρα*, *κρύφα*, and Lat. *clam* (c. abl.).

ἐς τὴν δωρεήν 'to make up', or 'add to, their gift'.

κελεύειν, sc. *τὸν τυφλόν* as subject.

7. *ἐδυνάσθη*: 19. 6.

Ἀμυρταίου: Amyrtaeus cannot have been much more than 250 years later than the presumed date of Anysis. There is confusion here in H.'s chronology. Amyrtaeus maintained himself on the island of Elbo after the collapse of the Egyptian rebellion in 455 B.C.

πάντῃ: cf. 138. 13.

141 2. *τῷ οὔνομα εἶναι*: 32. 22 note, and *infra* l. 5.

Σεθῶν: Sethôs or -ôn, otherwise unknown, may have been a local priest ruling in Lower Egypt under the Ethiopians. Another view is that the name *Σεθῶν* (indeclinable) stands for *Setne, Satni*, the popular form of the priests' title: so Pherôs (111. 2) represents *Pharaoh.*

3. *τῶν μαχίμων Αἰγυπτίων*: gen. instead of accus. after *ἐν ἀλογίῃσι ἔχειν*, as though it were *ἀλογίην ἔχειν* or *ἀλογέειν*: 'he despised and disregarded the warrior Egyptians'. For the warrior class, see chaps. 164–166.

5. *ἀπελέσθαι*: infin. instead of part., parallel to *ποιεῦντα*: see 44. 4 note.

τὰς ἀρούρας: in 14. 8, 14 of cultivated land in general, here a definite area, about ⅔ of an acre: as an Egyptian land-measure, the Greek word ('plough-land') is used to represent the Anc. Eg. *sethat*, a square of 100 cubits.

7. *Σαναχάριβον*: the repulse of Sennacherib, king of Assyria, from Egypt probably belongs to the reign of Taharka, which ended 663 B.C.: see *O.T.* 2 *Kings* xviii, xix, and Peet, *Egypt and the O.T.*, pp. 175 ff.

8. *Ἀραβίων* (also l. 14): it is probable that Sennacherib had Arabian guides for the march across the desert, but H. seems to regard Arabs, the nearest enemies of Egypt on the E., as forming a substantial part of the army.

10. *ἀπειλημένον*: from *ἀπειλέομαι*, *ἀπειληθέντα* (i. 24. 4), 'brought into great straits'.

12. *ἐπιστάντα*: 139. 3.

14. *αὐτός* (i.e. *ὁ θεός*), in spite of the acc. and infin. construction: cf. *αὐτοί* in 118. 14.

15. *τούτοισι δή* (*δή* as in 1. 5), i.e. the champions: after *πίσυνον* the MSS. read *τοῖσι ἐνυπνίοισι* or *Αἰγυπτίοισι*, which seem to be added explanations.

18. *καπήλους*: one of the seven classes of Egyptians, 164. 3.

χειρώνακτας: an Ionic word, vivid and poetical, for an 'artificer', a master of his craft: so 167. 6 *χειρωναξίη*, 'handicraft'.

20. *μῦς ἀρουραίους*: in *O.T.* 2 *Kings* xix. 35 f. divine intervention (? a plague) destroyed the invading army before Jerusalem: the mouse is, for obvious reasons, a Greek symbol of pestilence, and in Homer *Il.* i. 39 it is Apollo Smintheus (the mouse god) who sends and then stays the plague; cf. *O.T.* 1 *Sam.* vi. 4.

κατὰ μὲν φαγεῖν, κατὰ δέ: for the tmesis, cf. 39. 8 note and Homer *Il.* xxiii. 798 f. *κατὰ μὲν . . . θῆκε . . ., κατὰ δέ . . .*: for the repetition of *κατά*, cf. 52. 6.

24. *ἕστηκε . . . λίθινος*: the statue was probably that of the high priest of Horus, to whom the mouse was sacred. No Egyptian statue alludes to a single incident; and the content of the inscription as given by H. is utterly un-Egyptian (Spiegelberg, *Cred.*, p. 26, who attributes the story to the Phoenicians in the Tyrian Camp, 112. 6, the colony near the great temple of Ptah at Memphis).

142 1. *ἐς μὲν τοσόνδε*: the *μέν* is resumed in 147. 1 *ταῦτα μέν νυν*, and answered by *ὅσα δέ . . .* Thus chaps. 142–146 form an insertion by H. on (1) the antiquity of Egypt, (2) the gods of Egypt and their relation to Greek deities, and (3) the Greek error in assigning a human origin to gods. J. E. Powell (*C.Q.*, 1935, pp. 78 ff.) suggests that 43–45 + 142–146 originally formed a single passage (based on the work of Hecataeus), divided into two for convenience of insertion.

2. *τοῦ πρώτου βασιλέος*: 99. 4.

3. *τελευταῖον*: in the pred. after *βασιλεύσαντα*: as an independent statement, it would be *τελευταῖος ἐβασίλευσε*.

6. *τοσούτους*, i.e. 341: this number is made up of:—1 (Mênês) + 330 (chap. 100. 2) + the 10 kings whose reigns H. describes in chaps. 102–141; and H. confirmed his calculation, unreliable though we know it to be, by the number of statues of high priests (143. 6).

7. *δυνέαται*: the same meaning, 30. 4: for the form, App. 49 b (Ionic 3rd pers. pl.), yet the next verb is sing., attracted to agree with *ἔτεα* which immediately precedes.

9. *γενεέων* depends upon *ἔτεα*.

ἐστί . . .: if 3 generations make up a century, the remaining 41 should be equivalent to 1,366$\frac{2}{3}$ years, not 1340, as H. says; and the total should therefore be 11,366$\frac{2}{3}$ years—a fabulous antiquity.

13. *οὐ μὲν οὐδέ*: 12. 8.

16. *ἐξ ἠθέων* appears to mean 'away from his usual seat', 'contrary to his wont', i.e. the sun had changed his place of rising four times, rising in the east for two periods, and in the west for two. But instead of referring to the sun's rising in the west, H.'s Egyptian informant alluded to the rising of Sirius and the Sôthic periods of 1460 years (cf. 4. 4); for it was only at the beginning of these periods that the calendar corresponded to the real time.

18. *ὑπὸ ταῦτα*, 'at these times': cf. 36. 4. The phrase is a short form of *ὑπὸ τὸν χρόνον ἐν ᾧ ταῦτα ἐγένετο*.

20. *ἀμφί, κατά*: variety of prepositions with little difference of meaning. With the phrases *τὰ ἐκ τῆς γῆς, τὰ ἐκ τοῦ ποταμοῦ σφι γινόμενα*, and the similar phrases in 177. 2 (both quoted from Egyptians, perhaps

priests), Spiegelberg (*Credibility*, p. 9) compares the expression, common on Egyptian tombstones, requesting 'all good and pure things' for the deceased, 'what heaven gives, what the earth creates, and what the Nile brings'.

143 1. Ἑκαταίῳ: there is no proof that Hecataeus 'the historian' told this incident himself: 'Herodotus picked up at Thebes, probably from the "priests", a little anecdote about the behaviour of a previous visitor, which, not without malice (ἐμοὶ οὐ γενεηλογήσαντι ἐμεωυτόν), he passes on to his hearers' (J. E. Powell, *C.Q.*, 1935, p. 78).

2. ἀναδήσαντι . . . 'tracing his lineage to a god in the sixteenth generation': cf. ἀναφέρειν τὸ γένος. θεόν: used predicatively after ἑκκαιδέκατον.

3. τοῦ Διός: 42. 1.

5. ἐὸν μέγα: if H. had been admitted to the colossal hypostyle hall at Karnak, he would certainly have described it in greater detail.

9. παῖδα πατρὸς ἑωυτῶν: priesthood in Egypt was in general strictly hereditary, but there were exceptions. ἑωυτῶν: pl. loosely used with ἕκαστον immediately following, cf. 137. 9.

ἐκ . . . τῆς εἰκόνος: for the position of τοῦ . . . ἀποθανόντος, cf. 7. 6 note.

10. ἐς οὗ (not found elsewhere): MS. P reads ἕως οὗ, perhaps by analogy with μέχρι, and ἄχρι, οὗ: see *M. and T.* 616, and cf. the Mod. Gk. ὥσου or ὡσοῦ. The usual ἐς ὅ occurs *infra* l. 16.

13. ἐπὶ τῇ ἀριθμήσι 'on the basis of', or 'according to, their reckoning' of the statues.

ἀπὸ θεοῦ: the denial of the priests that a man could be sprung from a god contradicts the regular claim of the Pharaohs to be 'sons of Ra', and there are other exceptions.

15. πίρωμιν: this Egyptian word *pi-rôme*, 'the man', is explained by H. as meaning 'the gentleman' or 'the good man'; but the wider meaning of the word, 'man' as opposed to god, suits this context better, mortal being born of mortal. By using the narrower meaning, however, H. is able to expose more effectively Hecataeus's pride in his ancestry (Spiegelberg, *Credibility*, p. 9). As a proper name 'Piromis' is found in a Greek inscription from Halicarnassus, and may have been familiar to H.

16. τοὺς πέντε: the article is used as if the number were that given in 142. 4. The additional 4 may correspond to the time that elapsed between Sethôs (-ôn) and the visit of Hecataeus (about 150 years).

17. [πίρωμιν ἐκ πιρώμιος γενόμενον]: if these words were used by H., emphatically repeating the phrase already used in l. 15, the acc. sing. here expresses the part in apposition with the whole, τοὺς . . . κολόσσους: cf. 41. 14 note.

144 1. τῶν (rel.), antecedent σφεας.

τοιούτους, i.e. ἀνθρωποειδέας, and therefore mortal.

3. τὸ πρότερον, c. gen., like πρότερον, 140. 7.

5. αἰεί 'at any given time', 'in succession': 124. 12.

ὕστατον . . . Ὧρον: so also Diod. Sic. i. 25. 7. The Turin Papyrus and the monuments record as rulers, immediately before King Mênês, the Followers or Worshippers of Horus—the men of the Falcon Clan from the W. Delta. As a saviour god of light, Horus was identified with Apollo.

7. Τυφῶνα: Typhôn (also Typhôeus in Greek) is the Egyptian god Seth, the god of war and destruction: see Manetho fr. 78, 79.

145 2. Ἡρακλέης: for Heracles as a recent deity, cf. 43. 1, 44. 18.

3. Πάν: the Egyptian god Min.

τῶν ὀκτώ: eight gods formed the first group in the Egyptian pantheon (cf. 46. 3), twelve gods the second group (cf. 4. 10 note, 43. 2, 46. 4), and an undefined number of gods, descended from the twelve, formed a third class. Such is the classification given here by H. from some unknown source (? Hecataeus): the Egyptian classification was usually into three ' nines ' or enneads.

7. ἐς Ἄμασιν βασιλέα: the reckoning down to the time of King Amasis (43. 21, *infra* l. 10) is explained by J. E. Powell (see 142. 1 note) as borrowed from Hecataeus whose visit to Egypt was made during, or shortly after, the reign of Amasis (569–526 B.C.).

8. πρόσθε: 43. 21.

14. κατὰ χίλια ἔτεα: the MSS. make it ' about 1600 years ', i.e. 700 years before Heracles: yet, according to 44. 16, Cadmus and Heracles were separated by five generations, and since Dionysus was grandson of Cadmus, between Dionysus and Heracles came three generations, i.e. one century: hence χίλια here. Legrand explains the MSS. reading ἑξακόσια as expanded from χʹ, the numerical symbol for 600.

15. Πανί: this son of Penelope and Hermes is first referred to by Pindar—a strange post-Homeric legend, perhaps of a later Penelope. ' It was this Pan who was reported " dead " by the mysterious voice in the Aegean during the reign of Tiberius (Plutarch, *De Def. Orac.* 17, *Mor.* 419) ' (How and Wells).

17. τῶν Τρωϊκῶν = ἢ τοῖσι Τρωϊκοῖσι.

146 1 τούτων ἀμφοτέρων: at first hearing, these words strike one as masc., referring to Dionysus and Pan, but they lack a construction (? add πέρι before πάρεστι, Stein). As the sentence stands, they are neut. (' the Greek and Egyptian accounts '), depending upon τοῖσι, i.e. τούτοισι τοῖσι (Att. οἷσι) . . .: ' a man is free to follow whichever of these two accounts he deems the more credible '.

3. ἀποδέδεκται: see 43–49, 52 for H.'s views on the Egyptian origin of the Greek gods.

4. καὶ οὗτοι (63. 8), defined, after the phrase κατά περ . . . γενόμενος, by the words καὶ δὴ καὶ Διόνυσος . . . καὶ Πάν . . .: H. insists that Dionysus and Pan stand on a different footing from Heracles, the two former having never existed as mortal men.

7. καὶ τούτους: i.e. like Heracles: ἄλλους = ' likewise '.

ἄνδρας = ἀνθρώπους, ' mortals ', as in 144. 3.

9. αὐτίκα γενόμενον ' as soon as he was born ', *M. and T.* 858: cf. 147. 13.

10. ἐνερράψατο: cf. Eur. *Bacch.* 96.

Νύσαν: among the many places known as Nysa, H. believed Napata in Ethiopia to be the birthplace of Dionysus (iii. 97. 2).

12. ὅκῃ ἐτράπετο, ' what became of him '.

δῆλα: for this use of neut. pl. for sing. cf. 5. 1 note.

13. τὰ οὐνόματα, not merely ' names ', but something like ' characteristics ', ' personalities ', cf. 43. 12.

15. τὴν γένεσιν (cogn. acc.): i.e. the Greeks date the birth of the deity from the time when they learned of his existence and worship.

147 1. *ταῦτα μέν*: *ταῦτα* refers actually to chaps. 99. 4–141, see 142. 1 note: the long inserted passage is now at an end, and H. emphasizes the greater reliability of the sources available to him for the following section (cf. 154. 18).

2. *ὁμολογέοντες* belongs to *Αἰγύπτιοι* only.

5. *μετὰ τὸν ἱρέα . . . βασιλεύσαντα*: concrete expression for 'after the reign of the priest . . .': cf. 13. 4 note, 129. 11. *τὸν ἱρέα*: 141. 1.

6. *ἄνευ βασιλέος*: H. speaks as a Greek democrat.

7. *δυώδεκα βασιλέας*: of an organized dodecarchy the monuments have no record, but there were times when a number of petty rulers claimed autonomy.

8. *μοίρας δασάμενοι*: *G.G.* 1076, and 4. 3 note.

9. *νόμοισι τοισίδε*: explained by the infin. phrases which follow: the laws bound the kings as by oath 'not to depose one another . . .' (hence *μήτε . . . μήτε*).

10. *δίζησθαι*: 38. 4 note.

11. *τε* adversative: 15. 18 note.

15. *τοῦτον* resumes *τὸν . . . σπείσαντα* (epanalepsis).

16. *τὰ πάντα*, i.e. all in turn.

148 1. *ἔδοξε, δόξαν δέ*: for this repetition linking two clauses together see 14. 14 note. *δόξαν*: *G.G.* 1569.

2. *λαβύρινθον*: this maze-like group of buildings, called 'Labyrinth' after the great Palace of Minôs at Knôssos, is also described by Diod. Sic. i. 66. 1–6, Strabo 17. 1. 37, Pliny *H.N.* 36. 13, and Mela i. 9, with several discrepancies and with confusion of detail. It was not the work of 'twelve kings', but of Amenemhêt III of the Twelfth Dynasty (Manetho Fr. 34: Lachares or Lamares): standing near his pyramid (*infra* l. 33), the labyrinth of one-storeyed buildings, with crypts, covered an area of about 1000 by 800 feet, but only the foundations now remain (see Petrie, Wainwright, and Mackay, *Labyrinth*, 1912). Statues of the crocodile-god of the Fayûm, Sobek (69. 1 ff. notes) have been found among the ruins; but the Labyrinth was not only a temple, but the seat of the central government of the time.

3. *Μοίριος*: 149. 2.

Κροκοδίλων πόλιν: near the modern Medinet al Fayûm: 69. 1, and Index of Proper Names.

4. *ἤδη εἶδον*, 'I have so far', or 'ever, seen': *λόγου μέζω*, leading on to what follows, takes the place of a superlative, attracted, as usual, into the rel. cl. (J. E. Powell, *C.Q.*, 1935, p. 80). It is as though H. said: 'This is the greatest I have ever seen, and it is beyond description'. For the latter phrase, cf. 35. 3.

5. *τὰ ἐξ Ἑλλήνων τείχεα*: the name of the people is used for the country in which the walls were built: idiomatic *ἐξ* for English 'in'.

7. *τοῦ λαβυρίνθου*: gen. of comparison after *ἐλάσσονος*.

8. *ὁ ἐν Ἐφέσῳ νηός*: the Temple of Artemis ('Diana of the Ephesians'), mentioned by H. in i. 92. 1. *ὁ ἐν Σάμῳ*: the temple of Hêrê, described by H. iii. 60. 4 as 'the greatest of all temples known to us'.

9. *ἦσαν*, i.e. 'were', as H. described them (chaps. 124 ff.).

10. *ἑκάστη αὐτέων* (App. 33): join together *πολλῶν Ἑλλ. ἔργων καὶ μεγάλων*.

11. τοῦ = τούτου: cf. 124. 15 for the article in its original use as a demonstrative pronoun.

12. κατάστεγοι: not open as usual (ὑπαίθριοι), but receiving light from the corridor which each group of six faced.

13. πρὸς βορέω, πρὸς νότον: variety of case, as in 121. 3, 6.

19. λόγοισι ἐπυνθανόμεθα: H. conscientiously states that he did not see the subterranean chambers, but describes them from hearsay. See 69. 1 note for the visit of a Roman senator in 112 B.C. to the crocodiles and the Labyrinth: he is to receive τὰ πρὸς τὴν τοῦ λαβυρίνθου θέαν.

21. θήκας: it is very unlikely that the Labyrinth contained royal tombs.

ἀρχήν: 28. 1.

25. τῶν στεγέων (App. 33): these στεγαί seem to be the same as the οἰκήματα *infra* l. 27. Cf. 175. 14 *al.*

27. διεξιοῦσι, sc. ἡμῖν, from αὐτοὶ ὡρῶμεν *supra* 25.

28. παστάδας: for such colonnades, cf. 169. 20.

31. τύπων ἐγγεγλυμμένων: cf. 136. 5, of the pylons at Memphis.

33. τῆς γωνίης: gen. after ἔχεται.

τελευτῶντος (cf. 32. 17), ' where the labyrinth ends ' (Godley).

149 2. λίμνη: Lake Moeris is now represented by Lake Karûn in the N.W. of the Fayûm. This fertile district is watered by the Bahr Youssef, a branch of the Nile (l. 18), which enters at a height of nearly 100 feet above the lowest parts of the basin. The work of Amenemhêt III consisted in building a barrage with sluices at the entrance and draining the swamps. He thus obtained an area for cultivation of 240 sq. miles and a lake 42 sq. miles in extent (A. W. Lawrence).

3. τὸ περίμετρον . . . εἰσὶ στάδιοι: for εἰσί agreeing with the pl. noun in the predicate, cf. 15. 21 note. Pliny, *H.N.* 36. 16. (v. 9) gives two estimates—the second agreeing with H. and Diod. Sic. i. 51. 6.

5. σχοίνων (in a gen. absol. phrase): see 6. 2 note for the *schoenus* and the length of the seaboard of Egypt.

ἴσοι . . . τὸ παρὰ θάλασσαν: a parenthesis—' the stades of Egypt itself along its seaboard are the same in number '.

7. βαθυτάτη αὐτὴ ἑωυτῆς: 8. 7 note.

8. ὀρυκτή: cf. 150. 5 and 18.

9. μέση . . . μάλιστά κῃ: 34. 7.

10. πυραμίδες: perhaps a very incorrect and exaggerated description of the Colossi of Memnôn, i.e. Amenemhêt III, seen in a mirage from a distance across the lake.

ὀργυιάς: *G.G.* 1062.

11. ἕτερον τοσοῦτο: 5. 7 note.

13. αἱ ἑκατὸν ὀργυιαί, i.e. any hundred fathoms: the generalizing force of the article.

14. δίκαιαι, sc. οὖσαι, = ' exactly ', implying full measure.

15. καὶ τετραπήχεος, ' *or* four cubits '. The table runs:

4 δάκτυλοι (fingers' breadths) = 1 παλαιστή (span),
4 παλαισταί = 1 πούς,
1½ πόδες or 6 παλαισταί = 1 πῆχυς,
6 πόδες or 4 πήχεις = 1 ὀργυιά,
100 πόδες = 1 πλέθρον,
6 πλέθρα, or 100 ὀργυιαί, or 600 πόδες = 1 στάδιον.

18. *δεινῶς*: 32. 22.
ἡ ταύτῃ, sc. *χώρῃ*.
21. *ἡ δὲ* sc. *λίμνη*: for *δέ* in apodosis, see Denniston, *Gk. Part.*, p. 179.
τοὺς ἓξ μῆνας: *G.G.* 1062.
22. *ἐκ τῶν ἰχθύων*: the fish were caught in fish-pots at the sluices: Diod. Sic. (i. 52. 5, 6) gives the same daily revenue (about £250), assigned to the queen to provide unguents, etc. (for this practice, see H. ii. 98. 2 note); he speaks of 22 different kinds of fish in the lake, and adds that the task of salting the fish is a formidable one. See Petrie, *Illahun etc.*, p. 40, for the revenue in Ptolemaic times. At a later date, salted fish were imported in great quantity into Greece and Italy from Egypt, *τὰ Νειλῷα ταρίχη*, Lucian, *Navigium* 15.
23. *εἴκοσι μνέας*, i.e. one-third of a talent.

150 2. *ἐς τὴν Σύρτιν*: 32. 7. H. makes no comment upon the underground channel of which the natives spoke.
ἐκδιδοῖ: 22. 5.
3. *τὸ πρὸς ἑσπέρην*: adverbial, 'in its western part': *ὑπὲρ Μέμφιος*, i.e. S. of Memphis, referring to the Libyan range which runs southward from N. of Memphis.
4. *τοῦ ὀρύγματος τούτου* refers to the excavation of the lake (cf. 149. 8): the tradition of this excavation is perhaps based upon the artificial re-cutting of the Hawara channel in the Twelfth Dynasty (G. Caton-Thompson).
5. *ἐπιμελὲς γὰρ δή*: *γάρ* gives the reason for the princ. verb *εἰρόμην*. H. here describes his research and his use of the comparative method.
8. *ἵνα* = *ὅκοι* or *ὅκῃ*: already in Homer (e.g. *Od.* vi. 55 *βουλήν, ἵνα μιν κάλεον*.
ᾔδεα (App. 60) *γὰρ λόγῳ* ('by report'): cf. 148. 19 *λόγοισι ἐπυνθανόμεθα*: *λόγῳ* implies *ἀκοῇ*, the opposite of *ὄψι*.
10. *Σαρδαναπάλλου*: the historical original of this legendary figure (mentioned by H. only here) is Asshurbanipal, King of Nineveh, the last of the Assyrian conquerors.
13. *σταθμεόμενοι* (sc. *τὴν ὁδόν*): 2. 26.
15. *ὅκως γένοιτο νύξ* (13. 2), 'every night'.
19. *ὀρύσσοντες . . . τοὺς Αἰγυπτίους . . . φορέειν*, sc. *ἤκουσα*.
21. *ἔμελλε*: 'was sure to', of what was to be expected.

151 3. *μελλόντων*, gen. abs. irregular, because in the princ. cl. the dat. *σφι* is used.
4. *φιάλας . . . ἕνδεκα*: the juxtaposition of *ἕνδεκα* and *δυώδεκα* neatly emphasizes the mistake.
6. *ἔσχατος*: in the predicate after *ἑστεώς*.
Ψαμμήτιχος, Psammêtk I of Dynasty XXVI: the name was interpreted, perhaps correctly, by the Egyptians as meaning *man*, or *vendor*, *of mixed wine*, and was explained by this fanciful story (see Spiegelberg, *Cred.*, p. 31: also Diod. Sic. i. 66. 7–12), which has a *motif* not uncommon—the fulfilment of an oracle by those who are trying to evade it. For portraits of Psammêtichus I, see Petrie, *Hist. of Egypt*, iii. figs. 139, 140: *Brit. Mus. Guide*, fig. 211.
7. *κυνέην*: properly a dogskin cap, then a helmet of other leather (vii. 77) or metal: hence the addition *ἐοῦσαν χαλκέην*.
11. *ἐκ*, of the agent, 121. 99.

τὸ χρηστήριον: 147. 13. ὅ τι (= ὅ), with a definite antecedent, cf. 46. 13, 99. 17, 100. 5.

12. σφι . . . ψιλώσαντας: for the part. in the acc. (not dat. agreeing with σφι) because of the influence of the infinitive—a frequent irregularity in H.—cf. 107. 11, 111. 3, 139. 4.

17. ὁρμώμενον: the force of μή extends also to this participle.

152 1. φεύγοντα, trans.: l. 3, intrans., and τοῦτον resumes τὸν Ψαμμήτιχον τοῦτον.

2. Νεκῶν: according to Manetho, fr. 68, Necôs (Nechao) was the third king of Dynasty XXVI whose seat was at Saïs. Assyrian annals dealing with Necôs make no mention of his being killed by the Ethiopians: probably it was another Necôs, his grandfather.

3. ἐκ τῆς ὄψιος τοῦ ὀνείρου: chap. 139. For ἐκ, cf. 129. 8 ἐκ τῆς δίκης.

6. πρός, of the agent, after φεύγειν, 'to be banished by. . .'

11. τίσις ἥξει: this phrase again in an oracle, i. 13. 2.

12. χαλκέων ἀνδρῶν: this phrase alludes to the decisive part played by Greek mercenaries in the rise of the Saïte dynasty.

13. ὑπεκέχυτο, a poetical use: lit. 'strong disbelief was spread under him', lay deep down in his heart, possessed him.

15. κατὰ ληΐην 'for plunder': κατά denotes the purpose of motion, cf. Homer, *Od.* iii. 106 πλαζόμενοι κατὰ ληΐδα.

16. ἐκβάντας δὲ . . . ἀγγέλλει . . . ὡς . . . λεηλατεῦσι: after ἀγγέλλει instead of acc. and part. since the acc. is itself a part., a ὡς clause follows. In Homer *Od.* xiv. 120 a simple acc. of the person follows ἀγγέλλω, 'I bring news of'—εἴ κέ μιν ἀγγείλαιμι. For acc. and part. cf. Soph. *O.T.* 955 πατέρα τὸν σὸν ἀγγελῶν | ὡς οὐκέτ' ὄντα. The acc. ἐκβάντας does not simply anticipate the subj. of λεηλατεῦσι (cf. 9. 5), for the nom. χάλκεοι ἄνδρες is inserted with the verb.

17. τῶν τις Αἰγυπτίων· for the order, 38. 4.

18. ὡς οὐκ ἰδών: causal, *G.G.* 1574.

22. σφεας . . . πείθει, to be taken together: conative pres., *G.G.* 1255: the attempt is completed in ἔπεισε.

23. τὰ ἑωυτοῦ βουλομένοισι: cf. τὰ ἐκείνου ἐφρόνεον, 162. 24. The MSS. have μετ' ἑωυτοῦ βουλομένοισι, but μετ' ἑωυτοῦ appears to be repeated from the previous line.

153 2. προπύλαια: cf. 99. 21, 136. 3.

3. τῷ Ἄπι: cf. ch. 38 (Epaphus). ἐπεὰν φανῇ: of the epiphany of the god in the body of the bull-calf.

6. κολοσσοί: the roof of the court appeared to be supported by great statues, but the Egyptians did not use caryatides, as did the Greeks: probably the statues wholly concealed the columns behind them. ἀντὶ κιόνων is therefore an error.

154 2. δίδωσι: App. 56 and 2. 9 note.

ἐνοικῆσαι: inf. of purpose, *G.G.* 1531: so ἐκδιδάσκεσθαι, *infra* l. 7.

4. Στρατόπεδα: the position of these Camps is defined below, l. 10, as being on the Pelusian branch of the Nile, below Bubastis. This double encampment is usually identified, on no good grounds, with Daphnae (30. 10): it may have been a suburb or appendage of Daphnae, but it seems more probable that the Camps (with their reserve of veterans) lay at a little distance S. of Daphnae (the frontier post). See R. M. Cook, *Journ. Hell. St.*, 1937, pp. 233 ff.

7. ἐκδιδάσκεσθαι: after the pass., τὴν γλῶσσαν is a retained acc., *G.G.* 1239. For a Greek boy of the second century B.C. who is learning Egyptian in order to teach it to others, see the London papyrus letter, P. Lond. I. 43, p. 48 (Wilcken, *Chrest.* I. ii. No. 136: *Urkunden der Ptolemäerzeit*, i., p. 635: Witkowski *Ep Priv. Graec* No. 59).

8. οἱ ἑρμηνέες: one of the seven Egyptian classes, 164. 3.

13. χρόνῳ ὕστερον: Amasis became co-regent 40 years after the death of Psammêtichus I: his reign is dated 569–526 B.C. See R M. Cook, *J.H.S.*, 1937, pp. 227 ff.

15. πρὸς Αἰγυπτίων: πρός ('on the side of', 'towards': *supra* l. 10) here implies 'against', as in 30. 10.

τούτων (gen. absol.), followed by τούτοισι: a slight irregularity.

16. οἱ Ἕλληνες, with a 1st pers. pl. verb, ἐπιστάμεθα.

18. πρῶτοι: H. ignores the Hyksôs (cf. 128. 5) and Libyan settlers in Egypt.

19. ἀλλόγλωσσοι, 'using a strange, or foreign, speech': this is the adj. used as a contrast to Αἰγύπτιος in the inscription by Greek mercenaries on the leg of a colossal statue of Ramesses II at Abu Simbel, *c.* 589 in the reign of Psammêtichus II (Dittenberger, *Syll*³. i. 4). The opposite ὁμόγλωσσος occurs in 158. 26.

155 1. πολλά, 'often', e.g. 83. 6, 152. 10.

3. Λητοῦς: possessive gen. after ἱρόν, as in 41. 3.

5. . . . ἀναπλέοντι κτλ.: this vague phrase may mean 'on the voyage up from the sea'; but Blakesley and J. E. Powell appear to be correct in suggesting that a defining phrase is omitted in the MSS. before ἀναπλέοντι—either ἐν δεξιῇ or ἐπὶ τὰ δεξιά, for Buto (identified with the modern Ibṭû) lies to the W. of the Sebennytic branch (*C.Q.*, 1935, p. 80).

6. ἐστι has a double function—with οὔνομα and with τὸ χρηστήριον: οὔνομα has no copula in 41. 21.

8. ὅ γε νηός: here loosely used for 'precinct' (τέμενος, l. 12), but in l. 13 in its strict sense of 'shrine'.

11. τῶν φανερῶν 'of what I saw', 'of what was on view': opposed to the parts to which strangers were not admitted.

13. ἐξ ἑνὸς λίθου: cf. 175. 11. A really monolithic building of this size would be a great marvel, but perhaps joints were carefully concealed, and guides would certainly not draw attention to them. See Strabo 17. 1. 37, Diod. Sic. i. 66. 4, for the monolithic roofs of the chambers of the Labyrinth. After μῆκος, the MSS. have καὶ τοῖχος ἕκαστος, which J. E. Powell deletes as a mistaken gloss to τούτων ἕκαστον (*C.Q.*, 1935, p. 81). With the reading in the text τούτοισι refers to τὰ προπύλαια, δέκα ὀργυιαί being equal to τεσσεράκοντα πήχεες: τούτων ἕκαστον means 'each one of these three dimensions', i.e. the height of the propylaea, the height of the shrine, and the length of the shrine.

16. τετράπηχυν appears to mean 'four cubits high' or 'thick'. Pollux (1. 81) explains παρωροφίς as τὸ μεταξὺ τοῦ ὀρόφου καὶ τοῦ στέγους. The Egyptian cornice did not project from the line of the walls.

156 2. τῶν δευτέρων: of less marvellous things, things of lesser note.

3. ἡ Χέμμις: Hecataeus (fr. 284) says of this island— ἐστὶ μεταρσίη, καὶ περιπλέει καὶ κινέεται ἐπὶ τοῦ ὕδατος, and calls it 'Chembis': the Egyptian form of the name is *Khebt*. To the Greeks, Delos was a

floating island (erratica Delos, Ovid *Met.* vi. 333), associated with Leto (as Chemmis was) and a divine birth. See Lucian *Vera Hist.* i. 40.

5. ἔγωγε: H.'s candour here is an implicit criticism of Hecataeus: H. recognizes the purely mythological character of the tradition, and probably thinks of the floating isle of Aeolus (Homer, *Od.* x. 3).

6. τέθηπα ἀκούων εἰ: cf. the common Attic use of εἰ after θαυμάζω, *G.G.* 1423.

8. τριφάσιοι (17. 14): one for each of the three deities—Leto, Apollo, Artemis.

12. τῶν ὀκτὼ θεῶν: 145. 3.

16. τὸ πᾶν διζήμενος (38. 4), 'searching through the world'.

17. Ὀσίριος τὸν παῖδα: Horus, identified with Apollo (see l. 20).

18. Ἀπόλλωνα δὲ . . . Δήμητρος: this passage, interrupting the account of the floating island and making the reference of διὰ τοῦτο (l. 25) obscure, is recognized as a later insertion, perhaps borrowed from the Γενεηλογίαι of Hecataeus (J. E. Powell, *C.Q.*, 1935, pp. 81 f.).

21. Βούβαστις: to the Egyptians Bubastis was not the sister of Horus.

22. Αἰσχύλος: the tragedian is mentioned by H. only here, with harsh criticism of his 'theft' (ἥρπασε).

23. μοῦνος τῶν προγενομένων: lit. 'alone among his predecessors': cf. 161. 4 εὐδαιμονέστατος τῶν πρότερον βασιλέων, and note.

24. ἐποίησε, 'made' Artemis in his poetry (a tragedy now lost) to be daughter of Demeter.

τὴν δὲ νῆσον . . . γενέσθαι, sc. λέγουσι οἱ Αἰγύπτιοι.

25. διὰ τοῦτο looks back before the inserted passage to the story of the floating island.

157 2. Ἄζωτον: during his long reign (54 years: see Manetho fr. 68) Psammêtichus I besieged and captured Ashdod, the city of the Philistines; but the length of the siege (29 years) appears to be greatly exaggerated by H., unless it was not so much an active and continuous blockade as a general attack or raid upon the whole district.

5. τῶν ἡμεῖς ἴδμεν: 68. 7.

158 1. Νεκῶς: cf. 152. 2. Manetho (fr. 68) gives the old form of the name, Nechao, an Egyptian plural, 'belonging to the *kas*' or bulls, i.e. Apis and Mnevis; and assigns only 6 years to his reign. For *O.T.* references to events at this time, see 2 *Kings* xxiii ff., 2 *Chron.* xxxvi. 2–4: Peet, *Egypt and the Old Testament*, pp. 181 ff.

2. τῇ διώρυχι: H. attributes the beginning of this Nile canal to Necôs (πρῶτος), for previous attempts had probably been silted up—e.g. work as early as Dynasty XII (Strabo 17. 1. 25) or the reign of Sethôs I of Dynasty XIX (*c.* 1300 B.C.). Cf. Diod. Sic. i. 33. 9–12: he agrees with Strabo that Darius left the canal unfinished, adding that Ptolemy II who completed it, furnished it with an ingenious lock. The work of Darius is confirmed by five inscriptions, found between the Bitter Lakes and the Red Sea. The course of the canal was from near Zagazig through the Wadi Tumilat to Lake Timsah and the Red Sea, a distance of 105 miles, the width varying from 100 to 200 feet. Remains of a sluice or barrage were found at Suez (cf. the lock of Ptolemy II): this was necessary because of the slightly higher level of the Red Sea, if the salt water and the action of the tides were to be avoided (A. W. Lawrence).

4. πλόος ἡμέραι: apposition, cf. 168. 10.

6. ἧκται δὲ . . ., ἧκται δέ: the repetition is not that usual in Herodotus (e.g. 52. 6 note), as there is a change of subject (ἡ διῶρυξ, with the second ἧκται, as in l. 12). The perf. expresses permanent result: so ὀρώρυκται, *infra* l. 9.

7. Πάτουμον: about 10 miles W. of Ismailia, in the Wadi Tumilat—the Pithoum which the Israelites built in the Captivity (*O.T. Exod.* i. 11).

9. τὰ . . . ἔχοντα: for this intrans. ἔχω, cf. 17. 16.

11. αἱ λιθοτομίαι: 8. 5.

17. τὴν αὐτὴν ταύτην: 56. 5.

19. ἀπαρτὶ χίλιοι: although H. says 'precisely 1000' stades (ἀπαρτί, 'neither more nor less'), the estimate is exaggerated: the actual length at the narrowest part is 75 miles, or less than 600 stades.

22. ὀρύσσοντες, masc., but what actually follows is δυώδεκα μυριάδες, fem.: a common irregularity. The cost of the canal in human lives appears excessive; but in 1819 the making in 6 months of the Mahmudiya Canal from the Nile to Alexandria by Mohammed Ali is estimated to have cost over 20,000 lives (Baedeker[8], p. 16).

23. μεταξὺ ὀρύσσων (*M. and T.* 858), 'in the middle of his excavation', 'while digging'.

159 5. ἐν τῷ δέοντι, 'at need', 'as he needed them', e.g. for the circumnavigation of Africa, iv. 42. 2–4.

6. Μαγδώλῳ: this name appears to be the Migdol of *O.T. Exod.* xiv. 2, the border fortress of Egypt on the N.E., but the battle took place at Megiddo, 609 B.C., in which Josiah, king of Jerusalem, was defeated and killed (see *O.T.* references in 158. 1 note). H. knows nothing of the defeat of Necho by Nebuchadrezzar (-nezzar) at Carchemish (604 B.C.: cf. *O. T. Jeremiah* xlvi. 2).

7. Κάδυτιν . . . εἷλε: Gaza, lying to the south of Megiddo, would naturally be besieged before the battle. Strabo (xiii. 2. 3, p. 617) records that the brother of Alcaeus the poet served as a mercenary on the Babylonian side (Edmonds, *Lyra Graeca*, i. 192, p. 402).

ἐν τῇ (rel.) ἐσθῆτι: for this use of ἐν, cf. 81. 8 note; and for dedication of garments, cf. Verg. *Aen.* xii. 768 f., Hor. *Odes*, I. v. 13 ff. Necho's act was a compliment to his Carian mercenaries and to the fame of the sanctuary and oracle at Branchidae near Miletus (i. 46, 92 etc.).

8. ἀνέθηκε, sc. ταύτην.

160 1. Ψάμμιν: i.e. Psammêtichus II, whom Manetho (fr. 68) calls Psammuthis. Diod. Sic. (i. 95. 2) places the visit of the ambassadors from Elis under the reign of Amasis.

2. δικαιότατα . . . πάντων ἀνθρώπων: the impartiality of the Eleans is mentioned elsewhere (Plutarch *Mor.* 190 c, 215 F, Athenaeus 350), for other nations found it hard to understand this sense of 'sportsmanship'. But it was not beyond dispute: Elean successes in the games are suspiciously frequent (A. W. Lawrence, quoting Plut. *Quaest. Platon.* 2: Pausanias v. 21. 2, vi. 3. 7).

4. παρὰ ταῦτα: (1) 'in addition to this', after ἐπεξευρεῖν: or (2) compared with' (*G.G.* 1213. 3 d), cf. the use of the comparative δικαιότερον after ἐπεξευρεῖν, l. 12.

10. σφέας: instead of this acc. the usual construction after κατήκει is the dat.

ἀπηγησάμενοι, sc. οἱ Ἠλεῖοι, with a change of subject from the previous sentence.

17. μηχανήν, lit. 'means', may be translated 'possibility'.

19. βούλονται, ἀπικοίατο: the wish to be impartial is present, their arrival in Egypt is past But other examples of indic. and opt. in the same clause are not so easily explained, e.g. vii. 151: cf. *M. and T.* 670.

21. εἶναι = ἐξεῖναι, as in 136. 14.

161 2. ἐς Αἰθιοπίην: it was in the course of this expedition that the mercenaries scratched the inscription at Abu Simbel (see 154. 19 note): the names end 'Axe, the son of Nobody' (ΟΥΔΑΜΟΥ), but if this last word is really Ο ΕΥΔΑΜΟΥ, it may be 'Pelecus, the son of Eudamus'.

3. Ἀπρίης, called Uaphris by Manetho (fr. 68), Hophra by *O.T.* writers, reigned for 22 years (not 25, l. 5), 588 to 566, the last three years jointly along with Amasis. εὐδαιμονέστατος τῶν πρότερον βασιλέων: for this idiom (gen. with superl. as though it were a comparative), cf. Homer *Od.* v. 105 ὀϊζυρώτατον ἄλλων, Soph. *Ant.* 100 (with Jebb's note). Cf. 156. 23 (with μοῦνος).

7. τῷ Τυρίῳ: the King of Tyre.

ἔδεε: so δεῖν of destiny, 133. 11.

8. ἐγένετο, sc. οἱ κακῶς.

ἐν τοῖσι Λιβυκοῖσι λόγοισι: iv. 159. 4–6.

13. φαινόμενον = φανερόν, Lat. *manifestum*, of an inevitable disaster.

14. γένηται, ἄρχοι: the opt. is the more remote.

162 3. κατελάμβανε (conative, *G.G.* 1255), 'sought to restrain', followed by μή as a verb of hindering (*G.G.* 1615).

λέγοντος αὐτοῦ, οἱ: irregular gen. absol., cf. 66. 1.

5. κυνέην: the royal helmet or *pshent*, symbolizing Upper and Lower Egypt.

ἐπί, c. dat., 'with a view to', 'in token of': ἐπί, of end or purpose, 121. 87.

περιτιθέναι: for the repetition after περιέθηκε and περιτιθείς, cf. 52. 6 note.

6. τῷ (demonstrative): cf. 124. 15.

13. αὐτόν, τὸν δέ: Amasis. For the abrupt transition to *orat. obl.* in the middle of a story, cf. i. 86. 3. πρὸς αὐτόν, i.e. to Apriês.

15. πάλαι, c. imperf.: cf. *G G.* 1258.

16. οὐ μέμψεσθαι: litotes: so οὐκ ἀγνοέειν, *infra* l. 18.

17. αὐτός: note the nom. in acc. and infin. construction, cf. 118. 14.

19. ὁρῶντα, sc. αὐτόν (i.e. Amasis), παρασκευαζόμενον, (τὸν Πατάρβημιν) . . . ἀπιέναι.

20. ὡς δὲ ἀπικέσθαι: 32. 22 note.

21. λόγον δόντα: cf. the French *donner la parole.*

22. περιθύμως: alliteration of π and τ emphasizes the king's anger. προστάξαι, subject Apriês.

23. αὐτοῦ: on the position of αὐτοῦ, see 70. 9 note.

24. τὰ ἐκείνου ἐφρόνεον, *cum illo sentiebant*: cf. 152. 23.

25. διακείμενον: pass. of διατίθημι, I treat.

26. ἀπιστέατο (App. 49 b): H. sometimes uses the imperf. with the force of an aorist, but here perhaps the followers of Apriês did not act as one man.

163 3. εἶχε δέ: parataxis: δέ = γάρ, explaining τοὺς ἐπικούρους.

5. ἀξιοθέητα: H. visited Sais (28. 4): for his praise of Egyptian architecture, cf. 99. 21 note, 137. 18.

7. Μωμέμφι: 'near the village of Marea', says Diod. Sic. i. 68. 5: see Index of Proper Names for both Mômemphis and Marea.

164 1. ἑπτὰ γένεα: the classification varies in different lists, both in ancient Egyptian and in Greek times. In addition to priests and warriors, Diod. Sic. (i. 73. 2, 74) mentions herdsmen, farmers, and artisans: cf. Plat. *Timaeus*, p. 24, and Isocrates *Busiris*, 15 f. Strabo (17. 1. 3, p. 787) gives only three classes—soldiers, farmers, and priests. The classes in Egypt were not so rigidly distinct as to be called 'castes' (cf. India). 'Members of a family could belong to different classes, and there was no marriage bar between one class and another; the most distinct occupational classes were the priests and the soldiers' (A. W. Lawrence).

2. συβῶται: chap. 47.

3. ἑρμηνέες: 154. 8.

5. οἱ μάχιμοι: in addition to the Kalasiries and the Hermotybies, Labarees are mentioned by Aristagoras—perhaps Ne-bari, 'boatmen' or marines (H. R. Hall, *C.A.H.* iii., p. 308 note).

6. νομῶν: the word is Greek, the Ancient Egyptian being *sp.t.* The number of the nomes (districts or provinces) into which Egypt was divided at a very early date is variously given (e.g. Diod. Sic. i. 54. 3—36 nomes): they are mentioned in a fixed order, comprising generally 42 nomes, 22 for Upper Egypt and 20 for Lower Egypt. See H. Gauthier, *Les Nomes d'Égypte*, 1934, A. H. M. Jones, *Eastern Provinces of the Roman Empire*, p. 469: the names of districts given here by H. are apparently all derived from the Greek names of the capitals. H. deals only with the Delta, for the Theban nome (166. 2) may be the Diospolite or 17th nome in the Delta (see Strabo 17. 1. 19: Baedeker[8], p. 185).

7. κατὰ νομοὺς διαραίρηται: 4. 3 note, and cf. i. 119. 3 σφάξας αὐτὸν καὶ κατὰ μέλεα διελών. Each nome had its own governor (νομάρχης, 177. 6) and its own religious rites and customs (42. 1 ff.).

165 4. ὅτε . . . γενοίατο: cf. 150. 15.

5. τούτων . . . οὐδέν. artificial order of words, cf. 33. 14, 47. 2 *al.*

δεδάηκε: Epic and poetical word, = μεμάθηκε or ἔμαθε.

6. ἀνέωνται (App. 56): 65. 4, 167. 8.

166 5. οἰκέει: metaph. of the nome, 'has its seat'.

6. γενόμενοι: seeking to vary the phrase used in 165, H. makes this participle agree with νομοί instead of with Καλασίριες: νομοί therefore implies 'the population of the nomes'

9. παῖς . . . ἐκδεκόμενος: in part apposition to the subject of ἐπασκέουσι (an example of σχῆμα καθ' ὅλον καὶ μέρος, cf. 41. 14, 133. 21 and i. 7. 4). On hereditary callings in Egypt and in Sparta, see vi. 60.

167 1. καὶ τοῦτο, i.e. this scorn of handicraft (βαναυσίη, 165. l. 5) as well as other customs (cf. 50. 2, 51. 2, 57. 12, 58. 3).

2. ὁρῶν . . . Θρήϊκας . . . ἡγημένους: H. realizes that such a prejudice against crafts and trades may arise independently in different nations. It was a deep-rooted feeling in Greece: see Plato and Aristotle *passim*.

6. χειρωναξιέων: cf. 141. 18.

7. *νομιζομένους*: not (like *ἡγημένους*) agreeing with *τοὺς βαρβάρους*, but with *τοὺς ἀπαλλαγμένους*.

8. *δ' ὦν*, 'at any rate', introduces the one certainty.

9. *Λακεδαιμόνιοι*: in Sparta, only the Perioeci and the Helots were artisans (*βάναυσοι*): no Spartan citizen might learn a mechanical trade (*βάναυσον τέχνην*, Aelian *Var. Hist.* vi. 6).

Κορίνθιοι: Strabo (8. 6. 23, p. 382) says that Corinth was rich in men who were good both in politics and in the manual arts (*τέχναι δημιουργικαί*), for it was especially there and at Sicyôn that painting and sculpture and all such crafts grew up. The site of Corinth between two seas (*bimaris*, Hor. *Odes* i. 7. 2) was ideal for trade: hence *ἀφνειὸν Κόρινθον*, Homer *Il.* ii. 570.

168 1. *σφι*, i.e. the warriors of chaps. 165, 166, chap. 167 being a digression.

ἐξαραιρημένα (Ion. form of perf. part. pass.), cf. *ἐξαίρετοι*, l. 2, 98. 2, 141. 6. Diod. Sic. (i. 73) says that one-third of the land was held by the warriors.

2. *πάρεξ τῶν ἱρέων*: the privileges of the priests are mentioned in 37. 13 ff.

3. *ἄρουρα*: 141. 5.

πήχεων: of the two cubit-lengths which were used in Egypt, the Egyptian or ordinary cubit was 24 *δάκτυλοι*, approximately 17½ inches, the royal cubit (i. 178. 3) 27 *δάκτυλοι*, 20½ inches.

4. *τυγχάνει . . . ἐών* differs little from *ἐστί*.

τῷ Σαμίῳ: He had lived in Samos.

5. *ταῦτα . . . τάδε* (*τὰ γέρεα*), referring to the same plots of land.

6. *οὐδαμὰ ὡυτοί*: i.e. the allotments were cultivated by a new tenant every year.

7. *ἄλλοι*, read by MSS. DRSV: sc. *χίλιοι*.

10. *σταθμὸς . . . μνέαι*: apposition (cf. 158. 4), where the gen. of the second word is expected.

11. *ἀρυστήρ* (cf. *ἀρύσσομαι* vi. 119. 2, 'draw' water or wine), may be = *κοτύλη* or about ½-pint.

αἰεί (98. 2), i.e. each successive bodyguard.

169 1. *ἐπείτε δέ* resumes the story from the end of chap. 163. H. has combined in one battle two defeats of Apriês: see Petrie, *Hist. of Egypt*, iii. p. 351.

3. *εὖ* : as a Greek H. notes the good fighting of the Greek mercenaries.

4. *κατὰ τοῦτο*: in Attic, *διὰ τοῦτο*.

5. *εἶναι*: imperf. inf. (=*fuisse*), 4. 17.

μηδ' ἂν θεόν: this overweening, even blasphemous, confidence is to the Greek mind a sin which brings nemesis: H. makes Artabanus say (vii. 10. ε)—*οὐ γὰρ ἐᾷ φρονέειν μέγα ὁ θεὸς ἄλλον ἢ ἑωυτόν*: cf. i. 32. 1 *al.* According to Ezekiel (xxix. 3), Apriês (Hophra) was capable of boasting—'My river is mine own, and I have made it for myself'.

12. *σφίσι τε καὶ ἑωυτῷ*: the first reflexive refers to the subject of the governing verb, the second (more emphatic than *αὐτῷ*) to the subject of *ποιοῖ*.

15. *τῆς Ἀθηναίης*, i.e. the goddess Neïth, 59. 7 and chap. 62.

τοῦ μεγάρου: as in 141. 10, this is the sanctuary (*νηός*) where the god's image stood.

16. ἐσιόντι: for this dat. of relation, see 7. 4 note.

ἀριστερῆς χειρός: H. is familiar with this temple. For the gen. of place (' on the left hand '), cf. *G.G.* 1137, and 8. 3 note.

20. μὲν . . . μέντοι: 47. 13 *al.*

21. στύλοισί τε . . . καὶ τῇ ἄλλῃ δαπάνῃ, ' with columns and the usual costly ornament ': the palm-tree columns are one form of δαπάνη.

φοίνικας . . . μεμιμημένοισι (mid., cf. 78. 3): capitals imitating plants (e.g. lotus and papyrus) are common in Egyptian temples: for the less frequent palm-leaf capital, see M. Murray, *Egyptian Temples*, p. 9 and Plate III. 2., Baedeker^3, pp. clxvii. f., Fig. v. c.

τὰ δένδρεα (apposition): added in definition of φοίνικας—not the phoenix (ch. 73), but the palm-tree.

23. διξά: App. 31.

170 Chaps. 170, 171—a digression on the tomb of Osiris at Saïs: according to legend, such tombs were built by Isis throughout Egypt wherever she found a part of the dismembered body of Osiris. H. describes the tomb at Saïs as though it held the whole body (cf. Strabo 17. 1. 23, p. 803): this may have been the local belief. H. identifies Osiris with Dionysus, yet not completely, for he must have known of the grave of Dionysus in the precinct at Delphi (see Poulson, *Delphi*, p. 19).

1. τοῦ οὐκ ὅσιον . . .: 61. 4 note, and practically the same phrase in 86. 5.

3. τοῦ τῆς Ἀθηναίης . . . τοίχου: a brachylogy for ' the wall of Athene's temple ', cf. 101. 4, and for similar brachylogies, cf. 49. 15, 127. 5, 134. 1.

4. ὀβελοί: 17. 8 note.

5. λίμνη: the Sacred Lake was a regular accessory in Egyptian temples, for use in ceremonies with the funeral bark. These lakes or pools were not always circular: those at Dendera and Karnak are rectangular. A depression in the ground still shows the site of the lake at Saïs.

6. μέγαθος: acc. of respect with ὅση περ.

7. ἡ ἐν Δήλῳ: beside the round, or, strictly, elliptical pool at Delos, Apollo was born (Theognis 6 ἐπὶ τροχοειδέϊ λίμνῃ): the site of it lies to the N. of Apollo's temple, cf. P. Roussel, *Délos*, 1925, p. 283, *R.-E.* iv. col. 2471. H. had obviously visited Delos.

171 1. τὰ δείκηλα (from δείκνυμι): the dramatic representation of the death of Osiris, cf. 61. 3, 62, 132. 7: it took place on the water, probably because the cult was that of the Drowned Osiris (A. W. Lawrence). With this uncommon derivative of δείκνυμι, cf. St. Paul's description of the Lord's Supper, *N.T.* 1 *Cor.* xi. 26 ye do shew the Lord's death till he come.

2. αὐτοῦ: H. preserves his devout silence by not naming Osiris.

μυστήρια: these Egyptian ceremonies differed in several respects from the Greek mysteries. Most of the rites of Osiris were open to the whole Egyptian people without initiation, whereas the Greek mysteries were confined to the privileged initiates. The Egyptian expected to become an Osiris after death: the Greek had an immediate sense of union with his deity (A. W. Lawrence). In Egypt and in Greece the rites had four elements in common—secrecy, sacrifice, dramatic mimicry, and the communication of a ἱερὸς λόγος. Farnell (*Cults of*

Greek States, iii. pp 141–2) rejects the supposed derivation of the Eleusinian mysteries from Egypt.

3. ἐπὶ πλέον, ‘ further ’, ‘ more fully ’, like μεζόνως, 49. 6.

4. εὔστομα κείσθω: a metrical phrase, perhaps from an old hymn. Cf. 45. 15.

5. Θεσμοφόρια: this four-days' festival, for married women only, was celebrated at Athens towards the end of October: in origin it was a celebration of the sowing time. See Farnell, *Cults of Greek States*, iii., pp. 83 ff. H. derives the Thesmophoria from Egypt because he identifies Isis with Demeter (59. 6): cf. Diod. Sic. i. 14. 4.

6. ὁσίη ἐστί: 45. 10.

7. αἱ Δαναοῦ θυγατέρες: 91. 21 note, and cf. 182. 11, Aesch. *Suppl. passim*, Manetho fr. 50 (L.C.L., p. 105 note). The date of the flight to Greece of the 50 Danaïdes is put *c.* 1400 B.C.; but their Egyptian nationality is not beyond dispute. One theory of their origin is that they were sea-raiders' wives and daughters who were captured and married by Egyptians: hence their murder of their husbands was originally regarded as no crime (Nilsson, *Mycenaean Origin of Greek Mythology*, p. 67).

8. ἐξαγαγοῦσαι . . . ἐξαναστάσης . . . ἐξαπώλετο: one compound in ἐξ- has suggested others: cf. 49. 11 (three compounds of ἡγέομαι).

9. Πελασγιώτιδας: here, the women of Argos. On the Pelasgi see Index of Proper Names.

πάσης: the force of this absolute ‘ whole ’, as well as of ἐξαπώλετο, is modified in the next clause οἱ δὲ . . . μοῦνοι.

ἐξαναστάσης ὑπό: for this common use of an intrans. verb with pass. construction, cf. Hom. *Il.* i. 243 (θνῄσκοντες ὑπό), xvii. 428 (πίπτειν ὑπό) *al.*

10. οἱ δέ: the general masc.: contrast γυναῖκας *supra*, and cf. 133. 4 (τῷ θεῷ, of a goddess).

11. οὐκ ἐξαναστάντες: in viii. 73. 1 H. says of the Arcadians that they are autochthonous and ‘ now settled where they have ever been ’.

172 1. ὧδε refers back, as in 2. 28. H. now continues the narration from 169. 7, and devotes the next 11 chapters to King Amasis (569–526 B.C.), whose personality and wit evidently attracted him. ‘ The Amasis of H. is a half-legendary figure, and his reign the Golden Age of the Greeks in Egypt. The Amasis of the Egyptian records rose to power as the head of an anti-Greek movement: H. deliberately, or from ignorance, does not record this ’ (R. M. Cook, *J.H.S.*, 1937, p. 235).

καταραιρημένου: Ion. form of perf. part. pass., cf. 168. 1.

2. ἐκ τῆς (rel.) δὲ ἦν πόλιος, . . . οἱ: the personal pron. οἱ (only here in H. as an antecedent) is less emphatic than ταύτῃ. The name Σιούφ is non-Greek in form: perhaps it was a mere village, little visited by Greeks. H. is fond of local colour: cf. Κρῶφι, Μῶφι, 28. 10.

5. δημότην: the monuments, however, designate Amasis brother-in-law of Apriês.

6. οὐκ ἀγνωμοσύνῃ: the litotes defines more exactly what H. means here by σοφίῃ.

7. τε . . . δέ: for this sequence see Denniston, *Gk. Part.*, p. 513.

ποδανιπτήρ: this characteristically Greek story of the ‘ golden foot-bath ’ became famous: see Aristotle *Pol.* i. 12. 2, p. 1259 B *al.*

8. *οἱ* (pers. pron.) before *πάντες* goes closely with *οἱ δαιτυμόνες*: 'all his guests' or 'boon-companions': the *dativus commodi* takes the place of a possessive adj., cf. iii. 14. 7 *τῶν συμποτέων οἱ ἄνδρα*.

9. *κατ' ὦν κόψας*: tmesis (39. 8), perhaps here used with special effect of breaking in pieces; cf. Ennius, saxo cere– comminuit –brum.

11. *τῆς πόλιος*: partitive gen. depending upon *ὅκου*, *G.G.* 1088.

13. *ἐκ*, of the agent, 121. 99.

15. *ἐνεμέειν*: inf. in rel. cl. in *orat. obl.*, 32. 22: so also in *εἰ* clause, *infra* l. 18.

16. *πόδας ἐναπονίζεσθαι*: before this, sc. *ἐν τῷ* or *ἐν αὐτῷ*: before *σέβεσθαι* sc. *τόν* or *αὐτόν*: the relative is not repeated in the different cases which are required, 39. 7.

17. *ἔφη λέγων* (assonance with *ἤδη ὦν*, 'well now', 'so now', cf. 49. 1): pleonastic repetition, cf. 118. 2.

ὁμοίως c. dat.· 19. 14 note.

18. *ἀλλά* introduces the apodosis: 'yet' (= *ὅμως*).

173 2. *μέχρι ὅτευ*, followed by the gen. like the simple *μέχρι*: cf. *μέχρι οὗ* 19. 11. In iv. 181. 3 *ἀγορῆς πληθούσης* is placed between *ὄρθρος* and *μεσημβρίη*: the 'time of full market' may be reckoned as about 9 to 11 a.m.

7. *σεωυτοῦ προέστηκας*, 'you order your life': Diod. Sic. (i. 69. 7) criticizes the 'casual inventions' of H. and other writers, and (70. 1–12) describes in detail from the records the regulated life, official and private, of the Egyptian king (§ 11, a fixed amount of wine).

8. *σεμνῷ σεμνόν*: the repetition and the collocation are effective—'proudly seated on a throne of pride', or 'seated in state on a stately throne': cf. Soph. *Trach.* 613 *θυτῆρα καινῷ καινὸν ἐν πεπλώματι*, *Phil.* 135 *ἐν ξένᾳ ξένον*, and 52. 6 for other types of repetition in Sophocles and H. To the Egyptians their king was a god upon earth, cf. Diod. Sic. i. 90. 3.

9. *δι' ἡμέρης*, 'all day long': so *δι' ἔτεος*, 22. 15.

11. *ἄμεινον ἤκουες* (sc. *ἄν*, from l. 10), 'you would be better spoken of', 'be more praised', 'have a better name': so in Latin *bene audire*, and Milton, *Areop.*, for which Britain hears ill abroad, *Par. Lost*, iii. 7 Or hear'st thou rather pure ethereal stream'.

12. *τὰ τόξα*: the saying has become proverbial, cf. Horace *Odes* ii. 10. 19 f. neque semper arcum | tendit Apollo. Cf. i. 18. 2 *ἐντεταμμένως* 'vigorously': iv. 11. 2 *ἔντονοι γνῶμαι*, 'strongly held opinions'.

13. *δέωνταί, χρήσωνται*: pres. and aor. are here exactly distinguished, 'need', and 'have used' or 'are finished using'.

15. *ἐκραγείη ἄν*: Ovid (*Her.* iv. 92, Phaedra to Hippolytus) says that, instead of snapping, a strung bow will become 'slack' or flabby—si nunquam cesses tendere, mollis erit.

16. *κατεσπουδάσθαι*, 'to live a serious life', = *κατεσπουδασμένος* (174. 3) *εἶναι*: the perf. expresses a permanent state, 6. 6 note.

17. *τὸ μέρος*, adv. acc.: 'and never unbend to take his fair share of sport'.

ἀνιέναι continues the bow-metaphor: cf. iii. 22. 1 *ἀνεὶς τὸ τόξον*.

18. *λάθοι ἄν* (sc. *ἑωυτὸν*) *μανείς* (*G.G.* 1586), 'he would go mad before he knew it'.

ἢ ὅ γε ἀπόπληκτος: *ὅ γε*, a rhetorical and poetical repetition (anaphora) of the subject—a common Homeric usage, e.g. *Il.* iii. 409 ἢ ἄλοχον ποιήσεται ἢ ὅ γε δούλην, *Od.* ii. 326 f. ἤ τινας ἐκ Πύλου ἄξει . . . ἢ ὅ γε καὶ Σπάρτηθεν. So in Lat. verse and in Cicero *ille* and *ille quidem* are used, e.g. Verg. *Aen.* v. 334 non tamen Euryali, non ille oblitus amorum, Cic. *in Verr.* II. 2. 20 de isto id quod omnes videbant, neque ille quidem obscure, locutus est. ἀπόπληκτος, the less severe alternative, is properly 'disabled', or 'paralysed, by a stroke' (apoplexy), and so 'an idiot'.

τά (rel.), with the participle only, has no relation to the principal verb: 46. 13, 114. 8 *al.*

19. ταῦτα, τοὺς φίλους (contrast *supra* l. 12, dat. and acc. of pers.): here, double acc. after ἀμείψατο: so in Homer after προσαυδᾶν, e.g. *Od.* i. 122 καί μιν φωνήσας ἔπεα πτερόεντα προσηύδα, iv. 803 καί μιν πρὸς μῦθον ἔειπεν.

174 1. λέγεται . . . ὡς: with the personal pass. the inf. is normal.

3. ὅκως ἐπιλίποι τὰ ἐπιτήδεα: for the optative of indefinite frequency, see 13. 2.

4. κλέπτεσκε ἄν: App. 48 c, and for the iterative imperf. c. ἄν, *G.G.* 1296. Cf. ἐσήμαινε ἄν 109. 6, but in the present passage (and *infra* l. 6) iteration is doubly expressed—the form in -σκον, and ἄν. The disorderly life which, according to H., Amasis led (like Prince Hal, later King Henry V, in Shakespeare, 2 *Henry IV*), did not prevent him from being a daring leader, and the darling of the people and of popular legend; for H. here follows a genuine Egyptian tale (cf. the demotic papyrus of iii/B.C. quoted by Spiegelberg, *Credibility*, p. 29).

οἱ δέ, i.e. those whom Amasis had robbed.

5. ἄν with ἄγεσκον: μιν, acc. before ἔχειν, as well as after ἄγεσκον.

8. ὅσοι μέν . . . , τούτων μέν . . . , ὅσοι δέ . . . , τούτων δέ, 26. 6, 102. 10 ff. τούτων, sc. τῶν θεῶν, not agreeing with τῶν ἱρῶν: so ἐοῦσι, ἐκτημένοισι agree with θεοῖσι understood.

9. ἀπέλυσαν μὴ φῶρα εἶναι, 'they (had) acquitted him of theft': for μή, see *G.G.* 1615, Thuc. i. 95. 5, 128. 3 *al.*

10. οὐδὲ φοιτῶν ἔθυε (sc. τοῖσι θεοῖσι): the negative goes with both the part. and the principal verb.

12. κατέδησαν: this sense of καταδέω—the opposite of ἀπολύω, is found only in H. (here and in iv. 68. 3).

175 1. τοῦτο μέν, τοῦτο δέ: 135. 17, 182. 2.

θωμάσια οἷα represents two clauses (such as θωμάσιόν ἐστιν οἷα ἦν) which are telescoped into this neat phrase: it was a gateway or outer court 'of a marvellous kind', or simply 'marvellous'. So in iv. 28. 1 ἀφόρητος οἷος: cf. in Attic θαυμαστὸς ὅσος, θαυμασίως ὡς, κτλ., and in H. ἄφθονος ὅσος of the great abundance of apes in N. Africa (iv. 194 οἱ δὲ [sc. πίθηκοι] ἄφθονοι ὅσοι ἐν τοῖσι ὄρεσι γίνονται). The common usage ὡς c. superl. is to be explained similarly: e.g. ὡς κάλλιστα 69. 8 is equivalent to οὕτως ὡς κάλλιστόν ἐστιν. The MSS. all read οἱ: the true reading οἷα, conjectured by Abresch, is confirmed by P. Oxy. VIII. 1092 (see Intro., p. 12).

2. πάντας, i.e. all who had erected προπύλαια (101. 3, 121. 1, 136. 1, 153. 1).

3. ὅσων, ὁκοίων come after the clause containing ὑπερβαλόμενος: the meaning is equivalent to 'so huge were the stones . . . that he surpassed . . .': cf. the postponement of the οὕτω clause, e.g. 169. 6.

4. *τέων* (App. 47): so the expletive *τις* is used with *ὅσος* 9. 7.

ἀνδρόσφιγγας: these man-headed sphinxes guarded the approach to the temple (so at Karnak a double row of sphinxes line the avenue: cf. Strabo 17. 1. 28, p. 805), and the gigantic statues (*κολοσσοί*) stood before the portal, probably one at each side. Unlike the Sphinx as conceived by the Greeks, the Egyptian sphinx has a man's head. It seems likely that the sphinxes which were found in a temple of Isis at Rome, and are now in the Vatican Museum, may have come from this temple of Neïth at Saïs. The existence of the sphinx as an animal (? baboon) among the Troglodytes is claimed by Strabo (16. 4. 16, p. 775) on the authority of Artemidorus of Ephesus (*c.* 100 B.C.).

7. *λιθοτομιέων*: 8. 5 note.

10. *οἴκημα μουνόλιθον*: cf. 155. 13. (From the note by A. W. Lawrence)—A smaller monolithic building of Amasis, about 23 feet high and 13 feet wide, exists at Mendês in the Delta: it stands on a base of granite placed on three limestone steps, and it is of the conventional *naos* shape (Daressy, *Ann. Serv. Ant.* xiii. 1914, p. 181). If we assume that H. has given the intended height as the length, and the breadth as the height, the *naos* at Saïs would have measured 31 feet 6 inches high, 22 feet broad and 12 feet deep; the weight in Syênê granite is estimated at 600 tons, which could easily be handled by the Egyptians. Another *naos* erected by Amasis exists at Nabasha (Petrie, *Tanis* ii., pl. iv), there is one in the Leyden Museum, and fragments of another, which had an inner shrine of electrum, have been found at Abydos (Petrie, *Abydos*, i., pl. lxviii).

11. *ἐκόμισε, ἐκόμιζον*: the tenses are differentiated—' he brought a shrine ', ' it was three years in the bringing '.

13. *κυβερνῆται*: 164. 3.

14. *μῆκος* may mean ' height ' (cf. *περιμήκης* 100. 10), then *ὕψος* would be what we call ' depth ': the shrine was lying on its side (*κεῖται*, l. 19).

18. *πυγόνος*: the *πυγών* is equal to five *παλαισταί*, the *πῆχυς* to six (149. 16): thus, since 1 *ποῦς* is 4 *παλαισταί*, the *πυγών* is $\frac{5}{8}$ of a cubit, or $1\frac{1}{4}$ feet.

20. *φασί . . . μιν . . . ἐσελκύσαι*: acc. before inf. is omitted, as commonly (sc. Amasis): translate by passive. Cf. *infra*, l. 24, *οὐκ ἐᾶν . . . ἑλκύσαι*.

22. *οἷά τε* (cf. *οἷα* 28. 20): here = *ἅτε*, in a causal sense, see Denniston, *Gk. Part.*, p. 525. *ἀχθόμενον* also has causal force: for a part. in acc. case coupled with a gen. absol. phrase, cf. 38. 5.

23. *ἐνθυμιστόν*: this verbal adj. (from the later form *ἐνθυμίζομαι* ' think deeply ') is not found elsewhere: hence the conjectures *ἐνθυμητόν* (not found elsewhere: from the classical verb *ἐνθυμέομαι*) and *ἐνθύμιον* (which H. uses in viii. 54).

24. *ἤδη* (cf. 148. 4): here *ἤδη δέ* introduces a variant from the account just given: ' some again say . . . ' (Godley), ' some go so far as to say. . . '.

25. *τῶν τις . . . μοχλευόντων*: 38. 5.

176 2. *ἐν δέ*: 43. 8.

3. *ὕπτιον κείμενον*: perhaps the colossal figure had never been erected or had fallen ' on its back '—overthrown, it may be, by Cambyses when he did outrage to the mummy of Amasis (iii. 16. 1).

4. τοῦ πόδες . . . εἰσὶ τὸ μῆκος (cf. 15. 22, 41. 18): τοῦ goes with τὸ μῆκος, the subject; εἰσί is attracted to agree with πόδες, the noun in the predicate.

5. Αἰθιοπικοῦ ἐόντες λίθου (cf. 127. 10 *al.*): Αἰθιοπικοῦ is the reading of MSS. DRSV, the others have τοῦ αὐτοῦ, and all MSS. read ἐόντος.

7. τοῦ μεγάλου: this is the reading of MSS. DRV, the others have τοῦ μεγάρου.

λίθινος (sc. κολοσσός) ἕτερος τοσοῦτος (cf. 149. 11).

9. τῇ Ἴσι: *dat. commodi*, ' in honour of Isis '.

177 2. τότε (also l. 4) resumes ἐπ' Ἀμάσιος βασιλέος, just as in 10. 9 the pron. αὐτῶν resumes τῶν . . . ποταμῶν, cf. 107. 5, 124. 7.

εὐδαιμονῆσαι: the reign of Amasis, the last king of independent Egypt, was looked back upon as a golden age.

καὶ τὰ . . . γινόμενα, ' both in regard to the produce ' or ' products ': the Nile fertilized the land, which therefore became the more productive. Cf. 142. 20.

4. καὶ πόλῖς (acc. pl.: App. 38): the construction has changed: λέγεται, l. 1, is personal, here it is to be supplied with impersonal force.

δισμυρίας: Diod. Sic. (i. 31. 7) reckons the number of ' important towns and villages ' in ancient times as ' over 18,000 ', and in the time of Ptolemy I as ' over 30,000 ': cf. Theocritus xvii. 82 ff. (33,333 towns).

6. ἔτεος: *G.G.* 1136.

7. μή, μηδέ: *G.G.* 1612.

8. ἰθύνεσθαι θανάτῳ: the same severe law is stated by Diod. Sic. (i. 77. 5), but it appears to be an exaggeration of the Egyptian custom of taking a sort of census (ἀπογραφή) of inhabitants and their occupations.

9. Σόλων: Solon cannot have borrowed his ἀργίας δίκη from the law of Amasis, who became king in 569 B.C., whereas Solon's archonship was probably in 594–3 B.C., cf. i. 29. 1.

10. ἔθετο: the middle voice is used of the legislator, the active implies a tyrant who lays down the law for his subjects only.

ἐς αἰεί, ' for ever ': a fuller phrase occurs in i. 54. 2 ἐς τὸν αἰεὶ χρόνον.

χρέωνται: the subjunctive (instead of the optative) expressing a wish is uncommon in Greek.

178 1. φιλέλλην: yet Amasis came to the throne as the leader of an anti-Greek movement: see 172. 1 note. We are told that Solon (but see 177. 9), Polycrates, and Pythagoras visited Amasis.

3. Ναύκρατιν πόλιν: Naucratis was founded *c.* 615–610 B.C., i.e. more than 40 years before Amasis came to the throne. See Index of Proper Names, and for a link with H. (potsherds bearing the name ΗΡΟΔΟΤΟΣ, found in the Hellenium at Naucratis) see *J. H. S.* xxv. p. 116.

ἐνοικῆσαι, ἐνιδρύσασθαι: infinitives of purpose, *G.G.* 1532.

4. αὐτοῦ: here expressing motion, = ἐκεῖσε: cf. ὅκου, 119. 12 note.

5. θεοῖσι: H. here admits that, in spite of the many identifications which he makes between Greek and Egyptian deities, there were differences. The Greeks were to make Naucratis their home, and maintain their familiar and traditional ritual.

6. τὸ . . . τέμενος: acc. after ἱδρυμέναι. The site of this common sanctuary, the Hellenium, has been identified in the N. of the town,

where dedications were found, θεοῖς τοῖς Ἑλλήνων or Ἑλληνίοις. In the pottery discovered here the influence of the nine founder-states has been detected (E. R. Price, *J.H.S.* 44. 1924. 180). We may assume that H. as a native of Halicarnassus would have access to the Hellenium during his sojourn in Egypt.

13. μεταποιεῦνται, sc. τοῦ τεμένεος, twice.

14. μετεόν: acc. absol., *G.G.* 1569, οὐδὲν being used adverbially, and τοῦ τεμένεος being supplied after μετεόν as well as after μεταποιεῦνται.

ἐπὶ ἑωυτῶν: 2. 11 note.

15. Ἥρης: a temple dedicated to Hêrê has been identified at Naucratis: also, two temples to Apollo (l. 16).

179 1. τὸ παλαιόν: adverbially, referring chiefly to the reign of Amasis.

3. ἐς τῶν τι ἄλλο στομάτων: artificial order of words: an extreme case of the idiom common in H. (e.g. 38. 4).

ὀμόσαι, 'he had to swear that he did not come intentionally', *M. and T.* 685: for μὴ μέ., cf. 118. 12 note.

4. τῇ νηῒ αὐτῇ: 47. 2 note.

5. οἷά τε: 29. 20 note.

7. περὶ τὸ Δέλτα: not by sea, but by river or canals—perhaps to Cercasôrus (15. 6) and then down the Canôbic arm of the Nile to Naucratis.

180 2. ἐξεργάσασθαι: inf. of purpose; cf. 178. 3.

3. αὐτόματος κατεκάη: in 548 B.C., cf. i. 50. 3. There was a story that the Pisistratidae had wilfully set the temple on fire. Some fragments of limestone and of the terra-cotta covering of the roof have been found (Poulsen, *Delphi*, p. 143).

4. ἐπέβαλλε: impers., c. acc. (like ἔδεε and sometimes συνέβαινε).

7. στυπτηρίης (from στύφω, 'contract'): this astringent substance (containing alum or ferrous sulphate) was used in dyeing and drug-making, and it was very costly. Perhaps the Delphians used it to make the temple-timber fire-proof. See A. Lucas, *Ancient Egyptian Materials*, 1934, pp. 215–7.

8. εἴκοσι μνέας: (1) sc. στυπτηρίης, the Greeks contributing only 20 lb. of alum, while Amasis gave 25 tons. Or (2) sc. ἀργυρίου, i.e. about £80. In any case the generosity of Amasis is contrasted with the meanness of the Greeks.

181 1. Κυρηναίοισι: this alliance with Cyrene is further evidence that Amasis was a phil-Hellene.

4. γαμέει governs θυγατέρα, which is also acc. after λέγουσι.

8. αὐτῆς: (1) 'from her', or (2) 'about her'. Cyrene had voluntarily submitted to Cambyses (iii. 13. 3).

182 1. ἐς τὴν Ἑλλάδα: for motion implied, see 2. 9 note, and cf. *infra* ll. 7, 9.

3. εἰκόνα . . . εἰκασμένην: Was this a portrait-statue, painted like the archaic statues in the Museum at Athens? Or a wooden painted panel (see Petrie, *Roman Portraits*)? Possibly the painting was the work of a Greek artist (cf. iv. 88. 1), but Egyptian influence has been detected in the sixth-century art of both Samos and Rhodes, just as Greek sculpture influenced the style of Egyptian portraiture (A. W. Lawrence).

Λίνδῳ: for this town in Rhodes see Index of Proper Names. H. gives a reason for the dedication (infra l. 10); but the real reason was that the usual trade-route from the Aegean to Egypt was by Rhodes and Cyprus (How and Wells).

4. *θώρηκα λίνεον*: the nature of this linen breastplate is described in iii. 47. 2 — 'decked with gold and cotton embroidery, and inwoven with many figures'. The threads, characteristic of Egyptian linen, were wonderfully fine, but by Pliny's time they had been so damaged by the fingers of visitors to Lindus that little was left (*H.N.* xix. 12). Linen corselets were sometimes worn by Homeric heroes (*Il.* ii. 529: Ajax, son of Oïleus, is described as *λινοθώρηξ* 'wearing a linen cuirass').

5. *τῇ Ἥρῃ*: H. alludes again to the temple of Hêrê in Samos, iii. 60. 4.

διφασίας = *δύο*, as in 17. 22, cf. 17. 14 note.

6. *ἱδρύατο* (App. 49 a) 'stood'.

7. *ὄπισθε τῶν θυρέων* (App. 33): H. was familiar with Samos and its Heraeum.

8. *Πολυκράτεος*: for the friendship of Polycrates and Amasis, see iii. 39 ff.

10. *τὸ ἱρόν*: this famous temple of Athene at Lindus was said by Diod. Sic. (v. 58) to have been founded by Danaus himself.

λέγεται: impersonal, followed by acc. and infin.

τὰς Δαναοῦ θυγατέρας: 171. 7 note.

13. *Κύπρον*: Cyprus was conquered in early times by Phoenicians and by Assyrians; but Amasis was the first Egyptian king to rule over Cyprus.

In Book iii. 1–38 H. continues his account of the doings of Cambyses in Egypt.

APPENDIX ON THE IONIC DIALECT

(as used by H. in Book II according to the text of this edition)

H., by birth a Dorian or 'half Carian, half Dorian' (Wilamowitz), wrote in an acquired dialect,—the language of the Ionian cities of Asia Minor in the fifth century B.C., and of those islands of the Aegean which were colonized by Ionians. This New Ionic agrees in many respects with the Old Ionic of the *Iliad* and the *Odyssey*, the *Homeric Hymns* and Hesiod; and H. uses many words with a meaning which is not Attic, but Homeric. It may be noted that, as a rule, the Attic forms and meanings are of later date than the Ionic.

VOWELS AND DIPHTHONGS

1. Use of η for α (both ᾱ and ᾰ):—

(*a*) in 1st Decl. nouns—χώρη, φιλίη: also adjs.—καθαρή, τοιῆδε.
(*b*) in numbers—τριήκοντα, διηκόσιοι, τριηκόσιοι.
(*c*) in certain forms from verbs in -ιάω and -ράω—ἐπειρήσατο, ἐπειρήθη, ἀπέδρη.
(*d*) in adverbs—λίην.
(*e*) ἴρηξ (Att. ἱέραξ), θώρηξ, ἰητρός.
(*f*) ἠέρα (acc.), νηός ('temple'), πρῆγμα from πρήσσω, ῥηϊδίως.
(*g*) γενεηλογέω.

2. Use of ᾱ for η: μεσαμβρίη, and forms of χρῶμαι (χρᾶσθαι, χρᾶται, ἐχρᾶτο).

3. α for ε: μέγαθος, τάμνω.

4. ε for α: ἔρσην, τέσσερες, τεσσεράκοντα.

5. ε for ει: ἐς, ἔσω, μέζων, κρέσσων, πλέων: fem. of adjs. in -υς, βαθέα, εὐρέα, ταχέα, θήλεα: parts of δείκνυμι and its compounds (all except pres. and imperf.), δέξω, ἔδεξα, ἐδέχθη, ἐδέδεκτο: ἔργω (Att. εἴργω), ἔωθα: βόεος, χήνεος, ἐπιτήδεος (Att. -δειος).

6. ε for η: ἑσσοῦμαι.

7. ι for ε: ἱστιᾶν.

8. ι for ευ: ἰθύς, ἰθέα, ἰθύ: ἰθύνω.

9. ι for ιε: ἱρός, ἱρεύς, ἱρήϊον.

10. ο for ω: ζόη.

11. ω for αυ: θῶμα, θωμάζω, τρῶμα.

12. ω for ου: ὦν.

13. αι for α: αἰεί, αἰετός.

14. ει for ε: εἰρόμενος (Att. ἐρόμενος), εἰρωτῶ, δείρω, εἴνατος, εἵνεκεν, κεινός, στεινός, ξεῖνος.

15. εω for αω : Ποσειδέων.
16. εω for ου and εου : Φαρνασπέω, Ἑρμέω.
17. ηυ for αυ : νηῦς.
18. ου for ο : μοῦνος, νοῦσος, οὔνομα (but always ὀνομάζω), οὖρος (' boundary '), trisyllabic forms from γόνυ (γούνατος, γούνασι).

Contraction

19. Many words in H., as in Homer, remain uncontracted: ἄεθλον, ἀέκων, ἀείδω, ἀείρω, ἔαρ, νόος, πλόος, ῥέεθρον : ἡμερέων, πολιητέων, γένεος, γένεα, παθέων : verbs in -εω, e.g., καλέω, ἐκάλεον, καλέονται, καλεόμενος, ἐπεκράτεε, ποιέειν, ἐποιέετο : ἐπεάν (but always ἤν) : χρύσεος : adverbs., e.g. ἀληθέως.

Contraction of an un-Attic Type

20. ευ for εο and εου : ποιεῦσι, ποιεῦντες, ποιεύμενος, ἀπικνεύμενος, τέρπευ : μεῦ, ὅτευ, πλεῦνες, πλεῦν.
21. ω for οη : ὀγδώκοντα.

22. *Diaeresis* : εϊ for ει in dat. of 3rd Decl.—βασιλέϊ, ὄρεϊ.
23. ηϊ for ει : βασιληΐη (' kingdom ': but βασίλεια ' queen '), στρατηΐη, μαντηΐη : μαντήϊον, σημήϊον, ἱρήϊον, μνημήϊον : βασιλήϊος, οἰκήϊος, ἀνδρήϊος.
24. *Crasis* (peculiar to Ionic): ὡνήρ (ὁ ἀνήρ), ὦλλοι (οἱ ἄλλοι), τὠποβαῖνον (82. 7): ἑωυτοῦ (ἕο αὐτοῦ), ἐμεωυτοῦ (ἐμέο αὐτοῦ), and other cases by analogy; σεωυτοῦ (σέο αὐτοῦ) : ὡυτός (ὁ αὐτός), τὠυτό (τὸ αὐτό).
25. *Hiatus* is not avoided, for (1) elision is infrequent; (2) the ν ἐφελκυστικόν, or movable ν, is never used; (3) the final ς is not always added to οὕτω, μέχρι, and never to ἄχρι : (4) ἔνερθε, κατύπερθε, ὄπισθε, πρόσθε never have the final ν.
26. Special Ionic forms: ὁρτή (Att. ἑορτή, * ἑϜορτή), οἰκός (Att. εἰκός, from ἐοικός) ; so οἰκότως (Att. εἰκότως).

CONSONANTS

27. The aspirate becomes a mute in many words: αὖτις (Att. αὖθις), δέκομαι (Att. δέχομαι) : ἀπικνέεσθαι (Att. ἀφικνεῖσθαι), καταιρέειν (Att. καθαιρεῖν), κατέαται (Att. κάθηνται), ἀπιστέαται (Att. ἀφίστανται), ὑπεστᾶσι (Att. ὑφ-) : cf. ἀπ' οὗ, ἐπ' ᾧ, μετ' ἅ : hence κατὰ (Att. καθά, καθ' ἅ), κατάπερ, οὐκ ὑπέρ : κατορᾷ, μετίει, μετῆκε : αὐτημερόν, ἐπεξῆς : οὐκ ἥκιστα. But καθεύδω and a few other words have the aspirate as in Attic.
28. Interchange of aspirate and mute: ἐνθαῦτα (Att. ἐνταῦθα), ἐνθεῦτεν (Att. ἐντεῦθεν), κιθών (Att. χιτών).
29. Use of κ for Att. π : κοῖος (Att. ποῖος), κόσος, κότερος, as well as ὁκοῖος, ὁκόσος, ὁκότερος : κῇ, κοῦ, κῶς, κόθεν, ὁκόθεν, κότε, ὁκότε : οὔκω.
30. σσ (never ττ, as in Att.): γλῶσσα, θάλασσα, τάσσω, ἐλάσσων.
31. ξ for Att. σσ : διξός (Att. δισσός).
32. Smooth breathing (the older form) where Att. has rough breathing: e.g., ἴρηξ (Att. ἱέραξ), ἠώς (Att. ἕως), 'Αΐδης (Att. Ἅιδης).

DECLENSIONS

The dual is not used either in the noun or in the verb.

1st Declension

33. The gen. pl. always has the uncontracted form *-έων* (originally *-άων*): *χωρέων, θυρέων, ἡμερέων, τεχνέων, Θηβέων, στρατιωτέων, συμποτέων, συβωτέων,* (*τῶν ὁδῶν*) *τουτέων, αὐτέων* (54. 4), but not all fem. adjs. have this ending.

34. The dat. pl. ends in *-ῃσι*: *ἡμέρῃσι, πολλῇσι, λοιπῇσι, αὐτῇσι, τῇσι* (article and relative).

35. Masc. nouns such as *πολιήτης, νεηνίης* have gen. sing. in *-εω*: *πολιήτεω, νεηνίεω*. So also proper names in *-ης*: *Φαρνάσπης, -εω, Ξάνθης, -εω, Σαΐτης, -εω*: and words in *-έης*, e.g., *βορέης, βορέω* (not *-έεω*), *Ἑρμέης, Ἑρμέω*.

2nd Declension

36. The dat. pl. is in *-οισι*: *λόγοισι, θεοῖσι, Αἰγυπτίοισι αὐτοῖσι, τοῖσι* (article and relative).

37. Instead of Att. *κάλως, πλέως*, Ionic uses *κάλος, πλέος*. But in *Μενέλεως* (118 *al.*) the 'Attic' 2nd Declension forms are used. Note *σῶς, σόη, σόον*, 'safe': *ζωός, ζωή, ζωόν*, 'live'.

3rd Declension

38. Nouns in *-εύς* and *-ις* are declined thus: *βασιλ-εύς, -εῦ, -έα, -έος, -έϊ*: pl. *-έες, -έας, -έων, -εῦσι*: *πόλ-ις, -ι, -ιν, -ιος, -ι*: pl. *-ιες, -ιας, -ίων, -ισι* (but *πόλῖς* may be acc. pl., 108. 14, 177. 4, and occasionally nom. pl.). So *φύσιος* 45. 8, *ὄψιος* 152. 4, *καταστάσι* 173. 1: *Μοῖρις, Μοίριος κτλ.*

39. *Ἡρακλέης, -κλέα, -κλέος, -κλέϊ, -κλεες*: *Ἰώ*, acc. *Ἰοῦν*: *Λητώ*, acc. *Λητοῦν*.

40. Neuters in *-ας* are declined with *ε* instead of *α*, e.g., *κέρας, κέρεος, κέρεϊ*, pl. nom. and acc. *κέρεα* (74): *τέρας, τέρεος* (but in 82. 5 *τέρατος, τέρατι*). An exception is *γῆρας, γήραος, γήραϊ*.

41. Not *πολύς, πολύ* with single *λ*: always *πολλός, πολλόν*.

42. *νηῦς* (Att. *ναῦς*), acc. *νέα, νεός, νηΐ*, pl. *νέες, νέας, νεῶν, νηυσί*: *μείς* (Att. *μήν*), *μηνός*, ('month').

PRONOUNS

43. *Personal*: *μευ* (Att. *μου*), *τοι* (Att. *σοι*), *οἱ* (Att. *αὐτῷ, αὐτῇ*), *μιν* (Att. *αὐτόν, αὐτήν, αὐτό*: also *ἑαυτόν, ἑαυτήν*): *σφι* (Att. *αὐτοῖς, αὐταῖς*), *σφίσι* (Att. *ἑαυτοῖς, ἑαυταῖς*): *ἡμέων, ὑμέων, σφέων*: *ἡμέας, ὑμέας, σφέας* (neut. pl. *σφέα*).

44. *Relative*: *ὅς, ἥ, τό*: *οἵ, αἵ, τά* (as well as the article): so *ὅσπερ, ἥπερ, τόπερ*: *οἵπερ, αἵπερ, τάπερ*. All oblique cases have initial *τ*, e.g., *τοῦ, τῆς*: *τῷ, τῇ*: *τοῦπερ, τῆσπερ*: *τῷπερ, τῇπερ κτλ.*

45. Exception: after prepositions which can elide the final vowel (*ἀντί, ἀπό, διά, ἐπί, κατά, μετά, παρά, ὑπό*) the Attic forms of the relative are used, e.g., *δι' ἧς* 22. 18 (followed immediately by *ἐκ τῆς*),

κατ' ἥν, μετ' ἧς, except when the preposition follows its case, e.g., τῆς μέτα, τῆς πέρι, τῷ πάρα. Whereas ἐν τῷ (*in quo*), σὺν τοῖσι, πρὸς τούς κτλ. are examples of the ordinary Ionic relative, the Attic forms are used in temporal phrases: ἐν ᾧ (*quo tempore*), ἐς ὅ (*usque ad id tempus*): so ἄχρι οὗ, μέχρι οὗ, ἐξ οὗ and ἀπ' οὗ (*ex quo tempore*).

46. From ὅστις, forms begin with a vowel, not τ (as ὅς *supra* 44): ὅντινα, ἥντινα, οὕστινας, ἅστινας: Epic forms (instead of Attic)—sing. gen. ὅτευ, dat. ὅτεῳ, pl. gen. ὁτέων, dat. ὁτέοισι, neut. pl. ἅσσα.

47. *Interrogative and Indefinite:* τίς, sing. gen. τίνος, τεῦ, dat. τίνι, τέῳ, pl. gen. τέων, dat. τέοισι. τις enclitic: same forms, with dat. pl. τισί.

CONJUGATION OF VERBS

48. The temporal augment is regularly absent:—

(*a*) From verbs of peculiarly Ionic form, such as ἀμείβομαι, ἀναισιμῶ, ἑσσοῦμαι, ἔργω (Att. εἴργω: 99. 12 ἀπεργμένος).

(*b*) From verbs beginning with αι, ει, ευ, οι: e.g., αἱρέω, εἰκάζω, εἰρωτῶ, εἱλέεσθαι, εὑρίσκω, οἰκέω, οἴχομαι.

(*c*) From ἐῶ (e.g. ἔα 30. 20), ἐργάζομαι, ἔωθα, and from iterative forms in -σκον and -σκόμην, e.g., ἄγεσκον, 174. 6.

(*d*) From certain parts of ἄρχω and its compounds (e.g., κατάρχοντο 45. 6), but contrast ἦρχε 1. 4 and 8, ὑπῆρχε 15. 13, ἦρξε 110. 2, ἤρξαντο 51. 8.

Terminations

49. Instead of -νται, -ντο the endings -αται, -ατο are used in the 3rd pers. pl. of—

(*a*) The perf. and plupf. pass. of the -ω conjugation, i.e., in the hypothetical form γεγράφ-νται, the ν became sonant (a vowel α was sounded with it), then the vowel remained when the ν itself disappeared: e.g., τετρίφαται 93. 16, πεπονέαται 63. 5, κατακεχύαται 75. 8, κεχωρίδαται 91. 18, ἐσκευάδαται 138. 7, ἀποδεδέχαται 43. 13, 65. 8 (if from ἀποδέκομαι), ἱδρύατο, ἀπίκατο:

(*b*) The pres. and imperf. mid. and pass. of verbs in -μι, e.g., τιθέαται, ὑπανιστέαται 80. 4, κατέαται 86. 1 (Att. κάθηνται), ἠπιστέατο 53. 2, ἐξεπιστέατο 43. 18, δυνέαται 142. 7, ἐδεικνύατο:

(*c*) All optatives middle (-οίατο, -αίατο), e.g., γενοίατο 2. 4, γευσαίατο 47. 20, ἀπικοίατο 160. 20.

In all these forms α replaces the sonant ν: for such a change, compare the Greek ἑκατόν and the Lat. *centum*; δασύς and *densus*; perhaps παχύς and *pinguis*.

50. Uncontracted endings in the sing. of the plupf. ind. act., e.g. ἐώθεα, ἐώθεας, ἐώθεε.

51. Uncontracted forms of the 2nd pers. sing. of various tenses of the indic. mid. and pass., e.g. οἴχεαι 115. 18, ἔσεαι, ποιήσεαι, πλεύσεαι, ἀπίξεαι, ἐργάσαο: also imperative, ἕπεο, πείθεο. But the 2nd pers. sing. subjunctive mid. is always contracted, e.g. βουλεύῃ, γένῃ, βουλεύσῃ.

52. In the subjunctive of 1st and 2nd aor. pass. of all verbs, and in the subj. of 2nd aor. of verbs in -μι and analogous verbs, the contracted

vowel -ῶ is resolved into -έω, e.g. συλλεχθέωσι, 62. 1, θέωσι (from ἔθην), βέω (from ἔβην). But the 2nd and 3rd pers. sing. remain contracted, e.g. νικηθῇς, φανῇ.

Attic Contracted Verbs

53. Verbs in -έω are uncontracted in most forms (cf. *supra* 19). But, while δεῖ (pres. ind.) and δεῖν (pres. inf.) are contracted, the imperf. is ἔδεε, opt. δέοι, pres. part. δέον. For the special un-Attic contraction, see *supra* 20 (καλεύμενος 56. 5, as well as καλεόμενος : ὠφελεύμενος, 68. 24, as well as ὠφελεόμενος 68. 20).

So too in the Attic contracted future uncontracted forms are used, e.g. ἐρέω, μενέουσι, ἀποθανέεσθαι, χαριέεσθαι, ἀγγελέοντα, ἀπολέοντες, ἀπολεόμενοι. But the contraction into ευ is found when a vowel precedes the syllables εο or εου in some 'Attic' futures, e.g., κομιεύμεθα, ἀνταγωνιεύμενος.

54. Verbs in -άω follow the analogy of verbs in -έω, and assume forms such as ὁρέω, ὁρέομεν, ὁρέουσι, ὥρεον κτλ. : also τιμῶσι, 29. 27 *al.* προτιμῶντες 37. §2. But such forms as ὁρᾷς, ὁρᾷ, ὁρᾶσθαι keep the Attic contraction, except that χράω, χράομαι do not contract, as in Attic, into η, but into α, e.g., χρᾶται, χρᾶσθαι (*supra* 2).

55. Verbs in -όω are generally contracted as in Attic; but where a vowel precedes the contracted syllable, οο and οου become ευ, e.g. δικαιεῦσι 47. 9, ἐδικαίευν, ἀξιεῦνται.

Verbs in -μι

56. The 2nd and 3rd pers. sing. and the 3rd pers. pl. of τίθημι, ἵστημι, δίδωμι are analogous to forms from contracted verbs: τιθεῖς, τιθεῖ, τιθεῖσι : ἱστᾷς, ἱστᾷ, ἱστᾶσι : διδοῖς, διδοῖ, διδοῦσι : so also ἵημι and its compounds, ἱεῖς, ἱεῖ, ἱεῖσι, ἀπιεῖσι 41. 13, ἐξιεῖσι 87. 9. Imperf. ind. act. of τίθημι : ἐτίθεα, ἐτίθεες, ἐτίθεε.

Pres. subj. 3rd pl. of ἀπίημι : ἀπιέωσι, of δύναμαι : δυνέωνται. 2nd Aor. subj. of τίθημι : θέωμεν.

Perf. act. 3rd pl. of κατίστημι : κατεστέασι, 84: participle perf. of ἵστημι, ἑστεώς 63. 14, ἑστηκώς 126. §2.

Perf. part. pass. of ἀνίημι : ἀνειμένος.

Perf. ind. pass. 3rd sing. ἀνεῖται, 65. 4, 3rd pl. ἀνέωνται 165. 6.

57. δείκνυμι : pres. ind. 3rd pl. δεικνύουσι 86. 2, also δεικνῦσι. Pres. part. and imperf. ind. from δεικνύω (but cf. δεικνύς 78).

With δεικνῦσι, cf. ἐσεργνῦσι 86. 28.

58. εἰμί (*sum*): pres. ind. 2nd sing. εἶς (Att. εἶ), 1st pl. εἰμέν (Att. ἐσμέν) : pres. subj. 1st sing. ἔω, 3rd pl. ἔωσι 45. 11, as well as ὦσι 89. §1 : optative 3rd pl. εἴησαν : pres. part. ἐών, ἐοῦσα, ἐόν. Imperf. ind. (iterative) ἔσκον : also 1st sing. ἔα 19. 6 (Att. ἦν), 2nd sing. ἔας, 2nd pl. ἔατε.

59. εἶμι (*ibo*), with its compounds: imperf. ind. ἤϊα, ἤϊε, ἤϊσαν (Att. ᾖα, ᾔει, ᾖεσαν).

Miscellaneous

60. οἶδα : perf. ind. 2nd sing. οἶδας, 3rd sing. οἶδε, 1st pl. ἴδμεν 68. 7, οἴδαμεν 17. 5, 3rd pl. οἴδασι 43. 3: subj. εἰδέω, opt. εἰδείην (as in Attic).

Plupf. ind. 1st sing. ᾔδεα, 3rd sing. ᾔδεε, 2nd pl. ᾐδέατε, 3rd pl. ᾔδεσαν (as in Attic).

61. εἶπα, 1st aor. (Att. 2nd aor. εἶπον) : 2nd sing. εἶπας, 3rd pl. εἶπαν, inf. εἶπαι, part. εἴπας.

62. λαμβάνω : fut. (παρα)λάμψομαι 120. 21 : 1st aor. pass. ἀπολαμφθείς 115. 14; perf. act. καταλελάβηκε : perf. mid. or pass. ἀπολελαμμένοι.

63. φέρω and compounds: 1st aor. act. (ἀν)ενείκας 23. 2 : 1st aor. mid. (ἐσ)ενείκασθαι 23. 5, (ἀν)ηνείκαντο : perf. mid. or pass. ἐνηνεῖγμαι, (συν)ενειχθῆναι 111. 3.

64. ἀείρω : 1st aor. pass. part. ἀερθείς.

65. ἄγω : 1st aor. mid., ἀξάμην, ἄξαντο.

66. πλέω (sometimes -πλώω) : as in Attic ἀναπλέοντι 155. 5, also ἔπλευσα 44. 2 : but ἀναπλώουσι 93 (and others), διεκπλῶσαι 11. 4, 29. 11, ἐκπλῶσαι 91. 21, διεκπλώσας 29. 16.

67. γίνομαι, γινώσκω are always used, not the Attic forms γίγνομαι, γιγνώσκω.

INDEX OF PROPER NAMES

Ἄζωτος : Azôtus, a town of Syria, was besieged and captured by Psammêtichus I (157. 4). It is the Biblical Ashdod, one of the five cities of the Philistines (cf. *O.T.* 2 *Chron.* xxvi. 6).

Ἀθῆναι: Athens, capital of Attica. Ἀθηναῖοι : the Athenians are described in i. 56. 2 as being the pre-eminent Ionian power, although rejecting the name 'Ionian' (i. 143. 3). From the Pelasgians (*q.v.*) the Athenians learned to make Hermae (*q.v.*: 51. 2).

Ἀθηναίη : the goddess Athênê, who, in Greece, was the patroness of agriculture (she created the olive tree) and the useful arts (e.g., weaving), the guardian of civilization and social order, and the tutelary deity of Athens, which was named after her. Athênê at Saïs was identified with the Egyptian goddess Neïth: cf. Plato, *Timaeus* 21 E τῆς πόλεως θεὸς ἀρχηγός τίς ἐστιν, Αἰγυπτιστὶ μὲν τοὔνομα Νεΐθ, Ἑλληνιστὶ δέ, ὡς ἐκείνων λόγος, Ἀθηνᾶ. The name Neïth was interpreted as Weaver or Shooter, and she was represented as carrying a shield, bow, and arrows—all supporting the identification with Athênê. The worship of Neïth was all the more popular in the time of H., since the last dynasty (XXVI) had its origin and its seat at Saïs.

Ἀθριβίτης νομός : the province of Athribis in Lower Egypt (166. 3). The ruins of the capital town, Athribis, lie near the modern town of Benha, 30 miles N. of Cairo.

Αἰάκης : Aeaces (182. 9: iii. 39 ff.), father of Polycrates of Samos. He was probably the dedicator of a statue at Samos *c.* 540 B.C. (see Tod, *Gk. Hist. Inscr.* No. 7), and therefore a wealthy man.

Αἰγαῖος πόντος (97. 3), **τὸ Αἰγαῖον** (113. 4) : the Aegean Sea, elsewhere in H. called τὸ Αἰγαῖον πέλαγος (iv. 85. 4), is that part of the Mediterranean which is now the Archipelago. The name has been derived (1) from Aegae, an island off Euboea, (2) from Aegeus, father of Theseus, (3) from Aegaea, queen of the Amazons, and (4) from αἰγίς, a hurricane.

Αἰγινῆται : the Aeginêtans or people of Aegîna, an island in the middle of the Saronic Gulf, about 12 miles from Piraeus, the port of Athens. Of Dorian origin, the Aeginetans early became a strong naval and trading power; and the first mint was established in Aegina. At Naucratis the Aeginetans founded a temple of Zeus (178. 14).

Αἴγυπτος, Αἰγύπτιοι (*passim*). The name 'Egypt' is probably derived from Ḥa.ka.Ptaḥ, 'temple of the *ka* (or double) of Ptah',—one of the sacred names of Memphis, later extended to denote the whole country, cf. Ἀσίη (*q.v.*). For another name of Egypt, see 12. 9

note (*Qemt*). Ancient geographers considered Egypt, i.e. the valley of the Nile, to belong to Asia (16. 5).

Αἴγυπτος: Aegyptus, father of 50 sons, brother of Danaus (*q.v.*).

Ἀΐδης: Aïdês (lit. 'the Unseen') or Hadeš, son of Cronus, and god of the lower world, married Persephonê, daughter of Dêmêtêr. The lower world itself is also called Hades (122. 2): there Rhampsinitus descended and played dice with Dêmêtêr.

Αἰθιοπίη, Ethiopia: **Αἰθίοψ, Αἰθίοπες**, Ethiopian(s): the country in Africa, S. of Egypt, with its capital at Meroe (*q.v.*). In ancient times the power of the Ethiopians was so great that they overran Egypt, e.g., the kings of Dynasty XXV (*c.* 715–663 B.C.) were Ethiopians (137–9). The Ethiopians, like the Egyptians and the Colchians, practised circumcision from the beginning (104. 10).

Αἰθιοπικὸς λίθος: 'Ethiopian stone' means (1) a knife of flint (86. 14), and (2) the red granite of Syênê, i.e. Aswân (127. 10, 134. 4).

Αἰολέες (1. 6: 178. 10): the Aeolians, one of the great divisions of the Hellenic race, were, by tradition, the descendants of Aeolus, son of Hellên, and were in ancient times called Pelasgians (*q.v.*). Originally settled in Thessaly, they were driven out by invaders and migrated to Boeotia. On the Asiatic mainland they occupied the N.W. corner of Asia Minor and the island of Lesbos with its capital Mytilene (*q.v.*): these Aeolians were subdued by Croesus, and when Cyrus conquered Lydia, they with the Ionians (*q.v.*) became part of the Persian Empire. Both Aeolian and Carian mercenaries served under Cambyses.

Αἰσχύλος (156. 22): Aeschylus the tragedian, son of Euphoriôn, is said to have written about ninety plays: only seven of these survive in full, and the allusion of H. to 'Artemis, daughter of Dêmêtêr', must come from a tragedy not now extant. Cf. Pausanias viii. 37. 6.

Αἴσωπος: Aesop the fabulist is dated by H. (134. 15) to the sixth century B.C., and is described as the slave of Iadmôn of Samos, who set him free. For Aesop's death, see 134. 18 note. Aesop, 'the Children's Homer', resembles Socrates in wisdom and also in not committing his thoughts to writing.

Ἀκαρνανίη: Acarnania, the most westerly province of Greece, is bounded on the E. by the River Achelôus (*q.v.*), which separated it from Aetolia.

Ἀλέξανδρος (chaps. 113 ff.): Alexander (the second son of King Priam of Troy and Hecuba), generally known as Paris, carried off Helen from Sparta and thereby caused the Trojan War (traditionally dated 1192–1183 B.C.).

Ἁλικαρνησσός: Halicarnassus, a strongly fortified city in the S.W. of Caria, was originally Dorian (178. 10), but was afterwards strongly influenced by the Ionians. This is shown by the dialect of its inscriptions, and by the Ionic prose of H., who was born there. After Asia Minor had become subject to Persia, Queen Artemisia with her five ships distinguished herself on the Persian side at the battle of Salamis, 480 B.C. (viii. 87). Halicarnassus joined with other eight towns in the founding of the Hellenium at Naucratis (178. 10).

'Ἀλκμήνη: Alcmênê, daughter of Electryôn, king of Mycenae, and mother of Heracles. H. points out that Alcmênê, like Amphitryôn, was Egyptian by descent (43. 10): both were grandchildren of Perseus (*q.v.*).

Ἄμασις: Amâsis or Aahmes II was king of Egypt, 569–526 B.C.: how he succeeded Apries (*q.v.*), whose general he was, H. tells in chs. 161–9. For his reign as the Golden Age of the Greeks in Egypt, see 172. 1 note. His friendliness to the Greeks is seen in his granting Naucratis to them (178. 3), his keeping a bodyguard of Ionians and Carians (154. 14), and his marrying a Greek lady of Cyrene (181. 2). Amasis died before the invading Persians reached Egypt, but Cambyses disentombed his body and outraged it.

Ἄμμων, 'Ἀμμώνιοι: Ammôn, originally a Libyan deity Amûn ('Αμοῦν 42. 20, 'the hidden'), who as king of the gods was naturally identified with the Greek Zeus. The seat of his worship was Thebes (42. 1), therefore called by the Greeks Diospolis. For the famous oracle of the ram-headed Ammôn in the Oasis of Siwa (*c.* 300 miles W. of the Nile and 150 miles S. of the Mediterranean), see 32. 1 note, and cf. A. B. Cook, *Zeus* i. pp. 376–90. It was at Siwa near the temple of Ammon that *ammonium* chloride is believed to have been made from the dung of camels. The Ammonians were a colony from Egypt and Ethiopia (42. 16). For the ill-fated expedition of Cambyses against them, see iii. 25, 26.

'Ἀμυθέων: Amytheon, father of Melampus the seer (*q.v.*).

'Ἀμυρταῖος: Amyrtaeus, King in Lower Egypt, father of Pausiris (iii. 15. 3), took part in the revolt of Inarôs: in 449 B.C. he was still holding out in the marshes (Thuc. i. 112). Not Amyrtaeus of Saïs (Dyn. XXVIII), see Manetho fr. 72.

'Ἀμφικτύονες: Amphictyones (literally 'dwellers round about'), a league of states in N.E. Greece, one of whose common sanctuaries was the temple of Apollo at Delphi (180. 1).

'Ἀμφιτρύων: Amphitryôn, king of Tiryns and reputed father of Heracles. See *s.v.* Alcmênê.

Ἄνθυλλα: Anthylla, a town (exact site unknown) not far from Alexandria on the direct route (during the inundations) from Canôbus to Naucratis. In Athen. i. 33 f. Ἄντυλλα is described as producing a surpassingly fine wine, and as having been assigned by the early kings of Egypt and by the Persians to supply their queens with girdles (H. ii. 98 says 'shoes').

Ἄνυσις: (1) Anysis, a blind king of Egypt, expelled by the Ethiopians (137 ff.).

(2) Anysis, a town.

'Ἀνύτιος νομός: the province of Anytis (perhaps the same as Anysis), inhabited by one of the warrior clans (166. 4).

Ἆπις: (1) Apis, the Egyptian bull-god, see *s.v.* Epaphus.

(2) A place on the W. frontier of Egypt, adjoining Libya: the village mentioned by H. (18. 5) cannot be the Apis which Strabo (17. 1. 14, p. 799) places on the coast 12 miles W. of Paraetonium or over 150 miles W. of Alexandria. A. W. Lawrence says, 'It may be the modern Abusir (at the west end of the Lake Mareôtis), Strabo's Taposiris'.

Ἀπόλλων: Apollo, son of Zeus and Leto (*q.v.*), best known as the sun-god and the god of prophecy, was pre-eminently a Dorian deity.

For the Egyptian Apollo, see *s.v.* Hôrus.

Ἀπρίης: Apriês, king of Egypt, 588–566 B.C.: see 161. 3 note. After a prosperous reign, he was deposed by his general Amasis (*q.v.*), and finally put to death (169. 14).

Ἀραβίη: Arabia, the great peninsula bounded on the W. by the Red Sea (Ἀράβιος κόλπος), on the E. by the Persian Gulf, and on the S. by the Indian Ocean,—the two last being called by H. Ἐρυθρὴ θάλασσα (*q.v.*).

Ἄρης: Arês, the Greek god of war, son of Zeus and Herê. In 59. 10, 63. 2 ff. the Egyptian god worshipped at Paprêmis (*q.v.*) is hard to identify under the name Ares: Mont, although god of war, is not elsewhere called Ares; and Shu, who is usually identified with Ares, is identified with Heracles by H. (42. 10), perhaps because the lion was sacred to Shu.

Ἀρκάδες: the inhabitants of Arcadia, the central district of the Peloponnese, were able to resist the Dorian invaders, being protected by a barrier of lofty mountains (*c.* 8000 feet high) and the rugged nature of their land (171. 12). They were a simple and hardy, but some what dull-witted, race of mountaineers.

Ἀρκεσίλεως: Arcesileôs, i.e. Arcesilaus, fourth king of Cyrene (*q.v.*), son of Battus (*q.v.*) 'the Prosperous'.

Ἄρτεμις: Artemis of Ephesus ('Diana of the Ephesians') was the personification of natural fertility and increase: hence the appropriateness of regarding A. as 'the daughter of Demeter' (156. 24). H. praises the temple of Artemis at Ephesus (148. 8) as 'a noteworthy building': this was the temple built in the sixth century B.C.

Artemis of Bubastis (59. 3) is the Egyptian goddess Bast, a cat goddess, associated with joy and love.

Ἀρχάνδρου πόλις; Archandrus was son-in-law of Danaus (*q.v.*), and the town of Archandrus is mentioned by H. (97. 11) as being, like Ἄνθυλλα, on the direct route (during flood-time) between Canôbus and Naucratis. The Ravenna geographer (128. 13) calls it Archa; and it seems to be identified at times with Andrônpolis on the W. fringe of the Delta.

Ἀρχιδίκη: Archidicê, a courtesan of Naucratis (*q.v.*).

Ἀσίη. In Homer (*Il.* ii. 461) the term Asia is applied merely to a district of Lydia around the Caïcus (see *s.v.* Τευθρανίη). Later, Asia was one of the two continents into which the earliest geographers divided the world,—Europe and Asia, Libya (or Africa) being part of the latter. By the time of H. Libya had been elevated to the status of a continent, and H. hesitatingly accepts the tripartite division of the world.

Ἀσμάχ. For this name, applied to the Deserters from the garrison-towns in the time of Psammêtichus I, see 30. 4 note.

Ἀσσυρίη, Ἀσσύριοι. In Book I. 192–4 H. describes the natural features of Assyria, which, for him, includes Babylonia. Assyria proper with its capital, Nineveh, lay in the valley of the Tigris, bounded on the N. by Armenia, on the W. and S.W. by Mesopotamia and

Babylonia, and on the E. by the Zagros range (i.e. the mountains of Kurdistan).

Ἄσυχις: Asychis, king of Egypt (136. 2) may be Shepseskaf (*c.* 2600 B.C.), the last king of Dynasty IV.

Ἀτάρβηχις: Atarbêchis, a town of Prosopitis (*q.v.*), the island in the Delta.

Ἀφθίτης νομός: the district of Aphthis in the N.E. of Lower Egypt, inhabited by one of the warrior clans (166).

Ἀφροδίτη: the 'Heavenly Aphrodite' is identified by H. with the Egyptian Hathor (Isis), who had a temple of great sanctity at Atarbêchis (*q.v.*). The worship of A. was of Semitic origin and was transmitted to the Greeks by the Phoenicians. In 112. 6 Phoenicians of Tyre are described as dwelling round the precinct of the temple of Proteus at Memphis, and in the precinct there is a temple of Aphrodite 'the Stranger'.

Ἀχαιοί: the Achaeans are mentioned (120. 16) as fighting at Troy for Helen's sake. In heroic times the 'fair-haired' Achaeans were the rulers of S. Thessaly and of E. Peloponnese, especially Argos and Sparta. They had invaded Greece from the N. and conquered the ancient Pelasgi (*q.v.*); but they were in turn dispossessed by the Dorians, and forced to settle along the southern shore of the Gulf of Corinth in what was thereafter called Achaea.

Ἀχαιός: Achaeus, a legendary, eponymous hero, father of Phthius.

Ἀχελῷος: Achelôus, in N.W. Greece, the largest river in Greece, (*c.* 130 miles long), rising in Mount Pindus and flowing S. between Acarnania (*q.v.*) and Aetolia into the Ionian Sea opposite the Echinades Islands (*q.v.*). The Achelôus was taken as the most ancient of rivers and the symbol of all fresh water: cf. Eur. *Bacch.* 627 Ἀχελῷον φέρειν, 'to bring water', and Verg. *Georg.* i. 9 Acheloïa pocula.

Βαβυλών, Βαβυλώνιοι: Babylon in Mesopotamia lay on both banks of the river Euphrates; and after the destruction of Nineveh (606 B.C.), capital of Assyria (*q.v.*), by the Babylonians under Nabopolassar, father of Nebuchadnezzar, the city of Babylon became the seat of the new Babylonian empire. The Chaldeans, who formed the ruling class at Babylon, were proficient in science, especially astronomy. H. states (109. 11) that it was from the Babylonians that the Greeks took their knowledge of the sundial, and the gnômôn or index, with the division of the day into twelve parts.

Βακχικά (81. 6): Bacchic rites, or rites celebrated in the worship of Dionysus (*q.v.*).

Βάττος (181. 4): so called after his grandfather, Battus, the founder of Cyrene (*q.v.*), whose name is said by H. (iv. 155) to be Libyan for 'king', although he adds that others interpret it as 'Stammerer'. This Battus II (*c.* 574 B.C.) had the additional name ὁ εὐδαίμων, 'the Fortunate' or 'Prosperous' (iv. 159. 2).

Βοιωτίη (49. 20): Boeotia, the district N.W. of Attica with Thebes as its capital, was at one time called Cadmeïs, after Cadmus, who came from Tyre with a band of Phoenicians. These, along with the

Pelasgians and the Minyans, were finally absorbed in the Boeotian population.

Βολβίτινον στόμα (17. 25): the Bolbitine branch of the Nile, now named the Rosetta branch after the modern town near its mouth, is artificial, according to H.

Βούβαστις : the goddess Bubastis (i.e. Pasht or Bast, a cat-headed goddess) is equated with the Greek Artemis. H. describes (60) the festival in her honour—the greatest of all Egyptian festivals, attended (H. says) by as many as 700,000 people. She had an oracle (83). H. describes and praises her temple at Bubastis (137, 138: see 138. 1 note). Embalmed cats are buried there (67. 2).

The town Bubastis (i.e. the ' city of Pasht ') lay in the Delta near the modern Zagazig. *Βουβαστίτης νομός :* the Bubastite nome, with its capital Bubastis, was one of the seats of the Kalasiries (*q.v.*).

Βουκολικὸν στόμα (17. 25): the Bucolic branch of the Nile (also called Phatnitic), has now the name Damietta branch, after the modern town not far from its mouth.

Βούσιρις : the second largest religious festival was that in honour of Isis at Busiris (40, 60), i.e. the ' house of Osiris ', in the middle of the Delta (59. 3).

Βουσιρίτης νομός (165. 1): this province, with Busiris as its capital, was one of the seats of the Hermotubies (*q.v.*).

Βουτώ : Buto, a town in the N.W. Delta on the Sebennytic branch of the Nile (near a village called Ibṭu, about 90 miles N.W. of Cairo: see Baedeker [8] p. 34), the ancient capital of Lower Egypt, where Leto (*q.v.*) was worshipped: there was a famous and highly honoured oracle (155), and embalmed hawks and shrew-mice were taken to Buto.

For another Buto see 75. 1 note.

Βράγχιδαι (159. 9): Branchidae, in the territory of Miletus, was the site of a famous temple of Apollo where there was an oracle of great renown. This oracle was said to be founded by Branchus, son of Apollo,—probably a story invented to explain the name of the pre-Hellenic priesthood, the Branchidae.

Γοργώ : the Gorgon called Medusa, with serpent locks, had the power of turning into stone any one who looked at her. With the help of a mirror, Perseus (*q.v.*) succeeded in slaying her and carried her head in a wallet to Egypt.

Δανάη (91. 5): Danae, mother of Perseus, whose father was Zeus, was set adrift in the sea with her baby son: see Simonides fr. 22.

Δαναός : Danaus and his nephew Lynceus (*q.v.*) came from Chemmis (*q.v.*), according to the Egyptians. Danaus and his daughters were driven from Egypt (the traditional date is 1466 B.C.), and settled in Argos, the home of their ancestress, Io (*q.v.*). The fifty daughters, all but one, slew forty-nine sons of Aegyptus (see 91. 21 note, 171. 7, Aesch. *P.V.* 853 ff.). The Danaïdes were punished in Hades by being compelled to pour water for ever into a sieve.

Δαρεῖος : Darîus I, son of Hystaspês, was king of Persia, 522 B.C. to

486. H. says (iii. 139. 2) that Darius came with Cambyses as one of his bodyguard when he invaded and conquered Egypt. Seizing the throne from a usurper in 522 B.C., he consolidated and organized the Persian empire. He was successful in quelling revolts in several provinces; but on his invasion of Greece disaster befell him at Marathon, 490 B.C. In 486 Egypt revolted, but Darius died before the end of the year and was succeeded by his son, Xerxes.

Δάφναι : Daphnae, described by H. as 'of Pelusium', was a frontier post of Egypt against Syria: it has been identified as Tell Dafana, excavated by Petrie, *c.* 10 miles W. of Qantara (on the Suez Canal), guarding the caravan route to Syria. The camp measures 400 yards by 650, which would accommodate a large number of men: see Petrie, *Tanis* ii and *Hist. of Egypt* iii. fig. 138, Baikie, *Eg. Antiquities in Nile Valley*, p. 31. Cf. Diod. Sic. i. 67. 1. In *O.T. Ezekiel* xxx. 18, *Jeremiah* xliii. 7 it is called Tahpanhes: Jeremiah lived there for a time in the Jewish quarter as a political refugee.

Δέλτα : the part of Egypt still called the Delta, at the mouth of the Nile N. from Memphis to the sea, increased by alluvial soil brought down by the river and named from its shape, an inverted Δ. Since the term was appropriate to any such alluvial formation at the mouth of a river, H. is careful to define it (16. 6) as *Αἰγύπτου τὸ Δέλτα*.

Δελφοί : Delphi the town, and its inhabitants, the Delphians. The town was in Phocis, on the southern slope of Mt. Parnassus, amid wild scenery. In Homer it is called Pytho: it was the religious capital of Greece, and the oracle of Pythian Apollo was consulted by Greeks and foreigners alike, who vied with one another in the magnificence of their offerings.

Δῆλος : Delos, which is the central and smallest island of the Cyclades, is said in legend to have been a floating island, which became fixed when Leto was to give birth to Apollo (cf. 156. 3, on the floating island at Buto). Like Delphi, it was a centre of the worship of Apollo. For the round pond at Delos, see 170. 7 note.

Δημήτηρ : Dêmêtêr, daughter of Cronus and mother of Persephone, was an earth goddess, the patroness of agriculture and the fruits of the earth, especially corn. As *θεσμοφόρος* she was honoured as the law-giver and founder of civilization and social order: cf. 171. 5 note. The Egyptian priests told H. that Rhampsinitus went down alive to Hades, played dice with Demeter (queen of the lower world, 123. 4), and was presented by her with a golden napkin (122. 5). H. describes the ceremony of the festival (122. 9).

In Egypt Demeter was identified with Isis, e.g. 59. 6, where the 'very great' temple at Busiris (*q.v.*) is mentioned.

Διομήδης : Diomede, son of Tydeus, led eighty ships from Argos to Troy, and ranked next to Achilles in bravery. For the 'Prowess of Diomede' see 116. 10 note.

Διόνυσος : Dionysus, also called Bacchus, god of wine, was the son of Zeus and Semelê (*q.v.*). The worship of Dionysus, with his wild, orgiastic rites, appears to have come into Greece from the N. (although H. believes that Melampus, who taught the Greeks the name of Dionysus, learned the rites from Cadmus and his Phoenician

followers, 49. 18); and he was specially honoured at Thebes. Dionysus was one of the youngest of the gods (145. 1).

In Egypt Dionysus was equated with Osiris (*q.v.*), and the Egyptian festival is described by H. (47, 48). With Demeter (*q.v.*), Dionysus is described as a ruler of the lower world (123. 4). The Ethiopian Dionysus (at Meroe, 29. 26, or Napata) also stands for Osiris.

Διόσκοροι, i.e. *Διὸς κοῦροι* : the Dioscûri, or sons of Zeus, were the twins Castor and Polydeuces or Pollux, sons of Leda and Tyndareôs (*q.v.*), and therefore brothers of Helen. Castor was famed for his skill in taming and managing horses, Pollux for his skill in boxing.

The Egyptians denied all knowledge of the Dioscuri (43. 11, 50. 5), as well as of Poseidon.

Δωδώνη, *Δωδωναῖοι*, dwellers in Dodona: *Δωδωνίδες ἱέρειαι*, the priestesses at Dodona. Dodona, a town in Epirus, was famous for its ancient oracle of Zeus,—the first to be established in Greece (52. 10).

For the sacred oak at Dodona, cf. 55. 5 and note; and for the 'Doves' (the three priestesses at Dodona), see 57. 1 note.

Δωριέες : the Dorians were one of the great divisions of the Hellenic race, said to be descended from Dôrus, son of Hellên. Among Dorian colonies was Halicarnassus (*q.v.*: 178. 10).

Ἑκαταῖος : Hecataeus of Miletus, chronicler and geographer, the predecessor of Herodotus, travelled extensively towards the end of the sixth century B.C. (he was described as *ἀνὴρ πολυπλανής*). His visit to Egypt, which fell in the reign of Darius, provided material for his *Περίοδος γῆς* or *Περιήγησις*, which he published (with a map) before 500 B.C. Other works of Hecataeus are *Ἱστορίαι* and *Γενεαλογίαι* : cf. 143. 1 note.

Ἕκτωρ : Hector, eldest son of King Priam of Troy, was the foremost hero of the Trojans in their war with the Greeks.

Ἐλβώ : the unidentified island of Elbo (140. 10), to which the blind king Anysis (*q.v.*) fled among the marshes when the Ethiopian kings of Dyn. XXV. held sway over Egypt.

Ἑλένη : Helen, daughter of Tyndareôs (*q.v.*) and Leda, married Menelaus (*q.v.*) of Sparta. Her abduction by Paris (see *s.v.* *Ἀλέξανδρος*) was the cause of the Trojan War (see *s.v.* *τὰ Τρωϊκά*). For Helen's visit to Egypt and her detention there, see chaps. 113 ff. and note on 113. 1: H. believes that Helen never went to Troy (120. 1), but was detained by King Proteus in Egypt.

Ἐλεφαντίνη : Elephantinê, the island opposite Syene (*q.v.*: Aswân), the frontier station of Egypt against Ethiopia in the time of Psammetichus I (30. 9), and strongly garrisoned by Persians when H. visited Egypt (30. 12). The 'ivory island' (*sc.* *νῆσος* or *πόλις*), the Greek translation of *Ybw* ('elephant', 'ivory', 'Elephantine'), —probably because the Nubians brought their elephant tusks here for tribute or barter.

Ἑλλάς, *Ἕλληνες*, *γυνὴ Ἑλληνίς*. In Homer Hellas is a small district in Thessaly (*Il.* ii. 683: cf. Thuc. i. 3); but by the time of H. the Hellenes were the inhabitants not only of the whole of Greece proper, but of any district settled by Greeks.

Ἑλλήνιον (*τέμενος*): the Hellenic sanctuary at Naucratis (*q.v.*), founded jointly by nine Greek cities (178. 6, and note).

Ἔπαφος: Epaphus, in Greek legend, was the son of Zeus and Io (*q.v.*), cf. Aesch. *P.V.* 850 ff., *Suppl.* 40 ff.

In Egypt the Greeks identified Epaphus with the sacred bull-calf of the god Ptah at Memphis, whose native name Apis (*Ḥpw*) was also used (153. 3, iii. 27 ff.). Apis was a white calf with black spots; and no such calf might be sacrificed (38. 3). 'It was from the time of Dyn. XXVI that the Apis cult became especially important: under the Ptolemies, in the altered form Serapis, he was the chief god in Egypt' (How and Wells). The Apis-bulls were buried in the Serapeum at Memphis (Baedeker[8], p. 158) with elaborate rites: in Ptolemaic times the guardian on one occasion spent all that he possessed, and borrowed fifty talents of silver (*c.* £12,500) as well (Diod. Sic. i. 84. 8).

Ἑρμέης: Hermes in Greece, the son of Zeus and Maia, was the messenger of the gods. He had many functions: as a local deity he was the guardian of flocks and herds, and therefore of fertility. For Hermes as father of Pan, see 145. 16.

The Egyptian Hermes was Thôth, god of writing and the sciences, whose chief seat of worship was Ἑρμέω πόλις (*q.v.*). The ibis and the baboon (cynocephalus) were sacred to Thôth.

Ἑρμέω πόλις: Hermupolis, the chief city of Thôth, was near the modern Ashmunein, about 180 miles S. of Cairo (67. 6 note).

Ἑρμοτύβιες: the Hermotybies, a division of the warrior class— so named from the Egyptian *r.m*, 'man', and either *d.b.a*, 'spear' or *th-w-f* 'papyrus', since the men of the papyrus-marshes were war-like.

Ἐρυθρὴ θάλασσα: this Erythraean Sea includes not only the Red Sea (ὁ Ἀράβιος κόλπος), but also the Indian Ocean and the Persian Gulf. Only in later Greek (e.g. LXX and N.T.) was the name restricted to our Red Sea. It is Egyptian in origin, and is perhaps derived from the colour of the sand.

Ἐτέαρχος: Etearchus, king of the Ammonians (*q.v.*): the name is probably a Greek form of the Nubian name Taharka.

Εὔξεινος πόντος. The Black Sea, euphemistically called by the Greeks *εὔξεινος*, 'hospitable', instead of *ἄξεινος*, 'inhospitable' (cf. the name Eumenides or 'Kindly Goddesses' applied to the Furies). The wide expanse of open and often stormy waters struck dread into Greek mariners with their small vessels. To them it was often 'The Sea', ὁ Πόντος. In iv. 85. 2 H. gives exaggerated figures for its length and breadth, probably through over-estimating the speed of vessels: the length he gives is almost twice the actual length.

Εὐρώπη: Europe. H. (iv. 45. 2) cannot guess why a woman's name should be given to the continent: he refers to Eurôpê, a Phoenician princess who was kidnapped from Tyre by Greeks (i. 2. 1); but later (iv. 45. 4) he says that no one knows whence Europe took its name. It first occurs in the *Homeric Hymn to Apollo*, 251. The Greeks of the fifth century B.C. spoke of three divisions (or continents) of the world, and H., while criticizing this theory, accepts it as convenient: see *s.v.* Ἀσίη.

Εὐφορίων: Euphoriôn, father of Aeschylus, appears to have been connected with the worship of Demeter at Eleusis in Attica.

Ἔφεσος: Ephesus, the famous city in Ionia (Asia Minor) near the mouth of the River Caÿster, which has now silted up Panormus, the harbour of Ephesus. For the temple of Artemis (*q.v.*), see 148. 8.

Ἐχινάδες νῆσοι: the Echinades, a group of small islands at the mouth of the River Achelôus (*q.v.*): see 10. 15 note.

Ζεύς, Ζεὺς Ὀλύμπιος: Zeus of Mt. Olympus, the supreme ruler of heaven, the father of gods and men, was worshipped at Olympia (*q.v.*). The sculptures of the pediments of the Olympieum, and the Zeus of Pheidias, are famous. For the Olympic games in honour of Zeus, see *s.v.* Ἠλεῖοι. For the oracle of Zeus at Dodona, see *s.v.* For Zeus as the sky-god or weather-god, see n. on 13. 20.

See Ἄμμων (Amûn) for the Theban Zeus (42. 1) and the Zeus at Meroê (29. 26) or Napata: the high priests of Amûn, when expelled from Thebes by Dynasty XXII, retired to Ethiopia.

Ἠλεῖοι: the Eleans, or people of Elis in the N.W. part of the Peloponnese, had the management of the Olympic games, held every four years in honour of Zeus at Olympia—one of the four great national festivals. See *Comp. to Greek Studies*,§§ 421 ff.

Ἥλιος: the Sun-god, in Egyptian religion *Ra* or *Atum*, worshipped especially at Heliopolis (*q.v.*). In 59. 8 his festival is mentioned: to his temple at Heliopolis the phoenix brings his father in an egg of myrrh (73. 10).

Ἡλίου πόλις, Heliopolis: Ἡλιουπολῖται, dwellers in Heliopolis.

In Egyptian its second name was House of Ra or Atum, i.e. the Sun-god (cf. Bethshemesh in *O.T. Jeremiah* xliii. 13): its profane name was *Anu* or *On* (*O.T. Genesis* xli. 45). In spite of 9. 2 (ἀνάπλοος), Heliopolis was about four miles E. of the Nile: its ruins (mainly one obelisk) lie about six miles N.N.E. of Cairo. See n. on 3. 6 (λογιώτατοι).

The temple of the Sun (73. 10) is known from a model dating from the reign of Sethôs I., *c.* 1300 B.C. On each side of the great obelisk (still *in situ*) there formerly was a boat—one for day, one for night.

Ἡράκλεαι Στῆλαι: the Pillars of Heracles or Straits of Gibraltar are mentioned first by Pindar (*Ol.* iii. 44) as the W. limit of the world. The ' Pillars ' are the mountains on either side—Abila (Ceuta) on the S., and Calpe (Gibraltar) on the N.

Ἡρακλέης: Heracles, the reputed son of Zeus and Alcmênê, was both god and demigod, according to H. (44. 20). The worship of Heracles was widespread (Tyre, 44. 2: Thasos, 44. 13 ff.).

The Egyptian Heracles was perhaps the son of Amûn, Shu, god of the air, who supported the sky (as Heracles did when relieving Atlas), and to whom the lion was sacred. At Thebes he was identified with another son of Amûn, Khonsu, the moon god.

Ἥρη: Hêrê, the wife of Zeus and queen of heaven, is mentioned by H. among the deities not borrowed by the Greeks from Egypt. Her temple at Samos was the largest temple known to H. (iii. 60. 4), and according to Pausanias (vii. 4. 4) it was one of the oldest in existence.

'Ησίοδος : Hesiod of Ascra near Mount Helicon in Boeotia was believed by H. (53. 3) to be almost contemporary with Homer: modern scholars put his date *c.* 750 B.C.,—certainly later than Homer. His extant poems are *Works and Days* (on farming and lucky days), *Shield of Heracles*, and *Theogonia*.

'Ηφαιστοπόλις : Hephaestopolis, a Samian, father of Iadmôn (*q.v.*: 134. 14).

'Ηφαιστος : in Egyptian religion the god corresponding to the Greek Hephaestus is Ptah, the patron of craftsmen, especially of masons and smiths. His chief seat of worship was at Memphis: his temple there, 'great and most noteworthy' (99. 22), and his priests, are frequently mentioned by H.

Θάσος : Thasos, an island off the coast of Thrace in the N. of the Aegean Sea, attracted the attention of the Phoenicians (44. 14) at an early date because of its gold mines. About 700 B.C. it was colonized by Ionians from Paros (Thuc. iv. 104. 3). H. went to Thasos in order to visit the ancient temple of Heracles.

Θέμις : Themis, daughter of Uranus and Gê, the personification of law and order, is mentioned among the deities not borrowed from Egypt (50. 6).

Θερμώδων : Thermôdôn, a small river in Pontus, now called Thermeh, which flows N. into the Euxine (*q.v.*), more than 100 miles E. of Sinôpê. H. speaks of the Syrians who lived in the valley of the Thermôdôn (104. 13).

Θεσμοφόρια : the Thesmophoria, the festival of Demeter Thesmophoros (the law-giver): see 171. 5 note.

Θεσπρωτοί : the inhabitants of Thesprotia in S.W. Epirus had at one time control of the oracle at Dodona (56. 6).

Θῆβαι : Thebes, the great city in Upper Egypt (now Luxor) and the capital of Egypt under the New Kingdom: before the time of Homer (*Il.* ix. 381) the Greeks had assimilated one of its Egyptian names (*t-apet*, 'the head' or 'capital') to the name of the chief town of Boeotia in Greece. Its more usual name, *Nu* 'the town' (the town of Amen-Ra), appears in *O.T. Jeremiah* xlvi. 25 (No) and *Nahum* iii. 8 (No-Amon). See n. on 15. 20 for the silence of H. about the glories of 'hundred-gated Thebes'. It was the seat of the worship of Amûn or Ammôn, called Zeus or the Theban Zeus by H. (hence the Latin name for Thebes, Diospolis Magna); and from Thebes the influence of Ammôn spread to the Oasis of Siwa (18. 3, 32. 2) and to Dodona in Epirus (Greece), chs. 54–57. Thebes became a royal residence under Dynasty XI, was harshly treated by Cambyses, and was finally sacked by the Assyrians in the seventh century B.C.

Θηβαϊκὸς νομός, Θηβαῖος νομός, Θηβαΐς : the Thebaid in Upper Egypt, the province round about Thebes. For another Theban nome see 164. 6 note.

Θμουΐτης νομός : the district of Thmuis near the modern Mansura in the Delta, inhabited by one of the warrior clans (166. 4).

Θρήϊκες, Θρηΐκη : Thrace, the district N. of Macedonia, was bounded on the E. by the Euxine, and separated from Scythia (according to H.) by the River Danube, and from Macedonia by the River Strymôn.

Θών : Thôn, king of Egypt (Strabo 17. 1. 16), who gave his name to a town Thônis, a trading-port at the Canôbic mouth of the Nile (Diod. Sic. i. 19. 4).

Θῶνις : Thônis, the warden of the Canôbic mouth of the Nile (113–15).

Ἰάδμων : Iadmôn of Samos, who owned Aesop and Rhodôpis as his slaves (134. 13).

Ἰλιάς : the *Iliad* of Homer, the greatest of all epic poems, tells the story of Achilles and his prowess during the Trojan War. See *s.v.* **Διομήδης**.

Ἴλιον : Ilion or the city of Troy, the capital of the Troad at the S. end of the Hellespont in Asia Minor. The ruins of nine successive settlements have been laid bare on this ancient site, the sixth being the Troy of King Priam. The rivers in 'the neighbourhood of Ilium' (10. 5) were the Simoïs and the Scamander.

Ἶσις : Isis was the Goddess-Mother, sister and wife of Osiris, and mother of Hôrus. Hathor, whose sacred animal was the cow, was identified with Isis; hence the Greeks compared Isis with the transformed Iô (see *s.v.*, and 41. 5 note).

Another identification of Isis was with Demeter (59. 6).

Ἱστίη : Hestia (= the Roman Vesta), the goddess of the hearth (ἑστία, Ion. ἱστίη), is among the deities whom H. regards as non-Egyptian, that is, of purely Greek or Pelasgian origin (50. 6).

Ἰστρίη : Istria (now Istere near Kustendji in the Dobruja) was a colony planted by Miletus on the Euxine. It was still a flourishing city under Roman rule; and in recent years it has been extensively excavated by the Rumanian Academy.

Ἴστρος : the Danube, which H. regards as the greatest river in the world. He speaks of it as rising near the town of Pyrênê (*q.v.*) in the land of the Celts outside the Pillars of Heracles. Aristotle (*Meteor.* i. 13) agrees with H. in believing that the Danube rises in the extreme W. of Europe and flows through the whole of Europe before it debouches in the Euxine (*q.v.*).

Ἰώ : Iô, the daughter of Inachus, the first king of Argos, was kidnapped (so the Persians said) by the Phoenicians and carried off from Argos to Egypt. The usual Greek story (not given by H., i. 1. 2) was that Iô was beloved by Zeus, but through the jealousy of Hêrê she was changed into a white heifer (hence **βουκέρως**, 41. 4), and, tormented by a gadfly, she wandered through Europe and Asia until she came to Egypt. There she recovered her human form, and bore Epaphus (*q.v.*) to Zeus.

Ἴωνες, Ἰωνίη : Ionia was the maritime district of Asia Minor from the River Hermus in the N. to a short distance S. of Miletus (*q.v.*) on the mainland, along with the islands of Chios (*q.v.*) and Samos (*q.v.*). The Ionians were one of the great branches of the Hellenic race, but were brought under the sway of Cyrus in 545 B.C.: hence Cambyses considered them (like the Aeolians, *q.v.*) as slaves inherited from his father (1. 6).

Κάβειροι: the Cabiri were kindly gods, two to four in number, whose chief seat in classical times was the island of Samothrace. They were the givers of the fruits of the earth, and the protectors of mariners. Their rites, the Samothracian mysteries, were of the utmost secrecy: Cambyses committed an act of grave impiety in entering the temple of the Cabiri at Memphis (iii. 37. 3), quite apart from his outrage to the images. It appears that H. had been initiated in these mysteries (51. 8). See W. K. C. Guthrie, *Orpheus and Greek Religion*, pp. 123 ff., A. B. Cook, *Zeus*, ii. 313.

Κάδμος: Cadmus of Tyre (*q.v.*), son of Agenôr and king of Phoenicia, founded Thebes in Boeotia (*c.* 1313 B.C.), and was father of Semelê (*q.v.*). He and his followers are said to have brought with them the worship of Dionysus (49. 18). The name of Cadmus was associated with the introduction of the alphabet, which the Greeks rightly recognized as borrowed from the Phoenicians (v. 58, 59). See 44. 16. note.

Κάδυτις: Cadytis, the modern Gaza, is described (159. 7) as a great Syrian city, and (iii. 5. 1) as being not much smaller than Sardis. For the capture of Cadytis by King Necôs, see 159. 7 note.

Καλασίριες. This division of the warrior class, appears to be *Khal-Shere*, 'young Syrians' or 'Young Nubians', foreigners being used for the standing army. From this name the *καλάσιρις* or 'fringed robe' (81. 2) was derived.

Καμβύσης: Cambyses, son of Cyrus and Cassandanê (*q.v.*), became king of Persia in 529, and in 525 he invaded and conquered Egypt. H. gives instances of his profanity and madness (iii. 16 and 27 ff.). A papyrus of Elephantine has shown that he was not really so black as he has been painted: see T. R. Glover, *Ancient World*, p. 98.

Κάνωβος: Canôbus, generally called Canôpus, lay about 15 miles N.E. of Alexandria, at the N.E. end of Aboukir Bay, where Nelson was victorious in 1798. Strabo (17. 1. 7, p. 801) tells us that it was named after the pilot of Menelaus, Canôbus, who died there (as Tac. *Ann.* ii. 60 relates) from a snake-bite. The town was celebrated for its great temple of Serapis, and gained further notoriety for extreme licentiousness (Strabo *loc. cit.*: Juv. vi. 84: Seneca *Ep.* 51). Κανωβικὸν στόμα: the Canôbic branch of the Nile was the farthest to the west of the seven branches. See *s.v.* Naucratis.

Κᾶρες: the Carians in the S.W. of Asia Minor, were bounded by Lydia on the N., Phrygia on the E., and Lycia on the S.E. Carian mercenaries were employed in Egypt by Psammêtichus I (*q.v.*), and were settled in The Camps (see 154. 4 note). H. mentions their practice of self-mutilation (61. 5): the Greek colonists of Caria had married native wives (i. 146. 2) and adopted this Asiatic practice.

Κάσιον ὄρος: Mt. Casius at the E. frontier of Egypt, *c.* 40 miles from Pelusium, stood above the Serbonian Lake (*q.v.*): it was a sand dune about 15 feet high (the modern Râs el Qasrûn or El Kas), crowned with a temple to Baal (cf. the Baal-Zephon of *O.T. Exodus* xiv. 2. 9). Pompey was killed at the foot of Mt. Casius (Strabo 16. 2. 33, p. 760).

Κασσανδάνη: Cassandanê, wife of Cyrus and mother of Cambyses (*q.v.*).

Κατάδουποι or -α (Cicero uses the neut. *Catadupa*): the First Cataract (lit. ' the Thunderers ', a place of thundering din). Seneca (*Nat. Quaest.* iv. 2. 5) describes the mighty din of this Cataract, and adds that ' the race planted there by the Persians could not endure the tumult: their ears were deafened by the perpetual thunder, and they were therefore removed to a quiet settlement '.

Κελτοί: the Celts. In 33. 10 and in iv. 49. 3, H. mentions the Celts as living near the source of the Danube and ' the town of Pyrene '; and he apparently knows little of the mighty race which at one time held the greater part of western Europe.

Κερκάσωρος: Cercâsorus, the place about four miles N. of Cairo (now Saïdieh), where the Nile used to divide into three branches (15. 7, 17. 12): the apex of the Delta at the present day is some six or seven miles lower down the river (see n. on 15. 7). In Egyptian the name Cercasôrus means ' Rending of Osiris ' i.e. the Nile.

Κίλικες, Κιλικίη: in the S.E. of Asia Minor, Cilicia for H. extended from Pamphylia to the Euphrates, and from the Mediterranean to beyond the River Halys. At a later date its eastern boundary was Mt. Amanus, and its northern the Taurus Range. The Cicilians are said by H. to be of Phoenician origin (vii. 91).

Κλαζομεναί: Clazomenae, a town of Ionia on the Lydian coast near Smyrna (*q.v.*), is said to be named after the ' screaming ' swans which frequent the neighbourhood and figure on the coins of the State. It was one of the joint-founders of the Hellenium at Naucratis (178. 9).

Κνίδος: Cnidus, a colony from Sparta, occupied a peninsula on the coast of Caria. It was one of the nine States which founded the Hellenium at Naucratis (178. 10).

Κόλχοι, Κολχικός: the Colchians lived on the eastern shore of the Euxine (*q.v.*), and in legendary times were ruled by King Aeêtes, who owned the Golden Fleece and whose daughter was Medea. For the Egyptian origin of the Colchians, see chap. 104 (and note). The Colchian linen was famous (chap. 105).

Κορίνθιοι: the people of Corinth were ideally situated for trade on the isthmus between the Saronic and the Corinthian Gulfs (see 167. 9 note).

Κριτόβουλος: Critobulus, an esteemed citizen of Cyrene.

Κροκοδίλων πόλις: the City of Crocodiles, later called Arsinoe, near the modern Medinet al Fayûm, had its name from the worship of the Crocodile god, Sebak or Sobk. See 69. 1 note.

Κρῶφι: an Egyptian name, meaning perhaps ' the cavern of the Nile ' (28. 7 note).

Κυνήσιοι: the tribe of Cynêsii (the Κύνητες of iv. 49. 3) are said by H. to be neighbours of the Celts ' outside the Pillars of Heracles '. Avienus (201 ff.) mentions them as being on the S.W. coast of Spain, but elsewhere (556) he puts them N. of the Tagus. Their name did not long survive.

Κύπρια ἔπεα: the Cyprian epic in eleven books of which only a few fragments survive, told of the origin and the earlier part of the Trojan War: see 117. 2, note.

Κύπρος: Cyprus, the island S. of the coast of Cilicia, was inhabited by Phoenicians, with Greek colonies here and there. King Amâsis conquered the island (182. 13).

Κυρήνη, Κυρηναῖοι: Cyrênê, an important Greek city near the N. coast of Africa, lying between Alexandria and Carthage, was originally a Dorian colony, founded in 631 B.C., with Apollo as its chief deity. For the campaign of King Apriês against Cyrene, see 161. 10, iv. 159, 4–6. It is extremely probable that H. visited Cyrene. For the lotus of Cyrene, see 96. 3 note.

Κῦρος: Cyrus the Great (died 529 B.C.), father of Cambyses, was the founder of the Persian Empire (see Book I *passim*).

Λαδίκη: Ladicê of Cyrênê, wife of Amasis (*q.v.*).

Λακεδαιμόνιοι: the Lacedaemonians were the inhabitants of the district of Laconia, in which was Lacedaemôn or Sparta (*q.v.*). In ix. 28. 2 the Lacedaemonians are opposed to the Spartiâtae proper or citizens of Sparta; but sometimes the two terms are synonymous. For the respect shown by the Lacedaemonians for old age, see 80. 2: for their contempt for artisans, see 167. 9.

Λητώ: Leto, mother of Apollo and Artemis, whom she bore on the island of Delos which, till then, had floated on the sea, but now became firmly fixed (cf. the isle of Chemmis, chap. 156).

In Egypt Leto was worshipped at Buto (*q.v.*): the oracle of Leto there was 'the most infallible in Egypt' (152. 11). The Egyptian goddess of Buto was Uto, who was the guardian deity of Lower Egypt. The shrewmouse (67. 5), the serpent, and the ichneumon were sacred to Uto.

Λίβυες, Λιβύη: the land of Libya in N. Africa, W. of Egypt, was divided into three parallel zones running E. to W.,—see 32. 21 note, and for the oracle of Zeus Ammôn in the Oasis of Siwa see *s.v.* Ἄμμων and 18. 3 note. For its status as a continent, see *s.v.* Ἀσίη.

Λίνδος: Lindus, a Dorian town on the E. coast of Rhodes (*q.v.*), had ancient sanctuaries of Athene (182. 3) and Heracles. Homer (*Il.* ii. 656) mentions Lindus and the other two towns of Rhodes in the *Catalogue* of the Greeks at Troy.

Λίνος: Linus, a song, traditionally so called from an ancient minstrel whose untimely death it lamented: see 79. 3 note.

Λυγκεύς: Lynceus, nephew of Danaus (*q.v.*): see 91. 21.

Λυδοί: the Lydians in the W. of Asia Minor had Mysia to the N. and Caria to the S. The ancient name of Lydia was Maeonia (cf. Homer, *Il.* ii. 864 ff.): its capital was Sardis (*q.v.*), its port being Smyrna (*q.v.*). In Book I, H. sketches the history of Lydia and its kings, the last of whom, Croesus, was conquered by Cyrus, 546 B.C.: thus the Persians were first brought into contact with the Greeks.

Μάγδωλος: Magdôlus (in Syria): perhaps Migdol, see 159. 6 note.

Μαίανδρος: the River Maeander rises near Celaenae in Phrygia (Asia Minor), and after a winding course (29. 9) flows into the sea to the S. of Ephesus on the Caÿster and opposite Miletus.

Μάκρωνες: the Macrônes, a tribe in Pontus on the S.E. of the Euxine (*q.v.*), near Trapezus, the modern Trebizond.

Μανερῶς : Manerôs, a mysterious name, see 79. 10 note.

Μαρέη : Marea, the Egyptian frontier post (Merit) on the W. under the XXVIth Dynasty, the capital of the Libyan nome: it lay on Lake Mareôtis (modern Mariût), see Athenaeus i. 25, p. 33. For a modern account of the district, see A. de Cosson, *Mareotis*, 1935.

Μελάμπους : Melampus, son of Amytheôn, was the oldest and most famous of the legendary seers: see 49. 9 note. He was said to have introduced the worship of Dionysus into Greece.

Μέμνων : Memnôn, son of Eôs (Aurora), and king of Ethiopia, the ally of Priam of Troy (Hom. *Od.* iv. 188, xi. 522). At a much later date, Memnôn was connected by the Greeks with Amenôphis III of Dynasty XVIII, whose vocal statue was celebrated: see Manetho fr. 52. 8 (note in L.C.L. edition). The musical note which the statue gave forth at the first rays of the sun was explained as Memnôn's greeting to his mother, the Dawn.

Μέμφις : Memphis (= Mennefert, the good place) was the ancient capital of Egypt, founded by Min (Mênês) in the First Dynasty (99. 4). The later capital under the New Kingdom was Thebes (*q.v.*): then Memphis was regarded as the second city of Egypt. Its ruins are to be seen about 14 miles S. of Cairo, on the W. bank of the Nile, not far from Sakkara, where the pyramids (8. 6) stand.

Μένδης : Mendês, a town in the Delta, S.E. of Mansura (Baedeker [8] p. 183). The deity of Mendês, really a ram, was described by the Greeks as a he-goat, and therefore Pan (46. 2). Mendês was the capital of the Mendesian nome, 42. 7.

Μενδήσιον στόμα : the Mendesian branch of the Nile is named after the town of Mendês, from which came Ptolemy of Mendês, who, like Manetho, wrote *Aegyptiaca*.

Μενέλεως : Meneleôs, i.e. Menelaus, king of Sparta, son of Atreus and younger brother of Agamemnôn, husband of Helen (*q.v.*). Alexandros (*q.v.*: Paris) robbed him of his wife and great treasures—a deed which caused the Trojan War. Having regained Helen, he was sailing home when a storm drove him with five ships to Egypt. H. tells the story as given to him by 'the priests': when Troy was taken, Menelaus found no Helen there, but, on reaching Egypt, he received Helen and all his treasures. For his sacrifice of two Egyptian children, see 119. 8 (and note).

Μερόη : Meroê is described by H. (29. 24) as 'the capital of all Ethiopia', from which it seems likely that he was referring to Napata (cf. the allusion to the oracle of Napata, 29. 27). About 300 B.C. the capital was transferred to Meroê, an 'island' (with a town of the same name) formed by the Nile and the Atbara: see Diod. Sic. i. 33. 1–2.

Μιλήσιοι : the inhabitants of the Ionian city of Milêtus, which, as a great maritime state, planted numerous colonies, such as Istria (*q.v.*) and Sinôpe (*q.v.*).

Μίν : Mîn or Mênês (the form of the name which Manetho gives) united the crowns of Upper and Lower Egypt *c.* 3200 B.C., and so established the First Dynasty. He founded Memphis (99. 4).

Μοίριος λίμνη : the Lake of Moeris or Lake Moeris (now surviving as a smaller lake, Lake Karoun, *c.* 34 miles long and *c.* 5 miles wide), was the natural basin of the Fayûm oasis, about 60 miles S. of the Giza pyramids. In Neolithic times it was a high-level lake, but it fell by stages to the historic Lake Moeris about sea-level. Now Lake Karoun lies 147 feet below sea level: see G. Caton-Thompson and E. W. Gardner, *The Desert Fayûm*, 1934.

For King Moeris see *s.v.*

Μοῖρις : Moeris is Amenemhêt or Amenemmês III of Dynasty XII, *c.* 1820 B.C., who was known to the Greeks by several names— Lamarês, Labaris, Mar(r)ês and others. Under Dynasty XII the Fayûm was developed and organized: in particular, Lake Moeris was used by Amenemhet III to regulate the flow of the Nile and irrigate the Fayûm Oasis. See *Μοίριος λίμνη*, and ch. 148 for the so-called Labyrinth, his mortuary temple.

Μυεκφορίτης νομός : the district of Myecphoris (an island near Bubastis (*q.v.*), inhabited by one of the warrior clans (166. 4).

Μυκερῖνος : Mycerinus or Menkaura, king of Egypt (*c.* 2600 B.C.) of the IVth Dynasty, built the Third Pyramid at Giza (129–134).

Μυτιλήνη, Μυτιληναῖος : Mytilênê, the most important town in Lesbos, lay on the E. coast of the island, opposite the mainland. It was the only Aeolian town among the joint-founders of the Hellenium at Naucratis (178. 11).

Μώμεμφις : Mômemphis lay on a canal leading from the Canôbic branch of the Nile to Lake Mareôtis. At Mômemphis Amasis defeated King Apries, 569 B.C.

Μῶφι : an Egyptian name, meaning perhaps 'the water of the Nile' (28. 7 note).

Ναθῶς νομός: the district of Nathôs, or Leontopolite nome, near Buto (*q.v.*) in the Delta, was inhabited by one of the warrior clans (165. 3).

Νασαμῶνες : the Nasamônians, whose explorations are described by H. (chaps. 32, 33), lived on the shores of the Greater Syrtis, N. of Africa. H. mentions their oasis of Augila (iv. 172, 182), and describes their customs. They carried on extensive trade with the interior, as well as brigandage, hence their aptitude for exploration.

Ναύκρατις : Naucratis, an important trading centre on the Canôbic branch (*q.v.*) of the Nile, 53 miles S.E. of Alexandria, was founded *c.* 615–10 B.C. (i.e. before the reign of Amasis who 'gave Naucratis' to the Greek settlers, 178. 3). According to Strabo (17. 1. 18, p. 801) it was men from Milêtus who founded Naucratis after defeating Inarôs. See R. M. Cook, *J.H.S.*, 1937, p. 227; and for the Hellenion see *s.v.*

Νέη πόλις (*Καινὴ πόλις*) : this 'New City' is not certainly identified, for Qena is about 88 miles up the Nile from Chemmis (*q.v.*). Perhaps the 'New City' of H. was that later known as Ptolemaïs after Ptolemy I. (Baedeker [8], p. 230), which lay about eight miles from Chemmis.

Νεῖλος : the Nile. In Homer (e.g. *Od.* iv. 581) the only name for the Nile is *Αἴγυπτος*, and it is in Hesiod that we find *Νεῖλος* first used (*Theog.* 338). Allusion to the priests of the Nile (90. 7) implies worship of the great and wonderful river.

Νεκῶς : (1) Necôs of Saïs and Memphis, father of Psammêtichus I (*q.v.*), was a vassal prince under the Assyrians. H. says (152. 2) that he was killed by the Ethiopians (probably when they invaded Egypt in 663 B.C.).

(2) Necôs (Nekao), son of Psammêtichus I (*q.v.*), was king of Egypt, 609–593 B.C. For his name and the canal to the Red Sea, see 158. 1 note. H. records his victory at Megiddo (159. 6 note).

Νηρηΐδες : the fifty daughters of Nereus, nymphs of the sea, were worshipped especially in seaport towns. They are mentioned by H. among the deities of purely Greek or at least non-Egyptian origin (50. 6).

Νικάνδρη : Nicandrê, one of the three priestesses at Dodona in H.'s lifetime.

Νίνος : Ninus, son of Bêlus (i. 7), king of Assyria, was said to have founded the Assyrian monarchy and to have built Nineveh. In legend his queen was said to be Semiramis, about whom Ctesias (*c.* 400 B.C.) told many tales which were accepted by later Greek and Roman authors (see Diod. Sic. ii. 4–20); but the historical Semiramis (Sammu-ramat) lived in the 9th century B.C.

Νίνος πόλις : Nineveh, one of the oldest cities of Assyria (*q.v.*), was capital of the empire from *c.* 1300 B.C. to 612, when it was captured by the Medes.

Νίτωκρις : (1) Nitôcris, queen of Egypt (100. 6 note).

(2) Nitôcris, mother of Labynetus II, and queen of Babylon.

Νῦσα : Nysa in Ethiopia, believed by H. to be associated with the birth of Dionysus (Osiris), is said to be Mt. Barkal at Napata.

Ξάνθης : Xanthês of Samos brought Rhodôpis (*q.v.*) to Egypt.

Ὀδύσσεια : the *Odyssey* of Homer, which tells of the adventures of Odysseus in his ten years' wandering after the Fall of Troy.

Ὀλυμπίη : Olympia in Elis (see *s.v.* Ἠλεῖοι) was the scene of the Olympic games. It was so named after Zeus Olympius who was worshipped there in his temple the Olympieum.

Ὅμηρος : to the Greeks of the classical age, Homer was ὁ ποιητής, 'the poet *par excellence*', and it was left to later times to suggest that the name stood for more than one poet of surpassing genius. He is now believed by many scholars to have composed (probably out of traditional materials) the *Iliad* and the *Odyssey* substantially in the form in which we now possess them. He is the sole literary representative of the heroic age; and according to H. (53. 4) he lived not more than 400 years before H., i.e. *c.* 850 B.C. (see note *ad loc.*).

Ὀνουφίτης νομός : the district of Onuphis in the N.W. (or perhaps the E.) of the Delta, inhabited by one of the warrior clans (166).

Ὀρφικά : on the Orphic rites, see 81. 5 note. Orpheus, poet and priest, was said to have been born in Thrace; and Orphism, which had great influence in Greece in the sixth century B.C., was based upon the sense of sin, the need of atonement, and the belief in immortality.

Ὄσιρις : Osiris, originally a god of vegetation, and therefore identified with the Greek Dionysus, was worshipped throughout Egypt as god of the dead. See further 42. 5 note. For his wife Isis and his son Hôrus, see *s.vv.*

Παλαιστίνη : Palestine, in full ἡ Παλαιστίνη Συρίη, was properly that part of Syria which was inhabited by Philistines; but the term was extended to include Phoenicia and the whole Syrian seaboard as far as the frontier of Egypt.

Πάν : for Pan, son of Hermes, see 145. 15 note.

The Egyptian Pan was Min, the god of the harvest and fertility, who was worshipped especially at Mendês (*q.v.*).

Πάπρημις : Paprêmis was probably the original native town which was absorbed by the Greek frontier town and fortress, Pelusium (*q.v.*). At the battle of Paprêmis, 459 B.C., Inarôs and his allies defeated the Persians (iii. 12).

Παπρημίτης νομός: the district of Paprêmis, inhabited by one of the warrior clans (165. 2).

Παρθένιος : the small river Parthenius flows N.W. into the Euxine (*q.v.*) in the districts of Paphlagonia and Bithynia. According to H., Syrians lived in its valley (104. 13).

Πατάρβημις : Patarbêmis, an Egyptian nobleman in the court of Apriês (162. 11).

Πάτουμος : Patumus, the Pithoum of the *O.T.* (158.7).

Πελασγίη, Πελασγοί : the Pelasgians (i.e. 'Sea-people') were an ancient race, settled in various parts of Greece, e.g. in the region round Dôdôna (56. 5), cf. Homer, *Il.* xvi. 232 (Pelasgian Zeus of Dodona). Note that it is especially in connexion with religion (which is always conservative) that H. mentions the Pelasgians, cf. 171. 9. See *A Companion to Greek Studies*, § 37; How and Wells, *Commentary*, pp. 442 ff.; W. Ridgeway, *Early Age of Greece*, Vol. i.; J. L. Myres, *Who were the Greeks?*, 1930. Πελασγιώτιδες γυναῖκες (171. 9): Pelasgian women.

Πελοποννήσιοι, Πελοπόννησος : the Peloponnese or 'Island of Pelops' (the southern part of Greece) is not mentioned in Homeric times by this name, which came into use after the Dorian conquest, and was said to commemorate the wealth and power of Pelops, son of Tantalus.

Πέρσαι : the Persians were a branch of the Aryan race, settled in the district to the E. of the Persian Gulf. The Persian Empire was founded by Cyrus (*q.v.*), 558 to 529 B.C.

Περσέος σκοπιή : for the watch-place of Perseus (*q.v.*), see 15. 3 note.

Περσεύς : Perseus, the Greek hero, was the son of Zeus and Danae. He came to Egypt bringing from Libya the head of the Gorgon (*q.v.*).

For Perseus (= Min) at Chemmis and the games in his honour, see 91. 5.

Πηλούσιον (**Πηλουσιακός**, and **Πηλούσιος**): Pelusium, the frontier fortress and seaport to the E. of Egypt, was the key to Egypt. It is probable that Paprêmis (*q.v.*) was the Egyptian town beside the fortress of Pelusium. The name in Greek comes from πηλός, 'mud': cf. Strabo 17. 1. 21 for the muddy pools or marshes around Pelusium. H. mentions as a landmark (15. 4) the 'salting-factories' (Ταριχήϊα) to the W. of the Pelusian mouth of the Nile. See A. H. Gardiner,

'The Delta Residence of the Ramessides,' *Journ. Eg. Arch.* v. 1918, pp. 127 ff., 179 ff., 242 ff.

Πηνελόπη : Pênelopê (145. 15 note), perhaps a nymph, was reputed to be the mother of Pan.

Πῖσα : Pisa in Elis (see *s.v.* *Ἠλεῖοι*) in the Peloponnese had Olympia (*q.v.*) about a mile distant on the E.; and poets (e.g. Pindar *Ol.* i. 4) often identified the two places (there was no town at Olympia). In their struggle with the Eleans the people of Pisa were defeated, and their town was completely destroyed in 572 B.C. (*C.A.H.* iii. p. 544). H. therefore refers to Olympia in giving the distance from the altar of the twelve gods at Athens (7. 7).

Πλινθινήτης κόλπος : the Plinthinete Gulf, W. of modern Alexandria, was so called from Plinthinê, a town on the coast near Taposiris Magna (Abusir).

Πολύδαμνα : Polydamna, wife of Thôn (*q.v.*).

Πολυκράτης : Polycrates, tyrant of Samos (*q.v.*), *c.* 532–522, by means of his powerful navy, extended his dominion over several of the neighbouring islands, and made an alliance with Amâsis, king of Egypt (182. 8, iii. 39. 2).

Ποσειδέων : Poseidôn, god of the sea, was son of Cronus and brother of Zeus. According to H. (50. 11), the worship of Poseidon was learned by the Greeks from Libya.

Πρίαμος : Priam, king of Troy at the time of the Trojan War, was the father of Hector (*q.v.*) and Alexander (*q.v.*) or Paris.

Προμένεια : Promenîa, one of the three priestesses at Dodona in H.'s lifetime.

Προσωπῖτις : Prosopîtis, an island in the Delta between the Canôbic and the Sebennytic channels, containing several towns, was inhabited by one of the warrior clans (165. 2). A few years before the visit of H. to Egypt, the Athenian expedition supporting Inarôs was blockaded in the island of Prosopîtis, and was forced to capitulate, 454 B.C. (Thuc. i. 109. 4).

Πρωτεύς : in Herodotus (112–121) Proteus is a king of Egypt, resident at Memphis. In Homer (*Od.* iv. 385 ff.) Proteus is a sea-god on the Egyptian coast, while Polybus seems to be king, or at least a wealthy nobleman, at Thebes (*Od.* iv. 126 f.). See further 112. 3 note.

Πυθαγόρεια : the doctrines of Pythagoras, the celebrated Greek philosopher who was born at Samos *c.* 580 B.C., included the theory of the transmigration of souls, and he himself claimed to remember his previous incarnations. The Pythagorean doctrines later became merged with *Ὀρφικά* (*q.v.*), which they closely resembled (81. 7).

Πυρήνη : Pyrênê, a town at the foot of the Pyrenees on the coast near the modern Port Vendres, exported precious metals from the mines S. of the Pyrenees. In speaking of this town as the source of the Danube (33. 10), H. seems to have known of the mountain range near by, but Aristotle (*Meteor.* i. 13) expressly adds that Pyrene is a mountain. The rise of Massilia (Marseilles) caused the decay of Pyrene as a trade-centre.

Ῥαμψίνιτος : Rhampsinîtus, one of the kings of Dynasty XX, called Ramesses: see 121. 1 note.

Ῥόδος : Rhodes, a Dorian island off the southern coast of Caria, originally had three towns—Lindus (*q.v.*), Ialysus, and Camirus; but in 408 B.C. they jointly built as a new capital at the N. end of the island the city of Rhodes, one of the most beautiful and ornate cities of Greece. Rhodes was one of the joint-founders of the Hellenium at Naucratis (178. 9).

Ῥοδῶπις : Rhodôpis, a Thracian female slave, who came to Egypt, was set free, and acquired wealth enough (according to the popular story) to build the Third Pyramid. H. plainly expresses disbelief: see 134. 5 note.

Σαβακῶς : Sabacôs, an Ethiopian king, really Shebaka; see 100. 4 note, 137. 4.

Σάϊς, Σαΐται, Σαΐτης νομός : Saïs, 'the metropolis of the lower country' (Strabo 17. 1. 18, p. 802), stood in the W. Delta near Tanta on the right bank of the Rosetta branch of the Nile (the ancient Bolbitine branch). Saïs (now Sa El-Hagar) was the seat of the XXVIth Dynasty and the centre of the cult of the goddess Neïth (Athene): H. met here 'the scribe of the temple treasures' (28. 5). Diodorus (i. 28. 4) records the Egyptian claim that the Athenians were colonists from Saïs: the Greeks naturally held that Saïs was an Athenian colony, cf. Plato *Tim.* 21 f.

Σαϊτικὸν στόμα : the branch of the Nile called 'Saïtic' by H. is far from the important town of Saïs (*q.v.*). Strabo (17. 1. 20, p. 802) states that it is the same as the Tanitic branch (so named from the town of Tanis), the mouth of which was near the modern Port Said.

Σαμοθρήϊκες, Σαμοθρηΐκη : Samothrace, i.e. 'Thracian Samos', because it lies off the coast of Thrace, was so called to distinguish the island from the larger and more famous Samos off the coast of Caria: cf. Homer *Il.* xiii. 12 *ἐπ' ἀκροτάτης κορυφῆς Σάμου ὑλῃέσσης| Θρηϊκίης*. From the lofty central peak the Trojan plain is visible over the top of the intervening island of Imbros. The people were originally Pelasgians, who practised a mystic worship (51. 9): see *s.v.* Κάβειροι.

Σάμιοι, Σάμος : Samos, island and town inhabited by Ionian settlers, lies off the coast of Caria opposite the promontory of Mycăle. The Samians carried on extensive commerce; and under Polycrates (*q.v.*), having become the foremost Greek naval power, they made an alliance with Amâsis, king of Egypt (182. 8, iii. 39. 2). For the great temple of Hêrê at Samos, see iii. 60. 4. The Samian cubit was equivalent to the Egyptian (168. 4).

Σαναχάριβος : Sennacherib, king of the Assyrians, attacked Egypt early in the seventh century B.C.: see 141. 7 note.

Σαπφώ : Sappho, the famous poetess of Lesbos, *c.* 600 B.C., is described as the daughter of Scamandrônymus (135. 3).

Σαρδανάπαλλος : Sardanapallus or Asshurbanipal, a great and warlike Assyrian king of the seventh century B.C., was wrongly depicted in Greek story as an effeminate despot.

Σάρδιες : Sardes, or Sardis, the capital of Lydia, stood in the valley of the River Hermus on the northern slopes of Mt. Tmôlus. The stream of Pactôlus, famous for its golden sands, ran through the market-place. Sardis was captured by Cyrus in 546 B.C., when Lydia became a Persian satrapy. In 499 B.C. it was burned down by the Ionians and Athenians: this was the beginning of the Ionic revolt against Persia, 499–493 B.C.

Σαρδονικὸν λίνον : for this ' Sardonic ' linen see 105. 1.

Σεβεννυτικὸν στόμα : the Sebennytic mouth of the Nile was so named from the town of Sebennytus (modern Sammanûd), the capital of the Sebennyte nome (166. 3), and birthplace of Manetho, who wrote in Greek, *c.* 380 B.C. a work *Aegyptiaca*, a chronological History of Egypt.

Σεθῶν (-ῶς): Sethôn (-ôs), a king of Egypt otherwise unknown: see 141. 1 note.

Σελήνη : Selênê, the Moon: for the Egyptian moon-goddess, see 47. 9 note.

Σεμέλη : Semelê, daughter of Cadmus (*q.v.*) and mother of Dionysus (*q.v.*), was consumed by the lightning-fire of Zeus, but her babe Dionysus was saved (146. 9).

Σερβωνὶς λίμνη : the Serbonian Lake, narrow but very deep, lay parallel to the sea at the E. frontier of Egypt. Diodorus (i. 30. 4) gives a vivid picture of the dangers which it presented to unwary travellers, with its swampy shores covered with drifting sand, and adds that whole armies have been swallowed up through losing their way (see Diod. xvi. 46 for an example—part of the Persian army of Darius Ôchus was lost in the *βάραθρα* here in 350 B.C.). Cf. Milton *Par. Lost* ii. 592 ff.: A gulf profound as that Serbonian bog| Betwixt Damiata and Mount Casius old,|Where armies whole have sunk. Already in Pliny's time it had become merely *palus modica*; and to-day it is called Bardawil, after the Crusading king Baldwin of Jerusalem, who died there in A.D. 1118. See C. S. Jarvis, *Yesterday and To-day in Sinai*, 1931 (with a photograph from the air, p. 177).

Σέσωστρις : Sesôstris (or Senwosret) III of Dynasty XII, *c.* 1860 B.C., was famous for his world-wide conquests (102. 8), which appear to include the exploits of other kings: he was the first Egyptian king to subdue Syria (106. 3). For the conspiracy against him, see 107. 7: for the canal system attributed to him, see 108. 11.

Σιδών : Sidon was, for a long time, the most powerful of the cities of the Phoenicians: it lay on the coast *c.* 23 miles N. of Tyre (*q.v.*). **Σιδονίηθεν**, ' from Sidon '.

Σινώπη : Sinôpê, a Greek colony, was founded by Miletus on the coast of Paphlagonia in the N. of Asia Minor, first in 770 B.C., and again, after its destruction by Cimmerian invaders, in 632 B.C. It soon became the greatest commercial city on the Euxine (*q.v.*).

Σιούφ : Siuph, now called Es Seffeh, a village 6 miles N. of Saïs (*q.v.*), was the native place of Amasis (*q.v.*), who was often therefore called a Saïte.

Σκαμανδρώνυμος : Scamandrônymus of Mytilene, father of Charaxus and of Sappho (*q.v.*).

Σκύθαι, Σκυθικός : under the name of Scythians H. groups a large number of tribes scattered over southern Russia, and in Book iv he gives a valuable account of their country, describing the people, their customs, and religion. It is not certain whether they were Mongolians or Aryans, and it is strange that so important a race should have left so little trace behind, practically disappearing from history.

Σμύρνη: Smyrna, a town on the Lydian coast E. of the mouth of the River Hermus, was the nearest port to Sardis (*q.v.*). After suffering attacks by Lydian kings, Smyrna was practically deserted for 400 years, and was then rebuilt with great splendour by Alexander's successors 2 miles S. of the old site.

Σολόεις: Cape Soloeis (iv. 43. 4) lay S.W. of the Pillars of Heracles, perhaps Cape Spartel on the W. coast of Morocco, near Tangier, or Cape Cantin in the latitude of Madeira.

Σόλων: Solôn of Athens, *c.* 640–*c.* 558 B.C., a famous lawgiver and poet, one of the Seven Sages, is said to have visited Egypt in the time of Amâsis (178. 1 note) and to have borrowed from Egypt one of his laws (177. 9: but see note here).

Σπάρτη: Sparta or Lacedaemôn, the leading Dorian state, lay on the River Eurôtas in the S. of the Peloponnese—an unfortified town, or group of villages, defended by the lofty mountains around it and by the renowned bravery of its soldier-citizens. In heroic times, Menelaus (*q.v.*) ruled here; and Alexandros (*q.v.*) carried off Helen from Sparta (113. 2). Of the few colonies which Sparta founded, Cnidus (*q.v.*) was one. See further *s.v.* **Λακεδαιμόνιοι**.

Στρατόπεδα: the 'Camps' of the Ionians and Carians (154. 4 note).

Συήνη: Syênê, now called Aswân (a variant of the same name) was known as 'Suan' as early as the VIth Dynasty. It was at the frontier between Egypt and Ethiopia (claustra Romani imperii, Tac. *Ann.* ii. 61), and in the time of Strabo (17. 1. 48, p. 817) it was garrisoned by three auxiliary cohorts.

Συρίη, Σύριοι: for H. Syria, lying to the E. of Egypt, extended much farther than modern Syria, as it reached the Euxine on the N. The name Syria appears to derive from Asshur, i.e. Assyria; and there was a strong Assyrian, or at least Semitic element in the population of Cappadocia as early as 2000 B.C.

Σύρτις: the Greater Syrtis, W. of Cyrene (off the coast of modern Tripoli). H. never mentions the Lesser Syrtis (off the coast of Tunis).

Ταvίτης νομός: the province of Tanis in the N.E. Delta. Tanis, a stronghold of the Hyksôs, is the Zoan of *O.T. Numbers* xiii. 22.

Ταριχεῖαι, Ταριχήϊα: 'Salting-places' (i.e. for the salting of fish) near the Pelusian mouth of the Nile (15. 4 note) and near the Canôbic mouth (113. 7).

Ταχομψώ: an island in the Nile, S. of Syene, not certainly identified, perhaps Zerâr (called in Egyptian *Kemsa*), which is 'usually flooded' (Baedeker [8] p. 423).

Τευθρανίη: a district in Mysia (Asia Minor) containing the valley of the River Caïcus and 'the Asian mead' (Homer, *Il.* ii. 461)—called Teuthrania after Teuthras, an ancient king of Mysia.

Τευκρὶς γῆ, Τευκροί: the Teucrians (descendants of Teucros or Teucer) are named in 118. 10 as the inhabitants of Troy: for the anachronism involved here (and in the frequent use of *Teucri* in Latin literature), see 114. 4 note.

Τέως: Teôs, an Ionian town on the Lydian coast S.W. of Smyrna (*q.v.*), was one of the joint-founders of the Hellenium at Naucratis (178. 8). Preferring not to submit to Persian yoke, the inhabitants abandoned their town, sailed to Thrace, and founded Abdêra. Teôs, however, did not cease to exist, but later became an ally of Athens.

Τηλέμαχος: Telemachus, son of Odysseus and Penelopê, went to Sparta to visit Menelaus (*q.v.*) and learn news of his father Odysseus.

Τίγρης: the River Tigris rises in Armenia and flows S.E. through the plains of Mesopotamia past the city of Nineveh to join the Euphrates and fall into the Persian Gulf.

Τιμαρέτη: Timaretê, one of the three priestesses of Dodona in the time of H.

Τρῶες: the Trojans or people of Troy (see *s.v.* Ilion). τὰ Τρωϊκά: the Trojan War (traditional date, 1192–1183 B.C.).

Τυνδάρεως: Tyndareôs, i.e. Tyndareus, son of King Oebalus, was banished from Sparta and found refuge in Aetolia, where he married Leda, the daughter of King Thestius. She became the mother of Helen (*q.v.*), Clytemnestra, and the Dioscuri (*q.v.*).

Τύριοι, Τύρος: Tyre, an ancient city of the Phoenicians (*q.v.*) in the N. of Palestine, was founded *c.* 2750 B.C., according to the priests of the great temple of Heracles (44. 10). One of the most flourishing maritime centres of the ancient world, it lay on an island (now a peninsula) with two harbours, a northern and a southern. Excavations by A. Poidebard, 1936–8, have revealed the immense southern harbour, protected by a breakwater of great limestone blocks, and provided with four docks (one a dry-dock). Outside the harbour, another breakwater, 2000 metres long, sheltered a spacious roadstead where ships could safely ride at anchor. For the Camp of the Tyrians at Memphis, see 112. 7.

Τυφῶν and -ῶς: Typhôn (-ôs), the Egyptian god Seth, was the brother of Osiris (*q.v.*), and the god of war and destruction. He slew Osiris, but was himself defeated and deposed by Hôrus.

Φαρβαϊθίτης νομός: the district of Pharbaithis, the modern Hurbeit in the E. Delta (Baedeker [8], p. 182).

Φαρνάσπης: Pharnaspês, father of Cassandanê, the mother of Cambyses: he was an Achaemenid, though not of the direct line.

Φάσηλις: Phasêlis, a Dorian colony founded by Rhodes, lay on the frontier between Lycia and Pamphylia, an important town on the trade-route from the Aegean to Egypt by way of Rhodes and Cyprus. It was one of the joint-founders of the Hellenium at Naucratis (178. 10).

Φᾶσις: the River Phasis in Colchis rises in the Caucasus and flows into the eastern end of the Euxine (*q.v.*).

Φερῶς: Pherôs is said by H. (111. 2) to have been the son of Sesôstris, but the name is merely the title ‘Pharaoh’.

Φθίος: Phthius (98. 5), son of Achaeus and father of Archandrus.

Φίλιτις: for Philitis ‘the shepherd’, after whom (H. says) the pyramids were named, see 128. 5 note.

Φοινίκη, Φοίνικες : the Phoenicians were a Semitic race inhabiting the seaboard in the N. of Palestine: their chief towns were Tyre and Sidon (*qq.v.*). As the pre-eminent seafaring (*ναυσικλυτοί*, Homer *Od.* xv. 415) and trading nation of antiquity, they planted colonies in all parts of the Mediterranean: see n. on 32. 18. Their skill as craftsmen was famous before the time of Homer (*Il.* xxiii. 744).

Φρύγες : the Phrygians occupied a central district in Asia Minor to the E. of Mysia, Lydia, and Caria. Tradition speaks of the Phrygians as being akin to the Thracians. On the antiquity of the Phrygians, see chap. 2. At a later time Phrygian slaves were so common in Greece that *Φρύξ* came to mean a slave, e.g. Ar. *Vesp.* 433.

Φώκαια: Phôcaea, an Ionian town on the Lydian coast, N.W. of the mouth of the River Hermus, was a colony from Phôcis. Its inhabitants were noted as bold mariners and explorers: they founded Massalia (Marseilles) *c.* 600 B.C., and made voyages beyond the Pillars of Heracles (*q.v.*). The Phocaeans were one of the joint-founders of the Hellenium at Naucratis (178. 9).

Χάραξος : Charaxus, the brother of Sappho (*q.v.*), was a wine-merchant who travelled from Mitylene to Egypt: Sappho upbraided him for his love of Rhodôpis (*q.v.*), 135. 23.

Χάριτες : the Graces, the personification of grace and beauty, are mentioned among the deities not borrowed from Egypt (50. 6). In Homer (*Il.* xviii. 382) Charis is the wife of Hephaestus: in later times there are three Graces, daughters of Zeus—Euphrosyne (joy), Aglaia (radiance), and Thalīa (bloom).

Χέμμις : (1) Chemmis, a floating island in the lake at Buto (*q.v.*): see 156. 3 note. *Χεμμίτης νομός :* the district of Chemmis, inhabited by one of the warrior clans (165. 2).

Χέμμις, Χεμμῖται : (2) Chemmis, the modern Akhmîm in Upper Egypt (Baedeker[8], p. 230), had a Greek name Panopolis as being the shrine of Khem, Min, or Pan.

Χέοψ : Cheops or Khufu, king of Egypt (*c.* 2690 B.C.) of the IVth Dynasty, and builder of the Great Pyramid at Giza (124 ff.).

Χεφρήν : Chephrên, king of Egypt (*c.* 2650 B.C.) of the IVth Dynasty, one of the successors of Cheops, built the Second Pyramid at Giza (127 f.).

Χίος, Χῖοι : Chios (now Seis), a rugged island settled by Ionians, lies about 5 miles off the coast of Lydia, and is noted for its excellent wine and figs. The Chians were one of the joint-founders of the Hellenium at Naucratis (178. 8).

For the altar of the Chians at Delphi, see 135. 16.

Ψαμμήτιχος : Psammêtichus I. (663–609 B.C.), son of Necôs (*q.v.*), founded the Saïte Dynasty (XXVI), and, with the help of Ionian and Carian mercenaries, drove out the Ethiopian invaders and threw off the yoke of Assyria. Invading Syria, he captured Azôtus or Ashdod (ch. 157) and other towns of the Philistines (Gaza, Ascalon), as foretold by the prophet Zephaniah (*O.T. Zephaniah* ii. 4). The scientific curiosity of Psammêtichus is brought out by H. in connexion with two inquiries (2. 1: 28. 15). See 151. 6 note.

Ψάμμις : Psammis or Psammêtichus II, king of Egypt, 593–588 B.C.

Ὠκεανός: Ocean, the river which the early Greeks believed to flow round the flat earth: see 21. 3. In Homer (*Il.* xiv. 201) Oceanus is the father of the gods: cf. Verg. *Georg.* iv. 382 Oceanumque patrem rerum.

Ὧρος: Orus, generally written Hôrus, son of Osiris and Isis, was, according to H. (144. 6), the last of the gods to rule over Egypt: he defeated Typhôn (*q.v.*) and reigned in his stead. The Greeks identified him with Apollo.

PARTIAL INDEX TO THE GRAMMATICAL NOTES

VOCABULARY

ἄβυσσος, ον (adj.), *bottomless*
ἀγαθός, ή, όν (adj.), *good* ; καλὸς κἀγαθός, *a true gentleman* : (as subst.), ἀγαθά, *benefits, advantages*, also *goods and chattels*
ἄγαλμα, ατος, τό, *image* of a god, *puppet*
ἀγαλματοποιός, ὁ, *maker of images*
ἄγαν (adv.), *too*
ἀγγελίη, ἡ, *news, message*
ἀγγέλλω, ἀγγελέω, ἤγγειλα, ἠγγέλθην, *bring news*
ἄγγελος, ὁ, *messenger*
ἀγγήϊον, τό, *pail* for fluids, *vessel* for treasure
ἄγγος, τό, *jar, vessel* for treasure
ἀγελαῖος, η, ον (adj.), *going in shoals* (of fish)
ἀγεληδόν (adv.), *in shoals* (of fish)
ἅγιος, η, ον (adj.), *hallowed*
ἄγκιστρον, τό, *hook*
ἀγκών, ὁ, (*elbow*), *bend* of a river
ἀγνοέω, *know not, mistake*
ἀγνωμοσύνη, ἡ, *tactlessness, arrogance*
ἀγοράζω, *buy*
ἀγοραῖος, ον (adj.), *of the market* : ἀ. ἄνθρωποι, *tradesmen, hucksters*
ἀγορή, ἡ, *market-place, mart* : ἀγορῆς πληθώρη, to express time, *mid-morning*
ἀγρεύω, *catch fish*
ἄγρη, ἡ, *mode of hunting*
ἄγριος, η, ον (adj.), *wild* (of animals, plants, &c.)
ἄγχιστα (adv.), used as superl. of ἐγγύς : of place, *nearest* (c. gen.) : of time, *most recently*
ἀγχοῦ (adv.), of place, *near* (c. gen.) : (superl.), ἀγχοτάτω

ἄγω (App. 65), imperf. ἄγεσκον, *carry, transport* : *lead, conduct, take*, οἱ ἄγοντες, *the guides* : *carry off* (by force) : *bring, fetch* : *observe, reckon* (months) : *hold, esteem* : ἄγεσθαι γυναῖκα, *take a wife*, hence (absol.) *marry*.
ἀγωγεύς, ὁ, *transport-worker*
ἀγών, ῶνος, ὁ, *athletic contest, games*
ἀγωνίζομαι, *compete* in the games
ἀγωνίη, ἡ, *form of contest*
ἀγωνιστής, ὁ, *competitor* in the games
ἀδαής, ές (adj.), *ignorant*
ἄδεια, ἡ, *immunity from punishment*
ἀδελφεή, ἡ, *sister*
ἀδελφεός, ὁ, *brother*
ἀδικέω, *commit wrong* : (c. acc. pers.), *wrong*
ἀδίκημα, ατος, τό, and ἀδικίη, ἡ, *wrong done, offence, crime*
ἄδικος, ον (adj.), *unjust, unrighteous*
ἀδύνατος, ον (adj.), *unable, impossible*
ἄεθλον, τό, *prize* in the games
ἀείδω, *sing* : (c. acc. pers.), *hymn*
ἀείρω (App. 64), (imperf. ἤειρον), *raise*
ἄεισμα, ατος, τό, *song*
ἀεκούσιος, ον (adj.), *unwished-for*
ἀέκων, ουσα, ον (adj.), *unwilling, unintending* (65. 19, 21)
ἀθάνατος, ον (adj.) *immortal*
αἰγοπρόσωπος, ον (adj.) *goat-faced*
Αἰγυπτιστί (adv.), *in Egyptian*
αἰδοῖα, τά, *symbol of effeminacy*
αἰεί (adv.), *always, continually* : ἐς αἰεί, *for ever* : *at any given time, in each case* (esp. c. part.)
αἰέλουρος, ὁ, *cat*
αἰετός, ὁ, *eagle*

αἰθρίη, ἡ, *the air*
αἴθριος, η, ον (adj.), *clear*, of the air
αἱμασιή, ἡ, *a low fencing-wall, wall*
αἰνέω, αἴνεσα, αἰνεθείς, *praise*
αἴξ, αἰγός, ὁ, ἡ, *goat*
αἰπόλος, ὁ, *goatherd*
αἱρέω, *take, capture : conquer : kill.* λόγος αἱρέει, *reason requires*, so γνώμη αἱρέει
αἰσχρός, ή, όν (adj.), *shameful, disgraceful :* (adv.), αἰσχρῶς, *disgracefully*
αἰτέω, *demand, ask for*
αἰτίη, ἡ, *reason why*
αἴτιος, η, ον (adj.), *responsible, to blame* (c. gen. obj., c. inf.)
αἰχμή, ἡ, *spear*
ἄκανθα, ἡ, *backbone* (of serpent), *acacia.* (Adj.) ἀκάνθινος, *of acacia wood*
ἀκήρατος, ον (adj.,), *unmixed, pure*
ἀκμάζω, *flourish*
ἀκοή, ἡ, *hearsay*
ἀκόντιον, τό, *javelin*
ἀκούω, *hear*, c. acc. or gen. of thing heard, c. gen. of person heard. ἄμεινον ἀκ., *to be better spoken of*
ἄκρος, η, ον (adj.), *extreme, tip of, end of*
ἀκρύσταλλος, ον (adj.), *without ice*
ἀλεεινός, όν (adj.), *open to the sun*
ἄλειφαρ, ατος, τό, *oil*
ἀλέξομαι, *resist*
ἀληθείη, ἡ, *truth*
ἀληθής, ές (adj.), *true :* (adv.), ἀληθέως, *actually*
ἀλής, ές (adj., pl.) *all together*
ἁλίσκομαι, *be taken, caught, convicted*
ἀλκή, ἡ, *prowess, resistance*
ἄλκιμος, η, ον (adj.), *valiant*
ἀλλά (conj.), *but, yet*
ἀλλάσσω, *change, interchange*
ἄλλῃ (adv.), *elsewhere*, of place where and whither
ἀλλήλους, ας, α (pron. reciprocal), *each other*
ἀλλόγλωσσος, ον (adj.), *of foreign speech*
ἀλλοῖος, η, ον (adj.), *different from* (ἤ)
ἄλλος, η, ο (adj. and pron.), *another, other :* ὁ ἄλλος, *the rest of.* (Adv.) ἄλλως, *for other reasons ; actually, in fact*
ἅλμη, ἡ, *salt*
ἀλογίη, ἡ, *disregard*
ἅλς, ἁλός, ὁ, *salt*
ἄλσος, τό, *grove, sacred grove*
ἀλώπηξ, εκος, ἡ, *fox*
ἅμα (prep. c. dat.), *with, along with, at*
ἅμαξα, ἡ, *cart*
ἁμαξεύομαι (pass.), *be traversed by carts*
ἁμαρτάνω (c. gen.), *miss :* τι (ἔς τινα), *commit an offence*
ἀμαχητί (adv.), *without a fight*
ἀμείβομαι (mid.), *answer*
ἀμείνων, ον (adj. compar. of ἀγαθός), *better :* (adv.), ἄμεινον
ἀμειξίη, ἡ, *lack of intercourse :* ἀ. χρημάτων, *scarcity of credit*
ἀμελέω, *be careless, neglect* (c. gen. obj., also c. inf.)
ἄμητος, ὁ, *harvest*
ἄμπελος, ἡ, *vine :* (adj.), ἀμπέλινος, ον, *of the vine*
ἄμπωτις, ιος, ἡ, *ebb*
ἀμφί (prep. c. acc.), *near, about*
ἀμφίβληστρον, τό, *fishing-net*
ἀμφιδέαι, αἱ, *bangles*
ἀμφιπολεύω, *be a handmaid* (c. acc., ἱρόν, *in a temple*)
ἀμφίπολος, ἡ, *handmaid, serving-maid*
ἀμφότεροι, αι, α (adj.), *both :* ἐπ' ἀμφότερα, *in two ways*
ἀμφοτέρωθεν (adv.), *on both sides*
ἄμωμος, ον (adj.), *faultless, perfect*
ἄν (adv., particle with verbs), *G.G.* 1299 ff.
ἀνά (prep. c. acc.), *up, throughout :* temporal, *in the course of :* distributively, ἀνὰ πᾶν ἔτος, *every year*
ἀναβαθμοί, οἱ, *stairs*
ἀναβαίνω, *climb up, go up*: of a river, *rise*
ἀναβλέπω, *recover one's sight*
ἀναγινώσκω, *recognize*
ἀναγκάζω, *compel*
ἀναγκαίη, ἡ, ἀνάγκη, ἡ, *necessity*
ἀναγκαῖος, η, ον, *unavoidable*
ἀνάγω, *lead up, take inland, bring home; celebrate* (a festival)

ἀναδέω, *connect, link*
ἀνάθημα, ατος, τo, *votive offering*
ἀναιρέω, *answer* (of an oracle): (mid.), *pick up, accept, undertake*
ἀναισιμῶ, *consume, use up, spend* (of money, of time)
ἀνακαίω, *kindle* a fire
ἀνακαλέω, *summon*
ἀνακάμπτω (intr.), *bend away*
ἀνακάπτω, *gulp down, swallow*
ἀνάκειμαι, *be dedicated* (pass. of ἀνατίθημι)
ἀνακομίζομαι (pass.), *be taken inland* or *home*
ἀνακρεμάννυμι (trans.), *hang up*
ἀναλαμβάνω, *pick up, adopt*
ἄναλκις, ῐδος (adj.), *lacking in valour, cowardly*
ἀναμάξευτος, ον (adj.), *unsuited for carts* or *cars*
ἀνάμεσος, ον (adj.), *in the interior, inland*
ἀναμετρέω, *measure*
ἀναμιμνῄσκω, *remind*: (pass.), *remember*
ἀνάντης, ες (adj.), *steep, uphill* (of *rising* land)
ἀναπαύομαι, *rest, sleep*
ἀναπέτομαι, *fly up*
ἀναπλέω, -πλώω, *sail up, swim back*
ἀνάπλοος, ὁ, *voyage upstream*
ἀναποδίζω, *correct, retract*
ἀναπτερῶ, *give wings to, set a-flutter*
ἀνάπτω, *light* a lamp
ἀναρίθμητος, ον (adj.), *countless*
ἀναρρήγνυμι, *break up, open* (furrows)
ἀνασπῶ, *pluck, uproot*
ἀναστενάζω, *sigh*
ἀνατάμνω, *cut up, cut open*
ἀνατέλλω, *rise*, of the sun
ἀνατίθημι, *dedicate* an offering: *erect* a statue: *ascribe* (τινί τι)
ἀναφαίνω, *bring to light*: (pass. and perf. act.), *come to light, appear*
ἀναφανδόν (adv.), *in public*
ἀναφέρω (App. 63), *carry up, bring up*: *report*
ἀναχωρέω, *return*
ἀνδρήϊος, η, ον (adj.), *manly, brave*
ἀνδριάς, άντος, ὁ, *statue*
ἀνδρόσφιγξ, γγος, ὁ, statue of *sphinx with human head*
ἀνδροῦμαι, *grow to manhood*
ἀνέκαθεν (adv.), and τὸ ἀνέκαθεν, *by descent*
ἄνεμος, ὁ, *wind*
ἀνεπισκέπτως (adv.), *thoughtlessly*
ἀνεπιστήμων, ον (adj.), *unskilled, unscientific*
ἀνέρχομαι, *go up, be lifted up, go inland*
ἄνευ (prep. c. gen.), *without, lacking*
ἀνευρίσκω, *discover, invent*
ἀνέχω, *jut out* of the water: mid., *bear, endure*
ἀνήκω, *attain to, amount to*
ἀνήρ, ἀνδρός, ὁ, *man, husband, brave man*
ἄνθρωπος, ὁ, *man, human being*; adj. ἀνθρωπήϊος, η, ον, *of men*; ἀνθρωποειδής, ές, *in human form*
ἀνίημι (trans.), *let go, allow* (c. inf.); *consecrate, devote*: (intrans.), *give over, cease, fall* (of the wind)
ἄνιππος, ον (adj.), *unsuited for horses, without horses*
ἀνίστημι (intrans.), *stand up*
ἀνίσχω, *rise*, of the sun
ἀνοίγω, *open*
ἄνομβρος, ον (adj.), *rainless*
ἀνορύσσω, *dig up*
ἀνόσιος, ον (adj.), *impious*
ἀντάξιος, η, ον (adj. c. gen.), *equivalent to, the match of*
ἀντέχω, *hold out*: (mid. c. gen.), *grasp*; *keep close to, hug*
ἀντί (prep. c. gen.), *instead of, to the value of*
ἀντιάζω, *go to meet* (c. acc.)
ἀντιγενεηλογέω, *trace a genealogy in answer*
ἀντιδωρέομαι, *present in return*
ἀντικατίστημι, *appoint in place of*
ἀντιμέμφομαι, *complain in reply*
ἀντίος, η, ον (adj. c. gen. and dat.), *opposite, facing, contrary*: (adv.) ἀντίον (c. gen. and dat.), *in front of, in the presence of*
ἀντιπέμπω, *send in reply*
ἀντίπυλος, ον (adj.), *with gates facing*
ἀντῶ, *meet with, receive* (c. gen.)

ἄνυδρος, ον (adj.), *waterless*

ἄνω (adv.), *upwards : inland : ἡ ἄνω γνάθος, the upper jaw : τὰ ἀνώτατα, the highest parts.* (Prep. c. gen.), *inland from*

ἄνωθεν (adv.), *from above, farther inland*

ἀνωμοτί (adv.), *without swearing an oath*

ἀξιαπήγητος, ον (adj.), *worth describing, notable*

ἀξιοθέητος, ον (adj.), *worth seeing, wonderful*

ἀξιόλογος, ον (adj.), *considerable*

ἄξιος, η, ον (adj.), *worth, worthy* (c. gen.), *worth while*, (adv.) ἀξίως, *worthily*

ἀξιῶ, *think worthy, deign, see fit : request*

ἀοιδή, ἡ, *song*

ἀοίδιμος, ον (adj.), *celebrated in song*

ἀοίκητος, ον (adj.), *uninhabited*

ἀπαγγέλλω, *bring news, report*

ἀπάγχομαι (mid.), *hang oneself*

ἀπάγω, *lead* or *take away, lead* or *take back ; lead* a prisoner: (mid.), *take away with one*

ἀπαγωγή, ἡ, *payment* of tribute

ἀπαθής, ές (adj.), *without experience of*

ἀπαιρέω, *take away :* (mid.), *rob*

ἀπαιτέω, *ask for* something *back*

ἀπαλλαγή, ἡ, *departure*

ἀπαλλάσσω (mid.), *depart*; (pass.), *be rid of*

ἁπαλός, ή, όν (adj.), *fresh*

ἀπανδάνω (aor. ἀπέαδον), *displease*

ἀπαντῶ, *meet*

ἅπαξ (adv.), *once*

ἀπάπτω, *tie up*

ἀπαριθμέω, *count up*

ἀπαρτί (adv.), *exactly*

ἅπας, ασα, αν (adj.), *the whole*, pl. *all* : so pron.

ἀπειλέομαι (pass., ἐς ἀπορίην), *be put in a quandary*

ἀπειλέω, *threaten*

ἄπειρος, ον (adj. c. gen.), *without experience* or *knowledge of*: (adv.), ἀπείρως, ἀπ. ἔχειν τινός, *be ignorant of*

ἀπελαύνω, *drive away* or *back*

ἀπέργω, *keep* one *away from* something: *enclose : skirt*

ἀπερύκω, *ward off*

ἀπέρχομαι, *go back*

ἄπεφθος, ον (adj.), *boiled down, refined*

ἀπέχω, *be distant from* (c. gen.): (mid.), *leave alone* (c. gen.)

ἀπέψω, *boil*

ἀπηγέομαι, *relate, describe*

ἀπήγημα, ατος, τό, *narrative*

ἀπήγησις, ιος, ἡ, *description*

ἀπίημι, *throw away : utter : release, let go : lay aside, discard*

ἀπικνέομαι, *arrive, come : be brought, introduced*

ἄπιξις, ιος, ἡ, *coming, arrival*

ἀπιπῶ, *crush*

ἀπίστημι (intrans.), *run away : rebel, go over to* (ἐς or πρός τινας)

ἀπιστίη, ἡ, *disbelief*

ἀπλοΐη, ἡ, *impossibility of sailing, stress of weather*

ἀπό (prep. c. gen.), *from, away from :* of time, *after ;* ἀπ' οὗ, *since*: ἀπὸ δείπνου γενέσθαι, *to have finished dinner : in consequence of, because of :* of agent, *by*: ἀπὸ τοῦ αὐτομάτου, *by a natural death*

ἀποβαίνω, *disembark ; turn out :* τὠποβαῖνον, *the upshot*

ἀποβάλλω, *lose*

ἀποβάπτω, *dip, immerse*

ἀπογεφυρῶ, *dam off*

ἀπογίνομαι, *die* a natural death

ἀπογράφομαι (mid.), *write down, record*

ἀποδατέομαι, *divide off, detach*

ἀποδείκνυμι, *show, point out ; declare ; prove ; appoint, dedicate*: (mid.), *declare* one's opinion; *perform, execute*

ἀποδείρω, *skin, flay*

ἀπόδεξις, ιος, ἡ, *performance, display*

ἀποδιδρήσκω, *flee from* (c. acc.)

ἀποδίδωμι, *give back, give duly, discharge* a promise; *yield* (of land): (mid.), *sell*

ἀποδινέω, *thresh*

ἀποδύρομαι, *bewail*

ἀποθνήσκω, *die, be slain*

ἀποθωμάζω, *marvel at* (c. acc.)
ἄποικος, ὁ, *colonist*
ἀποκλαίω, *bewail*
ἀποκληΐω, *shut*
ἀποκληρῶ, *choose by lot*
ἀποκρίνω, *separate*
ἀπόκρυφος, *secret, private*
ἀποκτείνω, *kill*
ἀπολαμβάνω, *receive back :* (pass.), *be caught and driven away*
ἀπολείπω, *leave behind, abandon :* (pass.), *fall short of:* (intrans.), *fail ; fall,* of the river
ἀπόλλῡμι (intrans.), *be killed, perish*
ἀπολύω, *release from* (c. gen.)
ἀπόμνῡμι, *swear* a negative oath
ἀπονέμω, *assign*
ἀπονητί (adv.), *without toil*
ἀπονοστέω, *return home*
ἀποξηραίνω (trans.), *dry up*
ἀποπειρῶμαι, *test, finish testing*
ἀποπέμπω, *send back, send* an offering: (mid.), *dismiss* from one's presence
ἀποπλέω, -πλώω, *sail away*
ἀπόπληκτος, ον (adj.), *stricken in wits, crazy*
ἀποπνέω, *blow from*
ἀποπνίγω, *choke, strangle*
ἀπορέω (act. and mid.), *be at a loss*
ἀπορίη, ἡ, *difficulty, quandary*
ἀπορραίνω, *scatter, spirt out, spray*
ἀπορρέω, *run out of*
ἀπορρήγνυμι (trans.), *break off*: pass. intrans.
ἀποστέλλω, *send out, despatch*
ἀποστροφή, ἡ, *refuge, resource*
ἀποστυγέω, *loathe, abominate*
ἀποσχίζω, *separate*
ἀποσῴζω, *bring safe home :* (pass.), *come safe home*
ἀποτακτός, όν (adj.), *set apart, special*
ἀποτάμνω, *cut off*
ἀποτελέω, *perform*
ἀπότῑμος, ον, (adj.), *despised*
ἀποτίνω, *pay* a penalty
ἀπότροφος, ον (adj.), *brought up away from home*
ἀποτύπτομαι (mid.), *finish beating one's breast*
ἀποφαίνω, *declare*
ἀποφέρω, *drive away :* (mid.), *take away with one*
ἀποφεύγω, *escape from : be acquitted*
ἀποφορή, ἡ, *tax*
ἅπτομαι (mid.), *touch, seize*
ἀπωθέω, *drive back*
ἄρα (particle), *then, after all*
ἀργιλώδης, ες (adj.), *clayey* (of soil)
ἀργύριον, τό, *silver : money*
ἄργυρος, ὁ, *silver*
ἄρδω, *water*
ἀρεστός, ή, όν (verb. adj.), *pleasing*
ἀριθμέω, *count*
ἀρίθμησις, ἡ, *counting*
ἀριθμός, ὁ, *number, total*
ἀριστείη, ἡ, *prowess*
ἀριστερός, ή, όν, (adj.), *left (hand)*
ἄριστος, η, ον (adj., superl. of ἀγαθός), *best*
ἀρκέω, *suffice*
ἄρκτος, ἡ, *bear : the Great Bear* (constellation) *: the north*
ἁρμόζω, *fit together*
ἁρμονίη, ἡ, *joint, seam*
ἀρνέομαι, *deny*
ἄροτρον, τό, *plough*
ἄρουρα, ἡ, *field (cultivated) ; arura* (an Egyptian measure of land): (adj.), ἀρουριαῖος, *of the fields*
ἁρπαγή, ἡ, *carrying off, abduction*
ἁρπάζω, *seize, plunder, carry off*
ἄρρηκτος, ον (adj.), *impenetrable*
ἄρτημα, τό, *ear-ring*
ἄρτος, ὁ, *loaf, bread*
ἀρτοφαγέω, *eat bread*
ἀρυστήρ, ῆρος, ὁ, liquid measure, *ladleful*
ἀρχαῖος, η, ον, *old, former, original*
ἀρχή, ἡ, *beginning : οὐ . . . ἀρχήν, not at all : rule, kingship*
ἀρχηγετεύω, *reign over* (c. gen.)
ἀρχῆθεν (adv.), *originally*
ἀρχιερεύς, έος, ὁ, *high priest*
ἀρχιτέκτων, ονος, ὁ, *master-builder*
ἄρχω (App. 48 d), *rule, command* (c. gen.): (act. and mid.), *begin* (c. gen.)
ἀσεβέω, *commit impiety*
ἀσήμαντος, ον (adj.), *lacking the seal*
ἄσημος, ον (adj.), *unmeaning*
ἀσθενείη, ἡ, *weakness, scantiness*

ἀσθενής, ές (adj.), *weak, meagre*
ἀσινής, ές (adj.), *unharmed*
ἀσκέω, *adorn*
ἀσκός, ὁ, *skin, wine-skin*
ἀσπάζομαι, *greet*
ἀσπίς, ῖδος, ἡ, round *shield*
ἀσταφίς, ῖδος, ἡ, *raisins*
ἀστός, ὁ, *citizen, fellow-countryman*
ἄστρον, τό, *star*
ἄστυ, εος, τό, *city*
ἀστυγείτων, ον (adj.), *neighbouring*
ἀσφαλείη, ἡ, *safety, a safe place*
ἀσφαλής, ές (adj.), *safe* : (adv.), ἀσφαλέως, *safely*
ἀτάρ (conj.), *but*
ἀτασθαλίη, ἡ, *impiety*
ἅτε (particle), *as if, because* (c. part.)
ἀτελής, ές (adj.), *free of tax*
ἄτῑμος, ον (adj.), *dishonourable, opprobrious*
ἀτιμώρητος, ον (adj.), *unpunished*
ἀτρεκέως (adv.), *with certainty, precisely*
αὐαίνω, *dry*
αὐδάζομαι, ηὐδαξάμην, *make utterance*
αὐδῶ, *speak*
αὐθιγενής, ές (adj.), *original to the place, from a natural spring*
αὖλαξ, ἄκος, ὁ, *furrow*
αὐλέω, *pipe*
αὐλή, ἡ, *court*
αὐλός, ὁ, *pipe*
αὐλών, ῶνος, ὁ, *conduit*
αὐξάνω (pass. intrans.), *grow, grow up*
αὔξησις, ιος, ἡ, *increase, extent*
αὔξω (pass. intrans.), *grow*
αὖος, η, ον (adj.), *dry*
αὔρη, ἡ, *breeze*
αὐτημερόν (adv.), *on the same day, in one day*
αὐτίκα (adv.), *forthwith*
αὖτις (adv.), *a second time, again, back*
αὐτόθεν (adv.), *from that* or *the said place*
αὐτόθι (adv.), *in that* or *the said place*
αὐτόματος, η, ον (adj.), *of one's own accord, accidentally* ; ἀπὸ τοῦ αὐτομάτου,. *by a natural death*
αὐτόμολος, ὁ, *deserter*
αὐτόπτης, ὁ, *eye-witness*
αὐτός, ἡ, ό (adj.), *self* : ὁ αὐτός, *the same*; αὐτόν, ήν, ό, *him, her, it*
αὐτοῦ (adv.), *there, in* or *to that* (*the same*) *place*

αὐχέω, *boast*
αὐχήν, ένος, ὁ, *neck*
αὐχμός, ὁ, *drought*
ἀφανής, ές (adj.), *invisible, obscure*
ἄφθονος, ον (adj.), *ungrudging, abundant*
ἄφορος, ον (adj.), *not bearing fruit, barren*
ἄχαρις, ι (gen. ῖτος), *unpleasant, dreadful*
ἄχθομαι, *be vexed, wearied*
ἄχθος, τό, *load, burden*
ἄχος, τό, *sorrow*
ἄχρι (prep. c. gen.), *as far as*
ἀψευδής, ές (adj.), *true, veracious*
ἄωρος, ον (adj.), *untimely, before one's time*
βάθος, τό, *depth*
βάθρον, τό, *base* of statue
βαθύς, έα, ύ (adj.), *deep*
βαίνω, *go*
βάλλω, *throw, hurl*
βαναυσίη, ἡ, *handicraft*
βαρβαρίζω, *speak a foreign tongue*
βάρβαρος, ον (adj.), *non-Greek, foreign* : (subst.), βάρβαρος, ὁ = βάρβαροι, οἱ, *foreigners*
βᾶρις, ιος, ἡ, *Egyptian boat, barge*
βάρος, τό, *weight*
βαρύς, έα, ύ (adj.), *heavy* ; *disagreeable* (of smell)
βασανίζω, *test, examine*
βασιλεύς, έος, ὁ, *king*
βασιλεύω, *be king* (c. gen.)
βασιληΐη, ἡ, *kingship*
βασιλήϊος, η, ον (adj.), *royal* : βασιλήϊον, τό, *royal treasury* : βασιλήϊα, τά, *the palace*
βασιλικός, ή, όν (adj.), *worthy of a king*
βδέλλη, ἡ, *leech*
βεκός, τό, *bread* (Phrygian word)
βίος, ὁ, *life* : *livelihood, substance*
βιῶ, βιοῦται, ἐβίωσε, βιούς, *live*

βλάπτω, harm, hurt
βόεος, η, ον (adj.), *of an ox : κρέα β., beef*
βοηθέω, help, bring succour (c. dat.)
βορέης, ὁ, north wind : (adj.), *βορήϊος, of the north*
βούκερως, ων (adj.), *horned like a cow*
βουκόλος, ὁ, cowherd
βουλεύομαι (mid.), *take counsel*
βούλομαι (mid.), *wish*
βουπόρος, ον (adj.), *for spitting oxen*
βοῦς, ὁ, ἡ, ox, bull, cow
βοῶ, shout
βραχύς, έα, ύ (adj.), *short ; shallow : βράχεα, τά, shallows*
βύβλος, ἡ, the papyrus plant ; papyrus : roll of papyrus. (Adj.), *βύβλινος, η, ον, made of papyrus*
βύσσινος, η, ον (adj.), *made of fine linen (βύσσος)*
βυσσός, ὁ, bottom of river
βῶλος, ἡ, clod of earth
βωμίς, ίδος, ἡ, step of altar
βωμός, ὁ, altar

γάλα, γάλακτος, τό, milk
γαμβρός, ὁ, son-in-law
γαμέω, marry
γάρ (conj.), *for*
γε (particle), *at any rate*: often emphasizing a pronoun
γέλως, ωτος, ὁ, laughter
γενεή, ἡ, generation : descent
γενεηλογέω, trace a genealogy: sometimes c. reflex. pronoun
γένειον, τό, chin
γένεσις, ιος, ἡ, birth, pedigree
γενναῖος, η, ον (adj.), *well-born, noble*
γένος, τό, race, species, sex, class, lineage
γερανός, ἡ, crane
γέρας, εος, τό, honour, privilege
γέρων, οντος (adj.), *aged*
γεύομαι (mid.), *taste, eat, drink of* (c. gen.)
γεφυρῶ bridge, make a bridge over (c. acc.)
γεωμετρίη, ἡ, land-measuring, geometry
γεωπείνης, ὁ, one possessing scanty land, poor in land

γῆ, ἡ, land, earth, soil
γίνομαι (mid.), *be born, descended : grow, be produced : happen, take place : accrue : become, prove to be, amount to :* as pass. of *ποιέω, be made*
γινώσκω, know, (aor.) *realize*
γλίχομαι (mid.), *strive after*
γλύφω, carve, engrave
γλῶσσα, ἡ, tongue : language
γνάθος, ἡ, jaw
γνώμη, ἡ, opinion, belief, judgment
γνώμων, ονος, ὁ, pointer, index (of sundial)
γνωρίζω, recognize
γόης, ητος, ὁ, wizard, sorcerer
γόμφος, ὁ, peg
γονεύς, έος, ὁ, parent
γόνος, ὁ, offspring, son
γόνυ, γούνᾰτος, τό, knee
γράμμα, ᾰτος, τό, letter of the alphabet; pl. *an inscription*
γραμματιστής, ὁ, scribe, recorder
γραφή, ἡ, painting, picture
γράφω, depict, write, write down : (mid.), *cause to be written*
γυμνικός, ή, όν (adj.), *gymnastic*
γυμνός, ή, όν, (adj.), *naked, unarmed*
γυναικήϊος, η, ον (adj.), *of a woman, in woman's shape*
γυνή, αικός, ἡ, woman, wife
γωνίη, ἡ, corner of a building

δαίμων, ονος, ὁ, ἡ, deity : (adj.), *δαιμόνιος, of the gods, τὸ δαιμόνιον, the divinity, Heaven*
δαίνυμαι (mid.), *dine*
δαίς, δαιτός, ἡ, a feast
δαιτυμών, όνος, ὁ, guest at a feast
δάκνω, bite, sting
δάκρυον, τό, tear : sap, gum
δακτύλιος, ὁ, ring, signet-ring
δαπάνη, ἡ, cost, expense : costly ornament
δαπανῶ, spend : (mid.), *consume*
δατέομαι, divide, apportion
δαψιλής, ές (adj.), *abundant*
δάω (perf. *δεδάηκα*), *learn*
δέ (particle), *and, but*; corresponding to *μέν*: marking an apodosis
δείκηλον, τό, representation

δείκνυμι (App. 57), *show, point out*
δεινός, ή, όν, *terrible* : δεινὰ ποιέειν, *to make much ado* : δεινὸν (-ὰ) ποιέεσθαι, *to be indignant* : (adv.), δεινῶς, *terribly, exceedingly* : δεινῶς φέρειν, *be grieved, moved.*
δεῖπνον, τό, *dinner*
δειρή, ή, *neck*
δείρω, *skin*
δέκα (indecl.), *ten*
δέκατος, η, ον (adj.). *tenth* : δεκάτη, ή, *tithe*
δέκομαι, *receive, entertain* : *believe*
δελεάζω, *set as bait*
δέλφαξ, ἄκος, ή, *sucking-pig*
δέμω, *build, make* a road
δένδρος, εος, δένδρον, and δένδρεον, τό, *tree*
δεξιός, ή, όν, *right* (*hand*)
δέρμα, ἄτος, τό, *hide*
δεσπότης, ὁ, *lord, master*
δεῦρο (adv.), *hither*
δεύτερος, η, ον (adj.), *second* : (adv.), δεύτερον, τὸ δ., *a second time, again* : δεύτερον(-α) δέ, *in the second place*
δέω, δήσω, perf. pass. δέδεμαι, *tie, bind*
δέω, *lack* : δεῖ, *it is fated, it is right, necessary* ; ἐς τὸ δέον, *opportunely, at need,* ἐν τῷ δέοντι, *in time of need.* (Mid.) δέομαι, δεήσομαι, ἐδεήθην, *want, need* (c. gen.) : *ask, request*
δή, particle, strengthening other particles: καὶ δή, *and so* : marking an apodosis: *of course, to be sure*
δηλέομαι, *injure*
δηλήμων, ον (adj.), *harmful, noxious*
δῆλος, η, ον (adj.), *clear, manifest*
δηλῶ, *show, make clear, declare, prove* : (impers.), δηλοῖ, *it is clear* : *relate*
δημότης, ὁ, *a common man, commoner,* opposed to the King
δημοτικός, ή, όν (adj.), *common, popular* : δ. γράμματα, *demotic writing*
δῆτα (particle), *indeed*
διά (prep. c. acc.), *because of* ; δι' ὅ τι, *why* : (c. gen.), *through, between* ; *by means of* : of time, *throughout* : *at intervals*
διαβαίνω, *cross*
διαβύνομαι (pass.), *be thrust*
διαδείκνυμι, διέδεξε, *make plain* : (intrans.), *appear*
διαδέω, *bind securely*
διαδύνω, *slip between*
διαιρέω, *divide, distribute* ; *judge*
δίαιτα, ή, *life, way of life*
διαιτῶμαι, *live, dwell*
διακαίω, *burn, scorch*
διάκειμαι, *be established* : *be treated*
διαλοιδορέομαι, *abuse* (c. dat. pers.)
διανοέομαι, *intend*
διάνοια, ή, *intention* : *opinion*
διαπειλέω, *threaten violently*
διάπειρα, ή, *test, experiment*
διαπέμπω, *send different ways*
διαπεραιοῦμαι (pass.), *be conveyed across*
διαπρήσσω (mid.), *do one's business*
διασκίδνημι (trans.), *scatter*
διασμῶ, *rinse*
διασφάξ, άγος, ή, *chasm*
διασῴζω, *preserve*
διατάμνω, *cut up, cut through*
διατελέω, *continue* (c. part.)
διατρίβω, *spend* time
διαφανής, ές (adj.), *red-hot*
διαφέρω, *differ*
διαφθείρω, *kill, destroy*
διάφορος, ον (adj.), *different* ; τὸ διάφορον, *the difference* : *hostile* (c. dat.)
διαφυλάσσω, *preserve, remember*
διαχέω (trans.), *scatter, disperse*
διαχρῶμαι, *use* (c. dat.)
διδάσκω, *teach*
δίδωμι (App. 56), *give, offer, state* ; *surrender* : λόγον δοῦναί τινι, *allow one to speak*
διεκπλέω, -πλώω, *sail through*
διεξέρχομαι, *go* or *pass through* : of time, *pass*
διέξοδος, ή, *way through, course, passage*
διέρχομαι, *pass*, of time
διέτης, ες (adj.), *of two years*
δίζημαι, *look for, search*

διηθέω (intrans.), *trickle, filter through* : (trans.), *rinse*
διηκόσιοι, αι, α (adj.), *two hundred*
διήκω, *stretch, extend*
διίστημι (intrans.), *stand at intervals*
δικάζω, *judge*
δίκαιος, η, ον (adj.), *just, rightful* : 149. 14 *exactly*. (Adv.), δικαίως, *rightly, fairly*
δικαιοσύνη, ἡ, *justice, uprightness*
δικαιῶ, *think it right, think fit, consent*
δίκη, ἡ, *justice, sentence* : (pl.) *lawsuit, reparation*
δίκτυον, τό, *net*
δίνη, ἡ, *eddy*
διξοί, αί, ά (adj.), *twofold, two*
διορύσσω, *finish digging*
διότι (conj.), *because, that*
δίπηχυς, υ (adj.), *two cubits long*
διπλοῦς, ᾶ, οῦν (adj.), *double*
δίς (adv.), *twice*
δισμύριοι, αι, α (adj.), *twenty thousand*
δισχίλιοι, αι, α (adj.), *two thousand*
διτάλαντος, ον (adj.), *of two talents* in weight
διφάσιος, η, ον (adj.), *of two kinds, two*
δίχα (adv.), *in twain*
δίχηλος, ον (adj.), *cloven-hooved*
διψῶ, *thirst for* (c. gen.)
διώκω, *pursue, banish*
διῶρυξ, υχος, ἡ, *channel, canal*
δοκέω, *think, suppose* : *seem* : (impers.) *it seems good*
δοκιμάζω, *examine, scrutinize*
δόκιμος, ον (adj.), *worthy, esteemed*
δολερός, ή, όν (adj.), *deceitful, crafty*
δόλος, ὁ, *treachery*
δόμος, ὁ, *course*, of masonry
δορπίη, ἡ, *eve* of a festival
δορυφορέω, *be bodyguard to* (c. acc.)
δουλεύω, *be a slave, be subject*
δούλη, ἡ, *bondwoman*
δοῦλος, ὁ, *slave*
δρέπω, *pluck*
δρόμος, ὁ, *course*, of a ship
δρόσος, ἡ, *dew*
δύναμαι, *be able* : *be equivalent to, mean*
δύναμις, ιος, ἡ, *power, forces* ; *ability, virtue*
δυνάστης, ὁ, *chieftain*
δυνατός, ή, όν (adj.), *able*
δύο (adj.), *two*
δυσμή, ἡ, (pl.) *setting of the sun*
δυσώδης, ες (adj.), *ill-smelling*
δυώδεκα (indecl.), *twelve*
δυωδεκάπηχυς, υ (adj.), *twelve cubits high*
δῶμα, ἄτος, τό, *house, home*
δωρεή, ἡ, *present*
δωρέομαι, *present*
δῶρον, τό, *gift*
δωτινάζω, *collect gifts*

ἔαρ, ἔαρος, τό, *spring*
ἑβδομήκοντα (indecl.), *seventy*
ἕβδομος, η, ον (adj.), *seventh*
ἐγγενής, ές (adj.), *native*
ἐγγίνομαι, *arise on* (c. dat. pers.), *arise* : of time, *pass*
ἐγγλύσσω, *taste sweet*
ἐγγλύφω, *carve on* : pass., with ἀνήρ as subj., 106. 8; also, with αἱμασιή as subj., *be carved with* figures, 138. 11
ἐγγράφω, *write on*
ἐγγύς (prep. c. gen.), *near to* : (adv.), *near*
ἔγκειμαι, *be placed in*
ἐγκέφαλος, ὁ, *brain*
ἐγκολάπτω, *grave* or *carve upon*
ἐγκυρέω, *meet with* (c. dat.)
ἔγχελυς, υος, ἡ, *eel*
ἐγχέω, *pour in*
ἐγχρίμπτω, *bring near* (τί τινι)
ἐγχωρέω, *allow, last*, of money
ἐγχώριος, η, ον (adj.), *of the country*
ἐγώ, ἐμέ, με, App. 43 : ἡμεῖς, *sometimes for* ἐγώ : *I, we*, &c. ἔγωγε, *I for my part*
ἕδρη, ἡ, *seat* ; *fundament*
ἐδώδιμος, η, ον (adj.), *edible*
ἐθέλω, *wish, be willing, choose to* : ἐθέλει λέγειν, *means*
ἔθνος, τό, *people, nation*
εἰ (conj.), *if* : *whether*
εἶδος, τό, *outward appearance, shape*
εἰκάζω, *guess* ; *make like, compare*
εἴκοσι (indecl.), *twenty*
εἴκω, *give place*
εἰκών, όνος, ἡ, *likeness, portrait-statue, painted portrait*

εἰλέω (mid.), *crowd, cluster*
εἰλιγμός, ὁ, *twist, turning*
εἱλίσσω, *wind round*
εἷμα, ἅτος, τό, *cloth, cloak;* pl. *clothes*
εἰμί (App. 58). *be, belong to, consist of, live, exist:* ἔστι = ἔξεστι, *it is possible*
εἰνακόσιοι, αι, α (adj.), *nine hundred*
εἵνεκα, -εν (prep. c. gen.), *because of, for the purpose of, for the sake of*
εἶπα (App. 61), (fut. ἐρέω): *say, speak of, tell*
εἴπερ (conj.), *if indeed*
εἰρεσίη, ἡ, *rowing*
εἰρηναῖος, η, ον (adj.), *friendly to*
εἰρίνεος, η, ον (adj.), *woollen*
εἰρόμην, εἰρέσθαι, *ask* a question, *ask about*
εἰρύω, εἴρυσα, *draw*
εἰρωτῶ, *ask* a question
εἷς, μία, ἕν (adj.), *one*
εἴτε . . . εἴτε (conjs.), *whether . . . or*
ἐκ (prep. c. gen.), *from, made of:* of time, *since, after: in consequence of:* of the agent, *by: by the will of:* ἐκ τῆς ἰθέης, *outright, openly;* ἐκ προνοίης, *of set purpose*
ἑκάς (adv.), *far* (c. gen.)
ἕκαστος, η, ον (adj. and pron.), *each:* pl. ἕκαστοι, *each group, all,* ἕκαστα, *the details*
ἑκάστοτε (adv.), *on each occasion*
ἑκάτερος, η, ον (adj. and pron.), *each* of two: pl. ἑκάτεροι, *both groups*
ἑκατέρωθι (adv.), *on each side, in each of two places*
ἑκατόμβη, ἡ, *sacrifice, hecatomb*
ἑκατόν (indecl.), *a hundred*
ἐκβαίνω, *go out, emerge, disembark*
ἐκβάλλω, *cast out: drive out of one's course*
ἔκγονος, ὁ, *descendant*
ἐκδείρω, *skin, flay*
ἐκδέκομαι, *receive* something *from* one: *succeed to the throne*
ἐκδιδάσκω (pass.), *learn thoroughly*
ἐκδίδωμι (trans.), *give in marriage:* (intrans.), of a river, *debouch, issue forth*
ἔκδυσις, ιος, ἡ, *exit, escape*
ἐκεῖθι (adv.), *there*
ἐκεῖνος, η, ον (adj. and pron.), *that*
ἐκεῖσε (adv.), *thither*
ἐκκαθαίρω, *clean out*
ἑκκαίδεκα (indecl.), *sixteen*
ἑκκαιδέκατος, η, ον (adj.), *sixteenth*
ἐκκοιλαίνω, *hollow out*
ἐκκλέπτω, *steal away*
ἐκλέπω, *hatch*
ἐκλύω, *unstring* a bow
ἐκμανθάνω, *learn thoroughly*
ἐκπλέω, -πλώω, *sail off; swim out*
ἐκπλήσσομαι (pass.), *be astounded, bewildered*
ἐκποδών (adv.), *out of the way*
ἐκποιέω, *complete*
ἐκρέω, *flow out*
ἐκρήγνυμι, (pass aor.) ἐξερράγην, *break, snap*
ἐκτάμνω, *cut out*
ἐκτείνω (trans.), *stretch out, extend*
ἕκτος, η, ον (adj.), *sixth*
ἐκτράπω, *divert;* (mid.), *turn aside*
ἐκφαίνω, *disclose*
ἐκφέρω, *carry out; cast ashore*
ἐκφορέω, *carry out* or *away*
ἐκχέω, *pour out:* (pass.), of liquids, *run out*
ἐκχῶ, *raise by dykes, silt up*
ἐκχωρέω, *leave* a country
ἑκών (adj.), *willingly, of one's own accord: intentionally*
ἐλαίη, ἡ, *olive*
ἔλαιον, τό, *olive-oil*
ἐλάσσων, ον (adj. comp.), *smaller, less:* pl. *fewer*
ἐλαστρέω, *row*
ἐλαύνω (trans.), *drive, ride: lead* an army: (intrans.), *march:* metaph. ἐς πᾶσαν κακότητα ἐ.
ἐλάχιστος, η, ον (adj. superl.), *smallest, least;* pl. *fewest:* (adv.), τὸ ἐλάχιστον, *at the least*
ἔλεγχος, ὁ, *examination*
ἐλέγχω, *confute, prove*
ἐλευθερίη, ἡ, *freedom, independence*
ἐλευθερῶ, *set free, liberate*
ἕλκω, *drag, tow, pull: weigh*
ἐλλόγιμος, ον, *important*
ἐλλύχνιον, τό, *wick*

ἕλος, τό, *marsh, fen*
ἐλπίς, ίδος, ἡ, *hope, expectation*
ἔλπομαι, *suppose*
ἐμβαίνω, *embark*
ἐμβάλλω (trans. and intrans.), *dash against*
ἐμβάφιον, τό, *saucer*
ἐμβόλιμος, ον (adj.), *intercalary* (sc. μείς)
ἔμετος, ὁ, *vomiting*
ἐμεωυτόν, -τοῦ, -τῷ (pron. reflex.), *myself*
ἐμός, ή, όν (adj.), *my*
ἐμπακτῶ, *caulk*
ἔμπαλιν (adv.), *opposite* (c. gen. and dat.)
ἔμπειρος, ον (adj.), *acquainted with*
ἐμπίπλημι, *fill with* (c. gen.)
ἐμπίπτω, *fall upon, rush upon*
ἐμπλάσσω, *plaster up*
ἔμπλεος, η, ον (adj.), *full of*
ἐμπόδιος, ον (adj.), *in the way, hindering*
ἐμποδών (adv.), *in the way*
ἐμπόριον, τό, *trading-port, mart*
ἔμπορος, ὁ, *merchant, trader*
ἔμπροσθε (prep. c. gen.), *before*
ἐμπρόσθιος, ον (adj.), *front, fore* (of the feet)
ἐμφανής, ές (adj.), *open, visible, known*
ἐμφερής, ές (adj.), *similar to*
ἐμφύομαι, *grow in*
ἔμψυχος, ον (adj.), *living, animate*
ἐν (prep. c. dat.), *in, on, at: within, during:* (adv.), ἐν δὲ καί, *moreover*
ἐναγίζω, *make offerings to* heroes
ἐναγωνίζομαι, *compete among* (c. dat.)
ἐναντίος, η, ον (adj.), *opposing;* subst., οἱ ἐναντίοι, *the enemy:* (adv.) ἐναντίον (c. gen.), *in front of*
ἐναπονίζομαι, *wash* (the feet) *in*
ἐνδεής, ές (adj.), *lacking in, destitute of* (c. gen.)
ἕνδεκα (indecl.), *eleven*
ἑνδέκατος, η, ον (adj.), *eleventh*
ἔνδοθεν (adv.), *inside*
ἐνδύνω, -δύω (trans.), *clothe:* (intrans.), *put on, don* (clothes); *creep in*
ἔνειμι, *be in, on, among*
ἐνελίσσομαι (mid.), *wrap oneself in*
ἐνεμέω, *vomit* or *spit into*
ἔνερθε (adv.), *below, to the seaward of*
ἐνευρίσκω, *find* something *there*
ἐνέχυρον, τό, *security*
ἐνέχω (pass.), *be caught*
ἐνηβητήριον, τό, *place of enjoyment*
ἔνθα (adv. rel.), *where;* (demonstr.) *there*
ἐνθαῦτα (adv. demonstr.) *then thereupon: there*
ἔνθεν (adv.), *whence:* ἔνθεν . . . ἔνθεν, *on one side, on the other*
ἐνθεῦτεν (adv.), *thence:* of time, *thereafter*
ἐνθυμιστός, ή, όν (verb. adj.), *taken to heart:* ἐ. ποιέεσθαι, *take a scruple*
ἐνιαυτός, ὁ, *year, twelvemonth:* κατ' ἐνιαυτόν, *annually*
ἐνιαχῇ (adv.), *in some places*
ἐνιδρύω (mid.), *erect in* a place
ἔνιοι, αι, α (pron.), *some*
ἐνίστημι (trans.), *set up:* (intrans.), *stand in* a place, *be appointed*
ἐννέα (indecl.), *nine*
ἐνοικέω, *dwell in* a place
ἐνράπτω, *sew up in*
ἐντανύω and ἐντείνω (perf. pass., ἐντέταμαι), *string* a bow
ἐντέλλομαι, *give orders*
ἐντίθημι, *place in*
ἐντίκτω, *bring forth in*
ἔντομον, τό, *propitiatory offering, victim*
ἐντός (prep. c. gen.), *within*
ἐντυγχάνω, *come upon, find* (c. dat.)
ἔνυδρις, ιος, ἡ, *otter*
ἔνυδρος, ον (adj.), *well-watered*
ἐνύπνιον, τό, *dream*
ἕξ (indecl.), *six*
ἐξαγορεύω, *mention*
ἐξάγω, *lead out* (to execution): *draw out; export*
ἐξαίρεσις, ιος, ἡ, *removal*
ἐξαιρετός, ή, όν (verb. adj.), *removable*
ἐξαίρετος, ον (verb. adj.), *picked out, choice,* (given) *as a perquisite*
ἐξαιρέω, (perf. pass. ἐξαραίρημαι), *capture, destroy: remove: set apart*

ἑξακισχίλιοι, αι, α, *six thousand*
ἑξακόσιοι, αι, α, *six hundred*
ἐξαναγκάζω, *compel, constrain*
ἐξανδροῦμαι, *grow up, come to manhood*
ἐξανίστημι (trans.), *remove, expel*: (intrans.), *be removed, expelled*
ἑξαπάλαιστος, ον (adj.), *of six palms' or hands' breadth*
ἐξαπατῶ, *beguile, seduce*
ἑξάπεδος, ον (adj.), *six feet long*
ἑξάπηχυς, υ (adj.), *six cubits long*
ἑξάπλεθρος, ον (adj.), *six* plethra *long*, about 600 ft.
ἐξαπόλλυμι (mid.), *perish utterly, be lost*
ἐξαριθμέω, *count up*
ἐξαρτύω, *furnish, equip*
ἐξειρύω, *draw out*
ἐξελαύνω, *drive out*
ἐξέλκω, *drag out*
ἐξεπίσταμαι, *know thoroughly*
ἐξεργάζομαι, *build, complete*: *do* a deed (c. double acc. 114.10.)
ἐξέρχομαι, of time, *expire*
ἔξεστι (impers.), *it is allowed, possible*
ἐξευρίσκω, *find out, discover, invent*
ἐξηγέομαι, *relate, expound, interpret*
ἑξήκοντα (indecl.), *sixty*
ἐξήκω, of time, *expire*
ἐξίημι (intrans.), of a river, *debouch*
ἐξικνέομαι, *reach, attain*; (metaph.), *be capable of*
ἐξισοῦμαι (pass.), *be* or *become equal to*
ἔξοδος, ἡ, *exit*
ἐξοικοδομέω, *build, erect*
ἐξορύσσω, *dig out*
ἐξυφαίνω, *weave (to the end)*
ἔξω (adv.), *out, outside*: (used adjectivally), *outer*: ἔξω ἤ, *except*: (prep. c. gen.), *outside of*
ἔξωθεν (adv.), *on the outside*: (prep. c. gen.), *outside of*
ἐξώστης, ὁ, of an adverse wind, *driving ships ashore*
ἐπαγγέλλω, *give orders, command*: (mid.), *cause proclamation to be made, offer, promise*
ἐπαγινέω, *bring regularly to*
ἐπάγω, *intercalate*: (mid.), *bring with one, introduce* as helpers
ἐπάϊστος, ον (verb. adj.), *heard of, detected* (c. part.)
ἐπαιτιῶμαι, *blame*
ἐπακούω, *hear* (c. gen.)
ἐπαναβληδόν (adv.), *thrown over* the shoulder
ἐπανατέλλω, of the sun, *rise*
ἐπανέρχομαι (metaph.), *pass over*
ἐπανθέω, *be an efflorescence on, form on the surface*
ἐπάξιος, ον (adj.), *noteworthy*
ἐπασκέω, *practise, cultivate*
ἐπεάν (conj. c. subj.), *when, whenever*
ἐπεί (conj. c. indic.), *when, after*: causal, *seeing that*
ἐπειδή (conj. c. indic.), *when, since, seeing that*
ἔπειμι, *be upon, be added to, be attached to*
ἐπειρωτῶ, *ask* a question
ἔπειτα, Ion. ἔπειτε (adv.), *thereafter, then*
ἐπείτε (conj.), *when, after, since*; causal, *seeing that*
ἐπεμβάλλω, *intercalate, insert*
ἐπεξευρίσκω, *devise* or *discover besides*
ἐπεξῆς (adv.), *successively, one after another*
ἐπέρχομαι, *traverse*: of the Nile, *overflow* the land: *advance upon* (c. dat.); *go to, come upon*
ἐπέτειος, ον (adj.), *of one year, every year*
ἐπεύχομαι, *pray to*
ἐπέχω (intrans.), *pause, wait*: *prevail*
ἐπί (prep. c. gen.), *to, towards*; ἐπ' οἴκου, *homewards*: *on, upon, in*: *in the time of*; ἐπ' ἐμεῦ, *in my time*: modal, ἐπ' ἑωυτῶν, *by themselves*: named *after*, almost *because of*, 57.2. (C. dat.), *on, on the top of*; *by* a river or sea; *in*: of time, *on, after*: *with a view to*; ἐπ' αὐτῷ τούτῳ, *for this very purpose*: astonished *at*; *in the case of*; *in command* or *charge of*: *in the power of*. (C. acc.), *during, for*: *on to, upon*: extending *over*; *to*: *against*; *for*: *toward*: ἐπὶ πλέον, *to a greater extent*

ἐπιβαίνω, *stand upon, walk upon*
ἐπιβάλλω, *impress* a seal, *stamp* : (impers.), *it falls upon, concerns*
ἐπιβουλεύω, *plot*
ἐπίγαιος, ον (adj.), *on ground level*
ἐπιγαμίη, ἡ, *intermarriage*
ἐπιγίνομαι, *be born later, come after*
ἐπίγρῡπος, ον (adj.), *hooked*
ἐπιδείκνυμι, *display*
ἐπιδήμιος, ον (adj.), *resident*
ἐπιδίδωμι, *give in addition* : (intrans.), *increase*
ἐπιεικής, ές (adj.), *specious* : (adv.), ἐπιεικέως, *moderately*
ἐπίημι, *send upon*
ἐπιθυμέω, *desire*
ἐπικαλέω, *invoke* a god: (pass.), *be called after* ; *be demanded, claimed*
ἐπίκειμαι, *lie upon* : *be imposed*
ἐπίκουρος, ὁ, (pl.) *auxiliaries, mercenaries*
ἐπικρατέω (c. gen.), *rule over* ; *conquer*
ἐπίκτητος, ον (adj.), *acquired*
ἐπικτῶμαι, *gain* or *win besides*
ἐπιλαμβάνω, *check* or *prevent from* : (mid. c. gen.), *catch hold of*
ἐπιλέγω, *say in explanation* : (mid.), *read* ; *think over, consider*
ἐπιλείπω (trans. and intrans.), *fail, diminish*
ἐπίλοιπος, ον (adj.), *remaining, rest of*
ἐπιμανθάνω, *learn later*
ἐπιμελής, ές (adj.), *causing care, engaging attention* : ἐ. εἶναι, *be my concern* or *business*
ἐπιμέλομαι, *care for* (c. gen.)
ἐπιμέμφομαι, *complain of*
ἐπιμίσγομαι, *have dealings with* (c. dat.)
ἐπιμνῶμαι, *mention*
ἐπινοέω, *purpose*
ἐπίπαν (adv.), ὡς τὸ ἐ., *usually*
ἐπιπλάσσω, *plaster on*
ἐπιπλέω, *sail over*
ἐπίπλοος, ὁ, *caul*
ἐπιπολῆς (adv.), *on the surface, on the top of* (c. gen.)
ἐπίσημος, ον (adj.), *notable*
ἐπισκέπτομαι, *inspect*
ἐπισκευή, ἡ, *repairs, upkeep, maintenance*
ἐπίσπεισις, ιος, ἡ, *libation*
ἐπισπένδω, *pour a libation on*
ἐπισπῶ, *pull towards one*
ἐπίσταμαι, *know* : (c. inf.), *know how to* : *feel* or *hold that* (ὡς)
ἐπίστημι (intrans.), *be in charge* : of a dream, *hover over* (c. dat.)
ἐπιστρέφω (intrans.), *turn round*
ἐπιταράσσω, *trouble* or *disquiet further*
ἐπιτάσσω, *command*
ἐπιτελέω, *finish* : *execute* a command: *fulfil* a prophecy: *celebrate* a rite: *discharge* a vow: *pay*
ἐπιτεχνῶμαι, *devise*
ἐπιτήδεος, η, ον (adj.), *suitable* : *pleasant* : τὰ ἐπιτήδεα, *provisions*
ἐπιτηδεύω, *contrive, practise*
ἐπιτίθημι, *place upon*
ἐπιτράπω, *give in charge to* : *yield to, consent* (c. dat. and part.)
ἐπιτρέφω, *feed* : (pass.), *grow up*, as a successor
ἐπιτυγχάνω, *come upon, light upon*
ἐπιφαίνομαι (mid.), *appear*: also of the *epiphany* of a god
ἐπιφανής, ές (adj.), *conspicuous, notable*
ἐπιφέρω (pass.), *float ahead*
ἐπιφοιτῶ, *visit*
ἐπιχειρέω, *put one's hand to, set to work at* (c. dat.)
ἐπιχέομαι (pass.), *swarm over*
ἐπίχρῡσος, ον (adj.), *gilt*
ἐπιχώριος, η, ον (adj.), *of the country, native*
ἐπιψαύω, *touch upon* a subject
ἕπομαι (c. dat.), *follow, accompany*
ἐποποιΐη, ἡ, *epic composition*
ἐποποιός, ὁ, *epic poet*
ἔπος, τό, *saying, thing said* : *hexameter line, epic verse*
ἑπτά (indecl.), *seven*
ἑπτακαίδεκα (indecl.) *seventeen*
ἑπτακισχίλιοι, αι, α (adj.), *seven thousand*
ἑπτακόσιοι, αι, α (adj.), *seven hundred*
ἐπωνυμίη, ἡ (*significant*) *name, title* : (adv. acc.) ἐπωνυμίην, *by name*
ἐπώνυμος, ον (adj.), *named after*
ἐργάζομαι, *work, do* (c. cogn. acc.), *make*

ἐργατικός, ή, όν (adj.), *active, busy*
ἔργον, τό, *deed, act, exploit* : ἔργῳ, *in fact* : *work, task* : *workmanship, handiwork* : *monument*
ἔργομαι (mid.), *keep away from, refrain* (c. gen.)
ἔρδω, *do, treat* (c. double acc.)
ἐρείπια, τά, pl. *ruins*
ἔρημος, ος and η, ον (adj.), *lonely, uninhabited* : ἡ ἔρημος, *the desert*
ἑρμηνεύς, έος, ὁ, *interpreter*
ἔρσην, εν (adj.), *male*
ἐρυθρός, ή, όν (adj.), *red*
ἔρχομαι, *go, come* : *pass over* (c. acc.): ἐς λόγους ἐλθεῖν, *to converse with* (c. dat.), ἐς διάπειραν ἰέναι, *to make trial* (c. gen.)
ἐς (prep. c. acc.), *into, to, among*: with vb. of rest, *in, on* : *towards* : ἐς Δήμητρος, sc. ἱρόν, *to Demeter's temple* : of time, *until, down to* ; ἐς οὗ, as well as ἐς ὅ, *until* : *during* : ἐς τὸ δέον, *at need* : *in respect of, with regard to* : *against*
ἐσάγω, *bring in, introduce*
ἐσάλλομαι, *jump into*
ἐσβαίνω, *embark*
ἐσβάλλω, *send into*
ἐσβολή, ἡ, *pass, approach* to a country
ἐσδύνω, *creep into, enter*
ἐσέλκω, *drag in*
ἐσέργνυμι, *enclose*
ἐσέρχομαι, *go in, come in* : *flow in* : *occur to* the mind (c. acc. pers.)
ἐσέχω, *enter in, lead to*
ἐσηγέομαι, *introduce* customs
ἐσηθέω, *squirt into, inject*
ἐσθής, ῆτος, ἡ, *clothing, clothes*
ἐσθίω, *eat*
ἐσθλός, ή, όν (adj.), *good, healing* drugs
ἐσίημι (trans.), *pour in*
ἔσοδος, ἡ, *way in, entrance*
ἐσοικίζομαι, *settle among*
ἔσοπτος, ον (verb. adj.), *seen into, overlooked*
ἑσπέρη, ἡ, *west*
ἑσσοῦμαι (pass.), *be defeated, beaten*
ἐστίθημι, *put in* or *on*
ἐσφέρω, *bring in, introduce*
ἔσχατος, η, ον (adj.), *farthest, extreme* : *last* in order
ἔσω (prep. c. gen.), *inside* : (adv.), *inwards, inside*
ἔσωθεν (adv.), *inside*
ἑταίρη, ἡ, *courtesan*
ἑτεροῖος, η, ον (adj.), *different in kind*
ἑτεροιοῦμαι (pass.), *be altered*
ἕτερος, η, ον (adj. and pron.), *one* or *the other* of two: *another*, pl. *other(s)* : ἐπὶ τὰ ἕτερα, *on the other side*
ἑτέρωθεν (adv.), *on the other side*
ἑτέρωθι (adv.), *in the other place*
ἐτησίαι, οἱ, *etesian* or *periodic winds*
ἔτι (adv.), *yet, still* : *also, besides*
ἕτοιμος, ος and η, ον (adj.), *ready*
ἔτος, τό, *year*
εὖ (adv.), *well*
εὐαής, ές (adj.), *fair-blowing, favourable*
εὐβάστακτος, ον (adj.), *easy to move* or *lift*
εὐδαιμονέω, *prosper*
εὐδαίμων, ον (adj.), *prosperous* : *rich*
εὔζωνος, ον (adj.), *well-girt, active*
εὐήθης, ες (adj.), *silly*
εὐθενέω, *flourish*, of a nation
εὐμαρείη, ἡ, *easement*
εὐμένεια, ἡ, *favour*
εὐνομίη, ἡ, *good government*
εὐπαθέω, *enjoy oneself, make merry*
εὐπατέρεια, ἡ, *daughter of a noble sire*
εὐπετέως (adv.), *easily*
εὐπρεπής, ές (adj.), *comely* : *suitable*
εὑρίσκω, *find, discover, invent* : *detect*
εὖρος, τό, *breadth*
εὐρύς, έα, ύ (adj.), *broad* : *open*, of the sea
εὐσεβέω, *be pious*
εὐσεβής, ές (adj.), *pious*
εὔστομος, ον (adj.), *keeping silence* : μοι . . . εὔστομα κείσθω, *let me keep a religious silence*
εὖτε (conj.), *when, whenever*
εὐτελείη, ἡ, *cheapness*
εὐτελής, ές (adj.), *cheap*
εὐχή, ἡ, *vow*
εὔχομαι, *vow, pray*
εὐχωλή, ἡ, *vow*
εὐχωλιμαῖος, η, ον (adj.), *bound by*, or *under, a vow*
ἑφθός, ή, όν (verb. adj.), *boiled, stewed*

ἐχθρός, (superl.) ἔχθιστος, η, ον, *enemy*
ἔχω, *have*, (aor.) *take*, *capture*: μνήμην τινὸς ἔχειν = μεμνῆσθαί τινος: φύσιν ἔχει, *it is natural*: ἔλεγχον ἔχει, *it is open to proof*: *hold*, *carry*, *wear*: *occupy*: *know*: *be able*: (intrans.), οὕτως ἔχει, *it is so*, ὀρθῶς ἔχει, *it is true*, ἀπείρως ἔχειν, *to be ignorant* (c. gen.): *extend*: *pertain*, *relate*. (Mid. c. gen.), *be next* or *close to*, *be of the nature of*: *cling to*, *hug*: ἔργου ἔχεσθαι, *set to work*: *partake of*. (Pass.), *be caught*
ἕψω, *boil*, *stew*
ἐῶ, allow: οὐκ ἐᾶν, *forbid*, *urge not to*
ἔωθα (perf.), *be accustomed to*
ἕως (conj.), *until*, *as long as*: (adv.), ἕως μέν, *for a time*
ἑωυτοῦ, ῆς, οῦ (pron. pers.), *himself*, *herself*, *itself*

ζειά, ἡ, (pl.) *spelt*
ζείδωρος, ον (adj.), *spelt-yielding*, *nurturing*
ζέφυρος, ὁ, *the west wind*, *west*
ζημίη, ἡ, *punishment*, *penalty*
ζήτησις, ιος, ἡ, *search*
ζόη, ἡ, *lifetime*, *manner of life*, *livelihood*: ποιέεσθαι τὴν ζόην ἀπό, *live on*, *feed on*
ζυγόν, τό, *yoke*; *cross-piece*, *plank*
ζωγράφος, ὁ, *painter*
ζωγρέω, *capture* a person *alive*
ζῷον, τό, *living creature*, *figure* carved, *picture*
ζωός, ή, όν (adj.), *live*, *living*
ζώω and ζῶ, *live*, *be alive*

ἦ (particle), *verily*, *indeed*
ἤ (conj.), *or*, *either . . . or*: *than*, *rather than*
ἡγεμονίη, ἡ, *leading of the way*
ἡγέομαι, *lead the way*: *consider*, (perf.) *be of opinion*
ἤδη (adv.), *already*, *before now*: *now*, *hereafter*, *thereafter*: ἤδη γάρ, *for we have seen*; ἤδη ὦν, *now*, *this being so*
ἥδομαι, *be pleased* (c. part.)
ἡδονή, ἡ, *pleasure*, *joy*
ἡδύς, έα, ύ (adj.), *pleasing*: compar. ἡδίων, ον
ἠήρ, ἠέρος, ὁ, *the* (*lower*) *air*
ἦθος, τό, (pl.) *customs*, *manners*: *home*, *haunt*, *accustomed place*
ἠϊών, όνος, ἡ, *sea-shore*
ἥκιστα (adv.), *least*: οὐκ ἥκ., *most*
ἥκω, *come*, *have come*
ἡλικίη, ἡ, *time of life*, *date*, *period*
ἧλιξ, ικος, ὁ, *one of the same age*, *comrade*
ἥλιος, ὁ, *the sun*
ἡμέρη, ἡ, *day*: ἡμέρης ἑκάστης, *every day*: τῆς ἡμέρης, *in the daytime*, ἡμέρης, *by day*: *dawn of day*
ἥμερος, η, ον (adj.), *tame*, *civilized*
ἡμέτερος, η, ον (poss. adj.), *our*
ἥμισυς, εα, υ (adj.), *half*: ἐς τὸ ἥμισυ, *to halfway up*
ἤν (conj.), *if* (c. subj.), (c. indic. 13. 10)
ἤπειρος, ἡ, *mainland*, *continent*
ἤπιος, η, ον (adj.), *mild*, *clement*
ἥρως, ωος, ὁ, *hero*
ἥσσων, ον (adj. comp.), ἧσσον (adv.), *less*
ἡσυχίη, ἡ, *silence*, *peace*
ἥσυχος, ον (adj.), *silent*
ἠώς, ἠοῦς, ἡ, *dawn*, *east*

θάλασσα, ἡ, *the sea*
θαλάσσιος, η, ον (adj.) *of the sea*
θάνατος, ὁ, *death*: (pl.), *cases of death*, *bereavements*
θάπτω, *bury*
θαρσύνω, *encourage*
θεῖος, η, ον (adj.), *of* or *from god* or *the gods*, *divine*; *supernatural*, *marvellous*
θεογονίη, ἡ, *theogony*, *genealogy of the gods*
θεοειδής, ές (adj.), *godlike*
θεοπρόπιον, τό, *oracular answer*, *oracle*
θεός, ὁ, *the* (or *a*) *god*
θεοσεβής ές, (adj.), *god-fearing*, *religious*
θεραπεύω, *worship*, *minister to* a god
θεράπων, οντος, ὁ, *servant*, *attendant*
θερῐνός, ή, όν (adj.), *of summer*
θερμός, ή, όν (adj.), *hot*

θέρος, τό, *summer*
Θεσμοφόρια, τά, *festival of Demeter*
θέσπισμα, ἄτος, τό, *oracle, oracular response*
θεῶμαι, ἐθεησάμην, *see, gaze at*
θηκαῖος, η, ον (adj.), *of a coffin* or *tomb, burial*
θήκη, ἡ, *coffin, tomb*
θῆλυς, εα, υ (adj.), *female*
θηρευτής, ὁ, *hunter*
θηρίον, τό, *animal, wild beast*
θηριώδης, ες (adj.), *full of wild beasts*
θηρῶμαι, *hunt:* metaph. *seek after*
θησαυρίζω, *store, treasure up*
θησαυρός, ὁ, *treasury*
θνήσκω, *die, be killed* or *executed*
θνητός, ή, όν (adj.), *mortal*
θορός, ὁ, *seed, milt*
θρῆνος, ὁ, *dirge, lament*
θρησκείη, ἡ, *religious observance, rite*
θρησκεύω, *perform a religious observance*
θρίξ, τριχός, ἡ, *hair*
θρόνος, ὁ, *chair, seat, throne*
θυγάτηρ, τρος, ἡ, *daughter*
θυμίημα, ἄτος, τό, *incense:* (pl.), *kinds of incense*
θυμός, ὁ, *desire*
θύρη, ἡ, *door* of house or room: (pl.), *folding doors, doorway: float, raft*
θύρωμα, ἄτος, τό, *portal*
θυσανωτός, ή, όν (adj.), *tasselled, fringed*
θυσίη, ἡ, *sacrifice, mode of sacrificing*
θύω, *sacrifice*
θύωμα, ἄτος, τό, *spice, perfume*
θωκέω, *sit*
θῶμα, ἄτος, τό, *wonder, marvel*
θωμάζω, *wonder, marvel at*
θωμάσιος, η, ον (adj.), *wonderful, marvellous*
θωμαστός, ή, όν (adj.), *admirable*
θώρηξ, ηκος, ὁ, *breast-plate*

ἶβις, ιος, ἡ, *ibis*
ἰδέη, ἡ, *form, appearance*
ἴδιος, η, ον (adj.), *one's own;* ἰδίῃ (adv.), *personally, alone*
ἰδιώτης, ὁ, *private citizen*
ἱδρύω, *build, establish,* often in mid.: *encamp*
ἱερείη, ἡ, *priestess*
ἵζω (mid.), *sit down*
ἵημι, *send: speak, utter:* (mid.), *rush*
ἰητρός, ὁ, *physician:* ἰητρική, ἡ, *the medical art*
ἰθᾱγενής, ές (adj.), *natural, original*
ἰθῡνομαι (pass.), *be punished*
ἰθύς, έα, ύ (adj.), *straight:* ἐκ τῆς ἰθέης (sc. ὁδοῦ), *outright, openly:* (adv.), ἰθύ (c. gen.), *straight towards,* ἰθέως, *immediately*
ἱκέτης, ὁ, *suppliant*
ἱκνέομαι, *come to, touch, concern*
ἰκτῖνος, ὁ, *hawk*
ἰλύς, ύος, ἡ, *mud*
ἱμάτιον, τό, *garment, cloak:* (pl.), *clothes*
ἵνα (conj.), *where: in order that*
ἵππος, ὁ, *horse:* ἐπ' ἵππου, *on horseback:* ἵππος ποτάμιος, *hippopotamus*
ἱρεύς, έος, ὁ, *priest*
ἱρήϊον, τό, *victim, animal for sacrifice*
ἴρηξ, ηκος, ὁ, *hawk*
ἱρός, ή, όν (adj.), *sacred:* ἱρὰ γράμματα, *hieroglyphics:* ἱρόν, τό, *temple, precinct:* ἱρά, τά, *offerings, victims, entrails of sacrificed animals*
ἱρῶμαι, *be priest* or *priestess* (c. gen.)
ἴσος, η, ον (adj.), *equal*
ἵστημι (App. 56), (trans.), *place, set; set up, appoint, institute; weigh:* (intrans.), *stand*
ἱστίον, τό, *sail*
ἱστιῶ, *entertain, feast* (c. acc. pers.)
ἱστορέω, *inquire into, question:* (pass.), τὰ ἱστορημένα, *the results of inquiry*
ἱστορίη, ἡ, *inquiry, research*
ἱστός, ὁ, *mast*
ἰσχῡρός, ή, όν (adj.), *strong, violent:* (adv.), ἰσχυρῶς, *zealously*
ἰσχύς, ύος, ἡ, *strength, force*
ἴσχω, *restrain, stay*
ἰχθύς, ύος, ὁ, *fish*
ἰχνευτής, ὁ, *ichneumon*

καθαρός, ή, όν (adj.), *pure,* of ceremonial purity
καί (conj.), *and; even, actually, also:* καί . . . καί, *both . . . and:* ὁ

αὐτός καί, *the same as*: sometimes = *or*
καινῶ, *inaugurate, handsel*
καίπερ (particle, c. part.), *although*
καίτοι (conj.), *now, yet*
καίω, *burn, kindle, light*
κακός, ή, όν (adj.), *bad, wicked*: τὸ κακόν, *evil, misfortune, disaster*; (pl.) *troubles, evil plight*: (adv.), κακῶς, *badly, wretchedly*
κακότης, ητος, ἡ, *wickedness, misery*
κακῶ, *ruin, afflict*
κάλαμος, ὁ, *reed*
καλάσιρις, ιος, ἡ, Egyptian *fringed robe*
καλέω, *call, summon*
κάλος, ὁ, *rope*
καλός, ή, όν (adj.), *beautiful*: (adv.), καλῶς, *well, excellently*
κάλυξ, ὔκος, ἡ, *seed-vessel, pod*
κάμνω, *be tired, ill*
καπηλεύω, *sell* in a shop
κάπηλος, ὁ, *shop-keeper, huckster*
καρπός, ὁ, *fruit, corn*
καρποῦμαι, *reap crops, enjoy*
καρποφόρος, ον (adj.), *fruit-bearing*
κάρτα (adv.), *very, very much*: οὐ κάρτα, ironical, *not at all*
καρτερός, ή, όν (adj.), *strong*
κασίη, ἡ, *cassia*
κατά (prep., c. gen.), *beneath, down from, down over*: (c. acc.), *during*: κατ' ἀρχάς, *in the beginning*: *in the time of*: *over against, in a line with*: *off*: *by, near, at*: *along*: *round*: *by way of*: *after*: *all over*: κατ' οἴκους, *at home*: κατὰ φύσιν, *naturally*, κατὰ τάδε, *thus*, κατὰ τὠυτό, κατὰ ταὐτά, *in the same way*: *like, equal to*: distributively, κατ' ἐνιαυτόν, *year by year*, κατ' ἔθνεα, *by nations*; *in accordance with*: κατὰ λόγον, *in proportion*: *because of, concerning*: κατὰ ζήτησιν, *in quest of*: with numbers, *about*
κατά = κατ' ἅ (conj.), *according as*
καταβαίνω, *descend*: *come to* discourse of
καταβάλλω, *pay, deposit, contribute*
κατάβασις, ιος, ἡ, *descent*
κατάγαιος, ον (adj.), *subterranean*
καταγελῶ, *laugh at, mock*
καταγηρῶ, *grow old, live to old age*
καταγίζω, *burn* incense, *burn* as sacrifice
κατάγω, *lead back, bring home* an exile
καταδεής, ές (adj.), *lacking, falling short*
καταδέω, *lack, want*
καταδέω, -έδησα, -εδησάμην, -δέδεμαι: *bind fast, bandage*: *convict*
καταδύω (mid. and intrans. act. aor. -έδυν), *set*, of the sun
καταιρέω, *depose* a king
κατακαίω, *consume* or *destroy by fire*
κατακερτομέω, *attack* or *mock bitterly*
κατακλῄω, *shut up, close*
κατακλίνω (pass.), *recline, sit down*
κατακλύζω, *flood, inundate*
κατακοιμῶ (pass.), *fall asleep*
κατακόπτω, *cut up, cut in pieces*
κατακρεμάννυμι, *hang* something *down from*
κατακρίνω, *pronounce a sentence against*
κατακρύπτω, *conceal, cover over*
κατακτείνω, *kill*
καταλαμβάνω, *overtake, befall*: (impers. c. acc. and inf.), *it happens*: *restrain*
καταλέγω, *recount, describe, detail*
καταλείπω, *leave behind*
καταλύω, *loose, take down*
καταμεθύσκω, -εμέθυσα, *make drunk*
καταμένω, *stay behind, remain*
κατανέμω, *distribute*
κατανοέω, *understand*
καταπατέω, *tread down*
καταπαύω, *prevent*; *depose*
καταπειρητηρίη, ἡ, *sounding-line*
κατάπερ (conj.), *just as*
καταπίνω, *devour, swallow*
καταπλάσσω, *bedaub, smear over*
καταπλώω, *swim down*
καταρμόζω, *fit in place*
καταρράπτω, *tie together*
καταρρήγνυμι, *break up*: (pass.), of soil, *be friable*
κατάρρυτος, ον (adj.), *alluvial*
κατάρχομαι, *initiate the sacrifice of*

καταρῶμαι, *curse* (c. dat.)
κατασκευάζω, *equip, adjust: adorn*
κατάσκιος, ον, *shaded*
κατασκώπτω, *make fun of, jest with* (c. acc.)
κατασπένδω, -σπείσω, *pour a libation*
κατασπουδάζομαι (pass.), *be earnest* or *serious*
κατάστασις, ιος, ἡ, *state, nature; system, routine*
καταστέγασμα, ἄτος, τό, *covering*
κατάστεγος, ον (adj.), *roofed*
καταστρέφομαι, *conquer, subdue*
κατατάμνω, *cut up, hew out*
κατατήκω, *melt away, dissolve*
καταφανής, ές (adj.), *manifest, evident*
καταφερής, ές (adj.), *going down, nearly setting*, of the sun
καταφέρομαι (pass.), *be washed down*
καταφεύγω, *flee for refuge*
καταφθίνω, *perish*
καταφονεύω, *slay, massacre*
καταχέω, *pour over*: (pass.), *be strewn*
καταχρυσῶ, *gild*
κατειλίσσω, *wrap, swathe*
κατειλύω, *cover, shroud*
κατεργάζομαι, *achieve*
κατέρχομαι, *come down, descend*
κατεύδω, *sleep*
κατεύχομαι, *pray*
κατεσθίω, *eat up, devour*
κατέχω, *occupy, cover*
κατηγέομαι, *introduce, institute*
κατηγορέω, *declare: accuse* (c. gen.)
κατήκω, *extend*: (impers.), *it behoves* (c. acc. and inf.)
κάτημαι, *sit, be seated*
κατίζω, trans., *seat, bid* one *to sit*
κατίημι, *let down, lower*
κατιθύνω, *keep straight*
κατίστημι, *set, establish*: (intrans.), *be set, be established, be appointed: prevail, be customary*
κατίσχω, *hold back, detain*
κατοικέω, *dwell*
κατοικίζω, *plant* settlers: (pass.), *be settled, settle*
κατοικτίζομαι, *lament*
κατόνομαι, -ωνόσθην, *despise* (c. acc.)
κατορύσσω, *bury*
κατορῶ, *behold: examine, inspect: look down upon from above*
κατύπερθε (adv.), *above*; (prep. c. gen.), *farther inland, higher up* the river
κάτω (adv.), *down below*: **οἱ κάτω**, *the dead*, **ἡ κάτω γνάθος**, *the lower jaw: downwards*: (superl.), **κατωτάτω**, *lowest*
καῦμα, ἄτος, τό, *burning heat* of the sun
καῦσις, ιος, ἡ, *burning*
κέγχρος, ὁ, *millet-seed: spawn* of fish
κεδρίη, ἡ, *cedar-oil*
κέδρος, ἡ, *cedar-tree, cedar-wood*
κεῖμαι, *lie, be situated, remain: be assigned*
κεῖνος = **ἐκεῖνος**
κείρω, *cut*: (mid.), *have* the head *shorn*
κελεύω, *command, urge*
κεραΐζω, *plunder*
κέρας, εος, τό, *horn* of an animal
κέρδος, τό, *gain*: **ἐν κέρδεϊ ποιέεσθαι**, *consider* something *a gain*
κεφαλή, ἡ, *head*
κῃ, indef. particle, *somehow*: **ὧδέ κῃ**, *in some such way*; **μάλιστά κῃ**, *pretty nearly, somewhere about*
κῆδος, τό, *grief, bereavement*
κηρίον, τό, *comb*, of wasps
κηρύσσω, *proclaim*
κιθών, ῶνος, ὁ, *tunic*
κίκι, τό, *castor-oil*
κινδυνεύω, *be in danger, risk*
κίνδυνος, ὁ, *danger, risk*
κινέω, *move*: (pass. intrans.), *move: meddle with*
κίων, κίονος, ἡ, *pillar*
κλεινός, ἡ, όν (adj.), *famous, renowned*
κλέπτης, ὁ, *thief*
κλέπτω, *steal*
κληΐω, *shut*
κλῆρος, ὁ, *plot* or *parcel* of land
κλίβᾰνος, ὁ, *oven*
κλύσμα, ἄτος, τό, *clyster, drench*
κλυστήρ, ῆρος, ὁ, *syringe*
κλώψ, κλωπός, ὁ, *thief*
κνύζημα, ἄτος, τό, *whining, whimpering*
κογχύλιον, τό, *sea-shell*

κόθεν (interrog. part.), *whence? how?*
κοιλαίνω, *hollow out*
κοιλίη, ἡ, *belly, abdomen : guts, intestines*
κοῖλος, η, ον (adj.), *hollow* : **τὰ κοῖλα**, *hollow places*
κοιμῶμαι, *sleep*
κοινός, ή, όν (adj.), *common* : (adv.), **κοινῇ**, *in common, jointly*
κοίτη, ἡ, *couch, bed*
κόλλα, ἡ, *glue*
κολοσσός, ὁ, *colossus, huge statue*
κόλπος, ὁ, *bosom, gulf*
κομίζω, *carry, bring, take* : (mid.), *obtain* : (pass.), *be brought, travel*
κόμμι, τό (indeclin.), *gum*
κομῶ, *wear the hair long*
κοντός, ὁ, *pole*
κόπρος, ἡ, *dung*
κόπτω, *cut, cut up* : (mid.), *beat oneself*
κορύνη, ἡ, *club*
κορῠφή, ἡ, *peak*
κοσμέω, *adorn*
κόσμος, ὁ, *order* : **κόσμῳ θεῖναι**, *set in order*
κόσος (interrog. adj.), *how much, how many?*
κοτε (enclitic part.), *at one time, once : at last* : of the future, *one day* : (with a pron.), *ever*
κότερος, η, ον (interrog. adj.), *which* of two?
κοῦ (interrog. part.), *where? how?*
κου (enclitic part.), *somewhere; surely*
κρατέω, *have possession of, become master of* : **ὁ κρατέων**, *the ruler* : (pass.), *be overcome*
κρέας, κρέως, τό, *meat*
κρέμαμαι, *hang*
κρέξ, κρεκός, ἡ, *corn-crake*
κρηπίς, ῖδος, ἡ, *margin* of a lake
κριθή, ἡ, (generally pl.) *barley*
κρίκος, ὁ, *ring*
κρίνον, τό, *lily*
κρίνω, *judge, decide*
κρῑοπρόσωπος, ον (adj.), *ram-faced*
κρῑός, ὁ, *ram*
κρόκη, ἡ, *woof*
κροκόδῑλος, ὁ, *lizard : crocodile*
κρόμμυον, τό, *onion*
κρόσσαι, αἱ, *courses, steps*
κρόταλον, τό, (pl.) *clappers*
κροταλίζω, *play* or *use clappers*
κροτέω, *beat, clap* hands
κρυπτός, ή, όν (verb. adj.), *hidden*
κρύπτω, *hide, conceal, cover*
κτείνω, *kill*
κτῆνος, τό, *animal, beast* : (pl.), *cattle*
κτίζω, *found* a city: *colonize* a country
κτῶμαι, perf. **ἔκτημαι**, *acquire, obtain* : (perf.), *possess, have*
κύαμος, ὁ, *bean*
κυβερνήτης, ὁ, *pilot*
κυΐσκομαι, *conceive*
κύκλος, ὁ, *circle, cycle, orb* : **κύκλῳ**, *in a ring*
κύλληστις, ιος, ἡ, Egyptian *loaf*
κυματίης, ου, *surging, billowy*
κυνέη, ἡ, *helmet*
κυρέω (aor. **ἐκύρησα**) (c. gen.), *get, obtain*
κύων, ὁ, ἡ, *dog, bitch*
κω (indefin. part.), *yet* (in negative sentences)
κῶλον, τό, *limb; side* or *front* of a building
κωλύω, *prevent*
κώμη, ἡ, *village*
κώνωψ, ωπος, ὁ, *gnat, mosquito*
κῶς (interrog. part.), *how?*
κως (indefin. part.), *somehow; οὔκως, not at all : it seems*

λαβύρινθος, ὁ, *labyrinth*
λαγχάνω (aor. **ἔλαχον**), *receive as one's portion*
λαμβάνω, *take, don* clothes: *seize* : **χαλεπῶς λ.** (c. gen.), *deal harshly with, reproach bitterly : procure, receive : catch* : **φρενὶ λ.**, *notice, understand*
λαμπρός, ή, όν (adj.), *bright, fresh, strong*
λαμπρότης, ητος, ἡ, *splendour, renown*
λάμπω, *shine*
λανθάνω, *escape notice, do unawares* (c. part.)

λαπάρη, ἡ, *flank*
λέβης, ητος, ὁ, *cauldron*
λέγω, *say, tell : speak of, relate : mean : call, name*
ληλατέω, *plunder*
λεῖος, η, ον (adj.), *smooth, level*
λείπω, *leave behind ; leave over* (sometimes mid.)
λεπιδωτός, ή, όν (adj.), *scaly :* (subst.), *fish with large scales*
λέσχη, ἡ, *lounge, talk, conversation*
λευκός, ή, όν (adj.), *white :* λίθος λ., *marble*
λεώς, λεώ, ὁ, *folk, people*
λήγω, *come to an end, cease*
ληΐη, ἡ, *booty, spoils of war*
λήϊον, τό, *crop*
λιβανωτός, ὁ, *frankincense*
λιβανωτοφόρος, ον (adj.), *yielding frankincense*
λίην (adv.), *very, exceedingly*
λίθινος, η, ον (adj.), *made of stone*
λίθος, ὁ, *stone, masonry, a block of stone*
λιθοτομίη, ἡ, (chiefly pl.) *stone quarries*
λίμνη, ἡ, *lake, mere :* (adj.), λιμναῖος, η, ον, *aquatic*
λιμός, ὁ, *famine*
λίνον, τό, *flax, linen :* adj., λίνεος, η, ον, *of linen*
λιπαρέω, *persist, entreat earnestly, be importunate*
λίτρον, τό, *natron, sodium carbonate*
λίψ, λιβός, ὁ, *S.W. wind*
λογίζομαι, *reckon, compute ; reason, consider*
λόγιμος, ος or η, ον (adj.), *important, notable*
λόγιος, η, ον (adj.), *versed in history, learned*
λογοποιός, ὁ, *writer of fables : historian*
λόγος, ὁ, *word, argument, tale, story :* τῷ λόγῳ, *professedly :* λόγῳ, *by word of mouth :* (pl.) *talk : account, report :* λόγον ποιέεσθαι, *discuss, discourse : estimation, note :* ὁ λόγος αἱρέει, *reason demands :* κατὰ λόγον, *in proportion*
λοιπός, ή, όν (adj.), *remaining, rest of :* τοῦ λοιποῦ, *in future, thereafter*
λούω, *wash :* (mid. λοῦνται), *wash oneself, bathe*
λοφιή, ἡ, *horse's mane*
λόφος, ὁ, *hill*
λυγρός, ή, όν (adj.), *baneful*
λύκος, ὁ, *wolf*
λύμη, ἡ, *outrage, insult*
λυχνοκαΐη, ἡ, *Feast of Lanterns*
λύχνος, ὁ (pl. λύχνα), *lamp*
λύω, *loosen, untie :* (mid.), *ransom, set free*
λωτός, ὁ, *lotus*, of Egypt or Cyrene

μαζός, ὁ, *breast*
μαίνομαι, *be mad :* aor. ἐμάνην, *become mad*
μακρός, ή, όν (adj.), *long, far :* μακρῷ, *by far,* οὐκ ἐς μακρήν, *before long*
μάλα (adv.), *very, indeed :* οὐ μάλα, *not at all :* (comp.), μᾶλλον, *more, rather :* (superl.), μάλιστα, *most, especially : about, approximately*
μανθάνω, *learn, acquire* by learning
μαντηΐη, ἡ, *mode of divination*
μαντήϊον, τό, *oracle : oracular response*
μαντική, ἡ, sc. τέχνη, *art of divination*
μαραίνομαι (pass.), *waste away, shrink, dry up*
μαρτυρέω, *bear witness to*
μαρτύριον, τό, *evidence, proof*
μάταιος, ον (adj.), *light-hearted : idle, silly, wanton*
μάχαιρα, ἡ, *knife*
μάχη, ἡ, *battle, fighting*
μάχιμος, ον (adj.), *warlike :* οἱ μάχιμοι, *the warriors* (caste of Egyptians) : τὸ μάχιμον, *warfare*
μάχομαι, *fight*
μέγαθος, τό, *size, dimensions : height, stature : greatness, importance*
μεγάλως (adv.), also μεγαλωστί, *greatly*
μέγαρον, τό, *hall*
μέγας, μεγάλη, μέγα (adj.), *great, large : powerful :* (comp.), μέζων, ον, *greater,* &c. ; (adv.), μεζόνως, *more, at greater length :* (superl.), μέγιστος, η, ον, *greatest,* &c.

μείς, μηνός, ὁ, month
μελάγγαιος, ον (adj.), *black-soiled*
μελάγχροος, ον, pl. *-χροες, α*, (adj.), *black-skinned, swarthy*
μέλας, αινα, αν (adj.), *black, swarthy*
μελεδωνός, ὁ, ἡ, attendant, keeper
μέλι, ῐτος, τό, honey
μέλλω, be going to, be likely to, be destined to, be certain to
μέλος, τό, lyric poem
μεμαώς, ῶτος (Epic perf. part.), *eager, fain*
μέμφομαι, blame, censure, complain: be dissatisfied with (c. dat. pers.)
μέν, particle; (=Attic *μήν*) *indeed, of a truth: μέν . . . δέ, on the one hand . . . on the other hand*
μέντοι, particle, *however, but*
μένω, stay, remain: await (c. acc.)
μέρος, τό, part, share: side
μεσαμβρίη, ἡ, midday; south
μεσόγαια, ἡ, inland, interior
μέσος, η, ον (adj.), *middle, medium: τὸ μέσον, the space between*, also adv., *midway between* (c. gen.)
μεστός, ή, όν (adj.), *full*
μετά (prep. c. acc.), *after* (of time): *next to: μετ' ἡμέρην, by day:* (c. gen.), *with, along with:* (adv.), *then, thereafter*
μεταβολή, ἡ, change
μεταίτιος, ον (adj.), *being the joint cause of, accessory to*
μεταλλάσσω (intrans.), *change, alter*
μεταξύ (prep. c. gen. and adv.), *between*
μεταπέμπομαι (mid.), *summon*
μεταποιεῦμαι (mid.), *lay claim to* (c. gen.)
μεταυτίκα (adv.), *straightway, immediately*
μεταφορέω, shift, transfer
μεταχειρίζω, handle, deal with
μετεξέτεροι, αι, α (pron.), *some, certain ones*
μετέπειτα (adv.), *thereafter*
μέτεστι (impers. c. dat. pers. and gen.), (part. neut. *μετεόν*), *there is a share in* or *claim to*
μετέχω, have a share, share in (c. gen.)
μετέωρος, ον (adj.), *above ground*
μετίημι (App. 56), *give up, abandon, reject*
μετορμίζομαι, change one's anchorage, sail away, depart
μετρέω, measure
μέτριος, η, ον (adj.), *ordinary, moderate, average:* (adv.), *μετρίως, moderately, briefly*
μέτρον, τό, measure: pl. *dimensions, bearings, longitude*
μέτωπον, τό, brow: side (of a building)
μέχρι (prep. c. gen.), *as far as, up to, during: μέχρι οὗ* (prep. c. gen.), like the simple *μέχρι:* (conj.), *until*
μή (neg. particle), *not*, in prohibitions, final and conditional clauses, &c.: *ὅτι μή, except*
μηδαμοί, αί, ά (adj.), *no*
μηδέ (conj.), *nor, and not: not even*
μηδείς, μηδεμία, μηδέν (adj.), *no:* pron., *no one, nothing*
μῆκος, τό, length, height
μηκύνω (fut. *μηκυνέω*), *lengthen*
μήκων, ωνος, ἡ, poppy
μῆλον, τό, apple
μηνύω, disclose, declare (c. acc. and part.)
μηρός, ὁ, thigh
μήτε . . . μήτε (conj.), *neither . . . nor: μήτε . . . τε, not only not . . . but also*
μήτηρ, μητρός, ἡ, mother
μητιόεις, εσσα, εν (adj.), *cunning*
μητρόπολις, ιος, ἡ, mother-city, capital
μηχανή, ἡ, machine, engine, device, means
μηχανῶμαι, contrive, devise, plan: effect
μῆχος, τό, remedy
μιαρός, ή, όν (adj.), *unclean, abominable*
μικρός: see σμικρός
μιμέομαι, imitate, represent: (pass.), *be portrayed*
μιμνήσκομαι (mid. and pass.), *remember* (c. gen.): *mention* (c. acc.)
μιν (pron., acc. sing.), *him, her, it: himself, herself*

μίσγομαι, *mix*, *mingle*, (c. dat.): (perf. part. pass.), *μεμιγμένος*
μισέω (aor. pass. *ἐμισήθην*), *hate*
μισθός, *ὁ*, *wage*, *fee*
μισθῶ, *let out* or *farm* a contract
μίσθωμα, *ἄτος*, *τό*, *contract-price*, *cost*
μῖσος, *τό*, *hatred*
μίτρη, *ἡ*, *fillet*, *head-band*
μνέαι, *αἱ*, *minae* (each one = 100 drachmae, as a weight and as a sum of money)
μνήμη, *ἡ*, *remembrance*, *history*: *mention*
μνημήϊον, *τό*, and *μνημόσυνον*, *τό*, *memorial*
μοῖρα, *ἡ*, *part*, *portion*: *respect*, *esteem*
μόριον, *τό*, *part*
μορφή, *ἡ*, *shape*
μόσχος, *ὁ*, *calf*
μουνογενής, *ές* (adj.), *only-begotten*, *only*
μουνόλιθος, *ον* (adj.), *made of one block*, *monolith*
μοῦνος, *η*, *ον* (adj.), *alone*, *only*: so *μοῦνον* (adv.)
μουσοποιός, *ἡ*, *poetess*
μοχλεύω, *heave up* with a lever (*μοχλός*)
μυγαλῆ, *ἡ*, *shrew-mouse*
μυέομαι (perf. *μεμύημαι*), *be initiated*
μῦθος, *ὁ*, *myth*, *legend*, *story*
μυξωτῆρες, *οἱ*, *nostrils*
μυριάς, *ἄδος*, *ἡ*, *number of* 10,000
μυρίκη, *ἡ*, *tamarisk*
μυρίος, *η*, *ον* (adj.), *infinite*, *innumerable*, *countless*: pl. *μύριοι*, 10,000
μῦς, *μυός*, *ὁ*, *mouse*
μυσαρός, *ή*, *όν* (adj.), *foul*, *dirty*
μυστήρια, *τά*, *mysteries*, *secret rites*
μυχός, *ὁ*, *innermost part*, *nook*; *head* of gulf

νάκος, *τό*, *fleece*
ναυμαχέω, *fight by sea* (*τινι*, *with* one)
ναυπηγέομαι, *build ships*
ναυτιλίη, *ἡ*, *voyage*
ναυτίλλομαι, *sail*, *make voyages*
ναυτίλος, *ὁ*, *seaman*, *seafarer*
νεηνίης, *ὁ*, *youth*
νεκρός, *ὁ*, and *νέκυς*, *υος*, *ὁ*, *corpse*
νέμω, *assign*: *pasture* flocks: (mid.), *inhabit*, *possess*
νεογνός, *ή*, *όν* (adj.), *newborn*
νέομαι, *go*, *return*
νεόπλυτος, *ον* (adj.), *newly washed*
νέος, *η*, *ον* (adj.), *young*: (comp.) *νεώτερος*, (superl.) *νεώτατος*
νεοσσός, *ὁ*, *young* of bird or animal
νευρόσπαστος, *ον* (adj.), *moved by strings*
νεωστί (adv.), *recently*
νηδύς, *ύος*, *ἡ*, *belly*: *contents of belly*, *bowels*
νηός, *ὁ*, *temple*, *shrine*
νῆσος, *ἡ*, *island*
νῆσσα, *ἡ*, *duck*
νηῦς (App. 42), *ἡ*, *ship*
νικῶ, *conquer* in battle; *win*, *beat* in a game (c. acc. pers.)
νοέω, *perceive*
νόμαιον, *τό*, *custom*, *usage*
νομάρχης, *ὁ*, *governor of a province*
νομάς, *ἄδος* (adj.), *pastoral*, *nomadic*
νομεύς, *έος*, *ὁ*, (*herdsman*), pl. *ribs* of a boat
νομή, *ἡ*, (*pasturage*), *division*, *distribution*
νομίζω, *consider*, *believe*: *use customarily*, *practise*, *worship* (c. acc. or dat.)
νόμιμα, *τά*, *usages*, *customs*
νομοθετέω, *ordain by law*
νόμος, *ὁ*, *custom*, *law*
νομός, *ὁ*, *nome*, *district*, *province*
νόος, *ὁ*, *mind*: *intention*
νοστέω, *return*
νότιος, *η*, *ον* (adj.), *southern*
νότος, *ὁ*, *south wind*, *south*
νουθετέω, *admonish*, *upbraid*
νοῦσος, *ἡ*, *sickness*, *disease*, *malady*
νυκτερίς, *ίδος*, *ἡ*, *bat*
νῦν (adv.), *now*: *νῦν δέ*, *but as it is* or *as a matter of fact*. *νυν*, enclitic particle, connecting and emphasizing
νύξ, *νυκτός*, *ἡ*, *night*
νῶτον, *τό*, *back*, *chine* of animal (as meat)

ξείνια, *τά*, *gifts of friendship*, *entertainment*: *banquet*

ξεινίη, ἡ, friendship
ξεινοκτονέω, slay strangers
ξεῖνος, ὁ (fem. *ξείνη, ἡ*), *stranger, foreigner : host*
ξεστός, ή, όν (adj.), *polished*
ξηρός, ή, όν (adj.), *dry*
ξύλινος, η, ον (adj.), *wooden*
ξύλον, τό, wood : cudgel, club
ξυρῶ, shave : (perf. part. pass.), *ἐξυρημένος*
ξυστόν, τό, spear-shaft

ὁ, ἡ, τό (definite art.), *the :* pron., *ὁ μέν . . ., ὁ δέ, the former . . ., the latter, the one . . ., the other*
ὀβελός, ὁ, spit, skewer : pointed pillar, obelisk
ὀγδώκοντα (indecl.), *eighty*
ὅδε, ἥδε, τόδε (adj. and pron.), *this, the following* (but sometimes *the preceding*)
ὀδμή, ἡ, smell, odour
ὁδοιπορίη, ἡ, journey by land
ὁδός, ἡ, road, way, channel : journey : metaph. *way of thinking, opinion*
ὀδών, όντος, ὁ, tooth
ὅθεν (rel. and interrog. adv.), *whence*
οἱ (App. 43), *to him* or *her*
οἶδα (App. 60), *know*
οἶκα (perf. with pres. sense), *be like :* part. *οἰκώς, ότος* (App. 26), *likely, reasonable, natural :* (adv.), *οἰκότως, naturally*
οἰκέτης, ὁ, servant in a house
οἰκέω (act. and mid.), *dwell ; inhabit :* (pass.), of city or land, *be inhabited*
οἰκήϊος, η, ον (adj.), *one's own*
οἴκημα, ἅτος, τό, building, shrine, chamber
οἰκήτωρ, ορος, ὁ, inhabitant
οἰκία, τά, house, palace
οἰκίζω, found a city; *settle as a colonist* (c. acc. pers.)
οἰκίη, ἡ, house : line, family
οἰκοδομέω, build
οἰκοδόμημα, ἅτος, τό, building
οἰκοδόμος, ὁ, builder, mason
οἶκος, ὁ, house
οἰκότως : see *οἶκα*
οἶνος, ὁ, wine : drink made from barley or palm-tree juice
οἷος, η, ον (rel. and indir. interrog. adj.), *such as, what sort of : οἷα* (adv.), *as, inasmuch as : οἷός τε, able to* (c. inf.), *οἷόν τε, οἷά τε, possible : οἷός περ, exactly as*
ὄϊς, ὄϊος, ὁ, sheep
οἶστρος, ὁ, desire, impulse
οἴχομαι, depart, be gone
ὅκῃ (adv.), *by what way, whither*
ὁκόθεν (interrog. adv.), *whence*
ὁκοῖος, η, ον (indirect interrog. adj.), *what sort of ; which*
ὁκόσος, η, ον (ind. interrog. adj.), *how much :* (rel.), *as much as, as many as*
ὁκότε (adv.), *whenever : inasmuch as, since*
ὁκότερος, η, ον (ind. interrog. adj.), *which* of two
ὅκου (ind. interrog. adv.), *where, whither :* (rel.), *wherever,* also = *οὗ, where*
ὀκτακόσιοι, αι, α (adj.), *eight hundred*
ὀκτώ (indecl.), *eight*
ὀκτωκαίδεκα (indecl.), *eighteen*
ὅκως (conj.), *whenever : that* (introducing ind. speech) : *how*
ὀλίγος, η, ον (adj.), *little,* pl. *few : κατ' ὀλίγους, a few at a time*
ὁλκός, ὁ, pl. *slipways* for ships
ὅλος, η, ον (adj.), *whole*
ὀλοφύρομαι, mourn, lament
ὄλυρα, ἡ (chiefly pl.), *spelt*
ὄμβριος, ον (adj.), *of rain : ὄ. ὕδωρ, rain-water*
ὄμβρος, ὁ, rain, shower
ὅμιλος, ὁ, multitude, crowd
ὄμνυμι (aor. *ὤμοσα*), *swear*
ὁμόγλωσσος, ον (adj.), *speaking the same tongue as* (c. dat.)
ὅμοιος, η, ον (adj.), *like, similar* (c. dat.) : *the same :* (adv.), *ὁμοίως, like, alike*
ὁμολογέω, agree with (c. dat.) : *correspond, resemble : make an agreement, come to terms : admit, acknowledge*
ὁμότροπος, ον (adj.), *of like character*

ὁμότροφος, ον (adj.), *reared along with* (c. dat.)
ὁμοῦ (adv.), *together : along with* (c. dat.)
ὁμουρέω, *border upon, march with* (c. dat.)
ὅμουρος, ον (adj.), *bordering, neighbouring* (c. dat.)
ὅμως (adv.), *nevertheless*
ὀνείδισμα, ἄτος, τό, *reproach, blame*
ὄνειδος, τό, *reproach, disgrace*
ὄνειρον, τό and ὄνειρος, ὁ, *dream*
ὀνομάζω, *name : mention by name*
ὄνομαι, *despise*
ὀνομαστός, ή, όν (adj.), *notable, famous*
ὄνος, ὁ, *ass*
ὄνυξ, υχος, ὁ, pl. *claws*
ὀξυδερκής, ές (adj.) *keen-sighted*
ὀξύς, έα, ύ (adj.), *sharp : τὸ ὀξύ, the apex*
ὄπισθε (adv. and prep. c. gen.), *behind*
ὀπίσω (adv.), *back, back again*
ὁπλή, ή, *hoof*
ὁπλίζω, *arm*
ὀπτός, ή, όν (verb. adj.), *roasted, baked*
ὀπτῶ, *bake* bread, &c.
ὀργή, ή, *anger*
ὄργια, τά, *secret rites* or *worship*
ὀργυιή, ή, *fathom,* about 5 feet 10 inches
ὀρέγω, *reach, stretch out*
ὀρεινός, ή, όν (adj.), *mountainous*
ὀρθός ή, όν (adj.), *erect, straight, true :* (adv.), ὀρθῶς, *truly, correctly, rightly*
ὄρθριος, ον (adj.), τὸ ὄρθριον (adv.), *in the morning, early*
ὁρμῶμαι (pass.), *set off : set out from : be eager to*
ὄρνεον, τό, *bird*
ὀρνίθιον, τό, *small bird*
ὄρνις, ῖθος (acc. ὄρνιν), ὁ, ή, *bird*
ὄρος, τό, *mountain, range*
ὀροφή, ή, *roof*
ὁρτάζω, *keep holiday, celebrate a festival*
ὁρτή (App. 26), ή, *festival*
ὄρτυξ, ὕγος, ὁ, *quail*
ὄρυγμα, ἄτος, τό, *excavation, hole*
ὀρυκτός, ή, όν (verb. adj.), *dug*
ὀρύσσω, *dig*
ὀρχέομαι, *dance*
ὁρῶ (act. and mid.), *see, perceive : ὅρω ἐς, look at*
ὅς, ἥ, τό (App. 44, 45) (rel. pron. and ind. interrog.) : ἐς ὅ, *until ;* ἐξ οὗ, *since :* μέχρι οὗ and by analogy ἐς οὗ, *until :* τῇ, *where, whither :* εἰσὶ οἵ, *some : also,* ὅσπερ (a strengthened form)
ὁσίη, ή, *divine law :* ὁσίη ἐστί, *it is lawful*
ὅσιος, η, ον (adj.), *pious, lawful*
ὅσος, η, ον (ind. interrog.), *how much, how many :* (rel.), *as much (many) as :* ὅσον τε, *as much as, about :* ἐξ ὅσου, *since :* also, ὅσοσπερ, *exactly as much as*
ὄσπριον, τό, *pulse* (referring to beans)
ὀστέον, τό, *bone*
ὅστις, ἥτις, ὅ τι (ind. interrog.), *who, what :* (indef. rel.), *whoever, whatever*
ὀσφύς, ύος, ή, *loin*
ὅτε (rel. adv.), *when*
ὅτι (conj.), *that; because :* ὅτι μή, *except*
οὐ, οὐκ, *not :* οὔτι, *not by any means :* οὐκ ὦν, *not therefore, not however*
οὐδαμά (adv.), *never :* οὐδαμῇ (adv.), *nowhere :* οὐδαμοί, αί, ά, (pron.), *no, none :* οὐδαμοῦ (adv.), *nowhere :* οὐδαμῶς (adv.), *not by any means*
οὐδέ (conj.), *nor, and not : not even*
οὐδείς, οὐδεμία, οὐδέν (adj.), *no :* (pron.), *no one, nothing*
οὐκέτι (adv.), *no longer*
οὐλόθριξ, τριχος (adj.), *curly-haired*
οὔνομα, ατος, τό, *name*
οὐρανομήκης, ες (adj.), *as high as heaven*
οὐρανός, ὁ, *sky, climate*
οὐρή, ή, *tail*
οὐρίζω, *form the boundary of : divide, separate*
οὔρισμα, ατος, τό, *boundary*
οὖρος, ὁ, *boundary*

οὖς, ὠτός, τό, *ear*
οὔτε . . . οὔτε (conj.), *neither . . . nor* : οὔτε . . . τε, *not . . . but*
οὗτος, αὕτη, τοῦτο (adj. and pron.), *this* : ταύτῃ (adv.), *there, in this way*
οὔτω, οὕτως (adv.), *so, thus*
ὀφθαλμός, ὁ, *eye*
ὄφις, ιος, ὁ, *snake*
ὀφρῦς, ύος, ἡ, *eyebrow*
ὄχανον, τό, *handle* or *holder* of a shield
ὀχετεύω, *lead in a channel*
ὄψις, ιος, ἡ, *sight, vision, dream* : *presence*

πάγη, ἡ, *trap*
πάθη, ἡ, *suffering, misfortune*
πάθος, τό, *calamity, death* : *suffering* (of a god's *passion*)
παιγνίη, ἡ, *sport*
παιγνιήμων, ονος (adj.), *sportive, frivolous*
παιδίον, τό, *infant, boy*
παίζω, *jest, joke*
παῖς, παιδός, ὁ, ἡ, *son, daughter* : *boy, girl*
παίω, *strike, smite*
πακτῶ, *stop up, caulk* : see ἐμπακτῶ
πάλαι (adv.), *from of old, formerly*
παλαιός, ή, όν (adj.), *ancient* : (adv.), τὸ παλαιόν, *in ancient times*
πάλιν (adv.), *back, again*
παλιρροίη, ἡ, *a back current, upward flow of water*
παλλακή, ἡ, *concubine*
πάμπαν (adv.), *wholly, altogether*
παμποίκιλος, ον (adj.), *richly embroidered*
πανηγυρίζω, *hold a religious festival*
πανήγυρις, ιος, ἡ, *religious assembly, festival*
παννύχιος, ον, and πάννυχος, ον, (adj.), *all night long*
πανσέληνος, ἡ, sc. ὥρη, *season of the full moon*
πανταχῇ (adv.), *in every direction*
πάντῃ (adv.), *every way*
πάντοθεν (adv.), *from all sides*
παντοῖος, η, ον (adj.), *of all kinds, all*
πάντως (adv.), *by all means*
πανωλεθρίῃ (noun in dat.), *in utter ruin*
παρά (prep. c. acc.), *to, beside* : *during, at* : *in addition to* : (c. gen.), *from* : παρ' ἑωυτοῦ, *of one's own* : (c. dat.), *beside, with, amongst*
παραβάλλω, *put with, entrust to*
παραγίνομαι, *arrive, come*
παραδέκομαι, *receive from* another
παραδίδωμι, *hand over* ; *bequeath*
παραιρέω (mid.), *take away, remove*
παρακαίομαι, *burn near by*
παρακαταθήκη, ἡ, *deposit, ward*
παράκοιτις, ιος, ἡ, *consort*
παραλαμβάνω, *take over, take with* one: *receive, learn*: *inherit* : *enlist* troops
παραλλάσσω, *alter ; deviate from, miss*
παραμείβομαι, *pass over, omit*
παραμυθέομαι, *console*
παραπλήσιος, η, ον (adj.), *similar*
παραποτάμιος, η, ον (adj.), *riverside*
παραρρέω, *flow past*
παρασάγγης, ὁ, *parasang*, a Persian measure of length, = 30 stades or furlongs
παρασκευάζω (act. and mid.), *prepare, arrange*
παρασχίζω, *make a slit along*
παρατείνω (pass.), *extend*
παραυτίκα (adv.), *forthwith*
παραφύομαι, *grow at the side*
παραχρῆμα (adv.), *forthwith*
παραχρῶμαι, *abuse, despise*
πάρειμι, *be present* : impers. πάρεστι, *it is possible, one may*
παρέλκω, *pull* or *tow from the side*
πάρεξ (prep. c. gen.), *besides, except*
παρέρχομαι, *go past, enter* : of time, *pass*
παρέχω, *furnish, afford*
παρηΐς, ΐδος, ἡ, *cheek*
παρήκω, *stretch along*
παρίημι, *allow to pass*
παρίστημι (intrans. tenses), *stand by*
παροίχομαι, of time, *be past*
παρόμοιος, η, ον, *similar*
παρωροφίς, ίδος, ἡ, *eaves, cornice*
πᾶς, πᾶσα, πᾶν (adj.), *all, the whole of* : *every* : *all manner of*

παστάς, ἄδος, ἡ, *colonnade*
πάσχω, *suffer*, *undergo* : *experience*
πατέομαι, *eat*
πατήρ, πατρός, ὁ, *father*
πάτρη, ἡ, *native land*
πατριή, ἡ, *genealogy*, *lineage*
πάτριος, η, ον (adj.), *ancestral*
πατρώϊος, η, ον (adj.), *of one's father* : *of one's forefathers*
πάτρως, ωος, ὁ, *father's brother*, *paternal uncle*
παύω (act.), *check* : *depose* : (mid.), *cease*, *desist*
παχύς, έα, ύ (adj.), *thick*
πεδιάς, ἄδος (fem. adj.), *flat*, *level*
πεδίον, τό, *plain*
πεζός, ή, όν (adj.), *on foot* : πεζῇ (adv.), *on land*
πείθω, *persuade*, *convince* : (pass. and mid.), *believe* : *obey*
πεινῶ, *be hungry*, *starve*
πειρῶμαι, *try* (c. inf. or part.): *make trial of*, *attack* (c. gen.)
πελαγίζω, *become deep sea*, *be flooded*
πέλαγος, τό, *sea*, *deep sea*
πελάζω (intrans.), *approach*, *draw near*
πελειάς, ᾶδος, ἡ, *dove*
πέμπτος, η, ον (adj.), *fifth* : πέμπτα, (adv.), *fifthly*
πέμπω, *send* : *send in procession* (πομπή)
πένης, ητος, ὁ, *poor man*
πένθος, τό, *grief*, *sorrow*, *mourning*
πεντακισχίλιοι, αι, α (adj.), *five thousand*
πεντακόσιοι, αι, α (adj.), *five hundred*
πεντάστομος, ον (adj.), *five-mouthed*, of a river
πέντε (indecl.), *five*
πεντεκαίδεκα (indecl.), *fifteen*
πεντήκοντα (indecl.), *fifty*
πεντηκοντόργυιος, ον (adj.), *fifty fathoms deep*
πέπλος, ὁ, *robe*
περ (particle, enclitic, modifying the preceding word), *indeed*
περί (prep. c. acc.), *round about*, *with* (a person); οἱ περί τινα, of a king's *attendants*, *suite*, or *court* : *in*, *at*, *beside* : of time, *about* : *in the case of*, *in connexion with*. (C. gen.), *concerning* : περὶ πολλοῦ, *of great consequence*
περιάγω, *carry round*
περιαιρέω (mid.), *take off* one's helmet
περιβάλλω, *put around*, *encircle* : τὸ περιβεβλημένον, *the enclosure*, *outer court*
περιγίνομαι, *survive* ; *get the better of*, *overcome* (c. gen.)
περίειμι,, *survive*, *be alive*, *be extant*
περιείρω, *insert*, *fix round*
περιέπω, *treat*
περιεργάζομαι, *take needless trouble*, *waste time* or *labour upon*
περιέργω, *enclose*
περιέρχομαι, *go round*, *go about* : *revolve* : *come round*, *devolve upon* (of power)
περιήγησις, ιος, ἡ, *outline*, *shape*
περιήλυσις, ιος, ἡ, *cycle*, of metempsychosis
περιθέω (trans.), *run round*, *encircle*
περιθύμως (adv.), *very angrily* : π. ἔχειν, *to be wroth*
περιλεσχήνευτος, ον (adj.), *talked of in every club* (λέσχη), *notorious*
περίμετρον, τό, *circumference*
περιμήκης, ες (adj.), *very long* or *tall*
περινέω, *pile round*
πέριξ (prep. c. acc. or gen.), *around*
περίοδος, ἡ, *way round*, *circumference*
περιοικέω, *dwell round*
περιορύσσω, *dig round*
περιορῶ, *overlook*, *allow*, *suffer* (c. inf. or part.)
περιπίπτω, *fall on*, *meet with* misfortune (c. dat.)
περιρρέω, *flow round*
περιρρήγνυμι (pass.), *divide round*
περισσός, ή, όν (adj.), *extravagant* : περισσῶς (adv.), *excessively*, *beyond measure*
περιστέλλω, *maintain*, *guard*: *dress*, *lay out* a corpse
περίστυλος, ον (adj.), *surrounded by a colonnade*
περιτάμνω, *cut off* : *circumcise*
περιτίθημι, *put* a helmet *on* one

περιτροπή, ἡ, rotation: ἐν περιτροπῇ, by turns
περιυβρίζω, treat outrageously
περιφέρω and *περιφορέω, carry round*
πέσσω, cook
πετεινός, ή, όν (adj.), *winged: τὰ πετεινά, fowls of the air*
πέτομαι, fly
πέτρη, ἡ, rock: (adj.), *πέτρινος, η, ον, rocky*
πηγή, ἡ, spring: (pl.), *source* of a river
πηδάλιον, τό, rudder
πηλός, ὁ, mud, clay
πηχυαῖος, η, ον (adj.), *a cubit long*
πῆχυς, εος, ὁ, cubit
πιθανός, ή, όν (adj.), *credible*
πῑμελή, ἡ, fat
πίμπλημι, fill, fill full of (c. gen.)
πίνω, drink
πιπράσκομαι (perf. *πέπρημαι*, aor. *ἐπρήθην*), *be sold*
πίπτω (aor. *ἔπεσον*), *fall*
πίρωμις, ὁ, Egyptian word = *καλὸς κἀγαθός, a true gentleman*
πιστεύω, believe, trust (c. dat.)
πιστός, ή, όν (adj.), *deserving belief, credible*
πίσυνος, ον (adj.), *trusting, relying on* (c. dat.)
πίων, ον (adj.), *fat, thick, rich*
πλάζομαι, wander
πλάνη, ἡ, wandering
πλανῶμαι, wander, stray, roam: vary, lie
πλάσσω, mould
πλατύς, έα, ύ (adj.), *broad, flat: brackish*
πλέθρον, τό, plethron, 100 feet, about 97 English feet
πλεῖστος, η, ον (adj., superl. of *πολλός*): *greatest, most*
πλέκω, plait, twist, weave a rope
πλέος, η, ον (adj.), *full of, covered with*
πλέω, πλεύσομαι, ἔπλευσα (App. 66), *sail: float*
πλέων, πλέον and *πλεῦν* (App. 20), pl. *πλέους* and *πλεῦνες*: (adj., compar. of *πολλός*): *more: οἱ πλεῦνες, the majority, most*
πληγή, ἡ, blow: battle of blows, mêlée
πλῆθος, τό, number: host, multitude: greatness, volume (of a river)
πληθύω (act. and mid.), *be full, be in flood*
πληθώρη, ἡ, fullness: π. ἀγορῆς = *ἀγορὰ πληθύουσα*, (the time of) *the full* or *crowded market-place*
πλήν (prep. and adv.), *except:* (c. gen.): *πλὴν ὅτι, except that:* (conj.), *but:* sometimes, *πλὴν ἤ*
πλήρης, ες (adj.), *full, in flood: pregnant* (of fish)
πληρῶ, fill, fill up, make up a number
πλινθηδόν (adv.), *like bricks* in a wall
πλίνθος, ἡ, a brick
πλοῖον, τό, boat, ship
πλόος, ὁ, sailing, voyage
πλουσίως (adv.), *richly*
πλοῦτος, ὁ, wealth
πλωτός, ή, όν (verb. adj.), *navigable; floating*
πνεῦμα, ἄτος, τό, wind
πνέω (aor. *ἔπνευσα*), *blow*
πνίγω (aor. *ἔπνιξα*), *bake*
ποδανιπτήρ, ῆρος, ὁ, foot-pan
ποδεών, ῶνος, ὁ, paw, neck of a wine-skin
ποιέω (App. 20), *make: compose* (of poets): *render: do: treat* (e.g. *εὖ ποιέειν*): (mid.), *cause to be made; hold, institute: consider, deem*
ποίημα, ἄτος, τό, work, object
ποίησις, ιος, ἡ, poetry
ποιητής, ὁ, poet
ποικίλος, η, ον (adj.), *many-coloured, variegated: complicated, intricate*
ποιμήν, ένος, ὁ, shepherd
ποίμνιον, τό, flock of sheep
ποινή, ἡ, penalty, satisfaction, blood-money
πολέμιος, ὁ, enemy
πόλεμος, ὁ, war
πολιήτης, ὁ, citizen, fellow-citizen: (pl.), *subjects* of a king
πολιορκέω, besiege
πόλις, ιος, ἡ, city

πολλάκις (adv.), *often*
πολλός, ή, όν (adj.), *much*, *great* : (pl.), *many* : ὁ πολλός, *the greater part* : (adv.), πολλόν, *by far*, c. comp. and superl.: πολλά, *often*
πόλος, ὁ, *sundial*
πολυδάπανος, ον (adj.), *costly*, *sumptuous*
πολυτελείη, ἡ, *expense*
πολυτελέως (adv.), *in a costly manner*
πολυτροπίη, ἡ, *resource*, *cunning*
πολυφροσύνη, ἡ, *shrewdness*, *ingenuity*
πόμα, ατος, τό, *drink*, *draught*
πομπή, ἡ, *procession*
πονέω, *toil*, *labour* : (mid.), *busy oneself*
πόνος, ὁ, *toil*, *labour* : *difficulty*
πόντος, ὁ, *sea*
πόρεν : see πορσύνω
πορεύομαι, *travel* by land or water
πορθμεύομαι, *be ferried over*, *voyage*
πόρος, ὁ, *means* or *method of discovering*
πορσύνω (aor. ἔπορον), *provide*, *give*, *allot*
πόσις, ιος, ἡ, *drinking*, *carousal*
ποτάμιος, ον (adj.), *of a river* : ἵππος, π., *hippopotamus*
ποταμός, ὁ, *river*
ποτήριον, τό, *drinking-vessel*
ποτόν, τό, *drink*
πούς, ποδός, ὁ, *foot*, *paw* : *foot* (as a measure)
πρεσβύτερος, η, ον (adj. compar.), *elder* : *more ancient*, *earlier* : (superl.) πρεσβύτατος, *eldest*
πρῆγμα, ατος, τό, *thing*, *matter*, *business* : pl. *power*, *government*
πρηγματεύομαι, *busy oneself*, *take trouble*
πρήσσω (perf. πέπρηγα intrans.), *do*, *accomplish* : intrans. *fare* : *exact* money, &c.
πρηΰνομαι, *be soothed* or *appeased* : *abate*, *pass away* (of a storm)
πρίν (adv. and conj.), *before* : as conj., also πρὶν ἤ
πρό (prep. c. gen.), *before* (of place and time)
προάγω, *lead on*, *move* (to laughter)
προακούω, *hear beforehand*
προαναισιμῶ, *use up*, *spend* time *before*
προαποθνήσκω, *die before* or *first*
προάστιον, τό, *space in front of a town*, *suburb*
πρόβατον, τό, *animal* : pl. *cattle*
προγίνομαι, *be born before*, *live previously*
προδείκνυμι, *show*
προδίδωμι, *betray*, *surrender*
προεῖπα (1st aor.), *proclaim*, *command*
προεκκομίζω, *carry forth previously*
προεργάζομαι, *work beforehand* or *on behalf of*
προέρχομαι, *advance*, *grow in extent*
προέχω (c. gen.), *excel* : (mid.), *hold before one*
προηγέομαι, *lead the way*
πρόθυμος, ον (adj.), *eager*, *keen* : (adv.), προθύμως
προΐημι (act. and mid.), *surrender*
προΐστημι (intrans. c. gen.), *direct*, *manage*, *demean*
πρόκειμαι, *lie before* : *be proposed*, *be appointed*, *be ordained*
προκρίνω (pass. c. gen.), *be preferred before*, *excel*
πρόμαντις, ιος, ἡ, *prophetess*
προμηθέομαι, *respect* a person
προνηστεύω, *fast previously*
προνοίη, ἡ, *forethought*
προορῶ (c. gen.), *provide for*
προπάτωρ, ορος, ὁ, *ancestor*
πρόπολος, ὁ, *attendant*
πρόπυλον, τό, pl. = προπύλαια, τά, *gateway* of a temple
πρός (prep. c. acc.), *towards*, *to* : *against* : *because of* : πρὸς ταῦτα, *therefore*, *thereupon* : *compared with* : *with a view to*. (C. gen.), *on the side of*, *towards* : *against* : *from* : *by* (of agent): φεύγειν πρός, *be banished by*. (C. dat.), *in addition to*, *besides* : *near*, *by*, *at*. (Adv.), *besides*
προσαγορεύω, *greet* a person
προσάγω, *bring to* : (mid.), *win over*
προσαγωγή, ἡ, *procession* to a shrine, *service*
προσαπολλύω, *destroy besides*
προσδέκομαι, *receive*

προσδέω, *attach, make fast*

προσεγγράφω, *inscribe*, or *draw, in addition*

προσείκελος, η, ον (adj. c. dat.), *similar to*

πρόσειμι, *be upon, be added to*

προσέρχομαι, *approach, draw near*

προσέχω (intrans.), *put in* at a port, *land* : (mid.), *stick to*

προσήκω, *be related to* : οἱ προσήκοντες, *relatives* : προσήκει (impers.), *it is fitting*

προσηνής, ές (adj.), *gentle* : *suitable, fit*

πρόσθε (adv.), *formerly*

πρόσθιος, η, ον (adj.), *fore-* (of the forefeet)

προσκάτημαι, *sit down against, besiege* a town

πρόσκειμαι, *be assigned to, belong to*

προσκυνέω, *do reverence to, worship*

προσλογίζομαι, *add*

πρόσοδος, ἡ, *revenue*

προσονομάζω, *call, style*

πρόσουρος, ον (adj.), *bordering on*

προσπίπτω, *fall down before*

προσπλέω, *sail towards*

προσποιέομαι, *pretend, affect*

προσπταίω, *meet with disaster*

προστάσσω, *assign to* : *command, enjoin*

προστάτης, ὁ, *magistrate, warden*

προστίθημι, *add* : (mid.), *agree with, favour*

πρόσφατος, ον (adj.), *fresh, not decomposed*

προσφερής, ές (adj. c. dat.), *similar to*

προσφέρω, *bring to, lay before* one

προσχῶ (aor. part. -χώσας), *form by silt, form by a dyke*

πρόσω (adv.), *farther* : of time, *far* : of distance, *far from* (c. gen.) : (comp.) προσωτέρω, (superl.) -τατα

πρόσωπον, τό, *face*

προταριχεύω, *salt* or *pickle previously*

προτείνω, *stretch out, offer*

προτεραίη, ἡ, sc. ἡμέρη, *the day before*

πρότερος, η, ον (adj.), *former, first* : (adv.) πρότερον *formerly* : c. gen. or ἤ, *earlier than*

προτίθημι (mid.), *set out* or *serve* a meal for oneself

πρόφασις, ιος, ἡ, *excuse, pretext* : *cause, occasion*

πρόχυσις, ιος, ἡ, *alluvial deposit*

πρώην (adv.), *the day before yesterday*

πρῶτος, η, ον (adj.), *first* : (adv.) πρῶτον, τὸ πρῶτον, πρῶτα, τὰ πρῶτα

πτερόν, τό, *feather, wing*

πτέρυξ, ὔγος, ἡ, *wing*

πτερωτός, ή, όν (adj.), *feathered*

πτίλον, τό, *wing, wing-like membrane*

πτίσσω (aor. ἔπτῐσα), *crush, mill*

πυγαῖον, τό, *rump, tail* (of a bird)

πυγών, όνος, ὁ, length from elbow to knuckle, = 20 δάκτυλοι or 5 παλαισταί

πυκνός, ή, όν (adj.), *close-set, firm, stout*

πυνθάνομαι, *inquire, learn* by inquiry

πῦρ, πυρός, τό, *fire*

πυραμίς, ίδος, ἡ, *pyramid*

πύργος, ὁ, *tower, kiosk*

πυρή, ἡ, *pyre*

πυρήν, ῆνος, ὁ, *stone* (in fruit)

πυρκαϊή, ἡ, *conflagration*

πυρός, ὁ, *wheat*

πωλέω, *sell*

ῥάπτω, *stitch, sew*

ῥέεθρον, τό, *channel* : *volume, waters*

ῥέζω, *do* or *offer* sacrifice

ῥεῦμα, ἄτος, τό, *course* of a river : *volume*

ῥέω, *flow*

ῥήγνυμι (intrans.), *break forth, burst the dykes* (of a river)

ῥηϊδίως (adv.), *easily*

ῥηχίη, ἡ, *flow* (of tide), *flood-tide*

ῥίζα, ἡ, *root*

ῥίπτω, *throw*

ῥίς, ῥῑνός, ἡ, *nose*

ῥίψ, ῥῑπός, ἡ, *plaited work, matting, rush mat*

ῥόδον, τό, *rose*

ῥόος, ὁ, *current, stream*

σανδάλιον, τό, *sandal*, *shoe*
σάρξ, σαρκός, ἡ, *flesh* (in pl.)
σαφής, ές (adj.), *clear*, *reliable* : (adv.), σαφέως, *plainly*
σβέννυμι, *quench*
σέβομαι, *worship*
σελήνη, ἡ, *moon*
σεμνός, ή, όν (adj.), *solemn*
σεωυτοῦ, ῆς, οῦ (pers. pron.), *of thyself*, *yourself*
σῆμα, ἄτος, τό, *tomb*
σημαίνω, *seal* : *mention*, *tell*
σημαντρίς (adj.), with γῆ, *sealing-clay*
σήμαντρον, τό, *seal*
σημήϊον, τό, *sign*, *mark*
σήπομαι (aor. ἐσάπην), *rot*
σιγή, ἡ, *silence* : σιγῇ, *secretly*, (c. gen.) *unknown to*
σιδήρεος, η, ον (adj.), *of iron*
σίδηρος, ὁ, *iron* : *iron tool* : collective, *tools*
σιλλικύπριον, τό, *castor-oil plant*
σιμός, ή, όν (adj.), *snub-nosed*, *blunt-nosed*
σινδών, όνος, ἡ, *linen cloth*
σίνομαι, *harm*, *hurt*
σιτέομαι, *eat*
σιτίον, τό, pl. *food*, *fodder*, *bread*
σῖτος, ὁ, *corn*, *food*
σκάλλω, *hoe*
σκέλος, τό, *leg*
σκευάζω, *prepare* : *adorn*
σκευή, ἡ, *equipment*
σκολιός, ή, όν (adj.), *twisted*, *winding*, *crooked*
σκόπελος, ὁ, *reef*
σκοπιή, ἡ, *place of outlook*, *watch-tower*
σκόροδον, τό, *garlic*
σκότος, τό, *darkness*
σκώπτω, *joke with* (τινα), *chaff*, *rally*
σμάραγδος, ἡ, *emerald*
σμικρός, ή, όν (adj.), *small*
σμύρνη, ἡ, *myrrh*
σορός, ἡ, *coffin*
σός, σή, σόν (adj.), *thy*, *your*
σοφίζομαι, *devise cleverly* or *skilfully*
σοφίη, ἡ, *wisdom*
σοφιστής, ὁ, *sage*, *teacher*
σοφός, ή, όν (adj.), *wise* : *clever*, *cunning* : (adv.), σοφῶς, *wisely*, *leverly*
σπανίζω (c. gen.), *lack*
σπάνιος, η, ον (adj.), *rare* : adverbially, *at rare intervals*
σπείρω, *sow* seed
σπένδω, *pour a libation*
σπέρμα, ἄτος, τό, *seed*
σπιθαμή, ἡ, *span*, = 3 παλαισταί or palms
σπλάγχνα, τά, *inward parts*, excluding entrails
σπλήν, σπληνός, ὁ, *spleen*
σποδός, ἡ, *ashes*, *dust*
σπουδαῖος, η, ον (adj.), *good*, *excellent*, *elaborate*
σπουδή, ἡ, *haste*, *eagerness*
στάδιον, τό (pl. στάδια and στάδιοι), *a stade*, *furlong*
σταθμός, ὁ, *scale*, *balance* : *weight*
σταθμέομαι, σταθμῶμαι, *measure*, *judge by* (c. dat.), *estimate*, *reckon*
σταῖς, σταιτός, τό, *dough* : adj. σταίτινος, η, ον, *of dough*
στάσις, ιος, ἡ, *station*, *position*
στέγη, ἡ, *roof* : *chamber*, *hut*
στεινός, ή, όν (adj.), *narrow*, *close*
στερίσκω (pass.), *be bereaved* (c. gen.)
στέφω, *wreathe*, *garland*
στῆθος, τό, (pl.) *chest*, *breast*
στήλη, ἡ, *pillar*, *inscribed monument*
στίγμα, ατος, τό, *mark*, *brand*
στοῖχος, ὁ, *row*, *course*, *tier*
στόμα, ατος, τό, *mouth*
στόρνυμι, *strew* : perf. part. pass. ἐστρωμένος, *paved*
στράτευμα, ατος, τό, *army*
στρατεύομαι, *wage war*, *make a campaign*
στρατηΐη, ἡ and στρατηλασίη, ἡ, *expedition*, *campaign*
στρατιή, ἡ, *army*
στρατιώτης, ὁ, *soldier*
στρατοπεδεύομαι, *encamp*
στρατόπεδον, τό, *camp* : *quarter*
στρατός, ὁ, *army*
στρογγύλος, η, ον (adj.), *round*
στρωφῶμαι, *roam about*, *wander*
στῦλος, ὁ, *pillar*
στυπτηρίη, sc. γῆ, ἡ, *astringent earth*, *alum*
σύ, (pron.), *thou*, *you* : pl. ὑμεῖς

συβώτης, ὁ, *swineherd*
συγγενής, *ές* (adj.), *akin*: *οἱ συγγενεῖς*, *kinsfolk*, *relatives*
συγγίνομαι, *meet with*, *have converse with*
συγγνώμη, ἡ, *admission*
συγκαλέω, *call together*
συγκαταθάπτω, *bury along with*
συγκατεργάζομαι, *work along with*, *aid*, *assist* (c. dat.)
συγκομίζω, *bring together*, *collect*
συγκυβεύω, *play at dice with* (c. dat.)
συγχωρέω, *allow*, *admit*
σῦκον, *τό*, *fig*
συλλαμβάνω, *seize*: *comprehend*: *pick up* a language
συλλέγω, *collect*, *gather*: (pass.), *assemble*
συλλογίζομαι, *add together*
συμβαίνω, *happen*, *occur*: *agree*, *tally with* (c. dat.)
συμβάλλω (intrans.), *join battle*: (trans.), *compare*: (mid.), *count*: *suppose*, *reckon*
συμβουλεύω (c. dat.), *advise*: (mid.), *take counsel with*
συμμαχίη, ἡ, *alliance*
συμμίσγω, *commune* or *hold converse with* (c. dat.): *join battle*: *join*: (pass.), *join*, *come together*
σύμπας, *-πασα*, *-παν* (adj.), *the whole*: *τὸ σύμπαν*, *in general*
συμπίνω, *drink along with*
συμπίπτω, *coincide*, *agree by chance*
σύμπλοος, *ον* (adj.), *sailing with* one: (subst.), *companion on a voyage*
συμπόσιον, *τό*, *drinking-party*, *carousal*
συμπότης, ὁ, *boon-companion*
συμφέρω, *agree with*, *resemble*: *happen*
συμφοιτῶ, *assemble regularly*
σύν (prep. c. dat.), *with*
συνάπας, *ἅπασα*, *ἅπαν* (adj.), *all together*
συνάπτω (intrans.), *join with*, *border on*
συναράσσομαι, *be broken*
σύνδουλος, ἡ, *fellow slave* or *bondwoman*
συνέρχομαι, *come together*, *meet*
σύνεσις, *ιος*, ἡ, *common sense*
συνετός, *ή*, *όν* (adj.), *intelligible*
συνεχής, *ές* (adj.), *continuous*, *contiguous*
συνίστημι (trans.), *acquire*
συννέω, *pile together*, *heap up*
συνοικέω, *dwell with*, *live in wedlock*
συνοικίζω, *give in marriage*
σύνοικος, ὁ, *one living in the same country*, *fellow inhabitant*
συνομολογέω, *agree with* (c. dat.)
συνουσίη, ἡ, *social gathering*, *banquet*
συνταχύνω, *shorten*
συντετραίνω, *bore together*
συντίθημι, *set together*, *add together*: (mid.), *agree on*, *conclude*
σύντομος, *ον* (adj.), *short*, *direct*
συντρέχω, *run together*
σύντροφος, *ον* (adj.), *reared along with*
συντυγχάνω, *meet with* (c. dat.)
συρμαΐζω, *take a purge*
συρμαίη, ἡ, *purge-plant*, *radish*
συρράπτω, *stitch together*, *sew up*
συχνός, *ή*, *όν* (adj.), pl. *many*, *numerous*
σφάζω, *cut the victim's throat*, *slay for sacrifice*
σφέας, *σφέα* (3rd pers. pron.), *them*: also reflexive, *themselves* (App. 43)
σφέτερος, *η*, *ον* (adj.), *their*, *their own*
σφήξ, *σφηκός*, ὁ, *wasp*
σχεδόν (adv.), *nearly*
σχίζω, *split*, *divide*, *separate*: (pass.), *part*, *branch*
σχοῖνος, ὁ, *rope*: *schoenus* as unit of length
σῶμα, *ατος*, *τό*, *body*, *person*
σωρός, ὁ, *heap*
σῶς, *σόη*, *σόον* (adj.), *safe*: *unbroken* (of a seal)
σώτειρα, ἡ (fem. of *σωτήρ*), *saviour*

τάλαντον, *τό*, *talent*, as weight and as money
ταμίας, ὁ, *treasurer*, *steward*
τάμνω, *cut up*, *hew*, *quarry*, *divide*
ταρίχευσις, *ιος*, ἡ, *embalming*, *mummification*
ταριχεύω, *embalm*, *mummify*: *pickle* fish
τάσσω, *appoint*: *impose* a penalty
ταφή, ἡ, *burial*, *funeral*: *tomb*
τάφος, ὁ, *grave*, *tomb*

ταχύς, έα, ύ (adj.), *swift*: (adv.), ταχέως: τὴν ταχίστην, *with all speed*
τε, particle, *and*: τε . . . καί and τε . . . τε, *both . . . and*
τέθηπα (perf. with pres. sense), *marvel*
τείνω (trans. and intrans.), *stretch*
τεῖχος, τό, *wall*: *fortress*
τεκμαίρομαι, *judge, infer from*
τεκμήριον, τό, *evidence, proof*
τέκνον, τό, *child*: *young* of an animal
τελαμών, ῶνος, ὁ, *band, bandage*
τελετή, ἡ, *rite*
τελευταῖος, η, ον (adj.), *last*
τελευτή, ἡ, *end*
τελευτῶ (trans. and intrans.), *end*: (intrans.), *die*: *be the end of*
τελέω, *pay, spend*: with ἐς, *be counted among*
τελήεις, εσσα, εν (adj.), *perfect, complete*
τέλμα, ατος, τό, *water-mead, marshy place, swamp*
τέλος, τό, *end, completion*: τέλος (acc. adv.), *at last*
τέμενος, τό, *precinct, temple*
τέρας, ατος, τό, *portent*
τέρμα, ατος, τό, *end, limit*
τέρπομαι, *enjoy oneself, make merry*
τεσσεράκοντα (indecl.), *forty*
τεσσερακοντόργυιος, ον (adj.), *forty fathoms* or 240 *feet high*
τέσσερες, α (adj.), *four*
τεσσερεσκαίδεκα (adj.), *fourteen*
τεταρτημόριον, τό, *fourth part*
τέταρτος, η, ον, *fourth*
τετράγωνος, ον (adj.), *quadrangular, square*
τετραίνω (perf. part. pass., τετρημένος), *pierce*
τετράκις (adv.), *four times*
τετρακισχίλιοι, αι, α (adj.), *four thousand*
τετρακόσιοι, αι, α (adj.), *four hundred*
τετράκυκλος, ον (adj.), *four-wheeled*
τετραπάλαιστος, ον (adj.), *measuring four palms'* or *hands' breadth*
τετράπηχυς, υ (adj.), *measuring four cubits*
τετράπους, ουν (adj.), *four-footed*
τεχνάζω (mid.), *use art* or *cunning, contrive cunningly*
τέχνη, ἡ, *art, craft*
τέως (adv.), *in the meantime*: *at other times*: *for a time*
τῇ (adv.), *where, whither*: τῇ καὶ τῇ, *here and there*
τῇδε (adv.), *in this way, as follows*
τήκω, *melt, dissolve*: (pass.), *melt away*
τηνικαῦτα (adv.), *at that time*
τίθημι, *place, put*: *hold* a contest: *make* laws: *give* a name: *appoint*
τίκτω, *produce* young, *lay* eggs
τιμή, ἡ, *honour, worship*: *office*
τιμῶ, *honour, worship*
τιμωρέω (c. dat.), *succour, take the part of*: *avenge*
τιμωρίη, ἡ, *punishment*
τιμωρός, ὁ, *helper, champion*
τίνυμαι (aor. ἐτισάμην), *punish*
τίς, τί (pron. and adj. interrog.), *who, which, what?* τί, *why?* τις, τι (enclitic adj.), *any, some*: (pron.), *someone, something, anyone, anything*
τίσις, ιος, ἡ, *retribution, vengeance*
τοι, (enclitic particle), *mark you, look you*
τοίνυν, (particle), *then, therefore*
τοῖος, η, ον, also τοιόσδε, τοιήδε, τοιόνδε, and τοιοῦτος, αύτη, οῦτο or οῦτον, (adj.), *such*
τοῖχος, ὁ, *wall* of a room or a building
τοκεύς, έος, ὁ, *parent*
τόλμα, ἡ, *courage, daring*
τόξον, τό, *bow*: pl. *bow and arrows*
τόπος, ὁ, *place*
τοσόσδε, ήδε, όνδε and τοσοῦτος, αύτη, οῦτο or οῦτον, (adj. and pron.), *so much, so many*
τότε (adv.), *then, at that time*
τράγος, ὁ, *he-goat*
τραγοσκελής, ές (adj.), *goat-legged*
τράχηλος, ὁ, *neck*
τρεῖς, τρία (adj.), *three*
τρέπω, *turn*: (mid.), *make one's way, turn one's attention*: perf. pass. τέτραμμαι *face, lie in a certain direction*
τρέφω, *bring up, rear, keep*

τρηχέως (adv.), *roughly, harshly*
τρίβω (perf. pass. *τέτριμμαι*), *pound, crush, bruise: oppress; wear out*
τριήκοντα (adj.), *thirty*
τριηκοντήμερος, ον (adj.), *thirty days long*
τριηκόσιοι, αι, α (adj.), *three hundred*
τριήρης (sc. *ναῦς*), *εος, ἡ, trireme*
τρίμηνος, ἡ, sc. *ὥρη, period of three months*
τρίς (adv.), *thrice*
τρισμύριοι, αι, α (adj.), *thirty thousand*
τρισχίλιοι, αι, α (adj.), *three thousand*
τριταῖος, η, ον (adj.), *on the third day,* i.e. the next day but one
τρίτος, η, ον (adj.), *third:* adv. *τρίτα, thirdly*
τριφάσιοι, αι, α (adj.), *three*
τροπή, ἡ, turning: solstice
τρόπις, ιος, ἡ, keel
τρόπος, ὁ, character: custom; direction: manner
τροφή, ἡ, nurture, rearing: keeping (of animals)
τροφός, ἡ, nurse
τροχίλος, ὁ, running-bird, plover
τροχοειδής, ές (adj.), *round, circular*
τρύω, wear out, grind down
τρώγω, eat, eat raw
τρωκτά, τά, eatables, sweetmeats (verbal adj. of *τρώγω*)
τρῶμα, ἄτος, τό, wound
τυγχάνω, obtain, receive (c. gen.): *happen*
τύπος, ὁ, model, figure: carved figure
τύπτω (mid.), *beat one's breast, mourn for* (c. acc.)
τυραννίς, ίδος, ἡ, kingship, lordship
τυφλός, ή, όν (adj.), *blind*
τυφλῶ, (pass.) *become blind*
τωθάζω, mock

ὑβριστής, οῦ, high-spirited, roystering, dare-devil
ὑγιείη, ἡ, good health
ὑγιήρης, ες (adj.), *healthy*
ὕδρος, ὁ, water-snake
ὕδωρ, ἄτος, τό, water, rain
ὑέτιος, η, ον (adj.), *rain-bringing*
ὕλη, ἡ, wood, firewood
ὑπαίθριος, ον (adj.), *in the open air*
ὑπαιρέομαι, steal
ὑπανίστημι (mid.), *rise up in deference*
ὑπάρχω, belong to (c. dat.)
ὕπειμι, be under
ὑπέρ (prep. c. acc.), *above:* (c. gen.), *above, beyond, inland from: on behalf of, in revenge for*
ὑπεραλγέω, grieve greatly over (c. dat.)
ὑπερβαίνω, cross over; overflow
ὑπερβάλλω, overflow, flood: (mid.), *excel, surpass*
ὑπερέχω, (intrans.), *project*
ὑπερθρῴσκω, leap over
ὑπερμεγάθης, ες (adj.), *exceedingly great, huge*
ὑπερμεθύσκω, make exceedingly drunk
ὑπερφυής, ές (adj.), *exceedingly great, enormous*
ὑπέχω, hold out: pay a penalty: (mid.), *promise, claim*
ὑπίημι (mid.), *relent, abate*
ὑπίστημι (intrans.), *stand under, be set under*
ὑπισχνεῦμαι, promise
ὕπνος, ὁ, sleep
ὑπό (prep. c. acc.), *under, beneath: at the time of:* (c. gen.), *by* (of the agent), *by reason of: to the accompaniment of:* (c. dat.), *under: subject to*
ὑποβαίνω, descend
ὑπόγαιος, ον (adj.), *subterranean*
ὑποδεέστερος, η, ον (adj. comp.), *inferior, smaller than usual*
ὑποδέκομαι, undertake, promise
ὑποδέμω, build beneath
ὑπόδημα, ἄτος, τό, shoe
ὑποζώννυμαι (mid.), *have one's clothes girt up*
ὑποκαταβαίνω, descend, or *spread down, gradually*
ὑπόκειμαι, be as a principle or *rule* to follow
ὑποκρίνομαι, answer, reply
ὑπολαμβάνω, catch up: assume, understand
ὑπολείπω, leave behind: (mid.), *remain behind*
ὑπόλοιπος, η, ον (adj.), *remaining, the rest*

ὑπόπετρος, ον (adj.), *with a rocky bottom*
ὑποπίμπρημι, set on fire
ὑποτίθημι, pledge : (mid.), *advise, suggest*
ὑποτύπτω, strike down, plunge in
ὑποχέω, spread under : perf. pass., *ὑποκέχυμαι, lie deep down in the heart*
ὑποχρίω, smear, or *anoint, underneath*
ὑπόψαμμος, ον (adj.), *with a sandy subsoil*
ὕπτιος, η, ον (adj.), *on one's back, supine : flat*
ὑπώρεα, ἡ, the lower slope, foothills
ὗς, ὑός, ὁ, ἡ, boar, sow, pig
ὑστεραίῃ, sc. *ἡμέρῃ, ἡ, the next day*
ὕστερος, η, ον (adj. comp.), *later :* (adv.), *ὕστερον.* (Superl.), *ὕστατος, last*
ὑφαίνω, weave
ὑψηλός, ή, όν (adj.), *high*
ὕψος, τό, height
ὑψοῦ (adv.), *high*
ὕω, rain, rain upon (c. acc.)

φαίνω, show, declare : (pass.), *be seen, be found, be known to* (c. part.); *seem to* (c. inf.) : *be seen, come to light, present oneself*
φαλλός, ὁ, phallus, symbol of fertility
φανερός, ή, όν (adj.), *visible*
φαρετρεών, ῶνος, ὁ, quiver
φάρμακον, τό, drug, medicine
φᾶρος, τό, robe
φάσκω, say
φάτις, acc. *φάτιν, ἡ, report, rumour*
φαῦλος, η, ον (adj.), *trivial, cheap, low*
φέρω (trans.), *carry, bring : bear, produce : endure :* (mid.), *get :* (intrans.), *lead* (of roads, &c.), *lie : φέρε, come ! :* pass. *be borne, drift, flow*
φεύγω, flee : be exiled : flee from (c. acc.), *shun, avoid*
φηγός, ἡ, oak tree (Valonia oak)
φημί, say
φθέγγομαι, make sounds, cry, utter speech
φθείρ, -ός, ὁ, louse
φθείρω, wear down, destroy
φθορή, ἡ, destruction
φιάλη, ἡ, vessel, drinking-bowl
φιλέλλην, ηνος, ὁ, lover of the Greeks
φιλέω, love, be accustomed to, kiss
φιλοπότης, ὁ, fond of drinking, tippler, wine-bibber
φίλος, η, ον (adj.), *dear, pleasing : φίλα ποιέεσθαι* (c. dat.), *make friends with :* (subst.), *φίλος, ὁ, friend*
φιλοσκώμμων, ονος (adj.), *fond of jesting, jocose*
φιλότεκνος, ον (adj.), *fond of its young*
φιλότης, ητος, ἡ, friendship
φιλοφρόνως (adv.), *in a friendly way, merrily*
φοινίκεος, η, ον (adj.), *purple, crimson*
φοινῑκήϊος, η, ον (adj.), *made from the palm-tree*
φοῖνιξ, ῑκος, ὁ, phoenix : palm-tree
φοιτῶ, go regularly, resort, visit
φονεύω, slay in fight
φόνος, ὁ, killing, slaughter
φορέω, carry habitually, *wear* clothes, &c.
φόρος, ὁ, tribute
φορτηγέω, carry cargo
φορτία, τά, cargo (of ship)
φράζω, point out ; relate
φράσσω, dam, enclose with dykes
φρέαρ, ᾱτος, τό, well
φρενοβλαβής, ές (adj.), *crazy, mad*
φρήν, φρενός, ἡ, mind
φρονέω, think, be wise : τὰ ἐκείνου φρ., support his cause
φροντίς, ίδος, ἡ, thought, consideration, attention
φρουρέω, keep guard
φρουρή, ἡ, guard, outpost-duty
φρῡ́γω (aor. part. *φρύξας*), *roast*
φυλακή, ἡ, guard : pl. *outposts, sentries*
φύλακος, ὁ, guard, sentinel, warden
φυλάσσω, guard ; keep, observe
φῡρῶ, knead
φύσις, ιος, ἡ, nature, the order of nature
φυτεύω, plant (with trees)
φύω, grow, produce : perf. *πέφυκα, be by nature*

φωνέω, *speak*, *cry*
φωνή, *ἡ*, *speech*, *language* ; *cry*
φώρ, *φωρός*, *ὁ*, *thief*
φῶς, *φωτός*, *τό*, *light*, *daylight* : *illumination*

χαίρω, *be pleased*, *fare well* : *χαιρέτω*, *goodbye to him !*, *enough of him !*
χαλεπῶς (adv.), *harshly*, *bitterly*
χαλκός, *ὁ*, *bronze* : (adj.) *χάλκεος*, *η*, *ον*, *brazen*, *of bronze*
χαμᾶθεν (adv.), *from the ground*
χάμψαι, *αἱ*, *crocodiles*
χαραδροῦμαι, *be cleft by ravines*
χάσκω (aor. *ἔχανον*), *yawn*
χαυλιόδους, *οντος*, *ὁ*, *tusk*
χεῖλος, *τό*, *lip* : *bank* of river
χειμασίη, *ἡ*, *wintering*
χειμερινός, *ή*, *όν* (adj.), *of winter* : *χειμέριος*, *wintry*, (superl.) *of mid-winter*
χειμών, *ῶνος*, *ὁ*, *winter* : *storm*
χείρ, *χειρός*, *ἡ*, *hand*, *hand and arm* : *band* of men
χειραπτάζω, *handle*
χειροήθης, *ες* (adj.), *tame*
χειρόμακτρον, *τό*, *napkin*
χειροποίητος, *ον* (adj.), *artificial*
χειροτέχνης, *ὁ*, *craftsman*
χειροῦμαι, *capture*, *master*
χειρῶναξ, *ακτος*, *ὁ*, *handicraftsman*, *artificer*
χειρωναξίη, *ἡ*, *handicraft*
χελιδών, *όνος*, *ἡ*, *swallow*
χερσαῖος, *η*, *ον* (adj.), *living on land*
χέρσος, *ον* (adj.), *dry*, *barren*
χήν, *χηνός*, *ὁ*, *ἡ*, *goose*
χηναλώπηξ, *εκος*, *ὁ*, *fox-goose*
χήνεος, *η*, *ον* (adj.), *of goose*
χθές (adv.), *yesterday*
χιλιάς, *άδος*, *ἡ*, *thousand*
χίλιοι, *αι*, *α* (adj.), *a thousand*
χιονίζει (impers.), *it snows*
χιών, *όνος*, *ἡ*, *snow*
χλαῖνα, *ἡ*, *cloak*
χοιράς, *άδος*, *ἡ*, *reef*
χοῖρος, *ὁ*, *pig*, *porker*
χορός, *ὁ*, *dance*, *chorus*
χοῦς, *χοῦ*, *ὁ*, *earth dug out*
χρεόν (*ἐστι*), *it is right*, *necessary*
χρέος, *τό*, *debt*
χρή (impers.), *it is right*, *necessary*, *proper*
χρῆμα, *ατος*, *τό*, pl. *money*, *riches*
χρήσιμος, *ον* (adj.), *useful*, *convenient*, *often visited*
χρησμός, *ὁ*, *reply* of an oracle
χρηστηριάζομαι, *consult* an oracle
χρηστήριον, *τό*, *oracle*,—both *seat of prophecy* and *reply* of an oracle
χρηστός, *ή*, *όν* (adj.), *good*, *enjoyable*
χρόνος, *ὁ*, *time* : *period of time* : *χρόνῳ*, *at last* : *point of time*
χρύσεος, *η*, *ον* (adj.), *of gold*, *golden*
χρυσόκομος, *ον* (adj.), *of golden plumage*
χρυσός, *ὁ*, *gold*
χρυσῶ, (perf. part. pass.) *κεχρυσωμένος*, *overlaid with gold*
χρῶ, *χρήσω*, *κέχρημαι*, *ἐχρήσθην*, (act.) *give an oracle* : (mid. c. dat.), *use*, *enjoy* ; *observe* customs, &c. : *indulge in* ; *consult an oracle*
χρῶμα, *ατος*, *τό*, *complexion*, *hue*
χυτός, *ή*, *όν* (verbal adj.), *poured*, *molten*, *fused*
χῶ, *ἔχωσα*, *ἐχώσθην*, *heap* : pass. *be silted up*
χῶμα, *ατος*, *τό*, *dyke*, *embankment*
χωρέω, *go*, *move*, *float*
χώρη, *ἡ*, *country*, *land*
χωρίζομαι (pass.), *be separated* or *different from* (c. gen.)
χωρίον, *τό*, *place* ; *passage* in Homer : *reach* of a river : pl. *region*
χωρίς (adv.), *separately*, *apart* : *χωρὶς ἤ*, *except* : (prep. c. gen.), *separate from*, *except*
χῶρος, *ὁ*, *place*, *tract*, *country*, *plot*

ψάμμινος, *ον* (adj.), *sandy*, *sand-covered*
ψάμμος, *ἡ*, *sand*
ψαμμώδης, *ες* (adj.), *sandy*
ψαύω, *touch*, *graze*
ψευδής, *ές* (adj.), *false*, *lying*
ψεύδομαι, *lie* ; *be mistaken*, *deceived*
ψῆφος, *ἡ*, *pebble* (used in counting)
ψιλός, *ή*, *όν* (adj.), *bare*, *featherless*
ψιλῶ, *pluck*, *strip*, *deprive*
ψυχή, *ἡ*, *life* : *soul*
ψυχρός, *ή*, *όν*, (adj.), *cold*

ὦ, c. voc., *O*: in English, *you*, or left untranslated

ὧδε (adv.), *in this way, as follows: as has been said*

ὠθέω, *thrust*

ὠμός, ή, όν (adj.), *raw, uncooked*

ὦμος, ὁ, *shoulder*

ὦν, particle, *therefore, then: accordingly: now:* δ'ὦν or δὲ ὦν, *however, be that as it may:* γὰρ ὦν, *for, you must know: in fact*

ᾠόν, τό, *egg: egg-shaped lump*

ὥρη, ἡ, *season, time, proper time*

ὡς (prep. c. acc.), *to:* (conj.), *that* (in reported speech): *how* (in indirect question): *in order that* (final): *when, after: as, since:* ὡς = ὥστε, *so as to:* οὕτως . . . ὡς, *so much . . . as:* ὡς κάλλιστα, *as fairly as possible:* ὡς with numbers, *about, approximately:* ὡς τὸ ἐπίπαν, *for the most part, generally*

ὡσαύτως (adv.), *in like manner, likewise*

ὥσπερ (conj.), *just as, like, as*

ὥστε (adv. and conj.), *as: so that, and so*

ὠφελέω, *help, do a service to* (c. acc.)